Metin Aydoğan

YENİ DÜNYA DÜZENİ KEMALİZM VE TÜRKİYE

20. Yüzyılın Sorgulanması

II

Yeni Dünya Düzeni Kemalizm ve Türkiye
20. Yüzyılın Sorgulanması
Metin Aydoğan
Bütün Yapıtları: 2

Genel Yayın Yönetmeni: S. Dursun Çimen
Editör: Can Güçlü
Sayfa Düzeni: Aynur Abancı
Kapak Tasarımı: Yunus Karaaslan

© 2015, Pozitif Yayınları
© Bu kitabın tüm yayın hakları Pozitif Yayınları'na aittir. Her hakkı saklıdır. Tanıtım amaçlı kısa alıntılar dışında yayıncının yazılı izni olmadan hiçbir yolla çoğaltılamaz.

1. Baskı: Otopsi Yayınları, Aralık 1999
21. Baskı: Pozitif Yayınları, Kasım 2015

Kültür Bakanlığı Yayıncılık Sertifikası: 1206-34-004355
ISBN: 978-605-4726-61-5

Cilt-Baskı: Kayhan Matbaacılık San.ve Tic. Ltd. Şti.
Davutpaşa Cad. Güven San. Sit. C Blok No:244 Topkapı/İstanbul
Tel: 0 212 612 31 85 Sertifika No:12156

GENEL YAYIN – ARTI YAYIN DAĞITIM
Alemdar Mah. Çatalçeşme Sok. Çatalçeşme Han.
No: 25/2 Cağaloğlu-İstanbul
Tel: (0212) 514 57 87 • Faks: (0212) 512 09 14
satis@artidagitim.com.tr / www.artidagitim.com.tr

POZİTİF YAYINLARI
Alemdar Mah. Çatalçeşme Sok. Çatalçeşme Han.
No: 25/2 Cağaloğlu-İstanbul
Tel: (0212) 514 57 87 • Faks: (0212) 512 09 14
Tel: (0212) 512 48 84 • Faks: (0212) 512 09 14
www.pozitifkitap.com

METİN AYDOĞAN

YENİ DÜNYA DÜZENİ KEMALİZM ve TÜRKİYE

20. Yüzyılın Sorgulanması

II

METİN AYDOĞAN

Metin Aydoğan, 1945'te Afyon'da doğdu. İlk ve orta öğrenimini İzmir'de, yükseköğrenimini Trabzon'da tamamladı. 1969'da *Karadeniz Teknik Üniversitesi Mimarlık Fakültesi*'ni bitirdi. Yükseköğrenimi dışında tüm yaşamını İzmir'de geçirdi. Örgütlü toplum olmayı uygarlık koşulu sayan anlayışla, değişik mesleki ve demokratik örgütlere üye oldu, yöneticilik yaptı. Çok sayıda yazı ve araştırma yayınladı, sayısız panel, konferans ve kongreye katıldı. Sürekli ve üretken bir eylemlilik içinde olan **Metin Aydoğan**, yaşamı boyunca *yazdı, yaptı* ve *anlattı*. Evli ve iki çocuk babası olan **Aydoğan**'ın, *Yeni Dünya Düzeni Kemalizm ve Türkiye 20. Yüzyılın Sorgulanması*'ndan başka, yayımlanmış; *Nasıl Bir Parti Nasıl Bir Mücadele, Bitmeyen Oyun–Türkiye'yi Bekleyen Tehlikeler, Avrupa Birliği'nin Neresindeyiz?, Ekonomik Bunalımdan Ulusal Bunalıma, Antik Çağdan Küreselleşmeye Yönetim Gelenekleri ve Türkler, Küreselleşme ve Siyasi Partiler, Batı ve Doğu Uygarlıkları, Türk Uygarlığı, Ülkeye Adanmış Bir Yaşam 1-Mustafa Kemal ve Kurtuluş Savaşı, Türkiye Üzerine Notlar: 1919-2015, Ülkeye Adanmış Bir Yaşam (2) Atatürk ve Türk Devrimi, Ne Yapmalı, Türk Devrimi* adlı on üç kitabı daha vardır.

İLETİŞİM İÇİN

Metin Aydoğan
1437 Sokak No: 17/7
Alsancak/İZMİR
Tel: 0232 422 31 14
e-posta: aydoganmetin@hotmail.com
e-posta: metaydogan@yahoo.com
kuramsalaktarim.blogspot.com

İÇİNDEKİLER

7. BÖLÜM: İKİNCİ DÜNYA SAVAŞI VE SONRASI 399
Savaş Başlıyor 401
Emperyalist Politikalarda Biçim Değişikliği 406
Yeni Dünya Düzeni'nin Belirgin 408
Her Alanda Uluslararası Örgütler Kuruluyor 411
Yeni Dünya Düzeni'nin Temelleri:
1. Küresel Askeri Örgütlenmeler 413
Kuzey Atlantik Anlaşması Örgütü (NATO) 415
Truman Doktrini 418
Güneydoğu Asya Anlaşması Örgütü (SEATO) ve Öbürleri 420
Yeni Dünya Düzeni'nin Temelleri:
2. Küresel Siyasi ve Akçalı Örgütler 423
Birleşmiş Milletler Örgütü (BM) 425
Uluslararası Para Fonu (IMF) 432
Dünya Bankası 441
Marshall Planı (Avrupa Kalkınma Programı) 446
Ekonomik İşbirliği ve Kalkınma Örgütü (OECD) 450
Yeni Dünya Düzeni'nin Temelleri:
3. Küresel Ekonomik Örgütler 453
Gümrük Tarifeleri Genel Anlaşması (GATT)
1955'den Sonra; Dünya Ticaret Örgütü (WTO) 458
Avrupa Birliği (AB) 465
Kuzey Amerika Serbest Ticaret Antlaşması (NAFTA) 473
Asya-Pasifik Ekonomik İşbirliği Forumu (APEC) 479

8. BÖLÜM: KÜRESEL ÖRGÜTLENMEDE TEMEL BELİRLEMELER 485
Küçülen Dünya Bütünleşemiyor 487
Uluslararası Anlaşmalar Gelişmiş Ülkelerin
Gereksinimlerini Karşılar 488
Uluslararası Anlaşmalar Azgelişmiş Ülkelerin
Zararına İşler, Tekelleşmeyi Hızlandırır 493
Uluslararası Anlaşmalar ve İletişimin Gerçek Gücü 497
Gelişmiş Ülkeler Uluslararası Anlaşmalara Uymazlar 501
Dizgeleştirilen Küreselleşme: Yeni Dünya Düzeni
ve Sonuçları 505
Yeni Dünya Düzeni'nin Sonuçları:
1. Yoksul Ülkeler Daha Çok Yoksullaşıyor 508
Yeni Dünya Düzeni'nin Sonuçları:
2. Ulus-Devlet Karşıtlığı 519
Ulus-Devlet Karşıtlığının Ekonomik Temelleri 521

Ulus-Devlet Karşıtlığında Özelleştirmenin Yeri 525
Azgelişmiş Ülkelerde Küçülen Devlet
Gelişmiş Ülkelerde Büyüyor 529
Ulus-Devletlerin Yaşam Süreleri Doldu mu? 535
Yeni Dünya Düzeni'nin Sonuçları:
3. Ülke Haklarını Savunmayan Ülke Yöneticileri 540
Yeni Dünya Düzeni'nin Sonuçları:
4. Tarım Sorunları (Kendini Besleyebilen
Azgelişmiş Ülke Kalmıyor) 543
Yeni Dünya Düzeni'nin Sonuçları:
5. Evrensel Çekince Çevre Kirliliği:
Doğal Kaynaklar Tükeniyor 551
Çevreyi Gelişmiş Ülkeler Kirletiyor 558
Çevre Kirliliğinin Kaynağı Uluslararası Şirketler 561
Canlı Türleri Yok Oluyor 566
Yeni Dünya Düzeni'nin Sonuçları:
6. Küresel Açmaz Gelişmiş Ülkeler Yarattıkları
Sorunların Etkisine Giriyor 568

9. BÖLÜM: DÜNYANIN EGEMENLERİ; ULUSLARARSI ŞİRKETLER 581
Uluslararası Şirketlerin Tarihçesi 587
Uluslararası Şirketler Dış Yatırımları
Öz Kaynaklarıyla Yapmazlar 592
Uluslararası Şirketler Yatırım Yaptıkları Ülkelere
Ürettikleri Mallara Dışsatımlama Yetkisi Vermez 595
Uluslararası Şirket Evlilikleri Yoğunlaşan Tekelcilik 600
Uluslararası Şirketler Vergi Vermez ve
Mali Açıdan Denetlenemez 612

10. BÖLÜM: KÜRESELLEŞEN DÜNYADA EMEK-SERMAYE ÇELİŞKİSİ 621
Emek Örgütlerine Karşıtlık; Sendikasızlaştırma 623
Sendikalar Güç Yitiriyor 627
Eski Bir Öykü: Sendikasızlaştırma 631
Çağdaş Köle Pazarları: Az Gelişmiş Ülkeler 638
Teknoloji Gelişirken Çalışma Koşulları İlkelleşiyor 643

11. BÖLÜM: 20. YÜZYIL SONUNDA YENİDEN ŞİDDETLENEN REKABET 651
21.Yüzyılda ABD-Japonya-Almanya Yarışı 653
Kıyasıya Süren Savaş: Ekonomik Yarış 660
Siyasi Ayrılıklar Artıyor 667

Gelecek Üstünlüğü Yüksek Teknoloji Egemenliğinden
Geçiyor 677
Teknolojik Yarışı, Eğitim Dizgeleri Belirleyecek 680

12. BÖLÜM: TÜRK DEVRİMİ'NİN 75 YILI VE EMPERYALİZM 685
Kemalizm-Emperyalizm İlişkisi: Yapısal Karşıtlık 689
1923-1938: Ulusal Kalkınma Dönemi 694
1938 Sonrası Kemalist Politikadan Ayrılma Süreci 699
Emperyalizme Yanaşma;
İngiltere ve Fransa'yla Üçlü Bağlaşma 701
1939-1950: Çelişkili Uygulamalar Dönemi 708
ABD Türkiye'ye Yerleşiyor 714
1950 Sonrası Hızlanan Anti- Kemalist Süreç 723
Türkiye'yi Bekleyen Tehlikeler 738

13. BÖLÜM: LOZAN'DAN AVRUPA GÜMRÜK BİRLİĞİ'NE 755
1963 Ankara Anlaşması: Değişmeyen Tanzimat Kafası 765
Avrupa Birliği Türkiye'yi Hiçbir Zaman Tam Üyeliğe
Almayacaktır Çünkü: 770

BASINDAN 775

OKURLARDAN 793

DİPNOTLAR 829

DİZİN 857

ÖZ TÜRKÇE DİZİNİ 829

ZORUNLU BİR AÇIKLAMA

Kitaba para ayırmanın zor olduğu bir dönemden geçildiğini biliyor ve karışma yetkim olmamasına karşın yayıncılardan kitabı olabildiğince ucuz tutmalarını istiyorum. Ben de telif için bir ücret almıyor, buna karşılık aldığım kitapları; dostlarıma, kitaba para ayıramayan okumayı seven duyarlı insanlara ve gençlere armağan olarak yolluyorum.

Kitabın fiyatı, arka kapağa matbaa baskısıyla yazılmıştır ve bu fiyat baskı tükenene dek değiştirilemeyecektir. Bu nedenle *yeni okurlar* arkada yazılı olandan farklı bir fiyatla kitap almamalıdırlar. Ayrıca kitap almaya kolaylıkla para ayıramayanlar iletişim adresine bildirirlerse ve elimde *telif* karşılığı aldığım kitap kalmışsa, bunları tükenene dek ücretsiz olarak göndermeyi sürdüreceğim.

*

Kimi okurlar, kitaplarımı kitapçılarda bulamadığını söylüyor ve nasıl sağlayacağını soruyor. Kitap dağıtımında tekelleşme söz konusu ve yazarın karşılaştığı gerçek güçlük, artık ceza kovuşturmaları değil, basım ve dağıtım sorununu aşmak. Kitabın vitrine girmesinin ölçütü, nitelik değil, mali güç ve geçerli siyasete uygunluk.

"Bütün Yapıtları" dizimi yayınlayan Pozitif Yayınları, dağıtım ağının tüm gücünü kullanarak kitaplarımı okuyucuya ulaştırmak için çalışıyor. Ancak, bu dağıtımın yeterli olmadığı durumlarda okuyucu kitaplarıma ulaşmak için; dolaşmalar, siparişler ve üstelemelerden oluşan bir çaba harcıyor ve kitabı neredeyse, *"peşine düşerek"* elde ediyor. *"Bütün Yapıtları"* dizisinde yayınlanan kitaplarımın raflara ulaşması amaçlanıyor ve kitaplar, internet üzerinden kitap satışı yapan kurumların depolarında bulunuyor. Kitaplarımı vitrinde bulamayan okurlar internet kitapçılarına veya doğrudan yayınevine başvurabilirler. *"Bütün Yapıtları"* dizisi, kitaplarımın kolayca bulunması ve yapıtlara son biçiminin verilmesi amacıyla oluşturuldu. Baskılar tükendikçe, yenileri yapılacaktır.

*

Kimi okur ise, kitabın başındaki *"basından ve okurlardan"* bölümlerinin kaldırılmasını ya da arkaya alınmasını istediler. Mektuplarda, umut verici iletiler var. Kaldırmayı şimdilik uygun görmedim, ancak azaltıp kitabın arkasına alıyorum. Yeni okurlarıma, bu mektupları okumalarını öneriyorum. Okusunlar ki; ulusal birlik temelinde gelişmeye başlayan yurtsever yükselişin insana heyecan veren dayanışmasını görsünler, yalnız olmadıklarını anlasınlar ve bu erdemli duyguyu paylaşsınlar.

Metin Aydoğan

YEDİNCİ BÖLÜM

İKİNCİ DÜNYA SAVAŞI VE SONRASI

Savaş Başlıyor

1 Eylül 1939 günü Almanya, Polonya'yı elegeçirmeye başladı. Bu girişim, koşulları önceden oluşan yeni bir dünya savaşının çıkış gerekçesi oldu. Saldırgan konumda olan Almanya'ydı. Ancak, Dünya Savaşı'nı resmen başlatanlar İngiltere ve Fransa'ydı.

Birinci Dünya Savaşı'nın; *'bitmeyen bir savaş'* olduğu, çıkışına neden olan koşulların ağırlaşarak sürdüğü, bu nedenle küresel ölçekli yeni bir askeri çatışmanın kaçınılmaz olduğu, beklenen bir sonuçtu. Bu sonuç, görülüyor ve buna göre hazırlanılıyordu. **Winston Churchill,** ilk savaş henüz bitmişken 1924 yılında, Birinci Dünya Savaşı'nın bitmemiş olduğunu, yeni savaşın eskisinin bitimiyle birlikte başladığını söylüyor, *"1919'da başlatılan savaş hiçbir zaman yapılamadı; ama savaşın düşüncesi hala yaşıyor"*[1] diyordu.

Büyük şirket yöneticileri, hükümet yetkilileri ve bunların hizmetindeki politikacılar dışında; çok az insan savaşı istedi. İlk savaşın bitiminden henüz 21 yıl geçmişti ve bu savaşta çarpışan insanların çoğu, henüz emekli bile olmamıştı. *'Noel'de biter'* denilen birinci savaş tam dört yıl sürmüş ve 30 milyon insanın ölümüne yol aşmıştı. Avrupa nüfusunun yüzde 70'i savaşın acılarını yaşamıştı. 3 Eylül 1939 akşamı, İngiltere ve Fransa, Almanya'ya savaş ilan ettiğinde, bir öncekinde olduğu gibi, Londra sokaklarında, utku umutlarını taşıyan törenler yoktu. Bu kez Paris'in bulvar kahvelerinde çıt çıkmıyordu.

Halk savaş istemiyordu ancak mal ve hizmet üreten *büyük tekeller*, ekonomik yaşamı belirleyen *mali sermaye kümeleri* ve varlığını bunların çıkarlarına bağlamış *emperyalist devletler* için savaş, istem değil, varlıklarıyla ilgili bir gereksinimdi. Ya üretim ve sermaye güçlerine uygun dış pazarlar bulunacak ya da yok olunacaktı. Onlar için savaşın gerçek anlamı buydu.

İkinci Dünya Savaşı'na Almanya'nın neden olduğunu bugün herkes biliyor. Almanya, sanayi gücünü arttırmış ve gözünü yalnızca *Versailles*'la elinden alınmış eski sömürgelerine değil, birçok yeni pazara dikmişti. **Hitler** 1 Nisan 1939'da yaptığı konuşmada özetle şunları söylüyordu: *"Çok dar bir alanda sıkışmış durumdayız. Öteki devletler gibi biz de sömürge istiyoruz. Almanya gü-*

*neşteki yerini almalıdır. Alman bayrağını okyanuslarda dalgalandıracağız".*²

Ancak, bu söylendiği kadar kolay bir iş değildi, dünyada bayrak dalgalandırılmayan okyanus artık kalmamıştı. *'Güneşte yer almak'* için güç ve güce dayalı yeğinliğe gereksinim vardı, dünyanın yeniden paylaşılması gerekiyordu.

İngiltere ve Fransa, Almanya'nın derdini anlasa da, doğal olarak iyesi olduğu etki alanlarını korumak zorundaydı. Bir yandan savaşa hazırlanırken, öbür yandan Almanya'yı *'sakinleştireceğini'* sandıkları ödünler verdiler. *Çekoslavakya, Avusturya, Moravya*'nın elegeçirilmesine, *Litvanya*'nın *Klaipeda* limanının alınmasına, *Romanya Ekonomik Anlaşması*'na ses çıkarmadılar. İtalya'nın *Arnavutluk'u* almasını yalnızca izlediler, *İspanya İç Savaşı*'nda Almanya'yı *'kızdıracak'* bir davranışta bulunmadılar. Orta ve Doğu Avrupa'da etkisini arttırmasına göz yumdular. Bu ödünlerle, Almanya'nın kendilerine yönelik saldırgan eğilimlerini yumuşatacaklarını düşündüler. Ancak, düşüncelerinde yanıldılar. Herhangi bir yumuşama sağlayamadıkları gibi, Almanya'nın güçlenmesine ve saldırganlık için özgüven kazanmasına yol açtılar. Polonya saldırısı onlar için, **Hitler**'in *'durmayacağını'* gösteren ve artık ödün sınırını aşan bir çıkıştı.

Hitler'e ödün verenler yalnızca İngiltere ve Fransa değildi. Sovyetler Birliği, tüm dünyanın, özellikle de komünist ve sosyalistlerin şaşkın bakışları arasında Almanya ile 23 Ağustos 1939'da, Polonya'nın ortaklaşa elegeçirilmesini kabul eden bir anlaşma imzaladı. Sovyetler Birliği ödün vermeyi o düzeye çıkardı ki; kendisine sığınmış olan Alman sosyalist ve komünistlerinin tümünü, *'diplomatik zorunluluklar'* ve *'Rusya'nın çıkarlarının gözetilmesi'* gibi gerekçeler ileri sürerek, *Gestapo*'ya verdi.³

Hitler, Avrupa ülkelerini öylesine korkutmuştu ki, gözükaralığını caydırıcı güç durumuna getirip dediğini yaptıran kabadayılara dönmüştü. Buna da çok alışmıştı. Bu nedenle, Polonya'ya girmesi üzerine, İngiltere ve Fransa'nın Almanya'ya savaş açmasına çok şaşırmıştı. O, Polonya'yı işgal etmesine de ses çıkarılmayacağına inanıyordu.

İkinci Dünya Savaşı başlarken yanılan bir başka önder, **Sta-**

lin'dir. **Stalin**, imzaladığı anlaşmayla, Alman saldırısının Sovyetler Birliği'ne yönelmesini önleyeceğine inanıyordu. İngiltere ve Fransa, Alman saldırganlığından, saldırının Rusya'ya, Rusya ise Batı Avrupa'ya yönelmesiyle kurtulabileceklerinin hesabı içindeydi.

Ancak, tümü, hesaplarında yanıldı. Almanya Batı Avrupa'ya saldırdığında, **Stalin**, Rusya'yı savaştan uzak tuttuğuna ve uyguladığı politikanın doğruluğuna artık kesin olarak inanıyordu. Bu inanca dayalı barış umutlarını somut gerçeklik gibi gören **Stalin**, kendisine yapılan tüm uyarı ve önerileri bir yana itiyordu. 22 Haziran 1941 günü sabaha karşı başlayan Alman saldırısına inanmamış, bu işin *'disiplinsiz bazı birliklerinin yanlışlığı'* olarak niteleyerek, Alman topçusunun ateşine bir süre karşılık verdirmemişti. Saldırıdan bir gece önce, Alman ordusundaki bir komünist er, sınırı geçmiş ve saldırının başlayacağı saati bildirmişti. Ancak, **Stalin** bir bozguncu ve kışkırtıcı gizmen (ajan) olarak tanımladığı işçi **Korpik**'i kurşuna dizdirmişti.[4]

*

İkinci Dünya Savaşı'na gelinirken, savaşacak ülkelerin yöneticileri; siyasi ve askeri yetersizlikler, kararsız ve ürkek davranışlar, gerçeklere uygun düşmeyen amaçlar peşindeydi. Savaşın gelmekte olduğunu hemen hepsi görüyor ancak *'devekuşu politikası'* uygulayarak savaşın çekincelerinden uzak duruş, çıkarlarını koruyabilmenin bir yolunu arıyordu.

Bu ortamda, yaklaşan savaşın niteliğini ve olası gelişmelerini, şaşırtıcı bir öngörüyle saptayan tek önder, **Mustafa Kemal Atatürk** olmuştur. Türkiye'nin dış siyasetini, komşularıyla dayanışma ilkesine oturttu ve Balkanlar'dan Ortadoğu'ya bir savunma çizgisi oluşturdu. Bu girişimiyle, Avrupa yayılmacılığının önüne geçebilecek bir uluslararası güç yarattı; Avrupa'da olabilecekleri savaştan dört yıl önce **Gladys Baker**'a verdiği söyleşide şöyle değerlendirmiştir: *"Savaşın ciddiyetini dikkate almayan kimi samimi olmayan önderler, saldırı araçları, ajanları olmuşlardır. Denetimleri altındaki ulusları, ulusçuluğu ve geleneği yanlış biçimde göstererek ve kötüye kullanarak aldatmışlardır. Eğer savaş bir bomba infilakı gibi birdenbire çıkarsa milletler savaşa engel olmak için silahlı direnişi ve* *mali güçlerini saldırgana karşı birleştirmekte tereddüt etmemelidirler. En hızlı, en etkili önlem, olası bir saldırgana, saldırının yanına kar kalmayacağını anlatacak uluslararası örgütün kurulmasıdır".*[5]

*

1 Eylül'de çıkan savaş kısa bir süre içinde yayıldı ve bu çatışmadan hiçbir çıkarı olmayan birçok ülkeyi içine aldı. Bir yanda Almanya, Japonya ve İtalya, öbür yanda İngiltere, Fransa ve Amerika Birleşik Devletleri olmak üzere altı emperyalist ülke, tam 61 ülkeden 110 milyon insanı silah altına alarak ya da aldırarak savaş alanlarına sürdü.[6]

Almanya savaşa fırtına hızıyla girdi. 30 tümenlik Polonya Ordusu 26 günde çökertildi. 1940'ta Danimarka ve Norveç işgal edilerek, kuzey burnundan Hamburg'a dek Baltık'ın tüm Batı kıyıları bir ay içinde ele geçirildi. 10 Mayıs 1940'ta başlatılan batı saldırılarıyla Hollanda bir hafta, Belçika ise 3 hafta içinde geçildi. Fransa, 22 Haziran'da teslim oldu. Polonya'nın elegeçirilmesine karşı çıkarak savaşa giren Fransa, onun gibi, birkaç haftada yenilmişti.

Mussolini, saldırganlıkta geri kalmamak için; 1940'ta İngiliz egemenliğine karşı, Libya ve Etiyopya'dan başlayarak Mısır, Somali ve Sudan'a doğru askeri eylemceye girişti. 28 Ekim 1940'ta Yunanistan'a girdi. Ancak, İtalyanlar askeri alanda Almanların gösterdiği başarıyı gösteremedi. Balkanları daha sonra Almanya elegeçirdi.

Japonya, 7 Aralık 1941 günü Hawaii'deki *Pearl Harbor* limanında Amerikan donanmasına saldırdı ve savaş Pasifik'e taşındı. Baskından üç gün sonra Almanya ve İtalya ABD'ye savaş ilan etti. Stratejik üstünlüğe sahip Japonya, Uzakdoğu'da büyük başarılar elde etti. Birmanya'ya girdi, Çin'i yalıttı, Filipinler, Malezya ve Singapur'u ele geçirdi, Endonezya'yı denetimi altına aldı. Büyük Okyanus'ta birçok adayı kendisine bağladı. Japon yayılması, Mayıs 1942 *Mercan Denizi*, Ağustos 1942 *Guadalcanal* çarpışmalarıyla durduruldu.

İkinci Dünya Savaşı'nın sonucunu, Alman Ordusu'nu durdurabilen Sovyetler Birliği belirledi. Dünyanın en büyük iki ordusu, Rusya'nın geniş bozkırında amansız bir savaşa tutuştu. Asker-sivil yirmi milyon insanını yitiren Sovyetler Birliği, en seçkin birliklerden oluşan Alman ordusunu Stalingrad'da yendi ve savaşın yazgısını tersine çevirdi.

6 Haziran 1944'te, ABD ve İngiltere orduları, Normandiya'dan Fransa'ya çıktı. Rus cephesinde çarpışmaların yıpranması için bilinçli olarak geciktirildiği söylenen bu çıkartmayla, Almanya Batı Avrupa'da yenildi. Bağlaşık güçleri, Kızılordu'nun batıya doğru yürüyüşünü Berlin'de karşılayabilmek için, hızla Almanya'ya yöneldi.

Almanya'nın 2 Mayıs 1945'te kayıtsız koşulsuz baş eğmesiyle Avrupa'da savaş bitti. Amerikalılar teslim olmamakta direnen Japonya'nın iki sivil yerleşim birimi üzerinde nükleer silah kullandı. 6 Ağustos'ta Hiroşima'ya, 9 Ağustos'ta da Nagazaki'ye atılan atom bombalarından sonra, 14 Ağustos'ta Japonya koşulsuz baş eğdi.

*

İkinci Dünya Savaşı'nda 40-52 milyon arasında insan öldüğü düşünülüyor. En büyük insan yitiğini, 9 milyonu asker olmak üzere 20 milyon kişiyle Sovyetler Birliği verdi. Bu yitik tüm Sovyet nüfusunun yüzde onuydu. İkinci Dünya Savaşı'nda ülkelerin insan yitiği şöyledir: Çin 8 milyon, Polonya 5 milyon, Almanya 4.5 milyon, Japonya 2 milyon, Yugoslavya 1.5 milyon, Fransa 535 bin, Yunanistan 500 bin, İtalya 450 bin, İngiltere 390 bin ve ABD 300 bin.[7]

11 Şubat 1945 *Yalta* ve 17 Temmuz *Potsdam Konferansları*'yla, dünya yeniden paylaşıldı. Ancak, bu paylaşım Birinci Dünya Savaşı'nda olduğu gibi yenenleri bile memnun etmedi. İngiltere ve Fransa, savaş öncesi gücünü yitirdi. Savaş, dünyaya iki yeni süper güç armağan etti. Büyük üretim ve sermaye gücüyle ABD, gelişen uran ve düşüngüsel dayanaklarıyla SSCB, karşı kutuplar olarak dünya siyasetine yön veren ülkeler oldu. Savaştan önce dünyanın tek 'sosyalist' ülkesi olan SSCB yalnızlıktan kurtuldu. Tüm Doğu Avrupa ülkeleri ve Çin, aynı yolun yolcusu, 'yoldaşlar' olarak yazgılarını onunla birleştirdi.

Batılı ülkeler, aralarındaki ekonomik yarışma çelişkisini ve silahlı çatışmayla uğradıkları yitiklerin gerçek boyutunu, bu savaştan sonra derinden kavradı. Yeni bir silahlı çatışmanın, *'Batı uygarlığının'* sonu olacağını çok açık biçimde gördü. Bütün olanaklarını birleştirerek, en azından *birbirleriyle askeri çatışmaya girmeden, ekonomik ve toplumsal düzeni ayakta tutabilmenin yollarını* aramaya başladılar. *Dünya pazarlarını tek tek paylaşmak yerine, tümünü birlikte kullanmanın yolları bulunmalıydı.* Dünyaya yeni bir düzen gerekiyordu.

Emperyalist Politikalarda Biçim Değişikliği

Yirmi bir yıl arayla ortaya çıkan iki dünya savaşı, o güne dek az sayıda insan tarafından bilinen iki temel gerçeğin geniş kitlelerce görülüp kavranmasına yol açtı. Birincisi; dünyadaki tüm çatışmaların kaynağı ve yürütücüsü, doyumsuz pazar gereksinimi içinde bulunan uranlaşmış ülkelerdir, emperyalizmdir. Dünya politik yaşamına yön veren bu devletler, kendi aralarındaki ekonomik çekişmeyi, silahlı eyleme dönüştürmekte ve insanlığı toplu bir çatışmanın içine sokabilmektedir. İkincisi; çatışmalardan çıkarı olmamasına karşın savaşın yükünü çeken dünya halkları, bu ilişkilere karşı çıkmakta ve giderek artan biçimde anti-emperyalist bir savaşım içine girmektedir. Bu durum, daha çok kazanç için çatışmaya giren ülkelerin yitiklerini arttırmakta ve bunların bir bölümü çatışma öncesi konumunu bile koruyamaz duruma getirmektedir.

Birinci Dünya Savaşı'ndan önce, kapitalist-emperyalizme bağlanmamış tek bir ülke yokken; İkinci Dünya Savaşı'ndan sonra, dünyanın neredeyse yarısı emperyalist boyunduruktan kopmuştu. Kimi gelişkin ülkelerde, düzeni değiştireceğini söyleyen ve yüzde 30 oy alan komünist partiler ortaya çıkmıştı. Bu durumda, daralma ve yetmezlik eğilimi nedeniyle ortaya çıkan ve yeni paylaşım istekleri doğuran pazar çatışmalarının, dünya savaşına yol açmadan ya da savaşları bölgesel düzeyde tutarak, kurulu düzeni yürütmenin yolları aranmalıydı... Bu olanaklı mıydı?

İşletmelerin varlıklarını sürdürebilmeleri için, üretimi sürekli arttırmak zorunda olması kapitalizmin doğası gereğidir. Üretim artışı ise doğal olarak pazar artışı demektir. Sürekli artan üretime, sürekli pazar artışlarıyla yanıt verebilmek, sınırları belli olan bir dünyada nasıl olanaklı olabilir? Böyle bir yol bularak, kapitalist-emperyalist düzeni, insanlığı geliştiren, kalıcı ve evrensel bir düzen durumuna getirmek kuşkusuz olanaklı değil. Böyle olsa, iki büyük dünya savaşı ve sayısız bölgesel savaş, yüksek yoğunluklu ekonomik ve siyasi çatışma ortaya çıkmaz; dünya üretim, ticaret (tecim), bilim, spor ve sanatla uğraşan mutlu insanların yaşadığı bir yer olurdu. Unutulmamalıdır ki dünya savaşlarını büyük ülkelerin *'kötü amaçlı'* yöneticileri değil, nesnel koşullara dayalı ekonomik zorunluluklar çıkarmıştır.

Emperyalizmin sözcüleri, düşünücüleri, politikacıları, şirket yöneticileri ve tümünün haklarını savunmakla görevlendirilmiş hükümet yetkilileri, pazar sorununa yeni bir çözüm bulunması gerektiğini görüyordu. Bunun için yoğun ve kararlı bir çaba içine girdiler. Ya çözüm bulunacak ya da yeniden savaşılacaktı. Oysa, düzenin üçüncü bir dünya savaşına dayanabilecek gücü artık yoktu.

Bütün kapitalist ülkeler, biri hariç, İkinci Dünya Savaşı'ndan büyük güç yitiğiyle çıktı. Yenen ve yenileniyle tüm Avrupa ve Japonya eski güçlerinden çok uzaktı. İngiltere ve Fransa yenen konumundaydı ancak toplumsal yaşam büyük yara almıştı. Almanya ve İtalya, insanları açlık ve yoksulluk içine düşmüş birer yıkıntı ülkesi durumuna gelmişti.

Savaşı, ülkesini ondan uzak tutarak ekonomik büyümenin aracı olarak kullanan tek ülke ABD oldu. Bu ülke, altı yıl boyunca savaş tüketimini karşılayarak, büyük bir ekonomik güce ulaşmış ve enüstün (süper) güç olmuştu. Dünyaya yeni bir biçim vermek için gerekli olan birikim ve yetkeye bu ülke sahipti.

ABD bu işi gönüllü olarak ve istekle üstlendi. Gelişmiş kapitalist ülkeler arasında oluşacak yeni bir silahlı çatışmayı, en azından ileri tarihlere erteleyecek, çok boyutlu yeni bir dünya düzeninin oluşturulmasına girişti. Bunun için, siyasi ekonomik ve askeri alanda, ulusal ve uluslararası ölçekli belirleyici kararlar aldı; kararlar doğrultusunda küresel boyutlu örgütlenmelere gitti. Azgelişmiş ülkeleri yeniden sömürge durumuna getiren *Yeni Dünya Düzeni* böyle oluştu.

Yeni Dünya Düzeni; kapitalizme yönelik yapısal dönüşümleri gerçekleştiren ya da uluslararası ilişkileri *"demokratikleştiren"*, serbest piyasa ekonomisi uygulayan, dünya ticaretini serbestleştiren, dünyayı herkes için küçülten yeni bir düzen değildir. Uygulamalarda egemen olan anlayış, bu tür eğilimlerin tam karşıtıdır. Yenen ve yenileniyle tüm gelişmiş ülkelerin çıkarlarını, ortalama yaklaşımlarla birleştirerek emperyalist ilişkilerin derinleştirilmesi ve azgelişmiş ülkeler üzerindeki egemenliğin sınırsız duruma getirilmesidir. Kaba çerçeve budur...

Yeni Dünya Düzeni'ne, belirli çevreler; *'post modern çağ'*, *'bilgi çağı'*, *'bacasız sanayi çağı'*, *'endüstri ötesi çağı'*, *'insan hakları ve özgürlükler çağı'* ya da *'tarihin sonu'* dese de bu çekici sözler ve yapay yaymacalar gerçekleri değiştirmiyor. Gününü doldurmuş bir üretim biçimi, güce dayalı yöntemlerle sürdürülmeye çalışılıyor ve dünyanın çok büyük bölümünü, açlık, yoksulluk ve gerilik içine sokuyor.

Yeni Dünya Düzeni'nin Belirgin Özellikleri:

1- Egemenlik yöntemi olarak sömürgeci uygulamaların deney ve birikiminden yararlanmakla birlikte, kökleşik (klasik) sömürgecilikten vazgeçilmiştir. Ulusal uyanışı hızlandıran, kendi ülkesinde toplumsal tepki oluşturan sömürgeci yönetim biçimi yerine, *yarı bağımsız* yönetim biçimi geliştirildi. Yaratılan yerli ortaklara dayanarak sürdürülen yeni yönetim biçimi, tüm dünyaya yayıldı ve İkinci Dünya Savaşı'ndan sonra bu nitelikte, yüzden fazla yeni *'bağımsız'* ülke ortaya çıktı. Belçikalı ekonomist **Ernest Mandel** bunu şöyle dile getiriyor. *"İkinci Dünya Savaşı'ndan sonra gelişmiş kapitalist ülkelerin eski sömürgeleri, emperyalist sistem içinde bir dizi değişiklik gerçekleştirerek siyasi bağımsızlıklarına kavuşturuluyordu. 'Yarı Sömürge' diye adlandırılan bu ülkelerde ekonomik bağımlılığın sürdüğü ve yaratılan değerlerin büyük ölçüde gelişmiş ülkelere aktarıldığı bu döneme 'yeni-sömürgecilik dönemi' denilmektedir".*[8]

Toplumların; bağımsız gelişme gücünü yok eden, ulusal değerlerini eriten ve onları yarı-sömürge durumuna getiren, bu yeni ilişkide; söylemde demokrasi, eylemde kandırma ya da korkutma geçerli yöntemler oldu.

2- Yeni düzende, gelir alanları az gelişmiş ya da gelişmekte olan ülke pazarları olduğu için, ulusal bağımsızlık eğilim ve eylemleri, doğal olarak birincil çekince kabul edildi. Sosyalist ülke pazarlarına dolaysız girilemediği için, yeni düzenin gelir alanı Üçüncü Dünya ülkeleriydi. Bu nedenle, bu ülkeler üzerine, geleneksel sömürgecilik yöntemlerinden daha ağır ve dizgeli bir baskı uygulandı. Bu baskı ulusların tarihsel geleneklerini, yerel alışkanlıklarını, bağımsızlık eğilimlerini ve sahip oldukları tüm toplumsal gelişim güçlerini yok eden bir baskıydı, bu nedenle de görüntüsünün tersine son derece vahşi ve ilkeldi.

3-*Yeni Dünya Düzeni*'ne karşı çıkan hiçbir düşünce ve eylem türü bağışlanmaz, değişik yöntemlerle cezalandırılır. Güce ve eşitsizliğe dayandığı için, demokrasiye ve hoşgörüye asla yer vermeyen bu düzen, dünyayı bir *'halklar hapishanesine'* dönüştürmüştür. Düzene karşı en ufak karşı çıkış ya da yansızlık eğilimi, *'hür dünya'* ve onun öncüsü ABD çıkarları için çekince sayılır ve yok edilir. Etki alanlarında ve emperyalist merkezlerde oluşan değer yargıları, *Yeni Dünya Düzeni* yandaşlığının niteliğini de belirler. Toplumun her alanında, yükselmenin ve etkili olmanın ölçütü, düzene inanç ve hizmettir. İş yaşamı, politik ortam ve devlet kadroları bu tür insanların denetim ve yönlendirmesi altındadır.

4- Yeni düzenin ekonomik dayanakları olan şirketler; büyük sermaye kümeleri, hükümet destekleri ve ayrıcalıklı yatırım kolaylıklarıyla desteklenir. Onların tekelleşme eğilim ve isteği, birleşmeler ve şirket evlilikleriyle giderilir. Amaca yönelik olarak, ulusal ve uluslararası düzeyde yeni yasal düzenlemeler ve anlaşmalar yapılır. Büyük devletlere ait *mali sermayenin*, uluslararası nitelik kazanarak küresel ölçekte çalışan işletmeler durumuna gelmesi için, her türlü yurtiçi-yurtdışı düzenleme yapılır ve yaptırılır. Böylece ortaya, yalnızca ekonomik değil, politik alanda da belirleyici olan, dev boyutlu uluslararası şirketler çıkar.

5- İkinci Dünya Savaşı öncesinde her büyük ülke, sömürgelerini ya da etki altına aldığı ülke pazarlarını, yalnızca kendisi kullanıyor, başka bir ülkenin bu pazara girmesine izin vermiyordu. Bu işleyiş, küçük birimler oluşturan pazarların verimliliğini azaltıyor, büyük devletler arasında çatışma eğilimini yükseltiyordu. Ulusal pazarlar birleştirilerek büyütüldü ve uluslararası kullanıma açıldı. Dünyanın çeşitli yerlerinde, her ülkenin gücü oranında söz sahibi olduğu *ortak pazarlar* oluşturuldu. Ulusal pazarı bu yeni ekonomik birliklere girmeye değer görülen ülkeler, serbest piyasa ekonomisinin *'erdemlerine'* inandırılarak, olmazsa zorlanarak buralara sokuldu.

6- İkinci Dünya Savaşı sonrasında, yenik düşen Almanya, Japonya ve İtalya'ya, *Versailles* mantığıyla yaklaşılmadı. Endüstriyel gizilgücü (potansiyeli) ve köklü üretim geleneği olan bu ülkelerin gelişme isteği, güç kullanılarak bastırılmadı. Kısıtlayıcı bir dizi önlem almak, önlemlerin uygulanmasını denetlemek ve savaş endüstrisinden uzak tutulmak koşuluyla, yeni düzen içinde yer almalarına izin verildi. Uzun süren *Soğuk Savaş*'a karşın herhangi bir askeri gideri olmayan bu ülkeler, durumdan yararlanmasını bildi ve yeniden büyük ekonomik güç durumuna geldi. 21. yüzyıla girerken henüz, dünya pazarlarından pay isteyen saldırgan askeri düşmanlar değillerdi ancak ABD'nin ekonomik yarışçısı olmuşlardı.

7- *Yeni Dünya Düzeni,* üretim ilişkilerinin yapısal dönüşümüyle oluşan yeni bir üretim biçimi değildir. Gelişen teknolojinin de yardımıyla, tekel egemenliğinin derinleşmesi, yoğunluk ve yaygınlık kazanmasıdır. Temel yapısı ve işleyişi, Birinci Dünya Savaşı öncesinden ayrımlı değildir. Ayrım yalnızca yoğunlaşan uluslararası sömürünün yeni ve gelişkin araçlarla sürdürülüyor olmasıdır. Amerikalı ekonomist **Jeffrey T. Bergner**'in görüşleri şöyledir: "*20. yüzyıla girerken, dinamik, yeni sanayileşmiş üç ülke, İngiliz İmparatorluğu'nun üstünlüğüne kafa tutmaya başlamıştı. Özellikle sanayi çağına pek uygun düşen bu üç ülke, ABD, Almanya ve Japonya idi. İki dünya savaşından, Rusya'daki Marksist deneyimden ve sömürgeciliğe karşı mücadelelerden sonra, 20. yüzyıl hemen hemen başladığı gibi bitecek; Almanya, Japonya ve ABD arasındaki ilişkiler bir kez daha dünyanın geleceği açısından belirleyici olacaktır*".[9]

Her Alanda Uluslararası Örgütler Kuruluyor

"Uluslararası örgütler, iki dünya savaşı arasında görülen türden kopuklukları önlemek için, Birleşik Devletler ve Büyük Britanya tarafından tasarlandı. IMF, Dünya Bankası ve GATT gibi kurumlar bu nedenle kuruldu".[10] Amerikalı ekonomist **Jeffry E. Garten**, İkinci Dünya Savaşı'ndan sonra girişilen uluslararası örgütlenmelerin, kimler tarafından, ne amaçla gerçekleştirildiğini özlü ve açık biçimde ortaya koyuyor. ABD ve İngiltere'nin gidermek istediği *"iki dünya savaşı arasında görülen kopukluklar"*, bu iki ülkenin sorunuydu ve bunu gidermek için uygulanabilir küresel bir politika, para ve örgüt gerekliydi. Bunları sağlama olanak ve yeteneği ise ABD'de bulunuyordu.

Dünya ölçeğinde geçerliliği olacak uygulanabilir izlenceler tasarlamak güç bir iştir. Tasarlanan izlenceleri uygulamak ise daha güçtür. Anlaşmalar yapmaktan çok uygulamak önemlidir, bunun için örgütlü güç gereklidir. Uluslararası düzeyde geçerliliği olacak kurallar koyulacaksa, bu kuralların uygulanmasını denetleyecek örgütün de uluslararası düzeyde yapılanması gerekir. Dünya ekonomisine yön vermek isteyenler, isteklerine uygun yapıyı da kurmak zorundadır. Nitekim öyle olmuştur. 'Hür dünyanın' önderi ABD, *Yeni Dünya Düzeni*'ni hem tasarladı, hem uyguladı.

ABD, yeterli güce ulaşmadan dünyaya açılmanın acısını iki savaş arasında yaşamıştı. Almanya başta olmak üzere, Birinci Dünya Savaşı süresince, Avrupa ülkelerine açtığı kredilerin geri dönüşünü yeterince gerçekleştirememişti. Askeri gücü, Güney Pasifik'te tasarladığı ereklere ulaşmada yetersiz kalmış, dışarıya gönderdiği sermayenin güvenliğini tam olarak sağlayamamış, zarara uğramıştı. Bu nedenle İkinci Dünya Savaşı'na istekle katılmıştı. Oysa, sermaye bulunduğu yerde güvenli bir ortam ister. İster anavatanda, ister denizaşırı ülkelerde durum aynıdır; *"sermaye yatıracaksan onu koruyacaksın"*. 1950'li yılların sonlarında, ABD Dışişleri Bakanı **Dean Rusk** şöyle diyordu: *"Yalnızca Kuzey Amerika, yalnızca Batı Yarımküresi ya da yalnızca Kuzey Atlantik Topluluğu ile sınırlandırılmış savunma taktiklerinin artık güven ve refah sağlamayacağını biliyoruz. Dünya çok küçülmüştür. Toprak ile, su ile, atmosfer* *ile, bunları paylaşan uzay ile, yani dünyanın tümü ile ilgilenmeliyiz".*[11]

Sermaye yatırımlarının korunması, kazancın ve borçların faizleriyle birlikte geri dönmesi işin özüdür. Geri dönüşün sınırsızlaştırılması ve sürekli kılınması, bunun için yerel hukukta kalıcı dönüşümlerin sağlanması, sermaye dışsatımının gereksinim duyduğu vazgeçilmez koşuldur. Yabancı sermaye yatırımı için dengeli (istikrarlı) ortam bunlardan oluşur. Küresel boyutlu bir askeri örgüt ağı kurulmuş olmasına karşın, denge, genel bir kural olarak yerel güçler tarafından sağlanır. Dünyanın hemen her yerinde bu işi istekle yapacak *'dost'* güçler ve onların siyasi uzantıları yönetimde tutulur. Partiler ve kişiler değişir ancak anlayış değişmez. Ordu, polis ve eğitim kurumları başta olmak üzere tüm devlet örgütlerini bu unsurların yönetmesi sağlanır; piyasa kurumları, iletişim ve toplumsal yaşam denetim altına alınır. Aykırı siyasi gelişmelere yaşam şansı verilmez. Bunlar sağlanmadan yani *'güvenli ortam'* sağlanmadan sermaye gönderilmez.

Küresel örgütlenme yalnızca askeri alanı kapsamaz. Katılan ülkeler için bağlayıcı kararlar alabilen, alınan kararları uygulama ve denetleme yetkisi olan, ekonomik ve siyasi örgütler oluşturulur. Bu örgütlerin çalışma koşullarını belirleyen uluslararası anlaşmalar yaygınlaştırılır. Anlaşmalarda ayrıcalık sağlama güçlü olmaya bağlıdır. Görünüşte koşullar eşittir ancak sonucu belirleyen kararları hep güçlüler alır. Kurulan küresel ekonomik ilişkilere, *serbest piyasa ekonomisi* denir ancak serbest olan güçsüzlerin sömürülmesidir.

Yeni Dünya Düzeni içinde gerçekleştirilen örgütler, bugün son derece etkin durumdadır. Ekonomiden politikaya, kültürden iletişime, uluslararası ilişkilerden spora dek, yaşamın her alanında belirleyici olanlar onlardır. Savaştan hemen sonra, hatta savaşın son dönemlerinde başlayan uluslararası örgütlenmeler, 50 yıldır denenerek geliştirilmiş, geliştirildikçe yenilenmiştir. Askeri, ekonomik ve siyasi alanda, birbirini tamamlayarak tüm dünyaya yayılan bu örgüt ağı, akçalı olanakları, yaptırım gücü ve yaymaca yetenekleriyle, ulusal bilinçten yoksun ülke yöneticileri için gerçek bir caydırıcı güç durumuna gelmiştir. *Yeni Dünya Düzeni,* bu tür örgütlerin ve bunların çalışmalarının genel toplamından oluşmaktadır.

Yeni Dünya Düzeni'nin Temelleri:
1. Küresel Askeri Örgütlenmeler

ABD, İkinci Dünya Savaşı süresince, ileri teknoloji içeren güçlü bir silah uranına ve büyük bir askeri güce ulaşmıştı. Savaş sonrasında ordularını dağıtmadı. Avrupa ve Pasifik ağırlıklı olmak üzere, dünyanın hemen her yerine askeri birlikler yerleştirdi, üsler kurdu. Gerektiğinde sayısını hızla arttırma yeteneğindeki iki milyonluk büyük bir orduyu sürekli hazır tuttu (1985 yılında 2.151.600 asker, yalnızca kara ordusunun yedek sayısı 610 bin kişi).[12] Birlikte davrandığı ülkelerin ordularını, ortak askeri örgütler ve ikili yardım anlaşmalarıyla etkisi altına aldı.

İngiltere, Fransa, Hollanda ve Belçika; dünyanın değişik yerlerindeki askeri üslerini gönüllü olarak Amerikalılara devretti ve bu ülkeye çok yönlü stratejik kolaylıklar sağladılar. Ordularını, ortak savunma örgütleri aracılığıyla ABD'nin emrine verdiler, olanakları ölçüsünde askeri harcamalara katıldılar. Bunları yaparken, ulusçu kaygılarla herhangi bir rahatsızlık duymadılar. *Yeni bir dünya kuruluyordu ve bu dünyada yerlerini almalıydılar.* Ayrıca, tüm dünyayı kapsayacak askeri örgüt ağının kurulup yaşatılması için gerekli olan akçalı güç ve teknolojik olanaklar, ABD'de vardı. Onun öncülüğü tartışmasız kabul görüyordu. Kapitalist dünyanın yeni önderi oydu, yetki ve sorumluluk da kuşkusuz onda olmalıydı. 1945'lerin dünyasında siyasi durum böyleydi.

ABD'nin kapitalist dünyanın önderliğini üstlenmesi, bağlaşıklarının sorunlarını çözmek, onlara yardımda bulunmak gibi bir kaygıya dayanmıyordu. Böyle bir özgörev (misyon) yüklenmesi; dev boyutlu uranını, büyük akçalı kaynaklarını ve tarımsal ürünlerini dünya pazarlarına açma gereksiniminden kaynaklanıyordu. Dünya ticaretinin serbestleştirilmesi ve *mali sermaye* dolaşımı önündeki engellerin kaldırılması, en başta ona gerekliydi. ABD dış yatırımları 1914 yılında sermaye dışsatımlayan ülkelerin toplam yatırımlarının ancak yüzde 6,3'ü iken, bu oran 1960 yılında yüzde 59,1'e çıkmıştı. Aynı dönemde İngiltere'nin dış yatırımları, yüzde 50,3'den yüzde 24,5'e, Fransa'nın ise yüzde 22,2'den yüzde 4,7'ye düşmüştü.[13] Bu nedenle, küresel ilişkileri geliştirecek düzenlemelerin öncülüğünü ABD'nin yüklenmesi, yalnızca olağan değil aynı zamanda zorunluydu.

ABD, askeri giderlere ve silahlanmaya bütçesinde büyük paylar ayırdı. Konvansiyonel silahlanmanın yanında, büyük bir nükleer güç oluşturdu. 1985 yılında, yalnızca *Stratejik Kuvvetler* buyruğunda (ABD ordusunda Kara, Deniz ve Hava Kuvvetleri dışında örgütlenmiş olan dördüncü güç); 1000 adet kıtalar arası balistik füze (ICBM); her biri on nükleer başlık taşıyan 48 adet *MX Peacemaker füzesi*; 241 adet uzun, 56 adet orta menzilli, nükleer bomba taşıyan uçak; 640 füze taşıyan 37 nükleer denizaltı; toplam 498 adet nükleer seyir füzesi taşıyan 4 denizaltı; *Awacs* erken uyarı sistemleri, 30 km. yükselebilen büyük hızlı füze uçakları ve alçak yörüngede dolaşan keşif uyduları vardı.[14]

ABD'nin oluşturduğu askeri güç, kimi ülkelerin yöneticileri için gerçek anlamda korkutucu bir güç, kimileri için güvence, kimileri için de savaşılması gereken düşman güçleriydi. 1950'lerin sonlarında Sovyetler Birliği'nin de nükleer silah üretmesi, bu konuda bir denge oluşturdu. Caydırıcılık çift taraflı işlemeye başladı. Sovyetler Birliği dağılana dek bu denge sürdü ve bu süre içinde, dünyanın birçok yerinde, ulusal bağımsızlık savaşları ortaya çıktı. ABD, oluşturduğu büyük askeri güce karşın, caydırıcı olamadığı ulusal bağımsızlık savaşlarına, dolaylı ya da dolaysız karışmaktan çekinmedi. ABD Silahlı Kuvvetleri ve denetimi altındaki bağlaşık güçler, *Yeni Dünya Düzeni*'nin bir numaralı güvencesi oldu.

*

İkinci Dünya Savaşı'ndan sonra, ABD, İngiltere ve Sovyetler Birliği tarafından düzenlenen *Yalta* ve *Potsdam Antlaşmaları'yla*, dünyanın sınırları yeniden belirlendi. Emperyalizmin etki alanında kalan *'hür dünyanın'* örgütlenmesine hemen başlandı. Japonya'nın başeğmesiyle ABD Pasifik'te tek egemen güç durumuna gelmişti. Bölgeye yönelik kararlar içeren, *Manila* ve *SEATI Antlaşmaları'yla*, Avustralya, Yeni Zelanda, Pakistan, Filipinler ve Tayland gibi ülkeler, birinci sınıf *'dost ülkeler'* durumuna getirildi. Koşulsuz teslim olan Japonya ile *'Karşılıklı İşbirliği ve Güvenlik Anlaşması'* yapıldı. Güney Amerika'da herhangi bir ciddi sorun yaşanmıyordu. Buralarda, savaş öncesinde ilişkiler geliştirilmiş, hemen tüm Orta ve Güney Amerika, ABD denetimine girmişti. Avrupa ve Ortadoğu'nun örgütlenmesi önemliydi. Bu bölge için *'Kuzey Atlantik Antlaşması Örgütü'*, NATO kuruldu.

Kuzey Atlantik Anlaşması Örgütü (NATO)

Batı ve Güney Avrupa ülkelerini kapsayan ve kuruluş amacı Kuzey Atlantik Bölgesinde barış ve güvenliği koruma dengeyi ve erinci geliştirme olarak ilan edilen NATO 1949 yılında kuruldu. Sovyetler Birliği'nin etkinlik alanlarını genişletip güçlenmesinden duyulan kaygı, NATO'nun dile getirilmeyen gerçek kuruluş nedeniydi. Soğuk Savaş sürecini başlatan bu dönem, Sovyet karşıtlığına dayanan etkili bir yaymacanın sürdürüldüğü, düşüngüsel ve siyasi gerilimlerin arttırıldığı bir dönemdi. Yaymacanın etkili gücüne Sovyetler Birliği'nin siyasi yanlışlıkları da eklenince, birçok ülke istek ve kararlılıkla ABD çevresinde toplanmıştı.

Dünya'yı, *'Komünizm tehlikesinden'* ve *'Rus saldırganlığından'* kurtarmak sürekli yinelenen söylemlerdi. Her şey bu amaca bağlanmıştı. Yaymaca öylesine yoğundu ki, bundan belki de en çok, Amerikalı yöneticiler etkilendi. 1949 yılında Savunma Bakanı **James V. Forrestal**, bürosunda otururken ansızın yerinden fırlayıp avazı çıktığı kadar *'Ruslar geliyor, Ruslar geliyor'* diye bağırmaya başlamış, sekreterinin korku dolu haykırışları arasında hastaneye kaldırılmıştı. Savunma Bakanı, Washington yakınlarındaki bir ruh hastalıkları kliniğinde, *'Rusların eline düşmemek için'* intihar etmişti.[15]

NATO, 4 Nisan 1949 günü Washington'da, ABD, Belçika, İngiltere, Danimarka, Fransa, Hollanda, İtalya, İzlanda, Kanada, Lüksemburg, Norveç ve Portekiz'in imzaladığı antlaşma ile kuruldu. 1952'de Türkiye (18 Şubat) ve Yunanistan, 1955'te Almanya, 1982'de de İspanya örgüte katıldı. Katılan ülkelerin eşit haklara sahip olmaları, stratejik kararların ve savunma düzeninin birlikte oluşturulması gibi yazılı NATO ilkeleri hep kağıt üzerinde kaldı. Örgütün karar ve işleyişini her zaman ABD çıkarları belirledi.

1957 yılında, Sovyetler Birliği, kıtalararası nükleer başlıklı füzeler üretince ABD, ortaklarının görüşlerini dikkate almadan tek başına, *'Barış içinde birlikte yaşama'* politikasını kabul etmiş ve soğuk savaşın bittiğini ilan etmişti. Gelişmelerden rahatsız olan Fransa ve İngiltere, Washington'a başvurarak, NATO'nun nükleer stratejisinin anlaşma hükümleri gereği birlikte belirlenmesini istedi. Ancak, doyurucu bir yanıt alamadılar. Bunun üzerine Fransa kendi nükleer gücünü oluşturma çabasına girdi ve ABD'nin Fransa'da nükleer silah bulundurmasını yasakladı. Fransa'nın isteğini engellemek için *IBM* ve *Control*, Data'ya lisans vermeyi reddetti. Bu gelişme nedeniyle Fransa, nükleer silah izlencesini bir süre durdurmak zorunda kaldı.

ABD Savunma Bakanı **Robert McNamara,** 1962 yılında konuyla ilgili Amerikan görüşlerini açıkladı. Düşman algısını değerlendirebilecek tek ülkenin Birleşik Devletler olduğunu, yaşamsal bulmadığı konular için kendisini çekinceye atamayacağını açık sözlülükle dile getirdi. Bunun üzerine Fransa, askeri gücünü *Akdeniz ve Atlantik NATO Birleşik Deniz Komutanlığı*'ndan çekti.[16] 1966 yılında da askeri kanattan tam olarak ayrıldı.

Benzer davranışı, Türkiye'nin 1974 Kıbrıs çıkartması sonrasında Yunanistan yaptı, 1980 yılında geri döndü. 1975 Yılında, Kıbrıs çıkartması sırasında, Amerikan silahlarının kullanılmış olması gerekçe gösterilerek *'dost ve müttefik'* Türkiye'ye silah ambargosu uygulandı. Türkiye buna, İncirlik dışındaki Amerikan üslerini kapatarak yanıt verdi.

ABD, NATO üyesi İngiltere ve Fransa'yı, 1956 Süveyş Bunalımı sırasında desteklemedi. Tersine onları, Kanal bölgesindeki askeri güçlerini çekmeye zorladı ve verdiği petrolü kesmekle gözkorkuttu (tehdit etti). Tutumu kuşkusuz, bölgeye yönelik ABD stratejisine uygun bir tutumdu. Herkesin kendini düşündüğü bir dünyada yaşanıyordu. İngiltere ve Fransa'nın Kanal bölgesindeki eylemleri ABD çıkarlarına zarar veriyordu. Sovyetler Birliği'nin Üçüncü Dünya ülkeleri üzerindeki etkisi giderek artıyordu ve ABD bu gelişmeyi durdurmak zorundaydı.

1991 Irak Savaşı sırasında bu kez, NATO üyesi Almanya ve yakın bağdaşık Japonya, ABD'yi yeterince desteklemedi, yalnızca para yardımında bulundular. Bu davranış ABD'yi kızdırdı. Arizona senatörü **John McCain,** Japonya ve Almanya'nın katkılarını *"adi bir gösteri"* olduğunu belirterek yapılan para yardımının *"ABD'ye yapılmış bir hakaret"* olduğunu açıkladı.[17]

NATO'nun iç çelişkilerine bir örnek de Türkiye-Yunanistan gerginliğidir. Sovyet yayılmacılığına karşı ortak savunma amacıyla NATO üyesi görülen bu iki ülke, Sovyetler Birliği'nin artık olmadığı bir dünyada hala NATO üyesi görünmektedir ancak birbirlerinin düşmanıdır. Yunanistan, Türkiye'nin de üye olduğu bir NATO ülkesi olarak; *'baş düşman'* Rusya'dan, *'müttefik'* Türkiye'ye karşı kullanmak üzere S300 füzeleri almaktadır. Bu karışık ilişki, NATO'nun, ABD dışındaki üyelerin haklarıyla fazla ilgilenmediğini gösteren bir örnektir.

Harp Akademileri Komutanlığı'nın yayınladığı, *Bugünün ve Geleceğin Dünya Güç Merkezleri ve Dengeleri ile Türkiye'ye Etkileri* isimli kitapta NATO'nun bugünkü konumu hakkında şöyle söyleniyor: *"Sovyetler Birliği'nin dağılmasıyla NATO büyük ölçüde, varlık nedenini yitirmiş bulunuyor. Bugün NATO'nun tek varlık nedeni Avrupa'yı Amerikan güdümünde tutmak. Ama bunda başarılı olup olamayacağı çok kuşkuludur. Çünkü 'ortak düşman' ortadan kalkınca Birleşik Amerika ile Avrupa'nın yolları ayrılmaya başlamış görünüyor"*.[18]

Verilen örnekler NATO'nun, söylendiği gibi üye ülkelerin ortak savunma çıkarlarını koruyan bir işleyiş içinde olmadığını göstermektedir. Dünyaya yeni bir biçim verilirken, ekonomik ve siyasal ortamın denetlenmesi için tüm dünyayı kapsayan bir askeri örgüt ağına gereksinim duyulmuş ve bunun önemli bir parçası olarak NATO kurulmuştur. Başka askeri örgütlerde olduğu gibi NATO'da da, temel olan ABD'nin çıkarıdır. Başka ülkelerin çıkarları bu temele uygun olmak zorundadır.

NATO, bugün kuruluş amaçlarındaki gerekçeler ortadan kalkmış olmasına karşın varlığını sürdürmektedir. Daha da ilginç olan, *'sosyalist'* düzenleri dağılan Doğu Avrupa ülkelerinin teker teker NATO'ya alınmasıdır. Kimleri neye karşı savunacağı belli olmayan bir savunma örgütü, varlığını genişleterek sürdürmektedir. NATO, dün olduğu gibi bugün de, üyelerinin ortak savunmasını değil; *Yeni Dünya Düzeni*'ni, doğal olarak da başta ABD olmak üzere yazgısını onunla bütünleştirmiş birkaç gelişmiş ülkenin çıkarlarını savunan bir askeri örgüttür. *Yeni Dünya Düzeni*'nin askeri örgütlerinden birisidir.

20. yüzyılın son on yılında varlık nedenini açıklamakta zorlanan NATO, gerçek niteliğini Mart 1999'da Sırbistan'a yaptığı as-

keri karışma ile eylemli olarak ortaya koymuş oldu. ABD NATO'yu, her yönüyle denetleyebildiği Birleşmiş Milletler'in bile üzerine çıkarıyor ve bu örgütün; *"Üye devletlerin güvenliğine yönelik tehdidin olduğu her yerde kullanılacağını"* açıklıyordu. Nitekim, karışmadan bir ay sonra askeri *"operasyon"* sürerken, kuruluşunun 50. yıldönümü nedeniyle Washington'da bir zirve düzenledi. NATO, bu zirvede; *Soğuk Savaş* döneminde Sovyet *"yayılmasına"* karşı kurulan bağlaşmanın *Yeni Dünya Düzeni*'nde üstleneceği yeni rol için bir *"stratejik konsept"* belirledi. Bu belirlemeyle, zaten yapılmakta olan işin adı kondu ve NATO'nun bundan böyle; *"Üyelerini kapsayan ortak savunma ilkesini korumakla birlikte artık, üye devletlerin güvenliğine yönelik 'yeni tür' saldırılara karşı doğrudan müdahale edileceği"* karar altına alındı. *"Yeni Stratejik Konsept"* bildirgesi; NATO'nun bundan böyle BM'ye danışmadan üye devletlerin topraklarının dışındaki sorunlara da karışacağını ve dünyanın her yerinde *"barış eylemceleri"* düzenleyeceğini açıklıyordu. Kendi içinde çelişkiler taşımasına karşın NATO, bu kararla bütün dünya uluslarına; *"Güç bende, bana sormadan hiçbir şey yapamazsınız"* diyordu.

Truman Doktrini

Çoğu kimse, **Roosevelt**'ten sonra ABD Başkanlığı'na getirilen **Truman**'ın adını taşıyan uygulamanın, Yunanistan ve Türkiye'ye yardımı öngören bir izlence olarak bilir. Oysa konunun gerçek boyutu, Sovyetler Birliği'nin güneyindeki bu iki ülkeye yardım etmenin ötesindedir.

İsim babası gazeteciler olan *Truman Doktrini*, ABD'nin savaştan sonra izleyeceği politikaların yönünü gösteren ilk örnektir. Bu *"doktrin"* güçlü bağlaşıklara olduğu kadar güçlü düşmanlara da verilen bir iletiydi. ABD Birinci Dünya Savaşı sonrasında olduğu gibi dünyayı başıboş bırakmayacak, ona yeni bir düzen verecek ve bu düzenin temelinde de, ulusal bağımsızlık savaşımlarıyla Sovyetler Birliği'ne karşıtlık yer alacaktı. **Truman**'ın önerileri Kongre'de ele alınırken senatör **Vandenberg**: *"Asıl gerçek, bu sorunun temelinde Amerikan-Sovyet ilişkilerinin bulunmuş olmasıdır"* diyordu.[19]

21 Şubat 1947 günü, Washington'daki İngiltere Elçiliği ABD

Dışişleri Bakanlığı'na iki nota vererek, Yunanistan'daki askerlerini çekeceğini ve Türkiye'yle artık ilgilenmeyeceğini bildirdi. İngilizler, önceden belirlenmiş olduğu anlaşılan bu notalarla, ABD'yi dünya önderliğine çağırıyor ve Amerikalıların sorumluluk yüklenmesini istiyordu. Nitekim bu notalardan yalnızca sekiz hafta sonra, 22 Nisan 1947'de kabul edilen bir yasayla ABD, bu iki ülkeye yardım etmeye hazır olduğunu tüm dünyaya ilan etti.

Onca ülke varken Türkiye ve Yunanistan'ın seçilmiş olması kuşkusuz nedensiz değildi. Yunanistan'da komünistlerin öncülüğünde ciddi bir iç savaş sürüyordu. Sovyetler Birliği Türkiye'den, boğazların denetiminde söz hakkı ve Doğu'da toprak istemlerinde bulunmuştu. Bu istemin, Türkiye'ye karşı bir saldırıya varacağını düşünmek kolay değildi ancak Türk hükümeti gelişmeden çok rahatsız olmuştu. Ayrıca, bu iki ülke Sovyetler Birliği'ne karşı stratejik konuma sahipti, savaş sonrası siyasi gelişmeler nedeniyle, kolay etki altına alınabilir konumdaydı.

İngiliz tarihçi **Coral Bell**, ABD'nin Türkiye ve Yunanistan'ı seçmiş olmasını, bu iki ülkenin konumunun, anti-Sovyet nitelikli yeni Amerikan politikasına son derece uygun olmasına bağlar: *"Duruma genel olarak bakıldığında, Sovyetlerin Yunanistan ve Türkiye'nin bağımsızlığını zedeleyecek biçimde girişeceği bir saldırı, oldukça uzak bir ihtimal gibi görünüyordu. Bu ülkelerin durumları, yeni Amerikan politikasına bir kılıf uydurmaya yaramaktan öteye gitmiyordu".*[20]

ABD, *Truman Doktrini* çerçevesinde Türkiye ve Yunanistan'a 400 milyon dolar para ve hemen tümü savaş artığı kullanılmış askeri malzeme *'yardım'* yaptı.[21] *'Yardım'* koşulları, özellikle Türkiye için, *Kemalizm'in* tam bağımsızlık anlayışı açısından kabul edilebilir nitelikte değildi. Ancak, o günlerde yönetimde bulunan hükümet, *'yardım'* koşullarını hiç irdelemeden imzaladı ve yirmi beş yıl önce kazanılan ulusal bağımsızlıktan ödün verme sürecinde kabul edilmez yeni bir adım attı.

Truman Doktrini, Sovyetler Birliği ile Batı arasında, *'genel savaşın dışında her türlü düşmanlığa'* kapılarını ardına kadar açan bir dönemi başlattı, *Yeni Dünya Düzeni'*nin temel anlayışını ortaya koydu. *Doktrin, bir savaş ilanıydı ancak bu savaş soğuk savaştı.*

Kore'den başlayıp Vietnam'a dek uzanan sıcak çatışmalar dönemini hazırlayan *Truman Doktrini'*ne, ABD içinden de eleştiriler gelmişti. Başkan yardımcılığına kadar yükselmiş olan politikacı **Henry Wallace**, 13 Mart 1947'de yaptığı bir konuşmada bu politikayı; *"Tümüyle boşuna bir çaba ve askeri üs kurulmasından başka sonuç vermeyecek bir program"* olarak nitelendirilmiş ve **Truman**'ı *"Amerika'nın büyük geleneğine ihanet etmekle"* ve *"çağımızı korkuyla yaşanılan bir yüzyıl durumuna getirmekle"* suçlamıştı.[22]

ABD açısından son derece yararlı bir girişim olan *Truman Doktrini*, başta NATO ve *Marshall Planı* olmak üzere hemen tüm uluslararası antlaşmaların öncüsü olmuştur. Daha sonra **Truman**'ın da belirttiği gibi *"Truman Doktrini ile Marshall Planı her zaman için, bir cevizin iki yarısı"* olmuştu.[23]

Güneydoğu Asya Anlaşması Örgütü (SEATO) ve Öbürleri

Avrupa'da NATO aracılığıyla yürütülen politikanın benzeri Uzakdoğu'da uygulandı. Batıdan NATO, güneyden *Truman Doktrini* ve daha sonra *Bağdat Paktı*'yla, Pakistan'a dek kuşatılan Sovyetler Birliği, Güneydoğu Asya'da da SEATO aracılığıyla denetlenmeye çalışılarak zincir tamamlandı. Güney'deki örgüt zincirinde Müslüman ülkelerin yer alması nedeniyle, bu bölüme *Yeşil Kuşak* adı da verilmiştir.

Gerek SEATO ve gerekse başka askeri antlaşmaların görev alanı, yalnızca Sovyetler Birliği'nin yalıtılmasıyla sınırlı değildir. Her örgüt, belirlenen amacına uygun olarak, bulunduğu bölgedeki ulusal bağımsızlık savaşımları ile dolaysız biçimde ilgilendi ve bu tür girişimlerin yok edilmesine etkin biçimde katıldı.

SEATO, 8 Eylül 1954 tarihinde, Filipinler'in başkenti Manila'da imzalanan *Manila Antlaşması* ile kuruldu. Merkezi Bangkok'ta bulunan örgüte ABD'den başka, Fransa, Avustralya, İngiltere, Yeni Zelanda, Filipinler ve Pakistan katıldı. Çin'e ve Vietnam'da yükselen bağımsızlık savaşımına karşı askeri güç oluşturma girişimi, örgütün ilk eylemiydi. Ancak, Çin'e ve Vietnam'a karşı başarılı olunamadı. ABD tarihindeki ilk askeri yenilgiyi oluşturan Vietnam Savaşı'ndaki başarısızlık, SEATO'nun yaşamının NATO kadar uzun olamamasına neden oldu.

SEATO'nun uyguladığı politikayı, başka uluslararası örgütlerde olduğu gibi ABD çıkarı belirledi. Üye ülkelerin konumu, örgütten yararlanma düzeyi ve alacağı yardım miktarı, bu çıkara gösterdikleri uyuma göre biçimleniyordu. Bu kural küçük ya da büyük tüm üye devletler için geçerliydi. Vietnam'daki ulusal savaşım ile başa çıkamayan Fransa, Güney Vietnam'da siyasi çözüm istedi. Bu istek, Çin'i güneyden kuşatmak için, Çinhindi'de egemenliği elde tutma üzerine kurulu ABD politikasına uygun değildi. Bu bölgede yitirilen her ülke yeni yitikleri getirecekti *(Domino Teorisi)*. Fransa'nın isteği incelemeye bile alınmadı. ABD, Fransa'yı atlayarak, Vietnam ile dolaysız ilişkiye geçti ve askeri karışmayı genişletti. Fransa bu gelişmeler üzerine, 1965 yılında SEATO'dan ayrıldı. Birmanya ve Endonezya örgüte girmedi ve bağlantısız ülkeler içinde kaldı. 1972 yılında da Pakistan, SEATO'dan çıktığını açıkladı.

ABD, kalan ülkelerle örgütün varlığını sürdürdü. Vietnam Savaşı'nın 1967-1973 yılları arasındaki en yoğun günlerinde bu ülkelerin Vietnam'a asker göndermesini sağladı ve gönderilen birlikleri komutası altına alarak savaşa sürdü. Asker gönderen ülkelere, akçalı ve teknik yardımda bulundu, bir bölümüne bağış biçiminde geri ödemesiz krediler verdi. Ancak, bütün bunlara karşın SEATO'yu ayakta tutamadı: Vietnam yenilgisinden iki yıl sonra, 1977'de örgüt dağıldı. Vietnam'daki bozgun ABD için, her yönüyle gerçek anlamda bir yenilgi olmuştu.

Dağılmadan sonra bölgeye yönelik Amerikan politikasında birtakım biçimsel değişiklikler yapıldı. Çin'in Sovyetler Birliği ile keskinleşen düşüngüsel çelişkilerden yararlanılarak bu ülkeyle siyasi ilişkiler yumuşatıldı. Askeri alanda Avustralya ve Pakistan ile ilişkiler geliştirildi.

*

ABD, İkinci Dünya Savaşı'ndan sonra tasarladığı askeri ereğini büyük oranda gerçekleştirmiştir. Burada ele alınan örgütlerden başka pek çok ikili ya da çoklu askeri antlaşma yapılmıştır. Bu antlaşmaların bir bölümü şunlardır; *Batı Yarım Küresinde: Amerika Kıtası Devletleri Karşılıklı Yardım Antlaşması (Rio Paktı) (1947), Danimarka'yla yapılan Grönland Antlaşması (1951), İzlanda ile yapılan Savunma Antlaşması (1951), Avrupa'da: İspanya ile yapılan Savunma*

Antlaşması (1963), Yakındoğu'da: ABD, İngiltere, Türkiye, İran, Irak, Pakistan arasında yapılan Karşılıklı İşbirliği Paktı CENTO (1955), İran ile yapılan Karşılıklı İşbirliği Antlaşması (1959), Türkiye ile yapılan Karşılıklı İşbirliği Antlaşması (1959); Afrika'da: Libya ile yapılan İşbirliği Antlaşması (1959); Asya'da: Pakistan ile yapılan Karşılıklı İşbirliği Antlaşması (1959); Güneydoğu Asya'da: Toplu Savunma Antlaşması (1954), Avustralya ve Yeni Zelanda ile birlikte yapılan Güvenlik Antlaşması-ANZUK Paktı (1951); Japonya ile Karşılıklı İşbirliği ve Savunma Antlaşması (1960), Milliyetçi Çin ile yapılan Karşılıklı Savunma Antlaşması (1954), Kore ile yapılan Karşılıklı Savunma Antlaşması (1953)...

Bu antlaşmaların da yardımıyla, birlikte ya da tek tek birçok askeri eylem gerçekleştirilmiştir. Dünyanın değişik yerlerinde düzenlenen askeri eylemler sayılırsa ortaya uzun bir liste çıkar. Bazıları şunlardır: *1948 Berlin (Askeri Müdahale-ABD), 1946-1949 Yunanistan İç Savaşı (Askeri Müdahale, İngiltere-ABD birlikte), 1950 Formoza Boğazı Krizi (Askeri Müdahale-ABD), 1950-1953 Kore Savaşı (Askeri Müdahale-ABD, İngiltere, Fransa, Belçika ve Türkiye dahil 15 ülke), 1956 Mısır-Süveyş Krizi (Askeri Müdahale- İngiltere, Fransa), 1955 Fas Ulusal Kurtuluş Savaşı (Askeri Müdahale-Fransa), 1954-1956 Tunus Ulusal Kurtuluş Savaşı (Askeri Müdahale-Fransa), 1961 Küba Domuzlar Körfezi Çıkartması (Askeri Operasyon-ABD), 1961 ve 1989 Panama (Askeri Müdahale-ABD), 1964 Kongo Ulusal Kurtuluş Savaşı (Askeri Müdahale-Belçika, ABD), 1965 Dominik İç Savaşı (Askeri Müdahale-ABD), 1968-1975 Vietnam Ulusal Kurtuluş Savaşı (Askeri Müdahale-ABD), 1967 Yunanistan Faşist Askeri Darbesi (Destek ve Örgütleme-ABD), 1964 Kamboçya Sınır İhlali (Askeri Müdahale-ABD), 1973 Şili Faşist Askeri Darbesi (Destek ve Örgütleme-ABD), 1982 Folkland Krizi (Askeri Müdahale-İngiltere), 1983 Grenada Çıkarması (Askeri müdahale-ABD), 1986 Libya (Askeri Müdahale-ABD), 1994 Haiti (Askeri müdahale-ABD), 1991 Körfez Krizi (Askeri Müdahale-ABD, İngiltere, Fransa)...*

Askeri eylemlerin birçoğu, yürürlükteki uluslararası antlaşmalar, ülkelerin egemenlik hakları ve evrensel değerler çiğnenerek gerçekleştirilmiştir. Kore Savaşı, Sovyetler Birliği'nin BM Güvenlik Konseyi'ne katılmadığı bir oturumda; ABD, İngiltere ve Fransa'nın oylarıyla başlatılmıştır. 1958 Lübnan karışması, NATO üyelerine bile duyurulmadan yapılmıştır. Şili'de, demokratik kurallarla yönetime gelen seçilmiş Devlet Başkanı, dışardan örgütlenen askeri darbeyle öldürülerek yönetimden uzaklaştırılmıştır. Askeri eylemlerin birçoğu, Birleşmiş Milletler'in onay ve bilgisi dışında gerçekleştirilmiştir.

Yeni Dünya Düzeni'nin Temelleri:
2. Küresel Siyasi ve Akçalı Örgütler

Dünyanın ekonomik değer taşıyan her köşesinin gelişmiş ülke pazarlarına bağlanması, ekonomik etkinliklerde girişimgücünün (inisiyatifinin) merkezileştirilmesi ve küresel ticaret önündeki tüm korumacı engellerin kaldırılması, doğaldır ki yalnızca askeri önlemlerle sağlanamaz. Bu iş için, düzenli işleyen uluslararası *mali sermaye* ilişkilerine ve bu ilişkileri düzenleyecek siyasi örgütlere gereksinim vardır. Askeri güç kullanımı, temel işleyiş değildir, ikincildir. Yatırılan sermayeyi koruma amaçlıdır. Bu nedenle, belirlenen amacı gerçekleştirmek için, askeri örgütlenmeler yanında, tüm dünyayı kapsayan uluslararası nitelikte siyasi ve akçalı örgütlenmeler gereklidir.

Siyasi ve akçalı alanlarda yapılandırılan küresel örgütlerin ve bunlarla ilgili yapılan anlaşmaların tümünü elde edip incelemek çok güç, belki de olanaksız bir iştir. Gelişmiş ülkelerin, yalnızca azgelişmiş ülkelerle yapmış olduğu ikili anlaşma sayısı 1600'dür.[24] Bunları tek tek incelemek gerekli de değildir. Çünkü hemen hepsinde aynı anlayış egemendir. Küresel ekonominin gelişmiş ülkelere sağladığı ayrıcalıklarla dolu olan bu anlaşmalar neredeyse, ülke ismi değiştirilerek çoğaltılmış kopyalar gibidir.

İkinci Dünya Savaşı'ndan sonra dünya ülkeleri; toplumsal ve tarihsel özelliklerine, jeopolitik konumlarına, doğal kaynaklarına, yetişmiş insan gücüne, altyapı olanaklarına, ulusal pazarlarının niteliğine ve gizilgücüne göre sınıflandırıldı. Hiçbir ülke ilgi alanı dışında bırakılmadı ancak alım gücü yüksek pazara sahip ülkeler öncelikle ele alındı, bunlarla ilk elden ilişkiye geçildi. Mal ve sermaye gönderilecek ülkeler içinde, Türkiye ya da Yunanistan ile Uganda'nın aynı değerde olmayacağı açıktır.

Ülkelerin *'verimli pazarlar'* durumuna getirilmesi, bir dizi uluslararası anlaşmayı ve bu anlaşmalar yönünde geliştirilecek bir dizi siyasi-mali uygulamayı gerektirir. Askeri antlaşmalar bu tür girişimlerin ön adımı, siyasi ve mali bağlantılar ise temelidir. Yönetim işleyişine karışma; eğitim, sağlık, sosyal güvenlik, ulaştırma ve enerji alanında yönlendirme; tarım ve uransal *'kalkınma planları'* belirleme ile borçlandırma ve finans kurumlarında etkinlik sağlama zinciri tamamlayan halkalardır.

İkinci Dünya Savaşı'nın kanlı ortamından; ulusal kaygılar, yaygın yoksulluk, açlık ve büyük insan yitikleriyle çıkan ülkeler, böyle bir yıkımı ve insanlık dramını kesin olarak bir daha yaşamak istemiyordu. Barış ve denge çabalarına son derece duyarlıydılar. Bu yöndeki çağrılar ilgilerini çekiyor ve bu çağrılara içtenlikle katılıyorlardı.

ABD; *Birleşmiş Milletler, İnsan Hakları Evrensel Bildirgesi, çok partili düzen, demokrasi, dayanışma ve işbirliği* söylemleriyle uluslararası politik örgütler kurdu. Bunlara, *'savaş karşıtı ortak savunma örgütleri yaratma', 'komünist yayılmacılığa karşı silahlanma', 'caydırıcı silahlı güç'* oluşturma gibi askeri öneriler ekledi. Önerilerini; *'serbest piyasa ekonomisinin önündeki engellerin kaldırma', 'dünya sermaye dolaşımını hızlandırma', 'büyük pazar birlikleri oluşturma'* gibi ekonomik önermelerle tamamladı. *'Savaşsız bir dünya için yeni düzen kurmanın'* bunların gerçekleştirilmesiyle sağlanacağını açıkladı ve *'hür dünyanın'* bütün uluslarını bu uğurda çaba harcamaya çağırdı. Çağrı doğal olarak, başta gelişmiş ülkeler olmak üzere birçok ülkeden olumlu yanıt aldı ve ABD gücünün yüksek olduğu bir dönemde, dünyaya yeni bir düzen verme işine girişti.

Küresel ölçekli siyasi örgütler, savaştan sonraki beş yıl içinde kuruldu. Sonraki dönemde sağlanan gelişmeler, yapılan değişiklikler, bu örgütleri yetkinleştirip güçlendirdi. *Birleşmiş Milletler*'in kuruluşuna 51 ülke katılmıştı, şimdi üye sayısı 200'e yaklaşıyor. Alt organları, bütçesi, ilgi alanları katlanarak artmış durumda ancak işleyişinde niteliksel bir ayrım yok. ABD'nin BM üzerindeki ağırlığı bugün daha çok ve örgütsel ilişkilerde belirleyici olanlar hep güçlüler.

Uluslararası anlaşmaların tümünde; eşitlik, barış, dostluk ve yardımlaşmaya yönelik erdemli söylemler yer almaktadır. Birçok hükümet yetkilisi, ülkesini bu örgütlere sokarken, çağa uygun ve ilerlemeye açık bir eylemi gerçekleştirmenin iç erinci içindeydi. Yeni bir dünya kuruluyordu ve bu yeni dünyada yerlerini almalıydılar... Politik bilinçten yoksun olanların buna inanmaları için pek çok neden vardı. Oysa gerçekler bu pembe tabloya hiç uymuyordu. Bunu çok kısa sürede gördüler ancak artık yapacakları bir şey kalmamıştı.

Savaş sonrasında barış ve kardeşliği dilinden düşürmeyen Amerikalılar 15-20 yıl sonra çok başka şeyler söylediler. ABD Dışişleri Bakanı **McNamara** 1968 yılında *Temsilciler Meclisi*'nde yaptığı konuşmada gerçek amaçlarını açık biçimde ortaya koyuyordu: *"Yakın ve Ortadoğu, Birleşik Devletler açısından taşıdığı stratejik önemi devam ettirmektedir, çünkü bu bölge siyasi, askeri ve ekonomik çıkarların birleştiği kavşaktır ve Ortadoğu petrolü Batı için yaşamsal önem taşımaktadır. Yunanistan, Türkiye ve İran ile olan ittifak ilişkilerimizi devam ettirmekte de büyük çıkarlarımız vardır, zira bu üç ülke, Sovyetler Birliği, sıcak deniz limanları ve petrol yatakları arasında yer almaktadır".*[25]

Birleşmiş Milletler Örgütü (BM)

İkinci Dünya Savaşı'ndan sonra kurulan en büyük uluslararası siyasi örgüt Birleşmiş Milletler'dir. Kökleri, Birinci Dünya Savaşı'ndan sonra kurulmuş olan *Milletler Cemiyeti*'ne dek uzanan örgüt, Almanya ve Japonya'yla savaşan büyük devletlerin, özellikle ABD'nin öncülüğünde kurulmuştur.

Birleşmiş Milletler'e esin kaynağı olan *Milletler Cemiyeti*, barış anlaşmalarına galip devlet olarak imza koyan 32 ülkenin 1920 yılında bir araya gelmesiyle kuruldu. Daha sonra savaşta yansız kalan ya da yenilen ülkeler de örgüte alındı.

Milletler Cemiyeti'nin kuruluş amaçları, birliğe, barışa, dostluğa yönelik bilinen söylemlerle doluydu. *'Dünya barışının kalıcı ve sürekli kılınması', 'anlaşmazlıkların barış yoluyla çözülmesi', 'büyük devletlerin olduğu kadar küçük devletlerin de bağımsızlık ve toprak bütünlüğüne saygı gösterilmesi', 'adalete dayalı yeni bir dünya kurmak', 'büyüklüğüne bakılmadan tüm devletlerin eşit oy hakkına sahip olması'* vb. Cemiyet'in kuruluş amaçlarıydı. Oysa 1920-1939 arasındaki uluslararası siyasi gelişmeler, yazılanların tam tersiydi. *Milletler Cemiyeti*'nde söz sahibi olanlar büyük devletlerdi ve kararlar hep onların istediği yönde çıkıyordu.

Dört yüz yıllık Osmanlı vilayeti olmasına ve yaşayanların büyük çoğunluğunu Türklerin oluşturmasına karşın, *Musul* İngiliz egemenliğine verildi. Bir üye ülke (İtalya) diğer bir üye ülkeyi (Etyopya) kimseye sormadan, haber vermeden ele geçirdi. Almanya; Avusturya, Çekoslovakya ve Polonya'ya saldırdı. Japonya, Çin'e girdi. Sovyetler Birliği Finlandiya'ya girdi. *Milletler Cemiyeti* üyeleri, dünyayı kanlı bir arenaya çevirdi.

Güçlülerin belirleyici olduğu bir örgüt olarak *Milletler Cemiyeti*; yazılı amaçlarına uygun düşmeyen eylemler, değişmeyen anlayışlar ve saygı duyulmayan etkisiz ve güçsüz bir kalıtla (mirasla), görevlerini 1946 yılında Birleşmiş Milletler'e devretti, 31 Temmuz 1947'de de yasal varlığına son verdi.

BM, 25 Nisan-26 Haziran 1945 tarihleri arasında, San Francisco'da toplanan uluslararası konferans ile kuruldu ve 24 Ekim 1945'de yürürlüğe girdi. Kuruluşun dayanakları, *Milletler Cemiyeti* deneyimi ile savaş sürerken gerçekleştirilen bir dizi ortak girişimden oluşuyordu. Bunlar sırayla, 14 Ağustos 1941'de ABD ve İngiltere'nin imzaladığı *Atlantik Bildirisi*, 1 Ocak 1942'de ABD, İngiltere ve Sovyetler Birliği'nin imzaladığı *Birleşmiş Milletler Bildirgesi*, 30 Ekim 1943'te ABD, İngiltere, Sovyetler Birliği ve Çin'in imzaladığı *Moskova Bildirgesi*, yine bu dört devletin *Dumbarton Oaks* (ABD) toplantısı ile Şubat 1945 tarihindeki *Yalta Konferansı* idi.

BM'nin kuruluşuna öncülük eden beş büyük ülke (ABD, Sovyetler Birliği, İngiltere ve Çin) ve sonradan Fransa, örgütün işleyiş biçimini saptadı ve bu işleyişte kendilerine kalıcı ayrıcalıklar tanıdılar. Kuruluşun kararlaştırıldığı San Francisco toplantısına yalnızca Almanya ve bağlaşıklarına (Mihver Devletleri) savaş ilan eden ülkeleri çağırdılar. Türkiye'nin uzun süre direndikten sonra ivedi olarak Almanya'ya savaş ilan etmesinin nedeni de budur. Türkiye yalnızca BM'ye değil, o dönemde kurulan tüm uluslararası örgütlere üye olmaya olağanüstü istek göstermiş ve girdiği her örgütte *'en söz dinler'* üye olmuştur.

*

Birleşmiş Milletlerin yazılı amaçları, kalıtını devraldığı *Milletler Cemiyeti'*nde olduğu gibi, *'yüksek ideallerden'* oluşuyordu. Hatta daha da geliştirilmişti. Örneğin antlaşmanın giriş bölümünde *'ulusların ve dünya halklarının birliğinden'* söz ediliyordu. Oysa, bu sözleri sözleşmeye yerleştiren gelişmiş ülkeler, ulusların birliğini sağlamak bir yana, sürekli bir biçimde her ulusun ulusal birliğini bozan bir çaba içinde oldu. Almanya, Kore, Vietnam, Yemen ikiye bölündü, Fransa; Cezayir ve Tunus'a, İngiltere; Mısır'a, ABD; Vietnam'a, Lübnan'a, Irak'a NATO; Sırbistan'a Sovyetler Birliği; Macaristan'a, Çekoslovakya'ya, Afganistan'a, Çin; Vietnam'a asker gönderirken hiç kimseye bir şey sormadı, BM'ye haber bile vermedi. Bunlar üstelik BM *Güvenlik Konseyi* üyesiydi. Hindistan, BM'nin kurucu üyesiydi ancak İngiltere'nin sömürgeci yönetiminden henüz kurtulabilmiş değildi. Ve İngiltere, sömürgeciliği yok etme görevi verilen, BM *Vesayet Konseyi* üyesiydi.

BM, birçok *alt organ, uzmanlık kuruluşu* ve *özerk örgütten* oluşur. Yılda bir kez olağan olarak toplanan ve her ülkenin tek oyla katıldığı *Genel Kurul* bir tartışma ve karar organıdır. Bu organ, *Güvenlik Konseyi*'nin sürekli olmayan üyelerinin, *Vesayet Konseyi* ve *Sosyal Konsey* üyelerinin, üyeliğinin kabulüne, askıya alınmasına ve çıkarılmasına karar verir. Genel Kurul'un altında uzmanlaşmış altı komisyon vardır. Tam üyeyle toplanmak zorunda olan, bu nedenle verimli bir çalışma içine giremeyen bu komisyonlar, Genel Kurul çalışmalarının ön hazırlığını yapar, alınan kararları izler.

Birleşmiş Milletler'in başka bir organı, *Güvenlik Konseyi*'dir. Güvenlik Konseyi beşi sürekli olmak üzere (ABD, İngiltere, Rusya, Fransa ve Çin) on beş üyeden oluşur. Sürekli üyelerin bir tanesinin bile olumsuz oy kullanmasıyla karar alınamaz. Buna yanlış olarak *veto hakkı* da denilmektedir. Dünya Barışının korunmasında sorumluluğu üstlenen *Güvenlik Konseyi* işte böyle *'demokratik'* bir işleyişle çalışır. BM'nin başka organları; Çin hariç Güvenlik Konseyi'nin dört üyesinden oluşan *Vesayet Konseyi*, 54 üyeden oluşan *Ekonomik ve Sosyal Konsey, Uluslararası Adalet Divanı, Genel Sekreter, Yardımcı Organlar*'dır (UNICEF, Mülteciler Yüksek Komiserliği, BM İdare Mahkemesi vb.). Bu organlardan başka çok sayıda uzmanlık kuruluşu ve özerk örgüt vardır. Bunlar; *Uluslararası Para Fonu (IMF), Uluslararası İmar ve Kalkınma Bankası (IBRD), Uluslararası Kalkınma Birliği (IDA), Uluslararası Finans Kuruluşu (IFC)*-bu son üç kuruluş birlikte Dünya Bankası'nı oluşturur-, *Gıda ve Tarım Örgütü (FAO), Birleşmiş Milletler Eğitim Bilim ve Kültür Örgütü (UNESCO), Uluslararası Çalışma Örgütü (ILO), Dünya Sağlık Örgütü (WHO), Gümrük Tarifeleri ve Ticaret Genel Anlaşması (GATT)* -GATT'ın statüsü diğerlerinden farklıdır-, *Uluslararası Sivil Havacılık Örgütü (CAO), Dünya Posta Birliği (UPO), Uluslararası Telekomünikasyon Birliği (ITU), Dünya Meteoroloji Örgütü (WMO), Uluslararası Denizcilik Örgütü (IMO), Dünya Fikri Mülkiyet Örgütü (WPO), Uluslararası Tarımsal Kalkınma Fonu (FAD)*'undan oluşur. Bu örgütler Ekonomik ve Sosyal Konsey'e bağlı olarak çalışırlar. Bunlardan başka Genel Kurul'a dolaysız bağlı olarak çalışan, BM Ticaret ve Kalkınma Konferansı (UNCTAD), BM Çocuklara Yardım Fonu (UNICEF), BM Mülteciler Yüksek Komiserliği (UNHCR), Dünya Gıda Programı (WFP), BM Eğitim ve Araştırma Enstitüsü (UNITAR), BM Kalkınma Programı (UNDP), BM Sınai Kalkınma Örgütü (UNIDO), BM Çevre Sorunları Programı (UNEP), BM Üniversitesi (UNU), BM Özel Fonu, Dünya Gıda Konseyi, BM İnsan Yerleşimleri Merkezi (HABITAT), BM Nüfus Etkinlikleri Fonu (UNFPA), Uluslararası Atom Enerjisi Ajansı (IAEA) -farklı bir statüyle çalışır- ve BM Filistin Mültecilerine Yardım Fonu (UNRWA) adlı kuruluşlardır. Bunlardan başka, genellikle askeri alanda çalışma yapan ve *Güvenlik Konseyi*'ne bağlı olarak çalışan, geçici ve kalıcı kimi örgütler, BM adına çalışmalarını sürdürür.

*

ABD'nin BM üzerindeki etkinliği bugün, *Güvenlik Konseyi*'nin sürekli üyelerinin tümünün etkisinden daha çoktur. ABD, *Genel Kurul*'da her önerisine oy verecek çok sayıda ülke desteğine sahiptir. Devletler arası ikili ilişkiler, kredi notları, silah satışları, kotalar, tecimsel (ticari) ayrıcalıklar vb., BM *Genel Kurulu*'nda verilecek oylar için birer koz olarak kullanılabilmektedir. Önemli konularda *Genel Kurul*'da verilen oylar, 'ABD dostluğunu kazanmanın' göstergesi olarak ele alınır. ABD önerisine karşı oy verenler, 'bir kenara' yazılır. Bu tutumu herkes bilir ama kimse sözünü etmez.

ABD, *Genel Kurul*'da oy çoğunluğunu sağlamayacak gibi görünen önerilerini gündeme sokmaz. Konunun kendisi için önemine göre, BM onayına başvurmadan tek başına eyleme girişebilir. Bu konuda, ABD *Savunma Bakanlığı*'nın *(Pentagon)* 1992 yılında yayınladığı bir yazanak, BM'nin kuruluşundan beri süren ABD tutumunun özeti gibidir. *New York Times*'ın yayınladığı bu yazanakta Pentagon; *"Dünya barış ve güvenliğini korumak için hiçbir devlet ya da kuruluşla YETKİ VE GÜÇ paylaşımına gitmeden, Birleşik Devletler'in kollarını sıvayacağını"* söylüyordu.[26] Kongo (1960), Lübnan (1978), Küba (Domuzlar Körfezi Çıkartması-1961), Vietnam (1967), Irak (1990-1998), Sırbistan (1999) askeri eylemleri gibi.

Ağırlıklı olarak az gelişmiş ülkelerin kalkınma sorunlarıyla ilgili çalışmalar yapan ve BM *Genel Kurulu* yardımcı organı olan *'Ticaret ve Kalkınma Konferansı'*nın (UNCTAD) çalışmaları, büyük devletlerce bilinçli bir biçimde engellenmektedir. Bu organ adeta ABD'ne rağmen çalışmaktadır.

ABD, BM'de alınan kararları beğenmediğinde, örgütün çalışmaları önüne engeller çıkarmakta, örgüt içi işleyişten gelen tıkanıklıkları da kullanarak birçok organı çalışamaz duruma getirebilmektedir. Örgütün çalışmalarını sürdürebilmesi için gerekli olan akçalı kaynaklar içinde önemli bir paya sahip ABD, ödeme yapmamayı zaman zaman koz olarak kullanır.

BM antlaşmasının 2. başlamının 7. paragrafı; *"İşbu antlaşmanın hiçbir hükmü, esas olarak bir devletin ulusal yetkisi içinde bulunan işlere Birleşmiş Milletler'in karışmasına izin vermez"* der. Bu başlam en başta, BM'nin kurulmasına öncülük etmiş ve anlaşma koşullarını hazırlamış olan, büyük ülkeler tarafından çiğnenir. Kimi zaman BM'den karar çıkartılarak, kimi zaman tek başına, devletlerin ulusal yetkilerine karışılır.

BM örgütlerinin çalışmaları bir karşıtlıklar ve çelişkiler yumağıdır. Başlangıçta *'demokrasi'* üyelik koşuluydu ancak şimdi örgüt, demokrasi ve insan haklarını yok eden ülkelerle doludur. *Güvenlik Konseyi*'nin değişmez üyeleri içinde, demokratik gelişmeyi amaçlayan ulusal savaşımları düşman gören ülkeler vardır. BM uzmanlık kuruluşu olan UNICEF dünya çocuklarına yardım etmeye çalışırken, BM *Ekonomik ve Sosyal Konsey* kuruluşu IMF, dünya uluslarına çocukların geleceğini karartacak reçeteler önermektedir. *Gıda ve Tarım Örgütü* (FAO) açlığa çare bulmaya çalışıyor ancak BM'nin etkili üyeleri büyük devletler, tarım ülkelerine öyle politikalar öneriyorlar ki (uygulatıyorlar ki) bu ülkelerde açlık sorunları ortaya çıkıyor. BM'nin hiçbir örgütü Pakistan'ın **Ziya-ül Hak**'ı, Filipinler'in **Markos**'u, Arjantin'in **Vedela**'sı için bir şey yapmaz ancak büyük devletlerin çıkarlarına ters gelen, Irak'ta **Saddam**'ın, Sırbistan'da **Miloseviç**'in yok edilmesine yönelik savaşım kararı alır. *İnsan Hakları Evrensel Bildirgesi*'nin, Amerikan tarihinin birikimi olduğunu ileri süren demokrasi havarisi ABD, Şili'nin seçilmiş devlet başkanına karşı darbe düzenlerken, *çöl demokrasisi* uygulayan Suudi Arabistan'a, *tank demokrasisi* uygulayan Yunan Cuntası'na (1967) destek verir. On binlerce **Tutsi**'nin katledilişine ses çıkarmaz ancak bölünmesine karar verdiği Sırbistan'da, BM yasalarını çiğneyerek askeri eyleme girişir.

Çelişki örnekleri çoktur. Ancak 1998 *'Irak Krizi'* denilen olaylar, gizlenmeye çalışılan kimi gerçeklerin görülmesi açısından önemlidir. ABD 1998'de BM gözlemcilerinin çalışmaları engelleniyor gerekçesiyle Irak'a askeri karışma kararı aldı. Durumu yerinde görmek ve bir uzlaşma olanağı aramak için Irak'a gitmek isteyen BM Genel Sekreteri **Kofi Annan**, bu ülkeye ABD'nin izin vermesiyle gidebildi. 17 Şubat 1998 tarihli gazetelerin haber başlığı şöyleydi; *"Washington'un onay vermesi durumunda BM Genel Sekreteri hemen Bağdat'a hareket edecek"*.[27] Irak'ta kitle imha silahlarını denetlemekle görevlendirilen BM örgütü UNSCOM'un Başkanı **Richard Butler**; kendisinin ve UNSCOM'un Irak'ta, istihbarat çalışması yaptığı ve edindiği bilgileri ABD hükümetine ilettiğini açıkladığında, buna çok az kimse tepki gösterdi.[28]

1998 yılında özelleştirme ve küreselleşmeyi eleştiren BM eski Genel Sekreteri **Butros Gali**'nin yazanağı, *Ekonomik ve Sosyal Konsey*'e bağlı bir BM kuruluşu olan UNESCO tarafından sansür edilerek yayınlandı. UNESCO yetkilileri eski sekreterlerinin yazısından, *Yeni Dünya Düzeni*'ni eleştiren bölümleri çıkardı.[29] Başkan **Clinton**'ın yemin töreninde söylediği şu sözler, ABD'nin BM kararlarına ne denli *'önem'* verdiğinin açık göstergesidir: *"Çıkarımız olan her yere, her şeye karışırız"*.[30]

*

Değişik alanlarda çalışan elliyi aşkın alt örgüt ve iki yüze yakın üyesiyle BM artık, küresel boyutlu bir örgütler dizgesidir.

Böyle bir örgütün *"barışı tehdit eden unsurlara karşı tavır"*, *"uzlaşmazlıkların barışçı yoldan çözümü"* ve *"gerektiğinde güç kullanımı"* gibi etkinlikler için, tüzel dayanakları olduğunu düşünmek doğaldır. Evrensel boyutlu bu düşünceyi, *ülkeler arasında eşitlik, iç işlerine karışmama, kültürel ve ticari yakınlaşma* gibi, insanlığın genel gelişimine katkı sağlayacak yapılanmaya ulaştırmak, bir uygarlık görevidir. ABD ve bağlaşıkları bu insani yaklaşımı, uluslararası ilişkilerde olduğu gibi BM'nin kuruluş ve işleyişinde de amaçları yönünde ustalıkla kullanmıştır. Karşıt görüşlerin aynı haklara sahip olduğu bir örgütte bunu başarmak kuşkusuz güç bir iştir. Birbirini baş düşman ilan eden ülkelerin yer aldığı ve olumsuz bir tek oyun verilmesi durumunda bile karar alınamayan *Güvenlik Konseyi* ile nasıl iş yapılabilir? Karar alması neredeyse olanaksız duruma getirilmiş bir organa *"barışın korunmasında asıl sorumluluğu"* verip bu organı *"yürütme ve girişim birimi"* konumuna getirmenin, iş yapmamaktan başka bir anlamı olabilir mi? Büyük devletlerin, yaratılmış olan işlevsizliği gerekçe göstererek kendi başlarına *iş çevirmesi,* kabul edilebilir mi?

ABD, *Birleşmiş Milletler* üzerinde, oylama ve karar işleyişine sadık kalarak belirleyici olmayı yeğler. Bunu sağlayamadığında ve Amerikan çıkarları dayattığında, örgütün kural ve kararlarını çiğnemekten çekinmez. Ancak, kuruluşuna öncülük ettiği BM'nin yıpranmasını da istemez. BM organlarının düzenli işlemesini ve bu organların sürekli ABD çıkarlarına uygun kararlar almasını ister. Karmaşık çelişkiler içeren isteğini gerçekleştirmek için, siyasi etkinliğini, ekonomik gücünü ve askeri olanaklarını kullanır.

Kuzey Kore birlikleri 25 Haziran 1950'de Güney'e girdiğinde ABD, Sovyetler Birliği'nin katılmamasından yararlanarak *Güvenlik Konseyi'*nde Kore'ye askeri karışma kararı aldırdı. Sovyetler Birliği, Kuzey Kore aracılığıyla savaşın dolaylı tarafı durumundaydı. *Güvenlik Konseyi'*ne katılmamakla oyunu kendi aleyhinde kullanmış duruma düşmüştü. Sovyetler Birliği bu hatasını hiç unutmamış olacak ki; o günden sonra *Güvenlik Konseyi* üyeliğinin kendisine verdiği yetkileri, getirilen önerilere sürekli karşı çıkmak biçiminde kullandı. ABD buna, BM organ yetkilerini değiştiren bir karar çıkartarak yanıt verdi. 3 Kasım 1950'de, Genel Kurul'da alınan bir kararla, daha önce yalnızca *Güvenlik Konseyi'nde* bulunan askeri karışma yetkisi, *Genel Kurul*'a da tanındı.

Uluslararası Para Fonu (IMF)

Gelişmiş ülkelerin dışsatımı, dünya dışsatımının, 1950 yılında yüzde 67,1'ini oluştururken bu oran 1965'te yüzde 78,4'e, 1995'te ise yüzde 82,3'e çıktı.[31] Sayılardan çıkan herkesin anlayacağı sonuç; dünya ticaretini serbestleştirmek, azgelişmiş ülkelerdeki korumacı önlemleri kaldırmak ve gümrük uygulamalarını uyumlu duruma getirmektir. Gelişmiş ülkeler bunları yapmak zorundadır. Dünya ticaretinin beşte dördünden çoğunu gerçekleştiren gelişmiş ülkelerin çıkarı, mal ve sermaye dolaşımının önündeki engellerin kaldırılmasında yatmaktadır.

Azgelişmiş ülke yöneticilerine, korumacı yasaları kaldırtarak kendi ülkesinin zararına yol açacak bu tür bir karar nasıl alınır? Yerel yöneticiler, ulusal ekonomiyi yok edecek bu tür gelişmelere onay verebilir mi? Görünüşte çözümü güç olan bu sorun, tarih kadar eski olan bir yöntemle kolay bir biçimde aşıldı; paranın gücünü kullanmak ve yöneticileri satın almak. Dünyada paranın satın alamayacağı insan dahil hiçbir şey yoktur ve parası olan sonucu belirler. Kapitalizmin temel anlayışı buydu ve emperyalist politikanın bu anlayışa uygun davranması son derece olağandı.

Önce dünyaya yayılan uluslararası finans örgütleri kuruldu. Ardından, savaş sonrası koşullarında ülkesinin sorunlarına çözüm bulmaya çalışan ülke yöneticilerine, *'kısa sürede sonuç verecek kalkınma yöntemleri'* ve bunun için gerekli olan krediler önerildi. Kaynak sıkıntısı içinde döviz arayan ülkelere bu tür öneriler çekici (cazip) geldi. Büyük bir istekle ulusal politikalardan vazgeçtiler ve ekonomilerini, Batılı *'uzmanlardan'* oluşan uluslararası örgütlerin yönetimine bıraktılar. Bu yola girince de, kolay satın alınır duruma geldiler. Küçük bedeller karşılığında, kraldan çok kralcı kesilerek, ülkelerinin çıkarlarına ve geleceğine zarar veren anlaşmalara gönül erinci içinde imza attılar. Bu işleyişi gerçekleştiren ana güç, Batılı büyük devletlerin denetiminde çalışan uluslararası akçalı örgütler ve bunların en başında yer alan IMF oldu.

Dış ticaret önündeki engellerin kaldırılması, eldeki akçalı gücün etkinlik aracı olarak kullanılması, iyi işleyen uluslararası bir para dizgesinin gerçekleştirilmesi ve özellikle sağlam bir uluslararası kambiyo işleyişinin sağlanması, IMF'nin temel ereğiydi. Ancak, IMF bu işleyişi yalnızca kendi akçalı kaynaklarıyla sağlayamazdı. Amerikan bankacılığı devreye sokuldu ve ABD bankaları uluslararası akçalı dizgenin parçası durumuna getirildi. Bugün ABD bankacılığının en geniş büyüme alanı ABD değil, dış ülkelerdir.

Dış ülkelere yayılma aynı zamanda ve ilk kez, tam anlamıyla uluslararası bankacılık ağını yaratmıştır.[32] Amerikan bankacılık topluluğu, üzerine aldığı görevin bilincindedir ve durumun önemini açıkça dile getirmektedir. *Brown Brothers Harriman&Co.*'nun yayınladığı bir yazanakta şöyle denmektedir: *"Birleşik Devletler'in dünyanın her köşesinde yaşamsal önemde siyasi çıkarları vardır. Bunu ticari çıkarların izlemesi gayet doğaldır ve nitekim öyle de olmaktadır"*.[33]

Tecimsel çıkarların korunması ve akçalı işlemlerin kolaylaştırılması için, Amerikan bankaları tüm dünyaya yayılmıştır. Dış ülkelerde 1918 yılında 61 olan banka şube sayısı 1955'te 111, 1967'de ise 298'e çıktı.[34]

Akçalı yayılmanın önündeki engellerin kaldırılması eğilimiyle, korumacı ulusal yasalar arasındaki çelişki, *Yeni Dünya Düzeni*'nin kısa tarihi gibidir. Gümrük duvarları, ulusal para politikaları, *milli kambiyo* gibi *sıkıcı* engellerden kurtulunmalıydı. Bu iş için, IMF, Dünya Bankası ve ABD bankaları kullanıldı ve büyük başarı sağlandı. IMF kısa süre içinde öyle bir güç oldu ki, bir zamanlar borç vermek için çırpınan bu örgüt bugün, kredi geri ödemelerini ertelemek, ya da yeni krediler almak için kapısında kuyruğa girilen akçalı bir imparatorluk durumuna geldi. Oysa; başlangıç dönemlerinde, ülkeleri borçlanma batağına çekmek için, en etkin görevlilerini aylar süren yolculuklara gönderiyor, devlet kurumlarının kapısını çalıyor, yalnızca devlete değil, politik şeflerin dost ve akrabalarına da *'kredi'*(!) veriyordu. Maliye Bakanları, Dünya Bankası ve IMF'nin yıllık toplantıları için Washington'da toplandıklarında bunların önleri kredi vermek için, yüksek ücretli kredi pazarlamacıları tarafından kesiliyordu. Yoksul bir Güney Amerika ülkesinin başkanının önü Shoreha ve Sheraton otelleri arasındaki kısa yürüyüş sırasında tam beş değişik görevli tarafından kesilmişti.³⁵ Güney Amerikalı bir maliye bakanı, bankacıların kendisini konferanslarda köşeye sıkıştırmaya çalıştıklarını, kredi önerdiklerini anlatmaktadır: *"Beni hiç rahat bırakmıyorlardı... Vergileri yükseltmek yerine kredi almak, yani acıyı ertelemek, çok cazip bir iştir diyorlardı".*³⁶

Azgelişmiş ülke yöneticileri hazır paranın çekiciliğinden kendilerini kurtaramadı ve borç alarak faiz ödenmeye başlandı. Örneğin yalnızca *Citibank*'ın 1972-1974 arasında Güney Amerika'dan elde ettiği net faiz kazancı 8 milyon dolardan 29 milyon dolara, Ortadoğu ve Asya gelirleri 11 milyon dolardan 26 milyon dolara yükseldi. *"Kalkınmakta olan ülkeler Citi'nin altın yumurtlayan tavuğu olmuştu".*³⁷ IMF'nin azgelişmiş ülkelere kendi kaynaklarından verdiği borç miktarı 1970 yılında 0,7 milyar dolarken bu miktar 1990 yılında 34,5 milyar dolara çıkmıştı.

Oysa IMF'nin kuruluş sözleşmesi, tüm dünya ülkelerinde ticaretin gelişeceğini ve bu ülkelerde toplumsal ilerleme sağlanacağını belirten bilimsel görünümlü koşullarla doluydu. Varsıl ülkeler yoksullara yardım edecek, bu yardım onların kalkınmasını sağlayacaktı. Kalkınan ülkelerin alım gücü artacak, dünya ticaretle küçülecek, *bilgi çağının* yarattığı değerlerden tüm dünya yararlanacaktı. İkinci Dünya Savaşı'ndan sonra geliştirilen yeni düzenin bu yöndeki yaymacasına kapılanların sayısı umulandan çok oldu ve birçok azgelişmiş ülke, Amerikalıların deyimiyle, bu *'oltaya takıldı'*. Yakalandıkları *olta* onları her geçen gün yaşadıkları ortamdan kopardı ve onları bulanık sulara sürükledi.

*

IMF'nin kuruluşu, küçük bir ABD kasabası olan *Bretton Woods*'da yapılan ve 44 ülkenin katıldığı konferans kararlarına dayanır. Dünya egemenliğine hazırlanan ABD, daha savaş bitmeden, mali-siyasi örgütlenme girişimlerine başlamıştı. Savaş sonrası dönem, ağır yitiklere uğramış ülkelerin, özellikle de Avrupalıların umarsızlığı nedeniyle, ABD'ye en yakın olduğu dönemdi. Bu nedenle ekonomik anlaşmaların koşulları, tartışmalarla değil, bu işe öncülük etme olanağına sahip ABD tarafından belirleniyordu. Amerikalılar dünya önderliğine o denli istekliydi ki, çalışmalara daha savaş bitmeden başlamış ve *Bretton Woods* konferansını 1944 yılında gerçekleştirmişti.

Breton Woods, doların işlerliğini uluslararası boyuta taşımanın ve biriki (rezerv) para niteliğine kavuşturarak altına benzer bir rol üslenmesinin ilk adımını oluşturur. Ulusal paraların konvertibilitesi (serbestçe dövize çevrilebilirlik), kabul edildi. Altın, üye ülkelerin paralarının paritesinin (ülke paralarının karşılıklı değeri) ortak paydası olmayı sürdürdü.

Konferansın gerçek amacı, doların uluslararası akçalı işlemlerde egemen para durumuna getirilmesiydi. Bunun için ikinci bir uluslararası kambiyo (yabancı paraların alım satım işlemi) düzeni kabul edildi ve dolar, değeri altına oranla tanımlanan (bir ons karşılığı) bir para oldu.

Anlaşmanın 6. başlamı şöyle diyordu: *"1 Temmuz 1944 tarihinden başlamak üzere, her üye ülke parasının itibari değeri, altın cinsinden ya da belirli bir altın kalitesinin ağırlığı esas alınarak ABD doları cinsinden ifade edilecektir."* Altına çevrilebilir tek para durumuna gelen dolar, ticaret ve akça dünyasının yeni kralıydı.

ABD, *Bretton Woods Konferansı*'nda kabul ettirdiği anlaşmayı o çerçevede bırakmadı ve kapsamını genişleterek BM'ye taşıdı. *Uluslararası Para Fonu* (IMF), 27 Aralık 1945 tarihinde Washington'da imzalanan ana sözleşme ile bir BM örgütü olarak kuruldu. Örgütün amacı; dünya *mali sermaye* piyasalarını yönetilebilir kılmak, gelişmekte olan ülkelerin kambiyo politikalarını denetlemek, dolar bağımlılığı yaratacak biçimde borç ilişkileri yaratmak ve uluslararası para akışının IMF kararlarına uygun olarak işlemesine gözcülük etmekti.

IMF, elindeki akçalı gücü amacı doğrultusunda başarıyla kullandı. Hem para satışından kazanç elde etti, hem de borçlandırdığı ülkelere her dediğini yaptırabilecek bir güce ulaştı. Süreç içinde akçalı örgüt sınırlarını aşarak, yaptırım gücü yüksek, siyasi bir güç oldu. Örneğin, 24 Mart 1999'da NATO uçakları Sırbistan'ı bombaladığında, Rusya elindeki nükleer gücü anıştırarak (ima ederek), *'tepkimiz çok sert olacak'* diye meydan okudu. Ancak, ABD'nin, *'IMF sopasını'* göstermesi üzerine bir U dönüşü yaparak, NATO saldırısı karşısında güce başvurmayacağını ve Sırbistan'a silah yardımında bulunmayacağını açıkladı. Saldırının yapıldığı günlerde IMF ile kredi görüşmeleri yapan Rusya, IMF'den borç istiyordu. IMF'nin görüşmeleri kesmesi üzerine, Rus hükümeti *'hizaya geldi'* ve IMF başkanı **Michael Camdessus** görüşmeleri yeniden başlatmak için Rusya'ya gideceğini açıkladı.[38] IMF bugün dünya çapında her işe karışan bir akçalı polis örgütü olmuştur.

Uluslararası Para Fonu'na üye ülkeler, ulusal paraların değerini döviz kurlarına göre düzenli olarak ayarlamaya, onay verdi. Uluslararası parasal işlemlerde altının işlevini azaltarak yerini ABD dolarının alması ve bu amaç için örgütün güçlendirilmesi kabul edildi. Ancak, güçlenme öyle bir noktaya vardı ki, başlangıçta akçalı sorunlarla ilgileneceği belirtilen IMF, borçlu ülkelerin toplumsal sorunlarının tümüne karışan, yön veren ve giderek karar veren duruma geldi.

Ülkeler, bugün; kalkınma yöntemi, ödeme dengesi, bütçe politikası, vergi dizgesi, yatırım önceliği, ücret politikası vb. hemen her alandaki uygulamayı IMF'nin gösterdiği biçimde yapmak zorundadır. Hiçbir üye ülke IMF den izin almadan parasının değerini düşüremez, ekonomik ve akçalı politikalarda ulusal çıkarları yönünde uygulama yapamaz. Azgelişmiş ya da gelişmekte olan ülke yöneticileri, IMF yetkililerine güven vermekten ve onların her dediğini yapacağını kanıtlamaktan başka çıkar yollarının olmadığını bilir. Bu yönde son derece *'sözdinler'* durumdadırlar. Aykırı davranışta bulunanların, koltuğunu yitirmesi kaçınılmazdır. Bu gerçeği bilen azgelişmiş ülke yöneticileri siyasal seçeneği ne olursa olsun IMF kararlarına karşı çıkamaz, onun desteğini almağa çalışır.

*

IMF, en varsıl beş ülke tarafından yönetilmektedir. Bu ülkeler, belirleyici ABD olmak koşuluyla Japonya, Almanya, İngiltere ve Fransa'dır. İşin ilginç yanı, yönetimde hemen hiç bir etkisi olmayan azgelişmiş ya da gelişmekte olan üye ülkeler, kendilerini her yönden bağlayacak olan IMF bütçesine, yatırdıkları fonlarla katkıda bulunur. Ülkelerin ekonomik gücüne uygun olarak yatırılan bu fonların kullanımı, örgütün politikasını belirleyen bu beş ülke tarafından belirlenir. Gelişmekte olan ülkeler kendilerine karşı kullanılan akçalı bir gücü, bir anlamda kendi olanaklarıyla yaratmıştır.

1995 yılına dek IMF'den uyum kredileri için borç alan 137 ülkeden 81'inin (yüzde 60), IMF'ye bağımlılığı ileri düzeyde artmış, 89 azgelişmiş ülkeden 48'inin (yüzde 54) durumu kötüleşmiş, 32'si (yüzde 36) ise tümüyle yoksullaşmıştır.[39] IMF uygulamalarına kapılmış gelişmekte olan ülkelerin yüzde 90'nı ağır yitiklere uğramıştır. Yukarıdaki sayıları veren *Heritage Foundation,* tutucu bir küreselleşmeci kuruluştur.

IMF politikaları, gelişmekte olan ülkelerde, ekonomik yoksullaşma ile birlikte yeni siyasi ve toplumsal sorunlar yarattı. Bütçe gelirlerinin büyük bölümünü borç ödemelerine ayırmak zorunda kalan hükümetler, üretim alanlarına olduğu kadar, sosyal güvenlik yatırımlarına da pay ayıramaz oldu. Devletler toplumsal niteliklerini tümden yitirdi, IMF reçetelerini uygulayan aracılar durumuna geldi. Son dönemde *"IMF intiharları"* ortaya çıktı. *"IMF politikalarının yol açtığı ekonomik ve toplumsal sorunlar nedeniyle Güney Kore'de günde 25 kişinin intihar ettiği açıklandı. IMF intiharlarının bilançosu üç ayda 2 288'i buldu".*[40]

IMF'nin, üye ülkelerdeki her türlü gelişmeyi anında belirleyen, nedenlerini araştıran ve sonuçlarını Washington'a bildiren, bilgi ve istihbarat birimleri vardır. Hiçbir kesim bilgiye *para tüccarları* kadar bağımlı değildir. Bilgi-işlem teknolojisindeki yenilikler, finansal hizmetler üzerine, dünya ekonomisinin başka kesimlerden daha çok etki yapmıştır. *'Endüstriyel para hakkındaki bilgi, paranın kendisi kadar önemlidir'* sözü bunu anlatmaktadır. 19.Yüzyıl sonlarındaki ilk telgraf ve telefondan, günümüzdeki dördüncü kuşak bilgisayar dilinin geliştirilmesine dek, bilgi-işlem teknolojisindeki her atılımın ilk tecimsel uygulaması, finans sektöründe olmuştur.[41]

IMF'nin uluslararası akçasal ve tecimsel işleyişinin en ince ayrıntılarına dek ulaşabilen; araştırma, sayıbilim (istatistik) ve bilgi merkezleri vardır. IMF, tümünü açıklamadığı bilgilerle, hangi ülkeye ne zaman ve ne biçimde karışacağına karar verme olanağına sahiptir. Kredi kullanan alıcının kişisel yaşamını bile inceleyen bankalar gibi IMF de, üye ülkelerin gizli olması gereken tüm bilgilere kolayca ulaşabilmektedir. Bu durum o hale gelmiştir ki, birçok ülkenin ekonomik ve toplumsal sorunlarını, o ülkenin yöneticilerinden daha iyi bilmektedir.

IMF yöneticilerini en çok kızdıran davranış, kendilerinden bilgi saklanmasıdır. Bunu sık sık dile getirirler. IMF Genel Sekreteri **Michel Camdessus**'un BM *Sosyal ve Ekonomik Konseyi*'ne üye devletlerin ekonomi ve finans bakanlarının katıldığı toplantıda azarlar biçimde söyledikleri, bu tutuma iyi bir örnektir; *"...Küreselleşen dünyada defterlerini saklayamazsın. Ülkelerin ekonomileri IMF-Dünya Bankası ile uluslararası finans kurumlarına açık olmalı. IMF'nin ulusal ekonomileri gözetim altında bulundurması gerekir. Sağlıklı ekonominin altın şartı şeffaflık. Krizler ancak böyle önlenir"*.[42]

Bu sözler gelişmekte olan borçlu ülkeler için söylenmektedir. Oysa, uluslararası şirketlerin defterlerini değil incelemek, uzaktan görmek bile olanaksızdır. Vergi kaçakçılığına olağanüstü duyarlı ABD Maliye Bakanlığı bile ABD'de vergi kaçıran uluslararası şirketlerin açığını yakalayamamaktadır. Ayrıca uluslararası şirketlerin kara parayı aklamaları çok kolaydır. Az gelişmiş ülkelerden şeffaflık adına her bilginin açıklanmasını isteyen IMF, bu şirketlerin karanlık işlerine ses çıkarmaz, tersine bunlara destek olur. Amerikalı araştırmacılar bu konuda şunları söylemektedirler; *"Günümüzde kara parayı aklamak çok kolaydır. Elektronik transferler gizlidir. Bankada parası olup da bunu alacaklılardan, müfettişlerden ya da eşlerinden saklamak isteyen herkes, bankayla faks ya da modem aracılığıyla haberleşip, tek bir bankacıyla görüşmeden parayı dünyanın herhangi bir yerine gönderebilir"*.[43] Bank of Montreal'in Genel Müdürü **William Mulholand** açıkça: *"Kaşla göz arasında parayı, peşine takılan hiçbir av köpeğinin bulamayacağı bir yere gizleyebilirim"* demektedir.[44]

*

IMF anlaşmalarına göre, üye ülkelerin örgütten alabileceği borç toplamı (fondaki kota payı); ülkelerin uluslararası ticaret oylumuna, ulusal gelirlerine ve döviz birikilerine göre belirlenecektir. Ancak, başlangıçta gelişmekte olan ülkelere koşula bağlı olmayan krediler kolayca verildi. Daha sonra yükselen borçla artan bağımlılık, kredi almayı, dayatılan koşulların kabulüne bağlı kıldı. Borç arttıkça borç faizleri de arttı. Azgelişmiş ülkelere uygulanan borç faizleri 1978'de yüzde 9,7 iken 1979'da yüzde 13, 1980'de yüzde 15,4 ve 1981'de yüzde 17,5 oldu. Kredidatörler *ister al ister alma* deme gücüne gelmişti.[45]

Amerikan araştırmacı **Harry Magdoff**, IMF kredileri ile ilgili olarak şunları söylüyor: *"Yoksul uluslara varsıl uluslar tarafından empoze edilen disiplin, IMF'nin verdiği stabilizasyon kredileri (parasını dengelemek için alınan kısa vadeli kredi) ile sağlanmaktadır. Burada artık kalkınma projeleri ve uzun vadeli kalkınma planları üzerinde durmuyoruz. Kredi için, IMF'ye başvuran ülke müthiş bir darboğazın içinde değilse bile, böyle bir darboğazın eşiğinde demektir".*[46] İngiliz ekonomisti **Thomas Balogh**'un görüşleri ise daha köktenci ve net: *"ABD'nin bugünkü ekonomik ilişkileri, özünde, İngiltere'nin Afrika'daki eski sömürgeleri ile olan ilişkilerden farklı olmamaktadır. IMF oyunun kurallarının zorla kabul ettirilmesi işinde, sömürgeci yönetimlerin yerini almaktadır".*[47]

Azgelişmiş ülkelerin kalkınma isteği ve bu yöndeki ekonomik uygulamaları, karışmalarla istenilen yöne çevrildi. Bu ülkeler kendi ulusal varlıklarına karşıt politikalar izlemeye başladı. IMF'nin gerçek işlevini kavrayamayan ya da, kavrasa da uyum gösteren politikacılar, işler sarpa sardığında, sonucu değiştirmeyen utangaç eleştiriler yaptılar. Bunlardan biri olan Türk Bakan **Güneş Taner**, yeni borçlar istemek için gittiği Washington'da *Küresel Finansman Bütünleşme Toplantısı*'na katıldı. IMF kararlarını Türkiye'de uzun yıllar büyük bir bağlılıkla uygulayan bu politikacı, burada yaptığı konuşmada şunları söyledi: *"Eskiden serbest ekonomiyle devlet ekonomisi arasında seçme imkanı vardı. Şimdi ise yalnızca bir seçenek var; serbest ekonomi..."*[48]

İsviçre'nin Davos kentinde toplanan *Dünya Ekonomik Forumu* Başkanı **Claude Smadja**, toplantı öncesinde, İsviçre gazetesi *L'illustre* gazetesine verdiği demeçte; Washington'daki hükümet tarafından yönlendirilen IMF'yi *"ABD'nin finansal kapitalizm modelini global ölçeğe taşımak"*la suçladı ve kendisinin de ABD modeli diye tanımlanan olgudan bir zamanlar etkilendiğini itiraf ederek; *"dünyadaki olası krizleri önceden teşhis edebilme kabiliyetine sahip olan*

IMF dışında yeni yapıların oluşturulması gerektiğini" ileri sürdü.⁴⁹

IMF'nin kuruluşundan 5-6 yıl gibi kısa bir süre sonra ülkeler borçlarını ödeyemez duruma gelmişti. Borç geri ödemelerinin yapılabilmesi için yeni borç bulunması gerekiyordu. Bunun için 1952 yılında *'Stand-by'* adı verilen, borçluya yeni borç verme düzenlemeleri yapıldı. Bu duruma düşen ülkeler, artık içinden asla çıkamayacakları bir borç sarmalına yakalanmıştır. Bundan böyle önerilen her şeyi uygulamak zorundadırlar. Örneğin Bolivya'ya IMF ve ABD hükümeti tarafından yapılan yardımlar, Bolivya hükümetinin ekonomik denge (stabilizasyon) önlemleri almasına bağlanmıştı. Bu önlemler kamu işletmelerine yapılan devlet desteğinin kaldırılmasını içeriyordu. Bolivya'nın önemli gelir kaynağı olan maden işletmelerine yapılan devlet yatırımının kaldırılması isteniyordu. Hükümet madenler üzerindeki yatırımları durdurdu ve Örneğin, Bolivya madenciliği bir daha kendisini toparlayamadı. Amerikalı gazeteci **Paul Montgomery** *The New York Times* gazetesine yazdığı *"Açlık Bolivya maden işçilerinin ayrılmaz yoldaşıdır"* adlı makale ile Bolivya madenciliğinin çöküşünü çarpıcı bir biçimde anlatmıştır.⁵⁰

1961 yılında on bir ülke tarafından imzalanan *Genel Borç Düzenlemeleri Antlaşması* ile *stand-by* kredisi uygulamaları yaygınlaştırıldı. 1963-1966 arası, gelişmekte olan ülkelerin ekonomilerine karışmanın yoğunlaştığı ve ulusal pazarların dışarıya açılmasının hızlandığı yıllar oldu. Üç yıl gibi kısa bir dönemde, bu ülkelerin dışsatımında ani düşüşler oldu. Ödeme dengeleri bozuldu, döviz darlığı yaygınlaştı ve enflasyon eğilimleri arttı. Gelişmelerin doğal sonucu kuşkusuz, yeni bir borçlanma dalgasının gelmesi ve IMF diliyle *ödünlemeci (telafi edici) finansman kredilerinin* devreye sokulması oldu.

IMF'nin uluslararası akçalı işlem oylumu, gelişmekte olan ülkelerin süreğen duruma gelen akçalı bunalımları ve bu bunalımlara bağlı olarak artan kredi gereksinimleri nedeniyle, sürekli büyüdü. 1969 yılında yapılan IMF *Yönetim Kurulu* toplantısında kredi sunumunun (arzının) daha da arttırılması kararlaştırıldı. *Özel Çekme Hakları Sistemi* adı verilen bu kararlarla üye ülkelerin fondaki katılma payları arttırılmadan daha çok kredi almaları sağlandı.

Yani IMF dilediği ülkeye sınırsız kredi verebileceğini ilan etti.

Bu uygulama, 1976 *Jamaika Antlaşmaları*'ndan bu yana uluslararası akça dizgesinin temeli durumuna geldi. Bu gelişme, borç almadan yönetimde kalamaz duruma gelen ülke yöneticilerini daha sözdinler kılarken, IMF kurullarını, dünya ekonomisine yön veren ve alacakları için her şeyi yapan duygusuz tefeciler durumuna getirdi.

IMF, 1985'ten sonra *Dünya Bankası* ile birlikte, dünyanın en yoksul ülkelerine de el attı. Gelişmekte olan ülkelerden sonra bu ülkeleri de borçlandırmaya başladılar. Bugün IMF'ye borcu olmayan ülke kalmamış gibidir. Akçalı bağımlılığın artarak yaygınlaşması, IMF politikalarına yön veren büyük ülkelerin, kurduğu dünya egemenliğini sürdürebilmelerinin en büyük dayanağıdır.

IMF'nin yapılanması kuşkusuz demokratik değildir. ABD, Japonya, Almanya, İngiltere ve Fransa, örgütün para siyasetini belirleyen 20 kişilik *Yönetim Kurulu*'nun değişmez üyeleridir. Kalan 15 üye 2 yıl için seçilir. *Guvernörler Meclisi* adı verilen sürekli *Yürütme Kurulu*, müdür ve sekreter hep bu ülkelerin denetimi altındadır.

IMF, 1970'lerden sonra yalnızca azgelişmiş ve gelişmekte olan ülkelere, 1990'dan sonra da dağılan sosyalist ülkelere yönelik çalışma yapan bir örgüt durumuna geldi. ABD, Japonya, Almanya, İngiltere ve Fransa gibi ülkeler kendilerine yönelik kararlarında IMF'yi hesaba katmıyor. Bu örgüt artık, gelişmekte olan ülkeler üzerine kurulan denetim düzenini sürdürmenin aygıtı durumundadır.

Türkiye başka uluslararası örgütlere olduğu gibi, IMF'ye de üye olmakta pek *'istekli'* davranmış ve 11 Mart 1947 yılında örgüte katılmıştır.

Dünya Bankası

Gelişmiş ülkeler, dışarıya açılmanın yoğunlaştığı 19. yüzyılda, gittikleri yerlere çeşitli altyapı yatırımları yaptı. Özellikle dış dünya ile dolaysız bağlantısı olan bölgelerde, Limanlar, demiryolları, telgraf ve telefon işletmeleri kuruldu. İlk yatırım sermayesinin emperyalist merkezlerden getirildiği bu yatırımların bedelleri, yerel hükümetler borçlandırılarak sonradan geri alındı.

Uzun yıllar, tanınan ayrıcalıklarla çalıştırılan bu işletmeler, yatırım amaçlarını tamamladıktan sonra, bulunduğu ülkelere satıldı. Bugün yaygınlaştırılmakta olan *Yap-İşlet-Devret*'in temeli olan bu uygulamalarla, hiçbir bedel ödemeden büyük kazanç elde edildi.

Sömürge ve yarı-sömürgelere altyapı yatırımları yapılmasının amacı bu yatırımlardan elde edilecek kredi faizleri ve işletme kazançları değildir. Bunlar ek gelirlerdir. Yatırımların gerçek amacı, tecimsel ve akçalı sermaye gönderilecek denizaşırı ülkelerin, ulaşım ve iletişim olanaklarıyla, sömürgeci ticaretin gereksinimlerine asgari düzeyde yanıt verecek bir pazar durumuna getirilmesiydi. Getirilecek malları satmak, götürülecek hammaddeleri taşımak için yollara, limanlara gereksinim vardı. Yatırım bedeli yerel hükümetlere ödettirilen bu işletmelerle hem bu gereksinim karşılandı, hem de geri kalmış yörelere çağdaşlık götüren uygarlık temsilcileriymiş gibi siyasi yaymaca yapıldı.

Dünya Bankası, yukarıda özetlenen sömürgeci yöntemi 20. yüzyılın ikinci yarısındaki dünya koşullarına uygulamak amacıyla örgütlendi. Dünyanın bütün toprakları ve üzerinde yaşayan insanlar, bir merkezden yönetilen pazar ilişkileriyle birbirlerine bağlanacaktı. Dışsatımlanacak sermaye için, alım gücü yüksek olmayan, altyapısı yetersiz azgelişmiş ülke topraklarının ekonomik değeri olan pazarlar durumuna getirilmesi gerekiyordu. Bu ülkelerde ulaşım, iletişim ve enerji yatırımları son derece yetersizdi. Birçoğu, yatırımcı şirket ölçülerine göre pazar durumunda bile değildi. Bu ülkelerin yatırım yapmaya değecek kadar kalkınması; bunun için de yerleşim birimlerini birbirine bağlayacak yollar, elektrik üretecek santrallar, iletişim sağlayacak yatırımlar, su dağıtım şebekeleri vb. gerekiyordu.

Dünya Bankası'nın görevi, bu tür gereksinimlerin karşılanmasına yardımcı olmaktı. IMF, ülkeleri akçalı açıdan bağımlı duruma getirirken; Dünya Bankası, bağımlı kılınan ülkeleri, işlerliği olan pazar durumuna getirecekti. Banka, IMF'den ayrımlı olarak; kredi kaynakları yanında, teknik yardım olanaklarıyla da donatıldı ve yalnızca Üçüncü Dünya ülkelerine yönelik çalıştı.

Ülkelerin yapacağı altyapı yatırımlarının biçimi, kapsamı, boyutu, yöneticileri ve hatta çoğu kez işi yapacak firmalar bile

Bankaca belirlendi. Bu belirlemelere uyulması koşuluyla kredi verildi. Büyük yatırımlar için gerekli olan dışalımlanacak araç ve makinelerin alınacağı ülkeler ve hatta markalar, kredi koşulu oldu. Bu koşullarla ülkeler borçlandırıldı ve yatırımlar tamamlandı. Devlete verilen kredilerle gerçekleştirilen yatırımların daha borçları bitmeden bu yatırımlar özelleştirme adı altında, işbirlikçi yerli ya da doğrudan yabancı şirketlere devredildi. Bu devirler, *Dünya Bankası*'nın bilgi ve denetimi altında yapıldı.

*

Dünya Bankası, üç ayrı kurumun birlikteliğinden oluşmuştur. Bankanın temelini, aynı IMF gibi, *Bretton Woods* anlaşmalarından sonra, 1946'da kurulan, *Uluslararası İmar ve Kalkınma Bankası* (IBRD) oluşturmaktadır. Gelişmekte olan ülkelerin hükümetlerine ya'da hükümet güvencesi altında olan kuruluşlara uzun vadeli ve düşük faizli krediler veren IBRD, bir BM örgütüdür ve merkezi Washington'dadır.

Dünya Bankası'nı oluşturan ikinci örgüt, *Uluslararası Kalkınma Birliği*'dir. 1960 yılında kurulan bu örgüt, dünyanın en yoksul ülkelerine dönük olarak çalışır. Bu ülkelere, yalnızca yüzde 1 komisyon alarak, faizsiz ve 50 yıla varan uzun süreli kredi verir. Pazar değeri çok düşük olan bu ülkeleri, yatırım yapılabilir duruma getirmeğe çalışır.

Bankayı oluşturan son örgüt, 1956 yılında kurulan, *Uluslararası Finans Kuruluşu*'dur. Bu kuruluş, sermaye yatırılacak ülkelerde siyasi dayanaklar yaratmak için, işbirlikçi sermaye kümelerine dolaysız kredi vererek, onların güçlenmesini sağlar.

Dünya Bankası'nın kullandığı *mali sermaye*, esas olarak üye ülkelerin yatırdıkları fon paylarından oluşur. Kredi faizleri ile sermaye piyasalarına sunulan tahvillerden elde edilen kazanç başka gelir kaynaklarıdır. Bunların en yetkili organı, üye ülke temsilcilerinin katılımıyla oluşan ve yılda bir kez toplanan *Guvernörler Konseyi*'dir.

Dünya Bankası'nın ana sözleşmesi, başka tüm uluslararası antlaşmalarda olduğu gibi, *'insani amaçlarla'* doludur. Yoksul ülkeler kalkındırılacak, bu ülkelere yatırım kredileri verilecek, üretim gücü ve verimliliği arttırılacaktır. Kredi alan ülkelere teknik hizmet yardımında bulunulacak, teknoloji getirilecek ve yatırımların uygulanmasında, *'görev alınacaktır'*...

Ancak, gerçek işleyiş kuşkusuz yazılanlar gibi değildir. Kredi verilir ancak koşulla Banka tarafından belirlenir. Yönetim, başta ABD olmak üzere gelişmiş ülkelerin elindedir. Organlardaki temsil hakları göstermeliktir. İzlenecek politikalar tam olarak, ABD çıkarlarına göre belirlenir. Dünya Bankası eski başkanlarından **Eugene R. Black**'in sözleri bu durumu açık olarak ortaya koymaktadır: *"Dış yardım programlarımız Amerikan iş dünyasına çok belirgin yararlar sağlamaktadır. Başlıca üç yarar şunlardır: (1) Dış Yardım, ABD malları ve hizmetleri için derhal ve önemli bir pazar sağlamaktadır. (2) Dış Yardım, ABD şirketleri için yeni yeni dış pazarların geliştirilmesine yardımcı olmaktadır. (3) Dış yardım, ulusal ekonomileri, ABD firmalarının gelişebilecekleri bir tür girişim düzenine doğru yönlendirmektedir"*.[51]

*

Dünya Bankası'ndan kredi almak isteyen ülkeler, krediyi kullanacakları yatırım alanını Banka'ya bildirir. Banka her başvuruya olumlu yanıt vermez. Ulusal ekonomiyi geliştirecek yatırımlar, kredi verilmeyecek yatırımlardır. Kaynaklar, genel bir kural olarak, uluslararası şirketlerin gereksinimlerini karşılayan ve üretime dönük olmayan altyapı yatırımlarına ayrılmıştır. Son zamanlarda tarımsal yatırım alanlarına da kredi verilmektedir. Tarım kredileri, ülkelerin ulusal tarım üretiminin geliştirilmesi için değil, almaşık (alternatif) tarım üretimi adı altında, ulusal tarım üretimini güçlendirmeyecek olan yatırımlara verilir. Uluslararası piyasalara çıkarılabilmiş olan yerel ürünler, genel bir tutum olarak kredi dışı bırakılır.

Borçlanan ülke, aldığı borcu, Banka'nın belirlediği koşullarda kullanmak zorundadır. Kredi sözleşmesini imzaladığı anda, yatırımda kullanacağı yabancı 'uzmanları', ücretlerini, proje ve yüklenici firmayı, dışalımlanacak donanımın ülkesini kabul etmiş olur. Sözleşmeye bağlanmış bu tür zorunlulukların pazarlık şansını ortadan kaldırması, dünya piyasalarının üzerinde bedeller istenmesine yol açar. Borçlu ülke bunları ödemek zorundadır. Banka bu bedelleri kaynakta keser ve şirketlere kendisi öder.

Yatırım tasarıları genellikle, ABD kökenli danışma ve mühendislik şirketleri tarafından yapılır. Bu şirketler tasarıların kendileri tarafından yapılacağını önceden bilirler ve 'hizmetlerinin' karşılığı olan abartılmış faturaları, borçlanan ülke hesabından düşmek üzere, *Dünya Bankası*'na gönderirler.

Dünya Bankası'nın Tayland'daki *Yanhee Enerji Projesine* verdiği kredinin koşulları, çarpıcı bir örnektir: *"Projenin uygulamasında, Tayland hükümeti yetkililerinin dışında, karar yetkisine sahip ayrı bir kurulun oluşturulması, Enerji Bakanlığı'nda genel müdür dahil bütün atamalarda Banka'nın onayının alınması ve Dünya Bankası'nın kabul ettiği danışman mühendislerin onayı alınmadıkça hiçbir ara sözleşmenin yapılmaması vb... Dünya Bankası, bağımsız uluslar üzerinde sert bir denetim kurmaktadır"*.[52]

Kredi verilecek yatırımlarda, yatırım biçimine ve niteliğine de Banka karar verir. İlgili organın verdiği kararlar, borçlanan ülkenin sorunlarını çözmeye değil, yeni sorunlar doğurup dışa bağımlılığı arttırmaya yöneliktir. Örneğin, ulaşım yatırımları için verilecek kredide, kredinin demiryolları ya da denizyolları ulaşımına değil, en pahalı taşımacılık olan karayollarına yatırılmasını koşul koyar. Toplu ulaşım çözümlerine karşı çıkar, ülkeyi uluslararası otomotiv endüstrisinin, yedek parçaya ve petrole bağımlı pazarı durumuna getirir.

Dünya Bankası, 1990'da bir dizi kömürlü enerji santrali yapmak koşuluyla, Hindistan'a 400 milyon dolar kredi verdi. Santraller tamamlanınca üretilen enerji, gereksinimin yalnızca yüzde 2.5'unu karşılayacaktı. Ancak, yaratacağı çevre bozulmasının boyutu çok büyüktü. *Uluslararası Kamu Çalışanları Federasyonu*'nun (PSI) Dünya Bankası'nın 50. kuruluş yılı nedeniyle yayınladığı kitapta şöyle söylenmektedir: *"Dünya Bankası yönetimince hazırlanan 'yapısal değişim programlarının' uygulandığı ülkelerde yoksulluk arttı, işçilere kemer sıkma politikaları uygulandı, sosyal harcamaların kısılması sonucu temel hizmetler durdu, pek çok kamu çalışanı işini yitirdi, grev ve gösteriler hükümet güçleri tarafından bastırıldı... Dünya Bankası ve ikiz kardeşi IMF, dünyayı fethe çıkan sermayenin müfreze kolu durumundadır"*.[53]

Dünya Bankası, bir başkan ve yılda bir kez toplanan *Guvernörler Konseyi* tarafından yönetilir. Kredi konusundaki kararları 22 yürütme görevlisi müdür verir. Kredi oylamalarında üye ülkeler eşit oy hakkına sahip değildir. Ülkelerin oy sayıları, banka sermayesine katılım paylarındaki oranlarda belirlenir. Bu nedenle, varsıl ülkelerin Banka üzerinde saltık bir denetim gücü vardır.

1990 yılında üye sayısı 159'a çıkan *Dünya Bankası,* 1970'te 4.5 milyar dolar kredi verirken bu miktar 1990'da yüzde 2127 artarak 95,70 milyar dolara çıkmıştır.[54] *Guvernörler Konseyi,* 1988 yılında aldığı bir kararla sermaye tavanını 171 milyar dolara çıkarmıştır.[55]

Türkiye, *Dünya Bankası'*na, başka uluslararası örgütlerde olduğu gibi, konuyu incelemeden, 14 Şubat 1947 tarih ve 5016 sayılı yasayla üye oldu. Bu tarihten sonra ülkeyi yöneten hükümetler, söz birliği etmişçesine, Türkiye'nin o güne dek uyguladığı ulusal politikasını bırakarak, bu politikayı Dünya Bankası'nın genel politikaları içinde yok ettiler.

Marshall Planı (Avrupa Kalkınma Programı)

İkinci Dünya Savaşı'nın ağır yitikleri, birçok Avrupa ülkesinde yaşanan toplumsal çöküntüyü, düzen sorunu durumuna getirmiş, ekonomik yaşam neredeyse durmuştu. Dünyanın en varsıl kıtası, açlık ve sayrılıkla boğuşuyordu. Siyasal ortam karışıktı. Polonya, Çekoslovakya, Romanya, Macaristan, Bulgaristan, Yugoslavya ve Arnavutluk, Sovyetler Birliği'nin etki alanına girerek Batı'dan kopmuştu. Almanya bölünmüş, Fransa ve İtalya Komünist Partileri kitlesel bir güce ulaşmıştı. Yunanistan'da iç savaş sürüyordu. Avrupalı seçmenler komünist partilere yönelme eğilimi taşıyordu.

ABD hükümeti, Avrupa'nın içinde bulunduğu koşullardan rahatsızlık duyuyor ve bu büyük pazarın bir an önce canlandırılmasının gerektiğine inanıyordu. Amerikalıların elinde, yatırılacak pazar arayan büyük nicelikte sermaye birikmişti ve bu sermaye önemli oranda Avrupa pazarlarına akacaktı.

Marshall Planı, böyle bir ortamda ortaya çıktı. *Ekonominin canlandırılması, düşüngüsel karşıtlıkların dizginlenmesi, siyasi dengenin sağlanması* ve *artan Sovyet gücüne karşı Batı Avrupa'nın güçlen-*

dirilmesi, ABD çıkarlarını dolaysız bir biçimde ilgilendiriyordu. Plan bu amaçlarla gündeme getirildi.

ABD Savunma Bakanı General **George C. Marshall**, 25 Haziran 1947'de Harvard Üniversitesi'nde verdiği konferansta; Avrupa'nın, çekincesi altında bulunduğu komünizme karşı korunması gerektiğini, bunun Birleşik Devletler'in çıkarlarına uygun düştüğünü belirterek, Avrupa'da ekonomik yaşamın canlandırılması gerektiği yönünde görüşler ileri sürdü. Bunlar gerçekte ABD hükümetinin görüşleriydi. *'Yardım'* yapılacak ülkeler belirlenmiş, kapsamı önceden saptanmıştı. Nitekim **Marshall**'ın açıklamasından bir ay sonra, 16 Avrupa ülkesinin katıldığı bir konferans düzenlendi ve bu konferansta, Avrupa'nın ekonomik sorunlarını belirleyen bir yazanak yayımlandı. Bu yazanak, daha sonra bir izlenceye dönüştürülerek yasalaştırıldı ve **Truman**'ın onaylamasıyla, 1948 yılında, dört yıllık bir süre için, uygulamaya sokuldu.

*Avrupa Kalkınma Programı'*nın (Marshall Planı'nın resmi adı) yürütülmesi, bir ABD kuruluşu olan, *Ekonomik İşbirliği İdaresi (ECA)* ile bir Avrupa kuruluşu olan *Avrupa Ekonomik İşbirliği Örgütü'*ne *(OEEC)* verildi. Bu beraberlikte *ECA* kredi verici, *OEEC* ise alıcı olarak çalıştı. Hükümetlerarası borç alışverişini düzenlemek için Export-Import Bank (Exim-bank) devreye sokuldu. Uygulamalarla ABD doları Avrupa ülkelerinde en etkin para durumuna geldi. Verilen kredilerle Amerikan mallarının alınması yönünde çeşitli uygulamalar düzenlendi.

Dünya Bankası'nın kredilerin kullanılması konusunda azgelişmiş ülkelere uyguladığı kaba dayatmalar, Avrupalı ülkelere yapılamayacağı için, yumuşatılmış düzenlemelere gereksinim vardı. Örneğin, *Marshall Yardımı* alan bir Avrupa ülkesi, ABD ürünleri satın alması durumunda, bunların bedellerini dört yıl sonra ödüyor, böylece aldığı yardımı serbest kullanımda tutabiliyordu. Bu işleyiş o günkü koşullarda, gerek Avrupa ülkelerine, gerekse ABD'ye uygun geliyordu. ABD, mal ve para satıp kazanç sağlamanın yanında politik etkinliğini arttırıp büyük Avrupa pazarında içsel bir olgu durumuna geliyordu. Avrupa ise, kalkınmak için gereksinim duyduğu ürün ve sermayeye kovuşuyordu.

Nitekim, köklü bir uranlaşma ve üretim birikimi olan Avrupa ülkeleri, ne denli yıkılmış olsalar da; aldıkları krediyi çok hızlı bir biçimde üretime yönlendirdi ve kısa sürede eski endüstriyel gücüne ulaştı.

OECD'ye üye 16 Avrupa ülkesi, *Marshall Planı* çerçevesinde kredi kullandı. Dört yıllık süre içinde kullandırılan toplam kredi tutarı 12 milyar dolardı. Bu tutarın çoğunluğu geri ödemesiz kredi, kalanı düşük faizli borç biçimindeydi. Avrupalılar kredileri özellikle petrokimya ve çelik uranına yatırdı ve bu dallarda büyük üretim artışı sağladı. OECD'ye üye 16 ülkenin, *gayrisafi milli hasılalarında (GSMH)* dört yıl içinde yüzde 15-20 oranında artış görüldü.[56]

*

Bu tür anlaşmalara katılmaya çok istekli olan Türkiye, yardım kapsamına alınmamış olmasına karşın, 1947 yılında düzenlenen konferansta 615 milyon dolar yardım istemiş ancak bu isteği savaştan zarar görmediği gerekçesiyle geri çevrilmişti. Türk hükümeti bu kez doğrudan ABD hükümetine başvurmuş ve yardım isteğinde bulunmuştur. Bu isteği olumlu karşılayan ABD ile 4 Temmuz 1948'de Ankara'da imzalanan antlaşmadan sonra Türkiye, 1948-1952 arasında *Marshall Planı* çerçevesinde toplam 351,7 milyon dolar kredi aldı.[57]

Marshall Planı, tam anlamıyla Amerikan çıkarlarına dayanan bir uygulamaydı. Temel amacı Avrupa'da etkin olmak ve Sovyetler Birliği'nin gelişen etkisini önlemekti. Bu amaçla, Sovyetler Birliği ve Doğu Avrupa ülkelerine de, *Marshall Planı* çerçevesinde akçalı yardım yapılmak istenmiş, ancak bu istek ilgili ülkelerce kabul edilmemişti. Soğuk Savaş bundan sonra başlatılmış ve uzun yıllar yoğunlaştırılarak sürdürülmüştür. *Marshall Planı*, *parayla bağlayamazsan zorla*, anlayışının başlangıcı olmuştur.

Amerika'dan Avrupa'ya *Marshall Planı* ile başlayan sermaye göçü, çok geçmeden Avrupa ülkelerini rahatsız etmeye başladı. Rahatsızlık, kalkınma sayılarının yükselişiyle düz orantılı olarak artıyordu. Ekonomik ilişkilerde artış gösteren bağımlılıklar, *'karşılıklı işbirliğinin'* tek yanlı işleyen mantığı ve dolaylı da olsa tecimsel zorlaması, ABD yardımına karşı, gittikçe genişleyen bir karşıtçılığın oluşmasına yol açtı. Hızla kalkınan Avrupalılar, ikinci sınıf kapitalist ülke konumunda kalmak istemiyor ve önce Avrupa pazarında daha sonra da tüm dünyada, ABD ile ekonomik yarışa girmenin yollarını arıyordu.

Batı Avrupalılar, yarışma umutlarını, uygulamaya sokmakta gecikmedi. Fransız gazeteci **J. J. Servan Schreiber**, 1968 yılında şunları yazıyordu: *"Amerikan şirketleri, 1958'den bu yana, Batı Avrupa'da yeniden on milyar dolarlık bir yatırım yaptı. Bu ABD'nin bütün dünyadaki yatırımlarının üçte birinden daha çoktur. Bu dönemde, Amerikalıların yabancı ülkelerde kurduğu 6 bin yeni işin yarısı Avrupa'da kurulmuştur. Avrupa'daki ABD yatırımlarının yüzde 90'ı, yalnızca Avrupa kaynaklarına dayanılarak yapılmaktadır. Daha açık bir deyimle, Amerikalılara bizi satın alsınlar diye para vermekteyiz"*.[58]

Avrupa Ekonomik İşbirliği Örgütü (OEEC) Marshall Planı sona erdikten sonra da varlığını sürdürdü ve birçok kuruluşun oluşmasına kaynaklık etti. *Marshall* kredilerinin alınmasında başrolü oynayan bu örgüt giderek ABD korumanlığından (vesayetinden) kurtulmanın bir aygıtı gibi çalışıyordu. ABD yatırımlarına giriş serbestliğinin artması durumunda, özellikle yüksek teknoloji alanlarında; Avrupa endüstrisinin taşeron, Avrupa'nın da bir uydu durumuna düşeceği, yüksek sesle söylenmeye başlamıştı.[59]

İngiltere Başbakanı **Harold Wilson**, 1967'de Strasbourg'da verdiği bir demeçte şöyle söylüyordu: *"Korkarım ki günün birinde Avrupa yeni bir ekonomik köleliğe düşecektir. O zaman biz, yalnızca modern ekonominin gerektirdiği konvansiyonel ürünleri yapmakla yetinecek ve böylece 1970-1980 yıllarından sonraki endüstri çağını etkileyecek bütün ileri teknoloji kollarında Amerikan endüstri sisteminin bir uydusu haline geleceğiz"*.[60]

ABD, kendisine yönelik eleştirilerin artmasına seyirci kalmadı ve Avrupa politikasında, köklü bir değişime gitmeden, yeni bir ekonomik örgütlenme biçimi geliştirdi. Kendisiyle birlikte Kanada'nın da katıldığı *Ekonomik İşbirliği ve Kalkınma Örgütü*'nü (OECD) kurdu. OECD, OEEC'nin yerini aldı.

Avrupa ülkeleri, *Marshall Planı*'nın olumsuz etkilerinden kendilerini hızla kurtarırken, Türkiye bunu yapmadı. Kredilerin verimsiz kullanımı, uluslararası ilişkilerdeki yetersizlik ve dünya siyasetini kavrayamayış, Türkiye'yi ulusal politika yürütemez duruma getirdi. Her borç yeni bir borcun nedeni, her yeni anlaşma yeni bir bağımlılık anlaşmasının gerekçesi oldu. *Marshall Planı,* Türkiye'nin ekonomik alanda Kemalist politikadan kopuş anlamına gelmektedir.

Ekonomik İşbirliği ve Kalkınma Örgütü (OECD)

Marshall Planı 1952'de sona erdi ancak plan uygulamalarında eşgüdümü sağlama görevi yapan, *Avrupa Ekonomik İşbirliği Örgütü (OEEC)* varlığını sürdürdü. *Marshall Planı* ortadan kalkmıştı ancak amaç tam olarak gerçekleşmemişti. Bunu *OEEC* üstlendi ve Avrupa'daki ABD yatırımlarının düzenlenmesi işleviyle donatıldı.

Batı Avrupa, savaşın yıkımını üzerinden atmış ve hızlı bir kal-kınma sürecine girmişti. Kendisini *'toparlayan'* Avrupa sermayesi, yoğunlaşan ABD yatırımlarından rahatsız olmaya başlamıştı. *OEEC* bir Avrupa kuruluşuydu ama ABD yatırımlarıyla uğraşıyordu.

Avrupalılar, bağımsız ekonomik varlığını koruyup geliştirmek için, 1957 yılında *Avrupa Ekonomik Topluluğu'*nu (AET) kurdu. Avrupa'ya büyük boyutlu sermaye yatırmış olan ABD'nin, bu örgüte girmesi olanaklı değildi. Bu nedenle, temel görevi, Avrupa-ABD ekonomik ilişkilerini düzenlemek olan yeni bir örgüte gereksinim vardı. Bu gereksinimi karşılamak üzere 14 Aralık 1960'da, *Ekonomik İşbirliği ve Kalkınma Örgütü (OECD)* kuruldu.

OECD üyeliği, Avrupa ülkeleri ve ABD ile sınırlı kalmadı. Üye ülkelerin denizaşırı bağlantıları nedeniyle, örgüte katılmaları istenen, Avustralya, Kanada, Yeni Zelanda (ABD'nin sadık dostları) ile sonradan Japonya örgüte alındı. Örgütün Avrupalı üyeleri şunlardır: Avusturya, Belçika, Danimarka, Almanya, Finlandiya, Fransa, Hollanda, İngiltere, İrlanda, İspanya, İsveç, İsviçre, İtalya, İzlanda, Luxemburg, Norveç, Portekiz, Yunanistan ve Türkiye.

Örgütün yazılı amaçları; yaşam düzeyini yükseltmek, bunun için ekonomik büyüme gerçekleştirerek yeni iş alanları açmak, akçalı denge sağlamak, uluslararası ticareti geliştirmek, ülkeler arası sermaye akışını serbestleştirmek ve bu yönde işbirliği yapmaktı. Uluslararası anlaşmaların tümünde olduğu gibi *OECD'*de de, *'iş-*

birliği' kavramı gerçek anlamıyla ancak, gelişmiş ülkeler arasında söz konusuydu.

OECD, gelişmiş ülkelerin yarattığı küresel örgüt ağının bir parçası olarak her zaman onların önceliklerini temsil etti. Azgelişmiş ülkelere ise IMF izlencelerine uygun düşmeyen herhangi bir ekonomik yardımda bulunmadı. Az gelişmiş ülkelere karşı alınan ekonomik boykot, akçalı soyutlama ve engelleyim (ambargo) kararlarına tam olarak uydu. *OECD*, konum ve özgürlüğü ekonomik gücün belirlediği bir varsıllar örgütüydü. Türkiye'nin burada, acaba ne işi vardı?..

Kararları bağlayıcı olmayan *OECD*, görünüşte bir danışma kuruludur. İzlencelerini; çeşitli görüşmeler, seminerler, konferanslar ve yayınlar yoluyla gerçekleştirir. Kararların oybirliği ile alınma zorunluluğu herhangi bir sorun yaratmaz. Çünkü temel politikaları belirleyen en büyüklerin kararlarına karşı çıkmayı kimse aklından geçirmez. Türkiye dışındaki tüm üyeler, varlık ve geleceklerini birbirine bağlamış, aynı yolun yolcusu varsıl ülkelerdir. Onları birleştiren ortak payda, Üçüncü Dünya ülkeleri başta olmak üzere dünya pazarlarından, güçleri oranında yararlanmalarıdır. Kendi aralarındaki çelişkileri, belirli bir düzen içinde denetim altında tutarlar ve azgelişmiş ülkelere karşı kesinlikle birlikte davranırlar.

OECD üyesi ülkelerin tecimsel yükümlülükleri, başka uluslararası örgütlerde olduğu gibi, *GATT* ile sınırlıdır. Örgüt, yıllık olarak atanan 14 temsilcinin katıldığı *Temsilciler Komitesi*, yılda bir kez toplanan ve tüm üye ülkelerin bakanlarının toplandığı *Konsey* ile temel çalışma ve özel çalışma komitelerinden oluşur. Ana organ *Konsey*'dir. *Konsey*, *Yönetim Kurulu* ile uygun gördüğü sayıda çalışma komitesi kurar. Ekonomi Politika Komitesi, Tarım Komitesi, Ekonomik Gelişmeleri ve Sorunları İnceleme Komitesi ile Maliye Komitesi çalışmakta olan kimi komitelerdir. Örgütün ayrıca beş yıl için seçilen bir genel yazmanı vardır.

OECD, dünya ekonomik dizgesinin; çok okuyan, çok araştıran ve çok yazan beyni gibidir. *IMF, Dünya Bankası, GATT (Gümrük Tarifeleri ve Ticaret Genel Antlaşması)* başta olmak üzere, tüm uluslararası örgütler ve hükümetlerle ilişki içindedir. *Genel sayımla-*

malar (istatistikler), tarım, sermaye piyasaları, vergi yapıları, enerji kaynakları, çevre kirliliği, eğitim gibi pek çok alanda araştırma ve incelemeler yapar. Dünyanın en büyük ekonomik veri bankasıdır. Her yıl çeşitli konularda on bin sayfayı aşan yayın yapar. Küresel tecimsel ilişkilerin geliştirilmesi için, stratejik önermelerde bulunur. İki ayda bir yayınlanan *The OECD Observer* adlı örgüt dergisi, herkesin yararlandığı zengin bir bilgi kaynağıdır. *OECD*, ayrıca her üye ülke için, yıllık ekonomik değerlendirmeler yayınlar. Üye ülkeler ve gelişmekte olan üye olmayan ülkeler arasında sağlıklı bir ekonomik ilişkinin geliştirilmesi, gelişmekte olan ülkelere yapılacak yardımları düzenlemek, üye ve üye olmayan ülke pazarlarını alım gücünü arttırarak daha çok dışa açmak, az gelişmiş ülkeler üzerindeki ekonomik denetimin ortaklaştırılması, dünyadaki bütün ekonomik anlaşmaların izlenerek değerlendirilmesi, ulusal ve uluslararası her konuda bilgi toplamak, örgütün önem verdiği çalışma alanlarıdır.

Fransa dahil birçok ülkeden tepki gören *Çok Taraflı Yatırım Anlaşması (MAI)* bir *OECD* önerisidir. Uluslararası şirketlere kolaylıklar getiren bu öneriye göre, herhangi bir ülkeye yatırım yapan uluslararası şirketler, o ülkenin yasalarına karşı sorumlu olmayacaktır. Hükümetlerin aldığı kararlardan zarar gördüğüne inanan şirketler, uluslararası mahkemeye başvurabilecek ve hükümetler çıkan kararlara uyacaklardır. Anlaşmayı imzalayan ülke, örgütten beş yıl çıkamayacak, çıktıktan sonra ise anlaşma hükümlerini on beş yıl daha uygulamaya devam edecektir. *Dünya Ticaret Örgütü* Başkanı, *MAI* için; *"Tek bir küresel ekonomi için ortak bir anayasa hazırlıyoruz"* diyordu.[61]

Türkiye her uluslararası örgüte olduğu gibi OECD'ye de hemen üye oldu ve ne işe yarayacağını bile anlamadan girdiği bu örgütün ilk üyeleri içinde yer aldı. Konuşulan konuları kavramaktan uzak bakanlarını her yıl konsey toplantısına gönderdi. Diplomatik pasaportla seyahat etmenin heyecanıyla Paris'e giden bu bakanlar, önlerine sürülen ve içeriğini anlayamadıkları karar metinlerini, gözü kapalı imzaladılar.

Yeni Dünya Düzeni'nin Temelleri:
3. Küresel Ekonomik Örgütler

Yeni düzenin gerçek amacı, aksamadan işleyen ve tüm dünyayı kapsayan küresel bir ekonomik düzenin yerleştirilmesidir. Bu amaca yönelik çabalar, öznel seçimlerin oluşturduğu davranışlar değil, yaratılan varsıllığın kaynağını oluşturan ekonomiye ait bilinçli eylemlerdir. Varsıllık ekonomiye, varsıl olmak da ekonomik ilişkilerde söz sahibi olmaya dayanır. Bu gerçek dünyadaki bütün çatışmaların kaynağı ve toplumsal düzenin temel özelliğidir. Askeri ve siyasi egemenlik, ekonomik egemenliğin araçlarıdır, gerçek erek ekonomidir.

Ekonominin yaşam alanları, her türlü tecimsel eylemin sürdüğü ve uğruna tarih boyunca savaşlar verilen ülke pazarlarıdır. Ekonomiye egemen olmak isteyen, pazara egemen olmak zorundadır. Bu tutkulu zorunluluk her güçlü ülkeyi, daha az güçlü olanlar üzerinde egemenlik kurmaya iter. Bu yolla elde edilen dış pazar, kurulan egemenlik oranında, kullanıma açılır. Ekonomik sömürünün biçim ve uygunluğu siyasi bağımlılığın düzeyini belirler. En çok sömürülen ülke en bağımlı ülkedir.

Yeni Dünya Düzeni, en önemli değişikliği dünya pazarlarının yeniden yapılanması ve kullanım biçimi konusunda yaptı. Ayrı ayrı kullanılan, gelişmekte olan ülke pazarları, metropol pazarlarla birleştirilerek ortak kullanıma açıldı. Milli pazarlar uluslararası pazar durumuna getirilerek birleştirildi ve alım gücü yüksek, büyük bölgesel *ortak pazarlar* oluşturuldu. Bu yolla, hem küçüklüğün ve dağınıklığın verimsizliğinden kurtulundu hem de askeri çatışma eğilimlerini arttıran yeniden paylaşım istekleri denetim altına alındı.

Savaş sonrasının dünya koşulları bunları yapmaya elverişliydi. Çok güçlü, yeni bir enüstün (süper) devlet ortaya çıkmıştı. ABD önderliği tartışmasız kabul görüyor, onunla çatışmaya girebilecek kapitalist bir ülke ortaya çıkamıyordu. Kapitalist dünya, gücünü arttıran *'büyük çekinceye'*, yani Sovyetler Birliği'ne karşı, ABD'nin önderliği altında birleşmişti. Yeni düzenin sürdürülmesini Birleşik Devletler başarabilirdi. Zaten buna gönüllüydü ve gönüllülüğü yeni de değildi.

Başkan **Woodrow Wilson**'ın 1917'de ortaya attığı on dört başlamlık *Wilson Doktrini*'nin koşullarından biri, uluslararası ticarette sınırlamaların kaldırılmasıydı. **Franklin D. Roosevelt**'in 1941 tarihli *Dört Hürriyet Doktrini* de aynı şeylerden söz ediyordu. Kendi aralarındaki güç ayrımlılıkları, Sovyetler Birliği'nin artan etkisi ve yayılan ulusal bağımsızlık savaşları; yenen ve yenileniyle tüm gelişmiş ülkeleri birlikte davranmaya zorluyordu. Her iki dünya savaşından da zarar görmüşlerdi. Kapitalist dünyanın, üçüncü bir savaşı göze alacak gücü kalmamıştı.

Gümrük duvarlarının, korumacı yerel yasaların ve uluslararası ticaretin kısıtlamalarının aşılarak; herkesin gücü oranında yararlanacağı geniş ortak pazarlar bu koşullarda oluşturuldu. Ortak pazar oluşumları, gelişmiş ülkeler açısından, 20. yüzyılın belki de en büyük ekonomik buluşudur.

*

Ortak pazar uygulamalarının, büyük devlet çıkarlarını gözeten özellikleri vardır. Şöyle ki:

1- Alım gücü, *ortak pazarı* oluşturan ulusal pazarların aritmetik toplamından daha yüksektir. *Ortak pazarlar*, taşıdığı tüketim gizilgücüyle, dünya mal ve hizmet üretiminin olağanüstü artmasına neden olmuştur. Özellikle endüstriyel üretim gücü olan ülkeler bu yolla hızlı bir kalkınma içine girmiş, ekonomik güçlerini umulmadık biçimde arttırmıştır. Bu konuda, savaş sonrasında askeri giderlere pay ayırmayan yenilenler, Japonya ve Almanya özellikle başarılı oldu.

2- Geçmişte dış pazarları tek tek ele geçiren gelişmiş ülkeler, eşit olmayan gelişim düzeyleri nedeniyle aralarındaki güç dengeleri değiştiğinde, yeniden paylaşım için birbirleriyle savaşıyordu. Her ülke kendi sömürgesini ve yarı-sömürgesini kullanıyor, başkasını buraya sokmuyordu. Hindistan İngilizlerin, Cezayir Fransızların, Filipinler Amerikalılarındı. Ortak pazar uygulamalarıyla pazarlar birbirlerine bağlandı ve ortak kullanıma açıldı. Bu yöntem, ekonomik yarışı ve yarattığı gerilimleri ortadan kaldırmadı ancak askeri çatışma gizilgücü taşıyan çelişkileri önemli oranda yumuşattı.

3- Ortak pazar girişimi ile pazara alınan gelişmekte olan ülkelerde, ulusal bağımsızlık eğilimleri önce denetim altına alındı, sonra ortadan kaldırılması yönünde, kalıcı dönüşümler gerçekleştirildi. Bu ülkeler, ortak pazara bağlandıkları oranda büyük devletlerin istemi yönünde davranmak zorunda kaldı ve daha önce kazandıkları ulusal birikimi yitirdi. İmzaladıkları üyelik sözleşmesindeki bağlayıcı koşullar nedeniyle, bir daha içinden çıkamayacakları bağımlılık ilişkisi içine girdiler. Bu tür ülkelerin ortak pazar üyeliği, tüketici üye olmaktan ileri gidemedi.

4- Pazarın gelişmesi, tekel eğilimi gösteren büyük sermaye kümelerinin, isteklerine yanıt veren bir ortam oluşturdu. Tekelleşmeyi hızlandırdı. Sayıları azalarak güçleri artan uluslararası şirketler ortaya çıktı. *Mali sermaye*, özellikle endüstriyel üretim şirketleri üzerinde kesin bir egemenlik kurdu. Üretim şirketleri, ya *mali sermaye* kümelerince satın alındı ya da kendisi *mali sermaye* şirketi durumuna geldi. Bankalar, akçalı işlemler yapan basit aracılar olmaktan çıkarak, küresel ekonomi ve siyasete yön veren, akçalı imparatorluklar durumuna geldi. Tekelleşme çok yüksek bir boyuta ulaştı.

5- *Ortak pazarlar*, uluslararası sermaye dolaşımını hızlandırdı ve bunun sonucu olarak küresel şirket birleşmeleri büyük bir ivme kazandı. Uluslararası çalışan ulusal şirketler, uluslararası şirkete dönüştü. Bu şirketler, ortaklık ya da satın alma yoluyla, birçok şirketi içine aldı ve kendi üretim alanında büyük dünya tekelleri oldu. Gelişmiş ülkelerin çıkarları, bu şirketlerin çıkarlarıyla tam anlamıyla örtüşür duruma geldi ve uluslararası şirketler, yalnızca kendi ülkelerini değil tüm dünyayı yönetmeye başladı.

6- Sermaye dolaşımının hızlanması ve uluslararası şirketlerin devinim yeteneğinin artması, iş gücünün ucuz, hammaddenin bol olduğu azgelişmiş ülkelere doğru, yoğun bir sermaye göçü başlattı. Bu göç, sermaye alan yoksul ülkelerde başka bir küresel göçe neden oldu ve milyonlarca insan yasadışı yollarla gelişmiş ülkelere gitti. Gerek gelişmiş gerekse azgelişmiş ülkelerde işsizlik oranları, önceki dönemlere göre önemli oranda arttı.

Ortak pazarlar savaştan hemen sonra gerçekleştirilemedi. Bu önemli girişim, uzun bir hazırlık dönemi geçirmek zorundaydı. Çok sayıda yasal düzenleme yapılması, tinbilimsel (psikolojik) ortamın hazırlanması ve bütünlüğü olan bir küresel örgüt ağının oluşturulması gerekiyordu. Bu işin tüzel altyapısını düzenleyen pek çok ulusal ve uluslararası antlaşma imzalandı. Bütünleyici ikili antlaşmalar yapıldı. Askeri, siyasi, akçalı ve tecimsel örgütler dünyanın her yerine yayıldı. Yüzyılımızın son çeyreğine gelindiğinde bu işin altyapısı artık oluşturulmuştu. Hazırlıklarına uzun süreden beri devam edilen ortak pazar örgütlenmeleri, bu tarihten sonra etkin biçimde yayıldı. Bu yayılma, Sovyetler Birliği'nin dağılmasından sonra büyük ivme kazandı.

Endonezya, İkinci Dünya Savaşı öncesinde bir Hollanda sömürgesiydi. Japonya burayı istiyor, Hollanda ve onu destekleyen ABD buna karşı çıkıyordu. Japonya ve ABD, Endonezya'nın da içinde bulunduğu Güney Pasifik için savaştı. Ancak, bugün 18 ülkeyle birlikte APEC'e aldıkları Endonezya'nın pazarını birlikte kullanıyor. Almanya, göreceli bir bağımsızlık içinde olan Avusturya, Çekoslovakya ve Polonya'yı istiyordu. İngiltere ve Fransa buna karşı çıkıyordu. 1939'da savaş bu yüzden çıkmıştı. Bugün, AB'ye alınan ve alınma sürecinde olan bu ülkelerin pazarlarını Almanya, İngiltere ve Fransa birlikte kullanıyor.

Ekonomik yarış sürüyor ancak bu yarış şimdilik büyükler arası askeri çatışma çekincesi taşımıyor. *Ortak Pazar* işleyişi, gelişmiş ülke hükümetlerine, ekonomik yarışı barışçıl ortamda tutma olanağını bugüne dek vermiş durumda. Ancak, Sovyetler Birliği'nin dağılmasından sonra, ekonomik yarıştaki yeğinleşme açıkça gözleniyor. Prof. Dr. **Erdoğan Soral**'ın deyimiyle; *"Küreselleşmeyle başlatılan 'yaratıcı yıkım' dünyanın yeniden paylaşımından öte bir anlam taşımıyor"*.[62]

Genişletilmiş ortak pazarlar, uzun ve sabırlı bir çalışmanın ürünüdür. Dikkatli araştırmalar ve inatçı uygulamalarla oluşturulmalarına karşın; nesnellikten uzak, yapay oluşumlar oldukları için, yeni bir üretim biçiminin kalıcı kurumları değildir. Duyarlı çıkar dengelerine dayalıdır. Tarihin hiçbir döneminde, dünya ekonomisine insan istenciyle bu düzeyde yön verilememiştir. Liberalizm ve serbest piyasa koşullarının ortadan kalkmış olması ve tekelleşmenin eriştiği yüksek boyut, piyasalara yönlendirici karışmalarda bulunulmasını olanaklı kılmaktadır.

Emperyalist dönemde tekellerin, piyasa koşullarına yön vererek tekel kazancını arttırma olanakları vardır. Ancak, bu olanak ekonominin doğal gelişim süreçlerinin ortaya çıkardığı ve toplumsal ilerlemeyi sağlayan bir olanak olmadığı için, kullanıcılarının niteliğine uygun olarak yalnızca gerici kurum ve ilişkiler yaratmaktadır. *Ortak pazarlar* bu nedenle, insanlığın genel gelişimine hizmet eden oluşumlar değil, az sayıdaki güçlü ülkenin, tüm dünya ülkeleri üzerinde ekonomik egemenlik kurma aracıdır. Ortaklığa katılan azgelişmiş ülkelerin, ekonomik ve politik varlığını koruyup geliştirmeleri artık olanaklı değildir. Bu olanak 19. yüzyılda, kapitalizmin liberal döneminde kalmıştır.

19. yüzyılın ünlü Alman ekonomisti **Friderich List**, günümüzden 160 yıl önce 1841'de yazdığı *Ulusal Ekonomi Politik* adlı kitabında bunu şöyle dile getiriyordu: *"Serbest piyasa, yüceliğin doruklarına ulaşan herkes için çok zekice bulunmuş bir araçtır. Böylece, bir kere oraya ulaştıktan sonra, başkalarının oraya çıkması için gerekli merdiven, bu ideolojinin aracılığıyla bir tekmede devrilmiş olur".*[63]

Gelişmiş ülkeler, genişletilmiş pazarlara duyduğu gereksinimi her dönemde dile getirmiştir. Avrupalıların, ABD'ye karşı, kendi ortak pazarını oluşturma ve yerleştirme tartışmalarının arttığı 1960'larda Fransız **J. J. Servan Schreiber** şunları söylüyordu: *"Avrupalılar gelişmelerini kendi elleriyle gerçekleştirmek, yani kendi kaderlerine kendileri hakim olmak istiyorlarsa, her şeyden önce yeteri kadar genişlikte bir coğrafya ve nüfus alanına ihtiyaç vardır. Ekonomik gelişmenin gücünü göstermesi ancak böyle büyük bir alanda olur. Yalnızca büyük bir pazar yaratmakla yetinemeyiz, ortak bir ekonomik politika da yaratmak zorundayız. Ortak pazardaki milli devletler ekonominin denetimi için, gerekli bir takım araçları ellerinden kaçırmış durumdadır. Gümrük tarifeleri, ticaret miktarlarının denetimi, para paritesi gibi. Gelişmek istiyorsak milli bir düzene dönmemize imkan yoktur".*[64] **Schreiber** haklıdır. Gelişmiş ülkelerin, *'milli düzene'* geri dönmeleri olanaklı değildir. Çünkü onlar, büyüyüp güçlenmiş, uluslararası çalışan küresel güç olmuşlardır. *"Milli pazarla"* yetinmeleri, ekonomilerinin ölmesi anlamına gelir. Oysa, azgelişmiş ülkelerin, ayakta kalabilmek için milli düzenini koruyup geliştirmekten başka umarı yoktur.

Ortak pazarların kurulup işletilmesi, ekonomik yarışı kuşkusuz ortadan kaldırmamıştır. Dün olduğu gibi bugün de, pazar ve pazar egemenliği her şeydir. Geçerli olan tek değer, satmak ve daha çok satmaktır. Amerikalı ekonomist **John K. Fairbank**'ın dediği gibi; *"Bir milyar Çinliye, haftada bir Coca-Cola, bir kaset ya da herhangi bir şey satma gücü, politik kariyerlere, çabucak kazanılan servetlere ve savaşlara gerekçe oluşturmaktadır"*.[65] Ekonomik bloklar oluşturan ayrımlı ortak pazarlar ve bu pazarlar içindeki ülkeler arasında şiddetli bir ekonomik yarış sürmektedir. Bu yarışın 21. yüzyılda alacağı biçim, büyük oranda dünyanın geleceğini de belirleyecektir.

Gümrük Tarifeleri Genel Anlaşması (GATT) -1995'ten Sonra: Dünya Ticaret Örgütü (WTO)-

1947 yılında 23 ülke ABD'nin öncülüğünde bir araya gelerek, *Gümrük Tarifeleri Genel Antlaşması*'nı imzaladı. Dünya ticaretinin serbestleştirilmesi, ülkeler arasındaki mal kısıtlamalarının kaldırılması, gümrük vergilerinin indirilmesi ve korumacı önlemlerin yumuşatılması anlaşmanın temel amaçlarıydı. Katılımcı ülkeler arasında, birbirini bütünleyen bir dizi ikili tecimsel antlaşmadan oluşan GATT, dünya ticaretinin dörtte üçünü elinde bulunduran gelişmiş ülkelerin gereksinimlerine yanıt vermek üzere hazırlanmıştı. Bu anlaşma, bugün yaygın bir biçimde gerçekleştirilmiş olan, *ortak pazarların* altyapısını oluşturmuş ve *Yeni Dünya Düzeni*'nin temel anlayışını uygulama alanına sokmuştur.

GATT koşullarının kabul edilmesiyle, gelişmiş ülkelerden yapılan mal ve sermaye dışsatımı büyük oranda artmıştır. 1945-1950 yılları arasındaki beş yılda, ABD yalnızca dış yardım adı altında dışarıya 28 milyar dolar tutarında büyük bir sermaye aktarımı yaptı.[66] Oysa bir asırlık dış yatırım geleneği olan ABD'nin tüm dış yatırımları, 1946 yılında yalnızca 7,2 milyar dolardı. *GATT, IMF* ve *Dünya Bankası* gibi anlaşma ve kuruluşların devreye sokulmasıyla bu nicelik 1970 yılında 78.2, 1976 yılında da 137.2 milyar dolara çıkmıştır.[67]

GATT antlaşmalarının sağladığı kolaylıklarından, yalnızca Amerikalı şirketler yararlanmadı. Avrupa ve Japon firmaları, Amerikalıların hemen ardından dışarıya yaptıkları sermaye dışsatımını yoğunlaştırdı. Avrupalı şirketlerin dış pazarlarda açtığı üretim amaçlı şirket birimi sayısı, 1945 yılında 623 iken 1970 yılında 3023 oldu. Japonya'nın aynı dönemdeki dış şirket sayısı 44'den 521'e, ABD'nin ise 979'dan 4836'ya çıktı.[68] 1970 yılında tümü gelişmiş ülkelere ait toplam on bin dolayında uluslararası şirket birimi varken bu sayı 1980'de 11.000, 1990'da ise 27.000'e çıktı. *World Investment Report* 1994 araştırmasına göre 1986-1990 arasında, yılda 37 milyar dolar sermaye dışsatımı yapan uluslararası şirketler bunu 1993 yılında 160 milyar dolara çıkarmıştır. Bu şirketler 1993 yılında az gelişmiş ülkelerde 12 milyon kişi çalıştırıyordu.[69]

Bu büyüklükteki sermayeyi dışsatımlayanlarla, dışalımlayan ülkelerin, GATT sözleşmelerinde yazıldığı gibi eşit koşullarla karşılıklı ticaret yapmaları kuşkusuz olanaklı değildi. Antlaşma, doğal olarak hep azgelişmiş ülkelerin zararına işledi.

GATT sözleşmesinde 1965 yılında yapılan bir değişiklikle, antlaşma koşullarında biçimsel olarak yer alan ve uygulanmayan karşılıklı ticaret eşitliği ilkesi, sözleşmeden çıkarıldı. Bu tarihten sonra, azgelişmiş ülkelerle gelişmiş ülkeler arasındaki zaten var olan ticaret açıkları büyük boyutlara ulaştı. Gümrük vergilerinin düşürülmesi ve korumacılığının kaldırılması hemen tüm azgelişmiş ülkeleri açık pazar durumuna soktu, bu ülkeleri yoksullaştırdı. Gelişmiş ülkeler, kişi başına düşen milli geliri 1978-1991 arasında 8070 dolardan 21.930 dolara çıkararak, 13.860 dolar arttırırken, azgelişmiş ülkeler 200 dolardan 350 dolara çıkarıp yalnızca 150 dolar arttırdı.[70] 1980-1990 arasında gelişmekte olan ülkelerden gelişmiş ülkelere 210 milyar dolarlık kaynak aktarıldığı hesaplanıyor.[71]

Gelişmemiş ülkeler, GATT antlaşmasının hükümlerine uyarken gelişmiş ülkeler birçok konuda uymadı ve özel nicelik kısıtlamaları ile korumacılığı kendileri için sürdürdü. Uluslararası serbest ticaretin erdemlerini dilinden düşürmeyen ABD, kendi pazarını en çok koruma altına alan ülkedir. ABD'nin kota ya da başka koruma biçimlerine bağlı dışalım payı, 1975 ile 1992 arasında yüzde 8'den yüzde 18'e çıkmıştır.[72]

GATT uygulamaları gelişmiş ülkelere önemli ayrıcalıklar getirdi ancak bu ayrıcalıklar kendi aralarında yeni çelişkilerin ortaya çıkmasını engellemedi. Çeşitli yöntemlerle bildirmelik (tarife) dışı korumacılık uygulamasına karşın, ABD bile gelişmelerden rahatsız olmaya başlamıştı.

ABD'nin dış ticaret açığı, 1970'lerde, her yıl için yaklaşık 10 milyar dolarken, 1980'lerde her yıl için 94 milyar dolara çıkmıştı. Bu açığın 40 milyar doları Japonya'ya, 10 milyar doları Almanya'ya veriliyordu. Bu durum ABD kongresinde GATT'a karşı eleştirilerin başlamasına yol açtı. Almanya ve Japonya'nın kendi şirketlerine özenlendirmeler sağladığı, Amerikan mallarına kısıtlamalar getirdiği, *patent* ve *copyright* yasalarını uygulatmadığı söyleniyordu. ABD senatörleri, Almanya ve Japonya'nın ürünlerini kendi pazarlarında yüksek bedelle sattığını, böylece ABD pazarını ele geçirmek istediğini ileri sürerek karşı önlem istiyordu.

Kongre, 1988 yılında, GATT kararlarına uymayan yeni bir ticaret yasası çıkardı. Bu yasa, ABD Başkanı'na, ekonomik karşı koyma yetkisi veriyordu. Buna göre Washington, Amerikan ürünlerinin dışalımını engelleyen ülkelere aynı biçimde karşılık verecekti. Bu yöneliş, daha savaşkan bir politika içeriyordu. ABD, kendi yarattığı GATT koşullarını, uluslararası tüzenin gerektirdiği biçimde kabul edeceği yerde; kendisini öteki ulusların uygulamalarına karşı, aynı anda hem tanık, hem yargıç yapıyordu.

Washington'un açık pazarları överek herkesin serbest ticareti geliştirmesi gerektiğini söylemesi, artık hiç kimse için inandırıcı olmuyor.[73] Bu arada GATT kararlarına uzak durmayı başarabilen ve gümrük vergilerini yükselterek ulusal pazarını koruyabilen gelişmekte olan ülkeler, hızla büyüyerek, birçok üretim dalında gelişmiş ülkeleri yakaladı: Çin, Güney Kore, Tayvan, Hong Kong, vb.

*

GATT sözleşmesinde, *'yüksek'* amaçlar vardı. Küresel ticaret gelişerek, ülkeler ürünlerini dünya pazarlarına sunacak ve böylece ülkeler ve insanlar varsıllaşacaktı. İnsanlığı geliştirecek evrensel bir yeni düzen kuruluyordu. Demokrasi ve insan hakları dünyanın her yerinde korunacak, dünya barışı, ticaret yoluyla gerçekleştirilecekti.

Söylenenlerin sürekli tersi oldu. Antlaşmalar yeni anlaşmaları, toplantılar yeni toplantıları izledi ancak sonuçta, yoksullar daha yoksul, varsıllar daha varsıl oldu. Önerilen *GATT* uygulamaları çerçevesinde, üçüncü dünya ülkeleri kendi yerli işletmelerini koruma olanağını yitirirken endüstrileşmiş ülkeler; *patent, knowhow* ve diğer *entelektüel marka haklarıyla*, çok ileri koruma olanakları elde etti. Üçüncü dünya ülkelerindeki patentlerin yüzde 80'den fazlası yabancı küresel şirketlerin eline geçti.[74] Bu sonuç, bilgiye dayalı dünya ekonomisinde, azgelişmiş ülkelerin endüstriyel gelişmelerine kilit vurmaktan başka bir anlam taşımıyordu. Gelişmiş ve az gelişmiş ülkeler arasındaki ekonomik büyüme ayrımı, artan bir ivmeyle açılmayı sürdürüyor.

GATT, 24 Mart 1948 *Havana Sözleşmesi*, 1964-1967 *Kennedy Raundu*, 1973-1975 *Tokyo Raundu* ve 1994 *Uruguay Raundu* denilen görüşmelerle geliştirildi. 1994 *Uruguay Raundu* ve orada imzalanan *Marakeş Antlaşması* önemlidir. Bu antlaşma GATT'ı yeni bir örgütlenmeye götürdü ve örgüt, 1995'ten sonra, *Dünya Ticaret Örgütü (WTO)* adını alarak, daha savaşkan bir yapıya dönüştürüldü. WTO, gelişmiş ülke yöneticilerince, yeterli yaptırım gücü olmadığı savlanan *GATT*'ın yerini aldı ve *"eksiksiz serbest ticaret ideolojisinin"* ödünsüz uygulanması, *"korumacılıkla savaş"* gibi çarpıcı sözlerle (sloganlarla) atağa geçti.

WTO, 125'e çıkardığı üye sayısıyla, hemen tüm dünyayı etkisi altına alan bir uluslararası örgüt durumuna geldi. Bir kısım gelişmekte olan ülke ile Rusya ve Çin, önce WTO'ye üye olmadı. Çin'in tavrı ilginçtir. Çin WTO'ye üye olmak için, WTO'nin kurallarının değil kendi kurallarının kabul edilmesi koşulunu koydu ve uzun pazarlıklardan sonra üye oldu.

GATT'ın uluslararası kuruluşunun merkezi, Cenevre'dedir. Örgütün bir yazmanlığı (sekreterliği), yılda yaklaşık sekiz kez toplanan bir *Temsilciler Konseyi,* her yıl *"oturum"* adıyla toplanan *Genel Kurulu* vardır. Ayrıca pazarlama konusunda bilgi vermek ve önerilerde bulunmak amacıyla 1964'de kurulan bir *Uluslararası Ticaret Merkezi*'ne sahiptir.

*GATT'*ın üye ülkelere önerdiği ortak gümrük bildirmeliklerinde, azgelişmiş ülkelerde olmayan bu nedenle dışsatımlama olanağı bulunmayan ürünlerde gümrük vergileri düşük tutulur. Ancak, başta madenler ve tarım ürünleri olmak üzere emek yoğun ürünlerde vergiler yüksektir ve ürünlere çoğunlukla kota uygulanır. *GATT,* gelişmekte olan ülkelerin bankacılık dizgesine karışmakta ve ulusal akçalı politikaların uygulanmasına izin vermemektedir.

Örneğin Uruguay'daki *GATT* görüşmeleri sırasında Paraguay, finans dizgesinin, kalkınmanın anahtarı olduğunu ileri sürerek, bankacılık kesiminin ulusal nitelikte kalmasında ısrar etmiş ancak ABD bu tutuma şiddetle karşı çıkmıştır. *'Adaletin'* gerçekleşmesi için yabancı bankaların da yerli bankalarla eşit haklara sahip olması gerektiğini ileri sürmüş, bu isteğe Paraguay'ın direnmesi nedeniyle, *GATT* görüşmeleri yedi yıldan çok sürmüştür. Sonuçta ABD, Paraguay'da CIA'in de devreye girerek gerçekleştirdiği bir dizi siyasi karışıklıktan sonra dediğini kabul ettirmiştir.

*

GATT, dünya ticaret piyasasının temel yasası niteliğindeki genel kuralları belirler ve uygulanmasını izler. Bu kurallar; *GATT* üyesi olmayan ülkelere tanınan her gümrük ayrıcalığının *GATT* üyelerine de tanınmasını, ticaretteki nicelik kısıtlamalarının kaldırılmasını, gümrük yönetmeliklerinin uyumlulaştırılmasını ve her üye ülkenin bir başka üye ülkenin isteği üzerine gümrük vergisi indirimlerini görüşmesi yükümlülüğünü öngörür.

Bunların anlamı şudur; hiçbir üye ülke, kendisine gerekli olan ve uygun fiyatla bulduğu bir malı, kendi gümrüğünde özel indirim yaparak alamaz. Eğer alırsa o indirimi *GATT* üyesi ülkelere de yapmak zorundadır. Herhangi bir üye ülke hükümeti, ülkesine dışalımlayacağı bir malın niceliğine sınırlama getiremez. Niceliği dışalımcı firma ve pazardaki istem belirlemelidir. Hükümetler, ülkeleri için gereksiz gördükleri bir mala dışalım sınırlaması getiremez. Hiçbir ülke kendi ulusal gümrük yönetmeliklerini uygulayamaz. Tüm ülkelerin uyacağı ortak bir gümrük bildirmeliği (tarifesi) geçerli olmalıdır. Üye bir ülke uyguladığı gümrük bildirmeliklerinde indirim isteyen başka üye bir ülkenin istemini görüşmek zorundadır.

GATT kurallarının, gelişmekte olan ülkelere çok yönlü zararlar vereceği işin başında belliydi. Gerçi kurallar başlangıçta bu denli katı değildi, yine de antlaşmaların gelişkin ülkelere hizmet edeceği açıkça görülüyordu. Bu nedenle kimi ülkeler *GATT*'a katılmamıştı. Katılımı arttırmak için, antlaşma nedeniyle yerli üreticilerinin zarara uğradığına inanan ülkelerin antlaşma koşullarında değişiklik isteme hakkı kabul edilmişti. Ancak, böyle bir hak gerçek anlamda, hiçbir zaman kullanılamadı. *GATT*'la birlikte birçok uluslararası anlaşmaya imza atan gelişmekte olan ülkeler, kısa bir süre içinde hiçbir istemde bulunamayacak kadar bağımlı duruma gelmişti.

Üçüncü ülkelere özel gümrük indirimi yapılmasını yasaklayan *GATT*, bu yasağı, herhangi bir *ortak pazar* ya da *serbest ticaret bölgesinin* üyesi olan ülkeler için kaldırmıştır. *Ortak pazarların* oluşturulmasını özendirmek için kabul edilen bu uygulamaya göre; üye ülkeler, herhangi bir gümrük birliğine katılmış olan ortak pazar üyesi ülkelere, *GATT* üyesi olsun ya da olmasın, *'tercihli gümrük vergisi oranları'* uygulayabilecekti. Üyelere tanınmayan haklar üye olmayanlara tanınıyordu. Bu tür çekici uygulamalarla örgüte yakınlaştırılan ülkeler, üye olduktan sonra bu küçük ayrıcalıkları yitiriyordu. Dünyayı saran her çeşit küresel örgütün herhangi birine takılan bir ülke kaçınılmaz olarak başka örgütlere de teker teker üye olmak zorunda kalıyordu.

GATT, işleyişi eşit olmayan ayrıcalıklı uygulamalarla doludur ve bu uygulamalar sürekli bir biçimde azgelişmiş ülkelerin zararına işler. *"Taraf ülkeler arasında miktar kısıtlamalarının kaldırılması, dünya ticaretinin bütünleştirilmesi ve gümrük vergilerinin indirilerek eşitlenmesi..."* anlaşmaların temel amacı olarak ilan edilmiştir ancak uygulamalar bu amaca uymamaktadır. İleri endüstri ülkelerinden dışalımlanan ürünlere uygulanan gümrük indirimi yüzde 38 iken, gelişmekte olan ülkelerden dışalımlanan ürünlerde bu oran yüzde 33'e, azgelişmiş ülkelerden gelen ürünlere uygulanacak oran ise yüzde 18'e düşürülmüştür.[74]

GATT uygulamalarının azgelişmiş ülke ekonomileri üzerinde yaptığı olumsuz etki, kısa süre içinde görüldü ve ulusal çıkarlarını savunmak isteyen kimi ülkeler, uygulamalara karşı çıkmaya başladı. Bu ülkeler, 1964 yılında Cenevre'de bir araya gelerek, *Ticaret ve Kalkınma Konferansı*'nı *(UNCTAD)* kurdu. Bu tepki, gelişmiş ülkelerin geri adım atmasına neden oldu. GATT, 1965 yılında aldığı bir ilke kararıyla, gelişmekte olan ülkelerin gelişmiş ülkelerle yaptığı ticarette, karşılıklı zorunluluğu her zaman gözetmeyebileceğini kabul etti. Ancak, o günün koşulları nedeniyle alınan bu karar yeterli uygulama olanağı bulamadı ve karar olarak kaldı.

Gelişmiş ülkeler çalışmalarından erinçsizlik (rahatsızlık) duydukları ve bir BM örgütü durumuna gelen UNCTAD'a sürekli olarak karşı çıktı. UNCTAD azgelişmiş ülkelerin sorunlarına yönelik, özellikle hammadde kaynaklarının ülke yararına değerlendirilmesi yönünde çalışmalar yapıyordu. Üyelerinin haklarını ısrarla savunan *Petrol İhraç Eden Ülkeler Örgütü*'nün *(OPEC)*, 100 azgelişmiş ülkeyi örgütleyen *UNCTAD*'a örnek olmasından çekinen gelişmiş ülkeler bu örgüte karşı tavır aldı. Tavır, *UNCTAD*'ın 1979 yılındaki *Manila Toplantısı*'ndan sonra sertleştirildi. Daha önce kabul edilen kimi ilke kararları iptal edildi; *UNCTAD*'ın ilgi alanının, dış ticaret sorunuyla sınırlı kalmasına çalışıldı. Bu alanın hammadde kaynakları, ulusal ekonomik politikalar, kalkınma stratejileri gibi konuları kapsaması eğilimine kesinlikle karşı çıktılar. Gelişmekte olan ülkelerin bugün içinde bulunduğu olumsuz koşullar göz önüne alındığında, gelişmiş ülkelerin eylemlerinde 'başarılı' olduğunu söylemek gerekir.

GATT uygulamalarına karşı çıkanlar, giderek artmakta ve eleştirilere, özellikle 1990'dan sonra, gelişmiş ülkelerden de katılım olmaktadır. Kârlılığı arttırmak için yaygınlaştırılan GATT uygulamalarında; hiçbir kuralın tanınmaması; küçük işletmeleri, çiftlikleri, işçileri ve çevreyi koruyan yasaların çiğnenmesi ve küresel şirket etkinliğinin denetlenmemesi, yapılan eleştirilerde birleşilen noktalardır.

Amerikalı ekonomistler **Richard J. Barnet** ve **John Cavanagh**'a göre, GATT yöneticileri seçimle işbaşına gelmemiş kimliği belirsiz bürokratlardır. Bunlar, yerel yasalar, tüketici ve işçi hakları, çevre koruma düzenlemeleri konusunda uluslarüstü kural koyucular durumuna gelmişlerdir. Mal ve sermaye dolaşımına engel olarak gördükleri yerel uygulamaların yürürlükten kaldırılmasında kendilerini yetkili görmektedir... GATT kararları; tüketicileri, çevreyi ve yerel çıkarı koruyan yasaları uygulamayarak gözardı edilmesini istemektedir.[75]

Avrupa Birliği (AB)

Yirmi yıl arayla Avrupa'yı kan gölüne çeviren iki savaş, dünyanın en varsıl bölgesini perişan etmişti. İnsanlar, (hükümet yetkilileri, politikacılar ve şirket yöneticileri dahil) bir daha böyle bir savaş istemiyordu. Yeni bir dünya savaşı artık, Avrupa'daki siyasi düzeni tümden ortadan kaldırabilirdi. Avrupa birleşmeli, tarih ve kültür yakınlığı içinde olan bu yaşlı kıtanın insanları birlikte yaşamalıydı. Güçlerini birbirlerine karşı kullanmamalıydı.

Birleşik bir Avrupa'nın temelleri, düşülkesel (ütopik) de olsa üç yüz yıl önceye dayanıyordu. Ancak, bu işin somuta dönük ilk girişimi, İkinci Dünya Savaşı'ndan hemen sonra gerçekleştirildi. Savaşın yıkımını üzerinden atamayan hükümetler, Almanya'nın yenilgisinden hemen sonra bir araya gelmenin yollarını aramaya başladı. Kimileri bunu savaş sürerken bile yapmıştı. Belçika, Lüksemburg ve Hollanda hükümetleri, Londra'da sürgündeyken, kendi aralarında bir ekonomik birlik (Benelüks) kurmayı tasarlamıştı. İskandinav ülkeleri, 1947 yılında aralarında bir gümrük birliği kurma girişiminde bulundu. Başarılı olamayınca bu kez 1950 yılında aralarına İngiltere'yi de alarak, *Uniscan* adlı işbirliği örgütüne yönelik bir antlaşma imzaladılar. 1947 yılında Fransa ve İtalya bir gümrük birliği kurmaya karar verdi.

Başarılı olunamayan bu girişimlerden sonra ilk ciddi birlik, 6 ülkenin katıldığı ve 1951 yılında kurulan, *Avrupa Kömür Çelik Topluluğu* (CECA) oldu. Bu örgütün amacı, silah endüstrisinin dayanağı olan kömür ve çelik üretiminin denetim altına alınmasıydı. Bunun için 1952'de, *Kömür, Demir Cevheri* ve *Hurda Demir Ortak Pazarı*, 1953'de de, *Çelik Ortak Pazarı* kuruldu. Aynı yıl, 12 ülkenin katılımıyla, *Avrupa Nükleer Araştırma Örgütü (Euratom)* oluşturuldu.

Kurulan örgütler ve antlaşmalar serisi, bugün adına *Avrupa*

Birliği denilen, *Avrupa Ekonomik Topluluğu*'nun (AET) kurulmasıyla sonuçlandı. 25 Mart 1957'de Roma'da bir araya gelen; Fransa, Almanya, Belçika, İtalya, Hollanda ve Lüksemburg ilk üyeler olarak kuruluş sözleşmesini imzaladılar. Daha sonra 1973 yılında İngiltere, Danimarka ve İrlanda, 1981'de Yunanistan, 1986'da Portekiz ve İspanya, 1990'dan sonra da Avusturya, İsveç ve Finlandiya Topluluğa katıldılar. Türkiye, Polonya, Estonya, Letonya, Litvanya, Slovenya, Malta Çek Cumhuriyeti, Slovakya, Romanya, Macaristan, Bulgaristan ve Kıbrıs Rum Kesimi üye olmak için başvurmuş durumdadırlar (Türkiye'nin durumu ileride ayrıca ele alınacaktır).

Avrupa Ekonomik Topluluğu, aynı dönemde kurulan ve Avrupa ülkeleri arasında askeri çatışmaları önlemeyi amaçlayan örgütlerin toplamından oluşur. Başka *ortak pazar* örgütleri gibi, yalnızca ekonomik işbirliği örgütü değildir. Ereğinde siyasi birlik olan bir anlayışa ve bu anlayışa uygun düşen uzun süreli izlencelere sahiptir. Çalışmalar, ekonomi ağırlıklı olarak başlamıştır ancak ortaklık ilişkileri bugün akçalı ve yönetsel alanlarda da ileri bir boyuta gelmiştir. Bu nedenle, ilk adı *Avrupa Ekonomik Topluluğu* (AET) iken, birliğe yönelik uygulamaların gelişmesiyle bu ad, önce *Avrupa Topluluğu*'na (AT), daha sonra da *Avrupa Birliği*'ne (AB) dönüştürülmüştür.

*

Avrupalıların siyasi birliği amaçlamış olması, dayanağı olmayan yeni bir istek değildi. *Avrupa Birleşik Devletleri* düşüncesi, somut bir girişime dönüşmese de değişik dönemlerde dile getirilen bir tasarıydı. Savaş sonrasının dünya koşulları, ister istemez Avrupalıları bu yönde davranmaya zorunlu kılmıştı.

Değişik çelişkiler ve çözülmesi gereken sorunlar yaşıyor olsalar da, siyasi birlik yolunda gözle görülür somut adımlar atmış durumdalar. Ülkeler arasında yakınlaşmaya hız kazandıracak özdeksel yapıya, en çok Avrupalılar sahiptir. Karşılıklı ilişkilerde bugün sağlamış oldukları düzey, uzun bir tarihsel geçmişe, kültürel yakınlığa ve çatışmaların süzgecinden geçen deneyimlere dayanır. Bu nedenle giriştikleri birlik uğraşında kararlılar ve bu uğraşa zarar verebilecek hiçbir gelişmeye göz yummuyorlar.

Kendi aralarında ne denli demokrat iseler, özellikle Üçüncü Dünya ülkelerine karşı o denli anti-demokrat bir anlayış içindeler. Başka ekonomik topluluklarla çıkar çatışmaları var. ABD ve Japonya ile giriştikleri ekonomik yarışın, 21. yüzyılda geleceği boyutu biliyor ve varlık sorunu olarak gördükleri bu yarışa hazırlanıyorlar. Bu nedenle dışa karşı son derece katı bir tutum içindeler. *AB, herkesin gücüne göre yararlandığı bir çıkar örgütüdür.*

*Avrupa Ekonomik Topluluğu'*nun 1957 yılında Roma'da imzalanan birlik antlaşması; 248 başlam, bunların dayandığı çok sayıda ekler ve protokollerden oluşmuştur. Kapsamı çok geniş tutulan kuruluş sözleşmesinin amaçlar bölümünde; *"Pazar birliği içindeki ekonomik etkinliklerin uyumlu duruma getirilmesi, yaşam düzeyinin yükseltilmesi ve Avrupa birliğini sağlamak için her tür çalışmanın yapılması... Hedeflerin gerçekleştirilmesinde uygulanacak ekonomi politika araçları olarak; gümrük vergilerini ve miktar kısıtlamalarını kaldırmak, üçüncü ülkelere karşı ortak bir gümrük tarifesi uygulamak, üye ülkeler arasında sermaye ve işgücü dolaşımını serbestleştirmek, ortak tarım ve ulaşım politikaları geliştirmek"* gibi ilkeler sayılıyordu.

Topluluk, tecimsel açık veren üyeleri için kendi içinde akçalı önlemler alacak; yaşam düzeyini yükseltmek ve işsizliği azaltmak için bir sosyal fon oluşturacak ve yeni yatırımlar gerçekleştirmek için bir banka kuracaktı (Avrupa Yatırım Bankası). *Avrupa Ekonomik Topluluğu*, kendi dış ticaretini geliştirmek koşuluyla, Avrupa dışından da üye alabilecekti.

AET'nin, ortaklık sözleşmesi, görünüşte her üye ülkeye eşit haklar vermektedir. Ancak, bu kuşkusuz yalnızca sözleşme düzeyinde kalan bir eşitliktir. Dünyanın her yerinde ve her zaman olduğu gibi *Avrupa Birliği'*nde de, eşitlik ve özgürlük, güçlü olmanın sınırlarıyla belirlenen kavramlardır. *Güçlü olan özgürdür ve eşitliği o belirler.*

Bütün eşitlik söylemlerine karşın bugün *Avrupa Birliği'*nde belirleyici olan güç, dünyanın üçüncü büyük ekonomisine sahip olan Almanya'dır. Avrupa Topluluğu içindeki imalatın yaklaşık üçte birini, Almanya tek başına gerçekleştirmektedir. Topluluğun, gayri safi milli hasılasının yüzde 28'ne sahiptir. 1992'de, birlik bütçesindeki payı 10 milyar doların üzerindeydi. Bu miktar, İngiltere'nin yaptığı katkının üç, İngiltere ve Fransa'nın birlikte yaptığı katkının iki katıydı. İngiltere, Fransa, İtalya, İspanya, Hollanda, Belçika ve Lüksemburg kendi paralarının değerini Alman markına bağlamışlardır.[76] Alman Başbakanı **Helmut Kohl** 1990 Aralığı'nda şöyle söylüyordu: *"Artık kendi sorunlarımızla ilgilenmeliyiz. Avrupa'nın merkezindeyiz. Her şeyi, Avrupa'nın geri kalanını ve böylelikle dünyayı etkiliyoruz".*[77] Bu sözler, **Hitler**'in 1937 yılında söylediklerinin, yumuşatılmış bir anlatımla yinelenmesi gibidir.

Avrupa Topluluğu'na üye olan ilk dokuz ülkenin toplam ekonomik gücü, 1975 yılında, ABD'nin ekonomik gücünü yakalamıştı. Dünya nüfusunun gelir düzeyi en yüksek bölümünde yer alan ve 260 milyon insanın yaşadığı bu dokuz ülkenin gerçekleştirdiği kesintisiz ulusal gelir (KUG-gayri safi milli hasıla-GSMH) 1017.7 milyar dolar olmuştu. Bu rakam aynı yıl, ABD için 1149.7, Japonya için 372.8 milyar dolardı.[78]

1983 yılında AT'nin GSMH'si 2545.3 milyar dolara çıkarken, ABD'nin 3040.1, Japonya'nın 1158.8 milyar dolara çıkmıştı.[79] 8 yıllık süre içinde AT, KUG'ini yüzde 150 arttırırken ABD yüzde 164, Japonya yüzde 211 oranında arttırmıştı. ABD, AT ülkelerine karşı, eskiye oranla çok olmayan bir üstünlük elde ederken, Japonya hızlı bir biçimde büyümüştü. 90'lı yıllarda Japon ekonomisi, Almanya, İngiltere ve Fransa'nın toplamına eşit bir güce ulaşmıştı. 1950 ile 1990 arasında, dünya KUG'u içindeki payı yüzde 5'ten yüzde 16'ya çıkmıştı ki, bu bir ulusun gerçekleştirebileceği en hızlı ekonomik büyümeydi.[80] *Avrupa Topluluğu*'nun yolu uzun, rakipleri çetindi.

Topluluk 1979 yılında, üye ülkelerin para birimlerini birbirine bağlayan *Avrupa Para Sistemi'ne* geçti. Serbest dolaşım haklarının sınırları genişletildi. Sermaye piyasalarının birleştirilmesi yönünde yeni düzenlemeler hazırlandı. 1980 ekonomik bunalımının etkilerinden kurtulmak ve ABD ile Japonya'ya karşı yarışma gücünü arttırmak için, korumacı önlemler alındı. *Ortak Pazar*'ı korumak ve geliştirmek amacıyla üretim tekbiçimine (standardizasyonuna) gidildi. 1990'ların sonunda akçalı piyasaların denetlenmesi yönünde çalışmalar başlatıldı. ABD Hazine Bakanı **Robert Rubin**, bu girişimlere sert tepki göstererek; bu tür düşsel düşüncelerin bırakılarak, küresel ekonominin büyümesine yardım edecek, gerçekçi politikalar izlemesini istedi ve AB'yi *"ötesine geçerseniz sorunlarla karşılaşırsınız"* diye gözdağı vermeyi de unutmadı.[81]

1985 yılında tüm mal ve hizmetlerin, işgücünün ve sermayenin serbest dolaşımının sağlanacağı tek bir pazar durumuna getirilmesi kararı alındı. O güne dek, ortak bir çerçevede olsa da, ayrımlı tekbiçim ve yaklaşımlar, ayrımlı politikalar uygulamak olanaklıydı. Her yönüyle bütünleşmiş bir pazarı yaratmak için, ülkeler arası fiziksel engellerin, teknik engellerin ve akçalı engellerin (ayrımlı vergi uygulamaları) kaldırılması gerekiyordu. 1985 yılında, amaca yönelik olarak çeşitli alanları kapsayan 300'e yakın önlemi içeren bir izlence yayımlandı. 1987 yılında uygulamaya konan bu izlencelerle, sınır serbestliğinden toplumsal alanda ortak tekbiçime, araştırma-geliştirme çalışmalarından ortak çevre politikalarına dek birçok alanda somut girişimde bulunuldu. Bu girişimlerin tümüne *Tek Avrupa Senedi* ya da, *Tek Senet* adı verildi.

Bütün bu çalışmalara karşın, 'siyasi birlik' önünde engel oluşturan sorunlar ortadan kalkmadı. 1991 yılı sonunda ortaya çıkan ve bütün dünyayı etkileyen akça bunalımı, birçok üye ülke akçasının değerinin düşmesine yol açtı. İtalya ve İngiltere ortak akça dizgesinden ayrıldı.

Avrupa Topluluğu, 1992 yılında siyasi birliğe doğru ileri bir adım attı. Hollanda'nın küçük bir kenti olan *Maastricht*'te yapılan dorukta, uzun tartışma ve görüşmelerden sonra alınan kararlar, kendi içinde bütünlüğü olan bir izlence durumuna getirildi. Bu izlencenin ürünü olarak, 7 Şubat 1992'de imzalanan *Avrupa Birliği Antlaşması,* gerçek bir birliğin önünü açacak olan, o güne dek alınmış en köktenci karardı. *Maastricht Antlaşması* da denilen bu girişim, kimi ülkelerde parlamento kararıyla, kimi ülkelerde de halkoylamasıyla (referandumla) kabul edildikten sonra 1993 Kasımı'nda yürürlüğe konuldu.

Antlaşmanın özü; *tek pazar, tek para birimi, tek merkez bankası, ortak ekonomik politikalar* ve *dış politika ile güvenlikte ortak eylem* idi. *Maastricht* kararlarına herkes sıkıdüzenli (disiplinli) bir biçimde uydu. Ekonomik yarışçılar olarak ABD ve Japonya ile girişilen savaşımın sürdürülmesine karşın, başını ABD'nin çektiği ve azgelişmiş ülkelere yönelik politik ve askeri eylemlerin hemen tümünde, birlikte davranıldı. 1999 başında *(Avrupa Para Birimi) ECU* ortak para birimi oldu.

*

AB'nin başlıca organları; *AB Komisyonu, Bakanlar Konseyi, Adalet Divanı* ve *Avrupa Parlamentosu*'dur. 76 kişilik konseyde Almanya, Fransa, İngiltere ve İtalya'nın 10'ar, İspanya'nın 8, Belçika, Yunanistan, Hollanda ve Portekiz'in 5'er, Danimarka ve İrlanda'nın 3'er, Lüksemburg'un 2 oy hakkı vardır. 20 kişilik AB *Komisyonu* ise; Almanya, İngiltere, Fransa, İtalya ve İspanya'dan 2, diğer ülkelerden ise birer üyeden oluşur. Bu üyelere *komiser* adı verilir. *Avrupa Parlamentosu,* 626 kişiden oluşur ve ülkeler parlamentoda nüfus büyüklüklerine göre temsil edilir.

Ülkelerarası uyum (entegrasyon) izlencelerinde, somuta dönük önemli uygulamalar gerçekleştiren AB bugüne dek, herkesçe kabul gören genel ve kalıcı bir ortak tarım politikası oluşturamamıştır. Birçok ülke, ekonomik güç ve teknolojik gelişme açısından A takımında yer alamayacağını bildiğinden ulusal tarım politikalarından ödün vermek istememektedir. *Arabasız ya da bilgisayarsız yaşanır ancak gıdasız ve havasız asla* sözü, artık yalnızca çevreci bir özdeyiş değil, hemen her Avrupa ülkesinin hükümet izlencesinde yer alan temel bir anlayış durumuna gelmiştir.

Başlangıçta, üye ülkelerin tarım ürünlerini korumak için, iç ve dış eder (fiyat) arasındaki ayrımın ortadan kaldırılması yoluna gidildi. Bunun için topluluk dışından dışalımlanan tarım ürünlerine, ayrım giderici vergi uygulamasına gidildi. Bu gerçekte bir anti-damping (yapay eder düşürme karşıtı) uygulamasıydı. *'Serbest Piyasa Ekonomisi'* ile dünya ticaretinin serbestleştirilmesinin *'kararlı'* savunucuları, birkaç çeşit tarım ürünü dışsatımlayabilen az gelişmiş ülkelerin ürünlerine özel gümrük vergileri koyuyordu. Bu uygulamaya zorunlu tutulan ülkeler hiç de az değildi. Topluluk, sayıları 50'yi aşan, bütün Afrika-Karaibler-Pasifik ülkeleriyle tecimsel antlaşmalar yapmış, (en önemlisi *Lome Anlaşması-1975)* onları kendi pazarına bağımlı duruma getirmişti. Avrupa pazarında var olmak için ucuz ve nitelikli tarım ürünleri veren bu ülkelere karşı, yeni korumacı kararlar alındı.

Dışalımlanacak ürünlerin fiyatlarının alt düzeyi, dolar cinsinden olmak üzere, *Avrupa Ekonomik Topluluğu* tarafından belirlenmeğe başlandı. Topluluk, üye ülkelerin tarımsal yatırım ve ürünlerini destekleme kararı alarak, akçalı olanaklarının önemli bir bölümünü bu işe ayırdı. Bu karar, bu tür destekleri verimsiz yatırımlar olarak gören, büyük ortakları rahatsız etti ve tarımın topluluk içinde bugüne dek gelen süreğen bir sorun durumuna gelmesine yol açtı. 1979'dan sonra tarım destekleri aşamalı olarak kaldırılmaya başlandı ancak bunların yerine üye ülkelerin ürün değerlerini korumak adına ve yine büyük miktarlı bütçe payları ayrılarak, *'müdahale fiyatları'* oluşturuldu. Tarım ürünü dışsatımlayan topluluk dışındaki azgelişmiş ülke dışsatımına bir darbe de bu yolla indirilmiş oldu.

Alınan korumacı önlemler birçok *Birlik* üyesi ülkeyi ve bu ülkelerin çiftçilerini, tatmin etmemektedir. Dışarıya karşı korunmalarına karşın öfkeli Avrupalı çiftçiler, sürekli duruma getirdikleri eylemlerle daha çok ayrıcalık istemektedir. 1999 Şubatı'nda, AB'nin Strasbourg'daki parlamento binasını 200 traktörle kuşatan çiftçi eylemleri sırasında, basına bir demeç veren AB Komisyonu Başkanı **Jacques Santer** şöyle söylüyordu: *"Tarım ürünlerimizin küresel pazarda rekabet edebilmesi için fiyatlarının düşürülmesi buna karşın çiftçilerimizin kazançlarının arttırılması için, ödünlemeci (telafi edici) yardımlar yapılması gerekiyor".*[82]

Avrupa, yüzyılın sonlarına doğru, dünyanın en büyük ve en iyi korunan ortak pazarını oluşturmuştu. Korumacı uygulamalara karşı ilk tepkiler doğal olarak başka *'serbest ticaret birliklerinden'* geldi. Japon Ekonomist **Kenjiro İşikova**, Avrupalıların bu yöndeki uygulamalarına karşı tepkisini şu sözlerle dile getirdi: *"Avrupa, kapıları sımsıkı kapalı, korumacı bir ticaret bloğu olma yolunda ilerliyor".*[83]

*

Avrupa Topluluğu, bağımsız ekonomik büyümenin doğal sonucu olarak, bağımsız bir askeri güce sahip olmanın gereksinimini duyuyor. Bu gereksinim, Fransa'nın belli dönemlerdeki olumsuz tutumuna karşın, NATO ile giderilmişti. Ancak, siyasi birliğe doğru giden Avrupa'nın NATO ile yetinmesi olanaklı değildi. Topluluk içinde Fransa'nın önerileriyle, *Batı Avrupa Birliği* adıyla yeni bir savunma örgütü oluşturuldu. ABD'nin askeri etkisinden kurtulmak amacıyla kurulan bu örgüt, Sovyetler Birliği'nin dağılmasından sonra daha anlamlı ve gerekliliği üye ülkelerce daha anlaşılır duruma geldi. BAB, NATO'nun Nisan 1999'da Washington'da gerçekleştirdiği 50. yıl toplantılarında alınan kararla yerini, *Avrupa Güvenlik ve Savunma Kimliği*'ne bıraktı. Başta Almanya olmak üzere 15 AB üyesi ülke, Avrupa'nın Baltık'tan Karadeniz'e, Cebelitarık'tan Doğu Akdeniz'e dek güvenliği kendisinin sağlayacağını bildirdi ve NATO'dan ayrı olarak AB'nin silahlı gücünü oluşturacaklarını NATO'ya (ABD'ye demek daha doğru) kabul ettirdiler.

*

Kırk yıllık geçmişi göz önüne alındığında *Avrupa Birliği*'nin, amaçları doğrultusunda önemli gelişmeler elde ettiği görülmektedir. Tarım başta olmak üzere çözülmesi gereken daha pek çok sorun var. Dünya pazarları, hala yeterince geniş değil. Ekonomik yarışçılar çok güçlü. İşsizlik başta olmak üzere toplumsal sorunlar durmadan artıyor. Özellikle Almanya ve Fransa arasında, nükleer enerji, silahlanma, AB bütçesine katılım ve tarım destekleme izlenceleri konularında düşünce ayrılıkları var. Ancak, her şeye karşın kuruluşundan yirmi yıl önce birbirleriyle yok edici bir savaşa tutuşmuş olan bu ülkelerin göstermekte olduğu birliktelik görüntüsü, özellikle azgelişmiş ülkeleri yakından ilgilendiren günümüzün önemli bir gerçeğidir.

Üye ülkelerin kullanımına açılan, alım gücü yüksek, geniş bir pazar yaratılmıştır ancak pazardan yararlanma olanağı eşit değildir. Almanya'nın ekonomik gücü, başta Fransa olmak üzere, üyeleri tedirgin etmektedir. Almanya tedirginliği, kimsenin aklına üyelikten ayrılmayı getirmiyor. Avrupa ülkeleri artık değişik seçeneklere sahip değil. AB onların son şansı. Bu nedenle neredeyse ırkçılığa varan bir Avrupacılık politikası yürütüyorlar. Kendi dışındaki ülkelerde, ulusçuluk ve demokrasi eğilimlerini yok etmeğe çalışırlarken, yürüttükleri politikanın yaymaca temeline, *'demokrasi'* ve *'insan haklarını'* yerleştiriyorlar. Gelir düzeyi yüksek 370 milyon insanın oluşturduğu 3.722.730 kilometrekarelik Avrupa Birliği, dünyanın en büyük ortak pazarlarından biridir.

Kuzey Amerika Serbest Ticaret Anlaşması (NAFTA)

ABD, dünyadaki hemen tüm ekonomik ve askeri antlaşmaların denetimini elinde tutmasına karşın 1990'lı yıllara, alışık olmadığı çok yönlü sorunlarla girdi. Sürekli artan ekonomik ve akçalı sıkıntılar, karşılanamayan toplumsal gereksinimler, Amerikalıları sorunlu bir yaşam ortamına doğru sürüklüyor. Mutlu günler geride kalmıştı, Amerikan rüyası, Hollywood filmlerinde bile artık yer almıyordu.

ABD yönetimi bir yandan *IMF, Dünya Bankası* ve *GATT* uygulamalarının kendisine sağladığı olanaklardan yararlanırken bir başka yandan, AB ve Japonya'nın artan ekonomik gücüne karşı, *Kuzey Amerika Serbest Ticaret Bölgesi* kurma girişimini başlattı. ABD'nin, dünyadaki hemen tüm serbest bölge kuruluşunda imzası ve etkisi vardı. AB dahil tümünden dolaylı ya da dolaysız yararlanıyordu. Ancak, ekonomik çıkarı aşan ve siyasi bütünleşmeye (entegrasyona) yönelen bir girişimi bulunmuyordu. Uluslararası ticaretin önündeki engeller ne denli kaldırılmış olursa olsun, bu serbesti Amerikalılara yetmiyordu. Japonya ve Çin'in artan ekonomik gücünden duyulan kaygı ile 370 milyon varlıklı tüketicinin yaşadığı AB, ABD hükümetlerini Amerika kıtalarında benzer bir oluşum gerçekleştirmeye zorluyordu. 700 milyon kişiyi kapsayacak ABD ağırlıklı bir ekonomik-siyasi blok, süreğenleşen sorunlara kesin çözüm olmasa da, geçici bir yumuşama getirecekti.

Sovyetler Birliği'nin dağılıp soğuk savaşın bitmesiyle, NATO kendisinin gölgesi olmuş; eskiden Sovyetler'e karşı yürütülen savaşın en önemli bağlaşıkları, Japonya ve Almanya, artık Amerikan endüstrisini ve finans dünyası için çekince oluşturacak kadar güçlenmişti. ABD, denetleyemediği ve büyük güce ulaşan bu ülkeler karşısında yalnız kalmaktan korkuyordu. Ülkesine akan Japon ve Avrupa sermayesini durduramıyordu. Tayvan, Kore ve Japon firmaları Meksika'ya girmiş, beysbol şapkasından oyuncağa, mobilyadan bisiklete dek her şeyi üreten fabrikalar kuruyorlardı. *Nissan*, Meksika'nın en büyük otomobil üreticisi olurken, 100 kadar Uzakdoğulu firma, elektronik aletler üretmek üzere ABD sınırının hemen öte yanına yerleşmişti.[84]

Meksika'da gelişen çekince, Kanada'ya sıçramak üzereydi. ABD'nin bu iki pazarı denetim altına alması gerekiyordu. Her iki ülkeyle de eskiye dayanan ikili antlaşmalar olmasına karşın, *Kuzey Amerika Serbest Ticaret Antlaşması*, (NAFTA) bu tür gereksinimlerin giderilmesi amacıyla ve hızlı bir biçimde uygulamaya konuldu.

*

ABD'nin, Kanada ile arasındaki gümrük uygulamalarının kaldırılması girişimi, 1947 yılında başlamıştır. Yıllar süren görüşmeler, yapılan antlaşmalar ve ön uygulamalarla amaç doğrultusunda önemli gelişmeler elde edilmişti. Konu, 1975 yılından sonra daha kapsamlı bir biçimde ele alınmış ve 1985 Martı'nda *ABD-Kanada Serbest Ticaret Antlaşması* görüşmeleri başlamıştı. Ocak 1988 tarihinde yürürlüğe giren bu anlaşma, ikili bölgesel antlaşmalar içinde en kapsamlı olanıydı ve ABD'ye çok önemli ayrıcalıklar sağlamıştı.

Bu anlaşmaya karşı Kanada'da, güçlü bir karşıtçılık oluştu. Güçsüz ortakların güçlüler tarafından ezileceğine inanan Kanadalılar, geniş ve bakir alanları olan ülkelerinde doğal çevrenin kirleneceğini, kültürel kimliklerinin yitirileceğini görerek tepki gösterdi.

Nitekim antlaşmanın imzalandığı 1988'den sonraki dört yıl içinde, yabancı şirket yatırımlarının bulunduğu bölgelerde çevre kirliliği olağandan çok artmış, iş yaşamında yeni sorunlar ortaya çıkmıştır. Kanada bir yandan yabancı sermaye yatırımları (ABD yatırımları diye okuyunuz) alırken bir başka yandan, özellikle otomotiv ve gıda işleme alanında yüzlerce iş alanı güneye, Meksika'nın düşük ücretli bölgelerine gidiyordu. Üretim kesiminde çalışan Kanadalıların sayısı yüzde 15 azalmıştı.[85]

ABD, Kanada'dan sonra, azgelişmiş bir ülke olan Güney komşusu Meksika'ya yöneldi. Meksika, 1986'da *GATT*'a girerek, uzun yıllar başarıyla sürdürdüğü bağımsız kalkınma yolundan ayrılmış ve küresel örgüt ağına yakalanmıştı. ABD, bu antlaşmanın özendirici koşullarına dayanarak, bir yıl sonra, 1987'de Meksika ile bir çerçeve antlaşması imzaladı. *ABD-Meksika Ticaret ve Yatırım İlişkilerine Dair Danışma Prensipleri ve Uygulamaları Çerçeve Antlaşması* adını taşıyan ve 1989 yılında yürürlüğe giren bu antlaşma, Kanada ile yapılan anlaşma ile birlikte, tüm Kuzey Amerika kıtasını kapsayan *'Serbest Ticaret Bölgesi'*nin temelini oluşturdu.

12 Ağustos 1992'de imzalanan *NAFTA* antlaşması, dönemin ABD Başkanı **Bush** tarafından eylül ayı başında, özel ilgi gösterilmesi koşuluyla, (fast track process-hızlandırılmış uygulama) Senato ve Temsilciler Meclisi'ne gönderildi. Buna göre, antlaşmanın 90 gün içinde incelenmesi, 3-8 ay içinde geciktirilmeden ve değiştirilmeden onaylanması isteniyordu. Ancak, 1991 bunalımının baskısı altındaki ABD yönetiminin *NAFTA*'ya çok ivedi gereksinimi vardı. Nitekim işlemler hızla tamamlandı ve *NAFTA Antlaşması*, bu tür oluşumlar için rekor sayılabilecek bir sürede imzalandı. *NAFTA*, diğer ülke parlamentolarında da onaylanarak 01.01.1994 tarihinde yürürlüğe girdi.

'Ekonomik birleşme modellerinin oluşturulması', *'serbest ticaretin getirisinden en yüksek düzeyde yararlanılması'*, *'bölge ülkelerinin gönenç düzeylerinin arttırılması'*, *'geniş pazar olanaklarının yaratılması'* vb. anlaşmanın amaçları içinde yer alan, bilinen söylemlerdir. Doğaldır ki bu amaçlar tam anlamıyla ABD yararına işlemiş; özellikle Meksika'nın ekonomisi, tarımdan endüstriye, ticaretten bankacılığa dek her alanda yapısal sorunlarla karşılaşmış ve tükenme noktasına gelmiştir.

*

Meksika 1940'dan 1960'a dek gıda konusunda kendi kendine yeten, ender ülkelerden biriydi. Gıda üretimini, son derece yüksek olan nüfus artışının iki katı bir hızla arttırabiliyordu. Meksika hükümetleri ulusçu bir ekonomik politika izliyor, yabancı sermaye yatırımlarını sıkı bir biçimde denetliyordu. Ancak, uluslararası tecimsel antlaşmalara imza attıktan sonra Meksika'nın durumu değişti. Endüstrileşme hemen hemen durmuştu, endüstrileşme diye yaymacası yapılan üretimin büyük bölümü, Amerikan şirketlerinin bölgeye kaydırdıkları yatırımlardı.[86]

Petrol gönenci sona ermişti. Enflasyon durdurulamıyordu. Uluslararası büyük sermaye güçleri Meksika'ya acı bir oyun oynamıştı. Dış ticaret açıkları durmadan artmış, gerçek işsizlik oranı yüzde 50'lere varmış[87], ücretler 1979-1989 arasında yüzde 40 oranında düşmüştü.[88]

Amerikalı 'tarım uzmanları' Meksika hükümetine verdikleri *'tarım geliştirme yazanaklarıyla'*, Meksika tarımının temel ürünleri olan mısır, fasulye, şeker pancarının, dışalım listelerine alınmasını, tarım destekleme alımlarının durdurulmasını önerdi. Öneriye, büyük bir istekle katılan hükümet (o günlerin devlet başkanı, mafya ilişkileri nedeniyle cezaevine konmuştur), tarım destekleme fonlarını yüzde 70 oranında azalttı, hemen tümü ABD'den gelen, mısır, fasulye ve şeker dışalımına, serbest piyasanın gereği olarak izin verdi.

1990 yılında, Meksikalılar yedikleri fasulyenin yüzde 40'ını, mısırın yüzde 25'ini ve şekerin yüzde 30'unu dışalımlar duruma gelmişti. Taze süt tüketimi yüzde 21, et tüketimi de yüzde 30 azalmıştı. Satınalma güçleri yüzde 60 oranında azalan Meksikalılar, artık bir zamanlarki günlük yiyeceklerini satın alamıyordu.[89] Meksika'nın kırsal kesimlerindeki çocukların yüzde 50'i beslenme bozukluğu içindeydi.[90] Tarım işçilerinin yüzde 30'u topraktan koparak, ilkel koşullarda yaşanan kent varoşlarına gitmişti.[91]

Oysa, etkili her tür araçla tüm dünyaya yaymacası yapılan *'serbest ticaret'* ideolojisine göre, mal ve hizmet alışverişi önündeki engeller ne denli kaldırılırsa ticaret o denli büyüyecek, büyümenin olanaklarından herkes yararlanacaktı... Meksika için böyle olmadı. Ticareti serbestleştiren Meksika, bundan yararlanan ise ABD oldu. Birleşik Devletlerden Meksika'ya sermaye akışı hızlandı; özel destekler, vergi kolaylıkları, örgütsüz ve ucuz işgücünden yararlanılarak yüksek kazançlı yatırımlar yapıldı.

Meksika'da yabancı şirket ve yerli ortakların ulusal gelirdeki payı 1980'li yılların başında yüzde 55 iken, sonunda yüzde 71 olmuştu. *IMF*, borcunu ödeyemez duruma düşen hükümete sert önlemler aldırmış, yoksul çoğunluğun durumunu daha da kötüleştiren bu önlemler nedeniyle; sağlık hizmetleri, eğitim, iş olanakları, gelir düzeyleri, gözle görülür biçimde bozulmuştu.[92]

ABD'de üretim kesimindeki işçilerin saat ücretleri 15 doların üzerinde iken, Meksikalı işçiler 1,21 dolara çalışıyordu (1997). İşçi ücretlerindeki gerileme *NAFTA* döneminde sürekli duruma geldi. Günlük 3,4 dolarlık asgari ücretin altında çalışan işçi sayısı, 1993 yılında 6 milyon 186 bin iken bu sayı 1997 yılında 7 milyon 771 bine çıkmıştı. Fiyatlar, Aralık 1995 ile Temmuz 1997 arasında yüzde 212 artmıştı. 1995 yılında, Meksika halkının yüzde 90'ı NAFTA'nın baş destekçisi Devlet Başkanı **Salinas**'ın vatan hainliği ile yargılanması gerektiğine inanıyordu.[93]

Oysa, başlangıçta, Meksika *Yeni Dünya Düzeni* uygulamalarının ve serbest piyasa ekonomisinin parlak örneği olarak gösteriliyordu. Bütçesi fazla açık vermiyordu. Binden fazla kamu kuruluşu özelleştirilmişti. Uluslararası kredi puanlarının yüksekliğiyle övünülüyordu. Yabancı Sermaye Meksika'ya akın ediyordu. Başkan **Carlos Salinas** bütün ekonomi dergilerinin kapağında resmi basılan bir kahramandı.

Ancak, bu *'mutlu'* tablo uzun sürmedi. 1995'te Meksika büyük bir çöküş içindeydi. 500 bin işçi işini yitirmişti. Ortalama satın alma gücü yüzde 30 düşmüştü. **Salinas** yine dergi kapaklarındaydı. Ancak bu kez; yetersizlik, kokuşmuşluk ve uyuşturucu örgütleriyle işbirliğiyle suçlanan biri olarak.[94]

ABD'li yatırımcılar sınıra yakın tarıma elverişli Meksika topraklarını satın aldı ya da kiraladı. Hiçbir denetimi kabul etmeyen bu yatırımcılar, çevre kirlenmesine aldırış etmeden kullandıkları toprakları verimsizleştirdi. Yeraltı sularını kiraladıkları topraklarda kullanarak toprağın aşırı kireçlenmesine yol açtılar ve Meksika'da her zaman önemli bir sorun olan su sıkıntısının artmasına neden oldular. Kaliforniya'da 9 dolar saat ücreti ödedikleri tarım işçilerine Meksika'da yalnızca 4,28 dolar ödüyorlardı. *ABD Batılı Tarım Üreticileri Birliği*'nin bir üyesi *"Pesonun değeri o denli düşük ki bu işte nerede ise hazır bir kâr var"* diyordu.[95]

*

NAFTA'nın, uluslararası şirketlerin özellikle ABD'li olanların gereksinimlerini karşılayan işleyişi, Kanada ve ABD'de tepki çekti. *Kanada İnsan Hakları Komisyonu İşçi Komitesi* artan işsizliğe karşı kampanya başlattı. Kanada'da da yatırımları olan *Ford,* 27 bin olan işçi sayısını 1988'de 14 bine, *Genaral Motors* ise 45 binden 35 bine indirdi.

Kuzey Amerika Serbest Ticaret Antlaşması'nın iş hacminin daralmasına neden olan uygulamalarına karşı yerel tepkilerin artması, hükümetleri baskıya dayalı siyasi önlemler almaya yöneltti. Meksika hükümeti işçi sendikalarını yasadışı ilan etti ve yöneticilerini tutuklayarak yargı önüne çıkardı. Yargıç **Abraham Polo** hükümetin baskı uygulamasına karşı direnince, *"faili meçhul"* bir cinayete kurban gitti.[96]

NAFTA sözleşmesi, on yılda gümrüklerin sıfırlanması koşuluyla üye ülkelere, üçüncü ülkelere karşı kendi gümrük bildirmeliklerini uygulama ve birtakım tarım ürününü birbirlerine karşı koruma hakkı tanımıştı. Bu hakkı ABD sonuna dek kullanırken, ekonomik gücü bu tür hakları kullanmaya yetmeyen Meksika, korunmayan açık pazar durumuna geldi.

Amerikan hükümeti, antlaşma dışına çıkarak kotalar, dışalım düzenlemeleri, özel tüketim vergileri gibi ek önlemler geliştirdi. Amerikalı şirketler antlaşmalarda yer alan çevre koruma kurallarına Meksika'da uymadı. Geniş bir ülke olmasına karşın, topraklarının büyük bölümü yalnızca kaktüs yetiştirmeye elverişli olan Meksika'da, tarıma elverişli toprakların üçte ikisinde ağır aşınım (erozyon) sorunları ortaya çıktı.

On iki trilyon dolarlık toplam GSMH'sı ile *NAFTA,* ABD'ne yeterli gelmemektedir. Pazar sınırlarını Güney Amerika'yı da kapsayacak biçimde genişletmek için, Brezilya, Arjantin, Paraguay, Uruguay, Bolivya, Ekvador, El Salvador, Şili, Venezuella, Kosta Rika, Peru ve Kolombiya ile çeşitli *Ticaret ve Yatırım Çerçeve Antlaşmaları* imzalamıştır. Amacı *'yeterince serbestleşmediğine'* inandığı bu ülkeleri de *NAFTA*'ya katarak, Kanada'dan Arjantin'e dek çok büyük bir ortak pazar yaratmaktır. Bu ülkeler üzerinde kurmuş olduğu güçlü etkiyi bu amaç için kullanmaktadır. *NAFTA*'nın bugünkü toprak büyüklüğü 21,3 milyon kilometrekare, nüfus toplamı ise 368 milyondur. Yapılan çerçeve antlaşmalarıyla bağımlı duruma getirilmiş yukarıdaki ülkelerin de katılımıyla bu pazar, 38,7 milyon kilometrekareye ve 656 milyon nüfusa ulaşacaktır.

Asya-Pasifik Ekonomik İşbirliği Forumu (APEC)

Avrupa'da gerçekleştirilen büyük birleşik pazar ve burada artan Alman etkisi ve ABD'nin NAFTA girişimi, Japonya'nın haklı ve ağır bir kaygı içine girmesine neden oldu. Herkes gücüne uygun, kendi *'çarşısını'* kuruyordu ve Japonya bunun dışında kalamazdı. Neo-liberalizmin bilinen söylemleriyle 1989 yılında imzalanan sözleşme, 18 ülkeyi bir araya getiriyor ve büyük bir hızla uluslararası düzenlemelere girişiyordu.

Örgütün adı, *Asya Pasifik Ekonomik İşbirliği Forumu*'ydu ancak ABD, yanında ayrılmaz *'dostları'* Kanada, Meksika, Şili ve Avustralya'yı da örgüte sokmuştu. Brunei, Hong-Kong, Endonezya, Malezya, Yeni Zelanda, Papua, Yeni Gine, Filipinler, Singapur, Güney Kore, Tayvan ve Tayland'ın yanında Japonya ve Çin örgüte üyeydi ve Rusya, Vietnam ve Peru da üye alınacaktı.

Japonya, ABD ve Çin'in üye olduğu bir örgütte çatışma eğilimlerinin güçlü olması kaçınılmazdır. Ekonomik yarışı aşan çelişkiler, eşit olmayan büyüme hızı ve ayrıksı ekonomik sorunlarla bir araya gelen bu ülkelerin, örgüt içinde egemenlik savaşımına girişmeleri, konum ve isteklerinin doğal bir sonucuydu. Nitekim özellikle ABD ve Japonya kısa bir süre içinde, birbirlerine karşı sözlerini şakınmayan, *'kaba'* tartışmacılar durumuna geldi.

14-16 Kasım 1998'de Malezya'da yapılan APEC toplantısında, bu iki ülke, bugüne dek görülmedik sertlikte bir öncülük çekişmesine girişti. APEC bölgesinde, ticaretin daha çok serbestleştirilmesini isteyen ABD'ye karşı Japonya, öteden beri bu tür isteklerin baskıya değil her üye ülkenin kendi kararına bağlı olmasını isteyerek karşı çıkıyordu. ABD ticari temsilcisi **Charlene Barshefski** toplantıdan bir gün önce *Wall Street Journal*'e verdiği demeçte; *"Japonya bu süreçte yıkıcı bir rol oynuyor... Bu Birleşik Devletler açısından asla kabul edilemez bir durumdur"* diyordu.[97] Japonya'nın buna verdiği cevap son derece sertti. Ticari Temsilci **Mikie Kiyoi** diyordu ki; *"Sizin şeytani bir ruhunuz olduğunu biliyoruz. Ama lüt-*

fen başkalarının dünyaya aynı şeytani gözle baktığını düşünmeyiniz".[98]

Aynı gün Çin Devlet Başkanı **Jiang Zemin**'in yaptığı açıklama, ABD yönetimini, çileden çıkaracak türdendi; Çin, Asya finansal bunalımında ekonomileri sarsılan ülkelere 4,5 milyar dolar yardım yapacaktı ve para birimi Yuan'ı devalüe etmeyecekti.[99]

APEC'in, AB ve NAFTA kadar düzenli işlemediği açıkça görülüyor. *AB'*de, siyasi birlik yönünde alınan yol ve Almanya'nın gücü; NAFTA'da ise ABD'nin egemenliği ve üye azlığı, iç çatışmaların yeğinleşmesinde engelleyici bir rol oynuyor. Oysa APEC'te, gerek sorunları ayrımlı çok sayıda üye, gerekse Japonya-ABD arasında egemenlik çekişmesi var. AB ve NAFTA arasında ortak pazarlar arası çatışma öne çıkmışken; APEC'te buna ek olarak ortak pazar içi çatışmalar yaşanıyor.

Üyelik sözleşmesinde, herhangi bir çatışmadan söz edilmiyor kuşkusuz. İlkeler benzerlerinin ayrımlı değil. Piyasa ekonomisinin erdemleri, serbest ticaretin herkese sunacağı varsıllık, küresel yakınlaşma, barış, demokrasi... Ancak, gerçekler tam tersi; büyüklerin çekişmesi, küçüklerin ezilmesi.

Japonya ve ABD, bölge ülkelerine büyük boyutlu sermaye yatırdı. Ülkelerindeki fabrikaları, atölye ve emek yoğun hemen tüm işletmeleri, ucuz işgücü cennetleri olan Pasifik ülkelerine taşıdılar. Küresel ticaretin koşullarını belirleme gücüne ulaşan büyük şirketler, birçok işkolunda, denizaşırı yerlerde kendi ülkesinden daha çok işçi çalıştırır duruma geldi. Yatırım yoğunlaşmasının en çok olduğu yer Pasifik ülkeleriydi ve bu yoğunlaşma, *Asya Pasifik Ekonomik İşbirliği Forumu*'nun en önemli kuruluş nedeniydi.

APEC'in kuruluşu da olağandışı bir hızla gerçekleştirildi. *Forumu* oluşturacak 18 ülkenin temsilcilerince belirlenen antlaşma metni, başta sanayi, ticaret, sosyal güvenlik ve tarım olmak üzere birçok konuda, önemli değişiklikler içeriyordu. Gümrük vergileri, koruma uygulamaları, ticari kısıtlamalar ve ulusal nitelikli yerel yasalar, belirlenen süreler içinde kaldırılacaktı.

Dünyanın en hızlı büyüyen bölgesinde, 25 yılı kapsayan bu antlaşmayla, gelişmiş ülkeler 2010, azgelişmiş ülkeler ise 2020 yılına dek saptanan erekleri gerçekleştireceklerdi. Örgüt, Pasifik'te kıyısı olan tüm ülkelere açık olacak, bu ülkeler ulaşım, iletişim ve enerji alanlarında altyapılarını geliştirmeleri durumunda üyeliğe alınacaktı.

Osaka Gündemi olarak adlandırılan 1995 görüşmelerine yazanak hazırlayan, Japonya Ekonomik Planlama Direktörü **Jun Saito**, o günlerde *Reuters Ajansı'*na şöyle söylüyordu; *"Altyapı, orta ve küçük ölçekli girişimler ve enerji sanayisindeki yetmezlik, bölgenin ekonomik büyümesi için en önemli tehdit durumundadır"*.[100] Türkçeye çevirirsek **Saito** *"kendini sömürtmek istiyorsan altyapını benim isteğime göre hazırla, orta ve küçük ölçekli ulusal sanayini ihmal et"* diyordu.

1995 yılında yayınlanan APEC'*in 1995 Ekonomik Görünüşü* adlı yazanakta, gelişmekte olan üye ülkelerin altyapılarını geliştirmesi durumunda 2000 yılına dek yüzde 20 büyüyecekleri, yıllık enflasyon oranının yüzde 4 olacağı, bu gelişmenin, ticari serbestliğin geliştirilmesi oranında daha da artacağı söyleniyordu. Ancak, 21. yüzyıla girerken söylenenlerin tam tersi oldu ve Japonya'yı da içine alan kapsamlı Asya ekonomik bunalımı ortaya çıktı.

APEC ülkeleri dünya gelirinin yüzde 58'ini ve dünya ticaretinin yüzde 47'sini yaratıyor.[101] APEC'in ekonomik gücü, neredeyse AB ve NAFTA'nın toplamı kadar. Gerçi NAFTA üyeleri aynı zamanda APEC üyesi ancak APEC'in bu ülkeler dışındaki pazar gücü, AB ya da ABD'nin gücüne eşit. Bu durumda örgüt içinde egemenlik savaşımının olması kuşkusuz kaçınılmaz bir sonuç.

Japonya, kendisini APEC'in doğal önderi görüyor; ABD ise bunu kesinlikle kabul etmiyor. Önderlik gerilimi, Malezya toplantısında şimdiye dek görülmemiş bir yeğinlikte yaşandı. ABD, bölge ülkelerine -ekonomileri uygun olmamasına karşın- hızla dışa açılmaları için baskı yaptı. Kaderin cilvesine bakınız; Japonya bu baskıya karşı çıktı ve bu tür ülkelerin, korumasız bir biçimde dışarıya açılmalarının onları ekonomik çöküntüye götüreceğini, bunun sonucu olarak Asya bunalımının daha da derinleşeceğini söyledi.

Çabaları bu ülkeleri çok sevdiğinden değil kuşkusuz. Pasifik ülkelerini içine alacak ekonomik bir çöküntünün en çok kendisini etkileyeceğini biliyor. Bu nedenle ABD'nin ısrarlı baskılarına karşın Japonya, örneğin balıkçılık ve orman ürünleri alanında uyguladığı gümrük vergilerini indirmiyor. Uygulamanın Japonya ile sınırlı kalmayacağını bilen Amerikan hükümeti buna sert tepki gösteriyor ve Japonya'yı; *"bölge ülkelerine serbestleştirme inisiyatifinden geri adım atmaları için yardım sözü vermekle suçluyor"*.[102] ABD'nin en büyük korkusu, bölgede korumacı ve denetlemeci eğilimlerin güçlenerek sermaye devinimlerinin kısıtlanması.

APEC'in Malezya toplantılarının yapıldığı günlerde, beş günlük Asya gezisine çıkan **Clinton**; Japonya Başbakanı **Keizo Obuçi**'den, *"Japonya'nın korumacılığı bırakmasını ve açık piyasa politikası izlemesini"* istedi. Beyaz Saray sözcüsü **Joe Lockhart** aynı gün; *"Başkan Japonya gezisinin çok önemli olduğuna inanıyor. Japon ekonomisinin ve Asya ekonomisinin geleceği, Amerikalıların gelirlerini ve yaşantılarını fazlasıyla etkiliyor"* biçiminde açıklama yaptı.[103] Çin'in bölge ülkelerine örnek olan hızlı gelişmesinden yeteri kadar kaygılanan ABD, küreselleşmenin olumsuzluklarından ülkesini uzak tutmak isteyen Japonya'nın, bu yöndeki eylemlerinden kaygı duymaktadır.

ABD'nin giderek artan karşı çıkışına karşın, Japonya bildiğini okuyor ve bölge önderliğine oynamakta kararlı görülüyor. Kasım 1998 Malezya görüşmelerindeki sert açıklamaların yarattığı gerilimler henüz ortadan kalkmadan, Japonya, Asya bunalımından etkilenen gelişmekte olan ülkelere uygulayacağı yeni bir yardım paketi açıkladı. Paketin amacı, *IMF*'yi Pasifik ülkelerinde devreden çıkarmak için seçenek (alternatif) olarak bir akçalı politika oluşturmaktı. Bu girişime Amerika'dan hemen tepki geldi ve Ticaret Temsilcisi **Bershevski**, Japonya'yı *"bölge ülkelerine rüşvet vermekle ve ticaretin serbestleşmesi sürecinde yıkıcı bir rol oynamakla"* suçladı.[104] Kanada Ticaret Bakanı ABD'den yana bir yorumla gelişmeleri *"hayal kırıcı"* bulduğunu açıklarken Japonya Dışişleri Bakanı *Masahiko Kamura* aynı gelişmeleri *"mutlu son"* olarak nitelendirdi.

Değerlendirmeler arasındaki karşıtlık, doğal olarak, bölgesel egemenlik savaşımının göstergelerinden biridir. Japonya-ABD çekişmesi, sanıldığından daha şiddetlidir ve derine giden ekonomik kökleri vardır. İç pazarını korumak isteyen Çin, Malezya, Endonezya ve Tayland gibi ülkeler Japonya'nın yanında yer alıyor. Japonya'nın 30 milyar dolarlık nakit yardım paketi, ivedi olarak paraya gereksinimi olan bu ülkelerce, IMF'in öneri paketine göre daha çok ilgiyle karşılandı. IMF, dünyada ilk kez, tek kurtarıcı olmanın kendisine verdiği yaptırımcı yetkeyi, Uzakdoğu'da yitirmek üzere. ABD bundan büyük rahatsızlık duyuyor.

Asya Pasifik Ekonomik İşbirliği Forumu (APEC), 43,6 milyon kilometrekareli ve iki milyar nüfuslu dünyanın en büyük ortak pazar girişimidir. İbre Japonya'dan yana kayıyor olsa da önderi henüz belli değil. Japonya üretimine, ABD siyasi ve askeri gücüne güveniyor. Ayrımlı nitelikte yeni ve büyük bir ekonomik güç, Çin'de gelişiyor. Pasifik, 20. yüzyılın başlarına çok benzeyen koşullarla 21. yüzyıla giriyor.

AB, NAFTA ve APEC'in kapsadığı nüfus dört milyara yakındır ve bu, dünya nüfusunun üçte ikisini oluşturur. Ekonomik gücü olanların, güçleri oranında yararlandıkları ve büyük çoğunluğu oluşturan güçsüzlerin hiçbir şansının olmadığı, uluslararası ekonomik örgütlenme, bu üç ortak pazardan oluşmuyor. *Avrupa Ekonomik Alanı* (EEA), *Merkezi Amerika Ortak Pazarı* (CACM), *Karayip Ülkeleri Ekonomik İşbirliği* (CARICOM), *Doğu Asya Ekonomik İşbirliği* (ASEAN), *Güney Asya Ekonomik İşbirliği* (SAARC) ve 13 Afrika ülkesini kapsayan Ortak Gümrük Tarifesi uygulaması, diğer ekonomik örgütlerdir. Bütün örgütlerin ortak özelliği, hemen hepsinde üç büyüklerin tartışmasız üstünlüğüdür...

SEKİZİNCİ BÖLÜM

KÜRESEL ÖRGÜTLENMEDE TEMEL BELİRLEMELER

Küçülen Dünya Bütünleşemiyor

Ülkelerin, kentlerin ve insanların; küresel ekonominin basit ve uyumlu parçası yapılarak, yaygın bir örgüt ağı içinde birbirlerine bağlanması, günümüzün belirgin özelliğidir. Ticari ilişkiler tarihin hiçbir döneminde, birbirinden bu denli uzak yörelere bugünkü kadar kolay yayılmadı. İnsanlar bu yoğunlukta birbirleriyle ilişkili kılınmadı. Mal ve para, dünyayı hiçbir zaman bugünkü kadar hızlı ve yoğun bir biçimde dolaşmadı. Dünya hiçbir dönemde bugünkü kadar, küçük bir azınlığın egemenliği altına girmedi.

Ülkeler ve insanlar, küresel düzenin, silik ve umarsız parçaları olarak birbirlerine bağlandı ancak bütünleşemedi. Evrensel ortak değerler onları yakınlaştırıp, içten ve özgür bir birlikteliğe ulaştırmadı. Tersine, değişik yöntemlerle bireyselleştirdi, birbirlerinden uzaklaştırılarak yaşama ve topluma yabancılaştırdı. Küçük bir azınlık varsıllaşırken çoğunluk yoksullaştı. Değişik araç ve yöntemlerle gerçeklerden uzak sanal bir dünya yaratıldı. Kitle iletişim araçları, etkili yayınlarıyla, eğitimine olanak tanınmayan milyarlarca insanı, köklerinden kopararak yozlaştırdı. Yeğinlik, güçlüler için dilediği zaman kullanabileceği ılağan bir hak durumuna geldi.

Gerçekleştirilen küresel örgüt ağı, insanlığın gelişip ilerlemesine uygun düşen, doğal ve ilerici bir yapılanma değildir. Teknolojik olanaklar ona sahip olanların ellerinde çekinceli silahlar durumunda. Bilim, büyük oranda, çıkarın ve egemenliğin aracı olarak kullanılıyor. Üretim alanında 19. yüzyılda yaşanılan üretken ve devimsel gelişme, yerini asalak ve tutucu bir düzene bıraktı. Kurulup yaygınlaştırılan uluslararası örgütler, bu düzenin ayakta kalmasının dayanakları olarak görev yaptı ve insanlığın genel gelişimi önünde aşılması gereken engel durumuna geldi.

Ülkeler arasındaki gelişmiş-azgelişmiş, güçlü-zayıf, büyük-küçük çelişkileri, sözünün edilmesinden hoşlanılmayan ancak varlığını etkin olarak sürdüren temel gerçekler durumundadır. Uluslararası örgütler bu gerçek üzerine ve var olan çelişkileri güçlüler yararına çözmek amacıyla kuruldu. Günümüz dünyasında mal ve para satmak herşeydir ve satacak malı olanlar kuşkusuz malını satacağı yerleri de bulmak zorundadır. Kimseye kendi pazarı yetmez. Sınırötesi ülkeler, en az üretimin kendisi kadar önem kazanır ve uranlaşmış ülkeler varlıklarını sürdürebilmek için bu ülkelere yönelir. Kıran kırana çatışmalarla süren bu yöneliş, ekonomik ve askeri fetihler durumuna gelir ve bu tablo 20. yüzyıl dünya tarihinin görüntüsünü oluşturur.

İkinci büyük savaştan sonra gelişmişler arasında ekonomik çelişkiler askeri eylemden uzak tutulmaya çalışıldı. Bunu başarmanın tek yolu, dünyayı açık pazar durumuna getirerek *küçültmek* ve ortaklaşa kullanmaktı. Bu yönde elde edilecek başarıyla silahlı çatışma, ters orantılı ikili olgu olarak insanlığın önünde duruyordu. Ya yoksul ülkeler daha çok sömürülüp soyulacak ya da, ayakta kalabilmek için çatışılacak. Bu nedenle, uluslararası anlaşmalar büyük ülkeler için yaşamsal bir önem taşıyor ve doğal bir sonuç olarak kapsama alanına aldığı gelişmekte olan ülkeleri bağlayıcı kararlarla, tek ve büyük bir dünya pazarının küçük ve uyumlu birimleri yapıyor. Anlaşmaların sayıları ve adları artıyor, etkileri yayılıyor. Ekonomiyi ilgilendirmesine karşın anlaşma dışı kalmış hemen hiçbir konu yok artık. Bu anlamıyla *Yeni Dünya Düzeni*, bir 'uluslararası anlaşmalar' düzenidir.

Uluslararası Anlaşmalar Gelişmiş Ülkelerin Gereksinimlerini Karşılar

Uluslararası anlaşmaları hazırlayıp uygulamalarına öncülük edenler kuşkusuz o anlaşmaya birinci derecede gereksinim duyanlardır. Dünyaya yeni bir biçim vermek güç bir iştir ve günümüzde bunu hiç kimse karşılıksız ve çıkarsız yapacak durumda değildir. Bu nedenle; küresel ticaretin geliştirilmesi, evrensel serbest piyasa ekonomisi, ülkelerarası eşit ve dengeli karşılıklı bağımlılık ilişkileri, küçülen dünya, barış ve yardımlaşma gibi sürekli dile getirilen kavramlar söylendiği gibi tüm ülkeleri kapsamaz, bunlar herkesin gücü oranında yararlandığı önceden tasarlanmış izlencelerdir. Amerikalı Ekonomistler **Richard J. Barnet** ve **John Cavanagh** *Küresel Düşler* adlı kitaplarında şöyle söylüyor: *"Küresel ticaretin verdiği mesaj hemen her yerde ön plana çıkmak-*

tadır. Endüstrileşmiş ülkeler artık gelecek için umutlarını ve politik dengelerini, toplu tüketim ürünlerine yönelik dünya pazarının genişlemesine bağlamışlardır".[1]

Gelişmiş ülkelerin dış pazarlara bağımlılığı öyle bir düzeye vardı ki artık birçok üretim dalında, ülke dışı satış ciroları içteki gelirleri, büyük oranda aşmıştır. *NESTLE S.A*'nın satışlarının yüzde 98'ini kendi ülkesinin dışında yapmaktadır.[2] *McDonald's*'ın dünyanın her yerinde 100 binden çok şubesi var[3], *Coca-Cola*'nın işletme gelirlerinin yüzde 80'i ABD dışından geliyor[4] ve *Philip Morris* 170 ülkede 160'tan çok markayla sigara üretiyor.[5]

Japonya'nın 1997'de dış ticaret fazlası 101,6, Almanya'nın 71,8 milyar dolar.[6] Dünyadaki ölçülebilen ekonomik etkinliğin yüzde 80'i en varsıl on iki ülkeden kaynaklanıyor. Dünyanın en büyük 200 şirketinin neredeyse tümü bu ülkelere ait.[7] Birleşmiş Milletler, 1989 yılında yapılan 196 milyar dolarlık denizaşırı özel yatırımların yüzde 83'ünün, varlıklı 24 ülke tarafından gerçekleştirildiğini söylüyor.[8]

Dünya Serbest Ticaretinin ve bu ticareti düzenleyen uluslararası antlaşmalara gereksinim duyanların gelişmiş ülkeler olması, bu ülkelerin içinde bulunduğu ekonomik koşulların kaçınılmaz bir sonucudur. Kapitalist üretim ve pazarlamanın doğasından kaynaklanan yapısal sorunlar ve bu sorunların yol açtığı ekonomik politik baskılar, dışarıya açılmayı ve daha çok açılmayı zorunlu kılıyor. Dışarıya açılmanın ise dengeye ve güvenceye gereksinimi vardır. Bunlar uluslararası anlaşmalarla, yeterli olmazsa askeri güçle sağlanır. Azgelişmiş bir ülke için; gelişmiş ülkelerle eşit koşullarda uluslararası anlaşmalara imza koymak, kediyle çuvala girmektir.

Uluslararası anlaşmalar, güçlüyle güçsüzü eşit koşullarda yarıştıran eşitsiz bir anlayışı uygulamakla kalmaz, azgelişmiş ülkelerin kalkınma isteklerini ve bu yöndeki çabalarını etkisiz kılacak yönlendirmeleri de içerir. Yardım ya da işbirliği adıyla; ağır sanayi, üretime yönelik ulusal yatırım, akçalı bağımsızlık, tarım ve maden işletmeciliği gibi ulusal kalkınmaya yönelik girişimleri engelleyici bir politika izlenir. Azgelişmiş ülkelere, kalkınmaya değil bağımlılığa yol açacak yöntemler önerilir. Ulusal nitelikli yatırımlar durdurulur, Kamu İşletmeleri elden çıkarılır ve işleyişi denetim altına alınan devletin etkinlik alanları daraltılır. Marmara Üniversitesi İktisadi ve İdari Bilimler Fakültesi Uluslararası İlişkiler Bölümü Öğretim Üyesi Prof. Dr. **Haluk Ulman**'ın söylemiyle: *"Bir yandan 'devlet üstü' yetkilerle donatılmış yeni küresel ya da bölgesel örgütlenmelerle klasik 'devlet' yapısı sarsılmaya başlanırken, öte yandan 'ulus kavramı' giderek yerini* (etnik, kültürel ya da çıkar birliğine dayalı) *'alt topluluk' kavramına bırakır"*.[9]

Amerikalı gelecek bilimcisi ve küreselleşme savunucusu **John Naisbitt**'in sözleri, uluslararası anlaşmaların temel mantığını özetler gibidir: *"Kabilecilikle evrensellik arasında denge kurma isteği hep içimizdeydi. Günümüzde ise demokrasi ve telekomünikasyon devrimi, kabilecilikle evrensellik arasında denge kurma gereksinimini yeni bir boyuta taşıdı. Demokrasi kabilelerin hak taleplerini büyütüyor ve arttırıyor, baskı ise tam tersini yapıyor. Kabilecilik, insanın etnik kökeni, dil, kültür, dine ait inançlarını geliştiriyor. Elektronik gelişme bizi küreselleştirirken aynı zamanda kabileleştiriyor"*.[10]

'Demokrasi' ile *'telekomünikasyon devriminin'* kabilecilik ve evrensellik arasında bugün kurmaya çalıştığı dengenin karmaşık yoğunluğu, kapsamlı bir teknolojik gelişmeyi içermektedir ancak yöntem ve yöneliş olarak eskiye dayanan bir uygulamadır. Uluslararası sermaye dolaşımı ile azgelişmiş ülkelerin *kabileleştirilmesi* arasında düz orantılı artan karşılıklı etki ve bu etkinin politik sonuçları, 20. yüzyılın yazılı tarihi gibidir. Yüzyıl başındaki **Hacı Muhammed Wilhelm** senaryoları şeyhülislam fetvaları ve tarikat yardımlarıyla; bugünün *Ilımlı İslam* eylemleri arasında, teknolojik olanaklar ve büyüyen parasal kaynaklar dışında niteliksel bir ayrım yok. Ancak, yerel inanç ve gelenekler, ulus karşıtı amaçlarla bugün daha yoğun olarak kullanılıyor ve bu kullanımın dayanakları arasında asal olarak, uluslararası şirket etkinliğinin ekonomik seçenekleri bulunuyor.

ABD Temsilciler Meclisi, Mayıs 1998'de 41'e karşı 375 oyla bir karar tasarısını kabul etti. Bu tasarıya göre ABD, dine baskı uygulayan ülkelere karşı çeşitli yaptırımlar uygulayacak ve bu ülkelere karışacak. Dışişleri Bakanlığı'na bağlı *Dine Baskıyı İzleme Bürosu* oluşturularak, inançları nedeniyle insanlara bedensel ve tinsel baskı uygulayan ülkelere karşı ticari ve akçalı engelleyim, vize yasağı, yardımların kesilmesi gibi yaptırımlara gidilecek.[11] Dünyanın hiçbir yerinde dine baskı uygulayan bir ülke bulunmazken, kabul edilen bu yasanın gerçek amacını, *'gelecek bilimcisi'* **John Naisbitt**'in sözünü ettiği, ülkeleri kabileleştirme girişimlerinde aramak gerekiyor.

*

Ulus-devlet yetkilerinin sınırlandırılması, çözülen merkezi yapılanmalar, yerinden yönetim istekleri, yasama ve yargının etkisizleştirilmesi, yaygınlaşan dinsel eğitim, yasadışıcılık, gümrük ve vergi dizgesinin çökertilmesi, ulusal bankacılığın yok edilmesi, özelleştirme izlenceleri vb. uygulamalar, uluslararası anlaşmaların azgelişmiş ülkeler için öngördüğü temel ereklerdir. Bu tür erekler gerçekleştirilmesi ise, baskı ve yeğinliğe dayalı politik bir ortamın yaratılmasına bağlıdır. Bu nedenle büyük devletlere ikili ya da çoklu anlaşmalardan kendisini uzak tutmayan az gelişmiş ülkeler, sonu gelmeyen bir toplumsal karmaşa içine sürüklenir. Birbirini izleyen ekonomik ve politik bunalımlar sürekli bir biçimde, ulus-devlet etkinliğinin çözülmesine yol açar, *'devlet küçülür'*, bir süre sonra da dağılır.

Buna karşın, gelişmiş ülkelerde merkezi devlet yetkesi, yalnızca ülke içinde değil uluslararası düzeyde de yüksek tutulur. Dışarda desteklenen ayrılıkçı eğilimlere yurt içinde kesin olarak izin verilmez. Örneğin ABD, PKK'nın Washington'da büro açmasına izin verirken, Teksas'ın bağımsızlığı için savaşım veren ayrılıkçı örgütün önderi **Richard McLaren**'a 99, ikinci adamına 50 yıl hapis cezası verdi.[12] 1972 ABD başkanlık seçimlerinde **Gerald Ford**'un rakipleri arasında seçimlere katılan Komünist Parti Başkan adayı **Alan Maki**, Amerika'da gördüğü baskılar ve oğlunun Michigan eyaletinde silahla vurulması nedeniyle Kanada'dan sığınma hakkı istedi.[13] ABD, imza koyduğu uluslararası anlaşmaların bağlayıcı hükümlerine karşın, *Lahey Uluslararası Adalet Divanı*'nın kararına uymadı ve cinayetten yargıladığı Paraguay vatandaşı **Angel Fransisco Breard**'ı idam etti.[14] Aynı işi, Almanya Adalet Bakanı **Herta Daubler-Gmelin**'in *"devletlerarası huku-*

kun ihlali" biçimindeki itirazlarına karşın, Alman iki kardeşi idam ederek yineledi.[15]

Uluslararası anlaşmalar, korumacılığa ve devlet desteklerine karşı koşullarla doludur. Özellikle uran, tarım ve madencilik alanlarındaki bu tür ulus-devlet gelenekleri, azgelişmiş ülkelerde birbirini bütünleyen uygulamalarla, yürürlükten kaldırılır. Siyasi ve akçalı bağımlılıklar ile ekonomik üstünlük, bu olanağı artık gelişmiş ülke hükümetlerine vermektedir. Anlaşma koşullarına tam olarak uyma zorunluluğu, anlaşmaya katılan ülkelerin ekonomik gücüyle orantılı bir sorundur. Güçlüler kendilerinin hazırladığı anlaşmalara uymama özgürlüğünü yaygın olarak kullanırken güçsüz ülkeler, içine girdikleri karmaşık uluslararası ilişkilerin ürkütücü yaptırım gücünden çekinerek anlaşma hükümlerine tam olarak uyarlar. Bu, onlar için artık kaçınamayacakları bir zorunluluktur.

Devletin ekonomideki etkinliğinin belirgin bir biçimde sürdüğü Japonya'da; uluslararası pazara açılıp küresel bir güce ulaşacak kadar gelişmemiş olan uran dallarında, dışalım yasağı vardır ve bu yasak, devlet örgütleri aracılığıyla etkin biçimde uygulanmaktadır.[16] Fransa, İngiltere ve Almanya'da staratejik uran dalları, devletten büyük oranda destek alan üretim alanlarıdır.

ABD Avrupalıları; desteğin *GATT* koşullarına göre yasal olmadığını belirterek suçlamaktadır ancak aynı uygulamaları kendisi yapmaktadır. Amerika'nın dışalımladığı malların yüzde 25'i gümrük bildirmelikleri dışındaki engellerden etkilenmektedir.[17] Uluslararası düzeyde çalışan işadamları; Japonya'yı dünyanın en eşitsiz rekabet uygulayan ülkesi olarak görüyor ancak ABD'yi de (Kore'den sonra) Japonya'nın hemen arkasına yerleştiriyor.[18] *Avrupa Birliği* 1991 yılında, ABD'nin serbest ticarete yüzlerce kez uymadığını gösteren bir belge yayınladı.[19]

İkinci Dünya Savaşı'ndan sonra gerçekleştirilen uluslararası örgütlenme, *'verimli'* sonuçlarını 1980'den sonra vermeye başladı. Bu yıllarda, etki altına alınmamış azgelişmiş ülke, hemen hemen kalmamıştı. Ülkelerin yönetim biçimlerine, ekonomik önceliklerine, kültürel değerlerine dolaysız karışılıyordu. Brezilya'da ulusçu bir politika yürüten *Goulant Hükümeti* bir askeri darbe ile devrildiğinde, ABD Dışişleri Komitesi Başkanı, Temsilciler Meclisinde şöyle konuşmuştu: *"Dış yardımlarımızı eleştiren herkesin karşısına, Brezilya Silahlı Kuvvetlerinin Goulant Hükümetini devirdiği ve bu güçlerin demokrasi ilkeleri* (seçilmiş hükümeti devirme demokrasisi-y.n.) *ve ABD yandaşı olma yönünde koşullandırılmasında ABD askeri yardımının temel unsur olduğu gerçeği dikilmektedir. Bu subaylardan birçoğu, AID* (Amerikan Yardım Teşkilatı y.n.) *programı çerçevesinde, Birleşik Devletler'de eğitilmişlerdi. Demokrasinin komünizmden daha iyi olduğunu biliyorlardı".*[20] Şili'de seçilmiş Devlet Başkanı **Allende**'ye karşı yapılan askeri darbe hakkında, dönemin CIA başkanı şöyle konuşuyordu: *"Planımıza göre... Birleşik Devletlerden yana olan bütün Şilili subay ve generalleri tek tek elde ettik. Bekledik. Öteki bütün yollar tıkanınca Ordu'nun harekete geçirilmesinden başka çare göremedik".*[21]

Uluslararası antlaşmaların sayısı ve buna bağlı olarak borçlar arttıkça azgelişmiş ülkelerin bağımlılık ilişkileri de artar. Bu ülkelerdeki hükümetler, süreç içinde, kendilerine iletilen önerileri (artık buyrukları) uygulamaktan başka seçeneği olmayan yönetim birimleri durumuna gelir. Uluslararası anlaşmaların uygulama alanları genişledikçe, ülkelerarası gelir ayrımlılıkları azgelişmiş ülkeler zararına bozulur ve dünya; etkisini sürekli arttıran, eşitsiz, haksız ve sömürüye dayalı bir düzenin egemenliği altına girer.

Uluslararası Anlaşmalar, Azgelişmiş Ülkelerin Zararına İşler, Tekelleşmeyi Hızlandırır

Denizaşırı pazarlara açılmanın itici gücü ekonomik çıkar ve kazanç duygusudur. Gelişmiş ülkeler için zorunluluk olan bu istek her zaman gözden uzak tutulmaya çalışılmış ve sömürüye dayanan bu istek, uygarlığı yayan bir eylem olarak gösterilmiştir. Eskinin misyonerliğiyle bugünün hür dünya ve demokrasi söylemleri, aynı şarkının değişik düzenlemeleri gibidir. Bu şarkı dün taş plakla çalınıyordu bugün CD kullanılıyor. Dün, uygar Batı vahşi Doğu'ya uygarlık götürüyordu. Bugün varsıl Kuzey, yoksul Güney'e yardım ediyor. Yüzyıllara dayalı anlayış aynı, yalnızca yöntem ayrımlı. Ancak, günümüz dünyasının egemen düzeni yeni-sömürgecilik, eskisinden çok daha dizgeli ve yoksul ülkeler için çok daha yıkıcı.

İkinci Dünya Savaşı'ndan önce hemen hiç borcu olmayan birçok azgelişmiş ülke, bugün altından kalkamayacağı bir borç yükü altındadır. 1970 yılında borç/GSMH oranı, ortalama olarak yüzde 14,4 olan bu ülkeler de bu oran, 1982'de yüzde 37,7 ye, 1990 yılında ise yüzde 43,3'e çıktı.[22] 1970-1990 arasındaki borç artışı, GSMH artışından yüzde 300 daha hızlı oldu. Bu 20 yıllık dönem içinde, azgelişmiş ülkelerin toplam borçları ise tam 21 kat arttı.[23]

Gelişmekte olan ülkeler; borç geri ödemesi, sermaye kaçışı ve kazanç aktarımı (kâr transferi) yollarıyla gelişmiş ülkelere yalnızca 1985 yılında 240 milyar dolar ödediler.[24] Azgelişmiş ülke borçları, sürekli ödenmesine karşın azalmamakta tersine artmaktadır. 1970 yılında 62,5 milyar olan toplam azgelişmiş ülke borçları 1991 yılında 1341 milyar dolara çıkmıştı.[25]

Azgelişmiş ülkelerin yitikleri, ekonomiyle sınırlı değildir. Uluslararası anlaşmaların bağlayıcı koşulları, onların; yönetim düzeni, ulusal varlığı ve kültürel değerlerinde yapısal çöküntüler yaratır. Her anlaşma, kendisine bağlı yeni bir anlaşmaya kaynaklık ederek, ülkeleri, giderek artan bir biçimde, kendi olanaklarıyla ayakta duramayan uydu topluluklar durumuna sokar. Her alanda gerçekleştirilen küresel örgüt ağıyla insanlar; işlerinden, geleneklerinden ve ulusal kimliklerinden koparılarak zora ve eşitsizliğe dayalı dünya düzeninin kişiliksiz öğeleri durumuna getirilir. Uluslararası anlaşmalar bu eylemi gerçekleştirmenin temel aygıtlarıdır ancak bu uğurda kullanılan başka araçlar da vardır. Bilgi-işlem ve iletişim teknolojisi, kültürel egemenlik, yaymaca teknikleri, dil, moda, spor bu yönde kullanılan son derece etkili araçlardır.

Gelişmiş ülkeler demek, tekelci şirket egemenliği demektir. Bu ülkelerde, tekelci büyük şirketler, özellikle *mali sermaye* şirketleri, yalnızca ekonomiye değil; siyasetin temel gücü olan devlet örgütlerine de, kesin biçimde egemen olmuştur. Bu nedenle gelişmiş ülkelerdeki devlet etkinliğinin belirgin özelliği, şirket istem ve gereksinimlerine göre yürütülmesidir. Ya da bir başka deyişle devlet politikasını şirket çıkarlarının belirlemesidir.

Rockefeller 1950'li yıllarda Başkan **Eisenhower**'a gönderdiği mektupta şunları yazıyordu: *"Standart Oil için iyi olan Birleşik Devletler için de iyidir"*.[26] *General Motors*'un başkanı **Charles E. Wilson**'da aynı şeyi başka tümcelerle anlatıyordu: *"Şirketim için neyin iyi olduğunu biliyorum, dolayısıyla Birleşik Devletler için de neyin iyi olduğunu biliyorum"*.[27]

Günümüz dünya siyaseti, 20. yüzyılı belki de en iyi anlatan bu sözler üzerine kuruludur. Gerek iç gerekse dış politika, bu sözlerde anlamını bulan anlayışa uygun olarak yapılır. Bu nedenle uluslararası anlaşmalar giderek; devletlerarası anlaşmalar olmaktan çıkar ve eylemsel olarak, tekelci büyük şirketlerle azgelişmiş ülke devletleri arasındaki anlaşmalar durumuna gelir. Gelişmiş ya da azgelişmiş ülkelerin devlet yetkilileri artık, kariyerleri şirket çıkarlarını gözetmedeki başarıya bağlanmış basit görevliler durumuna gelmiştir. Gerçek söz ve karar iyeleri artık devlet değil, şirket yönetim kurulu başkanlarıdır. Sermaye dışsatımlanan şirket yöneticileri kendi devletlerinin destek ve koruması yanında yerel hükümetlerden de ayrıcalıklı yatırım garantileri almıştır. Ancak, süreç içinde bu tür garantilerle de yetinmemişler ve yerel yasalardan tümden kurtulmak için, denetim yetkilerinin hemen tümünü, uluslararası örgütlere devretme çabası içine girmişlerdir. Örneğin, yerel hukuk düzenlemelerini ortadan kaldırmayı amaçlayan, *MAI* gibi uluslararası girişimler bunların son uygulamalarıdır.

*

Şirketlerin uluslararası çalışarak güçlenip yayılması, İkinci Dünya Savaşı sonrası politikaların, bağlı olarak *Yeni Dünya Düzeni*'ni amaçlayan uluslararası anlaşmaların ereğidir. Devlet olanakları, yarım yüzyıldan beri bu ereği gerçekleşmek için kullanıldı ve dünya uluslararası şirket cenneti durumuna getirildi. Gelişmiş ülke hükümetleri, gerçekleşmesi için büyük çaba gösterdiği küresel örgüt ağından ayrı olarak *araştırma-geliştirme* (AR-GE) izlencelerine büyük paralar yatırdı ve bu izlencelerin sonuçlarını uluslararası şirketlerin kullanımına sundu. Bütçelerinden çok sıfırlı destek fonları ayırarak bunları şirket hesaplarına aktardılar.

Uluslararası şirketlerin tüm dünyada açmış olduğu üretim amaçlı şube sayısı, Birinci Dünya Savaşı'ndan önce 498 iken, bu sayı 1945'te 1984'e, 1970'te ise 10909'a çıktı. 1990 yılında her alanda etkinliği olan uluslararası şirket şube sayısı ise 206 bine yükselmişti.[28]

Şirket şube sayılarının artması; kimi iş çevrelerinin durmadan yineledikleri gibi, yeni bir liberal dalganın dünyaya yayılması değildi. Satınalma ve birleşmelerle sayıları azalıp güçleri artan büyük şirketler, kendilerine bağlı (dolaylı ya da dolaysız); devinim yeteneği yüksek, az işçi çalıştıran ve denetimi kolay şirket şubeleri kuruyordu. Bilinçli seçime dayalı küçük ölçekli örgütlenme biçimi, alt birim şirketlerinin sayısını arttırıyordu ancak dünya piyasalarını denetim altında tutan ana şirket sayısını arttırmıyor tersine şirket evlilikleriyle azaltıyordu.

Küreselleşmenin sorunlarıyla ilgili araştırmalar yapan *Economist*'in 27.03.1993 günlü yayınında şöyle söyleniyor: *"Dünya çapındaki ekonomik etkinlik sistemleri daha şimdiden, hiçbir dünya imparatorluğu ya da ulus-devletin başaramadığı ölçüde bir küresel bütünleşme gerçekleştirmiştir. Bunu gerçekleştirenler, herbirinin arkasındaki itici güç, büyük ölçüde merkezleri ABD, Japonya, Almanya, Fransa, İsviçre, Hollanda ve İngiltere olan bir avuç dev şirkettir. En tepedeki 300 şirketin toplu varlıkları kabaca, tüm dünyadaki üretim varlıklarının yüzde 25'ini oluşturmaktadır".*[29]

Tekelleşmenin 20. yüzyıl başlarında yoğunlaştığı biliniyor. Günümüzdeki yoğunlaşma, yüz yıllık sürecin doğal sonucudur. ABD'de 200 en büyük şirketin net kazancı, şirketlerin tümünün net kazancına oranı 1920-1923 arasında yüzde 40,7'ye çıkmıştı.[30] En büyük 100 uran firması 1947 yılında imalat uranında üretilen katma değerin yüzde 23'ünü üretirken, hızlı tekelleşme sonucu 1954'de yüzde 30'unu üretir duruma gelmişti.[31] Şirket birleşmelerinin yoğunlaştığı, 1947-1968 arasında en büyük 200 ABD uran şirketinin, yapım uranının toplam etkinlikleri içindeki payı yüzde 42,4'den yüzde 60,9'a yükselmişti.[32]

Günümüzdeki tekelleşme çok daha ileri düzeydedir. Birçok üretim dalında dünya pazarlarını birkaç uluslararası şirket denetim altına almıştır. Uluslararası anlaşmalar, denizaşırı ülkelere açılamamış, gelişmiş ülke sermayesini bu açılıma özendirir, tekelleşme eğilimlerine ivme kazandırır. *"Şirketlerin İkinci Dünya Savaşı sonrasındaki dış genişlemesi, savaş öncesi dönemlerle kıyaslanmayacak bir boyuta ulaşmıştır. Bu nedenle birçok araştırmacı, uluslararası şirketler olgusunu tamamen savaş sonrası dönemin yani, Yeni Dünya Düzeni'nin bir olayı olarak görmüştür".*[33]

Uluslararası Anlaşmalar ve İletişimin Gerçek Gücü

Radyo, TV, yazılı basın, haber ajansları, uydu ve bilgisayar teknolojisi, telefon ve bilgi-işlem merkezleriyle tüm dünya bugün, hemen tümü gelişmiş ülkelere ait olan muazzam bir iletişim ağıyla sarılmıştır. Bu ağın oluşturduğu medya gücü, siyaset ve silahtan daha etkili yöntemlerle, ulusal kültürlerin soykırımını tasarlayan merkezler durumuna gelmiştir.

Amerikan TV kanalı CNN, 1980'li yıllarda yüzden fazla ülkede 78 milyon eve giriyordu. MTV yayınlarının, tüm dünyada 200 milyondan çok izleyicisi var.[34] Uluslararası şirketler, yalnızca 1989 yılında; tasarım, ambalaj ve diğer gözalıcı tanıtım çalışmalarına 380 milyar dolar harcamıştı.[35]

Dünya haber pazarının hemen hemen tümü, dört ajansın tekelindedir. *Associated Press* ve *United Press* (ABD), *Reuters* (İngiltere), *France Press* (Fransa), dünyanın tüm radyolarına, televizyon kanallarına, tüm gazetelerine haber satar. Dünya haberlerinin, yüzde 65'i ABD kaynaklıdır.[36] Kamuoyu oluşturmada (yanıltmada diye de okuyabilirsiniz) son derece becerikli bu *"kültürel istila"* araçları, diledikleri zaman, diledikleri konularda başlattıkları haber-yorum izlenceleriyle milyonlarca insanı etkileyip, diledikleri biçimde yönlendirebilirler. Yeni düzen düşüngüsüne aykırı düşen hemen hiçbir haber, ajans bültenlerinde gerçek boyutuyla yer almaz. Basın özgürlüğü, habercilik tutkusu, yansız gazetecilik gibi *'romantik'* kavramlar, ya Hollywood filmlerinde ya da stajyer gazetecilerin gençlik duygularında vardır.

Ev telefonları, artık yalnızca özel iletişim araçları değil, günlük yaşamın tecimsel (ticari) konuşmalarına açık kanallarıdır. 900'lü telefonlar, yinelemelerle uzatılmış TV tanıtımları, sonucu paraya dayalı olan her türlü hizmeti karşılayabilen *"elektronik dükkanlar"* durumuna gelmiştir. Bunların yıllık cirosu 1980'li yılların sonlarında, yalnızca Amerika'da 3 milyar doları aşıyordu.[37]

Fransa, Kuzey Afrika'daki siyasi ve kültürel etkisini sürdürebilmek için bölge ülkelerinin radyo ve televizyonlarına uydular aracılığıyla ücretsiz haber servisi yapmaktadır. Hergün, dünyadan ve Afrika'dan on dakikalık güncel izlenceler ve ustalıkla hazırlanan belgeseller veriyor. Yılda 5200 saatlik çok yönlü izlenceyi bu ülkelere bedelsiz gönderiyor. Fransız filmlerini dağıtıyor ve Fransızca konuşulan Afrika ülkelerinde, sinema üretiminin yüzde 80'inin giderlerini karşılıyor.[38]

ABD, 1950 ve 1960'lı yıllarda, ulusçu eylemlere ve sola karşı düşünsel silah olarak yayınlanan kitapların tümüne devlet desteği uyguladı. *Marshall Planı* çerçevesinde hükümet fonları, Amerikan kitaplarıyla dergilerinin dışsatımı için harcanıyor. *"Amerikan yaşamının en iyi yanlarını yansıtmaları ve ABD'yi eleştirecek unsurları içermemesi"* koşuluyla, her yayına destek veriliyor. Bu tür yayınlar çıkaran şirketlerin eline geçen her doların otuz sekiz senti ABD hazinesinden çıkıyor.[39]

Gelişmiş ülkelerin önderi ABD, ticari araç olarak kullandığı *"kültürünü"* küresel boyuta taşırken, basın ve haberleşmeden ayrı olarak birçok olanaktan yararlanmaktadır. Amerikalılar; yalın ve sıradan olayları, özdeksel çevre ve doğal varlıkları, müziği, sinemayı paketleyip pazarlamanın, becerikli tezgahtarlarıdır. New York Şehri'nin 5. Caddesindeki çok katlı bir işhanı olan *Empire State'* in çatı katını her yıl çoğu yabancı 3,5 milyon insan para ödeyerek geziyor. San Francisco'da eskiliği nedeniyle hizmet dışı bırakılan *Alcatraz Cezaevi*'ni gezenlerin sayısı buna yakın. Orlando'daki yapay park *Disney World'* e 1990 yılında bilet alıp giren yerli-yabancı turist sayısı aynı yıl İngiltere'ye giden turist sayısından daha çok.[40]

Amerikan filmlerinin üzerinde durmaya değer bir yarışçısı henüz yok. Herhangi bir zamanda, dünyanın herhangi bir büyük kentinde en çok izlenen 10 film genellikle Amerikan yapımıdır. Amerikan sinema endüstrisinin 1993 yılında 4 milyar dolarlık bir bilançosu vardı ve gelirlerinin yüzde 40'ı yurt dışından geliyordu. *Terminatör 2*, çoğu ABD dışı ülkelerde olmak üzere, 500 milyon doların üzerinde gişe geliri sağladı. **Michael Jackson**'ın uçuk albümü *Dangerous*, yüzde 67'si ABD dışında olmak üzere 15 milyon adet sattı.[41] Brezilya televizyonlarında gösterilen 4000 filmden yüzde 99'u gelişmiş ülkelerden, büyük çoğunluğu da Hollywood'dan geliyor.[42]

Sınırsız umutlar ve varsıllık düşlerini pazarlayan Hollywood filmleri; Amerikan yaşam biçiminin; *'coşkulu', 'dürüst', 'üretken'* ve *'demokratik'* özelliklerini, dünyanın bütün yoksul ülkelerine yayıyor.

Yerel kültürle hiçbir ortak yanı olmayan yeni değer yargıları, davranış biçimleri ve tüketim alışkanlıkları oluşuyor. *"Sihirli kutuyla"* kent varoşlarında ve köylerde; dışarıya kapalı bir yaşam süren yoksul insanların evlerine kadar giren Amerikan filmleri, kalıcı toplumsal bozulmalara yol açıyor. Yabancı erkek önüne çıkması yasaklanan Doğulu kadınlar, Hollywood jigololarının açık saçık serüvenlerini izliyor. Filmler, azgelişmiş ülke insanları üzerinde makinalı tüfekten daha çekinceli bir etki yapıyor ve fiziksel varlıkları yerine insanların tinlerini öldürülüyor.

Beyazperde ürünleri ve kimi müzik türlerinin yarattığı toplumsal tedirginlik, artık her kesim ve ülkeye yayılmış durumdadır. Amerika'da yapılan bir araştırmaya göre; *"Heavy metal, rock şarkı sözleri ve klipleri; köleliği, cinsel saldırganlığı ve ölümü sürekli yüceltmekte, popüler gençlik filmlerinde en şiddetli suçları işleyen, ahlaksal açıdan ne olduğu belirsiz ve kendi kendine zararlı davranış biçimi içindeki tipleri örnek olarak göstermektedir".*[43]

*

Küresel tanıtım (reklam) şirketleri, aracı firmalar, danışmanlık büroları, borsa simsarları ve lobicilik günümüzün kolay ve çok para kazanan işleridir. Tanıtımcılar; moda oluşturma, yeni beğeni türleri yaratma ve tüketimi tutku haline getirmede son derece başarılıdır. Her türlü tüketim malını, gereksinim durumuna getirmede başarılıdırlar. Yalnızca malları tanıtmazlar aynı zamanda, çarpık ve yaygın yeni alışkanlıklar yaratırlar.

Denizaşırı fabrikalarda 5-6 dolara üretilen Nike spor ayakkabıları, dünya pazarlarına 73-135 dolar arası fiyatlarla sürülmekle kalmaz; insanların bu ayakkabıları spor yapmanın dışında kravat ve takım elbise dahil her türlü giysinin altına giymeleri sağlanır. Popüler şarkıcı ya da sporcuların etkileyici görüntülerinden yararlanan reklamcılar, bu tür garip modaları oluşturmada çok ustadır. Bu konuda o denli başarılıdırlar ki, bu tür ayakkabıların yüzde 80'i sokakta giyilmekte ve spor sahalarına hiç uğramamaktadır.[44]

Amerikalı işçilere iş giysisi yapmak için kurulmuş olan *Levi Strauss,* bugün (1989) yıllık satışı 5 milyar dolara ulaşan küresel bir giyim firması olmuştur. *Levi Strauss'un* son çıkardığı kot pantolonu giymek, özellikle azgelişmiş ülke gençleri için, kişilik kanıtı ve ayrıcalık duygularının doyum (tatmin) aracı gibidir. Tanıtımcıların yaratmayı başardığı bu duygu, Amerikan mallarının giremediği pazarlar üzerinde karşı konması güç moral bir baskı oluşturur ve *USA* markaları önce yasadışı daha sonra yasal olarak dünyanın tüm pazarlarına girer.

Ülkelerdeki büyük-küçük işyerlerindeki tabelalarının çoğunluğu İngilizce isimlerden oluşuyor. *Fast Food* dükkanlarının, girmediği ülke artık yok gibi. *Cola* reklamları 160 ülkede her gün tam 560 milyon kez gösteriliyor.[45]

Amerikalılar, sporun her türünü spordan başka her amaç için, özellikle de para ve yaymaca için kullanmada çok başarılıdır. ABD spor kulüpleri kazanç amacı güden sermaye şirketleri konumundadır. Sportif etkinliklerin hemen tümünde mafyaya dek varan spor dışı örgütlerin söz sahibi olması bir Amerikan geleneğidir. Spor karşılaşmaları büyük kalabalıklar toplar. Bu nedenle kapalı salonlarla stadyumlar tanıtımcılar için, stratejik öneme sahip yaşam alanlarıdır. Buralara büyük paralar yatırılır ve karşılaşmaların görüntüleri, iletişim teknolojisinin sunduğu olanaklarla dünyanın her yerine satılır.

Amerikan Basketbolu dünyanın en popüler sporu olma yolundadır. 1993 yılında yapılan NBA finalleri 20 dilde 109 ülke televizyonunda yayınlandı. İlk kez 1891 yılında *Massachusetts'* te oynanan Amerikan basketbolu bugün 192 ülkede resmi liglerde oynanıyor. Basketbol yıldızı **Michael Jordan,** *Nike* firmasından yılda (1992) 20 milyon dolar tanıtım parası alıyor. Bu para *Nike'* ın, Endonezya'daki fabrikalarında işçilere ödediği toplam paradan daha çok.[46]

Amerikalılar, kendi yaşam biçimini, toplumsal çıkarlarını ve ekonomik önceliklerini tüm dünyaya yaymak ve kabul ettirmek için çok önemli bir olanağa sahiptir. Bu olanak İngilizce'nin küresel yaygınlığıdır. Günümüzde bir milyardan çok insan İngilizceyi anadil ya da ikinci dil olarak kullanmaktadır. Dünyadaki tüm radyoların yüzde 60'ı İngilizce yayın yapıyor, tüm tecimsel mektupların yüzde 70'i İngilizce yazılıyor. Uluslararası telefon görüşmelerinin yüzde 52'sinde İngilizce konuşuluyor. Bilgisayar verilerinin yüzde 80'i İngilizce.[47] Portekizce konuşulan Brezilya'da radyolarda çalınan müziğin yüzde 70'i, Almanya'da satılan müziğin yüzde 80'i İngilizce. Bu oran yalnızca Japonya'da yüzde 50'den az.[48]

Uluslararası anlaşmaların ekonomik, siyasi ve askeri alanda getirdiği bağlayıcı koşullar, iletişim teknolojisinin sunduğu *'karşı konmaz'* olanaklarla birleşince, bu anlaşmalara imza koyan azgelişmiş ülkelere her alanda *'teslim'* olmaktan başka çıkar yol bırakmaz.

Gelişmiş Ülkeler
Uluslararası Anlaşmalara Uymazlar

Ulusal bağımsızlığı, güncelliğini yitirmiş tarihsel bir kavram olarak ele alma eğilimi, artık eğilim olmaktan çıkmış, yaygınca kullanılan uygulama olmuştur. Basın ve her tür yayın ünvanını pazarlayan akademisyenler, görevli köşe yazarları, profesyonel ekonomistler ve güdümlü hükümet politikaları; bu uygulamanın bütünleştirici öğeleridir. Serbest piyasa ekonomisi ve küresel ticaretin erdemleri, o denli yoğunlukla yinelenir ki, beyin yıkama eylemcesine dönüşen bu tutum, toplumun hemen her kesiminde kalıcı bir etki yapar. Yaratılan tinbilimsel (psikolojik) ortam sosyal devlet ve ulusdevlet kavramlarını, ulusal bağımsızlık istemlerini neredeyse yasası olmayan bir suç durumuna getirir.

Uluşçu eğilim, görüş ve eylemler, hemen tüm iletişim alanlarında tekelleşmiş olan medyada, ya hiç yer almaz ya da çarpıtılarak verilir. Uluşçu kadrolar, devlet görevlerinde yükselemez. Aydınların ulusal bağımsızlığa ve ekonomik gerçeklere yönelik, görüş, araştırma ve önerileri, halkın bilgi ve değerlendirmesine ulaştırılamaz. Yoksulluk ve eğitimsizlik içine düşürülmüş geniş kitleler, değişik yöntemlerle bu tür konulardan uzak tutulur. Oluşturulan siyasi ortam nedeniyle yetki ve olanakları sınırlanmış hükümet görevlileri, isteseler de istemeseler de uluslararası anlaşmalarla kendilerine dayatılmış olan yeni düzen politikalarına tam olarak uyar. Ulusal bağımsızlık kavramı yerini, karşılıklı bağımlılık gibi gerçekle ilgisi olmayan garip söylemlere bırakır ve bu haksız ilişki, yoksulu daha yoksul varsılı daha varsıl yapar.

Uluslararası anlaşmaların, ülkeler arasındaki gelişmişlik ayrımını gözetmeyen ve kağıt üzerinde kalan eşitlik anlayışı, küresel ticaretin karmaşık ilişkileri içinde biçimselliğini de yitirir ve kaba bir eşitsizliğe dönüşür. Gelişmiş ülkelerin uyguladığı gümrük dizgesi, korumacı yasalar, bildirmelik dışı tecimsel engeller ve kotalar bu tür eşitsizliğin uygulama araçlarıdır.

Amerikalı ekonomist **Harry Magdoff** *"Emperyalizm Çağı"* adlı kitabında şöyle diyor: *"Amerikan endüstrisinin, kotalarla ve özel anlaşmalarla enerjik bir biçimde korunması, ABD'nin uluslararası ekonomik politikasının yaşamsal bir unsurudur"*.[49] ABD'nin koruma altına aldığı yalnızca endüstriyel ürünler değildir. ABD'de üretilen tüm tarım ürünleri koruma altındadır ve bu ürünlerin Amerika'ya gümrüksüz girişi yasaktır. Muz, tütün, kakao, hurma, ahşap kütük, kalas gibi üretilmeyen ya da yeteri kadar üretilmeyen ürünlerin ülkeye gümrüksüz girmesine izin verilmektedir. Uluslararası anlaşmalara uyum için getirilen bu zoraki izin de, dışsatımcı ülkeye konulan küçük bir koşulla ortadan kaldırılabilir.

Muz, ABD'ye gönderilmeden önce herhangi bir biçimde satışa hazır duruma getirilmişse ya da depolanmışsa, gümrük vergisine bağlı ürün sayılmaktadır. Kıyılmış, bölümlenmiş (tasnif edilmiş) ya da toz haline getirilmiş tütün; yağı çıkarılmış şekerlenmiş kakao; on paunddan küçük paketlenmiş, çekirdekleri çıkarılmış, depolanmış hurma; külçe haline getirilmiş demir cevheri, kereste durumuna getirilmiş tomruk vb. gümrük vergisine bağlı ürün sayılmaktadır. İşin ilginç yanı, ABD dışalımcı firmaları, hep bu küçük ek hizmetleri içeren ürün siparişleri vermektedir.

Dünya serbest ticaretinin kurucu ve koruyucusu olan bu ülke, artık bir azgelişmiş ülke ürünü olan tekstil ürünlerine sürekli olarak kota koyup, anti-damping vergileri getiriyor ve bu ülke mallarının ABD'ye girmesini önlüyor. 1986 yılında, ABD'ye dışsatımlanan Şili üzümlerinden iki salkımında içlerine iğneyle sıkılmış siyanür bulundu. Kimin yaptığı ve kimin bildirdiği belli olmayan bu olayla, ABD Şili'den üzüm dışalımını durdurdu ve Şilili üzüm üreticileri 100 milyon dolar zarar etti.[50]

AB, 1999 yılında Türk demir-çeliğine anti-damping soruşturması başlattı. Oysa soruşturmayı gerektirecek herhangi bir tecimsel sorun yoktu. AB Komisyonu, birliğin kurulmasında önemli yeri olan *Avrupa Demir-Çelik Birliği*'nin yakınmasının (şikayetinin) *"haklı olduğu sonucuna vararak"* soruşturma başlattı. Gösterilen gerekçe; Avrupa'ya dışsatımlanan filmaşinin (kangal demir) bağlantı parçalarının düşük fiyatla satılıyor olmasıydı. Oysa soruşturmanın gerçek nedeni, Türkiye'nin Avrupa ülkelerine yaptığı filmaşin dışsatımını 1996-1999 arasında yüzde 529 arttırarak 24.741 tona çıkarmayı başarmış olmasıydı.[51]

*

ABD, dünya serbest ticaret işleyişini yalnızca gelişmekte olan ülkelere değil gelişmiş ülkelere karşı da bozmaktadır. Güçlenen ve birçok alanda ABD'yi geçen ekonomik yarışçılarına karşı, uluslararası anlaşmalara ve tecimsel ilişkilere uygun düşmeyen bir politika izlemektedir. Washington, yarışamadığı Japon arabalarını ABD pazarına daha az satması için Japonya hükümeti üzerine 1980'ler boyunca baskı yaptı. Japonya'nın araba dışsatımını gönüllü olarak 2,5 milyonla sınırlamasını istiyordu. Bu baskı, daha sonra yeni sorunlar yaratacak bir anlaşmayla sonuçlandı.[52]

Siyasi sürtüşmenin artması anlamına gelen ticarete karışma girişimi, doğal olarak karşılıklı gerilimler yaratmaktadır. Japonya ve Avrupa Birliği ABD'yi, *Yeni Dünya Düzeni*'nin tecimsel işleyişine sırt çevirmekle ve uluslararası anlaşmaları çiğnemekle suçluyor. Siyasi çekinceler konusunda açık uyarılarda bulunuyorlar. Aynı şeyi ABD Japonya'ya, Japonya Avrupa Birliği'ne karşı yapıyor.

Toplumsal özgürlüğün sınırını, ekonomik yaşamın gerçekleri belirler. En alt düzeyde bile olsa kendisine yetemeyen bir toplumun, kalkınmaya yönelik karar süreçlerinde, kendi önceliklerine yer vermesi artık olanaklı değildir. Kıran kırana süren çetin bir tecimsel yarış ortamında, özgürlüğü elde etmenin tek yolu güçlü olmaktır. Bugün, uluslararası ilişkilerde, özgürlüğün güven veren sonuçlarından yararlananlar, doğal olarak, iyesi olduğu ekonomik ve siyasi güç nedeniyle dünya politikasına yön veren gelişmiş ülkelerdir. Bunlar, sürdürmek zorunda oldukları dünya düzeninde süredurumun (statükonun) korunması için, azgelişmiş ülkeleri denetim altına alırlar ve onların bağımsız kalkınma isteklerini sürekli biçimde baskı altında tutarlar.

Kredilerin kesilmesi, engelleyim (ambargo) uygulamaları, ekonomik soyutlama, bağımlı duruma gelmiş azgelişmiş bir ülke için, karşı konması güç küresel yaptırımlardır. Bu tür ülkelerin uluslararası anlaşmalara tam olarak uymaları bir zorunluluktur ya da bir başka deyişle bu anlaşmaların temel amacı bu zorunluluğu yaratmaktır.

Kimyasal silah kullanmak, bugün, tüm dünyada yasaklanmıştır ve bu yasak uluslararası anlaşmalarla tüm ülkeler tarafından kabul edilmiştir. ABD ve diğer Batı ülkeleri kimyasal silah bulunduruyor gerekçesiyle Irak'ı bombaladılar. Oysa, kimyasal silahları Irak'a satan kendileriydi. Em. Tümgeneral **Zekai Doğanay** ve emekli Tümgeneral **Ali Fikret Atun**, *Ortadoğu'nun Jeopolitik ve Jeostratejik Açıdan Değerlendirilmesi, Körfez Savaşı ve Alınan Dersler* adlı kitaplarında, Irak'a silah satan ülkeler ve sattıkları silahlar hakkında şu bilgileri veriyorlar: *"ABD: Biyolojik silah ve NBC harp teknolojisi, Fransa; nükleer teknoloji, havadan atılan füzeler, su üstü gemilere karşı kullanılan torpidolar, tanksavar güdümlü mermiler, uçaksavar füzeleri, tanksavar güdümlü mermileri, savaş uçakları, zırhlı muharebe araçları, Almanya; nükleer teknoloji, biyolojik ve kimyasal harp teknolojisi, İngiltere; yeraltı karargahları, uçaklar, tanklar ve personel için yeraltı koruma sığınakları, İtalya; Biyolojik ve kimyasal harp teknolojisi, gemiden gemiye atılan füzeler"*.[53]

Nükleer silah kullanılması yasaklanmış olmasına karşın, NATO Sırbistan'da uranyum mermileri kullandı. Japon *Mainichi* gazetesinde yayınlanan bir söyleşide, NATO sözcüsü **Givseppe Marani**; *"1991'deki Körfez Savaşı'ndan sonra ilk kez Sırp tanklarına karşı tüketilmiş uranyum mermileri kullandık"* dedi.[54]

Dünya yeni yüzyıla, 20. yüzyıl başlarındaki koşulların hemen aynısıyla giriyor. Bir yanda varsıl ve güçlü azınlık bir başka yanda yoksul çoğunluk. Tarihin her döneminde olduğu gibi bugün de tez karşı tezini yaratıyor ve uluslararası anlaşmaların yarattığı sorunlara karşı tepkiler artıyor. Özellikle Çin'in uyguladığı karma ekonomi gelişmiş ülkelerce kaygıyla izleniyor. Küreselleşme savunucusu Amerikalı ekonomist Prof.**J.K.Galbraith** bu kaygıları şöyle dile getiriyor: *"Sosyalist ekonomi sistemin çökmesiyle dünya büyük ölçüde değişmiştir. Bir takım ülkeler sosyalist uygulamadan vazgeçti ama son derece tehlikeli olan ve bugünlerde büyük ekonomik politik başarı gibi görünen KARMA EKONOMİ yolunu tuttular"*.[55]

Dizgeleştirilen Küreselleşme:
Yeni Dünya Düzeni ve Sonuçları

İkinci Dünya Savaşı'ndan ağır yitiklerle çıkan büyük devlet yöneticileri; Savaşın hemen ertesinde biraraya gelerek, dünya coğrafyasına yeni bir biçim verdi. Üçe bölünen dünyada, etki alanlarını genişleten Sovyetler Birliği, bağlaşıklarıyla birlikte sosyalist bir dünya düzeni kurmaya çalışırken; başını ABD'nin çektiği kapitalist dünya, kendi aralarındaki yarış gerilimini silaha başvurmadan çözmenin yollarını aradı. *Yeni Dünya Düzeni*, bu arayışın ürünü olarak ortaya çıktı. Geride kalan azgelişmiş ülkeler ise Üçüncü Dünya adını alarak ve bu iki dizgeden değişik oranlarda etkilenerek, kendilerine bir yol çizmeğe çalıştı.

Ülkelerarası eşitsiz gelişimin giderilmesi olanaksız çelişkilerine ve yapılmak istenen işin kapitalizmin doğasına aykırı olmasına karşın, *Yeni Dünya Düzeni*, başarılı bir teknik düzenleme ve kararlı bir uygulamayla tüm dünyaya yerleştirildi. Teknolojinin her türü, çatışmaya yol açması kaçınılmaz olan güce dayalı eşitsiz birliktelikleri ayakta tutmak için kullanıldı. Silahtan çok daha etkili barışçıl egemenlik yöntemleri geliştirildi. Sonuçta, insanın insan tarafından sömürülmesinde tarihin hiçbir döneminde görülmeyen, dizgeleştirilmiş bir yoğunluk elde edildi. Sömürünün altın çağını oluşturan bir dünya düzeni gerçekleştirildi. Bu düzende insanlar ve ülkeler yalnızca ekonomik varlıklarıyla değil, tinleri ve beyinleriyle de sömürüldüler.

*Yeni Dünya Düzeni'*nin yarattığı sonuçlar, yüzyılımızın özellikle son yirmi yılında, görülmeye başlandı. Savaşın acılarını yaşayan milyonlarca insanın, barışa ve dostluğa duyduğu özlem ve eğilim ustaca kullanıldı ve bu insanlar, demokrasi, eşitlik, sonsuz barış sözverileriyle, kendi çıkarlarına ters bir düzenin parçaları durumuna getirildi. *Yeni Dünya Düzeni'*nin en belirgin ve yalın sonucu; dünyanın tartışmasız bir biçimde ve her alanda, gelişmiş ülkelerin egemenliği altına girmesi ve azgelişmiş ülkelerin sürekli olarak yoksullaşmasıdır. Yarım yüzyıllık süreç içinde gelişmiş ülke ekonomileri az ya da çok büyüyüp gelişirken ya da gücünü korurken, azgelişmiş ülkelerin çoğu, Amerikalı araştırmacılar **Richard J. Barnet** ve **John Cavanagh**'ın dediği gibi, *"Yerlerinde sayıyorlar ve eğer gerçekten bir yol üzerinde olsalar bile bu yolda yukarı değil yokuş aşağı gidiyorlar"*.[56]

*Kalkınma Araştırmaları Birliği'*nin 1991 yılında yapılan yıllık toplantısına bir bildiri sunan, Londra Üniversitesi Kalkınma Planlaması profesörü **Nigel Haris** *Yeni Dünya Düzeni* için şunları söylüyor: *"Büyük güçler, özel konumlarına ilişkin anlaşmazlıkları bir yana, Birinci Dünya Şavaşı'ndan beri hiçbir zaman olmadığı kadar devletlerin ekonomik ve siyasi tavırlarının nasıl olması gerektiği konusunda fikir birliği içindedirler. Yeni Dünya Düzeni, imparatorlukların en parlak dönemlerini adeta taklit etmektedir. Büyük güçler ara sıra toplu olarak, ara sıra da bireysel çıkarları doğrultusunda yönetim faaliyetlerinin kurallarını yeniden yazmakta, kuralları değiştirmektedirler. Günümüzün 'doğrusu', açıkça gündeme konan demokratikleşme, özelleştirme, liberalizasyon vb. uygulamalarının, borç almanın adeta zorunlu koşulları haline gelmesidir"*.[57]

*

Yeni Dünya Düzeni politikalarının temel amacı, dış pazarların daha elverişli koşullarla uluslararası kullanıma açılmasıydı. Bu yönde girişilen eylemin ve uygulanan yöntemin yarattığı uluslararası gerilim, azgelişmiş ülkelerle sınırlı kalmadı. Küresel boyutlu ekonomik politik girişimler, doğal olarak beraberinde küresel boyutlu toplumsal tepkiyi de getirdi. Yaşamın her alanına ağırlığını koyan ve kazançtan başka değer tanımayan tekelci şirket egemenliği, kendisinden başka herkesi tedirgin etti. Küresel düzenin ağır toplumsal sorunlarını, en çok azgelişmiş ülkeler yaşadı ancak gelişmiş ülke insanları da yeni düzenin olumsuz sonuçlarından kendilerini uzak tutamadı.

Varsıl ülkelerde *mali sermaye* egemenliğinin devleti rantiye devlet durumuna getirmesi, üretimsizlikten eşitsizliğe dek birçok kalıcı yapısal sorunun büyümesine neden oldu. Bu ülkelerde, eskiden kalan toplumsal kurum ve kuruluşlar ortadan kalkarak yerini yalnızca tekelci şirket egemenliğine hizmet eden takımerkçi (oligarşik) yapılara bıraktı. Sosyal güvenlik haklarından eğitime, örgütlenme özgürlüğünden gelir dağılımı bozukluklarına dek birçok alanda yapılan kısıtlamalar, toplumsal yapıları sarsan önemli sorunlara dönüştü. Demokrasi, Batı'da en eskilerinde bile *'tekel demokrasisi'*; İnsan Hakları Evrensel Beyannamesi en uygar olanlarında bile *'Tekel Hakları Evrensel Beyannamesi'* durumuna geldi. Endüstriyel üretim, büyük oranda denizaşırı ülkelere taşındı. New York, Londra, Paris gibi büyük kentlerde; parça başına ücret, fason ev üretimi, kaçak işçilik, sendikasız çalışma, kadın ve çocuk işçi kullanma ve taşeronlaştırma gibi, kapitalizmin vahşi döneminden kalma yöntemler uygulayan, *"iş yerleri"* ortaya çıktı. Bilgisayarlar ve becerikli robotlar birer teknoloji harikasıydı ancak işsizliği artırmaktan başka bir işe yaramıyordu. Ayrıca kendi kendini yükleyen bilgisayar, programlanmadan üretim yapan robot henüz yapılmadı.

Gelişmiş ülkeler, *Yeni Dünya Düzeni*'ni birlikte oluşturup işletti ancak bu düzen aralarındaki gerilimi ortadan kaldırmadı, tersine arttırdı. Daralan pazarlar ve buna bağlı olarak ortaya çıkan yeni üretim sorunları; 1950 ve 60'lı yılların uyumlu birlikteliğini kalıcı yarışma düşmanlıklarına dönüştürdü. ABD, Japonya ve Almanya arasında bu gün ilan edilmemiş ekonomik bir savaş sürüyor. Yüksek amaçlarla oluşturulan yeni düzen ve bu düzenin anlaşmalarla belirlenen kuralları, kurucuları tarafından üstelik giderek artan bir biçimde çiğneniyor. Dünyanın çeşitli yerlerinde oluşturulan Serbest Ticaret Bölgeleri, çatışma eğilimi taşıyan gerilimli bloklar durumuna geliyor.

Sovyetler Birliği'nin dağılmasıyla, dünya tek kutuplu duruma geldi. *Yeni Dünya Düzeni'*nin öncüsü ABD, yasa ve kural tanımaz bir tutumla, uluslararası jandarma gücü gibi davranmaya başladı. Çıkarlarına uygun düşmeyen bütün ulusal ve uluslararası gelişmeye çekinmeden karışıyor. Bunu, büyük çoğunluğu ortak çıkarlarla uyuştuğu için başka gelişmiş ülkelerle birlikte yapıyor. Dünya varsıllar ve yoksullar olarak ikiye bölünmüş durumda. Varsıllar örgütlü, çabuk organize oluyor. Yoksullar ise örgütsüz ve dağınık. ABD Başkanı, Senato ve Pentagon, yalnızca Amerika'yı değil tüm dünyayı yönetiyor. Son zamanlarda Avrupa ve Japonya'dan gelen tepki ve eleştiriler bugün için ekonomiyle sınırlı ama anlaşmazlıklar her geçen gün artıyor.

*Yeni Dünya Düzeni'*nin denetimsiz şirket etkinliği, yalnızca ekonomik ve kültürel değerler için değil, toplumsal ve tarihsel birikim, çevre ve doğal yaşam için de çekince oluşturuyor. Çevre sorunlarının yüzde 90'ı gelişmiş ülke kaynaklı. Kirliliğin azgelişmiş ülkelere taşınması, durumu değiştirmiyor. Yeryüzünün sınırları belli ve sonuçta herkesin içinde yaşadığı dünya kirleniyor. Kural tanımaz kazanç hırsı insanların ruhlarıyla birlikte doğayı da öldürüyor.

Yeni Dünya Düzeni'nin Sonuçları:
1. Yoksul Ülkeler Daha Çok Yoksullaşıyor

Azgelişmiş ülke tanımı; toplumsal ve ekonomik düzey, siyasi düzen ve kültürel yapı olarak geri kalmış çok sayıda ülkeyi kapsıyor. Yoksul, gelişmekte olan ya da üçüncü dünya tanımları da, aynı ülkeler için kullanılmaktadır. Dünya devletlerinin yüzde 90'ına yakınını oluşturan bu ülkelerin, gelir düzeylerine göre üst bölümde yer alanlara gelişmekte olan, alt bölümdekilere ise yoksul ülkeler deniyor. Bunların tümünü gelişmiş ülkelere göre yoksul saymak da olası. Üçüncü Dünya ülkeleri tanımı ise gerçekte, son on yıl içinde dünyada oluşan değişim nedeniyle artık karşılığı olmayan bir tanım durumuna geldi. Birinci ve ikincisini oluşturan NATO ve Varşova ülkelerinin dışında kalan tüm ülkelere Üçüncü Dünya Ülkeleri adı verilmişti. Sosyalist yönetimlerin çökmesiyle ikincisi olmayan üçüncü durumuna gelmesine karşın, bu tanımı bugün de kullananlar var.

Dünyada, yirmi dört gelişmiş ülke bulunuyor. Bu ülkeler, gelir düzeyi, üretim gizilgücü ve uran güçleri bakımından diğerlerinden çok ilerdedir. ABD, Japonya, Kanada, Avustralya, Yeni Zelanda ve Batı Avrupa ülkeleri bu kümeyi oluşturuyor. Bu ülkelerden 12'si dünya üzerinde ölçülebilen ekonomik etkinliğin yüzde 80'ini gerçekleştiriyor. Kişi başına düşen yıllık gelir 20 bin doların üzerindedir (1990). Dünyanın en büyük 200 şirketinin hemen tümü bu ülkelere aittir ve bu şirketlerin çoğunun yıllık cirosu, birçok azgelişmiş ülkenin ulusal gelirinden çoktur.[58]

Gelişmiş ülkelerin hemen altında, çoğu ölçüte göre gelişmiş ülke düzeyini henüz yakalayamamış ancak geniş kapsamlı uran üretimiyle gelişmiş ülke olmaya aday 15 kadar ülke var. Birtakım Avrupa ülkeleri, Asya Kaplanları olarak adlandırılan Güney Kore, Tayvan, Singapur, Güney Afrika, İsrail, Malezya bu kümeyi oluşturuyor. Bir bölümüne NIC (Yeni Sanayileşen Ülke) denilen bu ülkeler teknolojik açıdan önemli oranda Japon, ABD ve Alman şirketlerine bağımlıdır. Kişi başına düşen yıllık ortalama gelirleri 8-20 bin dolar arasındadır. Ortalama gelirin 4-8 bin dolar olduğu İrlanda, Yunanistan, Portekiz gibi ülkeleri de bu kümede sayabilir.

Üçüncü halka, sınırlı düzeydeki endüstriyel üretimi tüketime yönelik olan ve yüksek kır nüfusuna sahip yoksul ülkelerdir. Sayıları 25 kadar olan bu ülkelerin, *Yeni Dünya Düzeni*'nin olumsuz koşullarından kendilerini kurtarmadan, bir üst kümeye çıkması olanaksızdır. Ağır dış borç yükü altındadırlar ve ekonomik dengeleri giderek bozulmaktadır. Bağımsız ekonomik politika uygulayamazlar. Uranlaşma istekleri yabancı sermaye yatırımlarıyla sınırlıdır. Bunun için her türlü siyasi ödünü verirler. Ulusal kalkınma stratejileri uygulayarak kendilerine entegre endüstri dizgeleri kuran NIC'lerin şansına artık sahip değildirler, ancak hep geleceğin NIC'leri olmak isterler. Ancak bunu başarmak için gerekli olan ne ulusal bilince, ne politik olgunluğa, ne ekonomik yöntemlere ve ne de akçalı kaynağa sahiptirler. Kişi başına ortalama gelirleri 1500-3000 dolar olan Endonezya, Tayland, Filipinler, Türkiye, Kosta Rica, Haiti, Jamaika, Panama, Arjantin, Brezilya, Guatemala bu kümenin içine giren ülkelerdir. Günümüz koşullarında bu ülkelerin, ucuz işgücü nedeniyle yabancı sermayeye pazar olmaktan başka bir özelliği yoktur.

Dördüncü küme Doğu Avrupa'daki eski sosyalist ülkelerdir. Bunların İkinci Dünya Savaşı öncesine de dayanan yüksek bir uranlaşma düzeyleri vardır. İyi eğitilmiş bir işgücüne sahiptirler. Ancak, bu ülkeler sahip oldukları birikimi, değerlendirebilecek durumda değildir. Sovyetler Birliği'nden ayrılanları da sayarsak 20 dolayında olan bu ülkeler, kendi içlerinde de ayrımlı gelişim düzeyine sahiptir. Bunların içinde yer alan Rusya'nın kuşkusuz ayrı bir yeri vardır. Rusya yaşadığı hızlı değişimin yarattığı toplumsal karışıklığı, sosyal ve ekonomik dengeye dönüştürebilmesi durumunda, gelişmiş ülkeler kümesi içinde yerini alabilecektir.

Özel konumda olan bir başka ülke Çin'dir. Çin, son yirmi yılda gösterdiği gelişme başarımı (performansı), uyguladığı kalkınma yöntemi ve elde ettiği büyüme hızı ile gelişmiş ülkeleri yakalayıp geçme gizilgücüne sahip bir ülkedir.

Beşinci küme, petrolden başka geliri olmayan paralı ancak son derece geri OPEC üyesi ülkelerdir. Çoğu Ortadoğu'nun feodal çöl krallıklarıdır. Gerek petrol üretimleri, gerek gelirleri ve gerekse yönetim yapıları; genel olarak, ABD tarafından denetim altında tutulmaktadır. Bu ülkeler, sayısız tüketim ürünü yanında fabrika da dışalımlamaktadır. Ancak, kendi uranlarını oluşturacak bilim ya da mühendislik birikiminden yoksundurlar. Açık tüketim pazarı olmaları yanında, büyük Amerikan, Alman ve Japon inşaat ve mühendislik şirketleri için hatırı sayılır iş alanlarıdır. Petrol gelirlerinin hemen tümü gelişmiş ülke bankalarının kasalarını doldurur. Sayıları 15 kadar olan bu ülkelerin, ekonomik üretkenlik anlamında herhangi bir gelecekleri yoktur.

Altıncı küme Asya, Güney Amerika ve Afrika'da bulunan ve dünya ekonomik piramidinin tabanına yakın bölümde yer alan kırk kadar çok yoksul ülkeden oluşur. Dünya ekonomisindeki yerleri sömürgecilik devrindeki konumlarından daha iyi değildir. Birkaç ambalajlama ve işletmeden başka, herhangi bir endüstriyel yatırımları yoktur. Yasal çerçevede para kazanabilen az sayıdaki insanın çoğu bu işletmelerde çalışmaktadır. Döviz elde etmeleri yalnızca dışsatıma bağlıdır ancak ellerinde dışsatımlayacak bir ya da iki hammaddeden başka bir ürün yoktur. Zambia'nın tüm dışsatım gelirinin yüzde 98'i bakır satışından elde edilmektedir. Kahve Uganda dışsatım gelirlerinin yüzde 95'ini, kakao Gana'nın yüzde 59'unu ve doğal gaz Bolivya'nın yüzde 49'unu ve çay Sri Lanka'nın dışsatım gelirlerinin yüzde 35'ini karşılar.[59] Bu ülkelerin yazgısı doğa koşulları ile oynak ve güdümlü dünya borsalarına bağlıdır. Buralarda kişi başına düşen yıllık ortalama gelir 500 dolar kadardır.[60]

Son küme, yoksulların da en yoksulu hemen hepsi Afrika'da yer alan, en azgelişmiş (hiç gelişmemiş daha doğru) kırk yedi ülkeden oluşur. Bu ülkeler o denli yoksuldur ki, dünyanın geri kalan bölümüyle ekonomik ilişkisi, açlık bölgelerine yapılan yardım çeklerini paraya çevirmek ve yabancı yardım kuruluşlarından gelen gıda çuvallarını açmaktan ibarettir. Küçük niceliklerde ilkel hammadde dışsatımlasalarda yoksulluk ve bağımlılık döngüsü içinde sıkışıp kalmışlardır. Küresel holdinglerin yöneticileri hammadde, iş gücü ya da yeni pazar arayışı içinde dünyayı tararken hiçbir zaman en dipteki bu ülkeleri görmezler. Yönetim kurulu odalarında bu ülkeler dünya ekonomisinin parçası olarak bile kabul edilmezler.[61]

*

Ekonomik sınıflandırmada yukarıda yer alan ilk yüzde 20 dışındaki tüm ülkeler, ulusal bağımsızlığını koruma ve özkaynağa dayalı kalkınma konusunda girişimgücünü yitirmiştir. Bugünkü durumları birçok bakımdan, *Yeni Düzen* politikalarının kalkınma izlencelerine katılmadıkları dönemden daha iyi değildir. Hemen tümünün; toplumsal dengesi, gelir dağılımı ve tarım-ticaret ilişkileri bozulmuş, ödeyemeyecekleri düzeyde borçlanmış ve siyasi bağımsızlığı büyük oranda ortadan kalkmıştır.

Kimileri, birtakım veriler göstererek bu ülkelerin elli yıl öncesine göre önemli oranda geliştiğini, bu gelişmenin uluslararası ticaretin bir sonucu olduğunu söyler. Üretilen enerji, açılan karayolu, kullanılan motorlu araç, gelişen iletişim ve çeşitlenen tüketimde gelişme olmuştur. Toplumsal ilerleme gibi sunulan bu gelişmelerin ne anlama geldiğini görmek için, özellikle *Dünya Bankası*'nın kredi sözleşmelerine bakmak gerekir. Tüketim ve altyapı yatırımlarındaki sayısal artışların, ülkelerin toplumsal kalkınma ve ekonomik büyüme anlamına gelmediği açıktır. Bu tür artışlar, yabancı sermaye yatırımlarının önceliklerindendir. Bunlar, ulusal pazarın uluslararası kullanıma açılmasını sağlayan sömürge tipi yatırımlardır.

Azgelişmiş ülkelerdeki yabancı sermaye yatırımlarının niteliği, sömürgecilik dönemlerinden beri değişmemiştir. İngilizlerin Hindistan'da demiryolu ve köprüler yapmasıyla, günümüzdeki otoyol yatırımları, amaç olarak hemen aynı anlayışa dayanıyor. Dün, tarım işletmeleri ve tekstil yatırımları yapılıyordu, bugün otomobil fabrikaları kuruluyor. Dün elektrik, havagazı şirketleri kuruluyordu bugün atom santralleri, uydulara bağlı iletişim yatırımları yapılıyor. Tek amaç, kazanç ve bu kazancı ülkesine götürmektir.

1998 yılında, İngiltere, Fransa ve Almanya toplam 62 milyar frank sermaye dışsatımlamıştı. Bu nicelik 1914 yılında 204 milyar franka çıktı. Bu üç ülkenin yalnızca sermaye satışından ülkelerine döndürdükleri kazanç yılda 10,2 milyar franktı.[62]

İkinci Dünya Savaşı'ndan büyük güç olarak çıkan ABD, savaştan hemen sonra sermaye dışsatımını yoğunlaştırdı. ABD Ticaret Bakanlığı verilerine göre; 1950-1960 yıllarında, Birleşik Devletler 5,2 milyar dolarlık doğrudan dış yatırım gerçekleştirdi. Aynı dönemde bu yatırımdan elde ettiği ve ülkesine aktardığı gelir ise 12,2 milyar dolardı.[63] Yatırılan sermayenin üç katı... ABD, dış pazarlara *'bir koyup üç almıştı.'*

Azgelişmiş ülkelerin gelişmiş ülkelere olan borç toplamı, 1970 yılında 62,5 milyar dolarken, bu nicelik 1980'de 561,5 milyar dolar, 1990'da 1242 milyar dolar, 1991 yılında ise 1341 milyar dolara yükseldi.[64] Bu borcun yalnızca faiz tutarı yıllık 77,5 milyar dolardı.

Azgelişmiş ülkelerin sermaye yitiği, borç niceliklerindeki artışlar ve bu artışların neden olduğu ağır ödeme yüküyle sınırlı değildir. Sermaye kaynakları son derece kıt olmasına karşın, bu ülkelerden sürekli duruma gelen bir sermaye çıkışı vardır. Küresel işleyişin kaçınılmaz sonucu olarak ulusal para politikası izleyemez duruma gelen azgelişmiş ülkelerin merkez bankaları, hükümet yetkililerine değil, görünmez bağlarla IMF'ye bağlıdır. Ulusal paranın yerini başta dolar olmak üzere gelişmiş ülke paraları almıştır. Ülke dışına para çıkarmayı denetleyen yasalar, uzun süre işlemez durumda kaldıktan sonra yürürlükten kaldırılmış ve sermaye kaçışı yeni yasal düzenlemelerle meşru hale getirilmiştir. Yerli-yabancı para vurguncuları (spekülatörleri), anlaşmalı borsa şirketleri, hazineyi yağmalayan *'işbilir'* politikacılar, kısa sürede elde ettikleri büyük boyutlu parayı, döviz olarak yurtdışına çıkarmaktadır.

1976-1985 yılları arasında Arjantin, Brezilya, Meksika ve Venezüella'dan bu biçimde 129 milyar dolar çıkarılmıştı. Bu nicelik, aynı dönemde Hindistan, Malezya, Nijerya, Filipinler ve Güney Afrika'da 58 milyar dolardı.[65] Dokuz yıl içinde gelişmiş ülke bankalarına akan 187 milyar dolarlık bu büyük servet, yoksulluk içinde kıvranan ülke halklarının zorluklar içinde elde ettiği birikimdi ve kayıt dışı kazançlarla uyuşturucu gelirleri bunun dışındaydı.

Azgelişmiş ülkelerin sermaye yitiğinin bir başka biçimi, eğitilmiş insan göçüdür. Gelişmiş ülkeler artık iş arayan yoksul göçmenlere değil, kaynağı ne olursa olsun parası olan varsıllara ve üst düzeyde eğitimli genç insanlara oturma izni vermektedir. Azgelişmiş ülkelerin, beyin göçü denilen eğitimli insan gücüyle yitirilen değerin, UNDP verilerine göre yaklaşık 250 milyar dolar olduğu düşünülüyor.[66]

Azgelişmiş ülkelerde, borç artışıyla sermaye kaçışı arasında dolaysız bir ilişki vardır. Borç yükü arttıkça yurtdışına sermaye kaçışı artmaktadır. Bu sonuç, yerel hükümet yetkililerinin borçlanmaya gösterdikleri sıcak isteğin nedenini de açıklamaktadır. Bugün dünyada kişisel servetini, yüksek boyuta ulaştırmamış azgelişmiş ülke yöneticisi kalmamış gibidir. En çok borçlu 13 azgelişmiş ülkeden çıkarılan sermaye tutarının 1988 yılında 184 milyara çıkmış olmasında bu eğilimin etkisi büyüktür.[67]

Güney Amerika'da, 1980-1985 arasında kişi başına düşen ulusal gelir yüzde 9 oranında azaldı. İşsizlik arttı. Yoksulların yararlandığı sosyal fonlarda, önemli miktarlarda kısıntılar yapıldı. Latin

Amerika'da, yalnızca sağlık hizmetlerinde yapılan kısıntı oranı, yüzde 60'dı. Bu oran, Afrika ülkelerinde yüzde 50, Asya'da ise yüzde 30'du. Kısıntıya uğratılan başka bir alan eğitim hizmetleriydi. Eğitim harcamaları Güney Amerika'da yüzde 59, Afrika'da yüzde 33, Asya'da yüzde 17 düşürüldü. Asgari ücretin satın alma gücü 1981-1984 döneminde, Meksika'da yüzde 30, Brezilya'da yüzde 17 geriledi. Bu iki ülke, ulusal gelirinin yüzde 5'ini her yıl borç ödemeleri yoluyla dışarıya gönderiyordu.[68]

Birleşmiş Milletler Ticaret ve Kalkınma Konferansı'nın (UNCTAD) 1997 verilerine göre; dünyanın gelir düzeyi en düşük yoksul ve çok yoksul ülkelerde kişi başına düşen ortalama gelir, gelişmiş ülkelerdeki ortalama gelirin 1/60'ı kadardır. Oysa, bu oran 1965 yılında 1/30 idi. Bu ülke insanları 32 yıl içinde yüzde 100 daha yoksul olmuştu.[69] Bu ülkelerde 1965 yılında GSMH 74 dolarken bu miktar, 1990 yılında 283 dolara çıkmıştı ancak aynı dönemde gelişmiş ülkelerin GSMH'sı 2281 dolardan 17.056 dolara yükselmişti.[70]

Azgelişmiş ülkelerin dış borcunun önemli bir bölümü, değişken faizli borçlardır. Bunun anlamı faiz oranlarının yükselmesiyle borçların artmasıdır. Bankalararası işlemlerin kaprisli işleyişi ve kapitalist dünyanın bitmeyen akçalı bunalımları borç alışverişi için çekinceli (riskli) bir ortam oluşturur. Değişken faizli kredilerle bu çekince borç alana yüklenmiştir.

Azgelişmiş ülkelere verilen kredilere uygulanan faiz oranları 1978'de yüzde 9,7 iken, 1979'da yüzde 13, 1980'de yüzde 15,4, 1981'de ise yüzde 17,5 olmuştu. Bu oran, gelişmiş ülke piyasalarında oluşturulan dışsatım malları fiyat endeksiyle düzeltildiğinde daha da artmaktadır. Örneğin 1982 yılında yüzde 14,1 olan faiz oranı sözü edilen düzeltme yapılınca aynı yıl yüzde 24 olmuştu.[71]

Borç faiz oranlarındaki oynaklık, borç veren ülkeler için yeni bir kazanç kapısıdır. Azgelişmiş ülkelerin değişken faizli borçları için LIBOR'daki bir puanlık faiz artışının net ek faiz yükü, yalnızca 1982 yılında, 1 milyar 850 milyon dolar olmuştur. (LIBOR: London Interbank Offered Rate: Londra'daki bankalararası işlemler temel alınarak hesaplanan faiz oranı). Londra'nın esrarengiz *mali sermaye* piyasası, yoksulluk içinde kıvranan milyonlarca insanın güç koşullarda elde ettiği gelirinden 2 milyar doları birkaç gün içinde alıp götürmüştü.[72]

Dışsatıma dayalı kalkınma yöntemi, *Yeni Dünya Düzeni* politikalarının, azgelişmiş ülkelere önerdiği (daha doğrusu dayattığı) tek ve zorunlu yöntemdir. Dışsatıma bağımlı olmanın gerçek anlamı dışarıya bağımlı olmaktır. Bugün, büyük ekonomik gücü olan ülkeler, dışsatım sorunlarından kaynaklanan yarışma nedeniyle kıyasıya çatışmaktadır. Böyle bir ortamda azgelişmiş ülkelerin kalkınmasını ve toplumsal geleceğini yalnızca dışsatıma bağlaması, sonucu önceden belli bir yenilgiyi kabul etmek demektir. Nitekim, azgelişmiş ülkeler, önce dışsatım düşleri kurarak uranlaşmak için borçlandılar. Oysa, dünyanın her köşesi uran devleri tarafından tutulmuştu. Alınan borçların, aracı ve siyasetçi komisyonları düşüldükten sonra kalanı, uranlaşma adı altında tüketim malları üretimine yatırıldı. Yerli ortak bularak bu yatırımları üstlenen uluslararası şirketler, azgelişmiş ülkelerin aldığı borçları kendi kasalarına yönlendirdi. Dış borçların gerçek kullanıcıları yerel hükümetler değil, onların aracılığıyla yasal ya da yasal olmayan her tür yöntemi kullanan uluslararası şirketler ve yerli işbirlikçileri oldu.

Bu işleyişin en açık örneklerinden biri Rusya'da açığa çıktı. **Clinton**'ın isteğiyle IMF Rusya'ya; demokrasinin gelişmesi, ekonomik iyileştirmelerin tamamlanması, serbest piyasa ekonomisine geçilmesi ve Rusya'nın nükleer güç olmaktan çıkarılması için 10 milyar dolar kredi verdi. Bu paranın; içinde Devlet Başkanı **Boris Yeltsin,** Moskova'nın eski ve yeni yöneticileri, iş adamları ve şirketlerinde bulunduğu bir yapılanma tarafından, *Bank of New York* ve *National Republic Bank* adlı ABD bankalarına yatırıldığı ortaya çıktı. Basına yansıyan bu olay üzerine, göstermelik bir soruşturmayla *Bank of New York*'un Doğu Avrupa'dan sorumlu yetkilisi **Lucy Edvars** görevinden alındı ancak IMF'ye herhangi bir soru sorulmadı.[73]

Uranlaşma düşlerinin cam küresi çabuk kırıldı ancak borçlanma durmadı. Ulaşım, enerji iletişim yatırımları ve askeri giderler için borç alma sürdürüldü. Sözde tarım destekleme fonları oluşturuldu. Bu fonlar, ülkelerin görece üstünlüğe sahip oldukları tarımsal ürünlere karşı seçenek oluşturmak amacıyla, dayanağı ve geleceği olmayan tarım politikaları için kullanıldı. Böylece azgelişmiş ülkelerin dışsatımdaki tek şansı olan geleneksel tarım ürünleri büyük zarara uğratıldı. *"Uranlaşmak"* için başlanan borçlanma sonuçta, bir kısır döngüye dönüşerek, faiz ve taksit geri ödemelerini karşılamak için yapılan yeni borçlanmaya dönüştü. Her borç, daha kötü koşullarda yapılacak olan yeni bir borç anlaşmasının gerekçesi oldu.

Yeni Dünya Düzeni işleyişinde bir başka önemli eğilim, azgelişmiş ülkelerin eğitim ve tarım politikalarına karışılarak bu alanlardaki ulusal nitelikli uygulamalara son vermektir. Bu konuda o denli *"başarılı"* olunmuştur ki bu yöndeki uygulamalar artık, dış istek olmaktan çıkarak iç politikanın değişmez ilkesi durumuna geldi. Gelişmiş ülke isteklerini eksiksiz uygulamaktan övünç duyan *"ulusçu"* hükümetler, kendi ülkelerinde eğitim ve tarımın ulusal niteliğini yoketti.

İçerde baskı altına alınan azgelişmiş ülke tarımı, dışarıda aşılması güç korumacı engellerle karşılaştı. Gelişmiş ülkeler (özellikle ABD) yazılı olmayan bir anlaşmayı uygular gibi sözbirliği etmişçesine, dünya tarım ürünleri ticaretini denetim altına aldı. Uluslararası ticarete açılan ürünlerin niceliğini ve ederlerini diledikleri gibi belirlediler. Girişimlerinde, hazırlanmasına öncülük ettikleri uluslararası anlaşma koşullarına da uymadılar. BM uzmanlık kuruluşu olarak kabul edilen *Gümrük Tarifeleri ve Ticaret Genel Anlaşması*'nın (GATT) açık hükümlerine karşın, 1983 yılında tarımsal ürünlerin yüzde 29'una bildirmelik dışı engel koydular.[74]

Engellerle karşılaşan azgelişmiş ülke malları, yalnızca tarım ürünleri değildi. Değişik işlenmiş mallar, bu uygulamadan payına düşeni aldı. Çelik, televizyon, elektronik aletler, ayakkabı, demiryolu malzemesi, bisiklet lastiği vb. Bir dizi ürün dışalım engelleriyle karşılaştı. Korumacılık, dışalımlanan üründeki işlenmişlik oranına göre artmaktaydı. Bu tutum doğal olarak, azgelişmiş ülkelerdeki uranlaşma girişimleri üzerinde olumsuz etki yaptı ve bu ülke yöneticileri, uranlaşma savlarından zorunlu olarak vazgeçtiler.[75] Ulusal uranın kurulmasına ait söylemler, siyasi gündemden çıktı ve bu ülkeler, uluslararası şirketlerin yatırım yapacağı ucuz ve örgütsüz işgücü pazarları durumuna geldi.

*

Merkezi Londra'da bulunan *Milli Ekonomik ve Sosyal Araştırmalar Enstitüsü*'nün verilerine göre, kural dışı engeller, 1974 yılında dünya ticaretinin yüzde 40'ını etkilerken bu oran 1980 yılında yüzde 48'e çıkmıştı.[76] Engellerin hemen tümünü gelişmiş ülkeler koyuyorlardı. ABD, Latin Amerika ülkelerinin, dışsatımladığı 1051 tür işlenmiş maldan 400'üne, Avrupa Birliği ise 479 işlenmiş maldan 100'üne kural dışı engel koymaktadır.[77] 1980-1983 arası, ABD'nin korumacılık uygulamaları yüzde 100, AB'nin uygulamaları ise yüzde 338 oranında artmıştır.[78] ABD'de korumacılıkla ilgili olarak Temsilciler Meclisi'ne yalnızca 1985 yılında gelen yeni yasa sayısı 400'dür.[79]

OECD ülkelerinin gelişmekte olan ülkelerden yaptığı işlenmiş mal ithalatına, gümrük vergileri dışında ve serbest ticaret anlaşmalarına aykırı olarak yaptıkları özel kısıtlamalar sürekli artmaktadır. Özel kısıtlamalara bağlı azgelişmiş ülke mallarının, OECD ülkelerinin yaptığı toplam dışalım içindeki payı 1981 yılında yüzde 26,5 iken bu oran 1990 yılında yüzde 28'e yükselmiştir.[80] Gelişmiş ülkeler özel dışalım kısıtlamalarıyla da yetinmemektedir. Diledikleri mala diledikleri zaman ve uluslararası anlaşmalara aykırı olarak yalnızca kısıtlama değil yasak da koymaktadır. Buna en güncel örnek AB'nin Türkiye'den dışalımladığı su ürünlerinin tümünü sağlıksal (hijyenik) ölçünlülüklerin (standartların) sağlanamaması gerekçe gösterilerek, siyasal bir kararla yasaklanmasıdır. Bu yasakla, su ürünleri alanında çalışan 100 bin kişi çok güç durumda kaldı ve Türkiye yıllık 80 bin dolar dışsatım gelirini yitirdi. AB bununla da yetinmedi, 1997 yılında imzalanan Tarım anlaşmasını çiğneyerek, fındık, salça ve karpuz dışalımına ek kota koydu.[81]

Sayılar, şu yalın gerçeği gösteriyor: Azgelişmiş ülkelerde piyasalar serbestleşiyor, uluslararası şirketler yayılıyor ve ulusal pazarlar çözülüyor. Buna karşın gelişmiş ülkeler *"ulusalcılığı"* sürdürüyor. Koruyarak güçlendirilen varsıl ülke pazarlarının azgelişmiş ülkelere çekici gelen yüksek alım gücü, ekonomik ve siyasal bir silah olarak kullanılıyor. Bu pazarlar birinci sınıf koruma altına alınırken, azgelişmiş ülkelere serbestlik ve daha çok serbestlik öneriliyor. Ocak 1999'da yapılan Dünya *Ekonomik Forumu* için geldiği

Davos'ta, Malezya Başbakanı **Mahattir Muhammet** şöyle söylüyor: *"Serbest piyasa işleyişi herkes için 'iyi' olmalıdır... ABD'nin kendi ekonomisini korumacılık önlemleriyle koruma altında tutarken, Gore ve Rubin'in korumacılığa karşı görüşler ileri sürmelerini anlayamıyorum (Gore ABD Başkan Yardımcısı, Rubin ABD Hazine Bakanı)".*[82]

Korumacı uygulamaların azgelişmiş ülkelere verdiği özdeksel (maddi) zarar, somuttur ve büyük boyutludur. Dışalım kısıtlaması ya da kota uygulanan her ürün birçok ülkenin ödeme dengesini alt üst etmeye yeterlidir. Şeker Filipinler, et Arjantin, üzüm Şili, kahve Uganda, Kakao Gana için yaşamsal önemdedir. Örneğin, şekere uygulanan koruma nedeniyle bu ürünü satan azgelişmiş ülkelerin uğradığı zarar yalnızca 1983 yılında 7,4 milyar dolardır. Bu zarar aynı yıl tüm azgelişmiş ülkelere yapılan yardımın üçte biridir.[83]

*

Yeni Dünya Düzeni'nin başlangıçta herkesi etkileyen söylemleri çok parlaktı. Dünya ulusları, eşit koşullarda yarışacak, ortak pazarlar ve gümrük birliklerine katılan azgelişmiş ülkeler mallarını varsıl pazarlara satarak yüksek gelir elde edecek ve yabancı sermaye yatırımları işsizlik sorunlarını çözüp ekonomik büyümeyi gerçekleştirecekti. Dünya küçülecek, insanlar ve ülkeler yakınlaşacak, kalıcı barış sağlanacaktı.

Ancak, günümüz dünyası bu tür bir görüntü vermiyor. Varsıl-yoksul, gelişmiş-azgelişmiş, ezilen-ezen çelişkileri, giderilmediği gibi durmadan artıyor. Dünyanın her yeri, ekonomik yetmezlik, siyasi ve askeri çatışmalar ve sayısız bölgesel gerilimlerle dolu. Eşitlik, barış ve gönenç hala insanlığın uzağında duruyor. Bir avuç varsıl ülke, dünyayı dilediği gibi kullanıyor. Gelişmiş ülkelerde, devleti tam olarak ele geçirmiş olan büyük sermaye kümeleri, gerek kendi halkına gerekse tüm dünya halklarına işsizlik, geçim zorlukları ve baskıdan başka bir şey vermiyor.

Dünya nüfusunun yüzde 20'sini oluşturan gelişmiş ülkeler, 1970 yılında, tüm dünya gelirinin yüzde 73,9'unu alıyordu. Bu oran 1989 yılında yüzde 82,7'ye yükseldi. Dünya nüfusunun en yoksul yüzde 20 nüfusuna sahip ülkeler, dünya gelirlerinden yüzde 2,3 pay alırken, payları 1989 yılında yüzde 1,4'e düştü.[84] Azgelişmiş ülkelerin dünya ticaretindeki *payı*, 1950 yılında yüzde 31 iken, bu pay 1989 yılında yüzde 21'e geriledi.[85]

Sayılar yalan söylemez; varsıl daha çok varsıllaşıyor, yoksul daha çok yoksullaşıyor. *Yeni Dünya Düzeni*'nin en özlü sonucu budur. Bu gerçeği, yalnızca rakamlar açıklamıyor. Küreselleşmenin birinci sınıf savunucu ve uygulamacıları da hiç çekinmeden bunu açıkça dile getiriyor. Dünya Bankası Avrupa Başkan Yardımcısı **Jean François Rischard**, 4 Kasım 1999'da yapılan 8. Ulusal Kalite Kongresi'nde şunları söylüyor: *"Gelecek 20 yılda yeni dünya ekonomisinde zenginler daha zengin, fakirler daha fakir olacaktır"*.[86]

Yeni Dünya Düzeni'nin Sonuçları:
2. Ulus-Devlet Karşıtlığı

Gelişmiş ülkelerin azgelişmiş ülke devletlerine olan karşıtlığı ve onların iç işlerine yönelik ilgileri sömürgecilik dönemine dek uzanır. Ülkeler arası ilişkilerde üstün konuma gelerek çıkar elde etmenin güce dayandığı ve bu gücün de örgütlü devlet gücü olduğu açıktır. Bu bakımdan gelişmiş ülkeler, kendi devlet aygıtlarını son derece yetkinleştirirken, geri kalmış ülke devletlerini güçsüz kılmak için her yolu dener. Sömürüye dayalı çıkar sağlama amaçlarının doğal sonucu olan bu eylem, tarihin her döneminde aynı anlayışla gerçekleştirilmiş ve devletlerarası ilişkilerin temel özelliğini oluşturmuştur: Güçlü olan güçsüzü ezer... Toplumsal ilişkilerin bu yalın gerçeği yaşambilimin (biyolojinin) belirleyici yasaları gibi, toplumsal yaşamın gelişim ve değişim kurallarını belirler ve tüm insanlığı ilgilendiren bir uygarlık sorunu olarak tarihteki yerini alır.

20. yüzyıl öncesinde sanayileşen ülkeler, sömürgeler üzerinde kurduğu egemenliği çoğunlukla silah gücüne ve askeri eyleme dayandırmıştı. Ayrıca, sömürülen ülke insanlarının işgalci ordu birliklerinde kullanılması, sömürgeci egemenliğin temel yöntemidir. Bu yöntemin dizge olarak uygulanmasının en belirgin örneği Hindistan'dır.

Değişik nedenlerle askeri elegeçirme ile sömürge durumuna getirilemeyen birçok azgelişmiş ülke, görünüşte siyasi bağımsızlıkları korunarak, 'barışçı' yöntemlerle bağımlı duruma getirildi. Bu ülkeler; siyasi ve tüzel ödünler, ticari ayrıcalıklar ve borçlandırma yöntemleriyle, ekonomik olarak sömürgelerden geri kalmayan bir yoğunlukla boyunduruk altına alındı ve yarı-sömürge durumuna getirildi. Bu tür ülkeler için en belirgin örnek Osmanlı İmparatorluğu'dur.

Yarı-sömürge ülkeler, içine girdiği tecimsel (ticari) ve akçalı bağımlılık ilişkileri nedeniyle yönetim gücünü ve ekonomik yeterliliklerini kısa sürede yitirerek elegeçirmeye hazır duruma geldi. Sömürgeci devletler, kendi aralarındaki çıkar çatışmalarını yumuşattıkları oranda bu ülkeleri, tek tek ya da ortaklaşa kullanmaya başladılar. Gerek gördüklerinde de elegeçirdiler.

20. yüzyılı kapsayan emperyalist dönemde, sömürgelerin yerini alan azgelişmiş ülkeler, yarı-sömürge ilişkilerinin geliştirilmiş yöntemleriyle etki altında tutulmayı sürdürüyor. Görünüşte bağımsız olan bu ülkeler, yayılarak yoğunlaşan ve bağımlılığa dayanan ekonomik ilişkilerle, gerçek anlamda birer uydu durumuna getirildi. 20. yüzyılın ikinci yarısını kapsayan yeni düzen dönemi, bu sürecin en üst ve en yoğun aşamasını oluşturdu.

Büyük devletlerce etkinlik alanları için sürdürülen küresel savaşımın temel ereği, dış karışmaya karşı direnç gösterecek yerel örgütlerin her yönden etkisiz kılınmasıdır. Yerel örgütlerin en güçlüsü, doğal olarak ulus-devletlerdir. Nerede ülkelerarası sömürü ve baskı varsa orada ulus-devlet karşıtlığı da vardır. Ayrıcalıklı üstünlüklerin ve toplumsal varsıllığın korunması ya da ele geçirilmesi, bu yöndeki istekleri eyleme dönüştürecek olan devlet aygıtının gücüyle ilgili bir sorundur. Her devlet kendinden güçsüz devletleri etkisi altına alır, güçlü olanlarca da etki altına alınır. Yaşambilimin doğal yasalarına benzeyen bu gerçek, etkili işleyişini ve kaçınılmaz sonuçlarını her zaman yürürlükte tutmuştur. Günümüzde uygulanan ulus-devlet karşıtı yeni düzen politikaları, çok yönlü uygulama yöntemleri ve teknolojik olanaklarla benzerleri içinde en ileri türü oluşturur.

Ulus-Devlet Karşıtlığının Ekonomik Temelleri

İkinci büyük savaş sonrasında başlayan yeni yapılanma sürecinin, ülkelerarası ilişkilere verdiği biçim, önceleri büyük devlet ayrıcalıklarını gizlemeye yönelikti. ABD önderliğindeki gelişmiş ülkeler, savaş yitiklerinin ve yayılan ulusal devinimlerin olumsuz sonuçlarından kurtulmak için, Sovyetler Birliği'nin etki alanına girmemiş ülkeleri, işleyiş kurallarını kendilerinin belirlediği uluslararası örgütlere aldılar. Bu örgütlere katılan azgelişmiş ülkeler bu yolla; hem ekonomik güçlerine ve uluslararası çalışma yeteneklerine uygun düşmeyen yabancısı oldukları bir oluşuma katılmış oldu, hem de başta devlet olmak üzere tüm ulusal değerlerini yitirecekleri bir süreç içine girdi.

Ulus-devlet karşıtlığı, başlangıçta dolaylı yöntemlerle yürütüldü. Devlet yetkilileri, en üstten başlamak üzere değişik yöntemlerle elde edildi. Ülkesine ve ulusal haklarına yabancılaşan politikacılar ve kamu yöneticileri, kendilerine iletilen dış önerileri büyük bir bağlılıkla yerine getirdi. Birbirini bütünleyen ve ulus devlet varlığını güçsüzleştiren bu uygulamaların gerçek niteliğini o dönemde çok az kişi kavrayabildi. Bunlar da değişik yöntemlerle susturuldu. Bu dönem ulus-devlet karşıtlığının dolaylı yöntemlerle sürdürüldüğü siyasi etkinlik dönemiydi.

Devletin üst düzey kadrolarındaki niteliksel değişime bağlı olarak hızlanan dış kredi akışı, yeni düzene bağlılıkları sınanmış kesimlere yönlendirilerek, yabancılarla ortak işbirlikçi iş çevreleri yaratıldı. Ulus devletin ekonomik karşıtları olarak yaratılan bu çevre, sürekli korundu ve kollandı. Ulusal devlet; kadro ve yapı değişikliğiyle siyasi, kredi ve özendirme uygulamalarıyla da ekonomik olarak çökertilme sürecine sokuldu.

1980'lere gelindiğinde, kararlılıkla uygulanan küresel politikalar, çarpıcı sonuçlarını dünyanın her yerinde ve yaşamın her alanında göstermeye başladı. O güne dek ulus-devlet yönetimleri üzerinde kurulan denetime bağlı olarak yürütülen küresel politikalar, bu tarihten sonra biçimsel değişikliklerle ve daha köklü yöntemlerle uygulanmaya başladı. Uluslararası anlaşmaların büyük devletlerce çiğnenmesi olağan duruma geldi ve azgelişmiş ülkelerin başta ulus-devlet yapıları olmak üzere, ulusal varlıklarını ortadan kaldırmayı amaçlayan yeni bir süreç başlatıldı. 1980'lerde bu eylemi gerçekleştirmek için gerekli olan güce ulaşılmıştı. Politik işleyişi ve ekonomik kaynakları üzerinde denetim kurulmamış, borcu olmayan ve kendi kendine yeterli ülke kalmamıştı. Bu ülkelerin ulusal pazarları üzerinde kurulan denetim, pazar içi serbestliği sınırsızlaştırmak ve engelleyici yerel yasalardan sıyrılmak için, ulus-devlet yapılarından büyük oranda kurtulunmuştu. Bu nedenle 80'den sonra, devlet kadroları üzerinde kurulan egemenlikle yetinilmedi ve ulus-devletlerin varlığını sona erdirmeye yönelik politikalar, dolaysız bir biçimde uygulamaya konuldu. Yerel birimlere dayanan yönetim biçimleri, dinsel ve etnik yapılanmalar, KİT satışları, çok hukukluluk, kültürel yozlaşma vb. gündeme getirildi. Her türlü araç ve olanakla günümüzün gerçeği olarak geç kalınan bu gündem; *'yapısal reformlar'* adı verilerek, dışarıya bağlılıklarını kanıtlamış yerel hükümet yetkilileri tarafından eksiksiz bir biçimde uygulandı.

Ulus-devlet karşıtlığının ekonomik temelini, uluslararası şirket etkinliği oluşturur. 1970'lere dek büyük birimler olarak örgütlenen ve bir merkezden yönetilen uluslararası şirketler, bu tarihten sonra; değişime kolay uyum gösteren, pazar esnekliğine sahip, müşteri duyarlılıklarına daha iyi yanıt verebilen, bürokratik giderleri düşük, küçük ve özerk birimler halinde yapılanmaya başladı. Küçülen birimler, üretim ve pazarlamada daha hızlı hareket ediyor, personel politikasında kısıntı kolaylıkları sağlıyor ve yönetici sayısını artırarak sorumluluk düzeyini arttırıyordu. Ayrıca, işgücünün ucuz olduğu azgelişmiş ülkelere yönelen şirket yatırımları, bu ülkelerde; az işçi çalıştıran ve yerel ölçülere uyum gösteren birimler halinde örgütlenerek daha çok kazanç sağlıyordu.

Küresel şirketler, özellikle 1980'den sonra, stratejik konulardaki karar yetkisi şirket merkezinde kalmak koşuluyla, alt şirket, bağlı şirket ya da şube olarak küçük birimler halinde çalışmaya başladı. Bu örgütlenme biçimiyle, şirket ciroları ve kazançları sürekli büyüyen, alt birimleri ise sürekli küçülen *"güçlü küresel koordinasyona sahip yerel işletme toplulukları"* ortaya çıktı. 1970 yılında tüm dünyada, 10 bin küresel şirketin 30 bin alt birim şirketi varken, 1979'da küresel şirket sayısı 80 bine çıkmıştı. 1980'den sonraki 13 yıl içinde hızlı bir artış gösteren alt birim şirketlerinin sayısı bu süre içinde yüzde 257 artarak 1993 yılında 206 bine ulaşmıştı.[87]

Küreselleşme düşüncülerinden (ideologlarından) **John Naisbitt** şöyle söylüyor: *"Büyük şirketlerin özerk ve küçük ünitelere bölünerek daha iyi çalışabileceklerini görüyoruz. Aynı durum, ülkeler için de geçerli. Eğer dünyayı tek pazarlı bir dünya haline getireceksek, parçaları küçük olmalı... Bin ülkelik bir dünya, ulus-devletin ötesine geçmeyi belirten bir mecaz... Evrenselleşerek daha kabilesel davranıyoruz. Etnik köken, dil, kültür, din ve yerel inançlar giderek gelişiyor... Yeni liderler, artık devletler arasında değil, bireyler ve şirketler arasındaki stratejik ittifakları kolaylaştıracak ya da en azından karşı çıkmayacaktır. Bugün, dünyamızda tanık olduğumuz şey birbirinden ayrı ve karmaşık bir olaylar yumağı değil, bir süreç; hükümetsiz bir yönetimin yayılmasına doğru ilerleme süreci..."*[88]

Uluslararası şirket etkinliğinin küresel örgütlenmede aldığı yeni biçim, bu biçime uyum gösteren pazar koşullarını yaratma isteğini de beraberinde getirdi. Bu isteğin somut karşılığı, kendi pazarını koruma eğilimi içinde olan ulus-devletlerin önce baskı altına alınması daha sonra da eylemli olarak varlığına son verilmesiydi. Ulus-devletin tecimsel alandaki varlığı, korumacı gümrük yasaları; ekonomideki varlığı, bağımsız maliye ve KİT'ler; siyasi varlığı ise ulusal yönetim ve tüzedir. Bunlar doğal olarak, ulus-devlet karşıtlığının ana ereği oldu. Günümüzün zorunlu gerçekleri olarak sunulan; serbest piyasa ekonomisi, gümrük birliği anlaşmaları, özelleştirme, yerel yönetimcilik ve uluslararası arabuluculuk (tahkim) gibi uygulamalarla, ulus devletlerin varlık nedenleri ve bu nedenlere kaynaklık eden yaşam alanları birer birer ortadan kaldırıldı. Ulus devlet varlığıyla şirket egemenliğinin ters orantılı karşıtlığı 20. yüzyılın özellikle son çeyreğinde, dünya politik düzeninin temel çelişkisini oluşturdu.

*

Uluslararası şirketler artık dünyanın tüm ülkeleri için; diledikleri zaman *yabancı şirket*, diledikleri zaman (denizaşırı şubeler aracılığıyla) yerli şirket görünümündedir. Onlar, dünya ekonomik yaşamının tecimsel bukalemunları olarak; değişken piyasa koşullarına gösterdiği üstün uyum yeteneğiyle kimi zaman *ortak yatırımcı*, kimi zaman *patent satıcı*, kimi zaman da *dışsatımcı* şirketlerdir. Her ülkenin yerel koşullarına uygun olarak davranma olanaklarına sahiptirler. Bütün hünerlerini, gümrük duvarlarını aşmak (artık yoketmek) ve dünya pazarlarını denetim altında tutmak için kullanırlar. Yatırımdan pazarlamaya, kazanç aktarımından vergilendirilmeye dek her alanda denetimsiz bir ortam isterler. Etkinliklerini kısıtlayabilecek en küçük ulusal önleme bile katlanmak istemezler. Ulus-devlet gelenekleri onlar için, yok edilmesi gereken en zararlı unsurlardır.

Kabile ekonomisi, yeni-Osmanlıcılık, eyaletçilik, yerel yönetimcilik gibi tanımlamalarla, devletsiz ve örgütsüz cemaat toplumları, uluslararası şirketler için en uygun pazar tipidir. Din, dil, yerel kültür, mezhep ve etnik köken gibi eskiye dayanan toplumsal oluşumlar, bu tür pazarların yaratılmasının dayanak noktalarıdır. Ulus-devletin yerine geçirilmek istenen *'yeni'* toplum biçiminin yaratılmasında, bu dayanaklar gelişmiş ülkelere değer biçilmez olanaklar sunar. Parçalanmanın *'filozofları'* küreselleşmeciler, düşüncelerini gizlemiyor. Onlara göre: *"Küresel ekonomi büyüdükçe uluslardan oluşan oyuncuları küçülmeli"*[89] dir.

Söylemdeki anlayış, yalnızca kişilere ait bir saptama değil, büyük devlet politikalarında anlamını bulan şirket etkinliğinin önceliği ve değişmez ereğidir. Küçülme devinimliliği, devinim ise sınır tanımazlığı getiriyor. Şirket birimlerinin kazanç oranları, denizaşırı pazarlarda elde ettikleri ayrıcalıklara ve bu ayrıcalıklardan kaynaklanan davranış özgürlüğüne bağlı olarak yükseliyor.

Azgelişmiş ülke pazarlarında dengenin sağlanmasıyla küresel şirket başarıları arasında vazgeçilmez bir birliktelik vardır. Ülkeler ne denli bağımlı, korumasız, borçlu ve üretimsiz kılınırsa yani denge (istikrar) sağlanırsa, uluslararası şirketler için o denli verimli oluyor. Ulus-devlet güçleri ne denli etkisizleştirilirse şirketler o denli etkinleşiyor. Ulus-devlet karşıtlığının ekonomik temeli, çelişkilere kaynaklık eden şirket çıkarlarına ve bu çıkarların doğurduğu sonuçlara dayanıyor.

General Electric'i 1990'ların başında adeta yeniden yaratan **Jack Welch**'in, şirket birimlerine uygulanma zorunluluğuyla verdiği kesin ve net buyruk şuydu; *"Küçük düşünün... Büyük şirket kütlemize, küçük şirket ruhunu ve küçük şirket hızını kazandırmak için amansız bir mücadele veriyoruz."* **Welch,** dev boyutlu şirketini, daha etkili hale getirmek için, küçük birimler biçiminde yeniden örgütledi. Bu yöndeki uygulamalar kısa süre içinde sonuçlarını verdi ve şirketin eleman sayısı 368 binden 268 bine düşerken, yıllık satışlar 1992 sayılarıyla 27 milyar dolardan 62 milyar dolara, net kazanç ise 1.5 milyar dolardan 4.7 milyar dolara çıktı.[90]

Dünyanın en büyük güç üretim şirketi olan *ABB* (Asea Brown Boveri), Zürih'ten yönetilen merkezi şirket yapısını, özerklik haklarına sahip 1200 küçük şirket şubesine böldü. Ortalama 200 kişinin çalıştığı şubeler, ana şirket gelirlerini kısa sürede 30 milyar dolara çıkardı. Genel müdürlükte çalışan eleman sayısı 4000'den 200'e indirildi, gelirler arttı. Bir İsveç-İsviçre şirketi olan bu firma, satışlarının yüzde 90'ını dış ülkelerden elde eder duruma geldi. Genel Müdür **Percy Barnevik;** *"Sürekli büyüyor aynı zamanda sürekli küçülüyoruz. Biz yalnızca küresel bir işletme değil, aynı zamanda güçlü bir küresel koordinasyona sahip yerel işletmeler topluluğuyuz"* diyor.[91]

Eskiden diplomatik söylemler içinde gizlenen ulus-devlet karşıtlığı, artık bütün gelişmiş ülke başkentlerindeki resmi ve özel açıklamalarda açıkça dile getiriliyor. *Ekonomi araştırmacıları, gazete editörleri* ya da *çokbilmiş stratejistler* hükümet yetkililerinin sözcülüğünü yapıyor. *New Perspectives Quarterly* dergisi yayın yönetmeni şöyle diyor: *"Yeni Dünya Düzeni'nin en önemli yapıtaşları, silahlı uluslar yerine global ölçekli şirketlere ev sahipliği yapan, teknolojik olarak gelişmiş kent devletleri olacak".*[92]

Ulus-Devlet Karşıtlığında Özelleştirmenin Yeri

Azgelişmiş ülkelere dışardan sunulan kalkınma reçeteleri, sağaltıma (tedaviye) yanıt vermeyen acı ilaçlarla doludur. Reçetenin en başında yer alan devleti küçültme ve özelleştirme girişimleri ise sağaltıma yanıt vermemekle kalmaz, öneri ve uygulama sahiplerine ağır bir sorumluluk yükler.

Toplumsal yaşamı ayakta tutan ve kamu düzeninin temelini oluşturan örgütlü güç, devlet gücüdür. Bu güç, yalnızca ülke içi düzenlemelerin değil özellikle dışarıya karşı korunmanın da tek etkili aracıdır. Eşit olmayan güçler arasında, kuralsız bir savaşımın alabildiğine sürdüğü bir dünyada ayakta kalmak isteyen ülkeler, haklarını korumanın güvencesi olarak devlet yapılarını güçlü kılmak zorundadır. Günümüz dünyasında insan eylemiyle ilgili bütün etkinlikler, devletlerarası ilişki ve çatışmaların, dolaylı ya da dolaysız sonuçlarıdır.

Devleti güçlü kılacak ekonomik ve akçalı olanaklar; özel şirket yatırımları, bunlardan alınan vergiler ve kamu yatırımlarıdır. Kamu yatırımlarının önceliği ve devletin öncülüğü olmadan kalkınabilmiş bir ülke henüz ortaya çıkmadı. Gelişmiş kapitalist ülkelerin uranlaşarak kalkınmaları, 15. ve 16. yüzyıldaki korumacılığa dayalı *devletçilik* (merkantilizm) üzerine kuruludur. Ortaçağ ilişkilerinden kurtularak toplumsal ilerlemeyi sağlamanın tek yolu, devrimci bir anlayışla savaşım içine girmek ve bu savaşımı başarıya ulaştıracak bir örgüte sahip olmaktır. Bu örgüt ulus-devlettir.

Batı toplumlarını Ortaçağ'dan çıkarıp 20. yüzyıla taşıyan liberal kapitalizm dönemi devrimci bir süreçtir ve bu süreç içinde etkin rol alan kentsoyluluk ve onun öncülüğünde oluşturulan ulus-devletler, o dönemin devrimci sınıf ve örgütlerdir.

20. yüzyılda üretimin yerini ağırlıklı olarak rantiye kârlarının alması ve tekelci şirket egemenliğinin yerleşmesiyle, liberalizm bütün ilerici özelliğini yitirdi. Büyük emperyalist güç durumuna gelen Batılı devletler, bu dönemde, kendilerinin kalkınıp güçlenmelerinin temel dayanağı olan ulus-devlet gücünü, azgelişmiş ülkelerde ortadan kaldırmaya girişti. Onların bağımsızlıklarını kazanıp ulus-devlet yapılarını güçlendirmelerini, önce kaba kuvvetle önlemeye çalıştılar. Başaramayınca, ekonomik ve siyasi bağımlılık getiren *'barışçı'* yöntemler geliştirdiler; bu yöntemleri askeri güçle destekleyerek yoğun olarak uyguladılar. Kendi dışındaki ulus devletlerin güçlenmesini her zaman ve her koşulda önlemeye çalıştılar.

Gelişmiş ülkeler, kendi ülkelerinde özelleştirme sınırlarını, kalkınmak zorunda olan azgelişmiş ülkelere göre daha geniş tutabilir. Ekonomik gelişmenin belirleyeceği bu sınır, siyasi düzenin yerleşik kurumları ve bu kurumlar aracılığıyla başta vergilendirme olmak üzere denetim altına alınan bir toplumsal düzen içinde genişletilebilir. Demokrasinin genişletilmesi gibi sınırlarını toplumsal gönencin belirlediği bu sorun, gelişmiş ülkeler için üzerinde daha özgür davranabileceği bir alandır. Bir toplum ne denli geri ve azgelişmiş ise devlete o denli gereksinimi vardır. Bir ülke ne denli varsıl ve gelişmiş ise, devleti toplumsal yaşamdan o düzeyde çıkarabilmiş demektir.

Araçların değerini, elde edilmesi istenen amaç ve gereksinimler belirler. Su yaşamak için koşuldur ancak yüzme bilmeyeni öldürür. İnsana güç veren şeker, şeker sayrısı için öldürücü olabilir. Önemli olan; neyin, nerede ve ne kadar kullanılacağını bilmektir. Büyük devletlerin, egemenlik altına almak istediği bir dünyada, demokrasi adına azgelişmiş ülkelerin devlet yapılarını küçültüp güçsüzleştirmek, o ülkeleri geriliğe ve parçalanmaya tutsak etmektir. Oysa, devlet örgütünün güçlü kılınması, bu tür ülkelerin ayakta kalıp kalkınmalarının tek şansıdır. Ulus-devlet karşıtı küresel politikaların geliştirilip uygulanmasının amacı bu şansı ortadan kaldırmaktır.

Gelişmiş ülkeler, kendi devlet güçlerini koruyup geliştirirken, bunu asal olarak iyesi oldukları uluslararası şirketlerin gelirlerine, özellikle de dış gelirlerine dayandırır. Bu ülkelerde devlet, iyi bir vergi toplayıcıdır. Ancak, azgelişmiş ülkelerin böyle bir şansı yoktur. Ülkelerine gelir getirecek küresel boyutlu ulusal şirketleri yoktur. Ayrıca kendi pazarları dış sömürü altındadır. Ülkelerine gelen yabancı sermayeden elle tutulur bir vergi alamazlar. Üretime dayanmayan ve halkın üzerine yıkılmış olan vergilerle ayakta durmağa çalışırlar. Bu tür ülkelerin toplumsal varlıklarını sürdürebilmeleri için; ulusal çıkarlarını kıskançlıkla savunacak, ekonomik kalkınmaya öncülük edecek ve ulusal nitelikli özel girişimciliği geliştirecek güçlü bir devlet örgütüne gereksinimi vardır. Bunun için girişilen eylemler, ulusların varlığını sürdürebilme isteğiyle örtüşen ve yurtseverlik kavramının günümüzdeki sınırlarını belirleyen, yaşamsal önemideki eylemlerdir.

Azgelişmiş ülkelerdeki özelleştirme girişimleri, ulusal güçlerin zaten sınırlı olan ekonomik olanaklarını yok etme girişimidir. Gelişmiş ülke başkentleri, tüm dünyaya özelleştirme izlenceleri öneriyor. Başta IMF olmak üzere tüm uluslararası örgüt ve anlaşmalar bu amaç için kullanılıyor. Özelleştirme uygulamalarına karşı çıkanlar, topluma sıradışı tipler olarak gösteriliyor. Bu yöndeki çabalar neredeyse uluslararası işlenmiş suçlar kapsamına alınacak. Ancak, herşeye karşın, özelleştirme karşıtı tepki ve eylemler yayılıyor. Her geçen gün daha çok insan; özelleştirme öneri ve uygulamalarının, azgelişmiş ülkeler için önceden verilmiş bir idam fermanı olduğunu görüyor ve buna karşı tepki gösteriyor.

Toplumun ortak malı KİT'ler, önce yerel politikacılar, üst düzey kamu görevlileri ve bunların arkasındaki sermaye kümeleri tarafından, gelirlerinden çıkar sağlanan kuruluşlar olarak kullanıldı. Uzun yıllar gelirlerine el koyulan bu kuruluşlar, daha sonra gerçek kullanıcıları olan sermaye kümelerine özelleştirme adıyla devredilmeye başlandı. Azgelişmiş ülkelerin stratejik üretim alanları teker teker, yerli ortaklı yabancı sermaye kümelerinin iyeliğine geçirildi. Ulus birliğini korumayı neredeyse olanaksız kılan ve ulus-devletlerin çözülüş sürecini oluşturan bu tür uygulamalar dünyanın her yerinde ödünsüz sürdürüldü.

*

Ulus devletleri ortadan kaldırma girişiminin kaynağı, gelişmiş ülkeler ve bu iş için kurdukları örgütlerdir. Özelleştirme kararları, IMF ve Dünya Bankası bürolarında alınıyor. Yerel hükümet yetkilileri, uysal uygulayıcılar konumundadır. IMF bu işin polisliğini yapıyor. Akçalı olarak kendisine bağladığı ülke hükümetlerine, artık dilediği kararı aldırabiliyor. Türkiye'de, daha sonra bakanlık da yapan Özelleştirme İdaresi Başkanı **Ufuk Söylemez** 1995 yılında şöyle söylüyor: *"Telekomünikasyon hizmetleri, Dünya Bankası'nın istekleri ve koordinasyonu doğrultusunda, tüm dünyada kabul edilmiş uluslararası yöntemlerle özelleştirilecek. Biz burada, dünya bankası ve danışman firmanın öngördüğü yöntemler dışında hareket etmeyiz"*.[93]

Daha sonraki Özelleştirme İdaresi Başkanı **Uğur Bayar**, Haziran 1998'de Ankara'ya gelen **Martin Hardy** Başkanlığındaki IMF heyetinin, ÖİB çalışmalarından son derece memnun kaldığını belirterek: *"Biz, IMF her geldiğinde söylediğimiz resmi tutturmuş durumdayız. Bu yılın birinci çeyreğinde şunlar olacak dedik oldu. İkinci* *çeyreğinde şunlar olacak dedik oldu. Üçüncü çeyrek için öngörülen THY ve ERDEMİR'in özelleştirme sürecinin başladığını da görüyorlar. Hardy bana, 'ben her geldiğimde büyük bir iş oluyor' dedi. Ben de 'o zaman daha sık gelin' karşılığını verdim..."*[94]

ABD Enerji Bakanı **Pena**, Kasım 1997'de, Dünya Bankası'nın önerileri doğrultusunda enerji yatırımlarını özelleştirmeye başlayan Türkiye'ye geldi. Bu gezi o günkü gazetelerde şöyle yer almıştı: *"Devlet Bakanı Güneş Taner'in özelleştirecek enerji yatırımlarının çok kârlı olduğunu belirterek yatırım çağrısında bulunduğu ABD Enerji Bakanı Türkiye'de santral beğenecek".*[95]

Azgelişmiş Ülkelerde Küçülen Devlet, Gelişmiş Ülkelerde Büyüyor

Özelleştirme izlencelerinin *devleti küçültmek* olarak adlandırılan sonuçları, azgelişmiş ülkeler için; borçlanma ve akçalı yetersizlik, ulusal uran ereklerinden vazgeçme, sosyal güvenlik işleyişinin dağılması, üretimsizlik ve işsizliktir. Bu tür uygulamaların kaçınılmaz sonucu ise, ulus-devlet düzeninin çökmesi, ekonomik ve sosyal dengelerin bozulması ve parçalanmışlıktır.

Gelişmiş ülkelerdeki durum tam tersidir. Sınırlı tutulan özelleştirme uygulamaları; işletmelerin işleyiş koşulları, kazanç düzeyleri, vergilendirilmeleri, çalışan sayıları önceden belirlenen kurallara bağlanarak kamu çıkarlarına aykırı düşmeyecek biçimde ve ağırlıklı olarak ulusal özel sermaye ile yapılmaktadır. Çoğunlukla hizmet ve tüketim sektörlerine yönelik özelleştirmeler, sağlam ve iyi işleyen vergi dizgesi olan bu ülkelerde, ödeyeceği vergilerle devlete düzenli gelir getiren özel kurumlar yaratmayı sağlayabilmektedir.

Buna karşın, büyük sermaye yararına işleyen bu tür uygulamalar nedeniyle, işsizlik ve sosyal güvensizlik sorunlarıyla karşılaşan bu ülke insanları, özelleştirme uygulamalarına giderek artan biçimde tepki göstermektedir. 1950'den beri parlamento üyesi olan İngiltere'nin en saygın siyasetçilerinden **Tony Benn**, piyasa ekonomisi ve İngiltere'deki özelleştirme uygulamaları için şunları söylüyor: *"Piyasa ekonomisinin sorunları çözdüğü tam bir yalan. Rover'i devletleştirdiğimizde batmak üzereydi. İşçiler sokakta kalacaktı. Devlet-*

leştirmeden sonra işçilerin ücretleri, yaşam koşulları ve sosyal hakları düzeldi. Thacher Rover'i özelleştirdi. Bu işletme bugün yine batmak üzere".[96]

Gelişmiş ülkelerde toplumsal yaşamı dolaysız ilgilendiren önemli devlet yatırımları özelleştirilmediği gibi korunup geliştirilir. *Mikroelektronik, biyoteknoloji, sivil havacılık, telekominikasyon, robotlar* ve *imalat aletleri* gibi ileri teknoloji alanlarıyla stratejik üretim dallarında, yeni devlet şirketleri kurulmaktadır. Başta Japonya, Almanya ve Fransa olmak üzere hemen her gelişmiş ülkede ulaşım, iletişim, enerji, madencilik, çelik, bankacılık ve kamu hizmet sektörleri gibi geniş bir yelpazede yer alan işletmeler, ya devlete aittir ya da dolaylı-dolaysız devlet denetim ve desteği altındadır.

IMF ve OECD verilerine göre, devletin ekonomideki payı 1937-1997 yılları arasında; ABD'de yüzde 8.6'dan yüzde 32.3'e, İngiltere'de yüzde 30'dan yüzde 41'e, Almanya'da yüzde 42.4'ten yüzde 49'a, Fransa'da yüzde 29'dan yüzde 54.3'e, Japonya'da ise yüzde 25.4'ten yüzde 35'e çıkmıştır. Oysa Türkiye'de devletin ekonomideki payı, 1937 yılında yüzde 80'ler düzeyinde iken 1997 yılında yüzde 26.6'ya düşmüştür.[97]

1930'larda temeli atılan sosyal devletin öngördüğü toplumsal erekler, son on beş yıl dışında, İkinci Dünya Savaşı sonrası dönemde de önemli ölçüde korundu. Sağlık, eğitim, konut, çıraklık ücreti, emeklilik, işsizlik sigortası, hastalık ve kaza sigortaları hep kamu kurumlarınca gerçekleştirildi. Bu tür uygulamalar özellikle, savaştan yenik çıkan Japonya ve Almanya'nın kalkınmasına önemli katkıda bulundu. Gelişmiş ülkelerde devlet giderleri sürekli biçimde arttı.

En gelişmiş 11 OECD ülkesinde; kamu giderlerinin ulusal gelir içindeki payı, 1960 yılında yüzde 28 iken bu oran 1973'te yüzde 32,9'a, 1988 yılında ise yüzde 40,2'ye çıkmıştır. Aynı ülkelerde 1965 yılında yüzde 28,1 olan vergi gelirleri, 1979'da yüzde 34,6'ya, 1988'de ise yüzde 39'a yükselmişti.[98] OECD ülkelerinde ortalama üretici sübvansiyonları (devlet destekleri) 1979-1981 döneminde yüzde 32 iken, 1986-1987'de yüzde 50'ye çıkmıştı. Tüketici ve vergi mükelleflerinden tarıma transfer edilen bütçe giderleri 1979-1981 döneminde 61 milyar dolarken, bu tutar 1988 yılında 270 milyar dolara yükselmişti.[99]

Dünyadaki bütün ülkelere özelleştirme politikaları öneren ABD hükümeti, kendi ülkesinde, ekonomik sorunları gerekçe göstererek değişik alanlarda geniş kapsamlı karışmacı izlenceler (müdahaleci programlar) uygulamaktadır. 1991 yılının başlarında, bankacılık kesiminde ortaya çıkan bunalım nedeniyle, 300 milyar dolar gibi büyük boyutlu bir devletleştirme izlencesi uyguladı.[100] 1993-1998 arasındaki 5 yılda ABD hiç özelleştirme yapmazken, aynı dönemde, ulusal geliri ABD'nin ulusal gelirinin ancak yüzde 2,4'ü olan Türkiye'de 2,23 milyar dolarlık özelleştirme yapıldı.[101]

IMF ve Dünya Bankası, Türkiye'deki özelleştirmeleri yetersiz bulmakta ve *'serbest piyasa ekonomisinin yerleşmesi için'* özelleştirilmeyen kamu yatırımının kalmamasını istemektedir. Sosyal devlet kavramını ortadan kaldırmayı amaçlayan bu istek, *devletin küçültülmesi* ya da *yapısal reformlar* adıyla uygulamaya sokulmakta ve borç verme işleyişi bu isteklerin yerine getirilmesine bağlanmaktadır.

Yeni bir kredi anlaşması için Washington'a giden **Hikmet Uluğbay** başkanlığındaki Türk kuruluna; kredi alabilmeleri için özelleştirmenin yaygınlaştırılması ve *Sosyal Güvenlik Reformu* (Sosyal Güvensizlik Reformu diye okuyunuz) yasasının çıkarılması gerektiği bildirildi. Oysa ABD Başkanı **Clinton** aynı günlerde, ABD halkı için öngördüğü yasal önlemleri sıralarken; *"Sosyal Güvenlik Sisteminin kurtarılacağını, yaşlılar ve özürlüler için Federal Sağlık Sigortası'nın getirileceğini ve işsizlere iş olanağı yaratmak üzere kamu yatırımları yapılacağını, yoksul çocuklar için eğitim olanakları sağlanacağını"* söylüyordu.[102]

*

Son on yıllık süre içinde ve başta Türkiye olmak üzere, denetim altına alınmış tüm azgelişmiş ülkelere; kamu kuruluşlarında çalışan insan sayısının çok olduğu, bu durumun ekonomik kalkınma önündeki en büyük engeli oluşturduğu, bu nedenle kamudaki çalışan sayısının azaltılması gerektiği söylendi. IMF, Dünya Bankası ya da AB kararları sürekli bundan söz ediyordu. Devletin küçültülmesi olarak açıklanan anlayışa bağlı olarak, kamu düzenini işlemez duruma getirecek çalışan indirimi, kredi alabilmenin neredeyse önkoşulu olmuştu. Oysa, söylenenler doğru değildi ve azgelişmiş ülkelerin ulus-devlet yapılarını güçsüzleştirmeyi amaçlıyordu. Bu çok açık ve somut bir gerçekti. Büyük devletlerde, kamu çalışanı sayısının hem nüfusa hem de toplam çalışan sayısına göre oranı azgelişmiş ülkelerden daha çoktu. Bu gerçeği Batılıların kendi kaynakları ortaya koyuyordu.

*Ekonomik Kalkınma ve İşbirliği Örgütü'*nün (OECD), 2000 yılı verilerine göre, ABD'de devlet örgütlerinde 20 milyon 572 bin görevli çalışmaktadır ve bunların nüfusa oranı yüzde 7.46'dır. Devlet görevlilerinin toplam nüfusa göre oranları; Fransa'da yüzde 8.18, Almanya'da yüzde 5.27, İtalya'da yüzde 3.95, Hollanda'da yüzde 5.2 ve Kanada'da yüzde 8.15'dir. Bu oran Türkiye'de ise yalnızca yüzde 3.34 dür. 641 Kamu İstihdamının toplam istihdam içindeki payı; ABD'de yüzde 14, Fransa'da yüzde 24.8, Almanya'da yüzde 15.6, İtalya'da yüzde 16.1, Kanada'da yüzde 19.6 iken, bu oran Türkiye'de yüzde 14.2'dir.[103]

Bir kamu kuruluşu olan *Resolution Trust Corporation,* ABD'nde en büyük malvarlığına sahip şirket durumundadır. Emekli aylıklarının ödenmesini güvence altına alan *Pension Benefit Guaranty Corporation* hükümete ait bir fondur. Emeklilik fonları hükümete ait esrarengiz fonların yalnızca yüzde 30'udur. Eyalet yönetimleri, sigortacılık kesiminin garantörü durumundadır. 1991 yılında eyalet hükümetleri batma noktasına gelen bütün özel sigorta şirketlerini devletleştirdi. Massachusetts eyaleti kendi sigorta şirketini kurdu.[104]

ABD'de şirket satışlarının arttığı 1990'larda, telekomünikasyon şebekesine ait şirket hisselerinden küçük bir bölümü yabancıların ortak olduğu şirketlerce satın alınmıştı. Gelişmeden tedirgin olan *Federal Soruşturma Bürosu (FBI)* Direktörü **Louis Freeh**, yönetim birimlerini uyararak, ABD iletişim şebekesindeki yabancı sermaye paylarının kabul edilmez boyuta geldiğini bildirdi.[105]

Japonya'da devlet ile iş çevreleri, ayrılmaz bir bütünlük içindedir. Uluslararası Ticaret ve Sanayi Bakanlığı ile Maliye Bakanlığı, ekonomiye yön veren ve iş çevreleriyle oluşturulan hemen tüm ekonomik birimlerde etkin olarak vardır. Bu Bakanlıklardan emekli olanlar, devlet tarafından denetlenen işletmelerde önemli görevlere getirilir. Japonya'nın büyük firmaları için bir tür Ticaret Odası olan *"Ekonomik Örgütler Federasyonu" (Keidanren)* ile tüm Japon işadamlarının örgütü, *"İş Adamları Örgütü" (Nikkeiren)*, devlet yetkilileri ile yakın işbirliği içinde çalışır. Bunlardan *Keidanren*, devlet siyasetinin belirlenmesine etkin olarak katılır. Ayrıca, Japon endüstrisine her alanda yön veren; *Kabine Danışma Kurulları, Endüstriyel Rasyonalizasyon Kurulları, Müzakere Kurulları, Endüstriyel Yapı Kurulları* gibi örgütlerin tümünde devletin önemli bir yeri vardır. Çelik, gemi inşa ve bilgisayar gibi önemli kesimlerde temel kararlar; devlet yetkilileri, iş çevreleri, işçi temsilcileri ve akademisyenlerin oluşturduğu kurullar tarafından alınır. Tümünün amacı Japonya'nın dış yarışmada güçlü kılınmasıdır.

Japonya'da birçok şirketin hisseleri, serbestçe alınıp satılamaz. Herhangi bir satış söz konusu olduğunda, şirketin yüzde 60 ile yüzde 70'i öteki Japon şirketleri ya da Japon Merkez Bankası tarafından alınır. Yabancı şirketlerin, o üretim dalında etkinlik sağlayacağı bir satışı gerçekleştirmesi olanaksızdır. Ayrıca, Japonya'da (Almanya'da da aynı) bir şirket devri sözkonusu olduğunda çalışanların hakları, alıcının konumu, satışın ulusal yarışma gücü üzerindeki etkisi gibi bütün olasılıklar en ince noktasına dek gözönüne alınır.

Fransa'da yabancılara yüzde 20'den çok hisse satışı yasaktır. İngiltere'de yabancılar, hiçbir İngiliz şirketinde yüzde 10'dan çok hisse alamaz.[106] Bu ülkelerde bir şirketin bir başka şirketi güç duruma sokarak satın almasına izin verilmez. Şirket satışları ve KİT'ler Japon ve Alman kamuoyunun önem verdiği konulardır ve hükümetler bu duyarlılığı her zaman göz önünde tutar. Örneğin 1991 yılında İtalyan Lastik üretici *Pirelli SPA*, Almanya'nın en büyük araba lastiği firması olan *Continental A.G.*'yi almaya giriştiğinde, hiç düşünmediği engellerle karşılaştı. Almanya'nın üst düzey urancıları biraraya gelerek bu satışa karşı çıktı. *Deutsche Bank*, karşı çıkışı örgütledi. *Daimler-Benz'in* de içinde bulunduğu şirketler bir araya gelerek, *Continental A.G.'i* aldılar. *BMW, Wolksvagen, Allianz Sigorta Grubu* bu ortak çabaya katıldı. Bu davranış

1970'lerde İran Şahı *Daimler-Benz* hisselerinin bir bölümünü almaya kalktığında da gösterilmişti.[107]

Hiroşima'nın su dağıtım şebekesi için açılan ihalede, IBM'i safdışı bırakmak isteyen *Fujitsu*, ihaleyi yalnızca 1 (bir) yenlik teklif vererek kazanmıştı.[108] Bu tür teklifler Japonya'da sıkça verilmektedir. Bu uygulamalar yabancı şirketlere, Japonya'da yarışa girip boşuna çaba harcamamaları için uyarı görevi yapıyordu. Japonya'nın korumacı politikalarını belki de en iyi Fiat Başkanı *Umberto Agnelli* dile getirmektedir; *"Beş kıtada birden iş yapsa da, hiçbir şey büyük bir Japon firması kadar, salt Japon ve az global olamaz. Endüstriyel ve ticari stratejilerinin altında fetih zihniyeti yatarcasına karar verenler Japon, hissedarlar Japon, organizasyonlar, araştırma ve geliştirme birimleri hep Japon... Bu süreç içinde Avrupa'nın kapılarını rekabete açık tutmak, Amerikalıların yaptığı ve hala sıkıntısını çektiği hataya düşmek demektir".*[109]

*

Alman korumacılığı Japonya'dakinden daha az etkili değildir. Telekomünikasyon, bankacılık, sigorta, elektronik ve kimya endüstrisi eylemsel olarak koruma altındadır. Yabancı bir şirketin, Alman ortak olmaksızın Almanya'ya girmesi, hemen hemen olanaksızdır. *"Kısıtlayıcı yasalar, yoğun devlet destekleri (subvansiyonları) ve ekonomiye egemen olan Almanya'ya özgü bazı 'aristokrat iş protokolleri' de diğer koruyucu duvarları oluşturmaktadır".*[110]

Almanya'da devletin, uran alanında önemli düzeyde hisseleri vardır. Yalnızca Batı Almanya'daki kamu kuruluşları, bütün Alman hisse senetlerinin yüzde 7'sini elinde tutar. *Alman Hava Yolları Lufthansa*'nın yüzde 52 hissesi, devlete aittir (1990). Demiryolları (Bendeshahn) ile iletişimin (Telekom) büyük bölümü, devlet iyeliğindedir.[111] Aşağı Saksonya'da, *Wolksvagen*'in yüzde 20'si devletindir. Devlet iyeliğinin yoğunluğu Almanya'nın doğusunda daha çoktur.

Alman firmalarının dış yarış gücünü arttırmak için şirketlere yardımcı pek çok ticaret birliği vardır. Almanlar da tıpkı Japonlar gibi kamu kurumlarına büyük saygı duyar. Hükümetten bağımsız özerk bir yapıda olan Alman Merkez Bankası, akçalı piyasalara tam olarak egemendir. *Bundersbank'*ın kendisi, Alman markının korunmasında başlı başına bir güçtür.[112]

Fransa'da bünyelerinde 1,5 milyon işçi çalıştıran 2498 devlet şirketi vardır (1995). Bu şirketlerin, 17'si tarım, 341'i endüstri ve 2140'ı ticaret, ulaşım, finansman, sigorta ve hizmet kesiminde etkinlik göstermektedir. Tarımda ONF, otomotivde *Renault*, havacılıkta *Air France, Aeroport*, demiryollarında *SNCF*, bankacılıkta GAN, AGF ve *Banque de France*, iletişimde *La Poste, France Télecom, Radio France, France 2 ve 3* ünlü devlet şirketleridir.[113]

Ulus-Devletlerin Yaşam Süreleri Doldu mu?

"Günümüzde dünya, devletlerin değil bireylerin çevresinde dönüyor. Artık kimse politik partilere katılmıyor. Kabilesel bağlar artık çok daha önemli... İş dünyası kendisini nasıl örgütlüyorsa dünya da öyle örgütleniyor. Günümüzün lider modeli Bill Gates ve onun gibi girişimciler. Dünya artık, bireylerin toplu yargıları ve davranışlarıyla yönetiliyor. Artık paraların değerine ülkeler karar veremiyor. Bireyler karar veriyor. Bilgisayar karşısındaki küresel para simsarları, ülke paralarının karşılaştırmalı değerini kendi paraları ve yargılarına göre belirliyorlar... Politik partiler öldü. Liderler bunu fark etmiyor mu?"[114] Küreselleşme ideologlarından **John Naisbitt** böyle söylüyor. Söylenenler gerçeği mi yansıtıyor, yoksa bir dilek mi? Ya da her ikisini de içeriyor mu? Yeni bir yüzyıla girerken devlet aygıtı doğal ömrünü artık doldurdu mu?

Devlet sorunu, tarih kadar eski bir sorundur. İnsanın el aracı kullanarak üretim yapması, toplumsal yaşamı, toplumsal yaşam da devleti doğurmuştur. İnsan ilişkilerinde elde edilen ayrıcalıkların korunup sürdürülebilmesi, gücü gerekli kılar. Bu güç, devlettir. Özellikle Batı toplumlarında devlet, kamusal düzeni egemenliğe dayalı sınıfsal çıkarlara göre düzenlemiştir. Buna karşın, ilk örneklerini oluşturduğu kent devletlerden (sitelerden) beri toplumun bütün kesimlerini eşit olarak özümseyen (temsil eden) bir düzenleme örgütü olarak gösterilmek istenmiştir. Ancak, devletin toplumsal özümleme yeteneği, insanlığın eriştiği uygarlık düzeyine uygun olarak gelişebilmiştir. Bu anlamıyla insan, devletleştiği oranda insanlaşmıştır.

Demokratik cumhuriyet, toplumsal özümleme yeteneğinin devlet yapısına taşıyan bir yönetim biçimidir. Devlet biçimlerinin, binlerce yıllık tarihine karşın demokratik cumhuriyetin 300 yıllık bir geçmişi bulunuyor. Kapitalizmin gelişimi ve aydınlanma çağının bir sonucu olarak feodalizme karşı savaşım içinde oluşan bu biçimin en özgün örneği, Fransız Devrimi'yle ortaya çıkmıştır.

Avrupa'da, toplumsal gelişimin nesnel yasaları kentsoyluluğu devrimci bir sınıf olarak tarih sahnesine çıkardığında, karanlık ortaçağ ve çözülen feodalizm, varlığına son verecek bu yeni güçle tanışmış oldu. Feodal düzen içinde oluşan ve giderek güçlenen kentsoylu sınıfı, elde ettiği tecimsel ve akçalı olanakları ekonomik egemenliğe dönüştürerek bu alandaki etkinliğini toplumsal ve siyasi alana da taşıdı.

Üretim sermayesinin gelişimine engel oluşturan yasa ve kurumlar ortadan kaldırıldı, yerlerine gereksinime yanıt veren yenileri getirildi. Fabrikalarda çalışacak işçiye gereksinim vardı. Bunun için, daha önce kapalı ekonomik yapılar içinde feodallerin serfleri durumunda olan köylüler, topraktan koparılıp, serbest ve özgür bireyler durumuna getirildi. Toprak devrimi ile topraktaki feodal iyelik kaldırıldı; seçme, seçilme, mal edinme, örgütlenme, eğitim görme, seyahat etmeyi vb. içeren insan hakları kavramı ortaya çıktı. Üretimin yoğunlaşıp çeşitlenmesiyle yeni toplumsal sınıf ve alt sınıf katmanları oluştu. Ekonomik çıkar ayrımlarına göre oluşmuş siyasi ve ekonomik örgütler kuruldu. Siyasi partiler, sendikalar, meslek örgütleri vb. içeren özümlemeci (temsili) yönetim ve kuvvetler ayrılığı kavramı ile parlamentarizm ortaya çıktı.

Hemen tüm Avrupa'da, özellikle de Katolik Kilisesi'nin egemenliği altındaki yörelerde, beysoyluların (aristokratların) ve savaşçı beyliklerin yanında; büyük toprak egemenleri durumuna gelmiş kilisenin, ekonomik etkinliğinin kırılması, böylece din ve mezhep ayrımının insanlar arasında çatışmaya neden olmaması gerekiyordu. Bunun için, kilisenin iyesi olduğu topraklar elinden alındı, gelir kaynaklarına el konuldu ve kilise ekonomik yaşamdan uzaklaştırıldı. Din ve devlet işleri birbirinden ayrılarak dinsel egemenliğe karşı laiklik ilkesi ortaya çıktı ve toplumsal yaşama egemen oldu.

Feodal toplumun kapalı ekonomik yapısında, köylüler kendi ürettiğini kendisi tüketiyor, bu nedenle pazar ilişkileri gelişmiyordu. Oysa kentsoyluluğun ürettiği malı satacağı ve kazanç sağlayacağı, kendi içinde bütünlüğü olan bir pazara ve bu pazarın her yöresini birbirine bağlayacak yollara, büyük enerji kaynaklarına ve hızlı bir iletişim ağına gereksinimi vardı. Bunun için; değişik büyüklükte ve birbirinden kopuk olarak varlıklarını sürdüren feodal topluluklar ve yönetim birimleri yerine, pazar birliği temelinde yükselen uluslar ve merkezi ulus-devletler ortaya çıktı.

Batı Avrupa'da başlayan kapitalist uluslaşma, merkezi devlet örgütünün yetkinleşmesiyle birlikte gelişti. En belirgin örneği Fransız Devrimi'yle ortaya çıkan tek ulus tek devlet, içerdiği demokratik yapılarla feodal devletten daha ileri bir yönetim biçimi oluşturdu.

*

Batı ülkelerinde, devlete dayanarak gerek kendisinin gerekse ülkesinin gelişip güçlenmesini sağlayan kentsoyluluk, 19. yüzyıl sonlarında ilerici ve üretken niteliğini yitirmeye başladı. Üretimin yerini rantiye kazancı ve denizaşırı pazar gelirleri aldı ve dünya, 20. yüzyılda çatışmalarla dolu yeni bir döneme, emperyalist döneme girdi.

Batılı ulus-devletler bu dönemde, ekonominin ve siyasi demokrasinin bağlı olduğu ve liberal geleneklere dayanan ilkelerden koparak, *mali sermaye* egemenliğinin belirleyici olduğu emperyalist devlet durumuna geldi. Bunlar, ulus-devletin gerilikten kurtulup kalkınma ve toplumsal ilerlemeyi sağlamada taşıdığı önemi bildiğinden; sömürge ve yarı sömürgelerin bu tür bir yapılanmaya gidememeleri, yani devletleşmemeleri için ellerindeki tüm olanakları kullandı. Bu tür girişimleri önlemek amacıyla her türlü yöntemi kullanarak etkin bir savaşım içine girildi. 20. yüzyıl tarihi bu savaşım tarihi gibidir.

Batılı büyük devletler, yüzyılın ilk yarısında amaçlarında başarılı olamadı. İlki *Türk Ulusal Devrimi* olmak üzere birçok azgelişmiş ülke, bağımsızlıklarına gerçek anlamda kavuşarak ulus-devlet yapılarını kurdu ve hızlı bir gelişme içine girdi. Ancak, bunların önemli bir bölümü, İkinci Dünya Savaşı sonrasının yeni düzen politikalarına kapılarak gerek güçlükle elde ettiği ulusal bağımsızlığını gerekse bu bağımsızlığın dayanağı olan ulus-devlet işleyişini yitirdi.

Azgelişmiş ülkeler, ulus-devlete en çok gereksinim duyan ülkelerdir. Büyük güçlerin, her yönden kendilerini sardığı bir ortam içindedirler. Ekonomik ve sosyal geriliğin baskısı altında, kendi kendine yetemez durumdadırlar. Yoksul ve kalabalık nüfusun sorunlarını çözememekte, ulusal varlığını ayakta tutabilmenin güçlüğünü yaşamaktadırlar. Dış karışmalara, karşı yeterli direnci gösteremezler. Bütün bu olumsuz koşullardan kurtulabilmenin tek yolu, kendi gücüne dayanan merkezi ve güçlü bir ulusal devlete sahip olabilmektir. Emperyalist devletlerin, azgelişmiş ülkelerde ulusçuluğa ve devletçiliğe kararlı bir biçimde baskı uygulaması bundandır.

*

Ulus devletlerin yaşam süreleri doldu mu? İnsanlık, devletin olmadığı, üst düzeyde gelişmiş, sınıfsız ve savaşsız, sonsuz varsıllığın yaratıldığı, çalışmanın zorunluluk olmaktan çıkarak ilk yaşamsal gereksinim durumuna geldiği yeni bir dünya düzenine ulaştı mı? Yaşadığımız olaylar ve büyük devletlerin sürekli güçleniyor olması bunun böyle olmadığını gösteriyor. Sınırsız özgürlüğün yaşanacağı devletsiz toplumlar henüz insanlıktan çok uzak.

Toplumsal olguların, onu oluşturan özdeksel koşullar yok olmadan ortadan kalkmayacağını, bugün herkes biliyor. Doğada ve toplumda, yaşam süresini doldurmuş olay ve olguların varlıklarını sürdürebilmesi olanaklı değil. Yaşam süresini doldurmamış olanların da yok olması olanaksız. Devletin küçülüp yok olması, devletsiz toplumların yaratılması, istek ya da baskıyla gerçekleştirilebilecek türden işler değildir. 19. yüzyılda devleti ortadan kaldıracaklarını söyleyen anarşistlerle, günümüzün küreselleşmecilerin *idealizmi* arasında felsefi anlamda bir ayrım yok. Doğal ölüme kimsenin diyebileceği bir şey olamaz ancak cinayet en büyük suçtur. Bu nedenle, azgelişmiş ülkelerin daha çok genç olan ve belki de daha doğmamış olan ulus devlet yapılarını yok etme eylemi, insanlık tarihinin belki de en bağışlanmaz suçunu oluşturuyor.

Azgelişmiş ülkelerde ulus-devleti ortadan kaldırmak olanaklı mıdır? Doğal süreç içinde sorunun yanıtı kuşkusuz olumsuzdur. Erken bir uygulama örneği olarak, Rusya'daki *sosyalist* uygulamanın yaşatılması sağlanamamıştır. Bunun nedeni, sosyalist bir düzenin kurulması için nesnel koşulların olgunlaşmamış olmasıydı. Aynı yaklaşımla, nesnel olarak doğal yaşam süresini doldurmamış ulus-devletleri ortadan kaldırma istem ve girişimi olumluluk içeremez. Toplum yaşamında ve doğada, ne olgunlaşmamış bir değişim yaratılabilir, ne de yaşam süresi dolmamış bir olgu yok edilebilir. Bu nedenle, doğal yaşamını tüketmemiş olan ulus-devlet güç kullanarak dağılabilir ancak bu yöndeki toplumsal istenç yok edilemez.

Azgelişmiş ülkeler, devlet karşıtlığı karşısında henüz yeterince örgütlü değil ancak ulus-devlet istemi, büyük bir gizilgüç oluşturmaktadır. Yaşamın karşı konmaz yasaları onlardan yana. Bu nedenle ölçülebilir boyutu ne olursa olsun herhangi bir gücün, onların yaşanmamış geleceklerini ellerinden alması olanaklı değil.

Ulus-devlet düzeninin bugünkü bunalımı, gerçek bir uygarlık sorunudur. Bu sorunun yaratıcıları, kendilerini uygar olarak gören az sayıdaki büyük devlet ve şirket yöneticisidir. Milyonlarca insanın, kuralları ve sınırları önceden çizilmiş eşitsiz koşullarda ve gücün belirleyici olduğu bir ortamda yaşamaya zorunlu kılınması, gerçek bir insanlık dramıdır. Bu drama son vererek toplumsal gelişimi sürekli kılmak ise kuşkusuz, bir gelişmişlik ölçütüdür. Bu ölçütün en belirgin göstergesi, emperyalizme karşı savaşımda erişilen düzey ve ülke çıkarlarının korunmasında sağlanan başarıdır. Günümüzün uygar insanı ulusal hakları için savaşım veren insandır.

20. yüzyılda etkili olan toplumcu düzenlerin acılı sonuçlarıyla çökmesi, uygarlık adına hiçbir birikim bırakmadığı anlamına gelmez. Bugün, ulus devlet düzeninin apansız ya da ağır

ağır bozulmasını bir kaos ortamı izlemektedir. Bu ortamın özdeksel araçlarını hazırlayanlar, insanlığı karışık bir çatışmanın içine bir kez daha çekmektedir. Ancak, bu çatışma kendi içinden, yeni ve ileri toplumsal seçenekler çıkaracaktır. Çağdaşlaşmanın en yetersiz, ulus karşıtı uygulamaların en yoğun ve sınır çözülmelerinin en hızlı olduğu yörelerde bile, yeni bir kamusal düzenin dış çizgileri şimdiden ortaya çıkmaktadır.

Yeni Dünya Düzeni'nin Sonuçları:
3. Ülke Haklarını Savunmayan Ülke Yöneticileri

Gelişmiş ülkelere hayranlık, kökleri geçmişe dayanan eski bir geri kalmış ülke alışkanlığıdır. Sömürü ve yoksulluktan kaynaklanan ülke sorunlarını çözemeyen azgelişmiş ülke yöneticileri, ya *'zengin Batı'ya'* bağımlı oldu ya da yerel geleneklere sarılarak kör bir gerilik içinde ona düşmanlık duydu. Başta Türkiye olmak üzere çok azı konuyu gerçek ve bilimsel temelleriyle kavrayarak 1919'daki gibi bilinçli eylemini anti-emperyalist savaşıma yükseltti.

Günümüzde Batı'yı ele alışla, 19. yüzyıldaki Batı'ya bakış hemen hemen aynı. Ancak, biçimsel değişimler söz konusu. Dünün Batı hayranı çelebi aydınları, bugün hırçın küreselleşmeciler, dünün Batı düşmanı imanlı dindarları bugün gönüllü emperyalizm savunucuları oldu. Aralarına liberalleşen *"solcuları"* da alıp, ortak paydası akçeli işler olan ilişkilerle yazgılarını birleştirerek, aynı yolun yolcusu yurt ve ulus karşıtları durumuna geldiler.

Bugün, dışa bağımlı kılınmış ülkelerde, yönetici olabilmenin geçerli yolu; önerilen uluslararası politikaları tartışmasız kabul etmek, bunları içte ve dışta uygulamaktır. Yönetime gelmeyi ve süresini belirleyen ölçüt, bu konuda gösterilen uyumdur. Bağımsızlık yanlısı ulusçu kadroların yönetici olmaları, olanaksızdır. Bu tür *"unsurlar"* yönetime gelseler bile, önlerine çıkarılacak engelleri sürekli olarak aşmak zorundadır. Son elli yıl içinde bu engellere takılarak yönetimden uzaklaştırılan birçok azgelişmiş ülke yöneticisi vardır. **Musaddık**, **Goulart** ve **Allende** bunların en çok bilinenleridir.

Birçok azgelişmiş ülke yöneticisi için; uluslararası anlaşmaların niteliğine, işleyişine ve uygulama sonuçlarına kafa yormak, yararsız olduğu kadar aynı zamanda çekincelidir. Onlar, bu tür uğraşlar için zaman ayırmazlar. Temel atma ve açılış törenlerine, basın açıklamalarına spor karşılaşmalarına ya da ülkelerarası politik gezilere giderler. On binlerce sayfa tutan uluslararası anlaşmaları, hiç incelemeden imzalayarak küresel ortaklıklara girmenin övüncüyle dolaşırlar.

Yüz yirmi ülkenin üye olduğu GATT'ın, 1 Ocak 1995'ten beri yerini alan *Dünya Ticaret Örgütü*'nün (WTO), ilk Bakanlar Konferansı, 9-13 Aralık 1996 günlerinde, Singapur'da yapıldı. Bu toplantı ile ilgili olarak *Le Monde*'da bir yazısı çıkan **Bernard Cassen** bu yazıda şunları söylüyordu: *"Dünyanın dört bir yanından gelerek anlaşmaya imza koyan devlet görevlilerinden kaçı, serbest ticareti üretmek için çalışan bu muazzam aygıtı yaratan GATT'ın Uruguay raundunun 1994'te Marakeş'te imzalanan 500 sayfalık final metni ile pazara dahil olunması konusundaki özel yükümlülüklerle ilgili 24 bin sayfa tutan tamamlayıcı ekleri okuma zahmetine katlanmıştır?"*[115]

Avrupa Birliği'yle ilgili; anlaşma, karar, işleyiş ve araştırmayı kapsayan 100 bin sayfayı aşkın yazılı metin vardır. Bu anlaşmalardan, *Gümrük Birliği*'ne katılan, Avrupa Birliği'ne katılmak için yoğun çaba harcayan Türkiye'de, bu metinler tam olarak incelenmediği gibi, henüz çevirileri bile tamamlanmamıştır. Genel bir durum olarak uluslararası anlaşmalar hakkında en az bilgiye sahip olanlar, bu anlaşmaları en çabuk imzalayan azgelişmiş ülke yöneticileridir. Bu yöneticiler içinde, oturdukları koltuğa eğitilerek getirilenlerin sayısı bilinenden çoktur. Değişik biçim ve adlarla bağımsız karar yetkilerini yurt dışına devretmemiş azgelişmiş ülke yöneticisi kalmamış gibidir.

ABD Savunma Bakanı **McNamara** 1962 yılında, Temsilciler Meclisi *Tahsisat Komitesi'nin Alt Komisyonu*'nda yaptığı konuşmada Kongre'ye şu bilgileri veriyordu: *"Birleşik Devletler ve yabancı ülkelerdeki askeri okullarımızda ve eğitim merkezlerimizde seçme subaylar ve önemli mevkilerde bulunacak uzmanları eğitmemiz askeri yardım yatırımlarımızdan sağlanan yararların herhalde en önemlisidir. Bu öğrenciler, ülkelerine dönüşlerinde eğiticilik görevlerini orada sürdürecek olan ve hükümet yetkililerince seçilmiş görevlilerdir. Bunlar gerekli* *bilgilerle donatılmışlardır. Onlar burada edindikleri bilgileri kendi ülkelerine taşıyacak olan geleceğin liderleridir. Amerikalıların ne yapmak istediklerini ve nasıl düşündüklerini gayet iyi bilirler. Bunların liderlik mevkilerine gelmelerinin bizim için ne kadar önemli olduğunu belirtmeye ayrıca gerek görmüyorum. Böyle dostlara sahip olmanın değeri ölçülemeyecek kadar çoktur".*[116]

1960'lı yılların sonlarında, ABD hükümeti, *Amerikan Yardım Teşkilatı'*nın (AID) Türkiye'deki verimini saptamak için bir uzman göndermişti. **Richard Podol** isimli bu *'uzman'* yazanağında şunları söylüyordu: *"yirmi yıldan fazla zamandan beri Türkiye'de faaliyette bulunan yardım programı bir zamandan beri meyvelerini vermeye başlamıştır. Önemli mevkilerde Amerikan eğitimi görmüş bir Türk'ün bulunmadığı bir bakanlık ya da KİT hemen hemen kalmamıştır. Genel müdür ve müsteşarlık mevkilerinden daha büyük görevlere kısa sürede geçmeleri beklenir. AID bütün gayretlerini bu gruba yöneltmelidir. Geniş ölçüde Türk idarecilerini indoktrine etmek gerekir* (İndoktrine; sözlük anlamı: Beyin yıkamak, bir inancı veya öğretiyi, kafaya sokmak, fikir aşılamak)..."[117]

'Söz dinleyen' bürokratların, seçim ya da darbeyle yönetime gelen hükümet yetkililerinin ve politikacıların büyük bölümü, yaptıkları işlerin devleti çökerttiğini bilir. Bulundukları yer için yetiştirilenlerin dışında kalanlar, başlangıçta, uygulanan ulus karşıtı politikaların, çağın gereği olan ileri atılımlar olarak gördü ve buna inandı. İşin gerçeğini anladığında, artık yapacak bir şeyi yoktu. Bunlar hızla değişim göstererek; gerçekleri görmek istemez duruma geldiler. İnanmak istediklerine inanarak, dışarda özel olarak yetiştirilmiş olanlarla birlikte, ülkelerini yönettiler.

Azgelişmiş ülkelerde (gelişmişlerde de), yolsuzluk çamuruna bulaşmamış, karanlık ve karışık ilişkilere girmemiş hükümet yetkilisi ve üst düzey yönetici aramak, dünyada saf ırk aramak gibidir. Ele geçirilen yönetim yetkisi, ülke ve halkın haklarını korumak için alınan sorumluluklar değil, artık para ve yönetme hırsının doyum (tatmin) araçlarıdır. Üçüncü bir sektör haline gelen bu ilişkilerin, yazılı olmayan özel *'yasaları'* vardır ve son derece profesyonelce yürütülür. Kimse kimsenin açığına bakmaz, herkes yurt dışı banka hesaplarındaki sıfırları arttırma çabası içindedir. Bunlar, temel özellikleri bakımından ülkeden ülkeye değişmeyen günümüz politikacılarının en belirgin tipidir. Seçimleri bunlar kazanır ve ülkeyi sırayla yönetirler.

Gelecek Bilimci **John Naisbitt**, azgelişmiş ülke yöneticilerinin nasıl olması gerektiğini şöyle açıklamaktadır: *"Yeni liderler artık devletlerarasındaki değil, bireyler ve şirketler arasındaki stratejik ittifakları kolaylaştıracaklar ya da en azından karşı çıkmayacaklardır... Bugün dünyamızda tanık olduğumuz şey birbirinden ayrı ve karmaşık bir olaylar yumağı değil, bir süreç; hükümetsiz bir yönetimin yayılmasına doğru ilerleme süreci... Politik partiler öldü. Liderler bunu fark etmiyor mu?"*[118]

Yeni Dünya Düzeni'nin Sonuçları:
4. Tarım Sorunları
(Kendini Besleyebilen Azgelişmiş Ülke Kalmıyor)

1970'lerin etkili ismi, ABD Dışişleri Bakanı ve Beyaz Saray Danışmanı **Henry Kissinger** o yıllarda; *"Birleşik Devletler'in 'yiyecek silahı', Arap petrol kartellerinin elindeki 'petrol silahıyla' boy ölçüşecek durumdadır"* diyordu.[119] **Kissinger** haklıydı. Dünya tahıl ticaretinin yüzde 80'ini elinde bulunduran ABD, bugün dünyanın büyük bölümünün yediği ekmeği sağlayan ülke durumundadır.

ABD, İkinci Dünya Savaşı'ndan önce 5 milyon ton besinlik tahıl dışsatımlarken, bu niceliği 1980'lerde 120 milyon tona çıkardı. Besinlik tahıl dışsatımının büyük bölümünü, azgelişmiş ülkelere yapmaktadır. Birçok yoksul tarım ülkesi, artık, net bir biçimde tahıl dışalımcısı durumuna gelmiştir. 1984 yılında Güney Sahra Afrikasındaki nüfusun yüzde 25'i yaşayabilmek için dışarıdan alınacak tahıla bağımlı duruma gelmişti.[120]

Devlet bütçesinden ayrılan büyük boyutlu tarım destekleme fonlarıyla, yarışılması olanaksız dünya tekelleri durumuna gelen Amerikalı tarım şirketleri, dünyanın hemen her yerini etkisi altına almıştır. Özellikle Asya, Afrika ve Güney Amerika ülkelerinin tarımsal üretimleri artık onlardan soruluyor. Bu şirketler, uluslararası pazarlarda hükümet teşviklerinden aldıkları güçle, yerel üreticilerin altında fiyat verebiliyor. Bu yöntemle, zaten çeşitli yetersizlikler içinde bulunan ve kendi başına ayakta kalmaya çalışan azgelişmiş ülke tarımı, ürünlerini dünya pazarlarına sunamadan bulunduğu yerde kolayca boğuluyor.

Tayland, döviz gereksiniminin yüzde 15'ini pirinç dışsatımından sağlayan bir ülkeydi. ABD, 1990'lı yılların başlarında, dünya piyasalarında 8 dolar olan pirincin fiyatını birden 4 dolara indirdi.[121] Bu ederin inmesi olanaksız olan Taylandlı pirinç üreticileri, çok güç durumda kaldı ve Tayland tarımcılığı büyük zarar gördü.

Birkaç kalem tarım ürününden başka satacak malı olmayan yoksul ülkeler, bu tür politikalarla, ellerindeki tarım üretimi olanaklarını da yitirdi. Somali, Mozambik, Bangladeş, Sierra Leone, Togo ve Angola gibi çok yoksul ülkeler, ilk kez buğday, mısır ve pirinç dışalımlamak zorunda kaldı. Bu tür ülkelerin bir bölümünde, artık yabancı gıdalar tüm dışalımın yüzde 25'ini oluşturmaktadır.[122]

Meksika ve Türkiye, tarım üretiminde 1970'lere dek kendi kendilerine yeten ülkelerdi. Tarım politikalarına yönelik IMF kaynaklı ABD önerilerini uygulamaya başladıktan sonra, hızla tarım ürünü dışalımlayan ülkeler arasına girdiler.

Dev boyutlu tarım destekleme izlenceleri uygulayarak dünya tarım piyasasını ele geçiren ABD, azgelişmiş ülkelere tarım desteklerini kaldırmaları için ısrarlı dayatmalarda bulundu. Bu istek, artık, IMF kredi anlaşmalarının değişmeyen koşuludur. Kendini IMF politikalarına kaptıran Meksika, en çok ürettiği tarım ürünleri mısır ve fasulyeyi dışardan alır duruma geldi.

Türkiye, diğer geleneksel tarım ürünleri yanında köklü bir geleneği olan hayvancılığı hemen hemen tüketti. Türkiye Ziraat Odaları Birliği Başkanı **Faruk Yücel** 3 Nisan 1999'da İzmir'de yaptığı açıklamada şunları söylüyordu: *"Türkiye önlem alınmadığı takdirde 3-5 yıl sonra açlık sınırına gelecektir. Ehil ellerde olmayan tarım politikaları yaz-boz tahtasına döndü. Türk tarımı bugün can çekişiyor. İşlenen tarım alanları 1999 yılı itibariyle 1970'e göre 653 bin hektar azalmıştır. Türkiye'de tarım değil, tarım ürünleri ithalatı destek görmektedir".*[123]

Gelişmiş ülkelere ait dev tarım şirketleri, GATT anlaşmasının kendilerine sağladığı ayrıcalıkları kullanarak tohum sattıkları ülkelerle çeşitli anlaşmalar yaptı. Bu anlaşmalarda, genetik olarak değiştirilmiş tohumların -her yıl tohum satabilmek için- bir ekimden çok kullanılmasını yasaklıyordu. Bu yasak, denetim ve izleme gerektiriyordu. Bu ise gider demekti. Şimdi, biyoteknoloji yoluyla *intihar eden tohum* bulundu. Azgelişmiş ülkelere bu tohumlar satılıyor. Satılan tohumlara ek bir gen daha ekleniyor. Bu gen, genetik olarak değiştirilmiş bitkinin tohum vermesini engelliyor.[124]

Azgelişmiş ülkelerin tüzel dizgesini çökertecek *Çok Taraflı Yatırım Anlaşması* (MAI) girişimi, 1999'da, gösterilen tepkiler nedeniyle ileri bir tarihe ertelendi. Gelişmiş ülkeler, 131 azgelişmiş ülkeye imzalatmayı amaçlayarak, *Transatlantik Ekonomik Ortaklığı* (TEO) adıyla yeni bir taslak hazırladı. Azgelişmiş ülkeler için daha da ağır koşullar içeren bu taslağın tarımla ilgili bölümlerine göre; *"Özellikle soya ve transgenetik pirinç gibi ABD'nin tekelinde bulunan tohumlar için patent haklarına mutlaka uyulacak"* ve *"üye ülkelerin açlık riskine karşı stok yapmalarına sınırlama getirilecek."* Bu taslağa göre ayrıca; *"Yabancı şirketler, yatırım yaptıkları ülkenin ulusal ya da bölgesel şirketleriyle aynı haklara sahip olacak ve ülkelerin, yabancı şirketlerin konuya yönelik alımları veya teklifleri konusunda denetimi olmayacak"*.[125]

Gelişmiş ülkelerin, gerek üçüncü ülkelere ve gerekse birbirlerine karşı ödün vermedikleri tek konu tarımdır. Gelişmemişler bir yana, AB ülkeleri arasındaki temel anlaşmazlık konuları hep tarımla ilgilidir. AB ve ABD arasındaki tarım ürünleri yarışı şiddetlenerek sürüyor. Büyük devletler, insan yaşamı için taşıdığı önem nedeniyle, geleceğe yönelik uzun erimli tasarılarında tarıma, sürekli özel önem veriyor.

*

İnsan, uygarlığın kendisine sunduğu yaşamı kolaylaştıran teknolojik olanaklara sahip olmadan varlığını sürdürebilir ancak temiz hava, temiz su ve besini olmadan yaşayamaz. Bu nedenle sözkonusu insan olduğunda, besin tarımla, tarım da yaşamla bütünleşir. Bu bütünlük, hayvancılıkla başlayan, bitkisel ürün elde etmeyle süren tarımsal etkinliklerle, insanı hayvanlıktan çıkaran bir süreci başlatır. Bu süreç insanlık tarihidir.

Hangi nedenle ve hangi ülkede olursa olsun, tarımın çökmesine ya da gerilemesine yol açacak olan politik davranışlar, topluma karşı işlenen bir insanlık suçu durumundadır. Bunun nedeni, tarımın uygarlığın oluşumuyla bütünleşen niteliği ve bu niteliğin insanın varlığını sürdürebilmesiyle olan dolaysız ve zorunlu ilişkidir. Tarihin değişik dönemlerinde gerçekleştirilen tarlaları yakmak, hayvanları öldürmek ya da tohumları yok etmek gibi eylemler bugün barbarlık olarak nitelendiriliyor. Oysa gerçek barbarlık, tarımdan başka yaşam şansı olmayan yoksul ülkelerin ellerindeki besin kaynaklarını, tecimsel ve siyasi hesaplarla yok ederek bugün yapılıyor.

Azgelişmiş ülkelerdeki tarımsal gelişim, günümüzün küresel karmaşası içinde; teknolojik yeniliklerden borsa egemenliğine, yabancı uzman yardımlarından dış kaynaklı tarım önerilerine dek her yol kullanılarak önemli oranda bozulmuştur. Bu ülkelere, önce dışsatıma dayalı kalkınma izlenceleri önerildi. Dünya Bankası, *dışsatım yap yoksa öleceksin* diyordu.

Başlangıçta dışsatımı yapılacak mal üretimi için borç verildi. Oysa bu ülkelerin, dünya pazarlarında gelişmiş ülke mallarıyla yarışabilecek nitelikte üretim yapacak ne bilgi, ne teknoloji ve ne de özdeksel koşulları vardı. Alınan krediler genellikle başka amaçlarla kullanıldı. Dünya Bankası ve IMF, bu ülkelere tarıma büyük zarar veren; devlet, destekleme alımlarının, gübre yardımlarının, düşük faizli kredi uygulamalarının kaldırılması ve tarımsal KİT'lerin özelleştirilmesini içeren tarımsal kalkınma izlencelerini ısrarla uygulattı. Uygulamalar sonucu ulusal tarım üretimi, kısa sürede gerileyerek bu ülkeler halkını besleyemez duruma geldi. Sonuçta dışsatım düşleriyle borç batağına sürüklenen azgelişmiş ülkeler, hem sanayileşemedi hem de tarım ürünü almaya başladı. Borç taksitlerini ödemek için borç arar duruma geldiler. Aradıkları kredileri artık, ulusal değerlerinden ve buna bağlı olarak ulusal tarım politikalarından verdikleri ödün oranında bulabiliyorlar.

*

ABD ile Türkiye arasında 12 Kasım 1956 tarihinde, *Tarım Ürünleri Anlaşması* imzalandı. Bu anlaşmaya göre ABD Türkiye'ye 46,3 milyon dolarlık buğday, arpa, mısır, dondurulmuş et, konserve, sığır eti, don yağı ve soya yağı satacaktı. Bu ürünler azgelişmiş bir tarım ülkesi olan Türkiye'nin temel ürünleriydi. Bunlar, ABD gibi bir ülkenin eşit olmayan yarışına bırakılıyordu. Ancak, daha önemli olanı anlaşmanın 2 ve 3. başlamlarıydı (maddeleriydi). 2. başlam şöyleydi: *"Türkiye'nin yetiştirdiği ve anlaşma-*

da adı geçen ya da benzeri ürünlerin Türkiye'den yapılacak ihracatı, Birleşik Devletler tarafından denetlenecektir.", 3. başlamının b bendi ise; "Türk ve Amerikan Hükümetleri, Türkiye'de Amerikan mallarına karşı talebi arttırmak için birlikte hareket edeceklerdir" diyordu.[126]

ABD Ankara Büyükelçisi, bu anlaşmaya dayanarak Türkiye Cumhuriyeti Hükümeti'ne 21 Şubat 1963 tarihinde verdiği 1222 sayılı notada, Tarım Ürünleri Anlaşmasına dayanarak şunları istiyordu: "*T.C. Hükümeti, 1 Kasım 1962-31 Ekim 1963 tarihleri arasındaki devrede zeytinyağı ihracatını 10 bin metrik tonu aşmayacak biçimde sınırlayacaktır. Eğer bu miktardan fazla zeytinyağı ihraç edecek olursa ABD'den fazlalık kadar nebati yağ ithal edecektir*".[127] Bu nota dönemin Ticaret Bakanı **Muhlis Ete** tarafından aynen kabul edilmiştir.

Türkiye, bir başka tarım anlaşmasını, 55. Cumhuriyet Hükümeti zamanında AB ile yaptı. 9 Ocak 1998 tarihli Resmi Gazete'de yayınlanan bu anlaşmaya göre, Türkiye et başta olmak üzere (delidana hastalığının Avrupa'yı sarstığı günler) AB'de devletçe desteklenen tarım ürünlerinin sıfır gümrükle dışalımlanmasını kabul ediyordu. Hükümetin anlaşma nedeniyle yayınladığı dışalım kararnamesi üzerine bir açıklama yapan Tikveşli Yönetim Kurulu Başkanı **Doğan Vardarlı**, yetkililere imzalarını geri çekmeğe çağırarak şöyle diyordu: "*İmzalarını çekeceklerdir. Yerli üretici yaşayamaz. Hastalık geliyor, bu kararnameyi bakanlar ya okumadan imzaladı ya da belli kesimlerden para yediler. Başka açıklaması yok*".[128]

Tarımsal ve madensel ürün dışsatımına bel bağlayan yoksul ülkeler, bugün dünya piyasalarına her yönden egemen olan gelişmiş ülkelerin oyuncağı durumundadır. Yapay fiyat ayarlamaları, kotalar ve kaynağı belli olmayan medya haberleri bu tür ülkeleri çaresizlik içinde edilgen bir konuma getirebilmektedir. Örneğin, ABD basınında, kim oldukları belli olmayan *Tüketici Sağlığını Koruma Örgütü*'nün ilanları çıkıyor ve bu ilanlarda, Palmiye yağları ve tropik şekerlerin kanserojen olduğu yer alıyordu. Yoksul sıcak ülke ekonomilerinin tümden bağımlı olduğu bu ürünlerdeki ani istem düşüşü, ederleri de düşürüyor ve sonuçta dışsatımcı yoksul ülkeler çok güç durumda kalıyordu. Aynı günlerde, ABD, Avrupa ve Japonya laboratuarlarında geliştirilen yapay tatlandırıcılarla sentetik yağların satışlarında patlama oluyordu. 1970'lerin başında, kahve fiyatlarındaki yüzde 60'a varan ani düşüşler, kahve dışsatımcısı ülkeleri perişan ediyor ve kahve ekim alanlarının önemli bir bölümü yabancı yatırımcıların eline geçiyordu.[129]

ABD'nin Ankara Büyükelçisi **Mark Parris**, 30 Nisan 1998'de yaptığı açıklamada; Başkan **Bill Clinton**'ın, Başbakan **Mesut Yılmaz**'a Aralık 1997'de verdiği söz çerçevesinde, iki ülke arasındaki tecimsel engellerin kaldırılması sürecinin devam edeceğini açıkladı. Türk medyası açıklamayı önemli bir ekonomik haber olarak verdi. Oysa ABD, *Gümrük Tarifeleri Genel Anlaşması* (GATT) hükümlerine aykırı olarak Türk tekstil ürünlerine kota uyguluyordu. Başbakan **Mesut Yılmaz**, ABD gezisi sırasında **Clinton**'dan kota genişliğinin sağlanmasını (kaldırılması değil) rica etmiş ve **Clinton**'dan 2005 yılına uzanan 7 yıla yayılma koşuluyla beş bölümde kota arttırılması sözünü almıştır.

Oysa, *Dünya Ticaret Örgütü* (WTO) anlaşmasına göre 2004 yılında kotalar zaten tümüyle kaldırılacaktı. Buna karşın, **Clinton**'un yasal olmayan kotayı, sınırlı biçimde genişletmesi bile karşılıksız değildi. **Mark Parris**, Türkiye'nin, ABD'den yapılacak canlı hayvan ve tahıl dışalımını tümüyle serbest bırakmasını ve düşünsel iyelik (fikri mülkiyet) haklarına ilişkin kaygıların giderilmesini istedi. Aynı gün bir açıklama yapan dönemin Devlet Bakanı **Işın Çelebi**; *"ABD'nin tarım ürünleri ihracatı ile ilgili istemlerini değerlendirdiğini ve bu konuda, Tarım ve Köyişleri Bakanı Mustafa Taşar ile ön görüşme yaptığını"* belirtti.[130]

*

ABD'de tarıma verilen devlet desteği, 1980 yılında 2,7 milyar dolarken, bu destek 1986 yılında 25,8 milyar dolara çıkmıştı. AB aynı dönemde bu desteği 6,2 milyar dolardan 21,5 milyar dolara yükseltiyordu.[131] *The Economist Dergisi*'nin 9 Haziran 2001'de yayınladığı verilere göre, bu destek 2000 yılında; Avrupa Birliği'nde 100 milyar dolar, ABD'de 56 ve Japonya'da 48 milyar dolara çıkmıştı.

Bu ülkelerde uran ürünleri dışalımına uygulanan gümrük vergileri yüzde 4'lere gerilemişken, tarım ürünleri dışalımına uygulanan vergiler hala yüzde 40-50 seviyesinde duruyordu. Japonya, tarım ürünleri dışalımından ortalama yüzde 63 vergi alıyor, pirince özel bir uygulamayla yüzde 1000 (yüzde bin) gümrük vergisi uyguluyor.[132]

ABD, 2000 yılında 56 milyar dolara çıkardığı destekle de yetinmedi ve bu desteğe 2002 yılında 45.1 milyar dolarlık yeni bir paket ekleyerek, tarıma yapılan devlet desteğini 101,1 milyar dolara çıkardı. Yasanın Temsilciler Meclisi'nde kabul edilmesi üzerine ABD Başkanı **George W. Bush**; *"Bu yasa Amerikan çiftçileri için cömert ve güvenilir bir sosyal güvenlik ağı oluşturmaktadır"* dedi. Bu girişime IMF Başkanı **Hors Köhler** bile karşı çıktı ve ABD'nin kendi tarım sektörünü bu denli korumasının *"yoksullukla savaşa yeni bir engel"* olarak niteledi. Avrupa Birliği ve Brezilya bu destek nedeniyle, ABD'yi, Dünya Ticaret Örgütü'ne şikayet etti.[133]

Gelişmiş ülkeler arasında, korumacılıkla tarımsal ürün yarışı yeğinleşerek sürmektedir. Kendi dışında herhangi bir ülkenin yarışa katılmasına kesin olarak izin verilmiyor. Gelişmiş ülkeler, iç pazardaki koruma önlemlerini saltıklaştırırken, üretme olanağına sahip olmadığı için dışalımlamak zorunda kaldıkları tarımsal ürünlerin üretimini, kaynağında denetim altında tutuyor.

ABD kökenli *Tarım Yardım Ajansı* danışmanları (bunlar ücretlerini öneri yaptıkları ülkelerden alır) 1980'lerde; Filipinler, Tayvan, Tayland ve Endonezya'ya karides dışsatımcısı olmalarını önerdi. Piyasa ederi yüksek, kazanç oranı büyük olduğundan, bu uygun bir dışatım malı gibi görünüyordu. Japonlar karidesi seviyor ve Asya karides üretiminin yüzde 80'ini tüketiyordu. Japonya aniden karides dışalımını durdurdu. Sonuçta, *"karides ekonomisine"* katılan kasaba ve köylerdeki üretici halk perişan duruma düştü.[134]

Güçlü zeytinyağı potansiyeli olan Türkiye'ye, ABD kaynaklı soya ekimi ve soya yağı kullanımı önerildi ve uygulandı. Zeytincilik savsaklandı (ihmal edildi). Önemli bölümünü Rumların 1923 öncesinde diktiği zeytin alanlarında, son altmış yılda artma değil azalma oldu.

Dünyaca ünlü yerli tütün yerine ABD kökenli Virginia tütünü önerildi. Tarıma verilen devlet desteği önemli oranda azaltıldı, daha sonra kaldırıldı. Et dışalımına izin verildi, hayvancılık yazgısıyla başbaşa bırakıldı. Hayvansal ürünleri işleyen devlet

KİT'leri satıldı. AB, canlı balık ve deniz ürünlerinin Türkiye'den dışalımını yasakladı. Fındık, salça ve karpuzu da yasaklayacağını açıkladı.

Benzer uygulamalar, dünyanın her yerinde yaşanıyor. Uluslararası piyasaları, izleme, inceleme ve etkileme olanaklarından yoksun yoksul ülkeler, oynanan oyunun, bugün için küresel piyonları durumundadır. Oysa gelişmiş ülkeler, uzun erimli izlencelerle geleceğe hazırlanıyor. Dünya tarım haritalarında, hangi ürüne, nerede ve ne zaman izin verileceği (ya da engelleneceği) saptanmıştır. Gıda teknolojisindeki gelişme, azgelişmiş ülkelerle arayı her geçen gün daha çok açıyor.

Küresel gıda şirketleri tüketicilerine, haklı bir üne sahip Kenya'nın AA kahvesi yanında, ABD laboratuarlarında üretilen biyokimyasal kahve çekirdeğini de sunuyor. Laboratuar vanilyaları Madagaskar'daki 70.000 vanilya üreticisini tehdit ediyor. Biyomühendislik eseri kereviz yaprakları, diri, lifsiz ve dayanıklı olduklarını açıklayan ilan kampanyalarıyla piyasaya sürülüyor. DNA benzetmesi yoluyla elde edilen; dona karşı dayanıklı krizantemler, karanfiller, domatesler ve çilekler, piyasalarda doğal olanlarıyla yarışıyor. DNA ile antifiriz proteini üretiliyor, hayvan kopyalanıyor. Dünyada en çok süt veren inek cinsinden yüzde 25 daha fazla süt elde edilen süper inekler yaratılıyor. Yeni biyoteknolojiler ve gen haritalarında sağlanan ilerlemeler, tarımsal endüstriler üzerine egemenlik kuruyor. Kendi aralarında yarışan gelişmiş ülkeler, yoksul ülkeleri deney ve kullanım alanı olarak görüyor.

Ürün çeşitliliği, üretim düzeyi, dışsatım ve teknoloji alanlarının azgelişmiş ülkeler zararına değişmesi artık sürekli duruma gelmiştir. Bu değişim o denli hızlıdır ki araştırmacılar ve sayıbilimciler (istatikçiler), tarımsal kalkınmada bölgeler arası eşitsizlikleri gösteren verileri izlemekte zorlanmaktadır. Elde edilen sayısal değerlerin oluşturduğu tablo eğrileri, gelişmiş ülkeler için hep yukarı, azgelişmişler için hep aşağıya doğrudur.

Kişi başına besin üretim miktarı, 1964-1984 arasındaki 20 yılda; ABD'de yüzde 21, Batı Avrupa'da yüzde 31 artarken, Afrika'da yüzde 12 azalmıştır.[135] Avrupa ve Amerikalılar nitelik ve miktar olarak zaten çok önde oldukları tarım üretimlerini, oransal olarak da arttırıyor. Aynı dönemde, kişi başına düşen ekili alan miktarı ABD'de 1,05 hektardan 0,90 hektara, Batı Avrupa'da 0,31 hektardan 0,25 hektara düştü. Bu ülkeler, ekili alan niceliğini azaltırken verimliliği arttırmış ve daha az topraktan daha çok ürün elde etmişti. Oysa Afrika'da, kişi başına ekili alan niceliği; yoksulluk, erozyon ve çölleşme nedeniyle, 0,74 hektardan 0,35 hektara düşerek yüzde 100 azalmış ve bir felaket durumuna gelmişti.[136]

IMF ve Dünya Bankası'ndan kredi isteyen azgelişmiş ülkeler uzayıp giden koşullarla karşılaşır. Listenin en üstünde, devlet desteklerinin, özellikle de gübre desteğinin kaldırılması vardır. Oysa makinalı tarıma tam olarak geçememiş bu tür ülkelerde tarımın verimliliği doğa koşullarına bağlıdır. Bu ülkelerde tarıma yalnızca gübrede değil her konuda destek olunması gerekir. Bu yapılmadığında, ulusal tarımın gelişmesi değil ayakta durması bile olası değildir.

ABD, 1964 yılında kişi başına 47,3 kilogram gübre kullanılırken bunu 1984 yılında 93,2 kilograma çıkarmıştı. Yoğun gübre kullanan Batı Avrupa ülkelerinde ise sayılar daha büyüktü. 1964'te 124,4 kg/kişi olan gübre kullanımı 1984 yılında 224,3 kg/kişi'ye çıkmıştı. Aynı dönemde Güney Amerika'nın kullandığı kişi başına gübre miktarı 6,4 kilogramdan 45,8 kilograma, Afrika'da ise 1,8 kilogramdan 9,7 kilograma çıkabilmişti.[137] Batı Avrupa ve ABD'deki nüfus yoğunluğu gözönüne alındığında, aradaki uçurumun boyutu kendiliğinden ortaya çıkacaktır.

Yeni Dünya Düzeni'nin Sonuçları:
5. Evrensel Çekince Çevre Kirliliği:
Doğal Kaynaklar Tükeniyor

Çevre kirliliğinin gerçek boyutunu bilenler ve buna tepki gösterenler, bugün için ne yazık ki azınlıktadır. İnsanların büyük bölümü, içinde yaşadığı doğal ortamın kendilerine sunduğu yaşam olanakları konusunda, herhangi bir bilgiye sahip değil. Paranın tek değer olduğu çarpık toplumsal ilişkiler içinde, yaşamı olanaklı kılan doğal kaynaklar, sürekli biçimde tüketilmektedir. Kirlilik, doğanın kendisini yenilemesine olanak vermeyecek kadar yoğunlaşarak yaşamın dengesini bozuyor ve insanlığın geleceği için büyük bir çekince yaratıyor.

Geniş anlamıyla çevre kirliliği bugünlerde ortaya çıkmış bir olgu değil kuşkusuz. Kirlilik sayılabilecek dikkate değer gelişmeler, 19. yüzyıl uran devrimiyle, Batı ülkelerinde ortaya çıktı. Çevre sorunlarının ortaya çıkış ve yayılış biçimi ve bu biçimin taşıdığı özellikler, liberalizmden tekel egemenliğine varan 150 yıllık kapitalizm sürecinde oluştu. Bu süre içinde ortaya çıkan çevre sorunlarının niteliğini, toplumsal yaşamdaki ekonomik, toplumsal ve politik gelişmeler belirledi. Öznelcilik, denetimsizlik, yoksulluk, kazanç doymazlığı ve ölçüsüz kullanım; doğayı kirletip tüketmenin temelini oluşturdu.

Çevre kirliliği, son 40 yıl içinde çarpıcı sonuçlarıyla dünya gündemine girdi ve birçok kimse bu sorunu yeni bir sorun olarak değerlendirdi. Çevre konusu, somut ve uygulanabilir uygulamalar olarak hükümet izlencelerine giremedi ancak yaptırım gücü olmayan gönüllü çevrelerde ele alınmaya başlandı. Öğrencilerden bilim insanlarına dek geniş bir çerçevede gönüllü doğaseverler ortaya çıktı. Çevreyi dolaysız bir biçimde kirleten çevreler bile, doğayı kurtarma kampanyalarına katıldı ya da katılıyor göründü.

Uzun yıllar boyunca *"önemsiz bir ayrıntı"* olarak görülüp değerlendirme dışı bırakılan çevre sorunlarının, birdenbire güncel kılınarak konuşulur duruma gelmesinin iki nedeni vardı: Birincisi, kimi yörelerde doğa kendisini yenileme olanaklarını büyük oranda yitirmişti ve tükenmek üzereydi. İkincisi; dünya ekonomisi ve siyasetini belirleyen çevreler, gelinen noktanın önemine karşın neden oldukları çevre sorunlarına hala kaynak ayırmak istemiyordu.

Endüstriyel üretimdeki büyük boyutlu artışlar, nüfus yoğunlaşması ve uluslararası pazarları kaplayan yüksek tüketim eğilimi; çevre kirliliğini bütün dünyaya yayarak yoğunlaştırdı. 150 yıllık bu sorun, uzun süre ne bilimsel çevrelerde ne de düşünce akımlarının gündeminde yer aldı. Oysa sorun üretim biçiminin neden olduğu bir sorundu. İnsanı ve yaşamı sürekli kılan doğal dengeyi dolaysız ilgilendiriyordu. Bu nedenle özellikle gelecek için toplumsal önermelerde bulunan düşüngüleri ilgilendirmesi gerekirdi.

Batı Avrupalıların, sömürgeci dönemde Hindistan, Çin, Afrika ve Güney Amerika'da geliştirdiği kimi eylemlerin doğal ve tarihsel çevrenin önemli oranda bozulmasına neden olduğunu biliyoruz. Ancak, gerçek çevre sorunları uran devrimiyle başladı ve sermayenin dünyaya yayılması oranında küreselleşti. Sermaye dışsatımının yoğunluk kazandığı *Yeni Dünya Düzeni* dönemi, çevre kirliliğinin de en üst evresi oldu. Örneğin atmosferdeki karbondioksit derişiği (konsantrasyonu), 1860 yılında 80 ölçü birimi (PPM) iken, bu nicelik 1990 yılında yüzde 450 artarak 360 (PPM)ye yükselmişti.[138]

*

Kapitalist üretim biçimi, yapısından kaynaklanan nedenlerle, üretimde sürekli artışı, daha çok tüketimi ve bunlara bağlı olarak da daha çok çevre kullanımını zorunlu kılar. Üretim ilişkilerinin nesnel sonucu olarak ortaya çıkan çevre bozulması, önce doğal olarak uranlaşan ülkelerde görüldü. Kömürle başlayan katı yakıta dayalı üretim, fabrika bacalarından kent ve kasabalara tonlarca zehirli atık bıraktı. Kentler; yetersiz temiz su, elverişsiz konutlar ve çok yönlü sağlık sorunlarına karşın milyonlarca yeni nüfusla doldu. Kent çevreleri ve fabrika arazileri, her türlü kirliliğin örneklerini barındıran yöreler oldu. Ancak, o dönemde kirlilik, kent ve fabrika çevreleri ile sınırlı kaldı. Yerküreyi etkileyen bir boyuta ulaşmadı.

20. yüzyıla girerken kapitalist ülkeler mal ve sermaye dışsatımını yoğunlaştırarak dünyaya açıldı. Değişik ülkelerde satış acentalarının yanında fabrikalar kurmaya başladılar. Bir yandan, elde ettiği varsıllıkla ülkesindeki sorunları çözmeye çalıştılar, bir başka yandan çevre sorunlarını başka ülkelere taşıdılar.

İkinci Büyük Savaş sonrası uygulanan *Yeni Düzen* politikaları, sermaye dışsatımının olağanüstü genişlemesine yol açtı. Üretim ve tüketim artışlarındaki yoğunlaşma, kaçınılmaz olarak çok yönlü çevre sorunları yarattı. Dünyanın hemen her yerinde ama özellikle yabancı sermaye yatırımı alan azgelişmiş ülkelerde, doğal çevre önemli oranda tahrip edildi.

1950 ile 1985 yılları arasında, dünyada üretilen mal niceliği yüzde 987, mineral niceliği yüzde 307 arttı. İmalat dallarında üretim, 1950-1973 arasında yıllık yüzde 7, 1973-1985 arasında yıllık yüzde 5 artış gösterdi.[139] Yeni küresel düzenin çevreyle ilgili sorumluluğu, dolaysız ya da dolaylı iki eğilimde odaklandı. Üretim birimlerinin denizaşırı ülkelere taşınmasıyla, fabrika çevreleri kirlilik oranlarının yükseldiği yöreler oldu. Çevre korumacılığıyla ilgili yasal eksiklikler ve şirketlerin denetim dışı kalma istekleri kirliliğin hızla artmasına ve küresel bir boyut kazanmasına yol açtı. Dünya düzeyinde yürütülen global ekonomik politikalar, azgelişmiş ülkeleri yoksullaştırdı. İşsizlik ve toplumsal çözülmelerin yaygınlaştığı bu ülkelerde çevre korumacılığı toplumun gündemine giremedi. Ekonomik ve politik sorunların ağır yükünü taşıyan azgelişmiş ülkeler, uluslararası şirketlerin ülkelerinde yarattığı çevre kirliliğine karşı gereken duyarlılığı ve tepkiyi gösteremedi.

Çevre kirliliğine yol açan en önemli etken, uluslararası şirketlerin dünyanın değişik yerlerinde kurduğu enerji üretim birimleri ve fabrikalardır. Petrokimya işletmeleri, Petrol rafinerileri ve çelik haddehaneleri çevreyi o denli kirletti ki bu işletmeler, ulusal haklarını savunamayan azgelişmiş ülkelere taşındı.

Bu ülkelerde, önemli bölümünü uluslararası şirketlerin kullandığı elektrik enerjisi, ya kirli kömür yakılmasından ya da nükleer atık çıkaran işletmelerden elde edilmektedir. Gelişmiş ülkeler, zehirli atıklarını da artık bu tür ülkelere taşımakta ve buraları atık deposu olarak kullanmaktadır. Örneğin, 1987 Ekimi'nde bir gemi, Philadephia'dan (ABD) 13.000 ton zehirli külle Haiti'ye doğru yola çıktı. Haiti hükümeti, küllerin gübre olduğunu söyleyerek ülkesine boşaltılmasına izin verdi. Gerçeği öğrenen çevre koruma örgütleri ve köylülerin eylemleri sonucu hükümet, zehirli atıkların geri alınmasını istedi. Gemi personeli atığın bir kısmını gemiye yükledi. Ancak, Haiti'de 2.000 ton atık kalmıştı. Gemi, 11.000 tonluk zehirli yükünü, Hint Okyanusu'na boşalttı. Bu örnek, belgelenen benzer olaylardan yalnızca biriydi.[140]

*

Çevre kirliliği ile doğal yapıya verilen zararlar, bugün karşımıza iç karartıcı bir tablo çıkarmaktadır. Sorumluları belli olan ancak, çözüm üretecek ve uygulayacak olanların ortalıkta görülmediği bu sorun, doğal yaşamın sürdürebilirliğini çekinceye sokan bir boyuta ulaşmıştır. Kirlilik, bölgesel ya da ülkesel düzeyden çıkmış, küresel nitelik kazanmıştır. Çeşitleri çoğalmıştır. Su, hava ve toprak kirliliği, nükleer kirlenme, manyetik kirlilik (iletişim karmaşası), uzay kirliliği, enerji kirliliği, düzensiz kentleşme, gürültü, küresel ısınma, aşınım (erozyon), virütik atıklar, endüstriyel, konut ve kimyasal kirlilik olarak, yaşamın tüm alanlarına yayılmıştır.

Bugün, dünya topraklarının yüzde 29'u az, orta ya da yüksek düzeyde çölleşme tehlikesiyle karşı karşıyadır. Yüzde 6'sı ise aşırı düzeyde çölleşmiş durumdadır.[140] Her yıl; 6 milyon hektar arazi çöle dönüşüyor[141], 21 milyon hektar arazi gelir getirmez duruma geliyor[142], 11 milyon hektar tropikal orman yok oluyor. Dünyada her otuz yılda; Suudi Arabistan'ın yüzölçümü kadar toprak çölleşmekte, Hindistan'ın yüzölçümü kadar tropikal orman yok olmaktadır.[143]

1960'larda her yıl 18,5 milyon insan kuraklıktan zarar görürken 1970'lerde bu sayı, 24,4 milyona çıktı. 1960'larda her yıl 5,2 milyon insan selden zarar görürken bu sayı, 1970'lerde 15,4 milyon oldu. 1980'lerde yalnızca Afrika'da 35, Hindistan'da 10 milyon kişi kuraklıktan dolaysız biçimde zarar gördü.[144]

Son 25 yıl içinde Afrika'nın tahıl üretimi, yüzde 28 azalmıştır. Mexico City'de aşırı hava kirliliği nedeniyle, doğan her çocuğun kanında bedensel engelli olmasına yetecek düzeyde kurşun bulunmaktadır. Dünyadaki akarsuların yüzde 10'u, canlı yaşayamayacak kadar kirlenmiştir. Okyanuslara, her yıl, 6,5 milyon ton çöp dökülmektedir. Ozon tabakası incelmesi, sürmektedir. Bunun sonucunda kuraklık, iklim değişmeleri gündeme gelmiştir; deri kanserinin diğer kanser türleri içindeki payı yüzde 26'ya yükselmiştir.[145]

Kent nüfusu dünya düzeyinde hızla artarken, yaşam düzeyi düşmektedir. 1950'den 1985'e kadarki otuz beş yıl içinde, dünya kent nüfusu yüzde 300 artmıştır. 1920 yılında 100 milyon olan kentsel nüfus, 1980 yılında bir milyara çıkmıştır. 1960 yılında her 16 kişiden biri milyonluk kentlerde yaşarken, 1980 yılında her 10 kişiden biri milyonluk kentte oturmaktadır.[146] Çevre kirliliğinin neden olduğu, özürlü çocuk doğumu ve oksijensizlik, akut solunun sayrılıkları, yetersiz beslenme ve ishal gibi nedenlerle yılda 15 milyon çocuk ölmektedir.[147]

Örnekler arttırılabilir. Çevrenin bilim dışı denetimsiz kullanımı, yaşam süreçlerini ve bu süreçlere kaynaklık eden doğal dengeyi yapısal bir bozulma içine sokarken; sorunu yaratan hükümet ya da şirketler, çözüme yönelik uyarı ve önerilerden uzak durmaktadır. Çoğunluğunu kirliliği yaşayarak gören yerel halkın oluşturduğu çevre savunucuları, giriştiği eylemlerle birtakım küçük başarılar elde etmektedirler ancak dünyanın her yerinde genel, kapsamlı ve yoğun bir çevre bozulması bütün hızıyla sürmektedir.

Dünyanın etkin güçleri şirketler ve ait oldukları güçlü ülkeler, uluslararası serbest ticaret ve sermaye dolaşımı anlaşmalarını uygulatmak için her şeyi yaparlar. Ancak, doğal bozulmanın önlenmesi için köklü bir çözüm getirmezler. Şirket yöneticileri kişisel olarak duyarlı bile olsalar, ekonomik yarışın katı kuralları nedeniyle bu konuda bir şey yapamazlar. Çevre sorunlarının çözümü için uygulanması gereken uluslararası yaptırımlar, denetimsiz bir dünya ortamı için yüzyıldır savaşım veren uluslararası şirketlerin amacına aykırıdır.

Çevre sorunlarının devlet politikalarında yer almayıp konunun akçalı kaynağı ve yaptırım yetkisi olmayan, *'sivil toplum örgütlerine'* kalmasının nedeni de budur. Yeni Dünya Düzeni politikalarında, son zamanların modası *'sivil toplum örgütleri'* küresel sorunlarla savaşıyor görünür. Oysa hükümet yetkililerinin gözünde bu örgütler; çözülmeyecek sorunları tartıştırarak halk tepkisini, azgelişmiş ülkelerde toplumsal algıyı ve devinimi denetlemek için kullandıkları ve ABD örneğinde her yıl yüz milyonlarca doların hazineden dünya çapında sivil toplum kuruluşlarına aktarılarak yönlendirilen, kendi kendini işleten bir haberalma ağından başka bir şey değildir.

Çözümü için büyük akçalı kaynakları gerekli kılan çevre sorunları, devlet politikaları dışında çözülebilecek konumdan çıkmıştır. Yalnızca atık alanlarının temizlenmesi için; 1986 değerleriyle Almanya'nın 10, Hollanda'nın 2, Danimarka'nın 6, ABD'nin 20-100 milyar dolar kaynak ayırması gerekmektedir.[148]

*

Gelişmiş ülkeler, uluslararası çevre toplantılarına eleman gönderirler ancak bağlayıcı kararlara genellikle imza atmazlar. Çekinceli atıkların sınır ötesine taşınmasının önlenmesi ve güvenilir yöntemlerle yokedilmesi konusunda, *Birleşmiş Milletler Çevre Programı* (UNEP), 1987 yılında uluslararası bir konferans düzenledi... Konferansta kabul edilen ilke kararlarını, 1991 yılı itibarıyla Türkiye dahil 37 ülke imzaladı. Dünya çekinceli atık üretiminde, ön sıralarda yer alan, ABD, Japonya ve Almanya bu anlaşmayı imzalamadı.[149]

İngiltere, Hollanda, Belçika ve İsviçre; Kuzeydoğu Atlantik'e ve İspanya kıyılarının açığındaki uluslararası sulara düzenli olarak atık bırakmaktadır. Bu ülkeler, *Atık Konvansiyonu*'nun 1983 yılında aldığı kararları, dinlemeyeceğini açıkladılar ve atık atmayı sürdürdüler.[150] Oysa bu ülkeler, yayınladıkları hükümet bildirilerinde çevre sorunlarına büyük önem verdiklerini, bu yöndeki çabaları desteklediklerini açıklayıp duruyorlar.

Dünyada, 1985 yılında askeri amaçlı 900 milyar dolarlık harcama yapıldı. Çevre uzmanları, dünyanın akciğerleri kabul edilen tropikal ormanların iyileştirilmesi için, 5 yıl boyunca her yıl 1,3 milyar doların yeterli olacağını hesaplıyor. Bu nicelik askeri harcamaların yarım günlüğüne denk düşüyor.[151] Çölleşme konusundaki BM Eylem Planı'nın uygulanmasıyla, çölleşme büyük ölçüde önlenecekti. 20 yıl içinde yıllık 4,5 milyar dolara mal olacak uygulamanın akçalı gideri, askeri harcamaların 2 günlük tutarından daha azdı.[152]

Çevre sorunlarının çözümünde kullanılmak üzere bütçelerinde yeterli kaynak ayırmayan gelişmiş ülke hükümetleri, yaptırımı olmayan ve çoğu kez kararlarına uymadıkları çevre toplantıları düzenlerler ve sayıları hızla artan yetkisiz *"çevre örgütle-*

rine" gösterişli açıklamalarla destek iletileri verirler. Ancak, çevreyle ilgili gerçek çözüm önerileri sürekli olarak belirsiz tarihlere ertelenir. Çevre sorunlarına gereken ilgi gösterilmez. Ekonomik ve siyasi tüm uluslararası kuruluşların merkezleri, gelişmiş ülkelerdedir. Bir üçüncü dünya kuruluşu olan, *Petrol İhraç Eden Ülkeler Birliği'*nin (OPEC) toplantıları bile gelişmiş ülkelerde yapılmaktadır. Yalnızca, *Birleşmiş Milletler Çevre Programı* (UNEP) merkezi Afrika'da, Nairobi'dedir. Bu durum gelişmiş ülkelerin çevre sorunlarına verdikleri *'önemin'*, değişik bir göstergesidir.

Dünyanın büyük bölümünde insanlar, yaşamsal gereksinimlerini karşılayacak durumda olmadıkları için çevreyle ilgilenecek bilinç ve örgütlenmeden yoksundur. Besinini, konutunu ve sağlık sorunlarını çözebilecek olanaklardan yoksun olan insanlar, dünyanın birçok yerinde; gelir elde edebilecekleri tek yol olarak doğanın aşırı kullanımına tutsak edilmiş durumdadır. Verimi azalan topraklar, gelir getirmeyen düşük ürün ve iklime bağımlı tarımla yoksul ülke insanları; yaşayabilmek için doğal çevrelerinden, bağlı olarak da geleceklerinden ödün vermek zorundadır.

Çevreyi Gelişmiş Ülkeler Kirletiyor

Çevre kirliliğine yol açan iki ana kaynak, enerji üretim birimleri ve endüstriyel yatırımlardır. Fabrikalar, petrokimya işletmeleri, termik santraller, petrol rafinerileri, çelik haddehaneleri, petrol yakıtlı taşıt araçları doğaya her gün milyonlarca ton zehirli atık bırakmaktadır. Bu atıkların çok büyük bölümünün gelişmiş ülkeler tarafından üretildiği ise herkesin bildiği bir gerçek. Dünya ekonomik etkinliğinin yüzde 82,7'si, en zengin yüzde 20 ülke tarafından gerçekleştiriliyor. Bu oran en yoksul yüzde 20 ülkede, yalnızca yüzde 1,4'dür. Dünya nüfusunun yüzde 40'ını oluşturan *'üsttekiler'*, dünya ekonomik etkinliğinin yüzde 94,4 ünü gerçekleştirirken; *'alttaki'* yüzde 60'ın dünya ekonomisindeki payı yalnızca yüzde 5,6'dır. Tüm dünya ülkelerinin yüzde 11'ini oluşturan OECD ülkeleri; alüminyumun yüzde 60'ını, bakırın yüzde 58'ni, kurşun'un yüzde 55'i nikel'in yüzde 65'ini, kalayın yüzde 56'sını tüketiyor.[153]

Dünyadaki tüm canlıların yaşam ortamını oluşturan küresel örtü atmosfer, ciddi bir kirlenme içindedir. Sera gazları ve ozon tabakasının incelmesine yol açan kimyasallar, iklim değişmelerine ve asit yağmurlarına yol açarak, atmosfer içinde yayılıyor. Kirlilik kaynağının yeri, bir anlamda artık önemini yitirmiştir. Ülkeler kendi atığının ağır bedelini tüm dünyaya ödetebilmektedir.

Havadaki kirletici maddelerin yüzde 62,2'si, tüm dünya ülkelerinin yüzde 12,7'sini oluşturan 24 gelişmiş ülke kaynaklıdır. Atmosfere yayılan Karbon Monoksit'in yüzde 71,5'ni, Sülfür Oksit'in yüzde 58,5'ini, Nitrojen Oksit'in yüzde 55,8'inin sorumluluğu bu ülkelere aittir.[154] Dünya nüfusunun yüzde 11'ini oluşturan 4 ülkenin (ABD, Almanya, Japonya ve Rusya) dünya kirlenmesindeki payı yüzde 41,7'dir.[155]

Dünya üzerindeki tüm otomobil sayısı, 1988 yılında 405,7 milyonken, bunun 325,5 milyonu, yani yüzde 80,2'si OECD ülkelerinde bulunuyordu.[156] Egzoz gazlarının zararlı etkilerinin, araçların kullanıldığı ülkeyle sınırlı kalmadığı bilinmektedir. Bu tür zehirli gazlar iklime bağlı doğal etkilerle, ülkeden ülkeye geçmekte ve bütün dünyaya yayılmaktadır. Hiçbir ülke artık kendi doğal ortamını kirlilikten uzak tutma olanağına sahip değildir. Dünyanın atmosferi tek ve onu bölmek olanaklı değil.

Gelişmiş ülkeler, doğal nedenlerle dünyaya yaydıkları kirliliğe ek olarak, ürettikleri zehirli atıkları; gizli ya da açık yöntemlerle, azgelişmiş ülkelere göndermektedir. 1989 yılında dışa gönderilen ve saptanabilen zararlı atıkların; yüzde 86,3'ü ABD, Almanya, Hollanda ve İsviçre tarafından gerçekleştirilmiştir.[157] Gelişmiş ülkeler, ileri teknolojik ürünlerle birlikte 70 bin ayrı tür kimyasal madde üretmektedir. Büyük bölümü iyi denetlenmeden kullanıma sunulan bu maddeler nedeniyle, ağır çevre sorunları ortaya çıkmakta ve canlıların yaşamı çekince altına girmektedir.[158] 1984 yılında bütün dünyada 375 milyon ton olarak düşünülen çekinceli atığın yüzde 90'ı, gelişmiş ülkelerde üretilmektedir.[159]

*

Uluslararası serbest ticaret anlaşmaları ve bu anlaşmaların sonuçları, birkaç Batı başkentini dünya ticaretinin karargahları durumuna getirmiştir. Dünya siyasetine yön veren, ekonomik ve akçalı olanakları yüksek bu güç odakları; çevre, insan ve topluma ait sorunların çözümüne yönelik düşünce ve girişimleri hoş karşılamazlar. Bu tür girişimler, onlar için dünya serbest ticareti ve doğal olarak küresel şirket etkinlikleriyle çelişen eylemlerdir.

Toplumsal ya da çevresel sorunların çözümü için politika belirlemek, belirlenen politikaları uygulamak; çözüm için savaşımda kararlı olmayı ve uluslararası düzeyde birlikte davranmayı gerekli kılar. Bunun somuta dönük anlamı şirket etkinliklerinin denetlenmesidir ki, şirket yetkililerinin bunu kabul etmesi olanaklı değildir. Onlar için, denetimsiz çalışma koşullarının sürdürülmesi her şeyin üstündedir. Herhangi bir kısıtlama yapılacaksa bu kısıtlama, insanı ve çevreyi korumadığı ileri sürülen serbest piyasa koşullarına değil, bu koşullara karşı çıkan ekonomik, politik ve ekolojik isteklere getirilmelidir.

*Dünya Ticaret Örgütü'*nün *(WTO)* Genel Direktörü **Renato Ruggiere** bu konuda çok açık konuşuyor: *"Çevreyle ilgili düzenlemelerle 'serbest' ticaret arasındaki anlaşmazlıklarda tedbirli olmalı ve ticari politikanın mı yoksa çevre politikalarının mı, düzeltilmesi gerektiği düşünülmelidir. Sosyal normların korunması konusunda da aynı söylem geçerlidir".*[160]

Ruggiere, uygulanabilir çevre politikalarına, henüz öneri aşamasında olmalarına karşın tepki gösteriyor ve yürürlükteki tecimsel politikalara uygun düşmediğine inanıyor. Bu önerilerin; serbest ticaret politikalarına uygun duruma getirilmesini istiyor. Düzeltilmesi gerekenin, global işleyişin değil çevre politikaları olduğunu söylüyor. Oysa uluslararası ticarette kısıtlayıcı bir etken artık kalmamış gibidir. GATT anlaşmasının uygulandığı 1948 yılından beri, gümrük vergileri yüzde 40'lardan yüzde 4'lere düşürülmüştür. Dünya ticaret hacmi, 1950'lerdeki büyüklüğünün 16 katına ulaşmış ve 20. yüzyılın son çeyreğinde yabancı sermaye yatırımları önceki döneme göre 25 kat artmıştır.[161]

Gelişmiş ülke kaynaklı tecimsel yoğunlaşma, doğal olarak çılgınlığa varan bir tüketim salgınına yol açtı. Başta ABD olmak üzere gelişmiş ülkeler, büyük bölümü atığa dönüşen ve çevre kirliliğine yol açan tüketimin anavatanı durumuna geldi. Yalnızca ABD'deki tüketim, başlı başına dünyanın kirlenmesinde önemli yer tutmaktadır. Abartılı tüketim nedeniyle, ABD'de doğan bir bebeğin dünya kirliliği için; İsveç'te doğan bir bebekten 2, İtalya'da doğandan 3, Brezilya'da doğandan 13, Hindistan'da doğandan 35, Bangladeş ya da Kenya'da doğandan 140, Çad, Rvanda, Haiti ya da Nepal'de doğandan 280 kat daha çok atık oluşturduğu açıklanmıştır.[162]

ABD'de her yıl 16 milyar kağıt çocuk bezi, 1,6 milyar tükenmez kalem, 2 milyar jilet, 220 milyon araba lastiği kullanılarak çöpe atılmaktadır. Her yıl kullanım dışı olarak atılan alüminyumunun niceliği, her üç ayda bir Amerika'nın sivil havacılığında kullanılan uçakları yeni baştan yapacak düzeydedir. Dünya nüfusunun 1/20'sini oluşturan ABD, dünyanın toplam enerjisinin 1/4'ünü tek başına tüketiyor. Atmosfere salınan karbondioksidin yüzde 22'sine kaynaklık ediyor.[163]

FAO, UNCTAD ve *Amerikan Metal Kurumu*'nun verilerine göre dünya kağıt tüketiminin yüzde 85'ini, çelik tüketiminin yüzde 79'unu, başka metallerin yüzde 86'sını ve tecimsel enerjinin yüzde 80'ini, dünya nüfusunun yüzde 26'sını oluşturan gelişmiş ülkeler yapmaktadır. Yüzde 74 dünya nüfusu ise kalan miktarları tüketmektedirler.[164]

Çevre Kirliliğinin Kaynağı Uluslararası Şirketler

Duwarmish Kızılderililerinin reisi **Seattle**, 1857 yılında ABD Başkanı **Franklin Pierce**'e yazdığı mektubun başında şöyle söylüyordu; *"Washington'daki büyük başkan topraklarımızı satın almak istediğini bildiren bir haber yollamış. Dostluktan söz etmiş Büyük Başkan... Ama biz, sizin bizim dostluğumuza ihtiyacınızın olmadığını biliriz. Biz onun isteğini düşüneceğiz. Zira eğer satmaya razı olmazsak, belki o zaman beyaz adam tüfeğiyle gelecek ve bizim topraklarımızı zorla alacaktır. Gökyüzünü nasıl satın alabilirsiniz? Ya da satabilirsiniz? Ya toprakların sıcaklığını? Havanın taze kokusuna, suyun pırıltısına sahip olmayan biri onu nasıl alabilir? Bu topraklar benim ve halkım için kutsaldır. Yağmur sonrası ışıldayan her çam yaprağı, denizi kucaklayan kumsallar, karanlık ormanların koynundaki sis, vızıldayan bir böcek, bu dün-*

yarın her bir parçası, halkım için kutsaldır... Yeni doğan bir çocuğun kalbinin atışını sevdiği gibi, size bu toprakları sattığımız zaman, siz de onları bizim sevdiğimiz gibi seviniz. Onlarla bizim ilgilendiğimiz gibi ilgileniniz. Onları bugün bulduğunuz gibi hatırlayınız. Ve tüm gücünüzle, ruhunuzla ve kalbinizle onları çocuklarınız için koruyunuz. Ve Tanrı'nın hepinizi sevdiği gibi, siz de doğayı seviniz..."[165]

Bugün çevre deviniminin anayasası sayılan reis **Seattle'**ın mektubunu, o günkü ABD yöneticilerinin anlamaları olası değildi. Uranlaşma, sürekli artan üretim ve bunlara gerekçe oluşturan kazanç eğiliminin sınırsız gelişme isteği, çevre düşüncesini içinde barındırmıyor. Kazanç, daha çok kazanç hırsının yarattığı yarış ortamı, ruhları yıkıma uğratmadan, insancıl değerleri yoketmeden ve doğaya yabancılaşmadan gelişmeyi sağlayacak bir yolu, ortaya çıkaramadı. Tersine, bitmeyen bir gerilim ortamı içinde şirketlerin ve devletlerin sürekli çatışmasına yol açtı. Kuralsız çatışma ortamında, doğayı koruma gibi bir düşünce, kızılderili ilkelliği olarak görüldü.

*

Ekonomik değeri olan malların üretim ve ticaretinin merkezinde, şirketler vardır. Uranlaşan ülkelerde, gelişen ekonomik süreçlerde ve bu gelişmeye bağlı siyasi düzenlemelerde, şirket 'hak ve özgürlüklerinin' her zaman, her şeyin üstünde tutulduğu bilinen bir gerçektir. Bu tutum, 20. yüzyılla birlikte ülkelerin iç sorunu olmaktan çıkarak; uluslararası anlaşma ve ilişkilerin belirlediği dünya düzeninin de temelini oluşturmuştur. Uluslararası şirketler, her konuda olduğu gibi doğal kaynakları kullanmada da denetim dışı davranma olanaklarına sahiptir.

Uluslararası şirketlere kirliliği önleyecek çevreyle ilgili bağlayıcı kararlara imza attırmak ya da çevre bilimcilerinin tanımlamasıyla *"küresel boyutlu çevresel davranış normları"* belirlemeyi kabul ettirmek, olanaksız bir iştir. Onlar, çevre kirliliğini en aza indirerek ekonomik büyümeyi sağlayacak sürdürülebilir kalkınma yöntemi için yapılacak çalışmaları zaman kaybı, uygulamalar için harcanacak parayı da zarar sayar.

Şirketler için, insan ve doğal çevre değil, kazanç asaldır. Çevre korumacılığı için uğraş veren duyarlı kesimleri ciddiye almazlar. Şirket sözcüleri bu çevreleri *"aşırı duyarlılıklar ve kanıtlanmamış savlarla"* ortaya çıkan; *"zamanı bol, karamsar ve ütopik"* eylemciler olarak değerlendirirler. İnsanların ise, enerjiye gereksinimi vardır, bunu sağlayan kendileridir. Bu tür söylemleri sürekli yineleyen hükümet yetkilileri, doğal çevreyi korumaya yönelik çabaları iş arayan işsizlere şikayet eder: *"Yatırım yapıp iş sahası açacağız. Buna karşı çıkıyorlar..."*

İnsanlık, gerek enerjiye ve gerekse bol üretime çevreyi yok etmeden ulaşmanın yollarını kuşkusuz bulacaktır. Ancak çevre için çaba gösterenleri *'işsiz aydınlar'* olarak değerlendiren hırslı yatırımcılar, yok olan bitki ve hayvan türlerini geri getiremeyecektir. Bugün yaşanan çevre sorunları, Reis **Seattle**'ın 160 yıl önceki uyarılarının önemini ve sahip olduğu bilgeliğin düzeyini göstermektedir. Ancak sınırlı olan doğal kaynakların hoyrat kullanımı sürmektedir. Temiz hava, temiz su ve bozulmamış doğal çevre, artan bir hızla yok olmaktadır. Çevre bilimcilerinin yaptığı değerlendirmelere göre, tüketim düzeyinin bugüne göre yüzde 50 azalması durumunda bile, önümüzdeki 100 yıl içinde doğal kaynaklar tükenecektir.[166]

*

Uluslararası şirketler, emek yoğun üretim birimlerinden sonra, çevre kirliliğine yol açan yatırımları da ülkeleri dışına taşımaktadır. Örgütsüz ve denetimsiz olmaları nedeniyle azgelişmiş ülkeler, doğal kaynakların kullanımı açısından serbest bir ortam oluşturur. Şirketler, kendi ülkelerinde *"gereksiz gider"* olarak gördüğü kirliliği önleyici önlemler almak yerine, azgelişmiş ülkelerin *'denetimsiz'* ortamına giderler.

Japonya, en kirli fabrikaları kendi adaları dışına çıkarmıştır. ABD, Meksika'ya taşınıyor. Afrika, Güney Amerika ve Asya ülkeleri çelik haddehaneleri, termik santraller ve kimyasal maden işletmeleriyle dolmaktadır. 1983'de başta gelen 4 ülkenin, gelişmekte olan ülkelerdeki imalata dönük doğrudan dış yatırımlarının yaklaşık dörtte biri, kimyasal maddelerle ilgili olmuştur. Bu oranlar, ABD ve Japonya için yüzde 23, İngiltere için yüzde 27, Almanya için yüzde 14 olarak verilmektedir.[167]

Karbondioksiti ortadan kaldıracak bir teknoloji, henüz bulunamadı. Kömür kullanımı, kükürt ve azotoksitlerin artmasına yol açıyor. Bu gazların çoğu atmosferde asit haline gelerek dünyanın her yerine yayılıyor. Bu tür yatırımları ülkesi dışına çıkaran uluslararası şirketler, gazların zararlı sonuçlarından kendi ülkelerini bir oranda kurtarmış oluyorlar ancak doğayı kirletmeyi, yatırım yaptıkları denizaşırı ülkelerde sürdürüyor. İşletmeler için gerekli olan enerjinin kaynağı, ucuz olduğu sürece şirketler için önemli değildir. Onlar için kullanılan elektriğin kirli kömür ya da atom enerjisinden elde edilmiş olması değil, fabrikaya en ucuz biçimiyle gelmiş olması önemlidir.

Uluslararası şirketlerin ve bağlı oldukları gelişmiş ülkelerin, dünya enerji tüketimindeki payı büyüktür. Dünya nüfusunun yüzde 50,66'sını oluşturan düşük gelirli ülkeler, üretilen toplam elektrik enerjisinin yalnızca yüzde 9,9'unu tüketirken, dünya nüfusunun yüzde 15,5'ini oluşturan gelişmiş ülkeler ise yüzde 51,71'ini tüketmektedir.[168]

Uluslararası şirketlerin, azgelişmiş ülkelere yaptığı yatırımın önemli bir bölümü, tarım, madencilik ve başka doğal maddelerin üretimine yönelmiştir. 1983 yılında ABD'li şirketler tüm dış yatırımlarının yüzde 38'ini, Japon şirketleri yüzde 29'unu, Alman şirketleri ise yüzde 21'ini bu alanlara ayırmıştı.[169] Tarımda, verim artırıcı yapay gübrelerin, madencilikte zehirli kimyasal ayırıcıların denetimsiz kullanımı, çölleşmeden canlı türlerinin yok oluşuna dek birçok çevre sorununu beraberinde getirmektedir.

Uluslararası şirketler, fabrikalardan, maden ocaklarından ya da, ağır sanayi işletmelerinden çevreyi dolaysız kirleten atıklar çıkarırken, maliyet kaygılarıyla insana ve çevreye yönelik güvenlik önlemlerini yeterince yerine getirmedi. Bu nedenle çok sayıda endüstriyel kaza oldu. ABD Çevre Koruma Kurulunun bir incelemesine göre, 1980 ile 1985 yılları arasında ABD'de çevreyi de ilgilendiren 6928 iş kazası olmuştur. Önem dereceleri değişik olmakla birlikte bu, günde ortalama 5 kaza demektir.[170]

1984 yılında Mexico City'de sıvı gaz tankları patlamış, bu kaza 1000 kişinin ölümüne, binlerce kişinin de evsiz kalmasına neden olmuştu. Hindistan'da 2000 kişinin ölümüne ve 200 000 kişinin de yaralanmasına neden olan Bhopal kazasından yalnızca bir ay sonra, benzer bir kaza ABD'nin Batı Virginia eyaletinde oldu. Bu kazaların olduğu her iki fabrikanın da sahibi aynı firmaydı. 1976 yılında İtalya'nın Seveso kentinde zehirli bir kimyasal olan dioksin, kaza sonucu doğaya sızdı. Şirket yetkilileri, dioksin bulaşmış tonlarca zehirli toprağı fıçılara doldurarak, yasadışı yollarla başka ülkelere gönderdi. *Sevaso* olayı, en alt düzeyde de olsa güvenlik koşullarından yoksun uluslararası şirketlerin yasadışılığını gösteren çarpıcı bir örnektir.

Yasadışı şirket uygulamaları, her zaman bu denli ilkel değildir. Gerçek yasadışıcılık yasal kılıflar altında sürdürülen politik uygulamalar ve uluslararası anlaşmalar içinde gizlenmiştir. Meksika'da yatırımları olan ABD uluslararası şirketi *Ethyl Co*. Firması, zehirli kimyasal atıklarını doğaya salıyor ve içme sularının kirlenmesine neden oluyordu. Durumdan şikayetçi olan halk yerel yönetim birimlerine başvurmuş ve konunun mahkemeye götürülmesini sağlamışlardı. Şirket, Meksika Hükümeti'nin NAFTA ile kabul etmiş olduğu uluslararası arabulucuya (tahkime) başvurdu ve yerel yöneticilerin şaşkın bakışları altında davayı kazandı. Uluslararası arabulucu (ICSID), yerel mahkemede dava açılmış olması nedeniyle, Meksika'yı 1998 yılında 750 milyon dolar gibi büyük bir para cezasına çarptırdı.[171]

1986 yılında, İsviçre'nin Basel kentindeki bir kimyasal madde üreticisine ait olan depoda çıkan yangın, toksik dumanları Fransa'ya ve Almanya'ya dek taşıdı. Ren nehrine toksik kimyasal madde karışmasına neden olan yangın, nehrin akış yönündeki bütün ülkeler için yaşamsal önemi olan nehir suyunu yoğun olarak kirletmişti. Nehri inceleyen bilim adamları kazadan büyük zarar gören Ren'in eski haline gelmesi için uzun yılların geçmesi gerektiğine karar verdi.[172]

Silah şirketlerinin etkinlikleri ve bu etkinliklerin sonuçları, önemli doğal sorunlar yaratmaktadır. Fransa'nın 1995 Eylülü'nde gerçekleştirdiği son nükleer denemenin ardından, Japonya'da bir hafta içinde 8600 deprem kaydedilmiştir. Japonya'dan ayrı olarak Rusya, Singapur, Cezayir, Endonezya, Meksika ve Hırvatistan'da da depremler olmuştur. Seri depremler üzerine açıklama yapan bilim adamları, nükleer patlamalarla depremler arasında dolaysız ilişki olduğunu ileri sürdüler.

Canlı Türleri Yok Oluyor

Canlıların, milyonlarca yıl süren evrim sürecinde birçok türün yok olduğunu biliyoruz. İç devinselliğiyle (dinamizmiyle) doğal yaşambilimsel bir süreci izleyen ve uzun dönemlere yayılan evrim; türlerin gelişim ve yokoluşunu içeren diyalektik dönüşümlerle doludur. Milyonlarca yılda oluşan çok yönlü ilişkilere bağlı doğal bir denge içinde yaşamlarını sürdüren canlılar, evrim süreci içinde ya daha ileri bir türe dönüşerek varlıklarını sürdürürler ya da doğanın dengesi içinde varlık nedenlerini yitirerek yok olurlar. Bu doğal bir yok olmadır.

Oysa bugün canlı türlerindeki yokoluş böyle bir süreci kapsamıyor. Dar zamanlı çıkar sağlamaya dayanan yaklaşımlarla doğa, kendini yenilemesine olanak tanınmayacak biçimde hoyratça kullanılıyor ve canlılar doğal yaşam ortamlarını hızla yitiriyor. Milyonlarca yılda oluşan canlı türleri zamansız bir biçimde teker teker yok oluyor.

Bilim adamları 100 bin yıl önce, her bin yıl içinde 0,8 adet memeli hayvan türünün yok olduğunu varsayıyor. 1600-1980 arasındaki 380 yılda ise, 17 memeli türü yok oldu. 1980-2000 arasındaki 20 yılda yok olan memeli hayvan türü sayısı ise tam 145. Tam anlamıyla bir tür soykırımı.[173]

Memeliler, 100 bin yıl önce Buzul Çağı koşulları ve doğal nedenlerle yok olurken, özellikle son yirmi yılda, denetimsiz endüstrileşme, çevre kirliliği ve habitat bozulması gibi insan eylemlerine bağlı nedenlerle yok oluyorlar. *Yeni Dünya Düzeni*, insanların yalnızca ekonomik ve düşünsel yapılarına değil, tüm canlılarla birlikte yaşamlarını sürdürebilme olanaklarına da ağır zararlar vermektedir.

Günümüzde çevre kirliliği, küresel bir sorun olarak giderek önemini arttırmaktadır. Sorunun sonuçlarından kimse kendini kurtaramıyor. Kirliliği başka ülkelere taşıma, taşıyıcıları kirliliğin olumsuzluklarından uzak tutmuyor. Dünyadaki suların yüzde 99'undan fazlası tek bir ekolojik sistem içinde birbirlerine bağlıdır.[174] Bir yöredeki kirlenme bütün sistemi dolaysız etkiliyor.

Orta Avrupa'da üretilen zararlı atıklar, Tuna nehrini öldürürken onun aracılığıyla Marmara ve Ege Denizi'ne de taşınıyor. Ayrıca İstanbul'dan, 10 milyon insanın sabunlu evsel, fabrikaların kimyasal, hastanelerin nükleer ve virütik atık sularını içeren 1,5 milyon metreküp atık su her gün Marmara denizine boşaltılıyor. Yalnızca İstanbul'un kirlenmeye katkısı, haftada 10,5 milyon m^3 ayda 45 milyon m^3 ve yılda 547,5 milyon m^3 kirli sudur. Marmara Denizi'nin çevresinden, Tuna'dan ve Karadeniz'den gelen atıklarla birlikte bu nicelik 770 milyar metreküp olmaktadır. Bu niceliğin önemli bir bölümü, Ege yoluyla Akdeniz'e ulaşmaktadır. Marmara Denizi'nde canlıların yaşam alanı bugün 25 metreye kadar düşmüş durumdadır.[175]

Dünyanın herhangi bir yerinden açık denizlere ulaşan kimyasal atıklar, ya sudan ağır olduğu için çökelmekte ya da sudan hafif olduğu için su düzeyine çıkmaktadır. Her iki durumda da, büyük bir canlı varlık kaynağı olan ve bir besin deposu durumundaki denizlerde, ekolojik dengeler bozularak canlılar yaşamlarını sürdüremez duruma gelmektedir. Yalnızca 20. yüzyılda (1985) yaklaşık 30.000 bitki türü yok oldu.[176]

Gezegenimizdeki bitki ve hayvan türlerinden her gün, 3 canlı türünün soyu tükeniyor. Bir saatte 3000 dönüm, dakikada 50 dönüm orman insanlar tarafından yok ediliyor. Dünyanın akciğerleri konumundaki tropikal ormanlar önemli oranda tahrip edilmiş durumda. Bu ormanların 260 hektarında 700 çeşit ağaç, 1500 tür çiçekli bitki, 125 tür memeli hayvan, 400 çeşit kuş türü, 100 çeşit sürüngen, 60 tür su hayvanı, 150 çeşit kelebek ve sayısız böcek türü ortadan kalkmak üzere.[177]

Madagaskar'da, 20. yüzyılın ortalarına dek, 12.000 bitki türü ve yaklaşık 190.000 hayvan türü vardı ve bunların en az yüzde 60'ı adanın doğusundaki orman içinde ve endemik (yalnızca o yöreye özgü) özellikteydi. Bu ormanın bugün yüzde 93'ü yok edilmiş durumdadır ve buradaki özgün türlerden en az yarısı çoktan yokolmuş ya da yokolma noktasına gelmiştir.[178] Orta Afrika'daki Malawi Gölü, 500'ü aşkın balık türü barındırmakta ve bunların yüzde 99'unun endemik olduğu bilinmektedir. Bugün gölde 173 tür balık kalmıştır ve bunların ancak yüzde 10'undan azı endemiktir.[179]

Batı Ekvator, bir zamanlar 8000-10.000 arasında bitki türü barındırmakla ün yapmıştı. Bunların yüzde 40-60'ı endemikti. Her bitki türüne karşılık benzer alanlarda 10-30 hayvan türünün varlığı gözönüne alınırsa orada 200.000 hayvan türünün var olduğu hesaplanıyordu. 1960'tan bu yana Batı Ekvator'un hemen hemen tüm ormanları sökülüp, buraları döviz hesaplarıyla muz ekim alanları yapıldı; petrol kuyuları çalıştırıldı, yerleşim bölgeleri oluşturuldu. Bu nedenlerle yok olan türlerin sayısını bilmek güç olsa da, bilim adamları bunun 50.000 ya da daha çok olabileceğini söylemektedirler. Bunca canlı türü yalnızca son 30 yıl içinde yok olmuştur.[180]

1600 yılından bu güne dek; balıkların yüzde 10'u, omurgasızların yüzde 15'i, kuşlar'ın yüzde 31'i, memelilerin yüzde 25'i ve bitkilerin yüzde 6'sı yok oldu. Kalan canlılardan; balıkların yüzde 65'i, omurgasızların yüzde 60'ı, kuşların yüzde 42'si, memelilerin yüzde 65'i ve bitkilerin yüzde 45'i, yoğun ve yoğun olmayan biçimde yok olma çekincesi altındadır.[181]

Yeni Dünya Düzeni'nin Sonuçları:
6. Küresel Açmaz: Gelişmiş Ülkeler Yarattıkları Sorunların Etkisine Giriyor

The Observer gazetesinin 15.11.1997 tarihli sayısında şu yorum yer aldı; *"Dünya ekonomisi derin bir ekonomik felaketin eşiğinde duruyor. Uluslararası ilişkilerde ilginç gelişmeler var, silahlanma yarışı hızlanıyor, 1929'a benzer bir çöküş dönemine mi giriyoruz?"*[182]

Observer'ın kuşkusunu abartılı bulmayanlar, bugün hiç de az değil. Gelişmiş ülkeler, dünyadaki ekonomik etkinlikleri denetliyor ancak yaşamakta oldukları sorunları da bir türlü çözemiyor. Sermaye dolaşımında erişilen düzey, varsıl ülkelerin istem ve ereklerine belki uygun düşüyor ancak doğurduğu sonuçlar kendileri de içinde olmak üzere, tüm insanlığa kaygı veren sonuçları da beraberinde getiriyor. Şirket etkinliklerinin denetimsiz sürdürüldüğü küresel ortam ve bu ortamın tüm insanlığa dayattığı yaşam koşulları, gelişkin ülkelerin insanlarına da umutsuz bir gelecek sunuyor. Bugün, şirket çıkarlarıyla insanlığın gelişimi arasında yeğin ve ivedi çözüm bekleyen bir çelişki var. *Observer* kuşkularında haklı.

Uluslararası ilişkilerde, ülkeler birbirlerini karşılıklı olarak etkiler. Çıkara dayalı ilişkilerde, etkileşimin güçlüden yana işlemesi ne denli kaçınılmazsa, bu işleyişi değiştirmeye yönelik tepkilerin oluşması ve bu tepkilerin etkileneni de etkileyeni de kapsamına alması o denli kaçınılmazdır.

Ülkeler arasındaki ilişkilerin sömürüye ya da eşitliğe dayanıyor olması, etkileşimin yalnızca niteliğini gösterir. Oysa, niteliği ne olursa olsun etkileşim karşılıklıdır ve bir bütünü oluşturur. Fransız hukukçu **Carré de Malberg**'in *Devletler Kuramı* adlı yapıtında söylediği gibi; *"Yabancı bir devlete karşı herhangi bir bağımlılığı olan devletin, içeride de egemen olacak gücü kalmaz..."*[183] Burada sözü edilen bağımlılık, gerek sömürmeyi gerekse sömürülmeyi kapsayan bir kavramdır. Gelişmiş ülkeler azgelişmiş ülkeleri bağımlı duruma getirirken kendileri de o ülkelere bağımlı duruma gelir. Başka bir ülkeyi sömüren ülke özgür olamaz.

Bugün, gelişmiş ülkelerin bir türlü çözemediği; *işsizlik, gelir paylaşımındaki eşitsizlik, artan suçlar, sosyal güvensizlik, uyuşturucu bağımlılığı, çevre kirliliği, yasadışı göç, üretimsizlik, ayrılıkçı siyasi yapılanmalar* vb. sorunlar, *Yeni Dünya Düzeni*'nin gelişmiş ülkelere kestiği faturalardır. Ulusal gelirini ağırlıklı olarak, azgelişmiş ülkelerle giriştiği tek yanlı tecimsel çıkarlar üzerine kuran ve bu ilişkileri giderek dünya düzeni yaparak küreselleştiren gelişmiş ülkelerin, sorunlardan uzak durmaları olanaklı değildir.

Denizaşırı ülkelerdeki her tür sorun, kaçınılmaz olarak küreselleşir, dolaylı ya da dolaysız varsıl ülkelere taşınır. Fabrikalar, işgücü ucuz ülkelere götürülerek daha çok kazanç elde edilir ancak bu kez işsizlik sorunuyla karşılaşılır. Uluslararası para piyasalarında bol ve kolay para kazanılır ancak yatırıma dönüşmeyen kazanç toplumsal varsıllığın değil, üretimsizliğin ve aşırı tüketimin kaynağı olur. Aşırı tüketim, insanların doyum sınırını yükseltir ancak üretimi aşan tüketimin kaçınılmaz sonucu dış ticaret açığıdır. Bu da borçlanma demektir. Borçlanma yeni borçlanmaları gerekli kılar ve bu gereklilik borçlanmayı, ekonomik etkinlikleri sürdürülebilir kılmanın zorunlu koşulu durumuna getirir. Bu süreç bütün ülkeler için geçerlidir.

Dünya ticaretinin serbestleştirilmesi için çaba gösterenler, bir gün karşılarında serbestleştirdikleri pazarları elinden almak isteyen güçlü yarışçılarla karşılaşır. Evrensel doğrular olarak ileri sürülen uluslararası ticaret kuralları, o koşulları koyanlar tarafından çiğnenmeye başlar. Bu ise, uluslararası çatışma demektir. Denizaşırı ülkelerden yüksek oranlı kazanç aktarılır ancak bu aktarımın yoksullaştırdığı ülkelerde alım gücü ve ticaret yeteneği düşer, pazar daralması ortaya çıkar. Günümüzde geçerli olan dünya ekonomik düzeni, çıkışı olmayan kör sokaklar gibidir.

Dünyanın içinde bulunduğu kargaşa ortamı, oluşmasında sorumluluğu olsun olmasın herkesi kapsamı içine almıştır. *Yeni Dünya Düzeni*, giderek yaratıcıları için de gözkorkutan bilimkurgu canavarlarına dönüşmektedir. Düzenin yürütülmesi için ağır bedel ödettirilen yoksul ülkeler, bugün yüzyılın ilk yarısında görülen düzeyde örgütlü bir savaşım içine henüz giremedi. Ancak, çok yönlü baskıya ve güç ayrımlarına karşın azgelişmiş ülkelerle sınırlı kalmayan tepki, dünyanın her yerinde ortaya çıkmaya başladı. Geleceğinden kuşku duyan ve yaşamlarından hoşnut olmayanların sayısı her geçen gün artmaktadır.

*

ABD, 50 yıllık *Yeni Dünya Düzeni* döneminin tartışmasız önderidir. Düzenin kuruluşu, yaşatılması ve geliştirilmesi için öncülük etmiş, güç ve para harcamıştır. Ancak, bugün sonradan ortaya çıkan yarışçılar; Japonya, Almanya ve Çin'e karşı güç durumdadır. Küreselleşmenin öncülüğünü yapan bu ülkede; Amerikan rüyası, bayrak ve ülke söylemleri giderek artmaktadır. Japonya ve Almanya'daki söylem ve sorunlar da ABD'ndekinden çok ayrımlı değildir.

Amerikalı ekonomist **Jaffry E. Garten**, ABD'nin bugünkü durumuyla ilgili olarak şunları söylüyor: *"Birleşik Devletler otomobil endüstrisinin ölümü, Amerika'nın öncü olduğu yarı iletken üretimi-*

nin zayıflaması, yabancı sermayeye artan bağımlılık dev boyutlu sorunlar yaratıyor. ABD bundan onyıl sonra, yirmi yıl öncesinin durumunu yakalayabilirse kendisini son derece şanslı saymalıdır... ABD bugün ikinci sınıf bir ülke olma tehlikesiyle karşı karşıyadır. Yaşam standartı sürekli düşmektedir. Toplumsal karışıklıklar ve başka uluslara teknoloji ve sermaye bağımlılığı artmaktadır. Nüfusun yüzde 10'u (25 milyon kişi) açlık sınırındadır. Her üç çocuktan biri, 17 yaşından önce bir kamu yardımı beklemektedir. 35 milyon kişi sağlık sigortasından yoksundur. Federal bütçe açıkları sürekli artmaktadır. Eğitim düzeyi düşmüştür. Toplumun fiziksel alt yapısı çökmekte, teknoloji temellerimiz hızla aşınmaktadır. Bankalarımız karşıklık içindedir. Siyasal kutuplaşma, sinizm (hiçbir değere sahip olmama y.n.) yayılmakta, ulusal yönetim zayıflamaktadır..."[184]

Amerikalı ekonomistin çizdiği karanlık tablo, gerçek midir? Saptamalarda bir abartma var mıdır? **Garten**'ın saptamalarında abartı olmadığını, bu yönde düşünenlerin çokluğunda ve ekonomik göstergelerin sayısal gerçeklerinde görüyoruz. Amerika'nın dünyaca ünlü enstitüsü *MIT'*nin *(Massechusetts Institute of Technology) Sloan İş İdaresi Okulu* Dekanı ve Ekonomi Profesörü **Lester Thurow** ABD'nin durumuyla ilgili olarak şunları söylüyor: *"Şu anda bilinen tek şey, Amerikan sisteminin artık işlemediğidir. Giderek düşen ücretler, ekonomik büyümedeki duraklama ve giderek artan ticaret açığı bunu göstermektedir. Amerika yeni bir şey deneyip başarısızlığa uğrayabilir. Ancak hiçbir şey kaybetmez. Çünkü eski sistem zaten işlememektedir".*[185] Bir başka Amerikalı ekonomist **J.Bradford De Long**'ın görüşleri ise şöyle: *"Amerikan kapitalizminin kalp nakline ihtiyacı var. Amerikan kapitalizminin can damarı haline gelen finansman ticareti yapanların tasfiye edilmesi ve Amerikan endüstrisinin yeniden doğuşunda can damarı işlevini üstlenebilecek olan gerçek kapitalistlerin onların yerini alması gerekiyor. Amerika'nın eksiği, eski tarz kapitalistlerden, yeni teknolojiler icat eden ve kişisel varlıklarını kurdukları şirketlerden edinen büyük yatırımlardan yoksun olması. Amerika artık onları yitirmiş durumda. Henry Ford: IBM'in Thomas J. Watson'ı ve J. P. Morgan gibi adamlar, tarihteki en büyük ekonomik gücü ve en yüksek yaşam standartını yaratan sistemin can damarlarıydı".*[186]

ABD'nin en önemli sorunu, üretim yatırımlarındaki azalmadır. Amerikan kapitalizminin büyük akçalı olanaklara sahip olduğu açıktır. Ancak bu kaynaklar, çekince içeren üretim alanlarına değil, emeksiz para kazanılan akçalı piyasalara, borsaya ve taşınmaz ticaretine akmaktadır. Amerikalı yatırımcılar büyük oranda, kolay para peşindeki vurguncular durumuna gelmiştir. Bu nedenle Amerikalılar; girişim yetenekleri yüksek, araştıran, buluş yapan ve üreten eski kapitalistlerini özlüyor. Ancak o günler geride kaldı. Liberal kapitalizmin yaratıcılığı yok artık. Şimdi dünya ekonomisine tekeller egemen. Onların da üretim yapmak gibi bir derdi yok. Üretim şirketlerinin yüzde 60-70'inin iyeliği bankaların elindedir. Eskiden iyi gözle bakılmayan hisse satışları, en yaygın kazançlı iş durumuna geldi. Yoğun borçlanma altındaki üretim şirketlerinin elinde, yeni ürün ve işlem teknolojisine ya da araştırma-geliştirme giderlerine yönelteceği kaynak yok. Bu tür giderlere kaynak ayırmak borsa getirileri karşısında zarar etmek anlamına geliyor.

*

Amerikan *Bank Of International Settlements*'in verilerine göre, dünya üzerinde bir ülke parasının bir başkasına çevrilmesi biçimindeki uluslararası akçalı dolaşımın günlük hacmi 1995 yılında 640 milyar dolardı. Bu nicelik 2000 yılında 1,5 milyar dolara çıktı. Hükümetler deviren, hükümetler kuran bu büyük paranın yalnızca yüzde 10'u yabancı mal ve hizmet satın almadan doğan olağan döviz ticaretine aittir. Geri kalan tutar her gün, vurguncular, borsa canbazları ve kredi uzmanları tarafından yönlendiriliyor.[187]

Mali sermaye, gereğinden çok küreselleşmiştir. Ancak genç kuşakların dengeli, iyi ücretli iş seçenekleri azalmış, dünya nüfusunun gittikçe daha büyük bölümü, alıcı olmaktan çıkarak vitrin izleyici olmuştur. İnsanların büyük çoğunluğu artık; ev yapmak, işe başlamak ya da tarlasını ekmek için gerekli parayı bulamamaktadır.

Temelini *mali-sermaye* egemenliğinin oluşturduğu ve ulusal ekonomileri yıkıma sürükleyen küresel ekonomik bunalımdan, artık varsıl ülkeler de kaygı duymaya başladı. Global yoksullaşma nedeniyle düşen alım gücü, pazar daralmalarına neden oluyor ve bu daralma dolaylı olarak gelişmiş ülkeleri de etkiliyor.

İsviçre'nin kayak merkezi Davos'ta 02 Şubat 1999'da toplanan *Dünya Ekonomik Forumu*'unda konuşan Almanya Başbakanı **Gerhard Schröder** şunları söylüyor: *"Spekülatörler ulusal ekonomileri yıkıma sürüklüyorlar, binlerce insanın ümitlerinin yıkıldığını görüyoruz. Dünya ekonomisinde istikrarsızlığa yol açan spekülatif sermaye hareketleri ve küresel finansal yapı üzerinde zaman geçirmeden bağlayıcı önlemlerin alınması gerekmektedir".*[188]

OECD'nin bir araştırmasına göre, G7 adı verilen en gelişmiş yedi ülkenin devlet borçlarının GSMH'ya oranı 1983-1989 arasında yılda ortalama yüzde 2,5 artarken, bu artış 1989-1994 arasında yıllık ortalama yüzde 5,2'ye yükselmiştir.[189] Bu gelişme, Dünya Bankası Başkanı **E. Stern**'e göre, *'dünya ekonomisini 16 trilyon dolarlık bir kumarhaneye çevirmiştir'*. Bu kumarhanede para çevirmek yalnızca finans kurumlarıyla sınırlı kalmamaktadır. Bir zamanların endüstiri devleri olan ülkeler bu gün çağdaş tefeciler durumuna geldi. Üretim alanında çalışan sayısı azaldı. İnsanlar artık kendilerine, hizmet sektörünün alt birimlerinde iş bulabiliyor. ABD'nde 1980-1990 arasında hizmet sektöründe çalışanların (beyaz yakalı), üretim sektöründe çalışanlara (mavi yakalı) göre artış oranı yüzde 1650 (16,5 kat) idi.[190]

Son elli yılda; para, tahvil ve hisse senedi piyasalarında yapılan işlem hacmi olağanüstü artış gösterdi. Bu işlemlerin toplamı, iki dünya savaşı arasında mal ticaretinin iki katı iken, 1990 yılında elli katına çıktı.[191] *OECD* ülkelerinde, tahvil ve hisse senedi piyasasındaki işlemlerin GSMH'ya oranı, 1980 yılında yüzde üç iken bu oran 1990 yılında yüzde on'a çıktı.[192] Döviz uluslararası ticarette ödeme aracı olmaktan çıktı, başlıbaşına, çok kazançlı ve emeksiz ticaret kolu oldu. Yalnızca New York'ta 1986'dan 1994'e dek döviz ticareti yüzde 40 arttı. 1989 yılında dünyada her gün döviz piyasalarında 650 milyar dolarlık ticaret yapılıyor.[193]

Mali sermaye yatırımlarına yönelenler, yalnızca finans kurumları değildir. Üretim şirketleri de faizciliğe başladı. Örneğin ABD sigara devi **Philip Morris**, 1984 yılında ABD dış ticaret açığının doların değerini düşüreceğini kestirerek (tahmin ederek) 2 milyar doları dövize çevirdi ve bu yolla üç yılda 400 milyon dolar kazandı.[194]

Üretimden uzaklaşan gelişmiş ülkeler, uzaklaşma oranında işsizlik ve işsizlikten kaynaklanan toplumsal sorunlarla karşılaştı. Cinayet ve intihar artışı, eğitimsizlik, kentten kaçış, evsizlik, sosyal güvensizlik vb. sorunların boyutları çözülebilirlik sınırlarını aştı ve toplumun hemen her kesimini etkisi altına aldı. ABD'nde 1950 yılında, toplam iş hacminin yüzde 33'ü üretimle ilgili alanlarda çalışırken, 1991 yılında fabrika işçilerinin tüm işgücüne oranı yüzde 16'ya düştü.[195] *General Electric* 1970'lerde denizaşırı ülkelerde 30 bin işçiye iş verirken, kendi ülkesinde 25 bin işçiyi işten çıkardı. *RCA* Amerika'da 14 bin işçiyi işten çıkarıp yurtdışında 19 bin kişiye iş verdi.[196]

İşsizlik sorunları, şimdiye dek Üçüncü dünya ülkelerinde görülen manzaraların ABD'de de yaşanmasına neden oluyor. Amerikada yayınlanan bir yazanakta şunlar yazılıyor: *"Orta büyüklükteki bir metal-seramik firması, saat 17:00'da bülten panosuna on tane başlangıç düzeyinde iş olanağı açıldığını belirten bir not astığında, sabaha karşı 05:00'te bu on iş için başvurmayı bekleyen iki bin kişi sıra oluyordu".*[197] *Ford Motor Company* Kentucky'de açtığı yeni fabrikasına alacağı 1300 iş için ilan verdiğinde tam 110 bin kişi işe girmek için başvurmuştu.[198]

ABD ekonomisinin bir başka önemli sorunu, tüketimdeki olağanüstü artıştır. Bu artışın doğal sonucu ise, sürekli duruma gelen dış ticaret açığı bu açıkların yarattığı borçlanma eğilimidir. Amerikalılar yurt dışına sattıklarından daha çok mal ve hizmet almaktadır. Bu nedenle, çoğunlukla dış kaynaklardan borçlanarak, gelirinden daha çok harcamaktadırlar. 1980'lere dek dünyanın bir numaralı kredi veren ülkesi olan ABD, bugün dünyanın bir numaralı borçlusu durumuna gelmiştir.

ABD, artırıma (tasarrufa) ve borç almamaya yönelmesi durumunda, Amerikalıların yabancı mallara yatıracak yeterli kaynağı olmayacaktır. Bu kez de ABD pazarına mal dışsatımlayan ülkeler dışsatım gelirlerinden yoksun kalacak ve ekonomik bunalımla karşılaşacaktır. ABD, dış borç almaması durumunda, birikmiş borçlarının faizini ödemek için kaynak yaratmak amacıyla ticaret açıklarını kapatıp, fazlaya geçmek zorunda kalacaktır.

Bu, uzun yıllara gereksinimi olan yapısal bir değişikliktir. Gerek artan faizler için, gerekse kısılan tüketimin yerine geçecek kadar üretim sağlayacak yatırımlar için, yeni akçalı kaynak gerekecektir. Bu kadar açığı kapamanın, Amerikalıların toplumsal alışkanlıkları ve gösterişli yaşam biçimi gözönüne alındığında, çok güç olduğu görülmektedir.

Borçlanma dönüşü olmayan nehirde yolculuktur. Bir ulus için gelecekteki gelirleri bugünden kullanma demek olan borç alma, bugün ne denli çok ise yarınki gelirler o denli az olacak demektir. Borçlanma çok uzun zamandan beri sürdüğü ve sonsuza değin sürecekmiş izlenimi verdiği için, Amerikalıların çoğunluğu gelecek konusunda kaygılı görünmüyor. Ancak borçlanma sonsuza dek süremez.[199]

Sonsuza dek gitmezse ne olur? Tarih, bu sorunun karşılığını, her alan ve boyutta çatışma diye yanıtlıyor. Amerikalı yetkililer de bunu saklamıyor; Prof. **Lester Thurow** şu saptamayı yapıyor; *"... Amerikalılar kendilerini sürekli kaybeden taraf olarak görürlerse, eninde sonunda arabaların çevresinde çember oluşturup* (Kızılderililere karşı kendilerini savunan göçmen kafilelerin aldığı savaş biçimi -y.n.) *diğerlerini dışta tutar ya da suçlu gördüklerini, adil bir davranış olsun olmasın vurup cezalandırır. Amerika, işbirliğine girmeyi reddederek 21. yüzyılın ekonomik sistemini dinamitleyecek güce sahiptir. Bu nedenle, Amerikan ekonomisinin başarıya ulaşmasında diğer ülkelerin de büyük çıkarı vardır"* diyor.[200]

Dilek ya da gözkorkutma, önerilen açıkça şudur; ABD ekonomisinin kurtulması gereklidir; yoksa yenilgiye alışık olmayan Amerika elindeki silahlı gücü kullanır. Bunu söyletebilen güç, ABD üstünlüğünün tartışmasız sürdüğü tek alan olan askeri alandır. Bu güç, soğuk savaş sona ermesine ve bütçenin ağır baskısına karşın azaltılmamakta tersine arttırılmaktadır. 1980 yılında 131 milyar dolar olan askeri giderler 1990′da 314 milyar dolara çıkarılmıştır.[201]

*

Silahın, ekonomik yarışın hemen yanı başında durması yeni bir olay değildir. *"Savaş ekonomik mücadelenin silahla sürdürülmesidir"* özdeyişi de yeni bir söz değil. Dünya 20. yüzyılda, iki büyük savaş ve toplam yitiği bu iki savaştan daha çok olan sayısız bölgesel savaş yaşadı, tümünün çıkış nedeni ekonomikti. 20. yüzyıl biterken, Thurow'un saptamasıyla yüzyıl başındaki **Kayzer Wilhelm**'in sözleri arasında ayrım yok: *"Ya ekonomik ayrıcalık ya savaş"*. **Lenin**, 1916 yılında yazdığı *Emperyalizm* adlı yapıtında şunları söylüyordu: *"Emperyalist ülkeler arasındaki ittifaklar, savaşlar arasındaki 'mütarekeler' olmaktan başka anlam taşımamaktadır. Zaten bu ittifaklar bir emperyalist gurubun bir başkasına karşı birleşmesi ya da bütün emperyalist devletleri bir araya getiren genel bir birlik haline gelmesi biçiminde olmaktadır. Barışçı ittifaklar savaşları hazırlar ve savaşlardan doğar; tek ve aynı temel üstünde, dünya politikasının ve dünya ekonomisinin emperyalist ilişkiler temeli üzerinde birbirlerinin şartlarını hazırlar, barışçı olan ve barışçı olmayan mücadelenin alternatiflerini doğurur..."*[202]

Amerikalılar, bir zamanlar üzerine toz kondurmadıkları *'demokratik'* düzenlerini artık sorguluyor. **Lester Thurow**, *"Kurulu Düzen mi Oligarşi mi?"* adlı kitabında, ABD yönetim biçiminin kapsamlı bir yenileşmeye (reforma) gereksinimi olduğunu belirterek şunları söylüyor: *"Önümüzdeki on yılda Amerikan sisteminin bir establishment mi* (ülkeyi uzun erimde esenliğe çıkaracak bir düzeni tasarlamak, kurmak, bu amaca uygun olarak yapılanmak y.n) *yoksa bir oligarşi tarafından mı yönetildiği açığa çıkacaktır"*.[203] On yılda ABD'de değişen bir şey yok. Amerika'nın nasıl yönetildiğini artık herkes biliyor. Tekelci oligarşik yapı yalnızca Amerika'yı değil neredeyse dünyanın tümünü yönetiyor.

Yönetim biçimindeki çözülme ve *'demokrasinin'* çöküşü, Amerikan yaşam biçiminin bilinen geleneklerini birer birer ortadan kaldırmaktadır. Dünyadaki benzerlerinden daha yüksek düzeyde yaşayan orta sınıftan Amerikalılar eski gönençli günlerini artık yitirdi. Kitleler halinde alta doğru sınıf değiştiriyorlar. Ekonomik ve siyasal çözülme, büyük boyutlu yeni toplumsal sorunlar yaratıyor.

ABD, bugün ileri derecede yeğinliğe yönelik bir toplum olmuştur. Bu ülkede her yirmi beş dakikada, bir kişi öldürülüyor. Cinayet oranları sürekli yükseliyor. Örneğin 1990 yılında cinayete kurban gidenlerin sayısı bir yıl öncesine göre yüzde 30 daha çoktu. ABD, o yıl her yüz bin kişide 10,5 cinayet oranıyla dünya birincisiydi.[204]

1980'ler boyunca adli işler için yapılan harcamalar; eğitim bütçesinden dört, sağlık için ayrılan paradan iki kat daha çoktu. 1970 ile 1990 yılları arasında sanık sandalyesine oturan Amerikalıların sayısı 3 kat çoğaldı. Birleşik Devletler öteki ülkelere kıyaslandığında nüfusunun daha büyük bir bölümü cezaevinde yaşayan bir ülke durumuna geldi.[205]

Toplumsal suçlarla ilgili araştırmalar yapan **Andrew H. Malcolm**, *The New York Times*'ta şunları yazıyor: *"Birleşik Devletler'de yeni bir silahlanma yarışı başlamıştır. Bu kez yarış bir başka ülkeyle değil, Amerikan polisi ile Amerikalı suçlular arasında sürüyor. Bu yarışta yalnızca tabancalar ve küçük çaplı silahlar değil yarı otomatik silah çeşitleri de yer alıyor".*[206]

ABD'nin tarihsel sorunu, gelir dağılımındaki aşırı dengesizlik, artmaya devam etmektedir. Nüfusun en düşük gelir düzeyli kesimini oluşturan yüzde 20, toplam gelirden, 1970 yılında yüzde 5,4 pay alırken bu pay 1989'da yüzde 4,6 ya düştü. Aynı dönemde en varsıl yüzde 20 nüfusun payı ise yüzde 41,5'dan yüzde 44,5'e yükseldi. 1970 ile 1980 arasında yoksulluk sınırı altında yaşayan Amerikalı sayısı yüzde 4 arttı. Bu 10 milyon yeni yoksul demekti.[207]

Sorunları olan gelişmiş ülke, yalnızca ABD değildir. Avrupa ülkeleri de, uzun süreden beri benzer sorunlar yaşamaktadır. Ekonomik göstergelerde; işsizlik, enflasyon ve gerçek gelirlere ait sayılar büyürken, üretim artışları, ticari büyüme ve yatırım genişleme oranları aşağıya doğru gidiyor. *OECD* üyesi Avrupa ülkelerinde, 1960-1975 ve 1975-1990 arasındaki dönemlerde ekonomik göstergelerdeki yıllık ortalama değişim oranları şöyle oldu: Üretim (gerçek GSMH) yüzde 4,75'ten, yüzde 2,76'ya, yatırım (konut dışı) yüzde 7,38'den yüzde 3,90'a, ticaret oylumu (dışsatım ve dışalım) yüzde 8,78'den yüzde 4,43'e düştü, enflasyon yüzde 4,47'den yüzde 7,03'e, işsizlik yüzde 3,42'den yüzde 6,62'ye yükseldi.[208]

Dünya gelir dağılımındaki eşitsizlikler, hemen aynısıyla gelişmiş ülkelerde de görülmektedir. Ülkeler düzeyinde ve küresel ölçekte, nasıl varsıl daha varsıl, yoksul daha yoksul oluyorsa, bu işleyişin hemen aysını sınıflar düzeyinde ve ulusal ölçekte gelişmiş ülkelerde yaşanmaktadır. Varsıllar kulübü *OECD* yetkililerinden **Mark Pearson** şunları söylüyor: *"Sermayeden elde edilen gelirde büyük bir artış var ama bu çok eşitsiz olarak dağıtılıyor".*[209]

İngiltere'de, gelir düzeyi en yüksek yüzde 20 nüfusun toplam gelir içindeki payı, 1975-1985 arasındaki, on yılda yüzde 38'den yüzde 42'ye çıkarken, aynı dönemde en yoksul yüzde 20'nin payı yüzde 6,6'dan yüzde 6,1'e düştü. Bu oranlar Japonya'da, üstteki yüzde 20 için yüzde 37,8'den yüzde 38,6'ya yükseldi. En alttaki yüzde 20 için yüzde 8,3'ten yüzde 5,8'e indi.[210]

İngiltere'de, yoksulluk sınırında yaşayan ailelerin oranı; 1974-1988 arasında yüzde 9,4'ten yüzde 20'ye, sayıları ise 5 milyondan 12 milyona yükseldi. Bu ailelerle yaşayan çocukların sayısı ise 1,6 milyondan 3 milyona çıktı. Bu sayı İngiltere'deki tüm çocukların yüzde 25'i demekti.[211]

Avrupa ülkelerindeki ailelerin; Portekiz'de yüzde 29'u, Yunanistan'da yüzde 24'ü, İngiltere'de yüzde 23'ü, İrlanda'da yüzde 21'i, İspanya'da yüzde 19'u, İtalya'da yüzde 18'i, Fransa'da yüzde 16'sı, Hollanda'da yüzde 14'ü, Almanya'da yüzde 13'ü yoksulluk sınırı altında yaşıyor. Yoksulluk sınırı altında yaşayan ailelerin Avrupa ortalaması yüzde 17'dir.[212]

Fransa'da etkin nüfusun yüzde 12,4'ünü oluşturan 3 milyon işsiz var. Çalışma çağındaki nüfusun yüzde 17'si yarı-zamanlı (part-time) işlerde iş bulabilmiş. Küçük kasabalarda işsizler, mal bedellerinin hizmetle ödendiği değiş tokuş kooperatifleri kuruyor. Fransa devlet telefon şirketi, sokaklarda yaşayan insanlara özellikle soğuk havalarda yardım ulaştırabilmesi için ücretsiz telefon hattı açıyor.[213]

Fransa Cumhurbaşkanı **Jacques Chirac**, 1997 Haziranı'nda, Almanya Başbakanı **Helmut Kohl**'le birlikte düzenlediği basın toplantısında, Avrupa'daki yoksulluk konusuna değinerek şunları söyledi: *"Burada yolunda gitmeyen bir şey var. 19. yüzyıldan bu yana süren tarihi geleneklerin tersine Avrupa, ilk defa yoksulluğun giderek arttığı bir dönem yaşıyor".*[214]

Almanya'da yoksulluk yardımı alanların sayısı 1995'te yüzde 9,1 oranında arttı. Almanya'nın borsa ve bankalar kenti Frankfurt'ta yaşayan her 5 kişiden biri yoksulluk sınırının altında yaşıyor. Hollanda'nın elmas kenti Antwerp'te yayınlanan haftalık gazete, kentteki yoksulluğu şöyle anlatıyor: *"Kentimiz muhtaç durumda, toplumumuz muhtaç durumda. Uzun zamandır tahmin ettiğimizden çok daha fazla muhtaç durumda"*.[215]

Boyutları bu düzeyde olmasa da, benzer sorunlar Japonya'da da yaşanıyor. Japonlar'ın son derece pahalı bir ortamda, küçük konutlarda, baş döndürücü hızla süren bir iş yaşamında görev alarak yaşamaktan memnun oldukları söylenemez. Ülkenin varsıllığına uygun düşmeyen yaşam koşulları Japonları, *"varsıl ülkenin yoksul insanları"*[216] durumuna getirmiştir. Alt yapı yetersizlikleri, konut sorunu ve gelir dağılımdaki ayrımlar, iç siyasette gerilimlerin yükselmesine neden oluyor. Japonya'nın ulusal servetindeki hızlı artış nüfusun bir kısmını varsıllaştırmıştır ancak servetin geneldeki artışı oldukça yavaştır. Yaşam düzeyi öteki gelişmiş ülkelerin gerisindedir. Japonya, intihar olaylarında İsveç'le birlikte başı çeken ülkelerdendir.

Japon akçalı dizgesindeki sıkıntılar, gelmekte olan fırtınanın habercisi gibidir. Bankalar, sermaye tabanı oluşturma konusunda baskı altındadır. Şirketlerin kazanç güvencesi azalmakta ve uluslararası pazarda anti-Japon davranışlar yayılmaktadır. Akçalı dizgenin geleneksel alışkanlıklardan kurtarılıp yenilenmesi sıkça dile getirilirken, böyle bir değişikliğin akçalı yükü, sorunun sürekli ertelenmesine neden olmaktadır. Japonya, kendisini de etkileyen Uzakdoğu bunalımının etkisinden henüz kurtulabilmiş değildir.

*

Gelişmiş ülkeleri etkilemeye başlayan bir başka konu, ayrılıkçı devinimlerin kendi ülkelerini de etkileme eğilimi göstermesidir. Azgelişmiş ülkelerde ayrılıkçılığa eskiden beri destek veren gelişmiş ülke hükümetleri, *Yeni Dünya Düzeni*'nin belirgin özelliği olan ulus-devlet karşıtlığının bölünmeye yönelik etkilerini, kendi ülkelerinde görmenin şaşkınlığı içindedir. CIA görevlisi **Graham E. Fuller**, *"Ekonomik ve toplumsal sorunlarını çözmede başarı gösteremezse, Birleşik Amerika'daki etnik yapı, Amerikan demokrasisini tehlikeye düşürecektir"* diyerek, ABD hükümetini uyarmaktadır.[217]

Bugün dünyada, İspanya (Bask), İrlanda (IRA), Fransa (Korsika) ve Kanada (Quebec) gibi eskiye uzanan ayrılıkçı devinimlerin yanında, İtalya (Kuzey Ligi), Belçika (Flaman Valon) ayrılığı, ABD (Teksas) gibi yeni devinimler ortaya çıkıyor. Japonya'da, *Liberal Demokrat Parti*'nin eski genel sekreteri Japonya'nın 300 özerk bölgeye ayrılmasını öneriyor. Belçika'da 1831 yılından beri ayakta duran Flaman-Valon devleti çözülüyor. Belçikalı kimliği ölüyor. *"Tembel ve asalak"* suçlamalarıyla Flamanlar ve Valonlar artık birlikte yaşamak istemiyorlar.[218]

Uluslararası ilişkiler üzerinde yaptığı inceleme nedeniyle ödüller almış ünlü Amerikalı yazar **Robert Kaplan** *"An Empire"* adlı yeni kitabında şunları yazıyor: *"Global ekonominin ve teknolojik oluşumların etkisiyle Kanada 30 yıl içinde Ulus-devlet niteliğini yitirerek yok olacaktır. Kanada'nın devlet olarak ortadan kalkmasıyla birlikte yerine, yerel çıkarların geçerli olduğu bölgesel nitelikli bir ülke oluşacaktır".*[219]

Küreselleşmenin olumsuz sonuçlarının gelişmiş ülkeleri de kapsamı içine alarak yayılması, Batılı hükümetleri zorlamaya başlamıştır. 7-10 Haziran 1999'da Köln'de gerçekleştirilen dünyanın en zengin 7 ülkesi ve Rusya'nın oluşturduğu, G-8 dışişleri bakanları toplantısında yayınlanan sonuç bildirisi, bir günah çıkarma belgesi gibiydi. Bu bildiride şunlar söyleniyordu: *"Birleşmiş Milletler, halkları ve gelecek kuşakları savaş afetinden kurtarmak olan ana amacını gerçekleştirememiştir. Uluslararası istikrar, bölgesel ya da ülke içi etnik çatışmalardan büyük zarar görmüştür. Egemen devletlerin dağılması, parçalara ayrılması, uluslararası barışa, güvenliğe ciddi tehlike oluşturmayı sürdürmektedir. Küreselleşme hem gelişmiş hem de gelişmekte olan ülkelere yeni zaaflar ve yeni tehlikeler getirmiştir. Uluslararası mali kriz, toplumsal bağları zedeleyebilir, bizleri küreselleşmenin sağladığı toplumsal yararları güvence altına alma zorunda bırakabilir".*[220] Tam anlamıyla bir ortaoyunu. G-8'ler, Hacıvat'ın yaptığı gibi, hem vuruyor hem de ne vuruyorsun diye bağırıyor.

DOKUZUNCU BÖLÜM

DÜNYANIN EGEMENLERİ; ULUSLARARASI ŞİRKETLER

Uluslararası etkinlikte bulunan şirketler için, çokuluslu şirket tanımı da kullanılmaktadır. Bu tanım, şirket mülkiyetinin birden çok ulusa ait olduğu izlenimi vermekte, bu nedenle gerçeği tam olarak yansıtmamaktadır. Küresel boyutlu hisse satışlarına karşın, şirketin yönetim ve denetimi için gerekli olan hisse payları hep, bir ulusun mülkiyetinde kalmakta ya da el değiştirmektedir. Bu nedenle uluslararası şirket tanımı, sermaye dolaşımı ve üretimin küreselleşmesi ile işgücü ve hammaddenin uluslararası kullanımını daha iyi ifade etmektedir.

Bir zamanların kazanç amacıyla üretim ve ticaret yapan basit işletmeleri olan şirketler, bugün dünya ekonomi ve siyasetine yön veren güç merkezleri durumuna gelmiştir. Şirket etkinliklerinin uluslararası boyutu yeni bir olgu değildir. Şirketler, *Yeni Dünya Düzeni* politikalarının uygulandığı son elli yılda olağanüstü güç ve yaygınlık kazandı. Ülkelerarası etkinlik anlamında 17. ve 18. yüzyılda sömürge ticareti yapan tecimsel şirketler de belki uluslararası şirket sayılabilir. Ancak, sözcük anlamı dışında, burada söz konusu edilen uluslararası şirketler, malın yanı sıra sermaye dışsatımının özel önem kazandığı ve 20. yüzyılı kapsayan emperyalist döneme ait tekelci şirketlerdir.

Uluslararası şirketlerin sermaye güçleri, sayıları ve etkinlik alanları, 20. yüzyılın ilk yarısında artmaya başladı ve özellikle 1950'lerden sonra olağanüstü yoğunlaştı. Bu nedenle uluslararası şirketlerin altın çağı yüzyılımızın ikinci yarısıdır.

20. yüzyıl başında etkinliği belirlenen 413 uluslararası şirket ve bunların, Birinci Dünya Savaşı'ndan önce üretim amaçlı 498 şubesi vardı. Bu sayı 1945 yılında 1984'e, 1970 yılında ise 10.909'a çıktı. 1990 yılında her alanda faaliyet gösteren şirket şube sayısı 206.000'e yükseldi.[1] ABD şirketlerinin ülke dışında 1950'de 11,8 milyar dolarlık doğrudan yatırımı varken bu sayı yüzde 1161 artışla 137 milyar dolara çıktı.[2]

Uluslararası şirketlerin 1950'den sonra ulaştığı yapısal ve sayısal büyümenin, aynı yıllarda kurulmaya başlanan küresel düzenle çakışması; bu şirketlerin, *Yeni Dünya Düzeni*'nin bir ürünü olarak görülmesine neden olmuştur. Bu yanlış bir görüş değildir ancak herhalde daha doğrusu; uluslararası şirketlerin *Yeni Dünya Düzeni*'ni yaratmış olmasıdır.

Büyük şirketlerin gereksinimlerine yanıt veren politikalar, hemen tüm ülkelerde hükümet politikalarıyla örtüşür. Özellikle gelişmiş ülkelerde şirket çıkarlarıyla devlet çıkarları o düzeyde iç içe girmiştir ki bu ülkelerde devletin şirketleşmesi ya da şirketlerin devletleştirilmesinden söz etmek hiç de yanlış olmamaktadır.

Sermayenin devlet üzerinde etkinlik kurma isteği ve bunu akçalı gücü oranında gerçekleştirmesi, yeni bir olgu değildir. Ekonomiyi elinde tutanlar, bunu başardıkları sürece devlet gücünü de elde etmiştir. Bu gerçek, tarih boyunca değişmemiş, değişen yalnızca bu amaç için kullanılan araç ve yöntemler olmuştur.

19. yüzyıl liberalizminde, büyük sermaye kümeleri devlet üzerindeki etkinliğini *borsa* ve *rüşvet* aracılığıyla kuruyordu. Günümüzde borsanın yerini *bankalar* aldı. 19. yüzyılda, girişimcilere kredi açan basit aracılar olan bankalar, 20. yüzyılda toplumun her kesimine ulaşan mali-sınai imparatorluklar durumuna geldi. Ya şirketler kendi bankalarını kurdu ya da bankalar bünyelerine her tür sektörel etkinliği kattı. Sonuçta büyük *mali-sermaye* güçleri olan tekelci yapılar, dünyanın her yerinde ve her çeşit alanda etkinlik yürüten uluslararası egemenler durumuna geldi.

Şirketlerin güç ve etkinliğinin artması, toplumsal yaşamın her alanda olduğu gibi devlet örgütü üzerinde de etkisini göstermekte gecikmedi. Kapitalizmin liberal döneminde özel girişimcilerin tümünü temsil eden devlet, serbest piyasa ilişkilerinin yerini tekel egemenliğinin aldığı emperyalist dönemde, yalnızca tekelci sermayeyi temsil eder duruma geldi. Bu temsil, göreceli olarak daha yumuşak yöntemlere dayalı demokrasi adıyla, yapılamadığı anda da faşist devlet biçimleriyle sürdürüldü.

Bugün bütün gelişmiş ülkelerde, bakan koltukları ve üst düzey devlet kadroları, ya şirketlerce belirlenen görevliler ya da şirket çıkarlarına karşı çıkması söz konusu olmayan bürokratlardan oluşur. Bunun dışında; lobicilik, ödüllendirme, onur diplomaları, övgü gösterileri; siyasilerle kurulan ücrete bağlı yükselme araçlarıdır. Ünlülerle yapılan; *'içtenlikli'* görüşmeler, basında birlikte görünme ya da kahvaltı ve yemekler bile politikacılara verilen ücrete bağlı desteklerdir.

Amerikalı araştırmacı **Steven Mufson** *Craig Fuller'in Özelleştirilmesi* adlı kitabında şöyle söylüyor: *"Philip Morris kamuoyundaki görüntüsünü düzeltmek ve Washington ile diğer başkentlerde etkin olabilmek için her türlü hayır işine milyonlar akıtmaktadır. Şirket 1991'de hükümetle ilişkilerini yürütmesi için Beyaz Saray sözcüsü Marlin Fitzwater'ı tutmaya çalıştı. Fitzwater öneriyi geri çevirince Philip Morris de yılda 500 bin dolar maaş karşılığı George Bush'un başkan yardımcısı olduğu sırada Personel Dairesi Başkanı olan Craig Fuller ile anlaştı. İngiltere'nin eski Başbakanı Thatcher da bu sigara devi için, 'belirtilmeyen hizmetler' karşılığında 825 bin dolar aldı".*[3]

Doğası gereği kazanç ve daha çok kazanç peşindeki şirketler, tekelleştikleri oranda amacına ulaşır ve *tekel kazancının* yüksek oranlarıyla bu yöndeki istemini fazlasıyla elde eder. Ancak, kazanç hırsının tatmin sınırı yoktur. Şirketler, bu sınırsızlık içinde büyümek, daha çok büyümek ve sürekli büyümek zorundadır. Çözümü olmayan bu zorunluluk, şirket yöneticilerini bir yol ayırımıyla karşı karşıya bırakır. Ya sürekli büyümeyle sürekli yarar sağlanacaktır ya da yarışı bırakacaktır. Bu amaç, *tekel kazancından* başka bir değer tanımayan büyük şirketleri toplumsal bir canavar durumuna getirir. 19. yüzyıl liberalizminde; birbiriyle, nitelikli, bol ve ucuz üretim yaparak yarışan şirketler; 20. yüzyılda kendi alanında kesin biçimde egemenlik kuran, *tekel kazancı* için her tür savaşım yöntemini kullanan acımasız ve saldırgan örgütler durumuna gelmiştir.

Tekelci şirketlerin, devleti ele geçirmesi gerçek bir insanlık dramıdır. 20. yüzyıl, bu dramın tarihidir. Yüz milyonlarca insanın öldürüldüğü, yoksulluklar ve acılarla dolu yüzyılımız, tekelci şirket egemenliğinin tüm insanlığa ödettiği ağır bedellerle doludur.

*

Çalışan kitlelerin gözleri artık açılıyor ve küresel politikalara karşı tepkiler yükseliyor. Gelişmiş ülkelerde, *"teknolojik bir devrim yaşanırken"*, *"borsada büyük servetler kazanılırken"*, işsizlik artıyor ve gerçek gelirler düşüyor. Var olan durumdan, uluslararası şirketlerden başka memnun olan yok. *Business Week*'in söylemiyle; *"ABD'de nefret okları büyük şirketlere yöneliyor ve bu da muhafazakar kamu oyunu korkutuyor. Onlar burada, düzeni tehdit eden büyük bir tehlike görüyorlar"*.[4] En yüksek kazanç peşinde koşan ve kural tanımayan şirketler, yarattığı sorunların kendilerini de içine aldığını görüyor ve giderek dışa karşı daha çok saldırganlaşıyor.

Uluslararası şirketlerin ekonomik etkinliğiyle, ait olduğu ülke hükümetlerinin politik uygulamaları arasında birbirini tamamlayan çok yönlü ilişkiler vardır. Dünyaya biçim veren bu ilişkilerde, kazancın anayurda aktarımı her zaman temel amaçtır ve bu amaca yönelik eylemlerde şirket çıkarlarının korunmasından başka hiçbir değere yer yoktur. Ulusal ekonomilerin çökertilmesi, tarımsal egemenlik, ekonomik-mali-askeri engelleme, tecimsel soyutlanma, madenlerin ve petrol kaynaklarının denetim altına alınması yaygın küresel uygulamalardır.

Amerikalı petrol arama şirketi ARCO, 1989'da Türkiye'de petrol arama yetkisi aldı. Diyarbakır yakınlarındaki Kayayolu sahasında açtığı kuyuyu, petrol olmadığı gerekçesiyle bir süre sonra kapattı. 10 yıl sonra TPAO aynı yerde yaptığı çalışmalarla Kayayolu'nda bölgenin en zengin petrol yatağını buldu.[5] ABD Hükümeti, geleceğe yönelik siyasi hesapları için ARCO'yu kullanmıştı.

ABD hükümeti, dünyanın her yerinde her çeşit eylem içine girerken, Amerikan halkı giderek artan biçimde işlerini ya da gelir düzeylerini yitirmektedir. *United Technologies* Genel Müdürü **George Davit**'e göre, bugün Amerika'da çalışan 120 milyon işçinin 30 milyondan çoğunun işi çekince altında. 20 milyon büro işçisi ve 18 milyon uran işçisi yakın gelecekte işlerini yitirecek. *United Technologies*, 1990-1995 arasında 30 bin işçi çıkardı.[6]

Şirket etkinliklerini, uluslararası düzeyde kolaylaştırmayı görev sayan ABD Başkanı **Bill Clinton** bile, artan kamuoyu baskısı nedeniyle zaman zaman uluslararası şirket etkinliklerine yönelik yakınmacı açıklamalar yaptı. Eylemle söylem arasındaki bu tür çelişkiler, doğal olarak her kesimden tepki alıyor. Örneğin, Avrupa Birliği Dış Ticaret Komisyonu Başkanı **Sir Leon Brittan**: *"ABD uluslararası ticaret görüşmelerinde güvenilirliğini yitirmiştir"* diyor.[7]

Avrupa'da, süreğenleşen işsizlik yüzde 10'un üzerindedir. *Avrupa Giyim ve Deri İşçileri Sendikası* Genel Sekreteri **Patrick Itschert**, tüm işçilerinin küreselleşmeyle sorunu olduğunu belirterek şöyle söylüyor: *"Şu anda AB içinde 20 milyondan fazla işsiz var. Sendikalar çok zayıfladılar. Buna karşı çıkmak için yeni bir sendikal yapı, yeni bir iş bölümü ve yeni bir eğitim şart"*.[8]

ABD'de, *Amerikan Malı Kullan* kampanyalarına daha sık rastlanır oldu. Uluslararası şirketlere karşı homurdanmalar giderek yayılıyor. Cumhuriyetçilerin 1993 başkan adayı aşırı sağcı **Pat Buchanan**, gerçekleri bilmiyormuş gibi durumdan yakınıyor ve seçmenlerini etkilemek için şöyle söylüyor: *"ABD şirketleri halkın çıkarlarına zırnık aldırmıyorlar. Büyük şirketler ABD'deki istihdamı dışarı ihraç ediyorlar ve bu arada yabancı devletlerin elitleriyle sinsice serbest ticaret anlaşmaları imzalıyorlar"*.[9] **Pat Buchanan** bir başka konuşmasında ise: *"Yatırımcıların ve büyük şirketlerin çıkarları artık ortalama Amerikalının çıkarlarıyla çakışmamaktadır"*[10] diyor.

Uluslararası şirket etkiliğinden kaygı duyduğunu açıklayan yalnızca **Pat Buchanan** değil. Amerikan kamuoyunda artan tepkiler üzerine ABD Başkanı **Bill Clinton**; *"Uluslararası şirketlerin artan gücü yüzünden eğitim, ücretler ve çevre koruması konularında verdiğimiz sözleri yerine getirmekte çok zorlanıyoruz"* biçiminde açıklamalar yapıyor.[11]

ABD kökenli uluslararası şirketleri özümseyen ve onların çıkarlarını dünyanın her yerinde savunan ABD başkanı, sürecin tersine dönüp güçlü yarışçılar nedeniyle kendilerine karşı işlemeye başlamasıyla sızlanmaya başlıyor. Devletin tüm olanaklarıyla destekleyip büyüttüğü bu şirketlerin, halkı dolaysız ilgilendiren eğitim, ücret ve çevre gibi sorunları arttırdığını ve devlete bu konuların çözümüne yönelik herhangi bir yatırım yaptırmadığını açıklamış oluyor. Üstelik başkan olarak, ilginç bir aykırıkanı (paradoks).

Yakınmalar ne olursa olsun görünen yalın gerçek şudur; uluslararası şirketlerin gücü olağanüstü artmıştır. Onlar artık, yalnızca ekonominin kurallarını değil, dünya siyasetini de belirlemektedir. Küreselleşmenin öncüleri ve taşıyıcıları bunlardır. *Ford*'un ekonomik gücü Suudi Arabistan ya da Norveç'ten büyüktür. *Philip Morris*'in yıllık satışı Yeni Zelanda'nın GSMH'sinden çoktur. 300 uluslararası şirketin toplu varlıkları tüm dünyadaki üretim varlıklarının yüzde 25'ini oluşturuyor. Dünya ticaretinin yüzde 67'sini 500 büyük şirket denetliyor.[12]

Uluslararası Şirketlerin Tarihçesi

Uluslararası şirket kavramı, ülke dışında iş yapan tüm firmaları içine alan bir kavram değildir. 17. ve 18. yüzyıllarda denizaşırı ilişkileri olan ve dış yatırımları değişik ülkelerde açtığı acentelerden oluşan tecimsel şirketlerin, burada ele alınan uluslararası şirketlerle ilgili olmadığı açıktır. Sömürgeci dönem şirketlerinin etkinlik alanı, tecimsel mal satışlarından kazanç sağlamak ve sömürgelerden hammadde elde etmek. Bu şirketler, kendilerinden sonra gelen yatırım şirketlerinin öncüleri oldu ve ülkelerine taşıdıkları varsıllıkla kapitalizmin gelişimine katkıda bulundu.

Tecimsel şirketler, dışarıda elde ettiği kazancı, ülkelerinde demiryolu, madencilik ve uran alanlarına yatırarak iç pazarın genişlemesinde önemli etkisi oldu.

19. yüzyılın son çeyreğinde, ortaya güçlü uran şirketleri çıktı. Ulusal pazarın kısa süre içinde kalması bu şirketleri dışarıya açılma zorunda bıraktı. Bu iş için, önce eski tecimsel şirketleri kullanıldı. Ürünler, ücret ya da yüzdelik (komisyon) karşılığı bu şirketler aracılığıyla pazarlandı. Daha sonra denizaşırı ülkelerde üretim birimleri açıldı ve pazarlama şirketleri oluşturularak gerçek anlamda uluslararası şirketler ortaya çıkarıldı. Eski ticaret şirketlerinin önemli bir bölümü, yapılarını değiştirerek ya da başka şirketlerle birleşerek aynı yolu izledi.

Uluslararası şirketlerin ayırıcı özelliği, mal dışsatımı yanında sermaye dışsatımlaması ve bunun giderek yoğunluk kazanmasıdır. Sermaye yatırımlarının dışarıya kaydırılması, yüzyıl içinde ayrı dönemlerde ayrı özellikler taşımıştır. Başlangıçta gümrük duvarlarından ve taşıma giderlerinden kurtulma öne çıkmıştı. Daha sonra tüketici ve hammaddeye yakın olma, ucuz iş gücünden yararlanma ve *mali sermaye* yatırımları önem kazandı. Ancak, dönemsel öncelikler değişse de en yüksek kazanç amacı, bu amaç için ulusal engelleri ortadan kaldırma ve tekelleşme eğilimi, uluslararası şirketlerin belirgin özelliği olarak kaldı.

Tecimsel şirketlerden hemen sonra, önce bankerler daha sonra bankalar dünyaya açıldı. 1850'lerde, birçok Avrupa ve ABD bankasının değişik ülkelerde şubeleri vardı. Bankalar ilk dönemde, devletlerarası borç alışverişine ve tecimsel şirketlerin kazanç aktarımına aracılık eden konumundaydı. Daha sonra dev finans merkezleri durumuna gelerek, işlemlerden yüzdelik (komisyon) ve faiz alan basit aracılar olmaktan çıktılar ve bankası olmayan şirketler üzerinde baskı kurabilen bir güç oldular. Üretimden kopuk banka sermayesinin başlı başına gelir kaynağı durumuna gelmesi, emperyalist dizgenin özünü oluşturdu.

Singer, Standart Oil, General Electric, National Cash Register, International Harvester, McCormick, Kodak ABD'nin; *AEG, Siemens, Halske, Bergmann, Shell, Unilever, Krupp, Philips, Imperial Chemicals, Bayer,* vb. Avrupa'nın ilk uluslararası şirketleriydi. 1890'larda dışarıya açılmaya başlayan bu şirketler, denizaşırı ülkelerde şubeler açtı ve yerli işbirlikçiler edinerek mal satış ve dağıtım ağları kurdu. 19. yüzyılın sonlarına dek devam eden bu süreç dış ülkelerde işbirlikçiliğin geliştiği dönem oldu.

Dışa açılma, tekelleşme sürecini hızlandırdı. Bunu başaran şirketler, ülkelerine taşıdığı kazancın itici gücüyle ekonomik yarışta üstünlük sağladı. Birleşme ve satın almalarla dev boyutlu dünya tekelleri oldular. 1880'li yılların sonlarında yılda ortalama 100 şirket birleşmesi olurken bu sayı 1898'de 300, 1899'da 1200'e çıkmıştı.[13]

Avrupa ülkelerinin uranlaşma gelenekleri daha eski olmasına karşın, bu ülkelere ait şirketlerin uluslararası şirket durumuna gelerek dışarıya açılması, başlangıçta ABD şirketleri kadar yaygın ve kararlı olmadı. Çoğu Avrupa'da kaldı ya da kendi sömürgelerine yatırım yapmakla yetindi. Oysa, o dönemde, Avrupa'ya önemli nicelikte ABD sermayesi gelmişti. Birinci Dünya Savaşı öncesinde, ABD şirketlerinin dışarıda açtığı 193 üretim amaçlı şirket biriminden 71'i, 6 Batı Avrupa ülkesindeydi. Oysa, aynı dönemde Avrupa ülkelerinin uluslararası 305 şirket biriminden yalnızca 17'si ABD pazarında etkinlik gösteriyordu.[14]

Avrupalı şirketlerin tekelleşme hızını gösteren en iyi örnek, Alman AEG'dir. Bu şirket, 1912 yılında 175-200 şirketi denetim altına almıştı ve 1,5 milyar marklık bir sermayeyi çekip çeviriyordu. Yalnızca dış ülkelerdeki temsilcilik sayısı 34'e ulaşmıştı. Bunların 12'si, sermayesi hisse senetlerine bölünmüş şirket olup, 10 ülkeye yayılmıştı.[15]

*

Birinci Dünya Savaşı, uluslararası şirketlerin güçlenmesine ve yenilerinin ortaya çıkmasına yol açtı. Makine, gıda, kimya, elektrik, petrol gibi endüstri dallarında yoğunlaşan dışsatıma, savaş sırasında; otomobil, lastik, zırhlı araçlar, uçak ile nikel, alüminyum nitrat, bakır gibi madenler de katıldı. Savaş öncesi ABD dış yatırımlarının tutarı 2,65 milyar dolarken 1919 yılında bu miktar 3,88 milyar dolara çıktı.[16] Savaş, şirket büyümesinin itici gücü olmuştu.

1914-1919 gelişmesi, 1920'li yıllara damgasını vuracak on yıllık tekelleşme sürecinin temelini oluşturdu. 19. yüzyılın sonlarında yılda ortalama 200'ün altında olan şirket birleşme ve satınalma sayısı, 1920-1931 yılları arasında hızla yükselmiş ve yalnızca 1929 yılında 1300'ün üzerine çıkmıştır.

Bu dönemin şirket evlilikleri, aynı alanda üretim yapan şirketler arasındaki birleşmeler biçiminde değil, bir şirketin başka üretim alanına el atması biçiminde olmuştur. Bu dönem, urandan iletişime, gıdadan bankacılığa, basın yayından sigortacılığa dek her alanda etkinlik gösteren büyük tekellerin ortaya çıkış dönemidir. 200 en büyük ABD şirketinin net kazancının tüm şirketlerin net kazancına oranı; 1920-1923 döneminde yüzde 33,5 iken, 1926-1929 döneminde yüzde 40,7 ye çıkmıştı.[17] *General Electric* ve *ITT*, 1920'lerin en büyük dış yatırımcı elektrik firmalarıydı. *Ford*, 1914'den önce dışarıya açılmıştı. *General Motors* ve *Chrysler* de, bu dönemde uluslararası şirket durumuna geldi. *General Motors*, 1925'de, İngiliz *Vauxhall*'ı ve 1929'da Alman *A. Opel*'i denetimi altına almıştı.

1930-1945 dönemi gerek dünya ekonomik bunalımı, siyasi gerilimler ve ardından gelen savaş doğrudan yapılan dış yatırımların durgunlaşmasına yol açtı. Örneğin, ABD dış yatırımlarında, 1929'dan 1940'a dek 553 milyon dolar azalma görüldü. Aynı azalma, Avrupa uluslararası şirketlerinde de görüldü. Avrupalı şirketler, 1920-1929 yılları arasında yılda ortalama 27 dış üretim birimi açarken, bu sayı 1930-1945 yılları arasında 10'a düştü.[18]

Dış pazara açılamayan ya da pazarını yitiren şirketler, gücünü koruyamaz. Pazar yitirmemenin tek yolu, her türlü yarışa dayanmak, güçlü olmak ve gerektiğinde çatışmaktır. 20. yüzyıl bu tür çatışmalarla doludur.

Dış yatırımlar için gerekli olan denge, siyasi-askeri destek ve kazanç aktarım garantileri gibi şirket gereksinimleri, 1920-1940 arasında yeterince sağlanamamıştı. Rus ve Türk Devrimleri'nin etkisiyle yayılan ulusçu devinimler, dünyanın hemen her yerinde, şirket dış yatırımları için olumsuz bir ortam oluşturmuştu. Çatışmalarla dolu bir dünyada yatırım yapmak, şirket yöneticilerinin göze alabileceği bir çekince değildi. ABD Birinci Dünya Savaşı süresince verdiği kredileri geri alamamıştı. Birçok ülkede devlet korumacılığı, kamu kaynaklı kalkınma ve tasarlı ekonomiye dayanan uygulamalar yapılıyordu.

Gelişmiş ülke hükümetleri, dünyayı saran toplumsal ve ulusal uyanışma nedeniyle kendilerini olumsuz bir biçimde etkileyen 1920-1945 dönemini hiç unutmadı. Savaş sonrasında geliştirilen *Yeni Dünya Düzeni* politikalarının tümü, bu dönemin ekonomik ve politik olumsuzluklarının bir daha yaşanmaması üzerine kuruludur. Bugün de sürdürülen ve olumsuzluğu dile getiren 30'lu yıllar yakınması, dönemin yaygın ve etkili eğilimleri olan ulusçu ve toplumcu devinimlere karşı duyulan politik tepkinin sonucudur.

Yeni Dünya Düzeni uygulamaları, İkinci Büyük Savaş öncesi dünya koşullarına karşı açılan düşünsel bir savaş gibidir. Anlayış ve amacının temelinde devletçi ekonomik uygulamalara ve ulusal bağımsızlık eylemlerine karşıtlık vardır. Ekonomik, politik ve askeri yapılanmalar ve bu yapılanmaları düzenleyen uluslararası anlaşmaların tümü, bu karşıtlık üzerine oturtulmuştur.

Yeni Düzen politikalarının temelini oluşturan ekonomik ereklerin gerçekleştirilmesi, bu erekleri gerçekleştirecek araçların geliştirilip güçlendirilmesiyle olanaklıdır. Bu araçlar uluslararası şirketlerdir. Bu nedenle, bütün gelişmiş ülkelerin savaş sonrası hükümet izlenceleri, uluslararası şirketlerin istem ve gereksinimlerini karşılayan koşullardan oluşur.

Uygulanan küresel politikalar sonuçlarını kısa sürede verdi. ABD başta olmak üzere gelişmiş ülkelerin doğrudan dış yatırımlarında, yüksek oranlı artışlar gerçekleşti. Bu konudaki ABD üstünlüğüne, 1960'dan sonra Batı Avrupa, 1970'den sonra da Japonya katıldı.

ABD şirketlerinin doğrudan dış yatırımları, 1946 yılında 7,2 milyar dolarken bu nicelik; 1960'ta 31,8, 1970'de 78,2, 1976 yılında da 137,3 milyar dolara çıktı.[19] Avrupalı uluslararası şirketler, 1920-1945 yılları arasındaki 25 yıllık dönemde üretim amaçlı 289 dış şirket birimi açarken, 1968-1970 arasındaki iki yılda 1759 dış şirket birimi açmıştı. 25 yılda açılan yeni dış şirket birimi, toplam şirket birimleri sayısının yüzde 5,2'sini oluştururken, 1968-1970 arasındaki iki yılda bu oran yüzde 34,1'e ulaşıyordu.[20]

Japon şirketleri için de durum ayrımlı değildir. 1930-1945 arasında tüm şirket birimlerinin yüzde 8,3'ünü oluşturan yeni açılan Japon şirket birim sayısı, 1968-1970 arasında sayısını 209'a oranını da yüzde 40,1'e çıkarmıştır.[21] Uluslararası şirketlerin dış yatırımları 1970'ten sonra olağanüstü hızlanmıştır. Birleşmiş Milletler'in bir çalışmasına göre, üretim, hizmet ve ticareti kapsayan tüm alanlarda, dünya üzerinde etkinlik gösteren şirket alt birim sayısı 206 bine yükselmiştir.[22]

Şirket alt birim sayılarındaki artışları, tekel karşıtı liberal gelişmeler olarak değerlendirme yanılgısına düşülmemelidir. Şirket şube sayılarındaki küresel artışlar, bu şirketleri bünyesinde barındıran ana şirketlerin denetim gücünü ve tekelci egemenliğini geliştirmektedir. Bugün ekonominin her dalında bir ya da birkaç dev şirket, alanındaki tüm etkinlikleri denetimi altına almış durumdadır. Şirket alt birim sayılarındaki artışlar, onların zaten var olan tekel olanaklarını arttıran yayılmacı gelişmeler olmaktadır.

Uluslararası Şirketler Dış Yatırımları Öz Kaynaklarıyla Yapmazlar

Kalkınma ve toplumsal ilerleme ereğini dış sermaye yatırımlarına bağlamak pek çok azgelişmiş ülke yöneticisi için, *"seçeneği olmayan"* ekonomik gelişme yoludur. Buna inanan ya da inandırılan bu tür yöneticiler, ülkelerine yabancı sermaye çekmek için her türlü ödünü vermeye hazırdır. Bunlar yabancı yatırım almak için ulusal çıkarları göz ardı eder ve ülkelerinin geleceği için çekince oluşturan anlaşmalara imza atmaktan çekinmez. Sermaye dışsatımına gerçek anlamda gereksinimi olanların gelişmiş ülkeler olmasına karşın, kendilerini dış sermaye almanın zorunluluğuna inandırır. Ülke içindeki yabancı sermaye etkinliğini tam anlamıyla serbest bırakır ya da bırakmak zorunda kalır.

Oysa, yabancı sermaye yatırımlarını ulusal kalkınma ereğine bağlı kılmadan ve uluslararası şirket etkinliğine bu ereğe uygun çalışma koşulları getirmeden, kalkınabilmiş tek bir ülke yoktur. Sermaye dış yatırımları için savaşların olduğu bir dünyada yabancı yatırımları denetimsiz bir biçimde kabul etmek, geri kalmayı da önceden kabul etmek demektir. Bu tür yabancı sermaye yatırımlarını, kalkınmanın değil tam tersi geri kalmanın nedenleri içinde saymak gerekmektedir.

Üretim artışları, iş yaratma, döviz girdisi, dışsatım artışı ve bunlara bağlı olarak toplumsal gönencin arttırılması gibi sözlere, artık yalnızca sermaye dışsatımlayanlar ve bundan çıkarı olanlar inanıyor. Bu tür sözlerin yaşamdaki karşılığı ise, gelişmiş ülkeler için; pazar genişliği, hammadde kaynaklarına yakınlık ve ucuz iş gücünden yararlanma ile yüksek kazanç ereğinin gerçekleştirilmesidir. Düşük maliyet yüksek kazanç, uluslararası şirketler için her şeydir. Bu nedenle, para-sermayenin kendisinin başlı başına gelir kaynağı olduğu bir dünyada, uluslararası şirketler için az sermaye ile çok yatırım stratejik bir erektir.

Bu erek nasıl gerçekleşebilir? Bunun tek yolu başkasının parasıyla yatırım yapmaktır. Nitekim uluslararası şirketlerin dış yatırımlar için gereksinim duyduğu sermayenin büyük bölümü, yatırım yapılan ülkenin kaynaklarından karşılanır. Bu nedenle sermayesi kıt, birikimi yetersiz azgelişmiş ülkeler; yabancı sermaye aldıkları oranda yoksullaşır. Dış borca dayalı yerel kaynaklar, isteklendirme (teşvik) kredileri adı altında bu tür yatırımlara ayrılarak kalkınma için gerekli olan sermaye birikimi, yerli ortak bulan uluslararası şirketlerin kullanımına aktarılır. Gelişmiş ülkeler, hem borç faizlerinden, hem de bu borçların gerçek kullanıcıları olan kendi şirketlerinin yüksek oranlı kazançlarından elde ettikleri gelirleri ülkelerine taşır.

Uluslararası şirketler, dış yatırımlar için gerekli olan sermayenin ancak yüzde 10-15 gibi çok küçük bir bölümünü, kendi öz kaynaklarıyla karşılar. Geri kalan bölümün finansmanı sermaye aktarılan ülke kaynaklarından karşılanır. Böylece, uluslararası şirketlerin gerçekleştirdiği hızlı büyümenin arkasındaki temel güç, merkezden yapılan sermaye aktarımları değil, bu şirketlerin dışarıda yarattıkları kaynaklardır. Burada, bir miktar başlangıç desteğinden sonra kendi kendini besleyen bir süreç söz konusudur.[23]

*

ABD uluslararası şirketleri, dış yatırım sermayesini başlıca dört kaynaktan sağlamaktadır: *Yeniden yatırılan yerel kazanç (dağıtılmayan kazanç), sönüm (amortisman) bedeli, yerel krediler* ve *ABD kaynakları*. Bu şirketler, 1966-1972 döneminde ortalama olarak imalat uranına ait dış yatırımlarının; yüzde 19'unu yeniden yatırılan yerel kazançtan, yüzde 38'ini sönüm bedelinden (taşınmaz malın aşınmasına karşılık, yıllık kazançtan ayrılan belirli para), yüzde 31'ini yerel kredilerden, yüzde 9'unu da ABD kaynaklı sermaye ile karşılamıştır.[24] İlk üç kaynak görüldüğü gibi, sermaye dışsatımlanan ülkelerden sağlanmaktadır ve bunun oranı tüm yatırımın yüzde 91'idir (Avrupa uluslararası şirketlerinde bu oran birkaç puan daha düşüktür).

Uluslararası şirketler, sermaye birikimi zaten yetersiz olan azgelişmiş ülkelerin kredi piyasalarından, yatırım için gereksinim duyduğu niceliklerden daha çok borçlanır. Yapılan borçlanma, yerel paranın değer yitirmesi nedeniyle zaman içinde döviz olarak kendiliğinden azalır. Yerel hükümetlerin söylemde yakındığı enflasyonun düşürülememesinin nedenlerinden biri de budur.

Uluslararası şirketler, özellikle Türkiye, Kolombiya gibi yabancı sermayeye herhangi bir denetim getirmeyen ülkelerde, yatırım gereksiniminin birkaç katı borçlanmaya gitmektedir. Türkiye'de çalışan yabancı şirketler, 1973 yılında yatırım sermayelerinin yüzde 81'i kadar borçlanmış bu borçlanmanın yüzde 96'sını Türkiye içinden sağlamıştır.[25] Yerel kredi kullanma dünya ortalamasının yüzde 31 olduğu gözönüne alındığında Türkiye'nin *"cömertliği"* ortaya çıkmaktadır.

Yabancı sermaye toplam finansman kaynaklarının yüzde 56'sı, yeniden yatırılan kazanç ve yıpranma fonlarından elde edilmektedir. Yabancı sermaye, girdiği ülkede hızla üretime geçer ve fiyatlarını kendisinin belirlediği yüksek kazanç oranlarıyla hemen kaynak yaratmaya yönelir. İşte bu yerel kazanç, büyümenin ve sermaye artırımının bir başka kaynağı olur. ABD uluslararası şirketleri, 1969-1972 arasında Japonya hariç Asya'da yaptığı tüm dış yatırımların yüzde 64,4'nü, Asya'dan elde ettiği kazancı yeniden yatırıma dönüştürerek elde etmiştir.[26]

Sermaye kaynakları her zaman kıt olan azgelişmiş ülkeler, sınırlı olan birikimini uluslararası şirketlerin kullanımına vererek, ulusal varlığını kendi kendine yok eden bir konuma düşer. IMF, Dünya Bankası gibi kuruluşların verdiği borçların büyük bölümü yerel ortaklar aracılığıyla uluslararası şirketlere aktarılır.

Bu şirketler, kullandığı sermaye niceliğiyle kıyaslanamayacak orandaki büyük kazancı ülkelerine aktarır.

ABD şirketleri, dış ülkelere 1966-1975 yılları arasında (yerel borçlanma dahil) 44 milyar dolarlık yatırım yaptı. Yatırım sermayesinin değerini korumasına ve kredi borçlarının tümüyle ödenmesine karşın, aynı dönemde ABD'ye 90,1 milyar dolar net kazanç aktardılar. Aynı dönemde 4,1 milyar dolarlık petrol yatırımı yaptılar, buna karşın 28,5 milyar dolar kazanç sağladılar.[27] Brezilya'da bir dönem Planlama Bakanlığı da yapan ünlü ekonomist Prof. **Furtado** uluslararası şirketleri bir benzetmeyle, şöyle anlatıyor: *"Uluslararası şirketler bazı egzotik ağaçlar gibidir. Bu ağaçlar, belli bölgelere dikilince, bütün suyu toplar ve araziyi kurutur".*[28]

Uluslararası Şirketler Yatırım Yaptıkları Ülkelere Ürettikleri Malları Dışsatımlama Yetkisi Vermez

Kalkınma ve ekonomik büyüme için yabancı sermaye yatırımlarının zorunlu olduğunu ileri süren birçok azgelişmiş ülke yöneticisi, ülke sınırlarını uluslararası şirket yatırımlarına koşulsuz olarak açtı. Onlara göre bu yatırımlarla ülke ileri teknolojiye dayalı üretim birimlerine kavuşacak, işsizlik azalacak, gönenç düzeyi yükselecek ve endüstriyel ürünlere dayalı dışsatım olanakları artacaktı. Ancak, doğal olarak bunların hiçbiri gerçekleşmedi.

Pazar genişletmek ve kazanç oranlarını arttırmak için dışarıya açılan uluslararası şirketlerin, amaçlarına ters düşen davranışlar içine girmesi kuşkusuz beklenemez. Denizaşırı ülkelerde gerçekleştirilen üretimin, dışsatım yoluyla dünya pazarlarına gönderilmesi, yatırım yapılan ülke dışında pazar daralmasına yol açacaktır. Uluslararası şirketlerin kendi kendilerine rakip yaratması anlamına gelecek böylesi bir uygulamanın gerçekleşmesi, hem yapısal hem de mantıksal açıdan olanaklı değildir. Bu tür uygulamalar uluslararası şirketler için, istenilen değil tam tersi, önlenmesi gereken olumsuz gelişmelerdir. Onlar, yatırım yaptığı ülkelerin dışsatım olanaklarını sınırlayıp denetlemek gibi bir özgöreve (misyona) sahiptir ve bu olgu şirket çıkarlarıyla doğrudan bağlantılı olan dışsatım karşıtı politikaların uygulanmasını zorunlu kılar. Bu nedenle uluslararası şirketler; yatırım yapacakları ülkelerde yaptıkları lisans ve işbirliği anlaşmalarında, dışsatımı kısıtlayan ya da yasaklayan hükümleri koşul olarak kabul ettirirler.

C. V. **Vaitsas**'ın 1974 yılında yaptığı bir araştırmaya göre; Bolivya, Kolombiya, Ekvator, Peru ve Şili'de uluslararası şirketlerle imzalanan 409 lisans anlaşmasından 317'si (yüzde 78) dışsatımı tümüyle yasaklamakta, geri kalanların bir bölümü de yalnızca belirli bölgelere dışsatım izni vermektedir.[29]

Bu konuda UNCTAD'ın 1973 yılında yaptığı bir başka araştırmada, Kolombiya, Hindistan, İran, Jamaika, Kenya ve Malaysia'da etkinlik gösteren, 102'si yerli-yabancı ortaklık, 45'i yüzde 100 yabancı 147 yabancı şirketten; yüzde 53'ünün hiç ya da çok az dışsatım yaptığı saptanmıştır.[30] Hindistan'da 1964 yılında yürürlükte olan 1051 adet ortaklık ve lisans anlaşmasının yüzde 45'inde dışsatımı kısıtlayan açık hükümler bulunmaktadır.[31]

*

Dünyanın hemen tüm pazarlarında etkili olmak isteyen uluslararası şirketler, ülke ve bölgeler düzeyinde örgütlenmiştir. Her yatırım bölgesi çevre bağlantılarıyla birlikte şirket merkezlerindeki yönetim organlarına bağlıdır. Nerede, ne kadar üretim yapılacağı, üretimin nerelerde pazarlanacağı merkezin denetimi altındadır. Bir ülke ya da bölgeden çevre ülkelere gönderilecek malların miktar ve gönderme biçimine, tüm dünya pazarlarını içine alan küresel ticaret ağına yönelik stratejik programlara sahip şirket merkezleri karar verir.

Şirket merkezleri dış yatırım ürünlerini, uygun gördüğü zaman ve miktarlarda çevre ülke ve bölge pazarlarına gönderir. Dünya tecimsel yarışın gereği olarak gerçekleştirilen bu tür uygulamalar; söylendiği ve zannedildiği gibi döviz getirici ülke dışsatımı biçiminde değil, çoğunlukla firma içi ticaret adı verilen ve yerel hükümet yetkililerinin denetleyemeyeceği karmaşık ilişkilerle yapılır.

Ana şirket-yavru şirket ya da şirket birimleri arasındaki alışveriş düzeyinde tutulan mal satışları, yasal anlamda ekonomik değeri olmayan pazar dışı özel şirket ilişkileri biçiminde gerçekleştirilir. Bu biçimdeki kayıt dışı tecimsel etkinlik şirket etkinlikleri içinde artık önemli bir yer tutmaktadır. Uluslararası şirketlerin dış üretim birimlerinden yapılan mal satışları, bilanço, kazanç ve vergi denetiminden uzak, fatura, nicelik ve ederlerinin özgürce belirlendiği şirket içi alışveriş ya da şirket birimleri arası mal gönderme biçiminde yapılmaktadır.

Uluslararası şirketler, denizaşırı ülkelerde gerçekleştirdiği üretimin bir bölümünü, artık kendi ülkesinde üretmediği için, anavatanına da getirmektedir. Azgelişmiş ülkelerde Amerika, Avrupa ya da Japonya gibi büyük pazarlara mal satma olarak yaymacası yapılan bu tür etkinlikler gerçekte, şirket gereksinimlerini karşılayan şirket içi işlemlerdir.

ABD'nin uluslararası şirketleri, 1973-1975 yıllarında dış ülkelerde gerçekleştirdiği üretimin yüzde 63-70'lik bölümünü üretimin yapıldığı yerel pazara, yüzde 19-30'luk bölümünü çevre pazarlara, yüzde 7 kadarını da ABD'ye satmıştır.[32]

Japonya dışında yatırım yapan 410 Japon şirketinden yüzde 77'si yerel pazara mal satmayı, yüzde 9'u üçüncü ülkelere mal satmayı ve yüzde 7'si de o ülkeden Japonya'ya mal getirmeyi amaçlamıştır.[33]

Uluslararası şirketlerin bir bölümü, 1970'lerden sonra, ülkeler ve bölgelerarası pazarları amaçlayarak, montaja dayalı üretim birimleri açtı. Bunlar, ham madde kaynakları ve ucuz işgücünden yararlanma, yerel kredi olanaklarını ve yerel enerji kaynaklarını düşük bedellerle kullanma amacıyla yoğun bir biçimde azgelişmiş ülkelere yöneldi.

"İşçiyi makinenin yanına değil, makineyi işçinin yanına götür" söylemiyle gerçekleştirilen yatırımlar aynı zamanda dışsatım ereklerinin de genişlemesine yol açtı. *Ürettiğin yere sat* anlayışı geçerliliğini sürdürmekle birlikte, *ürettiğin bölgeye sat* ve hatta *kendi ülkene sat* uygulamaları gündeme geldi. Böylece büyük pazarlara komşu olan Meksika, Türkiye, İspanya gibi azgelişmiş ülkelere, işgücünün ucuz olduğu, Endonezya, Hindistan, Brezilya, Filipinler, Peru, Şili gibi ülkelere yoğun olarak tüketime yönelik üretim yapan şirket yatırımları yapıldı. Bu ülkeler, ağırlıklı olarak iç pazara üretim yapan, gerektiği zaman da bölge ülkelerine mal gönderen üretim üsleri durumuna getirildi. Buralarda üretim ve dışsa-

tım arttı ancak dışsatımdan elde edilen gelirler, üretim yapılan ülkelerin hazinesine önemli bir katkı sağlamadan şirket merkezlerindeki banka hesaplarına gönderildi.

*

Uluslararası şirketlerin azgelişmiş ülkelerde kurduğu şirket alt birimleriyle çevreye mal satma eğilimi, üretim dallarına göre ayrımlılık göstermektedir. Genel olarak; önemi giderek azalan geleneksel emek-yoğun endüstriler (dokuma, deri, mobilya...), teknolojiye dayalı endüstrilerin emek-yoğun bölümleri (elektronik, makine...) yığın üretimine dayalı hem emek-yoğun hem de sermaye-yoğun endüstriler (otomobil, TV, ev eşyaları...) ve çevre kirliliği yaratan sermaye-yoğun endüstriler (kimya, kağıt, metalurji...) uluslararası şirketlerin azgelişmiş ülkelerde yatırım yaptığı üretim dalları oldu.[34]

Yüksek ve en yüksek kazanç için dış yatırım yapan şirketler, gerek yerel pazara gerek çevre ülkelere ve gerekse gelişmiş ülke pazarlarına mal verdi. Denizaşırı ülkelerdeki şirket birimlerinin dış satım gerçekleştirme oranı, daha yüksek oldu. Bu tür ülkelerde; üretim giderleri düşük, siyasi ortam elverişliydi. Ekonomik ve akçalı bağımlılık içindeki yerel hükümetler, şirket etkinliklerini denetleme olanaklarından yoksundu. Bu nedenle örneğin, Hollanda ya da Avustralya gibi gelişkin pazarlarda yatırım yapan uluslararası şirketler, daha çok bu ülkelerin pazarına yönelirken; Endonezya ya da Filipinler gibi alım gücünün düşük, devlet denetiminin işlemediği yoksul ülkelerde, hem yerel ve hem de çevre ülke pazarlarına açıldılar.

Azgelişmiş ülkelerde, dışarıya mal gönderme işleminin gerçek niteliği, ülkeye döviz kazandıran dışsatım değil, geliri şirket kasalarına giden şirket içi mal gönderimleri olarak görünür. Bu tür işlemlerden vergi alınamamasının nedeni budur.

Değişik yöntemlerle elde edilen vergilendirilmemiş kazanç ve yasadışı getiriler, devlet denetimi olmayan ülkelerde ya da onların çevresindeki adı sanı duyulmamış küçük ve garip devletçiklerde aklanır. Buraları, dünyanın geleceği için öngörülen devletsiz, denetimsiz bir çeşit *"yönetim birimleridir."* Cayman Adaları, Baha-

malar, Bermuda, Cape Verde, Bahreyn böyle yerlerdir. Buraların dünyanın her yeriyle kolay uçuş ve iletişim bağlantıları vardır.

Banka ofisine hizmet veren *Grand Cayman İş Merkezi*, dünya yüzünde faks ve internet yoğunluğunun en yüksek olduğu yerdir. Yalnızca *Cayman*'deki 548 banka ofisinde 1992 yılında 400 milyar dolar etkin para bulunuyordu.[35]

The Wall Street Journal gazetesinde yayınlanan bir araştırmaya göre *kıyı bankacılığındaki* (vergi kaçırılan kara para aklanan bu yerler böyle adlandırılmıştır) paranın büyük çoğunluğu gelişmiş ülkelere ait. İngiltere, ABD, Japonya, Almanya ve Fransa'nın *kıyı bankacılığındaki* para toplamı 1998 yılında tam 4,5 trilyon dolardı. Gazetedeki araştırmada, varsıl ülkelerin kıyı bankacılığıyla ünlü finans merkezlerinden, milyonlarca dolar çektikleri belirtilerek; *"vergi kaçakçılığı yapılan bu yerlerde, uyuşturucu paralarının aklanmasına karşı yürürlükteki uluslararası anlaşmaların uygulanması gerektiği"* istenmiştir.[36]

Azgelişmiş ülkelerde, doğal kaynaklara, özellikle de madenlere yönelik uluslararası şirket yatırımları, büyük çoğunlukla tecimsel değil, gelişmiş ülkelerin gereksinimlerini karşılama amaçlıdır. Gelişmiş ülkeler, endüstriyel üretimlerinin temel gereksinimi olan madenlerin, özellikle de stratejik madenlerin işletme, kullanma ya da iyelik haklarını ellerinde tutmak ister. Bu nedenle bu alanlara yönelmiş olan uluslararası şirket yatırımları, elde ettikleri ürünleri doğrudan kendi ülkelerine dışsatımlar. Japon *Dışsatım-Dışalım Bankası*'nın 1973 yılında yaptığı ankete göre; dışarıya yatırım yapan 51 Japon maden şirketinden 45'inin amacının, yatırım yapılan yerden Japonya'ya mal göndermek olduğu görülmüştür.[37]

Sonuç olarak, uluslararası şirketler, azgelişmiş ülkelerdeki şirket şubelerinde, yerel hükümetlere döviz kazandıracak gerçek dışsatım politikaları uygulamaz. Böyle bir uygulama onların dışa açılma amaçlarına, yarışma dengelerine ve yüksek kazanç isteklerine uygun düşmez. Herhangi bir ülkedeki şirket biriminden yapılacak her dışsatım, aynı şirketin aynı üretim dalında etkinlik gösteren bir başka ülkedeki şirket biriminin zararına işleyen bir eylemdir. Bu nedenle uluslararası şirketler, yerel hükümet yetkililerinin dışsatım isteğini dikkate almaz ve azgelişmiş ülkeler ya da yerel şirketlerle yaptıkları lisans ve işbirliği anlaşmalarına, dışsatımı sınırlayan ya da yasaklayan koşullar koyar.

Uluslararası Şirket Evlilikleri
Yoğunlaşan Tekelcilik

İkinci Dünya Savaşı'ndan sonra gerçekleştirilen uluslararası serbest ticaret anlaşmaları, dünya pazarlarını gümrük birlikleri temelinde genişleterek uluslararası şirketlere yayılıp büyümeleri için son derece elverişli bir ticaret ortamı yarattı. Gelişmiş ülke istemini yansıtan bu durum, dünya kapitalist dizgesinin 20. yüzyılın ilk yarısında yaşadığı çekinceli olumsuzlukları ortadan kaldırmayı amaçlayan bir yönelmeydi.

Dünya, her şeyin şirket istemlerine göre belirlendiği yeni bir döneme girmişti. İki kutuplu da olsa askeri güce dayalı siyasi denge, sağlanmıştı. Çok yönlü uluslararası anlaşmalarla, gelişme düzeyi ve büyüklükleri ayrımlı hemen tüm ülke pazarları birbirine bağlanarak ortak kullanıma açılmıştı. Gümrük bildirmelikleri, ulusal korumacılık işleyişi ve bağımsız kalkınma girişimleri büyük oranda uygulama dışı bırakılmıştı. Özellikle azgelişmiş ülke yönetimlerinin karar verme yetkisi ekonomik ve politik alanda denetim altına alınmıştı.

Uluslararası şirketler, yaratılan denetimsiz dünya ortamında, büyümek ve güçlenmek için geniş olanaklara kavuştu ve doğal bir sonuç olarak hızla büyüdü. Yüzyılın başından beri gelişen tekelleşme girişimi, olağanüstü bir hız kazanarak yoğunlaştı ve tüm üretim ve hatta hizmet alanlarına yayıldı.

Uluslararası şirketler, herhangi bir ülkede üretim birimi açarken ya yeni bir şirket kurar ya da var olan bir şirketi satın alır. Her iki biçimde ama özellikle yeni şirket kurma biçiminde, kendisine yerli ortak bulur. Ortaklıkta hisse oranları ne olursa olsun, belirleyicilik her zaman anayurttaki şirket merkezine aittir. Bu konuda ödün verilmez. Yerli ortaklar, yatırım için yer satın alma, inşaat yaptırma, işçi bulma ve hükümet yetkilileriyle ilişkileri yürütme gibi ikinci sınıf işleri üstlenir. Üretimin niteliği, teknoloji kullanımı, pazarlama, fiyat ve satış politikalarını belirleme gibi stratejik konularda bunların herhangi bir etkisi yoktur ya da çok azdır.

Dünya pazarlarındaki tekelci yayılmanın geleneksel biçimi, şirket satın alma ya da birleşmeler yoluyla büyümektir. Tekel kazancının çekiciliği, şirketlerin yeğin bir yarışma ortamında sürekli biçimde büyümesini zorunlu kılar. Büyümenin tek yolu, aynı alanda etkinlik gösteren şirketlerin hangi yöntemle olursa olsun etkisiz kılınmasıdır. Satın alma ya da birleşmeler bu yöntemin görünen son yasal aşamasını oluşturur.

Satın almalar, genel olarak, şirketlerin tümünün ya da şirkette söz sahibi olmayı sağlayacak hisselerin satın alınması biçiminde gerçekleşmektedir. Öncelik verilen, daha az sermaye ile daha çok şirkette söz sahibi olmayı sağlayacak olan hisse satın almaktır. Tekelleşmenin sağladığı olanaklar nedeniyle, yüzde elliye varmayan hisse oranlarıyla şirket yönetiminde söz sahibi olma olanağı vardır, bu yolu çekici kılan da budur.

Satın alma biçimindeki şirket birleşmeleri, emperyalist dönemin başladığı 20. yüzyılın tüm aşamalarında vardı. Ancak, 1950 yılından sonraki *Yeni Dünya Düzeni* döneminde büyük bir yoğunluk kazandı. Yüzyılın başlarında daha çok, yeni şirket kurma biçiminde dış birim açan uluslararası şirketler, daha sonra korumacılığın artması nedeniyle yerli ortaklıklara ve satın alma yoluyla birleşmelere ağırlık verdiler. Bu ağırlık, özellikle gelişmiş ülkelerdeki şirket etkinliklerinde belirgin bir biçimde ortaya çıkmaktadır.[38]

Avrupa ve Japon Uluslararası şirketleri üzerinde yapılan bir araştırmada, bu şirketlerin dışarıda açtığı şirket birimlerinin; 1914'ten önce yüzde 66'sı yeni şirket kurma yüzde 30,1'i şirket satın alma biçiminde gerçekleştirirken, bu oran 1970 yılında tersine dönerek, yüzde 30 yeni şirket kurma yüzde 66 satın alma biçiminde gerçekleştiği görülmüştür.[39]

Şirket birleşmeleri tekelleşmeyi, tekelleşme de küresel yarışın yeğinliğini arttırır. Şirketi yabancı sermaye tarafından satın alınan bir ülkenin ulusal geliri, sattığı şirketin gelirleri oranında azalır ve bu azalma ülkenin büyüme erekleri üzerinde olumsuz etki yapar. Her şirket satışı dünya ticaret savaşında yitirilen bir pazardır. Yitikleri sürekli olan emperyalist ülke eski gücünü koruyamaz ve sonuçta daha güçlü olanın egemenliğini kabul eder.

Azgelişmiş ülkelerin satacağı uluslararası şirketleri yoktur ya da azdır. Bu ülkeler birbirleri üzerine üstünlük sağlamaya çalışan şirketlerin savaşım alanıdır. Savaşımda üstünlük sağlayanlar; kazancını, gücünü ve şirketinin değerini arttırır. Uluslararası şirketler, azgelişmiş ülkelerde, satın alacağı küresel şirket bulamaz ancak yerel piyasada etkinlik kurmak için kamu malı olan KİT'leri satın alır. Yatırım sermayesi yüksek KİT'ler son derece düşük bedellerle ve yerel piyasalardan sağlanan kredilerle satın alınır.

Uluslararası şirketler, herhangi bir azgelişmiş ülke KİT'ini satın almak istediğinde, bu iş için gerekli olan finansmanı; yaygın bir uygulama olarak, öz kaynağıyla karşılamaz. Yerli ortaklar aracılığıyla yerel piyasaya borçlanır. Düşük faizli ve uzun erimli ödeme içeren yerel parayla borçlanma, o denli caziptir ki, *"borcun"* kendisi başlı başına gelir kaynağıdır. Ayrıca bu çeşitli isteklendirmelerle (teşviklerle) alınan KİT'ler son derece kazançlı kuruluşlardır ve her şeyiyle işler durumda alınan bu kurumlar, alındığı anda kazanç getirmeye başlar.

Uluslararası şirketlerin isteklendirme adı altında kullandığı krediler, uluslararası sermaye piyasalarından alınmış olan devlet borçlarıdır. Şirketlerin etkili gücü, azgelişmiş ülkeleri ezici bir sömürü sarmalına sokmuştur. Bu ülkeler kendi kuruluşlarını kendi paralarıyla yabancılara satma gibi ekonomik bir açmazla karşı karşıyadır.

Güney Amerika'da iş yapan uluslararası şirketler, 1958-1967 yılları arasındaki yatırımları için kullandıkları sermayenin yüzde 78'ini yerel kaynaklarla karşılamıştır. Büyük bölümünü Güney Amerika ülkelerinin dış borçlarından oluşan bu kaynağın yüzde 46'sı yerli firmaların satın alınması için kullanılmıştır.[40]

Uluslararası şirketlerin yerel kaynak kullanımı, gelişmiş ülkelere yayılınca, yöneticiler ortaya çıkan durumdan tedirgin oldu. Ancak, Japonya ve bir ölçüde Almanya'dan başka bu konuda elle tutulur bir önlem alan ülke çıkmadı. 1970'li yıllarda yoğunlaşan tartışmalar içinde Fransa'da bile; *"bizim paramızla bizim firmalarımızı satın alıyorlar"* biçiminde yakınmalar yükselmişti.[41]

Uluslararası şirketleri, denetim altına alarak ülkesine sokan; Japonya, Çin ve bir oranda Güney Kore gibi az sayıdaki ülke; kazanç aktarımı, aşırı kâr, kilit endüstrileri ele geçirme, dışsatımdan kaçınma gibi olumsuzlukları önlemiştir. Bu ülkeler, büyük şirketlere çekici gelen pazar gücünü kullanmış ve yabancı yatırımların ulusal ekonomik gelişmeye zarar vermesini önlemişti. Belirledikleri çalışma koşullarını uluslararası şirketlere kabul ettirilmişlerdi.

*

Satın alma yoluyla şirket birleşmeleri, dünyanın her yerinde olanca hızıyla sürmektedir. Bunların en büyükleri doğaldır ki gelişmiş ülkelerde gerçekleşmektedir. 21. yüzyıla girerken dünyanın hemen her yerine yayılan ekonomik bunalım tekeller arası yarışı yeğinleştirmiştir. ABD, AB ve Japonya arasındaki ekonomik gerilimler, büyük küresel şirketleri bile daha büyük olmaya zorluyor. Parası ve gücü olan daha az güçlü olanı yutuyor ya da daha güçlü olanlarca tarafından yutulmamak için benzerleriyle birleşiyor.

Kimilerince, yüzyılın *'şirket evliliği'* diye adlandırılan *Alman Daimler-Benz* ile *ABD Chrysler* arasındaki birleşme, 1998 yılında gerçekleşti. Otomotiv kesiminde artan Japon gücüne karşı gerçekleştirilen bu birleşmenin uzun süren görüşmeleri büyük bir gizlilik içinde sürdürüldü ve bu *'evlilik'* ABD Başkanı **Clinton**'dan bile gizlendi. *Daimler-Chrysler* adını alan birleşmenin ayrıntıları hala açıklanmış değil. Ancak, *Daimler-Benz*'in *Chrysler*'i satın aldığı biçimindeki yorumlar çoğunlukta.

Tartışılan bir başka otomotiv *'evliliği'* Ford ve *Mazda* arasında yaşanmıştı. *Mazda* 1979 yılında yüzde 25 hissesini *Ford*'a sattığında, Japon şirketlerinin yabancı ortak karşıtı tutumu bilindiği için bu satışa konuyla ilgili olanlar şaşırmıştı. *Mazda*'nın, ABD pazarına girmek için uzun süreli tasarıları vardı ve şirket yönetimindeki söz ve karar egemenliğini sarsmayacak bir payı *Ford*'a satmıştı. Bu pay gerçekte bir yemdi. *Mazda* başlangıçta ABD'de üreteceği arabaların yüzde 30'unda *Ford* motor kullanmayı, yüzde 50 oranında yerli malzeme kullanmayı kabul etti. Ancak, *Mazda*'nın gerçek kazancı kısa bir süre sonra ortaya çıktı; *Mazda*, Avrupalı şirketleri hızlı bir biçimde sollayarak muazzam boyutlu ABD pazarının en büyük Japon araba firması olmuştu. Zaten bu tür birleşmelerde kazançlı çıkanlar hep Japonlar oluyordu.

Ford-Mazda evliliğinden *Ford*'un da kendine göre kazançları vardı. Ancak, bu yararlar geleceği olmayan günübirlik kazanımlardı. Otomotiv sektörünün bu hırpalanmış ve yaşlanmış devi, dünyaya Ford markasıyla *Mazda* satmaya başladı, 'iyi iş yapan' *Escort*'u çıkardı. Fabrikalarında üretim yeteneği yüzde 60-70'e ulaşamayan Ford, Japonların yüzde 90'ları aşan üretim yeteneğinden birçok şey öğrendi. Japonlar, Amerikalıların beş yılda ancak hazırlayabildikleri yeni bir otomobili 3,5 yılda piyasaya sürebiliyordu. Amerikalı araba üreticileri, 1950 ve 60'lı yıllarda alay ettiği Japon arabalarının; teknoloji, üretim ve pazarlama alanlarında kendilerini geçtiğini görmüştü. Birleşmenin stratejik galibi *Mazda*'ydı.

Oysa *Ford*'un küreselleşmesi 1920'lere dek gidiyordu. 1924'de dünyanın 19 ülkesinde *Ford* ya da *Ford* parçaları üretiliyordu.[42] 1915 yılında şirketin Amerika'daki fabrikalarında tam elli dil konuşuluyordu. Arjantin, Brezilya, Hindistan, Güney Afrika, Meksika, Malaya, Avustralya ve Japonya'da montaj fabrikaları vardı. 1925 yılında *Ford Yokohama* fabrikası kısa sürede Japon pazarının büyük bölümünü ele geçirmişti. O tarihte Japonlar, araba üreticisi değil tüketicisi durumundaydı. 50 yıl sonra geldikleri konum ise, yıllardır arabalarını kullandıkları *Ford*'a, araba üretiminin her alanında örnek olma noktasıydı. Zaman durmuyordu. Dünya ticaretinin acımasız ortamı, bir zamanların en güçlü olanlarının karşısına daha güçlüleri çıkarabiliyordu.

Şirket birleşmeleri dünyanın her yerinde hız kesmeden sürmektedir. Artık hiçbir şirket ne denli güçlü olursa olsun kendisini güvende görmüyor. Uluslararası şirketler için dünya küçülüyor, pazar daralıyor ancak çatışma yeğinleşiyor. Herkes ayakta kalmak için yeni güç arayışları içinde. Birleşmeler bu nedenle yayılıyor. Her alanda tek egemenlik gerçekleşene dek bu çatışma sürecek.

Almanya ve İtalya iletişim şirketleri *Deutsche Telekom* ile *Telecom İtalia SpA* şirketleri Nisan 1999'da birleşme kararı aldı. *Deutsche Telekom*'un yüzde 72'si, *Telecom İtalia SpA*'nın yüzde 3,4'ü devlete ait. 194 milyarla parasal açıdan dünyanın en büyük şirket evliliği olan bu birleşmeyle ortaya çıkan yeni şirketin yüzde 56'sı Almanya'nın yüzde 44'ü İtalya'nın oluyor. Birleşmeyle büyüyen bu şirket, piyasa değeri ve abone sayısı bakımından dünyanın en büyük, gelir ve kazanç bakımından ise Japon *NTT*'in ardından ikinci büyük uziletişim (telekominikasyon) şirketi olacak. Şirket başkanları **Ron Sommer** ve **Franco Bernabe** birleşmeyi açıkladıkları ortak basın toplantısında; *"Birleşmeyle telekomünikasyon dalında dünya çapında ABD şirketleriyle yarışabilecek bir Avrupa gücü oluşturduk"* dedi.[43]

Bu birleşmeye karşı bir başka uziletişim birleşmesi hiç gecikmeden gerçekleşti. *Japon Telecom* firması hisselerinin yüzde 15'ini ABD şirketi *"AT&T"*ye, yüzde 15'ini de İngiliz *"British Telecommunication"*a (BT) satarak pazar gücünü arttırdı. Amerikalı ve İngiliz firmalar bu birleşmeye 220 milyar yenlik bir ortak yatırımı, Japon firması için yapmayı kabul etti.[44]

*

Yüksek alım gücüyle ABD pazarı, uluslararası şirketler için her zaman çekici bir merkez olmuştur. Dünyanın en büyük endüstriyel gücünü oluşturan bu ülke, 20. yüzyılın sonlarına doğru, eski üretken ve atak niteliğinden çok şey yitirmişti. Gelişen yeni yarışçılar, Japonya ve Almanya, *'genç'* olmanın verdiği savaşkanlıkla bu pazara girdi. Kolay kazanca alışkın *'yaşlı'* ve *'varsıl'* Amerikalı girişimciler, en yüksek kazanç ereğiyle mali sermaye yatırımlarına yönelirken, kendi ülkeleri -yüksek teknoloji dışında- üretimin hemen her alanında, yabancı sermaye akınına uğradı. 1970'lerde başlayan bu süreç, şirket birleşmelerinin değişik uygulamalarıyla doludur. Japon *Sony*, Alman *Bertelsmann*'ın ABD'deki ekonomik etkinliği, bu konuya gösterilebilecek ilginç birer örnektir.

ABD pazarına etkin olarak giren ilk Japon şirketi Sony oldu. 1971'de San Diego'da televizyon fabrikası kurarak işe başlayan Sony, kısa sürede yılda bir milyon TV üretir duruma geldi. Elektron tabancasıyla birtakım entegre devrelerin dışında tüm parçaları ABD'den aldıklarını söylüyorlardı. Sony'nin sahibi **Morita**; *"Televizyonlarımız kimi ABD şirketlerinin fasoncular aracılığıyla Uzakdoğu'da yaptırıp ABD'ye taşıdığı ünlü 'Amerikan' markalarından daha Amerikalıdır. Çünkü herhangi bir 'Amerikan' televizyonunun parçalarının yaklaşık yüzde 80'i Japonya'dan gelmektedir..."* diyordu.[45]

Morita, SONY'in dış yatırımlarında bu ayrıcalığı yalnızca ABD'ye tanıyor; başka yerlerdeki özellikle azgelişmiş ülkelerdeki işletmelerde SONY bu tür işlerle uğraşmıyordu. *Hong-Kong SONY*'nin Genel Müdürü **Mitsuo Kutsukake** *"Güneydoğu Asya'daki ucuz iş gücünden yararlanmadığımız sürece hayatta kalmamız mümkün değildir"* diyordu.[46]

SONY, 1988 yılında, ABD'nin en büyük plak şirketi *CBS Records*'u satınaldı. *CBS Records* Amerika'nın simge firmalarındandı. Firmanın kurucusu, telefonu bulan **Alexander Graham Bell**'di ve şirket 1887'de kurulmuştu. Şirketin iyeliği 1938 yılında yapılan satışla *CBS*'ye geçmişti. Dünyanın en büyük müzik kayıt arşivine sahipti. **Billie Holiday, Count Basie, Bob Dylan, Bruce Springsteen, Michael Jackson** vb. Amerikan müziğini tüm dünyaya yayan şarkıcılar ve ürünleri bu satışla bir Japon şirketinin kullanımına girdi.

Sony, birkaç ay sonra 1989'da, bu kez Hollywood devi *Columbia Pictures*'ı 5 milyar dolara satın aldı. Uluslararası anlaşmaların yasal zeminde gelişmesine karşın, Amerikan kamuoyunda, bu evlilikleri *nikahsız birliktelikler* sayan ve *çok tehlikeli* bulan anti-Japon *milliyetçi* sesler yükseldi. Küreselleşmenin savunucusu *Fortune* bile şu kapakla çıktı: *"Japonya bundan sonra nereden vuracak?"*[47]

Amerika'da herkes, Sovyetler Birliği'nin çökmesiyle Soğuk Savaş'ın bittiğini ve bu savaşı Japonya'nın kazandığını konuşuyordu. Japonya'nın ABD'de *'vuracağı yer'* çoktu. Onun elinde bol para, Amerika'da da şirketlerini iyi para verene satacak, kolay paraya alışkın, *"tembel mirasyediler"* vardı.[48]

Sony, aynı yıl, Amerikan rüyasının ulusal anıtlarından sayılan New York'taki *Rockefeller Center*'ı satın aldı. Bu satış akçalı değerinden çok, milliyetçi duyguları kabartan moral bozucu sonuçlarıyla tartışıldı. New York gazeteleri *Rockefeller* satışını, Japon istilacıların 5. Cadde'ye diktikleri *zafer bayrağı* olarak değerlendirdi.

Sony, ABD pazarında çok önemli iki medya şirketini satın almıştı. Dünyanın her yanına milyonlarca Walkman'e, CD çalara, Teybe ve Trinitron TV'lere, sinemalara müzik ve film satacaktı. Ortaya garip bir durum çıkıyordu; Amerikan rüyasının en temel yaymaca araçları olan müzik ve filmler, Japon firmasınca, Amerika'da yapılıp tüm dünyaya yayılacaktı.

*

ABD'nin bir başka müzik devi *RCA Records,* 1987 yılında, yayıncılıkta bir dünya devi olan Alman *Bertelsmann* şirketler kümesi tarafından satın alındı (Bertelsmann otuz ülkede etkinlik gösteren 44.000 kişi çalıştıran, 375 şirketin iyesi uluslararası bir şirkettir). Satış, ABD kamuoyunu, özellikle de müzik endüstrisini şaşkına çevirmişti. RCA, ABD rüyasının bir başka simge ismiydi. Görkemli bir geçmişe sahipti. *RCA Victor, "logosundaki hayran hayran Victrola dinleyen dünyanın en ünlü köpeğiyle",* en tanınmış plak markasıydı. **Enrico Caruso, Kirsten Flagstad, Nellie Melba, Ezio Pinza, Stokowski** ve **Toscanini** ile **Bing Crosby, Anna Moffo** ve **Elvis Presley** *RCA*'nın sözleşmeli sanatçılarıydı.[49]

Bertelsmann, RCA'dan önce, 1977'de New York'un önde gelen ciltli kitap yayıncı firması *Bantam*'ı, 1979'da müzik şirketi *Arist*'i, 1986'da ünlü Amerikan yayınevi *Doubleday* ve *Bell*'i satın aldı. Bu satış, ABD'nin ikinci büyük kitap kulübü *Literary* yayınevlerinin yanısıra, daha küçük yedi kitap kulübünü, bir İngiliz kitap kulübünün yüzde 50'sini, dört basımevini ve bir kitapevi zincirini de kapsıyordu.[50]

Bertelsmann yayıncılıkta tüm dünyaya yayılmıştı. Almanya, Avusturya, İsviçre, İspanya, Kolombiya, Avustralya ve ABD'de basım ve yayınevleri vardı. Özellikle Batı yarımküresinde yüzden çok gazete ve dergi yayınlayan ve Merkezi Bonn'da bulunan bir haber ajansına, Hamburg ve Münih'te yayın yapan büyük radyo istasyonlarına, üç film şirketine ve Avrupa'nın en güçlü özel TV ve radyo şirketi *RTL Plus*'ın yüzde 40'ına sahip bir uluslararası şirketti. Bunlara ek olarak şirket, dev bir matbaacı ve dağıtımcıydı. ABD'de yayınlanan her beş ciltli kitaptan biri *Bertelsmann*'ın Dallas ve Pennsylvania'daki kuruluşu olan *Offset Paperback Mfrs.* Tarafından basılmaktaydı. *Fortuna*'nın bütün ulusal ve uluslararası baskıları, *Time, Sports Illustrated, Business Week International*'ın baskıları ve 140 ABD dergisi, artık *Bertelsmann*'ın ABD'deki matbaalarında basılmaktadır. Şirketin Virginia'da her sekiz saniyede bir, bir ciltli kitap basan dünyanın en yeni teknolojisine sahip bir kitap basımevi vardı.[51]

Bertelsmann'ın ABD'deki gerçek yarışçısı ABD firmaları değil Fransız *Hachette*'dir. ABD pazarında gücünü arttıran *Hachette*,

Grolier Inc. ve *Diamandis Communications* isimli iki Amerikan ansiklopedi ve dergi yayın şirketini aldı. *Hachette* bu alımlarla dünyanın en büyük ansiklopedi ve dergi yayıncısı olurken, *Encyclopedia Americana*'ya ek olarak satışları 650 milyon adet olan on dilde yetmiş dört derginin de sahibiydi. 20. yüzyıl sonlarında ABD yayıncılık piyasasında, Amerikalılar bir kenara itilmişti, Fransız ve Alman şirketleri başa oynuyordu.

Oysa ABD özellikle 1950 ve 60'lı yıllarda kurduğu kitap, müzik, film ve haberleşme (TV, radyo, haber ajansı) tekelinden kesinlikle ödün vermiyordu. Batı Avrupa'daki ABD Bilgi Ajansı kitaplıkları, sola karşı bir silah konumundaydı. *Marshall Planı* çerçevesinde, hükümet fonları Amerikan kitaplarıyla dergilerinin dışsatımına harcanıyor, tek koşul olarak Amerikan yaşamının iyi yanlarını yansıtması ve Birleşik Devletler'i eleştiren unsurları içermemesi isteniyordu. Bu yayınlar, ABD'nin dünyaya yayılmasında çok yardımcı olmuştu. Amerikalılar şimdi çok şey borçlu olduğu bu alanları, ellerindeki şirketleri satarak yabancılara bırakıyordu. Gerçi yayın niteliğinde herhangi bir değişim söz konusu olmuyordu ancak ABD için stratejik konumda olan bu alanlar yabancıların iyeliğine geçiyordu.

*

Her tür iletişim aracının, yerli ya da yabancı uluslararası şirketlerin denetimi altına girmesi yalnızca ABD'de değil dünyanın her yerinde önlenemeyen bir gelişme olarak sürüyor. En tartışmalı ve en hızlı şirket satışları bu alanda yaşanıyor. Ne yayıncılıkta, ne de şirket satışlarında artık hiçbir etik ve moral değer tanınmıyor. Parayı veren şirketi alıyor.

Kaliforniya Üniversitesi'nin eski dekanlarından Prof. **Ben Bagdikian** şöyle diyor: *"ABD'de de, diğer demokrasilerde olduğu gibi bir avuç dev uluslararası şirket hızla medyanın denetimini eline geçirmektedir. 1988'de Amerikalıların ulaşabilecekleri, halka açık bilgilerin büyük bölümünü yalnızca 29 büyük şirket denetim altında tutmaktadır"*.[52]

*

Bugün şirket evliliklerinin sayısı binlerle açıklanmaktadır.

Tümünün ad düzeyinde bile olsa ele alınması durumunda, önümüze uzun bir listeden oluşan bir kitapçık çıkar. İş çevrelerinde ve basında çokça konuşulmuş olanlarından bir bölümünü ele alırsak ilk elden karşımıza şu birleşmeler çıkar.

Hollanda'nın ünlü elektronik şirketi *Philips* Amerika'nın önde gelen plak şirketlerinden *MCA Record*'u aldı ve *Sony*'nin ABD'deki plak ve CD üstünlüğüne karşı bir başka Japon şirketi *Matsushita* ile işbirliği yaptı. *Matsushita, Panasonic, Quasar, JVS, Technics* gibi ürünleri olan dev boyutlu bir uluslararası şirketti. Dünyanın en büyük sigara firması *Philip Morris* 1985'ten sonra, sigaradan elde ettiği büyük kazancı gıda sektörüne yatırmaya başladı. 1985'te *General Foods*'u, 1988'de *Kraft Foods*'u ve 1990'da da İsviçreli çikolata ve kahve firması *Jacob Suchard*'ı satın aldı. *Philip Morris* bu satışlara 22,9 milyar dolar öderken, İsviçre gazetesi *Bund*; "*İsviçre'nin bir parçasını yitirdik*" diye yakınıyordu.[53]

Bund'un haykırışlarına yanıt verircesine İsviçreli dünya gıda devi NESTLE; 1980'den sonra ABD pazarına fırtına gibi giriyor ve sırasıyla *Chase and Sanborn* ve *Hill Bros* kahve şirketlerini; *Oh! Henry, Chunky* ve *Raisinets* şekerlerini; *Carnation* süt ürünleri ve *Friskies* hayvan maması şirketlerini; Oteller ve lokantalar zincirine sahip *Stouffer*'s gıda şirketini arka arkaya satın alıyordu. NESTLE'nin Amerika çıkartması bununla da kalmıyor, ABD'nde yaygın olarak satılan *Buitoni* makarnaları ve *Perugina* çikolataları gibi yerleşik Avrupa şirketleriyle, Kaliforniya'da bir şarap fabrikası, Texas'ta bir *Oftalmoloji Laboratuarı*, ABD'nin en büyük kozmetik şirketlerinden biri olan *Cosmair*'i ve ünlü maden suyu şirketi *Source Perrier*'i de satın alıyordu.[54] *Nestle*'nin bugün yalnızca ABD'nde 67 fabrikası var. İsviçreli şirketlerin ABD'ndeki etkinliği yalnızca gıda kesiminde olmadı. *Ase Brown Boveri AG*, ABD'nin tek sanayi robotu üreticisi olan *Cincinatti Milacron*'u satın aldı.

İki İngiliz ilaç şirketi *Glaxo* ve *Smith Kline Beecham*, Ocak 1998'de birleştiğinde, dünyanın üçüncü büyük ilaç şirketi durumuna geldi. Bu evlilik İngiltere tarihinin en büyük şirket evliliğiydi. Aynı günlerde, "*dünya sermaye piyasasında*" daha etkin olmak için, iki büyük İsviçre Bankası, *Union Bank Of Switzerlend* ve *Swiss Bank of Corporation* birleşti ve dünyanın en büyük fon örgütünü oluşturdu.

Avrupa'nın önde gelen Tarım ve İnşaat Makinaları üreticisi *New Holland,* Amerikalı rakibi *Case Corp'*u 1999 yılında 4,3 milyar dolara satın aldı. Bu birleşmeyle *New Holland,* dünyanın en büyük traktör ve tarım makinaları üreticisi Amerikalı *John Deere* ve ikinci büyük üretici Japon *Komatsu*'dan sonra üçüncü sıraya oturdu.[55] 1977-1987 yılları arasında ABD'indeki gıda üretim sektöründe yabancı yatırımların oranı yüzde 790 arttı.[56] Amerikan gıda işleme tesislerinin yaklaşık yüzde 90'ı birleşmeler yoluyla el değiştirdi.[57] Avrupa gıda endüstrisinde 1989 ile 1991 arasındaki iki yılda 450 şirket evliliği, ABD perakende gıda sektöründe 1982-1988 arasındaki altı yılda 387 şirket evliliği gerçekleşti. 1996'nın ilk sekiz ayında yalnızca ABD'de 1118, 1997'nin aynı döneminde 1081 şirket birleşmesi gerçekleşti.[58]

Avrupalı otomobil üreticileri, büyüyen sorunlarının üstesinden gelmek için gıda şirketleri satın almaya başladı. *Fiat*'ın sahibi **Agnelli** ailesi gıda şirketleri almaya kalktı, İsveçli otomobil üreticisi *Volvo* gücünü büyük bir gıda şirketiyle birleştirdi. Amerikalı gıda şirketi *Sara Lee* son on yıldır 23 ülkede külot, sütyen, ayakkabı cilası ve fuller fırçaları satıyor. Dünyanın en ünlü ketçap firması *H. J. Heinz*'in yüzde 30 hissesini eski bir futbol yıldızı satın aldı. Amerikan film şirketi *Fox,* spor malzemeleri üreticisi Alman *Puma*'ya ortak oldu.

Amerikalı ekonomistler **Richard J. Barnet** ve **John Cavanagh**'ın söyledikleri gibi; *"...Dünyanın yoğun ve çoğunlukla zalim rekabet ortamında artık yapılması gereken tek seçim 'yut ya da yutul'dur".*[59] Yutulmaktan kurtulmak için şirket evlilikleri tüm dünyada ve her üretim dalında bütün hızıyla sürmektedir. Güçlünün daha az güçlüyü yutması geçerli dünya düzeninin gereğidir ve bu gereklilik 20. yüzyıl boyunca yoğun olarak yaşandı. Şirket birleşmelerindeki sayısal artışlar ve yaşanılan yoğunluk, gerçekte dünyanın sorunlarının yoğunlaşması anlamına geliyor. Birleşmeler tekelleşmeyi, tekelleşme ekonomik çatışmayı arttırıyor ve bu kısır döngü içinde şirketler taşıdığı çıkarcılığı yaşamın her alanına yayarak; insanlığın gelişimi önünde aşılması gereken büyük bir engel oluşturuyor.

Günümüz dünyasında, yalnızca endüstriyel üretim ve yüksek teknoloji alanlarında değil, dünya ticareti içinde yer alan tüm ekonomik etkinlikte egemenlik, birkaç büyük tekelci şirketin elindedir. Bunu Birleşmiş Milletler Kaynakları söylüyor. Dört büyük ülke (ABD, Japonya, İngiltere ve Almanya) Dünya Kimyasal madde üretiminin yüzde 87'sini yapıyor. Dünyadaki demir cevheri, boksit, bakır, jüt, tütün, orman ürünleri, pamuk, kakao, kahve ve çay ticaretinin yüzde 80'i, her ürün için sayıları 3 ile 6 arasında değişen büyük uluslararası şirket tarafından denetleniyor.[60] Liberalizm ve serbest piyasa ekonomisi 19. yüzyıl ekonomi tarihinde kaldı. Günümüzün yalın gerçeği artık tekeller ve tekel egemenliğidir.

Başta ABD olmak üzere tüm gelişmiş ülkelerde, tekelleşmeyi ve eşitsiz yarışı yasaklayan anti-tröst yasalar vardır. Uygulanması artık olanaksız olan bu yasalar, hukuk dünyasının tarihsel belgeleri gibi, adalet bakanlıklarının arşivinde duruyor. Ara sıra, varlıkları kamuoyuna anımsatırcasına, medyatik davalarda kullanıyor. Anti-tröst yasaları artık ne uygulatmak isteyen ne de, uygulamak isteyen var.

Tekel karşıtı göstermelik davalardan biri Mayıs 1999'da, ABD'de açıldı. Adalet Bakanı **Janet Reno**, ABD'nin ikinci büyük havayolu şirketi *American Airlines*'in; Texas Eyaleti'nde tekelleşme çabası içinde olduğunu bu nedenle anti-tröst yasalarını çiğnediğini belirterek, bu şirketin mahkemeye verildiğini açıkladı. Bakanın açıklaması, *Associated Press* ve *United Press* tarafından dünyadaki bütün abonelerine *"öncelikli ekonomik haber"* olarak geçildi. Haberin özünü davanın kendisi değil, ABD Adalet Bakanı'nın; *"Bu anti-tröst yasaların tipik bir ihlalidir. Bakanlığım mahkeme nezdinde harekete geçti"*[61] biçimindeki sözleri oluşturuyordu. ABD dünyaya, ülkesinde liberal yarışa dayalı, serbest piyasa ekonomisinin olduğunu anlatmaya çalışıyordu.

Uluslararası Şirketler Vergi Vermez ve Mali Açıdan Denetlenemez

Dünyaca ünlü *Ekonomist* dergisinin editörleri, uluslararası şirketleri *"herkesin bir numaralı canavarı"* olarak nitelendiriyor ve bu şirketleri, *"çağdaşlık ve refahın simgesi"* olarak gösterenleri geri tepecek bir silahın olumsuzluklarına karşı uyarıyor.[62]

Uluslararası şirketlerin ulusal sınırları aşan ekonomik ve politik etkisi, o denli güçlü ve o denli karmaşıktır ki azgelişmiş ülkelerdeki politikacıların birçoğu, bu etkiye karşı yapabilecekleri bir şey olmadığına inanır. Durumu kabullenmişlerdir. Küreselleşmenin yarattığı birçok sorun yaşanmasına karşın, olumsuzlukları *'küreselleşen dünyanın'* bir gereği sayarlar. İçlerinde, ülkelerinin kesin olarak zararına işleyen bu etkiye karşı önlem düşünen ve bu yönde çaba harcayan pek yoktur. Hatta bu tür yöneticiler, önlem almak yerine uluslararası şirketleri ülkelerine çekmek için kuyruğa girer ve önlerine koyulan anlaşmaları imzalayarak ülkelerini denetimsiz açık pazarlar durumuna getirir. Dünyanın moda olan *'yeni'* ekonomik işleyişi budur.

Denetlenmemek amacıyla koşul belirleyenlerin, belirledikleri koşullarla denetlenemeyeceği açıktır. *Yeni Dünya Düzeni*'nin politik önceliği olan denetimsiz bir dünya yaratma girişimi, kabul edilmelidir ki önemli oranda başarılmıştır. Bugün uluslararası şirketlerin küresel etkinliğini değil denetlemek, izlemek bile pek olası değildir. Son derece değişken yapılanması, ulusal yasalardan sıyrılma yeteneği, siyasi ve akçalı gücüyle uluslararası şirketler, çağımızın ekonomik bukalemunlarıdır. Bunlar, kimi zaman *yerli şirket*, kimi zaman *yabancı şirket*, kimi zaman *eşit katılımlı ortak*, kimi zaman da *yap-işlet-devret yatırımcısıdır*. Patent satıcı, kreditatör, sermaye yatırımcısı, üretimci ya da kurgucu (montajcı) kılıklarıyla ortaya çıkar ve kolaylıkla kılık değiştirebilirler. Diledikleri biçim ve sürelerle etkinliklerini; vakıflardan yardım derneklerine, spor alanlarından sanat gösterilerine dek her çeşit etkinlikle süslemesini iyi bilirler. Girmek istedikleri pazara kesinlikle girerler. Önleyici ulusal yasaları aşmak için ellerinde çok değişik seçenekler vardır.

Arap ülkeleri, Arap-İsrail Savaşı'ndan sonra, İsrail'e ekonomik engelleme koyduğunu, bu engellemeye uyan ülkelerle *"iyi"* ilişkiler içinde olacağını açıkladı. Kullandığı petrolün tümünü dışardan alan Japonya, engellemeye uyacağını ve İsrail ile herhangi bir ekonomik ilişkiye girmeyeceğini açıkladı. Ancak, bu açıklama gerçeği yansıtmıyordu. Japonlar, ABD'de ürettikleri *Honda*'lara küçük ortağı *Ford*'un *Accord* markasını basarak İsrail'e satmayı sürdürdü. Japonya aynı yöntemi, otomotiv uranını korumak için Japon arabalarına dışalım yasağı getiren Güney Kore ve Tayvan'a karşı da başarıyla uyguladı.

Uluslararası şirketler, eriştiği ekonomik ve politik gücü hiçbir zaman yeterli görmez. Güç ve etkinlik her zaman yaşamsal şirket gereksinimidir. Mal, bilgi, sermaye ve kazancın küresel dolaşımını kısıtlayacak herhangi bir ulusal girişimi gecikmeden yok etmek için güçlü olmak zorundadırlar. Yasal düzenlemeler, korumacı önlemler ve ulusçu girişimler onlar için kabul edilemez gelişmelerdir.

*

Uluslararası şirketler, çalışma koşullarını kendilerinin belirlemesini, yarı-yasal ya da yasal olmayan her türlü kazancın meşru sayılmasını ister. Bu nedenle günümüzde, yasal ve yasal olmayan işler iç içedir. Dünyanın bütün bankalarında üretim ve ticaret kazancıyla kaçakçılık gelirleri aynı işlemi görür. İş çevreleriyle yasa dışı örgütler çoğu kez uyumlu birliktelikler oluşturur. Gelişmiş-azgelişmiş ayrımı gözetmeden hemen tüm ülkelerde, iş çevreleri kayıtdışıcılığa kayarken, yasadışı oluşumlar iş çevresi durumuna gelir.

Kanada'da yayınlanan *Multinational Monitor* dergisi, 1999 Temmuz-Ağustos sayısında, 1990'lı yıllarda dünya çapında etkinlik gösteren uluslararası şirketlerin suç dosyalarını inceliyor. Şirket suçlarının, insanlar için, sokak suçlarından çok daha zararlı olduğunu açıklayan dergide, **Russell Mokhiber** imzalı yazıyla şu bilgiler veriliyor: *"ABD'nin ve dünyanın, en gelişmiş en yaygın şirketleri aracılığıyla işledikleri organize suçlar ciddi bir biçimde kurumsallaşmıştır. Organize suç kapsamına giren eylemlerde bulunan* **Acoa, Borden, Bristol-Myers, Squibb, Chevron, Eastman, Kodak, Exxon, General Electric, Hyundai, IBM, Mitsubishi** *gibi tanınmış ve bü-*

yük şirketler son yüzyılda suç dosyaları en kabarık olan şirketlerdir".[63]

Birleşmiş Milletler'in bir örgütü olan Uluslararası Çalışma Örgütü'nün (ILO) yaptığı bir çalışmaya göre, azgelişmiş ülkelerde kayıt dışı üretim GSMH'nin yüzde 5'i ile yüzde 35'ni oluşturmaktadır.[64] Ülkeden ülkeye değişen bu oranlar belki de en yüksek düzeye Türkiye'de çıkıyor. Marmara Üniversitesi öğretim üyesi Prof. Dr. **Osman Altuğ**; *"öldürücü virüs"* olarak tanımladığı kayıtdışı ekonominin, Türkiye ekonomisi içindeki payının yüzde 65 olduğunu söylüyor.[65] Adalet Bakanlığı'nın verilerine göre yapılan bir araştırmada; Türkiye'deki eroin trafiğinin parasal tutarının; yalnızca 1996 yılında 55 milyar dolar olduğu açıklandı. Bu miktar Türkiye bütçesine eşit.[66]

MIT Üniversitesi profesörlerinden **Bishwapriaya Sanyal**, azgelişmiş ülkelerde, çalışan kentli işçi nüfusunun en az yarısının kayıtdışı ekonomide olduğunu hesaplamıştır.[67] Kayıt dışı işler, azgelişmiş ülkelerle sınırlı değildir. ABD hükümetinin resmi verilerine göre, 1989 yılında New York'taki yaklaşık 7000 konfeksiyon imalathanesinde 50 binden çok işçi çalışıyordu ve bunların yarısı köle fabrikaları durumundaydı. Yalnızca Çin mahallesinde, asgari ücretin yarısı kadar ücret ödeyen 400 konfeksiyon atölyesi vardı.[68]

*

Şirketlerin demokrasi üzerindeki etkisini, *Who Will Tell the People?* (Halka kim söyleyecek) adlı çalışmasıyla inceleyen Amerikalı araştırmacı **William Greider** bu çalışmada şunları söylüyor: *"Şirketler doğaları gereği demokratik örgütler olarak işlemezler... Yine de, vatandaşların boş bıraktıkları politik platformları, partileri ve diğer aracı kurumları ele geçiren onlardır. Demokratik sürecin kendisi paranın esiri olmuştur"*.[69]

Demokrasinin kararlı savunucuları olarak ortada dolaşan politikacılar, şirketlerin özellikle seçim dönemlerinde, parti kasalarına akıtacağı paranın peşindedir. ABD'nde kamuoyu önünde yapılacak bir övgü, birlikte kahvaltı ya da fahri doktorluk türünden ödül törenleri hep ücrete bağlıdır. Ücretin miktarını ilişkiye girilen kişinin politik kariyeri belirler. Bugün, ABD başkanıyla samimi pozda çekilecek bir fotoğraf ya da medyaya yansıtılan bir telefon konuşması, birçok azgelişmiş ülke yöneticisi için paha biçilmez değerde siyasi bir avanstır.

ABD'de siyasi dizgenin politik ikizleri Cumhuriyetçi ve Demokrat Partiler, uluslararası şirketlerden gelecek paralara o denli bağımlıdır ki her ikisi de şirketlerin canını sıkacak bir davranış içine giremez. Politikacıların yalnızca içerden değil dış ülkelerden de para yardımı aldığı haberlerin (medya patronlarının izin verdikleri oranda) kimi zaman televizyonlarda yer aldığını biliyoruz. Yabancı ülke yetkililerine armağan verilmesi, yasal ve tinbilimsel bir suç oluşturur ama bu tür işler içe dönük olarak yapıldığında herhangi bir suçtan söz edilmez. Armağan alıp vermek açık hale getirilmiştir.

Amerikalı araştırmacılar **Donald L. Barlet** ve **James B. Steele** bu konuda şöyle söylüyor: *"Büyük şirketlerden politik partilere gelen stratejik nakit akışı, hiçbir yasaya karşı gelmemekte ve kamuoyunun dikkatini çekmemektedir. Büyük şirketler yaptıkları 'yardımları' bir yandan vergiden düşerken diğer yandan, mali yükün gittikçe daha çoğunu vergi mükelleflerine yüklemektedir. Çünkü büyük şirketler bu kaynakları, endüstriyel yapılanma kredileri olarak devletten almaktadır".*[70]

*

ABD'de parti-politikacı ilişkilerinde çürümüşlüğe ilginç bir tepki, 1992 başkanlık seçimlerinde, başkanlığa adaylığını koyan mültimilyarder **Ross Perot**'dan geldi. Büyük para sahibi bu Amerikalı varsıl, politikacı olmamasına karşın *"çeşitli para sahiplerine"* gebe, açgözlü politikacıların gerçek yüzlerini açığa çıkarmak için *"halk adına oyları satın alacağını"* açıkladı ve *"1992 başkanlık seçimlerinde Amerikalı seçmenlerin tam yüzde 19'unu etkilemeyi başardı"*.[71]

Şirketlerin yasama üzerindeki etkisini gösteren bir başka örnek, gençlerin tütün alışkanlığına kapılmalarını önlemek amacıyla sigara fiyatlarının paket başına 1,10 dolar arttırılmasına yönelik yasa tasarısıdır. Sigara tekellerinin yoğun çabasıyla yasa tasarısı senatodan geçememiş ve gündemden düşmüştü. **Bill Clinton** bu durum nedeniyle senatoyu şiddetle kınadığını bildirmişti.[72]

Tekel kazancı, ekonomik karşılığı olmayan ve üretime dayanmayan yapay bir kazançtır. Pazarı ele geçiren tekel, sattığı malın fiyatını dilediği gibi belirler. Malın değerini serbest piyasa koşulları belirlemeyince, ortaya olağan olmayan yüksek fiyat ve kazançlar çıkar. Tekel kazancı denilen aşırı kâr budur. Tekel kazancı, elde edilmesi ve sürdürülmesi eşitsizliğe, bu nedenle de güce dayanır. Hukuksal ya da ekonomik düzenlemelere değil, bir anlamda güçlünün egemen olduğu doğa yasalarına bağlıdır. Güce gereksinim duyulan bir yerde devletin gündeme gelmemesi kuşkusuz olanaksızdır. Bu gerçeği en iyi bilenler herhalde genel olarak tüm şirketler, özel olarak da uluslararası şirketlerdir. Devleti ele geçiren gücü, gücü ele geçiren de varsıllığı ele geçirir. Özellikle 20. yüzyıl, bu yalın gerçeğin acılı uygulamalarıyla doludur.

19. yüzyıl sonlarındaki demiryolu politikalarını inceleyen Amerikalı araştırmacı **Gabriel Kolka** incelemesinde şöyle diyor: *"Şirketleri denetleyen devlet kurumlarının başına endüstri çevrelerinden yöneticilerin getirilmesi, kökeni yüzyılın başlarına kadar uzanan eski bir hikayedir"*.[73] Bir başka Amerikalı araştırmacı **Robert B. Reich**'in şirketlerin devlet üzerindeki etkisi konusundaki görüşleri şöyle: *"Büyük holdinglerin politik partiler ve yasama süreci üzerinde muazzam etkileri, seçim kampanyalarına yaptıkları katkıların yanı sıra, çalıştırdıkları avukat, lobici ve halkla ilişkiler elemanı ordularından kaynaklanmaktadır"*.[74]

Ödeme darboğazına giren hükümetler, vergi gelirlerini artırmak için zaman zaman yeni yasal düzenlemeler yapmak ister. Bu tür düzenlemelerin gerçekleştirilmesinin yolu holding yönetimlerinden alınacak olurdan geçer. Büyük şirketlerden onay alınmadan yeni vergi yasası çıkarılamaz, çıkarılsa da uygulanamaz. Bu durum dünyanın her yerinde böyledir.

Vergi toplamak her zaman güç bir iştir ancak uluslararası şirketlerden vergi almak her şeyden daha güçtür (artık olanaksızdır). 50 yıldır tüm dünyaya egemen kılınan *Yeni Dünya Düzeni*, onlara vergi vermekten kaçınmaları için sayısız olanak sunar. Küresel şirketler, ülkelerarası ticarette aktarım fiyatlarını da kendileri belirler. Ticari işlemlerini kağıt üzerinde, aktarımlardan az vergi alınan ya da hiç alınmayan yerlere kaydırırlar. Dışalım ve dışsatım işlemlerinin büyük bölümünü, şirket içi mal alışverişi olarak buralarda gösterirler. Şirket şubeleri arasında ya da şubelerle ana şirket arasında gerçekleştirilen mal alışverişlerinde fiyatlar pazar güçlerinin etkisi altında değildir. Fatura miktar ve fiyatları isteğe bağlı olarak duruma ve konuma göre özgürce belirlenir. Aktarım fiyatı vergi iadesi gözetilerek belirlenir. Kazanç ve zararlar, şirketin küresel bilançosuna en çok yararlı olabileceği yerlerde ortaya çıkar. Dünya para trafiği konusunda uzman olan Amerikalı **Anthony Ginsberg**, endüstrileşmiş ülkelerin para stoklarının yaklaşık yarısının *'vergi cennetlerinde'* olduğunu ya da buralardan geçtiğini söylemektedir.[75]

Bu çok büyük bir paradır. Günümüzde gümrükler fabrikalardan, limanlar dış ticaret müsteşarlığından daha önemli yerlerdir. Türkiye'de, yabancıların Bankalar Yasası'na verdiği önem, limanların özelleştirilme hızı, bu açıdan değerlendirilmelidir.

*

ABD hükümetleri, vergi toplamada ödünsüz olduklarını tüm davranışlarıyla göstermeye çalışır. Ulusal Vergi Dairesi'nin hemen tüm çalışanları, kendilerini Amerikan dizgesinin temel direkleri olarak görür. Ellerinin altında kullanılmayı bekleyen çok geniş yetkiler ve bu yetkilerin yarattığı yüksek bir yaptırım gücü vardır. Amerikan yasaları vergi suçlarına hiç hoşgörü göstermez. Bütün bunlara karşın ABD hükümetleri bile uluslararası şirketlerden vergi toplamayı başaramamaktadır.

Fiyatlandırma yoluyla aktarımı önlemek için Kaliforniya Vergi Dairesi, *"vergi birliği"* diye bir kavram geliştirdi. Yabancı bir şirketin yaptığı gerçek kazancı saptamak olanaksız olduğundan vergi uzmanları karmaşık bir çözümyolu geliştirdi. Buna göre, şirketin dünya çapındaki kazancı; satış cirosuna, çalışanlarına ve aktiflerine dayanılarak hesaplanıyordu. Bu hesaplardan elde edilen küresel toplam; Kaliforniya sınırları içindeki satış, personel ve aktifler toplamına oranlanıyor ve bulunan rakama göre şirket vergilendiriliyordu. Bu çözümyolu çerçevesinde bir şirket Kaliforniya'da zarar da etse, hatırı sayılır bir kazanç üzerinden vergilendiriliyordu. Kaliforniya'da etkinlik gösteren uluslararası şirketlerin bunu kabul etmeleri olanaksızdı. Nitekim *Sony*, yanına *Unilever*, *Nestle* ve *ICI* gibi firmaları da alarak *"Vergi Birliği"* yasasına karşı savaşım başlattı.

Sony önce şirketleriyle işbirliği yapan Kaliforniyalı temsilcilere verilmek üzere bir fon oluşturdu. Ve bu fonları *"cömertçe"* dağıttı. Daha sonra *'sıradan Amerikalılara'* ulaşmak için uzun erimli lobicilik yapmak üzere önde gelen Japon şirketlerinden bir kurul oluşturdu. Kampanya planları içinde; eyaletlerde ve bölgelerde tartışma ve seminer düzenleme, eyalet üniversiteleri ve düşünce topluluklarıyla ilişkiye geçme; eyaletteki ekonomik kalkınma büroları, yerel ticaret odaları, senatör büroları ve yerel tüketici kümeleriyle karşılıklı ziyarette bulunma gibi birçok eylem vardı. Bu eylemler gerçekleştirilip kamuoyu etki altına alınırken, bir küme şirket yöneticisi eyalet yöneticilerine giderek; bu vergi devam ettiği sürece fabrikalarını kapatacaklarını söyledi.

Kısa sürede gerçekleştirilen eylemler sonunda, Kaliforniya eyaletinin uyguladığı *"Vergi Birliği"* yasasını kabul etmiş olan tam 27 eyalet, bu yasayı uygulamaktan vazgeçti. Kaliforniya'da yasa görünüşte yürürlükten kalkmadı ama kabul edilen bir ek madde ile uygulama, şirketlerin kabul edecekleri bir biçime dönüştürüldü. Uluslararası şirketlere ücret karşılığı bağışıklık (muafiyet) hakları tanındı. Sony savaşı kazanmıştı.[76]

Uluslararası şirketlerin vergi giderlerinden kurtulmak için, küresel ticareti şirket içi etkinlik durumuna getirmesine en iyi örnek; *IRS Toyota*'nın ABD'deki etkinlikleridir. Ulusal Vergi Dairesi, 1992 yılında *Toyota*'nın Amerika şubesinden ABD'de satılan otomobil, kamyon ve yedek parçalar için çok yüksek fiyat istendiğini ortaya çıkardı. Japonya'daki ana şirketten yüksek fatura bedelleriyle gelen bu mallar resmi kayıtlara göre çok küçük kâr oranıyla satılıyordu. Vergi denetmenlerinin (müfettişlerinin) soruşturma başlatması üzerine görünüşte yasal bir usulsüzlük olmamasına karşın *Toyota* bu sorunu *"daha çok deşilmemesi"* için, yüklüce bir para cezası ödeyerek uzlaşma yoluyla kapattı.[77]

Vergi örgütünün tüm hünerlerine karşın, uluslararası şirketlerin ABD'deki vergiye tabi kazanç miktarı saptanamamakta, bu nedenle yasalarda belirlenen oranda vergi alınamamaktadır. Ekonomik canlılık olarak parlak bir yıl olmasına karşın, 1987 yılında uluslararası şirketlerin yüzde 59'u ABD'de kazanç göstermemiş ve vergi ödememişti. Önceki üç yılda bu şirketlerin gelirleri yüzde

50 artarken Amerika'daki vergileri yalnızca yüzde 2 artış göstermişti.[78]

Firma içi ticaretin küresel ticaret içindeki yükselen oranı, uluslararası şirketlerin artmakta olan güçlerinin göstergesi gibidir. 1970 yılında yapım sanayinde çalışan 233 ABD kökenli uluslararası şirketin; ABD'den küresel pazara gönderdiği malların yüzde 42'si, getirdiklerinin ise yüzde 45'i *"firma içi"* (pazar dışı) mal gönderme biçiminde oluyor ve bu işleyişin tümü, dışsatım ve dışalım olarak görülüyordu.[79] İngiltere'de etkinlik gösteren ABD firmalarının dışsatımının yüzde 50'si, Kanada'dakilerin yüzde 75'i yine *şirket içi ticaret* biçiminde gerçekleşiyordu.[80]

Vergilenmekten kurtulmanın etkin araçları olarak her çeşit yöntemi kullanan uluslararası şirketler, *ülkesiz şirket* olmaktan övünçle söz ederler. Gerçekte övündükleri şey en yüksek kazancı en az vergiyle yapmada gösterdikleri beceridir. *IBM World Trade Corp*'un başkan yardımcısı **C. Michael Armstrong** şirketi için şunları söylüyor: *"IBM Amerikalı kimliğini bir ölçüde başarıyla yitirmiştir".*[81] *Economist* bu konuda daha ileri gidiyor ve diyor ki: *"IBM'in başarılarının sırlarından biri de IBM Europe'un bir Avrupa şirketi, IBM Japan'ın da bir Japon şirketi gibi davranıyor olmasındandır".*[82]

Gerçekler tam olarak böyle değil kuşkusuz. Kazanç sağlamak söz konusu olduğunda, davranışlar ve çalışma yöntemleri hep uluslararasıdır (kimilerine göre uluslarüstü) ancak elde edilen kazancın götürülüp yatırıldığı yerler hep gelişmiş ülkelerin ulusal bankalarıdır.

Uluslararası şirketlerin anayurtları olan gelişmiş ülkeler; yerleşik devlet yapısına, teknolojik olanaklara ve iyi yetişmiş kadrolara sahip olmasına karşın yabancı şirket etkinliklerini denetleyemezken bu işi azgelişmiş ülkelerin başarması kuşkusuz beklenemez. İşgücünü örgütleyemeyen, sermaye kaynakları kıt, eğitim düzeyi düşük, yaygın ve süreğen işsizlik içindeki yoksul ülkeler; bayrakları, gelenekleri ve koşulları ne olursa olsun, yabancı şirketleri kabul etmeyi büyük bir istekle sürdürmektedir. Pek çok azgelişmiş ülke yöneticisi için, yabancı sermayenin gelmesi başlı başına bir *'kazançtır'*. Onlar için, yoksul ülkelerine yatırım yapan uluslararası şirketler, gönencin ve kalkınmanın *"öncüleridir"*. Denetlemek ne demek, onlar her yönden desteklenmelidir.

Bu anlayışla uluslararası şirketlere olağanüstü ödünler verilir. Şirket isteklerinin tümü tartışmasız kabul edilir. Bu tür yöneticiler için, alacağı *'ihale komisyonları'* ve *'nakit armağanlar'* dışındaki hiçbir konu, *'dikkate değer değildir.'* Krediler, özel vergi indirimleri, gümrük bağışıklıkları, denizaşırı zarar sigortası, sendikasız ve düşük ücretli işçi çalıştırma olanakları ve hemen tüm kamu kaynakları, büyük bir cömertlikle uluslararası şirketlerin kullanımına sunulur. Bu ülkelerde uluslararası şirketlerin kazançlarının izlenmesi, bunların vergilendirilmesi ve ulusal hakların gözetilmesi gibi davranışları değil uygulamak düşünmek bile olası değildir. Bu tür düşünceler düşüngüsel suçlama ve siyasi soyutlama gerekçesi yapılarak, yazılı olmayan bir düşünce suçu durumuna getirilmiştir. Yönetime gelmenin ya da kalabilmenin kesin ölçütü artık uluslararası şirket etkinliğine gösterilen uyum ve destektir.

Dünya otomotiv devi Ford, Türkiye'de bir otomobil fabrikası kurmak istediğinde, konu medya haberlerinin başında yer aldı ve sevinçli bir haber olarak kamuoyuna duyuruldu. Devlete ait çok değerli bir arazi (SEKA), üzerindeki doğal varlıklarla birlikte ücretsiz olarak şirket emrine verildi. Çok kısa bir sürede hazırlanan temel atma törenine Cumhurbaşkanı katıldı ve törende yaptığı konuşmada, Cumhurbaşkanlığı'nın konutunu kastederek; *"Ben böyle yatırımlar için Çankaya'nın bahçesini bile veririm"* dedi. *Ford'*a, yerli ortak aracılığıyla miktarı açıklanmayan teşvik kredileri verildi. Gazeteler, çevrede yaşayan işsiz gençlerin yatırımı büyük bir istekle desteklediğini anlatan haber ve röportajlar yayınladı.

Günümüz dünya koşullarında uluslararası şirketlerin azgelişmiş ülkelerde vergi ödemesi tam olarak, şirket saymanlığının (muhasebesinin) kararına kalmış durumdadır.

ONUNCU BÖLÜM

**KÜRESELLEŞEN DÜNYADA
EMEK-SERMAYE ÇELİŞKİSİ**

Emek Örgütlerine Karşıtlık; Sendikasızlaştırma

Yeni Dünya Düzeni politikalarının temelinde, işçi haklarına ve emek örgütlerine karşıtlık vardır. Yüksek kazanç ereğiyle ucuz işgücü cennetleri azgelişmiş ülkelere gelen uluslararası şirketler, buralarda, işçi hakları gibi sıkıcı sorunlarla uğraşmak istemez. Bu nedenle sermaye yatıracağı ülkeden yerine getirilmesini istediği ilk koşul siyasi ve ekonomik dengedir. Yoksul ülkelerde şirket isteği anlamıyla denge, çalışanların her türlü ekonomik ve demokratik haklarını baskı altına almasıdır. Bu, baskı uygulamalarının dizgeleştirilmesi demektir.

Azgelişmiş ülkelerde işçi ve köylü haklarının baskı altına alınması, yalnızca ucuz işgücü sağlama amacıyla sınırlı değildir. Bu yöndeki girişimlerin, ulusal baskıyı da içine alan uzun erimli stratejik bir amacı vardır.

Batı'nın gelişmiş ülkeleri, 20. yüzyıla dek uluslaştı ve toplumsal düzenlerini ileri kapitalist bir yapıya ulaştırdı. Yüzyıllar süren sınıf çatışmalarından sonra yaratılan toplumsal düzen, sınıfsal gereksinimlerin nesnel dürtüsüyle sürece öncülük eden kentsoylu sınıfının eseridir. Bu düzende, piyasalardaki malın ederini, 20. yüzyıla dek serbest yarışma koşulları belirledi.

Ekonomik etkinlikten kaynaklanmayan, bu nedenle piyasa ilişkilerinin ürünü olmayan tekel kazancı, niceliğini şirketlerin belirlediği ek bir gelirdir. Yasa ve ekonomi dışıdır. Güç yoluyla servetlere el koyma girişimidir. Liberal kapitalizmde, gerçekten serbest olan piyasa işleyişinin belirlediği mal fiyatı ekonomik ilişkilerin oluşturduğu değerlerdir. Tekel kazancı ise piyasa dışında belirlenir. Üretim alanında tekel oluşturmuş şirketler, tek başına ya da tekel anlaşmaları yaparak birlikte, ürünlerin fiyatlarını belirler. Yarışçısı olmadığı için çok yüksek kazanç getiren bu fiyatlar uygulanır. Bütün sorun tekel durumuna gelebilmektir. Günümüz dünyasındaki tüm savaşım ve çatışmaların merkezinde bu istek vardır ve bu isteğin yerine getirilmesi için yapılmayacak şey yoktur.

Tekel kazancının güce dayanan tutucu ve asalak niteliği, doğal olarak bu kazancın gerçekleştirilmesini meşru sayan bütün kurum, kuruluş, düşünce ve uygulamaları gerici kılar. Tekel döneminde tutuculuk, toplumsal yaşamın her alanına yayılmıştır. Artık söz konusu olan siyasi ve ekonomik yozlaşmadır. Dizgeleşen ve insana yabancılaşan bu yozlaşma toplumun özgürleşmesi önündeki en büyük engeldir. Bu emperyalizmdir. 18. ve 19. yüzyılda *bırakınız yapsınlar* ekonomisini, *eşitlik, kardeşlik, özgürlük* siyasalına ulaştıran ve bu nedenle devrimci olan kentsoyluluğun; tekel egemenliğinin geçerli olduğu 20. yüzyılda tutucu bir sınıf durumuna gelmesinin nedeni budur.

Tekelci şirketler bugün, krallık topraklarını genişletmek ve ganimet toplamak için sefere çıkan feodaller gibi; aynı anlayış, aynı hırs ve aynı istekle, dünyanın her yerinde savaşıyor. Bugünün yeni feodalleri, feodalizme karşı savaşım veren aydınlara ve aydınlanma düşüncesine karşı çıkan beysoylular gibi, ulus ve ulusçuluğa karşı çıkmaktadır. Eski feodaller baskıcı yönetimini, dinsel periciliğe dayanarak yürütmeye çalışıyordu. Bugünküler de aynı şeyi yapıyor.

Gelişmiş Batı ülkelerinin dışında kalan azgelişmiş ülkeler uluslaşmaya ve sanayileşmeye 20. yüzyılla birlikte başladı. Sömürge ya da yarı sömürge konumunda olan ve yoğun sömürü koşullarında yaşayan bu ülkelerde, ulusal savaşıma öncülük edecek kentsoyluluk, ortaya çıkamamıştı. Emperyalizmin etki alanında kaldığı sürece de çıkması olanaklı değildi. Bu nedenle, ulusal savaşımı; ulusçu aydınlar, köylüler işçiler ve bunların örgütleri üstlendi. Ulusal bağımsızlık savaşımı yürüten aydınlar ve emekçiler aynı zamanda demokrasi savaşımını da yürütmek durumundaydı.

Ulusçuluk ve demokrasi savaşımı azgelişmiş ülkelerde iç içe geçmiştir ve kopmaz bağlarla birbirine bağlanmıştır. Toplumsal yapının somut koşullarından kaynaklanan bu bağ zorunlu olarak, ulusal savaşımı sınıfsal savaşımın önüne geçirir ve bu ülkelerde, değişik sınıflar ve onları temsil eden politik örgütler, *"yurtseverlik"* kavramıyla, birlikte davranır. Aydınlar emekçiler ve ulusal sermaye azgelişmiş ülkelerde gerçek ulus güçleridir.

Ulusal güçlerin ezilmesi, egemenliği ulusal bağımsızlık savaşımlarının bastırılmasına bağlı olan gelişmiş ülkelerin dolaysız ereğidir. Bu nedenle, ulusal birliğin oluşturulmasında belirgin biçimde ağırlığı olan emek örgütlerine ve emekçilere baskı uygulanır. Emek örgütlerinin güçsüzleştirilmesi, ulusal varlığın güçsüzleştirilmesiyle eş anlamlıdır. Emperyalizmin yoksul ülkeler için öngördüğü politik düzenin temelinde yer alan emek örgütlerine karşıtlık, bu nedenle ucuz işgücü sağlamaya yönelik ekonomik amaçlarla sınırlı değildir. Ulusların varlığına yönelik küresel boyutu olan uzun erimli stratejik bir tutumdur.

Yeni Dünya Düzeni'nin, emek ve emekçi örgütlerine karşı uyguladığı etkisizleştirme politikası, azgelişmiş ülkelerle sınırlı değildir. Uluslararası şirketler ve bu şirketlerin istemine uygun davranmayı görev sayan politikacılar, gelişmiş ülkelerde de işçi örgütlerine ve eylemlerine karşı ödünsüz bir karşıtlık içindedir. Yaygın işsizliğe karşın toplu işten çıkarmalar, sendikasızlaştırma uygulamaları, sosyal ve ekonomik haklarda kısıntı, sağlık ve eğitim olanaklarının daraltılması, sosyal güvensizlik, yasadışı çalıştırma gibi konular, milyonlarca gelişkin ülke işçisinin de tedirgin eden gelişmelerdir. Bu tür gelişmelere neden olan uygulamalar artık resmi devlet politikasıdır.

*

Köklü savaşım geleneğine ve kazanılmış haklara sahip olmalarına karşın, gelişmiş ülke sendikaları, sorunların giderilmesi yönünde artık etkili olamıyor. Büyük boyuta varan işsizlik, işçileri işlerinden olma korkusuyla edilgenliğe itiyor ve özellikle ABD'de mafyanın elinde olan sendikalar, aidat toplamanın dışında herhangi bir işle uğraşmıyor.

Küreselleşme savunucuları, uygulanan politikaların niteliği ortadayken iş ve işgücü sorunlarıyla ilgili görüşlerini, gerçek dışı söylemlerle açıklamaktadır. Bu açıklamalara göre, sermayenin serbest dolaşımı işgücünün de serbest dolaşımını getirecek; küresel ticaret ülkeleri ve insanları birbirlerine yaklaştıracak, küçülen dünyada ortak bir kültür oluşacak, dil, din, ırk ve etnik köken ayrımı gözetilmeyen bir dünyada, insanlar diledikleri ülkede diledikleri kadar çalışabilecekti. *Bacasız sanayi* ile *postmodern çağa* ulaşan insanlık, bolluk ve barış içinde yaşayarak, evrensel boyutlu bir uygarlığa erişecekti... Bu tür söylemlere inanan ya da bunların etkisi altında kalanların sayısı hiç de az değildi.

Sosyalist enternasyonalin düşüngüsel amaçlarına bu yolla varacağını söyleyen *liberal solcular(!)*, özelleştirme yanlısı *ulusçular(!)*, küreselleşmeyi savunan *bilim adamları(!)*, devletin küçültülerek ekonomiden uzaklaştırılmasını isteyen *devlet görevlileri(!)*, *mafyalaşan işadamları* ve banka sahibi *kaçakçılar*, ortaya çıkmaktadır. Küresel politikalar adına yaymacası yapılan tüm parlak sözler, gerek denizaşırı ülkelerde, gerekse metropollerde insanların karşısına; aşılması güç, ağır ve ezici toplumsal sorunlar olarak çıktı. Bu sorunların, çalışanlar için en güç yanı işsizlik, sendikasızlaştırma ve sosyal güvenlikten yoksun bırakılmış olmalarıydı.

Bugün, azgelişmiş ülkelerde, gerçek anlamda toplama kamplarına dönüşen fabrikalar vardır. New York ya da Londra'da, 1850'lerden daha ilkel koşullarda çalışılan işyerleri bulunuyor. *Parça başına ücret, ev üretimi, mal değiş tokuşu, fasonculuk, outsourcing denilen taşeronluk*, çok düşük ücretlerle çocuk ve kadın çalıştırma; Bangladeş'te değil Detroit'te, New York'ta, Los Angelos'ta uygulanıyor. Feodalizm adeta yeniden kuruluyor. Yüz yıllık sendikal savaşımının birikimi yok olmak üzere. ABD ve Kanada işverenleri arasında çok sık kullanılan (ve uygulanan) günün moda söylemi şöyle; *"Take it or leave it* (ya bu deveyi güdersin ya bu diyardan gidersin)*!"*

Uluslararası şirketler, anayurtlarındaki fabrikalarını işgücünün ucuz olduğu ülkelere taşıyor. Daha çok kazanıyorlar ancak aynı zamanda kendi ülkelerinde işsizliğe ve üretimsizliğe dayalı kalıcı sorunların ortaya çıkmasına neden oluyorlar. Dış kazancın sağladığı olanaklarla içerde, *temiz* ve *bol ücretli* hizmet işleri yaratılacağı sözlerine artık kimse kanmıyor. İş arayan işsizlerin gördüğü ve yaşadığı tek gerçek; işgücü isteminin her geçen gün azalmakta olması ve işsizliğin sürekli olarak artmasıdır. Güçlükle bulduğu işlerini yitirmekten korkan işçiler, grev haklarını kullanmayı artık düşünmüyorlar bile. Kendilerine verilen ücreti ve çalışma koşullarını, eskisinden daha kötü olsa bile, uysalca kabul ediyor ve çalışmayı sürdürüyor.

Sendikalar Güç Yitiriyor

Toplu çalışan işçilerin çıkarlarını savunmak için ortaya çıkan sendikalar, iki yüz yıllık geçmişe sahiptir. Sendikalar bu süre içinde uran işçiliğinin ve üretim tekniklerinin gelişen ve değişen koşullarına uygun olarak, sürekli olarak güçlenmeye yönelik bir evrim geçirdi. Sendikalar belki de en etkisiz dönemini bugünlerde yaşıyor. Ücret ve sosyal hakların arttırılması ve çalışma koşullarının iyileştirilmesi için bir zamanlar ses getiren eylemler gerçekleştiren bu örgütler, bugün işverenlerin vermeyi uygun gördüklerini onaylamaktan başka işe yaramayan, sessiz ve güçsüz kuruluşlar durumunda...

Sendika yöneticileri, işçi haklarını kararlı bir biçimde savunduklarında, başlarına sendikalarını yitirme dahil her türlü işin geleceğini biliyor. Sendikalar ve sendikal savaşım, bugün gerek ulusal gerekse küresel düzeyde baskı altına alınmış durumdadır. Bu nedenle sendikacılar ve sendikalı işçiler, yeni haklar elde etmekten çok, işlerini ve eski haklarını korumanın derdi içindeler.

1992 yılında büyük umutlarla NAFTA'ya imza atan Meksika'da, işler kısa süre içinde ters gitmeye başladı. 1 Ocak 1994'te uygulamaya başlanan NAFTA, sözünü ettiği parlak ufuklara karşın, Meksika'ya sıkıntı ve umutsuzluktan başka bir şey getirmedi. Ödeme dengeleri bozuldu, gelir düzeyleri düştü, iş hacmi küçüldü, işsizlik yayıldı... Hükümet, bu gibi durumlarda artık moda olan bilinen uygulamayı başlattı ve işçi sendikalarını yasa dışı ilan etti. Sendikacıları tutukladı, her türlü sendikal çalışmayı yasakladı. Yargıç **Abraham Polo** hükümetin baskı uygulamalarına aykırı kararlar verince *"faili meçhul"* bir cinayete kurban gitti.[1]

Bugün birçok ülkede, sendikal örgütlenme hakkı 1930'lar İtalyasından daha iyi değildir. Türkiye'de 1980 darbesinden sonra *Devrimci İşçi Sendikaları Konfederasyonu*'nun hemen tüm yöneticileri herhangi bir ayrım gözetmeden tutuklanmış ve ağır baskı görmüştü. *Yeni Dünya Düzeni*'nin, *Türkiye'nin kapılarını kırması* olarak nitelenen 24 Ocak Kararları ve 12 Eylül darbesinin; Yeni düzen uygulamaları önünde ciddi bir engel olarak görülen işçi deviniminin ezilmesi, olarak değerlendirilmektedir.

Gelir dağılımı arasındaki ayrım, hem gelişmiş hem de azgelişmiş ülkelerde yüksektir. Böyle bir dünyada, eşitsizliğe dayalı bir düzeni ayakta tutmak için bir tek yol vardır; baskı ve yasak... *Yeni Dünya Düzeni* politikalarının dizgeli biçimde yaptığı budur. Emekçi örgütlerine karşı olma ve sendikasızlaştırma, kürselleşme olgusunun özünü oluşturan temel politikalardır.

Yeni Düzen politikalarının çalışanların örgütsüzleştirilmesi için başvurduğu yöntemler, özellikle 1980'lerden sonra, etkili oldu. Önce, fabrikalar, yoğun bir biçimde denizaşırı yoksul ülkelere taşındı. Bu yolla hem son derece düşük ücretle çalışan *uysal* ve örgütsüz *yeni* işçiler kazanıldı, hem de artan işsizlik oranlarının baskısıyla anavatandaki *'küstah'* sendikacılar ve *'eylemci işçiler'*, *'hizaya'* sokuldu. Daha sonra işgücü, küresel düzeyde kadınlaştırıldı, bir ölçüde de çocuklaştırıldı (Kadın işçilerin ücretleri küresel işçi piyasalarında ortalama olarak; erkek işçilerden yüzde 50 daha düşüktür). Üretim fasonlaştırıldı. Parça başına ücret, evde üretim, part-time çalışma yaygınlaştırılmaya çalışıldı. Son olarak da emek örgütlerine yeni kısıtlamalar getirildi ve sendikalar üzerine yasal ya da yasal olmayan baskılar uygulandı. Şirketlerin iş yerlerinde uymakla zorunlu olduğu bağlayıcı yasal yükümlülükler yeğnileştirildi (hafifletildi) ve çalışma koşullarını iyileştirmeye yönelik kurallar teker teker yürürlükten kaldırıldı. Önceden kabul edilip imzalanmasına karşın *Uluslararası Çalışma Örgütü*'nün *(ILO)* çalışanlardan yana kararları, dünyanın bütün ülkelerinde tozlu belgeliklerde (arşivlerde, şimdi bilgisayarlarda) kaldı.

İşsizlik sorunu ve sendika karşıtı uygulamalar, antidemokratik baskılarla beslenince ortaya, insanların savaşım eğilimini körelten, yılgınlığa yol açan baskıcı yeni bir düzen çıktı. İşçilerin gelir düzeyleri düştükçe savaşım gücü azaldı, savaşım gücü azaldıkça da gelir düzeyleri düştü. Bedensel yeğinliğin (şiddetin) aynı biçimde uygulanmamasına karşın, sendikal savaşım üzerinde bugün uygulanan küresel baskı, 1930 İtalya ya da Almanyasından daha az etkili değildir.

Sendikaların; mali ve örgütsel gücü, eylem yeteneği ve başarılı olduğu işbırakımı (grev) sayısı özellikle son 20 yılda büyük oranda azalmıştır. Azgelişmiş ülkelerdeki küresel şirket eylemi, bu ülkelerde ulusal sanayinin gelişimini durdurma eğilimi içindedir. Bu eğilimin görünen en somut sonucu, bu yönde gerçekleştirilmiş olan yatırımların özelleştirmeler yoluyla ortadan kaldırılmasıdır. Bu eylemin çalışanlar açısından sonucu, doğal olarak işsizliktir.

İşsizlik, gelişmiş azgelişmiş ayrımı gözetmeden tüm ülkelerde yayılırken, uluslararası şirketler, ortaya çıkan işsizliği örgütleyip küresel bir *"işgücü havuzu"* oluşturmayı başardı. Bu havuzda, her ülkede ve her koşulda çalışacak her nitelikte işçi toplandı. Uluslararası şirketler yalnızca endüstriyel üretim alanları için değil, tarım ve hizmet alanlarındaki yatırımları için de, işçi gereksinimlerini bu havuzlardan karşıladı.

Uluslararası şirketler, ileri düzeyde örgütlenmiş yapılarıyla, örgütsüz işgücü karşısında ezici bir üstünlük sağlamıştır. Bu üstünlük, onlara sermayenin kalıtımsal özlemi olan işçilerin sendikasızlaştırılması konusunda, yeni olanaklar sundu. Sendikaların etkinliği hızla azaldı ve iş bırakma etkin bir silah olmaktan çıktı. İşçiler, gelişmiş ülkeler başta olmak üzere, işlerinden olmamak için grevlerden uzak durmağa başladılar. ABD'de 1000 ya da daha çok işçiyi ilgilendiren işbırakımının sayısı, 1960'larda yılda 300 iken, 1991'de 40'a düştü.[2] Aynı ülkede, üretim birimlerinin denizaşırı ülkelere taşınması nedeniyle, 1969-1979 arasındaki on yılda tam 35 milyon işçi işsiz kaldı.[3]

Yeni iş olanakları, hızlanan iş yitikleri karşısında son derece yetersizdi. Bunlar da, özel beceri ve eğitim gerektirmeyen; *perakende satış elemanlığı, garsonluk, hizmetçilik, hastabakıcılık* gibi alt düzey hizmet işleriydi. ABD işçisinin ücretleri 1992 yılında, 1973'e göre enflasyon düşüldükten sonra net olarak yüzde 9 azalmıştı.[4] ABD'nde İkinci Dünya Savaşı'ndan sonra ilk kez 1991 yılında, aile gelirleri enflasyonun gerisinde kaldı. 1990 yılı resmi verilerine göre, Amerikalıların yüzde 14'ü (32 milyon insan) yoksulluk sınırının altında yaşıyor.[5]

*

İşçi ücretlerinin düşmesiyle, örgütsüzleştirme ve sendikasızlaştırma gibi *Yeni Dünya Düzeni* uygulamaları arasında kopmaz bağlar vardır. İşçilerin ücretlerini ulaştıkları örgütsel düzey belirler. En az ücret alan işçi en örgütsüz işçidir. Bu her zaman böyledir. Sendikalarının etkinliğini kırarak işçilerin toplu pazarlık olanağını kısıtlamak aynı zamanda, onların ücretlerini de kısıtlamaktır. Bu nedenle, uluslararası şirketlerin dış ülkelere yönelip yatırım yapmalarıyla, bu gelişmeyi özendiren hükümetlerin işçi örgütlenmesine karşı kararları birlikte gelişti. Uygulamalar sonucunda kökleri geçmişe dayanan uzun bir savaşım birikimi olan sendikal örgütlenme uranlaşmış ülkelerde bile önemli oranda geriledi. 1990'ların başında ABD'nde, çalışan tüm işçilerin yalnızca yüzde 16'sı sendika üyesiydi.[6]

İşçi ve işsizlik sorunları Avrupa'da da, üstelik yoğun biçimde yaşanmaktadır. Şirket göçleri nedeniyle, endüstrideki işyeri yitikleri sürekli olarak artmaktadır. İngiltere'de 1966-1976 yılları arasında, bir milyondan çok fabrika işi yitirilmiştir. Aynı dönemde; *motorlu araçlar, gemi yapımı, metal işleme, makine* ve *elektrik mühendisliği* alanlarında iş sahası, yüzde 10 ile yüzde 20 arasında daralmıştır. İngiltere'nin önde gelen sanayi bölgelerinden Batı Midlands'ta yalnızca 1978-1981 arasındaki üç yılda 151.117 iş yitiği olmuştur. Lancashire'da, tekstil endüstrisinde 500 bin işçi işini yitirmiştir.[7]

Fransa'nın kuzeydoğusu ile Belçika'nın batısındaki endüstri bölgelerinde işsizlik oranları 1973'te yüzde 1'den yüzde 2'ye çıkarken, 1980'lerin ortalarında yüzde 8'e, daha sonra da yüzde 12'ye yükselmiştir. İngiliz araştırmacılar **Paul Knox** ve **John Agnew**'ın söylemleriyle; *"İngiltere'nin kuzeyinde, Kuzey İrlanda'da, Galler, Hamburg, Nordrhein-Westfalen, Saarland, Auvergne ve Paris havzasındaki geleneksel endüstri bölgeleri şiddetli ve kronik işsizlik merkezleri haline gelmiştir".*[8]

Azgelişmiş ülkelerdeki iş ve işçi sorunları çalışanlar açısından, gelişmiş ülkelerden çok daha ağır ve karmaşıktır. Gelişmiş ülkelerde işçi sınıfının savaşım gündeminde, yalnızca çalışma koşullarından kaynaklanan sınıfsal çıkarlar varken, azgelişmiş ülkelerde buna ulusal çıkarlar da eklenmiştir. İşçi sınıfının azgelişmiş ülkelerde ulusçu eğilimler içinde olmasının nedeni budur.

Uluslararası şirketler, dışarda elde ettiği kazancın az da olsa bir bölümünü kendi ülkesindeki işçilerine dağıtma olanağına sahiptir. Bu nedenle emperyalist ülkelerde işçi ücretleri azgelişmiş ülkelerden daha yüksektir. Bu yüksekliğin kaynağı azgelişmiş ülkelerdeki yoğun emek sömürüsüdür. Dolaylı da olsa bu sömürüden pay alan gelişmiş ülke işçileri, emeğin uluslararası dayanışmasından uzaklaşarak gerek kendilerine gerekse bağımsızlık devinimlerine yabancılaşır. Bunların bir bölümü ulusal kurtuluş devinimlerini, ücretlerinin azalmasına neden olan düşmanca eylemler olarak görür.

1993 yılında ortalama aylık ücret; Avrupa Birliği üyesi ülkelerde ortalama olarak 2.439 dolarken Türkiye'de 420 dolardı. 1994 yılında asgari ücret Avrupa'da 968 dolarken, Türkiye'de 96 dolardı. Üstelik Türkiye'de işçiler, ortalama olarak haftada 10, yılda 825 saat daha çok çalışıyordu.[9]

İşverenler, Türkiye'de AB ülkelerine göre yüzde 72 daha az sosyal güvenlik pirimi ödüyor. Türkiye'de işçilerden yapılan kesintiler, Avrupa'da işçilerden yapılan kesintilerden oransal olarak 6,24 kat daha çok.[10]

Eski Bir Öykü: Sendikasızlaştırma

İşçi haklarıyla şirket kazancı arasında ters orantılı bir ilişki vardır. Bu nedenle işçiler, sınıf olarak ortaya çıktığı günden beri, elde ettiği bütün hakları savaşım vererek kazanmıştır. İşçi-işveren ilişkilerini sürekli olarak gergin tutan ve işçi sınıfı tarihi kadar eski olan bu savaşım; işçilerin ekonomik ve sosyal haklarını olduğu kadar, ülkelerin siyasi demokraside eriştikleri düzeyi de gösterir.

Tarihsel olarak işbırakmaların Mısırlı firavunlar dönemine dek gittiği biliniyor. Ancak, günümüzü ilgilendiren konu olarak işçi savaşımı, 19. yüzyıl sonlarıyla, 20. yüzyıl başlarında yoğunluk kazandı. 20. yüzyıl başları endüstriyel yatırımların arttığı ve sermaye dışsatımının başladığı bir dönem oldu. İşçi ve işveren ilişkileri sertleşiyor ve Batı ülkelerinde büyük grevler ortaya çıkıyordu. ABD'de 1893-1898 arasında 1,7 milyon işçiyi kapsayan 7029 grev olurken, 1899-1904 yılları arasında 2,6 milyon işçiyi kapsayan 15.463 grev meydana gelmişti.[11]

Amerikan şirketleri; işbırakma dalgasının yayılması üzerine profesyonel grev kırıcıları devreye soktu ve sonuçta kan döküldü. Özellikle göçmen işçiler arasında ırk, din ve dil ayrılıkları kullanıldı, bu yolla işçilerin birliği önlenmeğe çalışıldı. *Pinkertonizm* denen gizmen büroları hemen her greve vahşi yöntemlerle saldırdı. İşverenler, *İmalatçılar Ulusal Birliği* adı altında örgütlenerek, sendika yöneticileriyle grevci işçilerin ABD'nin hiçbir yerinde işe alınmamasını sağlayan bir örgüt ağı kurdu.

Mahkemeler grevleri erteledi ve önceden tasarlanmış kışkırtmacı (provakatif) eylemlerin yasal sorumluluğu hemen her yerde işbırakan işçilere yüklendi. Baskının yoğunlaşması sendikal savaşımı küçülttü ve örneğin 1904'de 1.676.000 üyesi olan Amerikan İşçi Federasyonu AFL, yavaş yavaş çökmeye başladı. Gelişmelerden etkilenen **Jack London** 1907 yılında işçi savaşımını konu alan ünlü *Demir Ökçe*'yi yazdı.[12]

19. yüzyılın sonlarında İngiltere; endüstri devriminin, demokrasinin ve sendikacılığın anayurdu olarak tanımlanıyordu. Ancak, bu tanım gerçekle pek uyumlu değildi. İngiltere hükümeti, yeni yüzyıla girerken yoğunlaşan işçi eylemlerine karşı, yasal ya da yasal olmayan yöntemlerle baskı uygulamaktan çekinmiyordu. Bu uygulamaların en ilginci sendikal savaşım tarihine *Taff Vale kararı* olarak geçen tüzel girişimdir.

İngiltere'de işçiler 1900 Ağustosu'nda *Taff Vale Demiryolları Şirketi*'nde işbıraktılar. Şirket, işçilerin en az donanımlı olduğu tüzel alanda bir savaş başlattı. Şirket avukatları başvurdukları mahkemeden; işbırakma nedeniyle oluşacak zararlardan sendikanın sorumlu olacağını kabul eden bir karar çıkardı. Karar Lordlar Kamarasında onandı ve sendika 30 bin Sterlin gibi büyük bir para cezasına çarptırıldı. *'demokrasinin beşiği'* İngiltere, benzeri pek görülmeyen bir mahkeme kararıyla, sendikalaşma ve işbırakma hakkını uygulanamaz duruma getirdi.

İngiltere'de 1899 yılında 719 grev gerçekleşti. Uygulanan baskı yöntemleriyle bu sayı 1904'de yarı yarıya azalarak 346'ya düşmüştü. 1889-1890 yıllarında grevlerin yüzde 40'ı işçilerin başarısıyla sonuçlanırken bu oran 1905 yılında yüzde 23'e düştü.[13]

Baskı yöntemleriyle sendikal savaşımın önlenmesi uzun sürmedi. 1906 yılında *İşçi Partisi* kuruldu ve aynı yıl yapılan seçimlerde kimi işçi önderleri parlamentoya girdi. Demokratik kitle eylemlerini arttıran işçiler, 21 Aralık 1906'da sendikal savaşım hakkını güvence altına alan *İş Çatışmaları Yasası*'nı (Trade Disputes Act) çıkartmayı başardı. Bundan sonra işbırakmalar artmaya başladı.

İşçi eylemleri ve sendikal savaşım, 20. yüzyıl boyunca tüm dünyaya yayıldı ve hemen her ülkede toplumsal yaşamı etkiledi. Savaşım amaçları, ekonomik istemleri aşarak yönetim sorununu da içermek koşuluyla geniş kapsamlı politik ereklere yöneldi. Dünyanın birçok yerinde gerçekleştirilen işçi eylemleri artık yönetimi amaçlayan siyasi bir strateji izliyordu.

İşçi eyleminin siyasi erk sorunu durumuna gelmesi, dünya iş çevrelerini, devlet ve hükümet yetkililerini son derece tedirgin etti. Zaten gerilimli olan ilişkiler, çoğu kez uzlaşması olanaksız çatışmalara dönüştü. 20. yüzyılın politik ortamını; biçim, kapsam, nicelik ve etkileri değişen işçi eylemleri ve bu eylemlere karşı gösterilen tepki belirledi. Çatışanlar ellerindeki tüm olanakları kullanarak birbirlerine karşı üstünlük kurmağa çalıştı. 1917 Rusyasından 1933 Almanyasına ve 1990'ların ABD'sine dek geçen yüz yıllık savaşım süreci içinde, ilk elli yılda işçi savaşımı, ikinci elli yılda ise (özellikle 20. yüzyılın son on yılında) karşıtları, daha üstün gözüktü.

*

21. yüzyıla girerken, çalışanlar açısından dünya yüzyıl öncesinin koşullarından daha iyi bir ortam oluşturmuyor. İşçiler birçok bakımdan belki de daha kötü durumdalar. Bir bölümü o güne göre, belki daha çok kazanıyor daha çok geziyor ve teknolojik nimetlerden daha çok yararlanıyor ancak çok büyük bir bölümü çalışma ve işsizlik sorunları nedeniyle, yaşam sevincini ve gelecek umutlarını yitirmiş durumda. Geçmişe özlem, artık yalnızca yaşlılara ait bir duygu değil. Dünyanın birçok yerinde insanlar, Fransız ihtilalinin *"eşitlik-özgürlük-kardeşlik"* söyleminin yaşama geçmesini bekleyen işçi adayı serfler durumunda. Dünya sanki yeni bir feodal döneme girdi.

1900 İngilteresi'nin ünlü *Taff Vale Kararları*'ndaki anlayış bugün dünyanın her yerinde üstelik uluslararası tüze olarak uygulanıyor. İngiliz İşçileri *Taff Vale*'ı 1906'da ortadan kaldırmayı başardı ancak günümüzün işçileri bunu henüz başarabilmiş değil. İşçilerin varsıl-yoksul, gelişmiş- azgelişmiş, kuzey-güney bütün ülkelerde durumu göreceli biçimde giderek kötüleşiyor.

Kötüleşen yalnızca işçilerin durumu değil. Tekelci yarışa dayanamayan birçok şirket ortadan kalkıyor. Kimi büyük şirket bugün ikinci sınıf şirket durumunda. Şirketlerle işçilerin içinde bulunduğu koşullar birbirlerini dolaysız biçimde etkiliyor ve bu etki, son yıllarda işçiler açısından sürekli olumsuz sonuçlar doğuruyor.

ABD devi *General Motors*, 1992 yılında 8,7 milyar Dolar zarar etti. Bu Kuzey Amerika tarihinin bir yıl içinde gördüğü en büyük zarardı. Şirket ABD ve Kanada'daki 20 fabrikasını kapattı ve 74 000 işçiyi işten çıkardı. Texas'daki fabrikasını açık tutmak için işçilere, yüzyıl önce değil kabul etmek akıllarından bile geçirmeyecekleri bir öneri getirdi. Bu öneriye göre fazla çalışma ücreti almadan 3 vardiya halinde çalışılacaktı. İşlerinden olmak istemeyen işçiler öneriyi kabul etti ve Amerikan tarihinin *'en sözdinler, en uysal'* işçileri olarak çalıştılar.

Kısa bir süre sonra işçi eyleminin özü olan işçi dayanışması, ortaya çıkan bu *'yeni durum'* nedeniyle yerini giderek bireysel davranışlara bıraktı. İşçiler, *esnek üretim koşulları* denilen şirket uygulamalarıyla, aynı sendikaya üye olsalar bile, ortak savaşım anlayışından uzaklaştırıldı. Şirket yöneticileri, işsizlik kozuyla işçileri birbirlerine karşı kullanmada başarılı olmuştu.

Ford 1987'de, Cuautitlan'daki yirmi üç yıllık fabrikasını, ücretlerin arttırılmasını isteyen bir işbırakımı nedeniyle kapattı. Birkaç hafta sonra yeniden açtığında işçilere eski ücretlerin yarısını veriyordu. Fabrika yönetimi, yeni giriş yaptırdığı bütün eski işçilere kıdem tazminatlarını ve emeklilik haklarını yitirdiklerini bildirdi. İşçilerin protestosu nedeniyle yüzden fazla silahlı adam fabrikaya getirildi. Açılan ateş sonunda bir işçi öldü sekiz işçi yaralandı.[14] *Pinkertonizm* Amerika'da 21. yüzyıla girilirken hala yürürlükteydi.

ABD'deki sendikasızlaştırma uygulamaları, ilginç sonuçlar doğurdu. İşçi ücretlerinin düşmesi ve grevlerin önlenmesi, güçlü Japon ve Avrupa şirketlerini ABD'ye çekmeye başladı. Kendi ülkesine göre ucuz duruma gelen nitelikli iş gücünden yararlanma ve ABD'nin büyük pazarında yer edinme isteğindeki bu şirketler, amaçlarında son derece başarılı oldu ve etkili bir biçimde bu pazara girdi.

Sony yetkilileri, 1972 yılında San Diego'da açtıkları ilk fabrikanın başarılı olması nedeniyle, yeni bir fabrika kurmak için yer aramaya başladı ve *Tallahassee*'yi seçti. Bunu duyan yer fıstığı merkezi konumundaki bir tarım kenti olan Dothanlılar yatırımın kendi kentlerinde yapılması için Sony'ye inanılmaz bir öneri paketi götürdü. Ucuz arazi, sağlam ve *'çalışma ahlakına'* sahip bol işçi, hatırı sayılır vergi ayrıcalığı, eyalet kalkınma bonosu, bir milyon dolar tutarındaki işçilere bedava eğitim uygulaması garantisi... Şirket yetkilileri *'kabul görmemesi olanaksız'* bu öneriler üzerine yatırımı *Dothan*'a kaydırdı ve 1400 işçi çalıştıracak dev fabrikanın temelini attı.

Sony yetkilileri bugün, *Dothan*'da iş gücü maliyetinin Avrupa ve Japonya'dan ucuz olduğunu söyleyip bu yatırımdan duydukları kıvancı belirtirken; *Dothan*'ın yerel yöneticileri, yabancı sermayeye sendikasız bir ortam sunduklarını övünçle açıklıyor. Irk ayırımının yeğinlikle yaşandığı bu geri bölgede, "*çalışkan*", "*dindar*" çiftçi aileleri, nüfusun çoğunluğunu oluşturuyor. Fabrika işçilerinin yüzde 80'i beyazdır. Birkaç kez sendika kurma girişimi olmuş ve sendikalaşmaya öncülük eden işçiler örgütlenme çalışmalarına başladığında, öbür işçilerce yönetime şikayet edilmiş ve işten çıkarılmıştır. İşçiler, 8 ya da 12 saatlik vardiyalarla çalışmaktadır. On iki saatlik vardiyalarda çalışan işçiler bugün, tek sosyal kazanımları olan iki kez on beşer dakikalık çay molası ve yirmi dakikalık yemek arası izniyle, çalışma yaşamlarını sürdürmektedir.[15]

Dothan'la sınırlı kalmayan olumsuz çalışma koşulları, ABD'nin başka eyaletlerinde ve gelişmiş ülkelerin büyük bölümünde değişik biçimlerde yaygın olarak varlığını sürdürmektedir.

*

Azgelişmiş ülkelerdeki çalışma koşulları, gerek ücret gerekse sosyal haklar bakımından, tam anlamıyla ilkel bir gerilik içindedir. Uluslararası şirketlerin önemli bir bölümü kendi ülkelerinde elde ettiği işçi çalıştırma ayrıcalıklarına karşın, bunları yeterli görmedi ve fabrikalarını deniz aşırı ülkelere taşıdı. ABD kökenli en büyük 500 uluslararası şirket, ABD'de, 1979-1992 yılları arasında 4 milyon 400 bin Amerikalı işçiyi işten çıkardı.[16] 1950 yılında ABD'de ekonomik etkinliğin üçte biri üretimle ilgiliydi ve bu alanda çalışan işçilerin sayısı tüm çalışanların neredeyse yarısını oluşturuyordu. 1980'lerin ortalarında fabrikalarda çalışanların sayısı tüm çalışanların yüzde 20'sine, 1990'ların başında ise yüzde 16'sına düşmüştü.[17]

Uluslararası şirketlerin işçiler üzerine kurduğu dolaylı-dolaysız baskı o denli yoğundur ki, uzun yıllar şirket savunuculuğu yapmış kimi politikacılar hatta şirket yetkilileri bile bu konuda, zaman zaman çeşitli uyarılarda bulunmaktadır. Büyük şirketlerin dostu olarak tanınan ve tutucuların başkan adayı olan **Bob Dole** seçim çalışmaları sırasında yaptığı bir konuşmada şöyle söyledi: *"Uluslararası şirketlerin kârları rekor kırıyor ama işten çıkarmalar da rekor kırıyor. Şirket yöneticileri bu konuda daha sorumlu davranmalıdırlar".*[18]

ABD Başkanı **Bill Clinton**'ın görüşleri de ayrımlı değil: *"Son 10-15 yıldır Amerikan halkının yarısından çoğunun gerçek geliri artmadı, hatta düştü. Şirketler daha sorumlu davranmalıdırlar".*[19]

Helikopterden soğutuculara dek çeşitli mallar üreten ABD şirketi *United Technologies*'in Genel Müdürü **George Davit**'in, 1996'da Ulusal Basın Kulübü'nde yaptığı bir konuşmada söyledikleri, her iki başkan adayını da umursamadığını gösteriyor: *"1990'dan bu yana ABD'de 30 bin işçiyi işten çıkardık, buna karşılık yurt dışında 15 bin yeni iş alanı açtık... Bugün ABD'de çalışan 120 milyon işçinin 30 milyonunun işi tehlikededir... İşçi çıkarları konusunda ABD'nin uluslararası şirketler arasında egemen olan bu eğilim değişmeyecektir".*[20]

Sendikalar, gelişmiş ülkelerde güçsüzleşirken azgelişmiş ülkelerde ayakta kalma olanağını yitiriyor. İşçi sınıfının güçlü olmadığı, sendikal savaşım geleneğinin bulunmadığı ve siyasi demokrasinin işlemediği bu ülkelerde, sendikalar çok çabuk çökertildi. İşçi hakları için savaşımda kararlı olmayan, siyasi erkle çatışmayan ve büyük çoğunluğu devlet işletmelerinde varlığını sürdüren birkaç dernekleşmiş sendika dışında, ortada güçlü bir işçi örgütü yaratılamadı.

Kendi ülkelerinde işçi devinimini sınırlamayı başaran uluslararası şirketler, yatırım yapacağı ülkelerde; işçi haklarının sözünü bile duymak istemez. Yabancı Sermaye yatırımları için her türlü ödünü vermeğe hazır hükümetlere, yatırım yapmak için; işçi haklarının (ne kadar varsa) ortadan kaldırılmasını ve işçi istemlerine karşı gerekli yasal önlemlerin alınmasını koşul koyar.

Şirketlerin bu tür istekleri dünyanın her yerinde kabul edildi ve azgelişmiş ülkeler uluslararası yatırımcılar için uygun durumuna getirildi. Hükümet yetkilileri, ülkelerine gelen sermayeye grevsiz ortam sözü veriyordu. Grevsiz ortamın somut sonucu, fabrikalarda ve toplu çalışılan yerlerdeki düşük ücret, sosyal güvensizlik, ağır çalışma koşulları ve örgütsüzlüktü...

1988'de Bolivya'daki ekonomik *"iyileştirmenin"* mimarı **Sanchez de Losado**, şunları söylemişti: *"Sendika yöneticilerini tutuklayıp ülkenin iç bölgelerine sürgün ettik. Devlete ait Cambol Maden Konsorsiyumu'nu kapattık. Bu madenlerde çalışan 24 bin işçiyle kamu sektöründe çalışan 50 bin ücretlinin işine son verdik"*.[21]

Türkiye'de, 12 Eylül 1980 darbesinden sonra sendikalar üzerine yeğin bir baskı uygulandı. 1980-1982 döneminde *Devrimci İşçi Sendikaları Konfederasyonu*'na bağlı sendikaların yöneticileri tutuklandı, sendika mallarına el kondu. Çıkarılan yasalarla kazanılmış haklar ortadan kaldırıldı. Sendika kurmak, işyeri örgütlemek ve sendika değiştirmek, *'dünyanın en güç işi'* oldu. Sendikalar, adı var kendi yok sanal örgütler durumuna getirildi.

Çalışma ve Sosyal Güvenlik Bakanlığı'nın resmi verilerine dayanılarak yapılan bir çalışmaya göre; 1980'lerden sonra Türkiye'deki sendikal örgütlenme, büyük güç yitirdi ve bir çok sendika varlığını kağıt üzerinde sürdürmeye başladı. 103 işçi sendikasından 20'si tümüyle kapalı, 35'i yalnızca kayıtlarda var gözüküyor.[22] Ocak 1993-Ocak 1996 yılları arasında yayınlanan işkolu sayımlamalarına göre DİSK'e bağlı 11 sendika hiç yeni üye kazanamadı ve yüzde 1'lik işkolu barajının altında kaldı. 23 bağımsız sendikanın hiç üyesi yok. Bir zamanlar yüzbinlerce işçiyi devinime geçiren DİSK'in birtakım sendikalarının Ocak 1993 tarihi itibariyle üye sayıları şöyle; *Dev Maden Sen* 22, *Yeraltı Maden İş* 25, *ASİS* 22, *Limter İş* 19, *Devrimci Yapı İş* 17, *Ges İş* 35, *Baysen İş* 640, *Sine Sen* 31, *Yeni Haber İş* 83, *Aster İş* 22.[23]

Çağdaş Köle Pazarları: Azgelişmiş Ülkeler

Kayıtdışıcılığın, şirketlerin ekonomik etkinliği içinde her zaman önemli bir yeri olmuştur. Tek yanlı işleyen uluslararası anlaşmalar, borçlandırma politikaları ve etkisizleşen ulusal yasalar, uluslararası şirketlere kayıtdışıcılık konusunda uygulama yapabileceği bir ortam hazırladı. Yurtdışına açılma ile kayıtdışılığın artışı arasında dolaysız bir bağ oluştu.

Eskiden fabrikalarında çalıştıracakları işçileri yurtdışından getiren uluslararası şirketler, şimdi fabrikalarını yurtdışındaki işçilere götürüyor. Kazanç oranlarını yükselten bu yöntemle, yabancı işçileri kapsayan yasal yükümlülüklerden kurtulurken üretimden kaynaklanan toplumsal ve çevresel sorunlar yurt dışına taşınmış oluyor.

Bu girişim, çekinceleri ve dış kaynaklı yeni bürokratik sorunları da beraberinde getiriyor. Sorunların aşılması için uluslararası yasal düzenlemeler, küresel ölçüler kullanılarak genişletiliyor. Bu tür düzenlemelerin yetersiz kalması durumunda, yerine göre yasadışı etkinlikler arttırılıyor. Bunlar yapılmadan uluslararası şirketlerin dış varlığını sürdürebilmeleri olası değil. Amacına ulaşması için kayıtdışılığa kesin olarak gereksinimi vardır. Bu nedenle, *Yeni Dünya Düzeni*'nin temeli, yasallıkla desteklenen yasadışıcılığa dayanır. İş ve işçi sorunlarının bunun dışında kalması kuşkusuz olanaklı değildir.

Küresel holdingler, eskide kalan ve işçiler açısından ağır çalışma koşulları içeren uygulamaları, yeni tanımlarla iş yaşamına sokmaktadır. Eskinin *gündelikçi işçilerine* şimdi, *kontenjan işçiler* deniliyor. Yoğun dönemlerde ücretsiz ek çalışma (fazla mesai) yaptırma, işçilere konuları dışında her türlü angarya iş yüklemenin adı şimdi, *esnek üretim sistemleri* oldu. Çalışma ve iş koşulları, vahşi kapitalizm döneme benziyor. El işçiliğine dayalı *ev üretimi* ya da *aile üretimi* dünyanın her yerinde hızla yayılıyor.

Gölge Ekonomi adı verilen bu tür üretim etkinliklerini inceleyen ekonomistler ilginç bilgiler ve sayılar veriyor. Bunlardan biri olan Amerikalı **Ann Misch**'ın saptamaları şöyle: *"Yunanistan'ın kuzeyinde evde oturan çocuklu kadınlar, çocuklara bakmanın ve ev işi yapmanın yanı sıra, günde en az on iki saat dikiş dikerler. Hollanda'da* *sutyenlere kopça takarlar. İtalya'da ayakkabı dikerler. Meksika'da oyuncak ve kalem montajı yaparlar. ABD'nin artık her büyük kentinde bu tür 'üçüncü dünya' bölgeleri vardır".*[24] Uluslararası Kadın Hazır Giyim İşçileri Birliği'nden **Susan Cowell**'in söyledikleri durumu daha iyi açıklıyor: *"Ev işi, Amerikan hazır giyim sanayinin önemli bir bölümüdür. Hareketli sezonlarda, paskalya ya da Noel'de mağazalara yeterli mal yetiştirebilmek için, kadınlara evlerinde fason iş verilir".*[25]

Filipinlerin *Angona* kentinde dikiş, teğel ya da bebek giysilerinin paketlenmesi işlemlerinde 1447 çocuk çalıştırılmaktadır. Çalışma süresi haftanın 7 günü sabahın yedisinden akşamın yedisine toplam 77 saattir. 4-6 yaş arası çocuklar günde 5 peso, 11 yaşındakiler ise 10 peso almaktadır. Bölgede yasal enaz (asgari) ücret 69 pesodur.[26]

1960'lı yıllarda Hindistan, Ürdün, Pakistan ve Bangladeş'ten yüzbinlerce genç insan petrol kuyularında çalışmak ve yerleri silip süpürmek, inşaatlarda çalışmak için az nüfuslu, petrol zengini krallıklara aktı. Milyonlarca Türk; sokak süpürmek, bulaşık yıkamak ve niteliksiz işlerinde çalışmak için *konuk işçi* olarak Almanya'ya gitti. Cezayirliler büyük topluluklar halinde Paris'e geldi. Afrika, Asya ve Güney Amerika sürekli biçimde göç verdi. 1970'lerin sonunda İsviçre'nin iş gücünün yüzde 20'sinden çoğunu yabancı işçilerden oluşuyordu. Japonya, Kore, Tayvan, Singapur varsıllaşırken, Endonezya ve Filipinlerden sürekli işçi çekti. Kuveyt savaşından önce Kuveyt'te yaşayan 1,8 milyon nüfusun bir milyondan çoğu yabancı işçiydi.

Küresel göç olanca hızıyla sürüyor. Ancak, bu kez işçilerden çok sermaye göç ediyor. Ülkelerindeki yoksulluktan kaçmak için gelişmiş ülkelere yasadışı giriş yapan işsizler dışında, işçiler artık gelişmiş ülkelere giremiyor. Şimdi geçerli uygulama, fabrikaların işçilerin olduğu yerlere taşınması. Yoksul ve örgütsüz işçiler buralarda bol miktarda var. Buralarda az parayla çok iş yaptırılıyor, ABD uluslararası şirketleri kendi ülkelerinde ödediği işçi ücretlerine göre, Orta ve Güney Amerika'da yüzde 320, Uzakdoğu Asya'da yüzde 800 daha az ücret ödüyor.[27]

Uluslararası şirket yöneticileri, fabrikaları dışarıya taşımakla ülkelerine gelen ve toplumsal dengeyi bozan yabancı işçi sorununun çözümüne katkı koyduklarını söyler. Oysa gerçek durum böyle değildir. Yasal olarak işçi akını durmuştur ancak yasadışı insan göçü eskisinden daha büyük sayılara ulaşmıştır. 1990'ların başında azgelişmiş ülkelerden her yıl 75 milyon insan ülkesinden ayrılıyordu.[28]

İşin ilginç yanı insan göçünün çoğunluğu, işsizliği önlemek amacıyla yabancı sermaye yatırımı alan ülkelerden geliyordu. Columbia Üniversitesi'nde kent planlama profesörü ve göç eğilimleri konusunda çalışmalar yapan **Soskai Sassen** şöyle söylüyor: *"Endüstrileşmekte olan ve yüksek büyüme hızına sahip ülkelerin pek çoğu, aynı zamanda ABD'ye en çok göçmen yollayan ülkelerdir".*[29]

*

Borçlanmaya dayalı yabancı sermaye yatırımlarının, işsizlik sorununu çözmediği tersine arttırdığı yaşanmakta olan somut bir gerçekliktir. Oysa, ekonomik kalkınma ve gönenç için yabancı sermaye yatırımlarının gerekli olduğunu savunanlar, savlarını ileri sürerlerken bu yatırımların; işsizliği azaltacağını, yaşam düzeyini yükselteceğini ve kalkınmayı sağlayacağını söylüyordu. Ücretler yükselecek, çalışma koşulları iyileşecek, böylece işgücünün ülkede kalması sağlanarak göç önlenecekti. Ancak, yaşanan geçek böyle değil.

1970'lerin sonlarında uluslararası şirketlere kadın işçi pazarlayan Malezya'da, şu biçimde broşürler bastırılıp dağıtılmaktaydı: *"Elleri küçüktür ve son derece dikkatli çalışır. Bu nedenle, kim bir montaj bandında Malezyalı bir kadın kadar iyi çalışabilir? Günde yaklaşık 1,50 dolar yevmiye ile kadın işçi bulunur..."*[30]

El Salvadorlu bir özel girişim topluluğunun, ABD örme endüstrisinin dergisi *Robbin*'e verdiği ilanda, dikiş makinesinin başında görüntülenen genç ve çekici **Rosa Martinez**, şöyle övülüyordu; *"Onu saatte 70 Sent karşılığında tutabilirsiniz. O ve iş arkadaşları çalışkanlıkları, güvenilirlikleri ve çabucak öğrenme yetenekleriyle tanınırlar..."*[31] Bu reklamı veren şirket, bütçesinin yüzde 94'ünü *Amerikan Uluslararası Kalkınma Ajansı'*ndan alıyordu.

Nike yılda 2 milyar dolarlık (1990) spor ayakkabısı satan bir şirkettir. Şirketin ABD'deki görkemli yönetim binasından başka herhangi bir üretim birimi yoktur. Fabrikaları ucuz işgücünün yoğun olduğu ülkelerdedir. Başkan yardımcısı **Neal Lauridsen** söyle demektedir; *"Biz üretimi bilmeyiz. Bizler tasarımcı ve pazarlamacıyız..."*[32]

Şirket, ücretlerin göreceli olarak yükselmeye başladığı Güney Kore ve Tayvan'daki fabrikalarını kapatarak bunları, işgücünün daha ucuz ve bol olduğu Endonezya ve Taylan gibi ülkelere taşıdı.

Nike'ın ABD'deki yönetim, satış ve pazarlama gibi hizmet birimlerinde 8000 kişi çalışırken, üretim, sayıları 75.000'ni bulan Asyalı fasoncular tarafından yapılmaktadır.[33] Endonezya'daki bir *Nike* ayakkabı 5,60 dolara mal olur. Bu ayakkabıların dünya pazarlarındaki satış fiyatı ise 73 ile 135 dolar arasındadır.[34] Ayakkabıları diken Endonezyalı kızlar genelde saat başına 15 Sent alırlar. Fazla mesai zorunludur ve sabahın 7,30'unda başlayan on bir saatlik bir işgününden sonra kızlar, gece 21:15'de şirket yatakhanesine gidip kendilerini yatağa atarlar. Şanslı olanlar iki dolar kadar kazanmıştır.[35]

1990 yılında ABD'de spor ayakkabıların toptan piyasası 7,6 milyar dolardı. Bu ayakkabıların ancak yüzde 20'si spor amaçlı olarak kullanılmakta, yüzde 80'i sokakta giyilmektedir.[36] Spor ayakkabı markalarının olağanüstü ilgi görmesi büyük ölçüde, ürünleri tanıtan **Michael Jordan** ve başka dünyaca ünlü sporcunun havasındandır. *Nike,* **Michael Jordan**'a reklam için, yalnızca 1992 yılında 20 milyon dolar ödemiştir. Bu nicelik, Endonezya'da bu ayakkabıları üreten fabrikaların tüm işçilerine ödediği bir yıllık ücret toplamından daha çoktur.[37]

Uzakdoğu'daki *Nike* fabrikalarında, yoğun ve ilkel bir sömürü vardır. Yerel hükümetler düşük ücretle ağır koşullarda çalıştırılan yurttaşlarının sorunlarıyla ilgilenmedikleri gibi, bu sorunların işçilerden yana çözümü için çaba gösteren sendika (varsa) ya da gönüllü kişi ve kuruluşları yeğinlikle cezalandırır. Şirketlerin güvenlik görevlileri gibi davranan ve kendi insanına yabancılaşan hükümet yetkilileri, alacakları akçalı ve siyasi yardımlardan başka bir şey düşünmezler.

Kimi uyanık işçiler sömürüldükleri kanısındadır. Sendika ya da bir başka örgüte sahip olmadıkları için bu kanıya kendi deneyimleriyle ve el yordamıyla varmıştır. Sayıları çok azdır. Çoğunluğu oluşturan işçiler için, sömürü kavramını anlamak bile henüz pek kolay değildir. Çünkü ellerinde başka bir seçenek yoktur. Endonezya'daki bir fabrikada çok az bir ücretle, çok uzun bir mesai yapan **Riyanti** adlı bir işçi *Boston Globe* bildirmenine (muhabirine) şunları söylüyordu: *"Burada çalışmaktan memnunun. Para kazanıyorum ve arkadaşlarım var. Yemekleri de şirket veriyor".*[38]

Şirket yetkilileri işçi sorunlarıyla pek ilgilenmiyor görünürler. Ancak, düşünce ve davranışları, 19. yüzyıl sömürgecilik anlayışıyla hemen aynıdır. *Nike'*ın denizaşırı fabrikalardaki çalışma koşullarıyla ilgili kendisine soru sorulan Genel Müdür **John Woodward** şunları söylüyor: *"Bunları incelemek bize düşmez. Fabrikalardaki işçi sorunlarının farkındayım ama gerçek sorunun ne olduğunu bilmiyorum. Bilmem gerektiğini de sanmıyorum... Evet ücretler biraz düşük. Ancak biz buraya gelerek, başka türlü iş bulamayacak olan binlerce işsize iş verdik..."*[39]

*Nike'*ın Asya'daki fabrikalarında çalışan işçilere fiziksel cezalar verildiği ve cinsel tacizde bulunulduğu savıyla, *San Francisco Tüketiciyi Koruma Dernekleri'nce* Nisan 1998'de dava açıldı. San Francisco Yüksek Mahkemesi'nde açılan davada, *Nike'*ın *"swoosh"* logosuyla Asya'da spor ayakkabı üreten fabrikalarında, binlerce Vietnamlı, Çinli ve Endonezyalı işçinin insanlık dışı uygulamalarla karşı karşıya olduğu ileri sürüldü.[40]

Sri Lanka'da bir serbest bölgede yer alan tekstil fabrikasında araştırma yapan Avustralyalı bir gazeteci **Peter Mares** şöyle yazmaktadır; *"...Ancak yaşayabilecek kadar para kazanabiliyorlardı. Eve gönderecek paraları olmuyordu. Her 30 ya da 40 kadına bir musluk ve tek bir tuvaletin düştüğü ufacık odalarda, altı ya da daha çok kişi kalıyordu. Bana aşırı zorlamadan kaynaklanan yaralanmalardan, kötü çalışma koşullarından ve saatler süren zorunlu fazla mesainin neden olduğu göz ve solunum yolları hastalıklarından ve cinsel tacizden söz ettiler. Köylerine dönecek olurlarsa kendi başlarına kente giden genç kızlara yakıştırılan cinsel serbestlik hikayeleri nedeniyle evlenme şansları da pek olmayacaktı. 'Gidecek hiçbir yerimiz yok. Kendi vatanımızda sığınmacı gibiyiz' diyorlardı..."*[41]

Guatemala'da, ABD şirketlerine fason mal üreten bir fabrikada çalışma koşulları şöyleydi; *"Kadınların tuvalete gidebilmek için ustabaşından izin almaları gerekmektedir. Ve bu da cinsel tavizler vermeyi gerektirebilir. Çoğu kadın dayak yemiş ve cinsel istismara uğramıştır. Ustabaşı hamileleri ayıklamak için düzenli olarak her on beş günde bir karınlarını hedef alarak kadın işçileri dövmektedir. Bazı fabrikalar insanların kaçmalarını önlemek için, sabahın iki ya da üçüne dek kapılarını sürgülemektedirler..."*[42]

Bu tür uygulamalar küresel bir boyut kazanmıştır. Verilen örnekler Batılı araştırmacı ve yetkililerin saptamalarıdır. *Yeni Dünya Düzeni* içindeki gelişmiş ülkeler, yaşadıkları ekonomik tıkanıklığı aşmak için zorunlu olarak, denizaşırı ülkelerde yeni kaynaklar yaratmaya çalışmaktadır. Bu nedenle kendi sorunlarıyla baş başa kalabilen, ulusal ölçekte çözüm yolları arayan, bağımsız karar ve uygulama organlarına sahip azgelişmiş ülke artık kalmamış gibidir. Hemen tümü, dünya düzeninin; *"kullanılmaya açık"* basit ve bütünleyici parçaları haline gelmiştir.

İnsanlar *Yeni Dünya Düzeni* uygulamalarıyla; yerel alışkanlıklarını, tarihsel birikimlerini ve yaşamlarına yön verme olanaklarını yitirmiş durumdadır. Yoksullukları giderek artmaktadır. Yetersiz ücret ve ilkel çalışma koşullarıyla da olsa, iş bulabilen insanlar kendilerini şanslı saymaktadır. 18 ve 19. yüzyılın köle pazarlarıyla; 15 sent saat ücretiyle örgütsüz işçilerin çalıştırıldığı toplama kamplarına dönüştürülmüş fabrikalar arasında büyük benzerlik vardır. Eskiden panayır meydanlarında, gücü, gençliği bağırılarak tanıtılan köleler bugün; *"ellerinin küçüklüğü"*, *"söz dinlerliği"* ve *"örgütsüzlüğü"* bilgisayar kayıtlarına geçirilerek medya olanaklarıyla tanıtılıyor. 18. yüzyılın köleleri 21. yüzyıla girerken, *"ücretli köleler"* üstelik *"çok düşük ücretli köleler"* durumuna gelmiştir.

Teknoloji Gelişirken Çalışma Koşulları İlkelleşiyor

İnsanlar ya da ülkeler arasında ayrıcalıklı konuma gelmek güce, güç de teknolojik gelişmeye bağlıdır. Bu gerçek, tekerlekten bilgisayara, oktan nükleer füzeye dek, insanlık tarihinin her döneminde yaşanmıştır. Teknoloji her zaman üstünlük sağlamanın aracı olmuştur.

Günümüz dünyasında her gün, insan beyninin düşünce sınırlarını zorlayan yeni *"teknolojiler"* ortaya çıkıyor. Dünün, tasarım gücü yüksek bilim kurgu öngörüleri, bugün kanıksanan gerçekler durumuna geldi. Her yeni buluş bir başka yeni buluşça kısa sürede eskitiliyor. Bilim ve teknolojide baş döndürücü bir gelişme yaşanıyor.

Teknolojik gelişmenin, yaşamı kolaylaştıran ve insana hizmet eden bir yanı vardır. Ancak, bu gerçek teknolojinin bilimle olan ilişkisinin tartışma konusu yapılmasını önlemiyor. Her teknolojik gelişme bilimsel midir? Ya da, teknolojik yenilikleri ne zaman bilimsel gelişme sayabiliriz? Bilimle teknoloji arasında ikilem nedir? Böyle bir tartışma doğru mudur?

Bilimi insana ve insanlığa hizmet ettiği sürece bilim sayan ve teknolojik her gelişimin bilim olamayacağını düşünenlerin sayısı az değildir. Elektrik üreten santraller, ilaca dönüşen kimya sanayi ya da ulaşımı kolaylaştıran sivil havacılıktaki bilimsel gelişmelerle, bu gelişmeleri öldürücü silahlara dönüştürülmesini bir tutmak kuşkusuz olası değil. Tüm teknolojik gelişmeler bilimsel çalışmaya dayanır ancak teknolojik her gelişmeyi bilimsel ilerleme sayamayız.

Bugün dünyada, araştırma-geliştirmeye yatırım yaparak bilgi merkezlerine sahip olanlar, bağlı olarak teknolojik gelişmede söz sahibi olanlar; uluslararası şirketler ve ait oldukları gelişmiş ülkelerdir. Şirketler, çalışmalarını insanlığın mutluluğuna adamış kuruluşlar değildir. Tek amaçları vardır, o da kazançtır.

Her kuruluşun kendi amacına uygun davranması ve elindeki olanakları bu yönde kullanması doğaldır. Teknolojik gelişmeye egemen olan kazanç amacındaki şirketler, böyle davranır ve teknolojiyi kazancı arttırmanın aracı durumuna getirir. Bu gelişmenin kaçınılmaz sonucu, teknolojinin bilimden uzaklaşmasıdır. Artık her yeni buluş, sağlayacağı kazanç oranında değer kazanır. Teknolojik gelişimin gerçek amacı, insanlığın gereksinimlerini karşılamak değil, şirketlerin en yüksek kazanç istemini gerçekleştirmek olur.

Bilim ve teknolojideki yenilikler, bu amacı gerçekleştirdiği oranda uygulamaya sokulur. Şirketler için yalnızca kazanç sağlayacak buluşlar iyidir. Bu anlamda örneğin suyla çalışan motor yapmak, dünya petrol tekelleri için büyük bir buluş değil, yok edilmesi gereken çekinceli bir buluştur. Uluslararası şirketlerin araştırma-geliştirme belgeliklerinde (arşivlerinde) uygulama sırasını bekleyen binlerce yeni buluş vardır.

Gelişmiş ülkelerde, para yaşamın hemen tüm alanlarında belirleyici bir güçtür. Toplumsal ilişkiler paranın tutsağı olunca, bilim ve teknolojinin de paranın tutsağı olması kaçınılmazdır. Tekel kazancı için her yolun geçerli sayıldığı bir ortamda, bilgi öncelikle ona sahip olan şirketlerin kazanç isteğine hizmet eder. Bu nedenle, *bilgi çağı* diye yüceltilen günümüz koşulları, insanlığın genel gelişimine hizmet eden ileri bir uygarlık düzeyi değil, tersine bilginin insanlığa karşı kullanıldığı bir düzeni oluşturur. Binaları yıkmadan insanları ve tüm canlıları öldüren bombalar ya da toprak altındaki hedefleri bile bulup yok eden *'akıllı füzeler'*, ileri teknoloji ürünüdür ancak bilimsel buluş değildir.

*

Teknolojinin üretim alanlarındaki kullanımı işçilerin çalışma koşullarını iyileştirmeyi değil, işçilik giderlerini düşürmeyi amaçlar. *'Az ücretle çok üretim'* temel ilkedir. İşçiye bağımlılığın azaltılması için, üretim aşamalarının birçoğunda mekanik araçlar kullanılır ve teknolojik gelişmeyle işçi hakları birbirleriyle çelişen karşıtlıklar durumuna gelir. İleri teknoloji ürünü makine ve robotlar söylendiği gibi, bilgi çağının ya da endüstri sonrası dönemin öncüleri değil, işsizliğin önde gelen nedeni olur.

Yeni Dünya Düzeni'ni kutlayan küreselleşme düşünücüleri (ideologları) dünyanın yeni bir bolluk çağına girdiğini, evlerin *"elektronik villalara"* dönüştüğünü ve insanların ara sıra *"faturalarını ödemek"* için çalıştıklarını söylemektedir. Bu durumda olan çok küçük bir azınlık kuşkusuz vardır. Şirket patronları, büyük hissedarlar, borsacılar, eğlence kesimi yapımcıları, politikacılar, pop şarkıcıları, küresel tanıtımcılar, uluslararası yüzdelikçiler (komisyoncular), kara para varsılları, ünlü sporcular... Bu durumda olabilirler. Çalışan kesimin durumu çok başkadır.

Şirket yöneticilerinin en üst gelir kümesini oluşturan genel müdürler, pazarlama uzmanları ya da teknik yetkililer bol para alır ancak evlerinden uzak kalarak uzun süren yolculuklara çıkıp dururlar. Yaşantılarının önemli bir bölümünü havada geçirirler ve yaşama yabancılaşırlar. Kendilerine, çocuklarına ya da eşlerine ayıracak zaman bulamazlar. Bunların altında çalışanların durumu kuşkusuz daha kötüdür. Bölüm şeflerinden, fabrika bantlarında her 1,5 dakikada bir cıvata sıkan işçilere dek; üretim sürecine katılan herkes, iş tutsaklığı, ezilmişlik duygusu ve ücret yetersizliği altında çalışır durur.

Günümüzün *"şeytanları"* bilgisayarlar beceri isteyen birçok iş yapabilir ancak kendi kendini yükleyen bilgisayar henüz bulunmadı. Gerçi tarayıcılar saatler süren yorucu okuma ve göz emeğinden artırım sağlar ancak verilerin veri bankalarına aktarılması insan emeği ister. Bunu yapabilen ve eğitimli ücretliler olan profesyonel veri yükleyicileri, aynı otomobil endüstrisinin insanı aptallaştıran üretim bantları gibi, uzun saatler bir ekran karşısında sandalyelere *"çivilenirler"*. Verimlerini sürekli arttırma baskısı altında düşük ücretlerle, bilgisayarlara yükleme yaparlar.[43]

Şirket kazancı açısından önemi her geçen gün artan bilgi, artık bilgi toplayıcı şirketler aracılığıyla ederi her geçen gün artarak pazarlanan mal durumuna gelmiştir. Bilgi şirketleri, gerekli basit işleri en ucuza yaptıracağı geri kalmış ülkelere üşüşmüştür. İletişim teknolojisindeki ilerlemeler, ileri veri işlemlerinin taşınmasını bile basitleştirmiştir.

Örneğin 1985 yılında bir Amerikalı tarafından kurulan *Equidata Philippines Inc.* bilgi şirketinin Uzakdoğu şubesi, saatte en az 10.000 karakter tuşlayan yüzden fazla yüksek öğrenimli veri yükleyici eleman çalıştırmakta, buna karşılık kendilerine ayda 150 Dolar, ücretsiz tıbbi yardım ile hiç devamsızlık yapılmaması durumunda birkaç kilo pirinç vermektedir. Buradaki toplam ücret, Avrupa'da yeni başlayan bir bilgi işlemcinin kazancının altıda biri kadardır.[44]

Filipinlerin en eski özel yazılım şirketlerinden *Saztec*'in çalışanları, *"Pomana, California, ya da Greensboro hastanelerinin hasta dosyalarını, İngiliz vatandaşlarının tüketici kredi raporlarını ve ABD'deki Stride Rite ayakkabıları müşterilerinin isim ve adreslerini, bilgisayara yüklemekte, Mountain Bell ve Pacific Bell telefon sistemlerini bağlamakta; Playboy ile Christian Science Monitor dergilerinin makalelerini, ABD Başkanı'nın konuşmalarını, Fransız romanlarını, Avrupa patent kayıtlarını vb. çok düşük ücretlerle sürekli yazmaktadırlar".[45]

1990'da Dallas kökenli yarı-iletken firması *Texas Instruments*, evler arasındaki bağlantıyı sağlamak üzere, dünyanın her yerindeki işletmelerinde 41.500 adet, yani her iki çalışan başına birden fazla düşecek kadar bilgisayar terminali kurmuştu. Giderlerini daha çok kısmak için, mikroçiplerin tasarımı Filipinler'de bir dağ kasabası olan *Baguio* ve Hindistan'da *Bangolore* gibi yerlerde yapıyordu. Buralardaki mühendislik ücretleri Teksas'takinden çok daha ucuzdur ve tasarım verileri bilgisayar aracılığıyla aktarılmaktadır. Sovyetler Birliği'nin dağılmasıyla birlikte, küresel şirketler, mühendislik işlerini artık dünya çapında aranan son derece iyi yetişmiş Rus ve Ukraynalı mühendis ve bilim adamlarına vermeğe başladı. Birçok yoksul ülkenin başkenti, kendi ülkesinin çeşitli bölgeleriyle kolayca iletişim kuramaz ancak New York, Tokyo, Londra, Paris'e etkin bir biçimde bağlanmıştır. Bilgi, ucuz ve becerikli ellerle günde 24 saat uydulardan yansıtılıp, 7 bin kilometreyi aşıyor ve anında dünya düzenine bağlı bir bilgisayar terminaline, telefona ya da televizyona ulaşıyor. Kansas City'de tam gün çalışan bilgisayar elemanlarının yanı sıra, birçok kişi de evlerindeki kişisel bilgisayarlarında yarı-zamanlı çalışmaktadır.[46]

Teknolojik gelişmede dünyanın önde gelen ülkelerinden olan ABD'de, işçilerin çalışma koşulları birçok alanda, gelişmekte olan ülkelerden daha iyi değildir. 1980'lerden sonra Amerika'nın hemen her büyük kentinde atölye ve fabrikalar açılmıştı. Bu tür işyerlerindeki çalışma koşullarını inceleyen *NewsWeek* şunları yazıyordu: *"New York Manhattan'daki harap atölyelerde işçiler kemerlere boncuk takmakta ve bu işçilere El Paso'da* (Meksika) *blucin diken kadınların ücretleri ödenmektedir... Tıpkı yüz yıl öncesinde olduğu gibi, bugünün köle fabrikaları da bir emek-yoğun üretim alanı olan konfeksiyon işindedir".*[47]

1989 tarihli bir resmi hükümet yazanağına göre, New York'taki 7000 konfeksiyon işletmesinden 50 binden çok işçi çalıştırdığı varsayılan yarıdan çoğu, bu tür köle fabrikalarıydı. Yalnızca Çin Mahallesindeki asgari ücretin ancak yarısı kadarını ödeyen 400 konfeksiyon atölyesi bulunmaktadır. Uluslararası kadın konfeksiyon işçileri sendikası, California'daki konfeksiyon işçilerinin dörtte birinin kesim ve dikim işlerini havasız, yangın tuzağı yerlerde, asgari ücretin azına ve aynı ücretten ödenen zorunlu ekçalışma yaptıklarını söylemektedir. Patron kimi zaman ekçalışma ödememeye de karar verebilmektedir. Çoğu göçmen olan işçiler, şikayet edecek durumda değildir.

ABD'ndeki işçi ücretlerindeki yetersizliğin bir belirtisi de, hayır kurumlarının dağıttığı yemeklere istemin artmasıdır. Federal hükümete göre, 1993 yılında Amerikan iş gücünün yüzde 18'i haftada 40 saat çalışıyor, buna karşılık ancak yoksulluk sınırının altında yaşayabileceği kadar ücret alıyordu.[48]

Washington Post'ta yayınlanan bir araştırmada; çocuk işçi çalıştırmanın azgelişmiş ülkelerden, New York, California ve Teksas'a da taşındığı ve ABD'ndeki çocuk işçi sayısının hızla arttığı açıklanmaktadır.[49]

Yeni Dünya Düzeni'nin savunucusu ABD'li *'kuramcılar'* bacalı sanayinin ölmekte olduğunu, buralarda çalışan işçilerin, yüksek teknolojiye sahip endüstrilerde, *'iyi ücretli ve temiz'* işlerde çalışacağını söylüyordu. Ancak, sonuç *'kuramcılar'*ın, söylediği gibi olmadı. Örneğin, *bacalı sanayi* denilen fabrikaların kapandığı New England'da 670.000 işçi işsiz kaldı. Bunlardan yalnızca yüzde 3'ü ileri teknoloji sektöründe iş bulabildi. İş bulabilen diğerleri ise *Kmart, McDonald*'s gibi iş yerlerinde garson, bulaşıkçı gibi işlerde çalıştılar.[50] Çalıştığı şirketin, fabrikalarını Uzakdoğu'ya taşıması nedeniyle işsiz kalan 25 yıllık Pensilvanyalı bir çelik işçisi neden lokantacılık okuluna gittiğini şöyle açıklıyordu; *"Kim bir hamburger ya da tavuk kızartma için denizaşırı ülkelere sipariş verir ki?"*[51]

1980 ile 1987 arasında ABD'nde bulunabilen yeni işlerin yarısını geçici işçilikler, yarım günlük işler ve sözleşmeli çalışma oluşturuyordu.[52] Bunların büyük çoğunluğu erkeklerin kazandığının ortalama yüzde 69'unu kazanabilen kadınlardı.[53] Seri üretim dönemlerinin sağlık sigortası ve başka ek haklar artık yoktur. Amerikalı işçilerin şanslı olanları, perakende satış elemanı, hemşire, hastabakıcı, hizmetçi, garson vb. işler bulabilmektedir.

Dünya işçi pazarında bulunan yüz milyonlarca işsiz genci bekleyen son, eğer şanslı iseler; düşük ücretli, niteliksiz geçici işler bulabilmektir. Onların, ne küresel işyerlerinde ve ne de başka herhangi bir türden iş yerinde sürekli işleri olmayacaktır. Düzensiz ve düşük gelirleri nedeniyle endüstriyel ürünlerin tüketicileri de olamayacaklardır. İşsizlik, yoksulluk, az tüketim ve ulusal ekonomilerin güçsüzleşmesi aynı zamanda Uluslararası şirketlerin oluşturduğu *Yeni Dünya Düzeni*'ni de sarsacaktır.

Gelişen ülkelerde ve tüm dünyada çalışan kitlelerin ve işsizlerin gözleri açılmaya başlamıştır. Küresel iletişim ağının yeni bir söylenbilim (mitoloji) gibi sunduğu, *Serbest Piyasa Ekonomisinin* ve *globalleşmenin* altın pulları çabuk döküldü. Uluslararası şirketlerin kazancı katlanırken, teknoloji gelişirken, borsada büyük servetler kazanılırken; ülkeler yoksullaşıyor, işsizlik artıyor ve gerçek gelirler sürekli biçimde düşüyor. Küreselleşmeden ve teknolojik gelişmeden yalnızca şirketler ve büyük *mali sermaye* kümeleri yararlanıyor. Ulusçu aydınların, işçi önderlerinin, yansız ekonomistlerin, toplumbilimcilerin nefret okları giderek uluslararası şirketlere ve *Yeni Dünya Düzeni*'nin yürütülen politikalarına yöneliyor. Her geçen gün daha çok insan bu politikalara karşı çıkarak tepkilerini kitlesel eylemlerle dile getiriyor.

*

Gelişmiş ülkeler (G8) doruğu, 16 Mayıs 1998'de İngiltere'nin Birmingham kentinde yapıldı. Doruğun yapıldığı binanın çevresinde insan zinciri oluşturan her yaştan, kültürden ve ırktan 50 bin kişi, küresel politikalara karşı çıktı ve azgelişmiş ülke borçlarının ertelenmesini istedi.[54]

Dünya Ticaret Örgütü'nün 1 Aralık 1999 günü Seattle'da düzenlediği toplantı, küreselleşme karşıtı kitle gösterileriyle protesto edildi. ABD *Çelik İşçileri Sendikası*'nın öncülüğünde gerçekleştirilen gösterilere 100 bin kişi katıldı ve polisin olağanüstü sert davranmasına karşın göstericiler üç gün boyunca toplantıyı protesto etti.

28 Ocak 2000 tarihinde Davos'ta yapılan *Dünya Ekonomik Forumu*, polisin yasaklamasına karşın beş bin kişi tarafından protesto edildi. Ordusunun bulunmamasıyla övünen *'demokratik'* İsviçre, hemen ordu birlikleri oluşturdu ve göstericilerin bir kayak

merkezi olan Davos'a girmelerini önlemeye çalıştı. Benzer bir kitlesel protesto gösterisi 27 Eylül 2000'de Prag'da yapılan IMF-Dünya Bankası toplantısına karşı yapıldı.

Birleşmiş Milletler Genel Sekreteri **Butros Gali**, 30 Mayıs 1996 tarihinde Türkiye'de yaptığı konuşmada şunları söyledi: *"Bugün, dünyada üstesinden bir tek devlet ya da bir grup devletin gelemeyeceği bir küresel ekonomik suç ağı vardır. Bu suçların üstesinden gelmek için, küresel bilinçlenme, küresel söz ve küresel eylem gerekmektedir".*[55]

Fransa'da örgütlenerek hemen her gün eylem yapan Fransız araştırmacı **Alain Lebaubé**; işsizler için *"Gördüğümüz, işsiz işçinin doğuşudur. İşçiler sanki işsizlik tarafından işe alınmışlar"* diyor. Fransa'da sayıları etkin nüfusun yüzde 12,4'üne ulaşan işsizler yaptıkları eylemlerde polisle karşı karşıya geliyor ve *"polis var adalet yok"*[56] diye slogan atıyor. Almanya'da resmi verilere göre 4,5 milyon işsiz var. İşsizlik oranının, *"Hitler'i yönetime getiren büyük bunalımdan beri görülen en yüksek oran"* olduğu açıklandı.[57]

Fransızlar, Avrupa'nın en eğitimli gençlerini yetiştirmekle övünüyor ancak gençlerin yüzde 20'si işsiz. Köşe yazarları ve kimi politikacılar hükümeti, *"iş becerisi olmayan filozoflar"* yetiştirmekle suçluyor. *Maastricht Anlaşması*'nın bütçe dayatmalarına, şirketlerin daha çok vergi ödememe isteği eklenince; yalnızca Fransa'da değil tüm Avrupa'da, sosyal güvenlik işleyişi törpüleniyor. Fransa'da *Lionel Jospin Hükümeti*'nin Güvenlik Bakanı; *"Refah devletinin ölümünü izliyoruz"*[58] diyor.

Avrupa Tekstil Giyim ve Deri İşçileri Sendikaları Federasyonu (ETUF: TCL) Genel Sekreteri **Patrick Itschert** günümüz işçi sorunlarıyla ilgili olarak şunları söylüyor: *"Tüm dünya emekçilerinin küreselleşme ile ilgili sorunu vardır. Küreselleşmenin yıkıcı etkileri azgelişmiş ülkelerde daha çoktur ancak gelişmiş ülkeler de, bugün hiç alışık olmadıkları sorunlarla karşı karşıyadırlar".*[59] UNCTAD'ın 1997 raporunda dünyanın en varsıl ülkelerinde kişi başına düşen milli gelir yoksul ülkelerden 50 kat daha çok olmasına karşın bu ülkelerin de; *"Yurttaşlarının tümünü kapsayan yaygın bir yaşam standartı yükselmesini sağlayamadığı"* belirtilmektedir.[60]

ON BİRİNCİ BÖLÜM

20. YÜZYIL SONUNDA YENİDEN ŞİDDETLENEN REKABET

21. Yüzyılda ABD-Japonya-Almanya Yarışı

ABD, Japonya, Almanya ilişkilerinin günümüzdeki niteliği ve gelecekte alacağı biçimi inceleyen Amerikalı yatırımcı, banker ve bu konularda pek çok yayını olan eski hükümet görevlisi **Jeffry E. Garten**, *Soğuk Barış* adlı kitabında şunları söylüyor: *"Dünyanın 21. yüzyılda alacağı biçimi görmek istiyorsanız, ABD, Japonya ve Almanya arasındaki ilişkilere bakmanız gerekecektir. Soğuk savaş sırasında bu üç ulus arasındaki güç ilişkilerinin nasıl değiştiğini ve 1990'larda nasıl değişmekte olduğunu incelemeniz gerekir. ABD ve iki anahtar müttefiki arasındaki 120 yıllık tarihi kapsayan bu incelemede; Almanya ve Japonya'nın faşizmle sürdürdükleri ekonomik ve askeri rekabette dünyaya meydan okuyuşlarıyla, uzun ve kanlı İkinci Dünya Savaşı'yla, Avrupa'daki katliam ve Asya'daki Japon vahşetiyle, Amerikan askeri işgalleriyle, soğuk savaş ittifakları ve şimdiki gerilimlerle, güvenlik alanındaki belirsizliklerle boğuşmamız gerekir... ABD, Japonya ve Almanya yönetim ve iş dünyası, maliye ve sanayi, iç ve dış siyaset arasındaki ilişkiler, ekonomik rekabet gibi temel konularda karşı karşıya geleceklerdir. Bu karşılaşma ticaret ve yatırım konusunda giderek şiddetlenen çatışmaların kaynağı olacaktır. Bu çatışma BM, IMF ve GATT gibi uluslararası örgütlerde birbiriyle çatışan siyasetler üretecektir... Yeni bölgesel ticaret bloklarının gelişmesi beraberinde küresel örgütlerde gerilim ve çatışmaları da getirecektir. Almanya ve Japonya bizim (ABD'nin) dostumuz mudur düşmanımız mıdır yoksa her ikisi mi olduğuna karar verilmesi gerekmektedir".*[1]

Sıradan birçok insan; bu üç ülke arasındaki gerilimin İkinci Dünya Savaşı öncesiyle kıyaslanacak denli yeğinleştiğini söylemeyi, abartılmış bir sav olarak görebilir. Ancak, bu konuyu araştırıp inceleyenler, bu ülkeleri yönetenler ve ekonomik veriler, çatışmanın yeğin olduğunu gösteriyor.

Bu ülkeler, azgelişmiş ülkelere karşı birlikte davranıyor ancak kendi aralarında ekonomik yarış içindeler. ABD'de geniş akçalı kaynakları olan *20. Yüzyıl Fonu* adlı kuruluşun başkanı **Richard C. Leone** şöyle diyor: *"Yakın zamana kadar, kollektivist ideolojiye hizmet edenlere karşı sürekli bir savaş veriyorduk. Çabalarımızın asıl hedefi düşmanı yok etmek değil, daha çok onun savaşma cesaretini kırmak ve* *askeri rekabet kapasitesini ortadan kaldırmaktı. Bu konuda umduğumuzdan daha başarılı olduk, çünkü Sovyetler Birliği'nin maddi çöküşü bu yarışın muhtemel sonucuna dair en iyimser görüşümüzü bile aştı. Ancak, bugün nerede duruyoruz ve rakiplerimiz kim? Sanki dönüp dolaşıp aynı yere geldik; bir kez daha, eski hasımlarımız ve bazen de müttefiklerimiz olan Almanlar ve Japonlarla karşı karşıya geliyoruz. Bu karşılaşma Sovyetler Birliği'yle olduğu gibi rakip ideolojiler arasında olmuyor... Buradaki konu bazılarının söylediği gibi, Amerika'nın bağımsızlığıdır. Ekonomik rakiplerimizi tehditkar hasımlara dönüştüren, insana savaşı hatırlatan benzetmelerden geçilmiyor. Neredeyse ulusal seferberlik için savaş boruları çalınıyor".*[2]

Politikacıların bu konudaki görüşü, ekonomistlerden ayrımlı değil. Kimi zaman bilinçli olarak, kimi zaman düşüncelerini saklamayı başaramayarak, diplomatik söylemden uzak açıklamalar yapılıyor. Fransa Başbakanı **Edith Cresson** 1991 yılında şunları söylüyor: *"Japonya oyunu kurallarına göre oynamayan bir düşmandır ve dünyanın mutlak egemeni olmak istemektedir. Buna boyun eğmek için ya aptal ya da kör olmak lazım".*[3]

Japonların ise kendilerine güvenleri tam. Yanıtları sert ve kararlı. Japonya'nın ünlü enstitülerinden *Numara Securities*, 1990 yılında yayınladığı, *"Japonya Hayır Diyebilir"* adlı kitabında, 21. yüzyılın *"Pasifik Çağı"* olacağını ileri sürerek şunları söylüyor: *"Dünya, pazar savaşlarının aşırı derecede yoğunlaşacağı bir arenaya dönüşecektir".*[4]

Almanya Başbakanı **Helmut Kohl**, 21. yüzyıl için ne Japonya'ya ne de Amerika'ya şans tanıyor. 1990 Şubatı'nda Alman Televizyonu'nda yaptığı konuşmada her iki ülkeye de ekonomik savaş ilan ederek şunları söylüyor: *"Önümüzdeki yıllar Avrupalıların yılları olacaktır. Japonların değil. ABD'nin bu yarışta yeri olmayacaktır".*[5]

Eski hükümet görevlisi Amerikalı **Jeffry E. Garten**, Avrupa'dan daha çok Japonya'dan çekiniyor. Karamsar görüşleri şöyle: *"Ulusumuz bugün 1941'den* (Japonya'nın ABD donanmasına Pearl Harbor'da saldırması ve ABD-Japon savaşının başlaması) *bu yana görülen en büyük meydan okumayla yüz yüzedir ve o döneme göre bugün, böyle bir meydan okumaya tepki göstermek için daha az hazırlıklıyız".*[6]

*Sony'*nin patronu ve Yönetim Kurulu Başkanı **Morita'**nın ABD'ye ait saptamaları görüş bildirmekten çok, aşağılama içeriyor: *"ABD çöküşe gitmektedir. Zira, Japonya her yıl ABD'ye 50 milyar dolar daha çok ihracat yapmaktadır. Amerika boğazına kadar açgözlülük, küstahlık, ırkçılık ve tembelliğe batmış bir ülkedir".*[7] ABD hükümetinin *'şahinlerinden'* Dışişleri Bakanı **Madeleine Albright**, bir cümleyle adeta ABD'nin 21. yüzyıl politikasını anlatıyor ve askeri gücüne güvenerek silahtan söz ediyor: *"Yeni ekonomik gruplaşmalar 21. yüzyılın askeri ittifaklarıdır".*[8]

*

*Yeni Dünya Düzeni'*nin kurucusu ve elli yıldır öncüsü olan ABD, uluslararası politikaya yön vermekte ve bunun akçalı yükünü karşılamaktadır. Dünyaya dilediği biçimi vermek için büyük para harcamıştır. Savaştan yenik çıkan Almanya ve Japonya ise uzun yıllar, herhangi bir askeri harcama yapmadan ABD'nin *"kanatları altında"* ve bütün olanaklarını yeniden büyümek için ekonomiye ayırmıştır. Bu iki ülkenin, elli yıl içinde elde ettiği ekonomik büyüme olağanüstüdür. ABD bir anlamda, bugün çok çekindiği iki yarışçısını da kendisi yaratmıştır.

Sovyetler Birliği'nin dağılması, daha önce çok az insanın düşündüğü bir gerçeği ortaya çıkardı. ABD'nin gölgesinde serpilip gelişen Japonya ve Almanya, büyük bir ekonomik güce ulaşmıştı ve bu gücün sağladığı etkiyle dünya politikasına ağırlığını koymak istiyordu. Sovyet etkisiyle baskı altında kalan çelişkiler olgunlaşarak ortaya çıkmış ve dünya hemen aynısıyla 20. yüzyılın başlarına dönmüştü. Dünya etkinlik alanları için kıran kırana bir ekonomik savaşımın sürdüğü bir arena olmuştu.

Gelişmiş büyük devletlerle azgelişmiş yoksul ülkeler, yeniden ve yalnız olarak karşı karşıya kaldı. Varsıl-yoksul, ya da Kuzey-Güney olarak bölünen dünya; 20. yüzyılın başlarında olduğu gibi; bu kümeleşmenin taşıdığı gerilim ve çatışmanın biçim vereceği, yeni bir döneme girdi. Baskının, uluslararası gerilimin, gücün belirleyici olduğu ve 21. yüzyılı kapsayacak olan bu dönemde, eğer önlem alınmazsa; yoksulluk, her türlü çatışma ve sömürü yaygınlaşacak, küresel boyutlu karmaşık bir ortam oluşacaktır.

Dünyanın gelecekte alacağı biçimi en iyi gören ve kavrayan ülkeler *'üç büyükler'*dir. Dünyanın bugünkü durumunu, gelişme yönünü ve bu gelişme içinde kendi konumunu, alınması gereken önlemleri en iyi bilen onlardır. Çatışmanın kaçınılmazlığını görüyor ve buna göre hazırlanıyorlar. Bu hazırlık, sürdürülen politikalarda, ekonomik ve askeri bağlaşmalarda ve dile getirilen düşüncelerde açıkça görülüyor. *'Serbest piyasa ekonomisi', 'liberal ticaret', 'küresel uygarlık'*, söylemlerinin anlamı olmayan boş sözler olduğunu biliyorlar. Sahnesi dünya olan ve sonu kavgayla bitecek bir oyun oynanıyor.

Dünya'yı gelecekte nelerin beklediğini görmek istiyorsak aranılan yanıtı artık, Moskova ve Varşova'da, Arap-İsrail çatışmasında ya da Birleşmiş Milletler görüşmelerinde bulamayız. Bunların yerine ABD, Japonya ve Almanya (Almanya yerine AB de koyulabilir. Ancak belirleyici ülke olduğu ve AB'yi politik olarak hızla Almanlaştırdığı için Almanya'yı ele almak göreli olarak AB'yi de kapsayacaktır) arasındaki ilişkilere ve bu ilişkilerin azgelişmiş yoksul ülkeler üzerindeki etkilerine bakmamız gerekiyor.

Garten'in söylediği gibi; *Soğuk Savaş* döneminde başlayan güç ilişkilerinin, nasıl değiştiğini, nasıl değişmekte olduğunu ve 21. yüzyılda nasıl değişeceğini incelememiz gerekir. ABD ile bu iki ülkenin arasındaki yüz yıllık tarihte, askeri, siyasi ve ekonomik yarışın niteliği, bu yarışın yol açtığı çatışmalar ve günümüzdeki özellikleri, gelecek için bize önemli ipuçları vermektedir. İpuçlarını doğru değerlendirmek için; ABD'nin savaş sonrası *Yeni Dünya Düzeni* politikalarını ve Soğuk Savaş bağlaşmalarını kavrayarak, bugünkü ekonomik gerilimlere ve güvenlik alanlarındaki belirsizliklere, doğru ve kapsamlı bir yanıt vermek gerekir.

Sayılar, ABD'nin Almanya ve Japonya'dan daha büyük bir ekonomiye sahip olduğunu gösteriyor. Ancak sayılar ne olursa olsun, ABD'nin genel olarak toplumsal bir çözülme içinde olduğu bir gerçek. 1950 ya da 60'ların Amerikası yok artık. Şimdi, gerilerden gelmesine karşın sürekli gelişen ve büyüyen başka ülkeler var. Ayrımlı anlayış ve ayrımlı yönetim biçimlerinde olsalar da Almanya, Japonya, Çin böyle ülkeler.

Bu ülkeler arasındaki çelişkinin gerçek boyutunu araştıranlar, çatışma nedenlerinin derinlere gittiğini görecektir. Soğuk Savaş dönemindeki *'söz dinler bağlaşıkları'* Almanya ve Japonya, bugün ABD'ne *'kafa tutan'* güçlü ve *'kaygı verici'* ekonomik yarışıcı durumuna geldi. Çin'in *'kabuk değişikliği'* kimsenin beklemediği bir *'ekonomik başarıya'* dönüştü. Uluslararası anlaşmalar, bütün ayrıcalıklı hükümlerine karşın sorunları çözmede yeterli olamıyor. Ulusal haklarını ve bütünlüğünü savunmaya çalışan azgelişmiş ülkelere yasadışı uluslararası askeri operasyonlar yapılıyor. *'Operasyonlara'* karşı Çin, Rusya, Hindistan başta olmak üzere, azgelişmiş ülkelerde direnme eğilimleri oluşuyor.

'Üç büyüklerin' 21. yüzyıla yönelik büyüme stratejilerinde, artık bağlaşmalar ya da serbest bölge çıkarları değil, dünya ekonomisine egemen olma tasarları yer alıyor. Bu amaca yönelik çatışma eğilimi, yetkili kişilerin açıklamalarında dile geliyor. Diplomatik söylem geleneklerine uymaya gerek görülmeden yapılan açıklamalar çok sert. Bu sertlik gerçekte ekonomik kapışmanın yeğinliğini yansıtıyor. Benzer açıklamalar 1930'lu yıllarda daha yumuşak biçimde yapılıyordu.

*

Almanya ve Japonya, günümüz dünya siyasetinde, eriştikleri ekonomik güce uygun düşen oranda söz sahibi olmak istemektedir. Bu tür istekler hemen aynısıyla, Birinci ve İkinci Dünya Savaşı'ndan önce de olmuştu. Sonuçları biliniyor. Silah üstünlüğü hala ABD'de ancak ekonomik gücün el değiştirmesi tamamlanmak üzere. ABD, üretimsizliğin yarattığı sorunlarla uğraşıyor. Birleşik Devletler bütçesinin borç yükü 12 trilyon dolar. Japonya ve Almanya, en büyük yarışçısının kredi vericisi durumunda. ABD ile yaptıkları ticarette büyük nicelikli dışsatım fazlalığına sahipler. Ekonomik güçleri doğal olarak onları dünya siyasetinde belirleyici olmaya zorluyor. Bunu da açıkça söylüyorlar. Almanya Başbakanı **Helmut Kohl** şöyle diyor: *"Eğer Almanya daha çok sorumluluk alacaksa, Alman görüşlerinin Birleşmiş Milletler ve Güvenlik Konseyi kararlarında daha ağırlıklı olarak yer almasının yolları bulunmalıdır"*.[9]

Tokyo Bankası'nın Başkanı **Yusuke Kashiwagi**'nin sözleri istekten çok Japonya'nın kararlılığını gösteriyor: *"2000'li yıllar, Ja-*

ponya'nın sesini daha çok duyuracağı ve kendisini kabul ettireceği yıllar olacaktır".[10]

Japon ve Alman isteklerinin ABD'ne yönelik olduğu açıktır. Bu iki ülke, Sovyetler Birliği'nin dağılmasından sonra, dünyada kendilerine ayrımlı bir yer arıyor. Ayrımlı çıkar kaygıları içindeler. Küresel finans kurumlarında, uluslararası örgütlerde, azgelişmiş ülkeler üzerinde ve dünyanın kritik bölgelerinde etkilerinin daha çok olmasını istiyorlar. Almanya'nın Avrupa, Ortadoğu ve Avrasya, Japonya'nın Çin ve iki Kore üzerindeki çıkarları, ABD çıkarlarıyla örtüşmüyor. Almanya, Rusya dahil kendi doğusundaki ülkelerle kurduğu ilişkilere başkalarını karıştırmıyor, bu konuda ödün vermiyor. Bu davranışından yalnızca ABD değil, başta Fransa ve İngiltere olmak üzere başka Avrupa ülkeleri de tedirgin oluyor.

Almanya ve Japonya, kimi konularda hiçbir davranışta bulunmuyor, konuyla ilgili düşüncesini hiç açıklamıyor. 1990'da *Uruguay Turu*'nda böyle yaptılar. Birinci Körfez Savaşı'nda, ABD, karışma önündeki *'tıkanıklıkları'* açana dek sustular. Daha sonra da katkılarını parayla sınırlı tutmağa çalıştılar.

Üç ülkenin birbirlerine karşı üstünlükleri ve güçsüz yanları var. ABD'nin askeri gücü ve dünya siyasetindeki geçmişten gelen ağırlığı sürmektedir. Ancak, Sovyetler Birliği'nin dağılmasından sonra gerek Amerikan Silahlı Kuvvetleri'nin küresel dağılımı ve gerekse NATO, eski anlamını yitirmiş durumdadır. ABD, NATO'yu kendi denetiminde tutarak *Dünya Müdahale Gücü* haline getiriyor. Almanya AB ile ayrı bir askeri örgütlenmeye gidiyor. Japonya 50 yıl aradan sonra, savunma yatırımlarına önemli fonlar ayırıyor.

Almanya, Japonya ve Çin sermaye birikimini yatırıma dönüştürmede son derece başarılıdır. ABD, ağırlıklı olarak *mali sermaye* kazancına yönelip üretimsizliğin neden olduğu sorunları yaşarken, bu ülkeler dünya ticaretindeki paylarını düzenli olarak arttırıyor. Bu konuda Japonya ve Çin gerçekleştirdiği başarıyı başka ülkeler sağlayamıyor. Dünya üzerinde hiçbir ülke, Japonya ile yaptığı ticarette ticaret fazlasına sahip değil. Dünyanın en büyük dışsatımcısı Almanya bile Japon pazarındaki yarışta yeterince başarılı olamıyor. 1985-1990 arasında Japonya GSYH'sinin yüzde 35,6'sını yatırımlara yöneltirken, ABD ancak yüzde 17'sini yatırımda kullandı.[11]

Devlet korumacılığını, her üç ülke de yoğun olarak kullanıyor. Ancak, Almanya ve Japonya bu konuda daha duyarlı ve ödünsüz bir politika yürütüyor. ABD, uluslararası anlaşmaları kullanarak baskı yapmasına karşın korumacılık konusunda yarışçıları kadar başarılı olamıyor. Eriştikleri akçalı güç onlara, her türlü baskıya karşı direnme olanağını veriyor.

1980'lerde ABD, araba dışsatımını sınırlaması için Japonya'ya baskı yaptı. Dışarıdan çelik ve makine aksamı dışalımını yavaşlatmak için birtakım önlemler aldı. Ancak, bu önlemler bilinçli ve olumlu üretim stratejileri oluşturmak için yeterli değildi. Nitekim başarılı olamadı. Japon sermayesi, araba dışsatımlamanın yanında, doğrudan yatırımlarıyla ABD pazarına girdi. Örneğin, *Honda*'nın *Ford*'la ortaklığı vardı. *Honda*, arabalarını *Ford* markalarıyla piyasaya sürüyordu. ABD'ye yatırım yapan Japon arabalarına sınırlama getirilemiyordu.

Japonya'nın korumacılığı çok başkadır ve köklü gelenekleri vardır. 1945 yılından beri geliştirilen Japon büyüme stratejisi, hammadde ticaretine bağımlı bir adalar ülkesi olmasıyla bağlantılıdır. Belirlenen dönemlerde saptanan kilit endüstrilere öncelik verilmiştir. Bu alanlarda yabancıların Japon pazarına girişi kesin olarak önlenmiş ve şirketler küresel güce ulaşıp dünya pazarlarında önemli bir paya sahip olana dek koruma altına alınmıştır.

Almanya korumacılığın yeri, verilen önem ve uygulamadaki kararlılık açısından Japonya'ya benzemektedir. Belirlenen alanlar (yüksek teknoloji ve kimyasal ürünler gibi), yoğun koruma altına alınmış ve bu alandaki yatırımlar, Japonya'da olduğu gibi, dünya piyasalarında yer edinene dek koruma sürdürülmüştür. Alman korumacılığının yöneldiği ana erek üretimde kalite üstünlüğüne ulaşmaktır. Teknik mükemmelliğe önem verme anlayışı, Almanya'da kuşaktan kuşağa süren etik bir değerdir. Yüksek ücret, cömert tatil izlenceleri, geniş sosyal haklar, üretilen malın niteliğiyle arttırılan işçi kazanımları, Alman iş yaşamının gelenekleridir. Almanya'da devlet destekleri, çalışanları da kapsamına almayı amaçlayan bir anlayışla uygulanmıştır. Yöresel ayrımlara göre düşük faizli ve uzun vadeli devlet kredileri, vergi kolaylıkları ve karşılıksız ödeme uygulamaları Almanya'nın uyguladığı özendirmelerdir.

Savaştan hemen sonra uygulamaya koyulan destekleme uygulamaları, gerek Almanya gerekse de Japonya'da olumlu sonuçlarını kısa sürede vermiştir. Bu iki ülke çok hızlı bir ekonomik büyümeyi birkaç on yılda gerçekleştirmeyi başardı. Örneğin Japonya'nın başka ülkelerde gerçekleştirdiği doğrudan yatırımlarla, yabancıların Japonya'da gerçekleştirdiği yatırım tutarı arasında uçurumlar oluştu. 1950-1989 yılları arasında yabancılar Japon işletmelerine 15,7 milyar dolarlık yatırım yaparken Japonlar başka ülkelerde toplam 253,9 milyar dolarlık işletme satın aldı.[12] Yabancı yatırımcılar 1985-1990 yılları arasındaki beş yılda ABD borsasında toplam sermayenin yüzde 9'unu temsil eden tutarda firma satın alırlarken, aynı dönem içinde Japon sermaye piyasasının ancak yüzde 0,5'ini satın alabildiler. *"Japonlar daha çok satın alıyor nadiren satıyordu".*[13]

Şirket alım-satımlarında Almanlarla Japonlar arasında ulusal değerleri koruma anlamında önemli benzerlikler var. İkinci Dünya Savaşı'ndan sonra önemli ABD firmaları, Avrupa'da geniş yatırımlar yaptı, ancak bu yatırımlar özellikle 1970'lerden sonra el değiştirmeye başladı. Almanlar ve başka Avrupalılar Amerikalılara ait yatırımların yüzde 25'ini satın alarak geri aldılar. ABD'nin ikinci büyük kimya sanayicisi *Dow Chemicals*, 1,8 milyar dolarlık malvarlığını satıp, Japonya, Suudi Arabistan, Güney Kore ve Yugoslavya pazarlarından çekilirken, Avrupa firmaları yalnızca 1986 yılında toplam 6 milyar dolar değerinde sekiz Amerikan kimya sanayi kurumunu ele geçirdi.[14]

Kıyasıya Süren Savaş: Ekonomik Yarış

ABD, Japonya ve Almanya ekonomik alanda gerçek anlamda amansız yarışçılardır. Kendi iç pazarları dahil aynı pazarlar için yarışmaktadırlar. Sermaye kaynakları ve devinimleri için savaşım veriyorlar. Yüksek teknoloji endüstrisinde birbirlerine üstünlük sağlamak için yarışıyor ve pazar paylarını arttırmak için çatışıyorlar. Çıkış noktaları ve olanakları aynı değil. Gelecek yıllarda, üç büyüklerdeki siyasetçiler ve yurttaşlar, tüm dünyayı etkileyecek bu yeğin ve her şeyi kapsayan savaşımın, iç karartıcı sonuçlarıyla uğraşmak zorunda kalacaktır.

Kazananın olmayacağı ancak herkesin yitireceği bu çatışma, belki de türünün son çatışması olacak. Ekonomik rekabetin ötesinde ayrımlı askeri yeteneklere sahip olma, yüksek silah teknolojisi gibi konular önümüzdeki yılların gündeminden düşmeyecektir. ABD, ekonomik rekabetteki zaafını, kaçınılmaz olarak siyasi ve askeri güçle dengelemeye çalışacaktır. Bu tür girişimlerin, Japonya ve Almanya'da kaygı yaratması ve bu ülkelerin önce gerilemelerine daha sonra da direnişe geçmelerine yol açması kaçınılmazdır.

20. yüzyılın son yarısında, Sovyetler Birliği nedeniyle zorunlu olan *'uysal rekabetin'* yaşandığı dünya pazarları, 21. yüzyılda, kıran kırana bir savaşıma sahne olacaktır. *'Uysal rekabette'* kazanmak ve az kazanmak vardır. Bunda herkes bir yer bulur. Koşullara biraz ayak uyduran çarkın dışına sürüklenmez. Ancak, kıran kırana yarışta var olmak ve yok olmak vardır. Kimileri ayakta kalacak kimileri yok olacaktır.[15] Şimdiki düzenin koşulu budur.

Üç büyük ülke 21. yüzyıla, birbirlerine yakın ekonomik güçlerle giriyor. ABD 20. yüzyılın ilk yarısından sonra elde ettiği önderliği yitirdi. Önümüzdeki yüzyılda başarılı olup olmayacağı, yarışçılarıyla baş edebilmesine bağlı. Bu da güç görünüyor. Yarışın kimin yararına geliştiğinin en iyi göstergesi olan, dış ticaret sayıları, 27 yıldır sürekli ABD aleyhine sonuç veriyor.

ABD, 1982 yılında ilk kez 7 milyar dolar dış ticaret açığı verdi ve bu açık, sürekli artarak, 1989 yılında 106 milyar dolar oldu. Oysa Almanya ve Japonya aynı dönemde sürekli dış ticaret fazlası gerçekleştirdiler. Almanya, dış ticaret fazlalığını 1982-1989 arasında 5 milyar dolardan 55 milyar dolara çıkarırken; Japonya aynı dönemde 7 milyar dolardan 57 milyar dolara çıkarttı.[16]

Artan dış ticaret geliri, bu iki ülke elinde büyük boyutlu sermaye birikimine yol açtı. Birikimin bir bölümü yeni yatırımlara ayrılırken, bir bölümü satılacak taze para olarak, Tokyo ve Berlin'deki banka kasalarına gitti, kalanı da başta ABD'de olmak üzere şirket ve taşınmaz satınalımlarına yatırıldı. Japonya 1982'den sonra,

ABD'nin bir numaralı kredi vericisi durumuna geldi. 1980'lerin sonlarında Japonya'nın verdiği kredi, ABD'nin toplam hazine borçlarının yüzde 30'unu oluşturur duruma gelmişti. Ayrıca bol paralı Japon yatırımcılar Los Angeles, New York ve öteki büyük kentlerde taşınmaz mal, fabrika ve şirket alıyordu. 1982 sonunda ABD'nin başka ülkelerdeki malvarlığı, bu ülkelerin ABD'deki mal varlığından 152 milyar dolar daha çok iken[17]; 1991 başında, çoğunluğu Japonya ve Almanya'ya ait olmak üzere başka ülkelerin ABD'deki mal varlıkları, ABD'nin bu ülkelerdeki mal varlıkları toplamından, 757 milyar dolar daha çok olmuştu.[18]

Honda, Nissan ve *Toyota*, ABD otomobil endüstrisine 1980'den sonra hızlı bir biçimde girdi ve Amerika'ya yerleşti. Japon elektronik firmaları *Hitachi, Toshiba*, NEC günlük kullanım aletleri piyasasına egemen oldu. Japon yarı iletken firmaları sıfırdan başlayarak hızla Amerikan şirketlerine meydan okuyan bir güce ulaştı. *Sony* ve *Matsushita, Columbia Pictures* ve *Universal Studios*'u satın alarak Hollywood'a girdi. Sonuçta, Japonya, kısa sürede ABD'yi kendi pazarında gözkorkutacak kadar gelişmiş teknolojik bir büyük güç durumuna geldi. 1990'larda artık Amerikan yaşamının her yönü, Japonya ile bağlantılı duruma gelmişti.

Japonya, ABD pazarına yönelik doğrudan yatırımlarında gösterdiği başarıyla yetinmemektedir. NAFTA'nın Kanada ve Meksika'ya karşı ABD'ne verdiği ayrıcalıklardan yararlanmak için, özellikle Meksika'nın ABD sınırına yakın yörelerde yoğun biçimde yatırım yapmaktadır. Meksika'da fabrika açan Japon şirket sayısı 200'ü aşmıştır (1995). Buradan ABD'ye yapılan dışsatım, Japon değil Meksika dışsatımı sayılıyor. Bu nedenle kimi kongre üyesi, Japonya'nın sınır bölgesindeki fabrikalarını, Truva atı olarak nitelemektedir.

Japonya ABD'nin karşısına; Amerika'nın iç pazarında Amerikan şirketi, NAFTA ortak pazarında ise Meksika şirketi olarak çıkmaktadır. ABD, oluşturduğu düzenin, kendisine karşı işlemeye başlamasının sıkıntısını yaşamaktadır. Birçok üretim dalında kendi pazarında silinmiş durumdadır. Örneğin ev elektroniği alanı bunlardan biridir. Bu kesimin tarihçesi, Amerikan endüstrisinin bir daha asla dönemeyeceği bir pazardan aşama aşama geri çekilmesinin öyküsü gibidir. Bu çekilişte Amerikan radyo ve başka audio ürünleri de ev elektroniğini izlemektedir.

ABD, 1955 yılında bu ürünlerin yüzde 96'sını, 1965'te yüzde 30'unu üretiyordu. 1975'te ise bu oran sıfıra yakındı.[19] Televizyon üretiminin sonu da aynıdır. 1980'lerin sonunda ABD televizyon endüstrisinden yalnızca, yüzde 15 pazar payıyla *Zenith* kalmıştı. O da 1991 yılında bir Güney Kore firması olan *Goldstar*'la geniş kapsamlı bir teknoloji paylaşım anlaşması imzaladı.[20]

*

ABD ekonomisindeki üretim ve dış ticaret sorunları, birkaç üretim alanıyla sınırlı değildir, yapısal nitelikte, genel bir sorundur. Dış ticaret açıklarındaki önlenemeyen artış, *mali sermaye* kurumlarındaki ABD üstünlüğünü ortadan kaldırmış durumdadır. 1970'lerde her yıl yaklaşık 10 milyar dolar olan dış ticaret açığı, 1980'lerde yıllık 94 milyar dolara çıkarak büyük bir artış göstermiştir. Bu açığın, 40 milyar doları Japonya ile 10 milyar doları ise Almanya ile yaptığı ticarete aittir.[21] Oysa daha 40 yıl önce Japonya, kullandığı otomobil ve kerestenin yüzde 80'ini, inşaat gereçlerinin yüzde 70'ini ve petrolün yüzde 50'sini ABD'den satın alıyordu. O dönemde Japonya, Amerika pazarına yalnızca ipek verebiliyordu.[22]

Japonya ve Almanya'nın İkinci Dünya Savaşı'ndan sonra gerçekleştirdiği ekonomik büyüme, ödünsüz uygulanan ulusal nitelikli, planlı kalkınma stratejilerine ve örnek alınacak bir toplumsal sıkıdüzene (disipline) dayalıdır. Ekonomik düzen, varlıkların değerlendirilmesi, devlet korumacılığı, ulusçu erekler, nitelikli eğitim ve teknolojik yenilenmeyi içeren kalkınma tasarları; Japonya ve Almanya'nın gerçekleştirdiği ekonomik büyümenin temel dayanakları olmuştur.

Ekonomik gücü neredeyse Almanya, İngiltere ve Fransa'nın toplamına yaklaşan Japonya; dünyanın her yerine borç veren, yatırım yapan ve büyük akçalı kaynakları olan dev bir bankerdir. Yen, dolar ve markla birlikte dünyanın en önemli parasıdır. Japonya'nın, toplam dünya geliri içindeki payı 1950 yılında yüzde 5'ti. Bu oran 1990 yılında yüzde 16'ya çıktı.[23] 40 yıl içinde elde edilen bu büyüme bir ulusun gerçekleştirebileceği en büyük gelişmedir. 1980'lerde Japonya'nın ticaret ve yatırım gücü, 462 milyar dolarlık fazla verirken aynı dönemde ABD, 807 milyar dolarlık açık vermişti.[24]

1980'lerin başında Japonya'nın, tahvil, hisse senedi, fabrika ve taşınmaz mal olarak ülke dışında yaptığı net yatırım, yılda ortalama 10 milyar dolar kadardı; on yılın sonunda bu nicelik 192 milyar dolara çıkmıştı. Yalnızca Temmuz 1988 ile Temmuz 1990 arasında Japon ekonomisi, bütün Kanada'nın ulusal geliri kadar büyüdü.[25] Japon firmaları, yalnızca öteki uluslararası şirketlerin üretim stratejileri ve yönetim biçimleri için örnek değil, aynı zamanda teknolojik gelişimiyle dünya ekonomisinin ardındaki merkezi itici güç durumundadır. Japonya, bugün Hong Kong, Singapur, Tayvan, Tayland, Malezya ve Endonezya'dan geçerek, Seul'den Sidney'e dek uzanan bölgenin egemen ekonomik gücü durumuna gelmiştir.

Japonya, 1970 yılında ABD'nin üretiminin ancak yüzde 50'sini üretebiliyorken, 1990'a kadarki 20 yıl gibi kısa bir sürede, ABD'nin ulusal üretimini yüzde 22 oranında aştı.[26]

Japonya'nın üstünlüğü yalnızca üretim alanında değil akçalı piyasalarda ve bankacılıkta da kendisini açıkça göstermektedir. 1970 yılında dünyanın en büyük 15 bankası arasında Japon bankası yokken, 1990 yılında dünyanın en büyük 15 bankasından 10'u Japon'du ve ilk altı sırayı da Japon bankaları alıyordu.[27] Citibank 20. sıraya inmişti. 1989 yılında Japon bankaları, ABD banka aktiflerinin yüzde 11'ini elinde tutuyordu. Bu oran 1974 yılında yüzde 2,3 idi. 1981-1989 yılları arasında Japon bankaları, dünyanın en büyük 100 bankasındaki aktiflerini yüzde 25'den yüzde 46'ya çıkardı. Aynı sürede Amerikan bankalarının payı yüzde 15'den yüzde 6'ya düştü.[28] 1989 yılında Japon bankaları California'daki tüm kredilerin yüzde 20'sini karşılıyordu.[29]

Finans piyasalarına ağırlığını koyan Japon *mali sermayesi* Amerikalıları şaşkına çevirmişti. Bir ABD uluslararası şirketi olan *Board*'ın başkanı; "*Açıkça kendi ekonomik kaderimiz üzerindeki denetimimizi yitirmek üzereyiz*"[30] derken haklıydı. **Reagan** döneminde ABD bütçesinin verdiği yıllık açık 150-250 milyar dolara çıkmıştı.[31]

Almanya'nın ekonomik başarımı (performansı) Japonya'ya oldukça benziyor. Almanya, Batı Avrupa ekonomilerinin gerçekten bütünleştirilmesi, orta ve Doğu Avrupa ülkelerine gecikmeden yayılma, Ortadoğu ve Avrasya'da etkinleşme gibi konularda bu güne dek önemli yol aldı. Birçok alanda üstünlükleri var. Her şeyden önce, uzun süreden beri Batı Avrupa'nın ekonomik güç merkezidir ve artık en önemli siyasi güç durumuna gelmiştir. 1990 yılında dünyadaki en geniş ticaret fazlasını gerçekleştirdi. Kişi başına düşen dış ticaret fazlalığı temel alındığında, Japonya'nın elde ettiği ticaret fazlasının üç katına ulaşıyordu. Almanya, tarihsel pazarı Orta ve Doğu Avrupa'da etkinliğini kurup Ortadoğu'ya yayıldığında, çok daha heybetli bir görünüm kazanacaktır.

Japonya'nın dışsatımındaki başarısı birkaç endüstri dalında yoğunlaşmasına ve *Sony* ya da *Mitsubishi* gibi birkaç büyük firmanın satışlarıyla gerçekleşmesine karşılık, Almanya'nın dışsatımı çeşitli endüstri dallarından oluşan çok geniş bir alanı kapsamaktadır. Uluslararası çalışan ve nitelikli üretim konusunda kendilerini kanıtlamış binlerce şirkete sahiptir. Almanya çelik, makine takımı ve kimyasallar başta olmak üzere Avrupa'da belli başlı endüstri dallarına egemen durumundadır. AB içinde belirleyici güçtür. AB'nin toplam üretiminin yaklaşık üçte birini tek başına Almanya gerçekleştirmektedir. 1992 yılında, birliğin bütçesine yaptığı katkı 10 milyar dolardan çoktu. Bu nicelik, İngiltere'nin yaptığı katkının 3, İngiltere ve Fransa'nın birlikte yaptığı katkının 2 katıdır.[32]

Japonya ve Almanya'nın gelişen ekonomik gücüne karşılık ABD, üretim endüstrisi ve küresel ticarette gerilemektedir. Ancak, dünyanın en büyük askeri gücü durumundadır. Muazzam bir nükleer cephaneliği ve çıkarlarını korumak için hemen her yere askeri birlik gönderme yeteneği vardır. Ekonomik yarışta geri kalmaya başlayan bir ülkenin elinde böylesi bir gücün bulunuyor olması, kaygı vericidir. Bu dengesizliğin insanlığa karşı oluşturduğu çekincenin boyutu, gizlenen teknolojik buluşlar nedeniyle, tam olarak saptanamamaktadır.

Amerikalıların Almanya'dan en az Japonya kadar çekindikleri biliniyor. Amerika'nın en çok satan yayın organlarında, büyüyen Almanya'nın tarihindeki *"karanlık yanların"* ne zaman *"yeniden ele alınacağı"* merakla bekleniyor. *Times*, 20 Kasım 1989 tarihli sayısında; *"Almanya: Dünya Endişelenmeli mi?"* diye soruyor. 30 Temmuz 1990 tarihli *Newsweek*, *"Almanya Durdurulabilir mi?"* başlığıyla çıktı. Amerikalıların kaygı duymakta hakkı var. Alman ekonomik mucizesi (wirtschaftswunder) şaşırtıcı bir büyüme gerçekleştirdi. 1950 ile 1963 arasında toplam uran üretimi 3 kat, otomobil üretimi 20 kat arttı, dışsatım yükseldi ve kişi başına gelir katlandı.[33]

Almanya çok iyi örgütlenmiş bir piyasaya sahiptir. Özel sektör ekonomik siyasetin belirlemesinde etkindir. Ancak devlet; *Lufthansa* (havayolları), *Bundesbahn* (demiryolları) ve *Telekom*'un (iletişim) büyük bölümüne sahiptir. Endüstri alanında önemli yatırımları vardır. Örneğin, Aşağı *Saksonyan Volkswagen*'in yüzde 20'si devletindir. Devlet mülkiyetinin yoğunluğu eski Doğu Almanya bölgelerinde daha çoktur. Belli başlı 4 banka akçalı piyasalara egemendir. Bu bankalar Alman şirketlerine yatırım yapar. Yönetim kurullarında temsilcileri vardır. Ülkenin endüstriyel gücüne doğrudan katkıda bulunurlar. Bütün bunlar akçalı kurumlarla endüstri arasındaki bağların Amerika'dakinden daha sıkı olmasını sağlar.

Alman uranının büyük bölümü, *Federal Alman Endüstrisi*'nin (FAM-Bundesverband der Deutschen Industrie) ve *Alman Ticaret Odası*'nın (DIH-Deutschen Industrie und Handelstag) yönetimi altındadır. Alman şirketlerinin özellikle dış yarış güçlerini arttırmaları için şirketlere yardımcı olan, devletin de desteklediği pek çok ticaret birliği vardır. Almanya'da, ekonomi ve ticaretteki hızlı gelişme, böyle bir örgütsel yapı üzerine oturtulmuştur. 1958 yılında Almanya'nın bugünkü AB üyesi ülkelere yaptığı dışsatım, tüm dışsatımın yüzde 30'unu oluştururken, bu rakam 1990 yılında yüzde 53'e çıktı. ABD, 1988 yılında Almanya ile yaptığı ticareti 10 milyar dolar zararla kapadı.[34]

ABD-AB arasındaki ticari ilişkilerde ibrenin Avrupalılar yararına dönmesi, ekonomik yarışı, önceden imzalanmış küresel anlaşmaları yok sayacak kertede yeğinleştirmiştir. 1999'un başlarında ortaya çıkan *"muz savaşı"* ve *"sivil havacılık kavgası"* bu tür çatışmaların ne ilkidir ne de sonuncusu olacaktır. Avrupa Birliği'nin doların küresel tekeline karşı avroyu ortaya çıkarması, ABD-AB arasında yeni bir çatışma sürecini başlattı.

Muz ticaretini kendi tekeline alma savaşımı 6 yıldır sürüyordu. AB, ABD'nin elinde bulunan muz ticaret tekelinin kaldırılması için WTO'da açtığı davadan bir sonuç alamayınca Amerikan muzlarına yüksek gümrük vergisi koydu ve buna ek olarak, Amerikan uçaklarının *"yaşlı"* oldukları gerekçesiyle Avrupa'ya inmelerini yasakladı. ABD'nin yanıtı gecikmedi ve temsilciler Meclisi'nden acele iki yasa çıkarıldı. Bunlardan birinde, *"Avrupa'dan dışsatımlanan lüks mallara yüzde 100 gümrük"* koyuluyor, öbüründe, Avrupalıların övünç kaynağı *Concorde*'ların *"fazla gürültü yaptıkları"* gerekçesiyle ABD havaalanlarına inişine yasaklamalar getiriyordu. AB'nin doların karşısına avroyu çıkarması ABD'yi kızdırmıştı.[35] Bu tür kızgınlıklar ve bunların kaynaklık edeceği gerilimler önümüzdeki dönemlerde boyut değiştirerek artacak ve yeğinleşecektir.

Siyasi Ayrılıklar Artıyor

ABD-Japonya ve Almanya arasındaki siyasi karşıtlıklar, Soğuk Savaş dönemlerinde pek dikkat çekmedi. Savaştan yenik çıkan Almanya ve Japonya uzun süre dünya siyasetinde herhangi bir rol almadı; alamadı. Onlar, dünyanın yeni önderi ABD'nin, silahlanması yasaklanmış bağlaşıkları olarak yalnızca ekonomi ve ulusal kalkınmayla uğraşmak zorundaydılar. Siyasi alanda ABD politikalarını koşulsuz desteklediler ve ayrılık yaratacak davranışlardan özenle kaçındılar. Her iki ulus da, tarihin belki de en kapsamlı korumanlık (vesayet) ilişkileri içinden, iki büyük ekonomik gücü yaratmayı başardı.

Almanya ve Japonya, savaş sonrasında, kendilerine ait hemen hiçbir konuda karar alamaz duruma getirilmişti. Ekonomide, siyasette ve toplumsal yaşamı ilgilendiren tüm alanlarda karar süreçleri, başta ABD olmak üzere, savaştan yengiyle çıkmış ülkelerin eline geçmişti. Köklü uran geleneği olan, kalkınma gizilgücüne sahip bu iki ülkenin, endüstriyel birikim ve alım gücü yüksek pazarı, eğitimli nüfusu, ABD için önemliydi. Küresel ölçekli ticaret ve uluslararası sermaye yatırımlarını amaçlayan yeni bir dünya düzeninin kurulma tasarı bu önemi arttırıyordu.

Marshall Planı bunun için uygulandı. Büyük boyutlu yatırımlar yapıldı. Ekonomi ve siyasi denetimin yanında kapsamlı kültürel izlenceler uygulandı. Kitaplar Almanca ve Japoncaya çevrildi. Amerikan sanat gösterileri, bu ülkelerde yoğun olarak yinelendi, müzik toplulukları ve tiyatrolar Japonya'ya turlar düzenledi. Hollywood filmleri kasaba ve köylere dek ulaştırıldı. Belli başlı kentlerde Amerikan evleri inşa edildi. Birleşik Devletler'de eğitim görmek isteyen Alman ve Japon öğrencileri için karşılıklı eğitim izlenceleri hazırlandı.

Ancak, ABD, bu tür politikalarda birçok azgelişmiş ülkede gösterdiği başarıyı Almanya ve Japonya'da gösteremedi. Köklü tarihsel birikimi olan bu iki ülke, hemen her konuda ABD'nin yanında yer almasına karşın bu dönemi, *"katlanılması gereken bir süreç"* olarak gördü ve tüm olanaklarını ekonomik büyüme için kullandı. ABD *Soğuk Savaş*'ın askeri yükünü taşırken onlar, endüstriyel ürünlerini arttırıp çeşitlendirdi. Ekonomik ve siyasi bağımsızlık duygularını toplumsal bilinçlerinde her koşulda canlı tutmayı başardı.

ABD, yalnızca Asya'da, güvenliği sağlamak için hala, yılda 50 milyar dolarlık askeri harcama yapmaktadır. Oysa Sovyetler Birliği dağılmıştır ve bu bölgede ekonomik olarak Japonya'nın ağırlığı vardır. ABD'nin Japonya'nın egemen olduğu pazarları büyük paralar harcayarak koruma gibi bir duruma düşmesi, Amerika'da eleştiri konusu olmaktadır. Amerikalı Japonya uzmanı **Kenneth Pyle** konuyla ilgili olarak şunları söylüyor: *"Gelecekte bir tarihçi 20. yüzyılın sonlarına dönüp baktığında dünyanın en fazla borçlu ulusunun (ABD), dünyanın en büyük borç veren ulusuna (Japonya) askeri güvenlik sağlamaya devam ettiğini görünce hayretler içinde kalabilir. Nasıl oluyor da Birleşik Devletler, ekonomi alanında kendisi için öteki ülkelerden daha büyük tehdit oluşturan Japonya'nın savunması için 50 bin kişilik bir askeri personeli bölgede tutmaya devam eder"*.[36]

Japonya uzmanı **Pyle**, Pasifik'teki ABD askeri gücünün dünya egemenliğinin bir parçası olarak ve Japonya'ya karşı amaçlarla orada tutulduğunu görmüyor ya da söylemek istemiyor.

ABD bütçelerinde askeri giderlere ayrılan pay, İkinci Dünya Savaşı'ndan sonraki dönemde sürekli artmıştır. NATO, 1988 yılında yaptığı bir araştırmada, askeri gidere GSMH ya göre; ABD'nin yüzde 6,1, AB'nin yüzde 3,3, Japonya'nın ise yüzde 1 kadar harcama yaptığını hesaplamıştır.[37] ABD, denizaşırı ülkelere yayılmış olan askeri örgütlenmesini sürdürmek için yılda 200 milyar dolar harcarken, Japonya ve Almanya bu alana önemli bir kaynak ayırmamış, birikimlerini ekonomik büyüme için kullanmıştır.

Bugün birçok etkin Amerikalı, bir zamanlar Sovyetler Birliği ile nasıl askeri alanda yarıştılarsa, bugün de Almanya ve Japonya ile ekonomik alanda yarıştıklarını, bu nedenle de askeri harcamaların daha dengeli duruma getirilmesi gerektiğine inanmaktadır. Senato Silahlı Kuvvetler Komitesi Başkanı Georgialı Demokrat Senatör **Sam Nunn**, konuyla ilgili görüşlerini açıklarken; *"Müttefiklerimizle aramızdaki ekonomik güç dengeleri değişmektedir. Ancak, Savunma harcamaları hala oransız bir biçimde Amerika'nın omuzlarındadır. Gerekli düzenlemeleri yapmakta çok geç kalınmıştır"* demektedir.[38]

Arizona Cumhuriyetçi Senatörü **John McCain** ile Massachusetts Demokrat Senatörü **John Kerry**'in bu konudaki tavırları daha serttir. Almanya ve Japonya'nın Körfez Savaşı harcamaları için 10'ar milyar dolar vermelerini az bulan senatörler bu davranışı, *"adi bir gösteri"* ve *"neredeyse bir hakaret"* olarak görüyordu.[39]

ABD ile Almanya ve Japonya arasında siyasi ayrılıklar, 1950'li yılların sonlarında başladı. Soğuk Savaş'ın bütün yeğinliğiyle sürdüğü 1945-1955 döneminde, her iki ülkenin de, ABD ile siyasi sürtüşme içine girecek güçleri yoktu. Bu dönemde, ABD'nin dünya'ya yönelik kendi çözümleri genel kabul görmüş ya da gördürülmüştü. Ancak, ekonomik gelişmeye paralel olarak, ulusal ölçekli karşı çıkışlar bugünlerde yüksek sesle söylenmeye başlandı. Savaş sonrasının ilk yıllarında Amerikan siyasi dizgesinin bir parçası olan Almanya, Sovyetler Birliği'ne karşı izlenecek politikada, bağımsız davranma eğilimi gösterdi. Sovyetler Birliği'yle komşuydu ve herhangi bir askeri çatışmada ilk hedef durumundaydı. Bu nedenle Almanya *Doğu'yla ilişkilerin normalleştirilmesi (ostpolitik)* politikasını kararlı biçimde savundu ve bu politikayı ısrarla izledi.

Sovyetler Birliği'ne karşı yumuşama (detant) politikasındaki içtenlik ve nükleer başlıklı füzeleri topraklarına kabul etmeme eğilimi, ABD'nin hoşlanmadığı bir konuydu. Bu konu, Almanya'nın soğuk savaş dışı kalmasına yol açmadı ancak siyasi görüş ayrımlılığının ilk örneğini oluşturdu. Bu ayrımlılığın bir uzantısı olarak, Almanya 1960'lı yılların sonlarında ABD'nin Vietnam'a yaptığı askeri karışmayı desteklemedi. Polonya olayları sırasında Sovyetler Birliği'nin Polonya'da aldırttığı önlemlere karşılık olarak, Başkan **Carter**'ın deniz yoluyla Sovyetler Birliği'ne tahıl ulaşımını durdurmasını onaylamadı. Almanya, ABD'nin Moskova'yla çatışmayı göze alarak, *"insan hakları ihlalleri"* konusunda dışardan destek arayan Amerikan istemine sıcak bakmadı. ABD Başkanı **Reagan**, 1980'lerde Almanya'nın Sovyetler Birliği'yle yaptığı doğal gaz anlaşmasını iptal etmesini istediğinde Bonn öfkelendi ve **Reagan**'ın ekonomik politikalarını ve bu politikaların yol açtığı bütçe açıklarıyla borçların yalnızca Amerika için değil, tüm dünya ekonomisi için de bir sorumsuzluk olduğunu açıkça dile getirdi. *"Siz kendi işinize bakın"* biçimindeki tavır, Almanya'nın 1980'lerden sonra yerleşik görüşü durumuna geldi.

*

Sovyetler Birliği'nin dağılarak Soğuk Savaş'ın sona ermesinden sonra Almanya-ABD arasındaki dış siyaset ilişkilerinde, Almanya'nın bağımsız politika oluşturma eğilimi belirgin biçimde arttı. İlk çatlak iki Almanya'nın birleşmesi konusunda oldu. Almanya'nın bölünmüşlüğü Soğuk Savaş'ın simgeleşmiş nedenlerindendi. ABD ve Sovyetler Birliği 45 yıl boyunca bu sınırda karşı karşıya gelmiş, dünyayı ilgilendiren siyasi bunalımların iki yanı olmuştu.

Birleşme gündeme geldiğinde Almanya, ABD ve Avrupalı bağdaşıklarıyla herhangi bir ilişki kurmadı; İngiltere, Fransa ve ABD'nin canını sıkan, şaşırtıcı bir bağımsız davranışla, Moskova'yla görüşmelere başladı. **Helmut Kohl** kendi birleşme tasarını onaylatmak için Temmuz 1990'da Sovyetler Birliği'ne gittiği zaman, iki devlet dışında herkes devre dışı bırakılmıştı. 45 yıllık uluslararası bir sorun bir anda, Alman-Sovyet sorunu durumuna gelmişti.

Aynı ay yani 1990 Temmuzu'nda, Teksas'ta sanayileşmiş ülke başkanları doruğu yapıldı. Bu doruk bir anlamda, Sovyetler Birliği'nin yıkılması ve Soğuk Savaş'ın bitmesinin kutlanacağı bir toplantı olacaktı. Almanya birleşmenin eşiğindeydi, Sovyetler Birliği Batıya kapılarını sonuna dek açacağını ve siyasi gerilimlere son vereceğini söylüyordu. Dorukta ele alınan ilk konu Sovyetler Birliği'ne yapılacak büyük boyutlu akçalı yardımla ilgiliydi. **Bush**'un Rusya'da neler olduğuna ve oralarda neye gereksinim duyulduğuna yönelik ayakdireyici (ısrarlı) sorularına karşı, **Kohl**, birçok söz arasında; Doğudaki sorunla kendilerinin ilgileneceğini, Washington'un ne isterse yapabileceği ancak bu bölge için Almanya'nın tümüyle bağımsız planları olduğu anlamına gelen görüşlerini, katılımcıların şaşkın bakışları arasında dile getirdi.

Doruktan beş ay sonra Cenevre'de yapılan ve dört yıldır süren dünya ticaretinde serbestlik görüşmelerini sonuçlandırma toplantısında bir başka ayrılık ortaya çıktı. ABD başkanı **Bush**, Amerika'nın yeni bir anlaşmaya imza koymasının ön koşulunun tarım ve ticaretin daha çok serbestleştirilmesi olduğunu önceden açıklamıştı. Bu konuda anlaşmaya varılamaması durumunda, Birleşik Devletler'in görüşmelerden çekileceği konusunda birçok uyarıda bulunmuştu. Tarım konusunda Fransa'nın korumacı tutumu biliniyordu. Fransa bu toplantıda yalnız kalmadı ve ABD'nin ağır baskısına karşın Almanya, Birleşik Devletler'in çiftlik ürünlerinde daha çok serbesti isteğine karşı çıkan Fransa'yı tüm gücüyle destekledi. ABD ilk kez, bunca ağırlık koymasına karşın isteğini kabul ettiremedi ve görüşmeler sonuçsuz kaldı.

ABD, 1991 yılı başındaki Körfez Savaşı'nda, bu iki eski bağlaşığının gönülsüz desteğiyle karşılaştı. Para ve birtakım askeri donanım dışında olaydan uzak durmayı yeğleyen Almanya ve Japonya, kendilerini dolaysız ilgilendirmeyen deniz aşırı askeri serüvenlere katılmak istemediklerini göstermiş oldu. Sorun, ABD'nin çekincesi yüksek olmayan bir askeri operasyonuna destek verip vermeme boyutundan çok ilerdeydi. ABD yöneticilerine *'acı'* veren ayrılık, bu iki ülkenin olaylara bakışlarında Amerikan çıkarlarının artık yer almamaya başlamasıydı. *Yeni Dünya Düzeni* ve bunun için ödenmesi gereken bedeller konusunda, Washington'ın *"en derin"* biçimde benimsediği görüşleri, Japonya ve Almanya artık paylaşmıyordu.

1991 başında körfez savaşının yol açtığı belirsizlikler sürerken, gelişmiş ülkelerin (G7) maliye bakanları ve merkez bankalarının üst düzey yetkilileri, New York'ta bir araya geldi. Toplantı önemli bir dönemde yapılıyordu. ABD'de ekonomik durgunluk derinleşiyordu. Japonya kendi borsasında meydana gelen iniş ve taşınmaz mal ederlerindeki düşüş nedeniyle kaygılıydı. Almanya birleşmenin getirdiği büyük akçalı yükün baskısı altındaydı.

Bu koşullarda, dünya finans çevreleri, üç büyüklerin dayanışma içinde olacağını, üç kilit paranın dengelenerek uluslararası para piyasalarında dengeyi sağlayacağını bekliyordu. Ancak, birkaç gün sonra Alman Merkez Bankası *Bundesbank* hiçbir uyarıda bulunmaksızın, yalnızca Almanya içindeki gelişmeleri gözetleyerek faiz oranlarını yükseltti. Almanya ve ABD piyasaları arasında oluşan faiz ayrımı, doların değer yitirmesine yol açtı. Merkez bankaları doların daha çok değer yitirmemesi için büyük nicelikte dolar satın aldı. Almanya, Amerikanın, faiz oranlarının düşürülmesi yönündeki isteğini geri çevirdi ve parasal dengenin çok önemli olmadığını belirterek, yüksek faiz uygulamasını sürdürdü.

Üç büyükler arasındaki çelişkiler ulusal çıkarların çatışmasına doğru gelişiyordu. ABD daha yüksek büyüme için *"feryat"* ederken, Almanya *"gaz kesiyor"*, Japonya ise *"kendi kabuğuna çekiliyordu."* Eski bağlaşıklar artık bir yol ayrımına gelmişti.[40]

Faiz oranlarının düşürülmesini kabul ettiremeyen ABD, birkaç ay sonra Polonya ve Mısır'ın tüm borcunu silme yönünde karar aldı. Bu kez, Japonya ve Almanya *"kaygıya"* kapıldı. Washington onların, böylesine toptan bir borç silmenin yanlış bir siyaset olduğuna yönelik görüşünü hiçe saymıştı. ABD, Polonya'yla siyasi ilişkilerini genişletmek ve Körfez Savaşı sırasında destek veren Mısır'ı ödüllendirmek istiyordu. Ancak, Almanya Polonya'nın en büyük kreditörüydü ve Washington'un bu ülkenin borçlarını silerek *"kötü örnek"* olmasına *"öfkelenmişti."* Küresel düzeyde en büyük borç veren ülke durumundaki Japonya da böyle bir örneğin ortaya çıkması nedeniyle kaygıya kapılmıştı. Üç büyükler kısa süre içinde bir kez daha ayrımlı ve birbirleriyle çatışan siyasetleri uygulamıştı.

Üç Büyükler'in dışardan uyumlu gibi görünen ilişkilerinde bir başka büyük çatlak, Aralık 1991'de ortaya çıktı. Avrupa'nın ortasında, Yugoslavya'da çıkan iç savaş tüm hızıyla sürüyor, ne AB ne de BM (Birleşmiş Milletler) ateşkes sağlayabiliyordu. Yugoslavya'nın parçalanmasına yönelik büyük devlet politikaları içinde, Almanya kimseye danışmadan Hırvatistan ve Slovenya'yı tanıdı. İngiltere ve Fransa karşı çıktı. BM Genel Sekreteri, Almanya'dan öteki gelişmiş ülkelerle eşgüdüm sağlamadan ve kapsamlı bir barış anlaşması olmadan tek başına böyle bir işe girişmemesini istedi. Alman Hükümeti'nin buna yanıtı; *"Avrupa ülkelerinin hiçbiri bize katılmasa da bu yönde hareket edeceğiz"* biçiminde oldu.[41]

Almanya sonraki dönemlerde de bağımsız tavrını sürdürdü. Doğu Avrupa ülkeleriyle geliştirilen ilişkiler, bu ülkelere yapılan yatırımlar, NATO'nun genişlemesi, Almanya Fransa ortak askeri yapılanma girişimi, AB Askeri Savunma Örgütü (BAB), Fransa'nın nükleer denemeleri, Almanya-Irak, Almanya-İran ilişkileri, İkinci Irak krizi vb. birçok konuda Almanya, ABD politikalarıyla uyumsuzluğu olan bağımsız bir siyasi yol izledi.

Nisan 1999'da Sırbistan'a yapılan NATO eylemcesine katılmakla birlikte, Balkanlar'daki bunalımın Almanya'nın dış politikasında *"köklü değişikliklere yol açtığını"* söyleyen Başbakan **Gerhard Schöder**, *Der Spiegel* dergisine şunları söyledi: *"Almanya bundan böyle Atlantik İttifakı (NATO) bünyesinde katılmayla yetinerek dünya olaylarından geri durmayacaktır".*[42]

*

Almanya-ABD arasındaki çelişkilerin çoğunluğu, Japonya'yı da ilgilendiren olaylardı. Japonya, özellikle 1990 *Houston Doruğu*, *Cenevre Serbest Ticaret görüşmeleri* ve 1991 *New York Maliye Bakanları toplantısında*, Mısır ve Polonya borç ertelemesinde Almanya'nın gösterdiği davranışların hemen aynısını sergilemişti.

Japonya'nın ABD ile savaş sonrası ilk çelişkisi 1950'lerde, pamuk, ipek ve sofra takımları gibi Japon dışsatım ürünlerinin

ABD pazarına akın etmesi üzerine çıktı. Bu mallara ABD'nin kota koyması, Japonya'da sessiz tepkilerin oluşmasına neden oldu. 1961 yılında ABD-Japonya ilişkileri, Amerika'ya bağımlılığın sürmesi anlamına gelen, *Güvenlik Anlaşması*'nın yenilenmesi konusu gündeme geldiğinde yeniden sarsıldı. Anlaşmanın yenilenmesi Tokyo'da 1918'den beri görülen en büyük kitle gösterilerine neden oldu. Başkan **Eisenhower**'ın bu ülkeye yapacağı gezi iptal edildi. Bunalım yatıştığında, ABD yöneticilerinde Japonya'nın siyasi dengesi ve Batıya bağlılığı konusunda ciddi kuşkular belirmişti.

ABD, 1971 yılında Japonya'da siyasi erinçsizlik (rahatsızlık) doğuran bir konu olan Okinawa'yı, Japonya'ya geri verdi. Ancak, sağlanan siyasi yumuşama, aynı yıl ABD'nin Japonya'nın yüksek nicelikte dışalımladığı soya fasulyesine engelleme getirmesi nedeniyle, eskisinden daha sert duruma geldi. ABD Başkanı **Nixon**'ın 1972 yılında Çin'e gitmesi, Japonya'yı büsbütün tedirgin etti. Kısa bir süre sonra ortaya çıkan dünya petrol bunalımında, ayrımlı çıkar kaygılarıyla alınan değişik tutum, iki ülke arasındaki siyasi ayrılığı artırdı. ABD, Japonya'yı petrol fiyatlarını arttıran OPEC ülkelerine yumuşak davranıp baskı yapmamakla suçlarken; tüm petrol gereksinimini dışardan almasına karşın, Japonya ABD'yi petrol tüketimini kısmayıp ucuz petrol peşinde koşmakla suçladı.

1989 yılında Çin'deki Tienanmen Meydanı olayları, Japonya ile Amerika arasında yeni bir ayrılığa neden oldu. ABD, Çin'i insan haklarını çiğnemekle suçlayarak ekonomik yaptırım uyguladı ve sözünün geçtiği ülkelere de uygulattı. Washington bu çizgiyi Japonya'nın katılımıyla daha uzun süre sürdürmek istiyordu. Ancak, Japonya Çin ile iyi ilişkiler kurma kararında olduğunu ve bu kararını ABD ile birlikte ya da onsuz uygulayacağını açık bir dille ortaya koydu ve dediğini yaptı.

Bush, 1992 yılına başarısız Japonya gezisiyle başladı. ABD iş çevrelerinde gerçekçi olmayan umutlar yaratarak apar topar Japonya'ya gitti. Büyük medyatik gösterilerle, ABD'nin en az rekabet gücü olan otomotiv sektörünü koz olarak ileri sürerek ticari ayrıcalıklar istedi. Gezinin hemen ertesi günü başta Almanya olmak üzere Avrupalı hükümet yetkilileri, hem Washington'u ve hem de Tokyo'yu kendi zararlarına olacak biçimde ikili ilişkilere girmemeleri için uyardı. **Bush**'un eli boş dönmesi Amerika'da artık geri döndürülemeyecek bir anti-Japon duygular akımını başlattı.[43]

1998 Kasımı'nda APEC'in Malezya görüşmeleri, eskiye dayanan ve sürekli büyüyen ABD-Japon anlaşmazlıklarının en üst noktasıdır. Japonya'nın bu toplantıda, Asya bunalımından etkilenen ülkelere yeni bir yardım paketi uygulayacağını açıklaması; bu girişimi, *"IMF'yi bölgeden uzaklaştırma operasyonu"* olarak değerlendiren ABD yönetimini *"çileden çıkardı"*. ABD ticaret temsilcisi **Berhevski** Japonya'yı *"Bölge ülkelerine rüşvet vermekle"* suçlarken, Japonya Dışişleri Bakanı **Masahiko Kamura**'nın bu suçlamaya verdiği yanıt, *"sinir bozucu"* bir yalınlık içeriyordu: *"Bu yardım mutlu sona ulaşacak bir girişimdir"*.[44]

*

Anlaşmazlıklar, yalnızca ABD-Almanya ya da ABD-Japonya arasında olmamaktadır. Benzer nitelikte ekonomik ya da politik gerilimler, Japonya-Almanya arasında da yaşanıyor. Japonya'nın Almanya'da ve başka Avrupa ülkelerinde yatırımları artarken, ABD'de sıkça dile getirilen kaygılar buralarda da dile getiriliyor. Ticaret ve yatırım alanında durum, her geçen gün Japonya'nın yararına gelişiyor. 1988-1990 arasındaki iki yılda Almanya'daki Japon yatırımı 409 milyon dolardan 1242 milyon dolara çıkarken, aynı dönemde Japonya'daki Alman yatırımı 195 milyon dolardan ancak 259 milyon dolara çıkmıştı.[45]

Yabancı yatırım konusunda Avrupa'nın duyduğu hoşnutsuzluğun en belirgin örneği, AB'nin Japon otomobillerine yönelik tutumudur. Japon şirketleri, AB'ye araba dışsatımının yanı sıra Avrupa topraklarında fabrikalar kurmaktadır. Avrupalı işletmeler üzerindeki baskı ağırlaşmaktadır. Bu nedenle 1991'de AB, Japonya ile bir *gönüllü sınırlama* görüşmesi yaptı. Amaç, Japonya'nın AB pazarındaki payını yüzde 16 ile sınırlamaktı. Avrupalılar kısıtlamaları yalnızca dışsatımlanan Japon arabalarına değil, Avrupa'da üretilenlere de uygulamak istiyordu. Avrupa'da üretim kotası üzerinde tartışılırken, Japon firmaları, doğrudan yatırım ya da ortaklıklarla fabrikalar kuruyor, Japon arabaları Avrupa'nın her yerine yayılıyordu. Japonlar, 1990 yılında Avrupa'da 151 bin araba üretirken bu sayı 1995'te 654 bine ulaşmıştı.[46]

Üç büyük ülkenin oldukça sert biçimde sürdürdüğü ekonomik çekişme, bugün için siyasi ya da askeri çatışmadan uzaktır. Ancak, silahlı savaşımın ekonomik çatışmanın bir süreği (devamı) olduğu da açıktır. Açık olan başka bir gerçek, 20. yüzyıl sonunda çelişkileri artan bu ülkelerin 21. yüzyıl başlarında kıyasıya bir savaşım içine gireceğidir. Çok yönlü gerilimler bugün belirti boyutu aşmış, çatışmanın kendisi durumuna gelmiştir. Bu çatışma derinleşecektir.

Ne Japonya ne de Almanya artık, ABD'nin geçmişteki söz dinler bağlaşıklarıdır. Onlar artık, dünya siyaset sahnesinin birinci sınıf oyuncuları olarak yerlerini almıştır. Güçlerini oluşturan büyük üretim yeteneğiyle ağırlıklarını her alanda ortaya koyuyorlar. Kendilerini yalnızca ekonomik büyümeyle sınırlayarak, siyasi ve askeri konulardan uzak durmaları, içinde bulundukları koşullar ve yapısal gereksinimleri nedeniyle olası değildir. *The Economist*'in dediği gibi; *"Almanya* (ve Japonya) *ağırlığı ve bulunduğu yer nedeniyle İsviçre gibi karışık bir dünyada sessizce semiren içe dönük bir kirpi olamaz".*[47] Nitekim olmuyor da, **Helmut Kohl** Almanya'nın konumunu şöyle belirliyor; *"Artık yalnızca kendi sorunlarımızla ilgilenemeyiz. Avrupa'nın merkezindeyiz. Her şeyi, Avrupa'nın geri kalanını ve böylelikle dünyayı etkiliyoruz".*[48]

Gerek Almanya ve gerekse Japonya ABD'nin karşısına artık ulusal çıkarlarını önde tutarak, bağımsız politikalarla çıkıyor. *Yeni Dünya Düzeni*'nin temel anlayışında azgelişmiş ülkelere karşı birlikte davranıyorlar ancak Soğuk Savaş döneminin çığırtkanlığının geride kaldığını, herkesin kendi politikasını yürütmesi gerektiği söylüyorlar. Bu konuyu belki de en iyi Japonya Dışişleri Bakanlığı'nın 1991 yılı yazanağındaki şu cümle açıklıyor: *"Doğu-Batı çatışmasının ortadan kalkmasıyla birlikte, ABD-Japonya ittifakı artık halk için pek ikna edici gelmiyor".*[49]

Geleceğin Üstünlüğü
Yüksek Teknoloji Egemenliğinden Geçiyor

Teknolojik üstünlüğün, egemenlik aracı olarak etkili bir güç olduğu açık bir gerçektir. Tarihin her döneminde teknolojiye sahip olan, güce de sahip olmuştur. Kişi, küme, sınıf ya da ülkeler düzeyinde, bu kural değişmemiştir. Bugün de geçerli olan bu kural, bölgesel ya da küresel etkinlik peşinde koşan ülkelerin yoğun bir teknolojik yarış içine girmelerine neden olmaktadır. Emek yoğun üretim dallarından bir bölümünü azgelişmiş ülkelere bırakan gelişmiş ülkeler, özellikle üç büyükler, her alanda teknolojik yarış içindedir.

Mikroelekronik, biyoteknoloji, yeni ağır sanayi, robot ve imalat aletleri, bilgisayar ve bilgisayar programları, telekomünikasyon ve *sivil havacılık sanayileri*; günümüzdeki yüksek teknoloji yarışının stratejik erekleridir. Bu alanlarda, başarı ya da başarısızlığı *serbest rekabet* ilişkilerinin belirlenmesine razı olan gelişmiş ülke yoktur. Yoğun ve yaygın devlet destekleri bu alanlara odaklanmıştır. Özellikle bu yedi stratejik üretim dalında üstünlük savaşımı o denli yeğindir ki, konu bunlar olduğunda liberal söylemler, ağza alınmaz.

Stratejik endüstri alanlarında üç büyükler arasındaki güç dengesi, son 20 yılda önemli oranda değişmiştir. Japonya ve Almanya, gerek ayırdıkları *Araştırma-Geliştirme (Ar-Ge)* fonları ve gerekse eğitim alanında tutturdukları düzey bakımından üstün durumdadır. Buna karşılık ABD; anti-tröst yasaları gevşetmek, *Ar-Ge* için vergi kolaylıkları getirmek ve hükümet-endüstri birlikteliğini desteklemek gibi yönetimsel önlemler almış, yeterli olmadığını görünce de güçlü bir korumacılığa yönelmiştir.

Korumacılığa yönelen yalnızca ABD değildir. Korumacılık, Japonya ve Almanya'nın yerleşik sanayi geleneğidir. Stratejik üretim alanlarında gelişmiş ülkelerin tümü korumacılıkta ödünsüzdür. *Bilgisayar, uzay endüstrisi, sivil havacılık* Avrupa ülkelerinin 30 yıldır koruma uyguladığı yüksek teknoloji alanlarıdır. *Airbus* endüstrisi (Alman, İngiliz, Fransız ve İspanyol şirketlerinin oluşturduğu birliktelik (konsorsiyum), devlet bütçesinden büyük paralar çeken zarar alanıdır. Ancak, devlet desteği, aksamadan sürmektedir. GATT çerçevesinde, desteklerin yasal olmamasına karşın herkes dilediği gibi destek politikası uygulamayı bırakmıyor.

Mikroelektronik, bir Amerikan endüstrisi olarak ortaya çıkmıştı. Bu alanda etkinlik gösteren *IBM, Digital, Intel, Apple, Xerox,* Amerikan endüstrisinin parlayan yıldızlarıydı. Oysa şimdi, ABD'nin *mikroelektronik* pazarındaki payı hızla düşüyor. Son on yıl içinde Amerikan şirketlerinin yarı iletken üretimindeki pazar payı yüzde 60'dan yüzde 40'a düştü. Yarı iletken satan firmaların en büyük üçü *(NEC, Toshiba ve Hitachi)* artık Japonya'ya ait. Yarı iletkenlerle ilgilenen bir kurum olan Amerika *Ulusal Danışma Konseyi,* ABD Başkanı ve ABD Kongresi'ne 1989 yılında sunduğu yazanağa şu başlığı koymuştu: *"Stratejik Endüstri Dalı Risk Altında".*[50]

Japonya'da belli başlı yarı iletken kullanıcıları, aynı zamanda önde gelen üreticiler olduğu için, (*Mitsui ve Sumitomo* gibi şirketler) Japon pazarının önemli bölümü ABD rekabetine kapalıdır. Bu güvenli iç pazar sayesinde Japon firmaları durgunluk dönemlerinde bile gerek yeni işletmeleri gerekse araştırma geliştirme tasarımlarına yatırım yapabiliyordu. Durgunluk ve canlanma döngüsü birkaç kez yinelenince iyi korunan Japon firmaları, üretim yeteneğini korumayı başarırken (hatta arttırırken), Amerikan firmaları kendilerini, ikinci sınıf üretici konumuna sürüklenmiş buldu.

Bilgisayar ve *bilgisayar üretiminde,* ABD uzun yıllar rakipsiz bir üstünlük içindeydi. Bu alandaki üstünlüğü bugün de sürüyor ancak artık rakipsiz değil. ABD 1986 yılında, dünya bilgisayar pazarının yüzde 82'sini elinde bulunduruyordu. Bu oran 1990 yılında yüzde 65'e düştü.[51] Japonya 21. yüzyılda bilgisayar yazılım endüstrisinde egemen duruma gelebilmek için yoğun çaba içinde. Bilgisayar programı üreten fabrika kurmaya çalışıyorlar. Japonların stratejisi, bilgisayar programcılığını bireysel bir meslek olmaktan çıkararak her kullanıcıyı kendi programını oluşturmaya zorlamak. Başarılı olurlarsa programcılara olan talep azalacak ve eldekiler üzerinde değişiklik yapmak kolaylaşacak. Programların niteliği biraz düşecek ancak ederi daha da düşük olacak.

Sivil havacılık alanında düne kadar ABD'nin kesin üstünlüğü vardı. İngiliz *British Comet*'in yenilgiye uğratılmasından sonra *McDonnell, Douglas, Lockheed* ve *Boing,* dünyanın her yerinden yapılan siparişleri kabul eden ve *"delinmez bir dünya tekeli"* oluşturan firmalardı. Ancak, Almanya *sivil havacılık* dalındaki ABD egemenliğini kırmada kararlıydı. Oysa, İkinci Dünya Savaşı'ndan sonra yapılan anlaşmalarla Almanların uçak üretmesi yasaklanmıştı. Alman, İngiliz, Fransız ve İspanyol hükümetlerinin çabasıyla, uluslararası bir şirket birlikteliği oluşturuldu ve *Airbus Industries* kuruldu. Bu projeye 26 milyar dolar yatırıldı ve kısa sürede *Airbus* Amerikan firmalarına ciddi bir yarışçı oldu.

Önce Avrupa pazarı ele geçirildi. Çünkü şirketin iyesi olan devletler aynı zamanda uçak alımcısı, ulusal havayolu şirketlerinin de iyesiydi. Washington, *Airbus*'a yapılan desteklemelerin GATT hükümlerine göre yasal olmadığını söyleyip dursa da, *Airbus*'un dünya pazarındaki payı şimdiden yüzde 30'u aşmış durumdadır. Avrupalılar, büyük bir teknik başarı olmakla birlikte ekonomik başarısızlıkla sonuçlanan sesten hızlı *Concorde* deneyiminden sonra *Airbus*'la başarılı olmuştu.

Almanya'nın kimya endüstrisindeki egemenliği sürmektedir. İkinci Dünya Savaşı'ndan sonra ABD'nin Avrupa'da yaptığı yatırımların çoğunu, Almanya başta olmak üzere Avrupa ülkeleri satın aldı. Amerika'nın ikinci büyük kimya sanayi kuruluşu olan *Dow Shemicals* Avrupa'daki 1,8 milyar dolarlık mal varlığını yitirdi. Avrupa firmaları yalnızca 1986 yılında toplam 6 milyar dolar değerinde 8 Amerikan kimya sanayi kuruluşunu satın aldı. En büyük üç firma *(Bayer, BASF ve Hoechst)* ABD'nin en büyük kimya kuruluşu olan *Du Pont*'dan yüzde 50 daha büyüktür. ABD firmalarından yalnızca *Du Pont* büyükler liginde oynuyor.[52]

Kimya endüstrisinde başarılı olabilmek için iki temel unsur olan, büyük çaplı sermaye ve bilimsel teknik alt yapı, Almanya'nın 100 yıllık sanayileşme geleneğinde vardır. Almanya ayrıca bilim ve mühendislik dalında Amerikan üniversitelerine kıyasla iki kat daha çok öğrenci yetiştiren bir yüksek eğitim dizgesine sahiptir. Yatırım olanağını arttıran toplumsal artırım (tasarruf) geleneği Almanların bilinen alışkanlığıdır. Bu özellikleriyle Almanlar, İkinci Dünya Savaşı sonrasında bile, kimya sanayi yaratmak için gerekli olan koşullara sahip durumdaydı. Almanya, Kimyasal Sanayinin tartışmasız önderidir ve önderliğini uzun yıllar kimseye kaptırmayacağı görülmektedir.

Teknolojik Yarışı Eğitim Dizgeleri Belirleyecek

Teknolojik yarışın sonucunu ve bu sonuca bağlı olarak ülkelerin gelişim düzeyini, eğitime verdikleri önem belirleyecektir. Eğitim, yalnızca teknolojik yarışın belirleyicisi değil, aynı zamanda kalkınma ve uygarlığın göstergesi olan toplumsal düzeyin de temelidir. Bu gerçek, insanlık tarihinin bütün dönemlerinde yaşanmış olan bir olgudur ve tüm ülkeler için geçerlidir.

ABD, Almanya ve Japonya'nın uyguladığı eğitim dizgesinde, önemli ayrılıklar ve yapısal yöntem ayrımlılıkları vardır. Eğitimde sağlanan; kitlesel yaygınlık, sınıflar arasındaki fırsat eşitliği, ayrılan fonlar, sağlanan düzey ve niteliksel başarı gibi konular üç büyükler arasındaki eğitim ayrımlarının odak noktalarıdır. Ekonomik büyümenin ve yarışmanın alacağı biçim bu ayrılıklar üzerinde gelişecektir.

ABD, yaygın eğitime değil belirlenen az sayıdaki bilimsel araştırmalara fon ayırıyor. *"Mega Projeler"* ya da *"Büyük Bilim"* denilen bu alanlarda (*soğuk füzyon denemeleri, uzay istasyonu tasarımı, Hubble Teleskopu, İnsanın genetik haritasını çıkarmak* v.b.) başarılı oluyor ancak genel eğitimin düzeyi sürekli düşüyor. İşçi başına düşen eğitim, donanım yatırımları; Almanya'nın yarısı, Japonya'nın üçte biri kadar. Sivil alandaki araştırma geliştirme giderleri, Almanya ile Japonya'dan yüzde 40-50 oranında daha az. Alt yapı yatırımları 1960'ların sonunda yapılan yatırımların yarısı düzeyinde. Avrupa ve Japonya büyük kentler arasında hızlı demiryolu ağı kurarken, ABD otoyol ve havalimanı yatırımlarına sıkışmış durumda ve ABD artık *telekomünikasyon* ve *otoyollar* yapımında da önder ülke değil.[53]

Japonya ve Almanya ise, doğrudan tecimsel yarışa uygulanabilecek teknolojinin geliştirilmesi için çalışmakta ve yaygın eğitime önem vermektedir. İkinci Dünya Savaşı'ndan sonra, savunmaya ayırmadıkları kaynağı, eğitim alanında kullandılar ve önemli başarı sağladılar. Tarihe dayalı birliği ve türdeş (homojen) yapısıyla Japonya tüm gücünü, ekonomik gelişmeye ve bu amaca hizmet edecek eğitime ayırdı. Başka hiçbir ulus, ortak amaca doğru ilerlerken Japonlar kadar iyi örgütlenemedi. Eğitimi tabana yaymada Japonya ile boy ölçüşebilecek başka bir ülke yok.

Başka hiçbir ülke geleceğe dönük olarak Japonlar kadar geniş çaplı yatırım yapmıyor. Sivil kesimdeki araştırma geliştirme giderleri Amerika'nınkinden yüzde 50 daha çok. Almanya'nınkiyle hemen hemen aynı ancak başka Avrupa ülkelerinin kat kat üzerinde.[54]

Alman eğitiminin üretim alanıyla ilişkileri, açılacak okulların türünden yönetim izlencesine dek, ayrılmaz bir bütünlük oluşturur. Almanya yüksek düzeyde nitelikli işçi, teknisyen ve mühendis yetiştirme konusunda yarışıcısız (rakipsiz) durumdadır.

On altı yaşındaki gençler 9 yıllık temel eğitimi tamamladıktan sonra lise ya da meslek okullarına gider. Meslek okulları onların aynı zamanda çıraklık dönemidir. Ya çalıştıkları şirketlerde ya da uzmanlaşmış devlet okullarında karma eğitim ve öğretim görürler. Eğitim okullarının ders izlenceleri, hükümet, sanayi örgütleri ve sendikalarla birlikte oluşturulur. Giderler bu kuruluşlarca karşılanır. 440 ayrımlı alanda sürdürülen eğitime, devletin yanında 350 binden çok şirket bu izlencelere katılmaktadır.

Okullara başvuranların yüzde 90'ı kabul edilmektedir, yüzde 80'i istediği meslek alanlarında sürekli iş bulur.[55] Çıraklık dönemi genellikle üç yıldır. Bu eğitim dizgesinin Almanya'ya kazandırdığı teknik kadronun niteliği üst düzeydedir. Teknik eğitimin yanında üniversiteler ve kolejler, endüstrinin gereksinimlerine yanıt veren, alanlarında uzmanlaşmış kadro yetiştirir. Eğitim, mezun olmakla bitmez, belirli aralıklarla teknolojik yenilikler içeren yineleme izlenceleri uygulanır.

Her üç ülkede de genel eğitim devletin sorumluluğu altındadır. Ancak, mesleki eğitime Almanya gibi önem veren Japonya'da, devlet ve yerel yönetim birimleri yanında, şirketlerin de özel eğitim merkezleri vardır. İşçiler ve çırak işçiler, her düzeyde verilen kurslara katılmaya özendirilir. İşçilerin bilgi ve becerilerini birbirlerine iletebilecekleri *"nitelik kümeleri"* vardır. Nitelikli üretim için gerekli olan, gelişkin becerilerin kazandırılmasına karşın; Japonya'da bununla da yetinilmez ve işçiler, çalıştıkları şirket içinde yapılan işin tüm yönlerini (pazarlama, üretim, planlama, personel sorunları) öğrenecek biçimde eğitilir.

Japonya'nın ABD ve Almanya'ya göre eğitim alanındaki

ilginç bir ayrımı, yabancı araştırmacılara getirdiği kısıtlama ve yasaklamalardır. Örneğin, yasalar yabancı öğretim üyelerinin Japon ulusal üniversitelerinde çalışmasına 1982'ye dek izin vermiyordu. Yabancı araştırmacılar, 1986'ya dek ulusal laboratuarlarda çalışamadı. Amerikalı bilim adamlarının Japonya'da çalışmaları için hazırlanan en büyük iki ABD izlencesi gereğince, yılda yalnızca 65 kişi bu ülkeye gidebiliyor. Ancak, ABD'de yalnızca *Ulusal Sağlık Enstitüsü*'nde 300'den çok, bütün Birleşik Devletler'de 26.000 Japon araştırmacı bulunuyor.[56] Japonya, kendi kendine yeterli olma ereğinden hiçbir koşulda vazgeçmiyor, bilimsel ve ekonomik alışkanlıklarının dışarıya taşınmasından hoşlanmıyor.

*

ABD'nin eğitim alanındaki düzeyi, Almanya ve Japonya'nın gerisine düşmüştür. Kişi başına düşen gelirde dünya ikincisidir ve üniversite eğitimi görmüş işgücü dünyadaki örneklerinin iyilerindendir. Ancak, Amerikan eğitim dizgesi gerilemekte ve genel eğitimde düzey düşmektedir. ABD, tüketimi yüksek, yatırım oranları düşük ve dış borcu sürekli artan bir ülke olarak, eğitim alanında 21. yüzyıldaki yarışa en az hazır ülke durumundadır.

ABD'de, 1991 yılındaki durgunluk döneminde eyalet bütçelerinde kısıntıya gidilirken, kamusal alanda hiçbir sektörün bütçesi, eğitim sektörü kadar geniş çaplı kesintiye uğramamıştır. ABD'de lise eğitimi görmemiş iş gücü yüzde 29 oranındadır. Bu oran, Üçüncü Dünya ülkeleri düzeyindedir.[57] ABD, gelişmiş ülkeler arasında; üniversiteyle bağlantısı olmayan bir orta öğretim sonrası eğitim dizgesine (yüksek okul), sahip olmayan tek ülkedir.[58] Üniversitelere, devlet bütçesinden ayrılan pay, üniversite dışı eğitime ayrılan paydan yüzde 55 daha büyük.[59] Buna karşın toplam üniversite nüfusuna oranla çok az sayıda bilimadamı ve mühendis yetişiyor. Bilimadamı yetiştirme oranı, Almanya ve Japonya'da yüzde 40 olmasına karşın, ABD de yalnızca yüzde 15-17'dir.[60]

ABD, ortaöğrenime ayırdığı bütçe fonları bakımından artık birçok Avrupa ülkesinin gerisinde kalmıştır. İngiltere, Fransa ve İspanya ortaöğrenime; ABD'den iki, Almanya üç, İsveç ise altı kat daha çok kaynak ayırıyor.[61] Zorunlu temel eğitimi bitirdikten sonra okumayı bırakanların oranı, ABD'de yüzde 29, Japonya'da yüzde 6, Almanya'da yüzde 9'dur. Eğitimi bırakanların artması yeni toplumsal sorunların ortaya çıkmasına neden olmaktadır. Çünkü Amerika'da eğitime devam edemeyenlerin sorunlarıyla da ilgilenilmemektedir.[62]

Üç ülke arasında, eğitim kadrolarında görev alan öğretmen ve yardımcı personele sağlanan ekonomik ve sosyal haklar bakımından da önemli ayrımlar vardır. ABD'de öğretmenlerin eline yılda ortalama 30 bin dolar geçerken, Almanya ve Japonya'da 40-45 bin dolar, yani yaklaşık yüzde 50 daha çok ücret geçmektedir.[63] ABD'nde yıllık toplam ders günü sayısı 180 gündür. Oysa bu Almanya'da eyaletlere göre 220-240 gündür.[64]

Eğitime ayrılan bütçe payları, ailelerin eğitime karşı duyarlılıkları ve gençlerin okuma alışkanlıkları gibi konular; ayrımlılıklar içermektedir. Amerika'da birçok orta öğrenim okulunda sosyal sorunlar, eğitimi ikinci plana atmış durumdadır. Öğretmenler; suç oranlarının artması, şiddet eğilimi, uyuşturucu, genç yaşta hamilelik gibi sorunlarla uğraşmaktan, öğrencilerini eğitmeye neredeyse fırsat bulamıyor. ABD, çok büyük bir bölümü üniversite öğrenimine ait olmak koşuluyla GSMH'nın yüzde 4,1'ini, eğitime ayırırken, Almanya yüzde 4,6'sını, Japonya ise yüzde 4,8'ini ayırıyor.[65]

Tayvanlı ailelerin yüzde 51'i, orta öğrenimde okuyan çocuklarına fizik dersi için ek yardımcı kitap alırken, bu oran ABD-Minneapolisli ailelerde yüzde 1'e düşüyor. Japon öğrencilerin ev ödevi yapmak için ayırdığı zaman, Amerikalı akranlarının beş katı kadar. Amerikalı öğrencilerin kitap okumaya ayırdıkları zaman ise İsveçlilerin üçte biri.[66]

Amerikalı gençlerin önemli bir bölümünün açmazı, ailelerin eğitimleri için gerekli harcamayı yapamayacak durumda olmasıdır. Sosyal güvenlik dizgesi eğitimi kapsama alanı dışında bırakmıştır. Paralı olan eğitimin akçalı yükünü, başta zenciler olmak üzere milyonlarca genç karşılayamamakta, eğitim umutlarını elde edilmesi güç burs olanaklarına bağlamaktadır.

Oysa Japonya ve Almanya'da durum çok ayrımlıdır. Mali yetmezlik nedeniyle okuyamamak gibi bir durum ortadan kaldırılmıştır. Öğrenci adaylarının tümü okullara kabul edildiği gibi, bunların yüzde 80'i istediği bölümlere girmektedir. Bu ülkeler, yıkılan Sovyetler Birliği'nden sonra (Sovyetler Birliği dünyanın en gelişkin eğitim dizgesini kurmuştu) en ileri sosyal eğitim düzenini gerçekleştirmiş durumdadır. Japonya'nın, etkin olarak uygulanan laik eğitim geleneği vardır. Eğitim en alttan en üste dek yurttaşlar arasında eşitliği gerçekleştirecek biçimde yapılanmıştır. Almanya'da da durum ayrımlı değildir.

ON İKİNCİ BÖLÜM

TÜRK DEVRİMİ'NİN 75 YILI VE EMPERYALİZM

Türk Devrimi'nin yüzyıllık geçmişi ele alındığında iki tarihsel dönemle karşılaşılır. 1923-1938 toplumsal dönüşümlerin gerçekleştirildiği *Kemalist dönem (devrimler dönemi)* ve 1939'da başlayan özellikle 1945 sonrasında hızlanan *Kemalist politikalardan uzaklaşma dönemi (geri dönüş dönemi)*. Dönemler arasındaki ayrım açıkça ortaya koyulmadan ne Türkiye'nin bugün içinde bulunduğu sorunlar kavranabilir ne de bu sorunların kaynağı olan *Yeni Dünya Düzeni*'ne karşı uygulanabilir politikalar üretilebilir.

Türk Devrimi'nin dünya siyasetine etkisi bilinenden ve sanılandan çoktur. Kemalizm tarihsel olarak Batı kapitalizminin *"kabuk değiştirerek"* dünyanın tümünü yatırım alanı durumuna getirmeye giriştiği bir dönemde ortaya çıkmıştır. Bu dönem, dünyanın yeniden paylaşımı için ilk büyük küresel çatışmanın yaşandığı, emperyalizmin yayılma evresidir. Emperyalizm yerleşik dünya düzeni durumuna gelmeden, daha *"gençlik"* döneminde, Kemalizm'le karşılaşmış ve yenilgiye uğramıştır.

Kemalist Devrim, sömürge ya da yarı-sömürge olarak büyük devletlerin egemenliği altında bulunan dünya uluslarına, emperyalizmin yenilebilirliğini göstermiş ve onlara örnek olmuştur. Batı, *Türk Devrimi*'nden sonra, denizaşırı ülkelere yönelik politikasını değiştirmek zorunda kalmıştır. Askeri işgale dayalı sömürgecilik dönemi sona ermiş, o güne dek sömürge ilişkileriyle baskı altında tutulan yoksul uluslar teker teker bu bağlardan kurtulmuştur. Ulusal kurtuluş savaşımları 20. yüzyılın büyük bölümünde, dünya siyasetini etkisi altına almıştır.

Kemalizm, emperyalizm çağında ulusal bağımsızlığını elde eden yoksul bir ulusun, ekonomiye ve toplumsal gelişime dayanan gerçek kurtuluşunun kuramını oluşturmuş ve bu kuramı uygulamıştır. Kuram ve uygulamadaki özgünlüğü, Türkiye'yle sınırlı kalmamış ve evrensel bir boyut kazanmıştır. Kemalizm, uluslararası bir ulus devinimi yaratmıştır.

Kemalist politikalar Türkiye'de, 1939'da başlayan ve 1945'ten sonra yoğunlaşan süreçle adım adım uygulamadan kaldırılmıştır. Anti-Kemalist girişimin büyük bölümü dış kaynaklıdır. *Türk Devrimi*'nin yarattığı bağımsızlıkçı etkinin, kendi ülkesinde ve dünyada ortadan kaldırılması; emperyalizmin 20. yüzyıl boyunca değişmeyen amacı olmuştur.

Dünya yeni bir yüzyıla, yüz yıl öncesindeki koşulların hemen aynısıyla giriyor. Etkinlik bölgeleri için savaşım, ekonomik gerilim, sömürgeleşen ülkeler, silahlanma yarışı, devlet kısıtlamaları, tekeller, şirket birleşmeleri, kazanç aktarımı, yaygınlaşan yeğinlik ve tek kutuplu bir dünya... Bunlar günün yaşanan gerçekleri. Açlık, yoksulluk ve savaş insanlığın gündeminden çıkmış değil. Teknoloji ve sermaye dolaşımı olağanüstü arttı ancak yürürlükteki dünya düzeninde bir değişiklik yok. Yüksek teknolojiye sahip, dünya ticaretini denetleyen ve akçalı gücü yüksek az sayıdaki gelişmiş ülke birlikte ya da ayrı olarak tüm dünyayı özgürce kullanıyor. Etkinlik alanları için birbirleriyle çatışıyorlar ancak yoksul ülkelere karşı birlikte davranıyorlar. Rusya *'çarlığa'* geri döndü, İngiltere'nin yerini ABD aldı. Artık korkutucu olan İngiltere'nin donanması değil, ABD'nin hava gücü.

Kemalizm'in temel kavramları bugün yeniden konuşuluyor. *Yeni Dünya Düzeni*'nin yarattığı küresel sorunlardan yakınıp çözüm arayanlar, ister istemez *Kemalizm'e* ulaşıyor. Bağımsız ulusal kalkınma, sosyal pazar ekonomisi, korumacılık, milli kambiyo, yerli üretim, denk bütçe, karma ekonomi, sosyal devlet, ulusal tarım ve madencilik... Yalnızca Türkiye'de değil dünyanın her yerinde tartışılıyor, araştırılıyor.

Amerikalı ekonomist **Jeffrey T. Berger**, *"Yeni Dünya Düzeni"* adlı kitabında, 21. yüzyıla hangi koşullarda girildiğini şöyle açıklıyor: *"20. yüzyıla girerken dinamik, yeni sanayileşmiş üç ülke, İngiliz İmparatorluğu'nun üstünlüğüne kafa tutmaya başlamışlardı. Özellikleri sanayi çağının gereklerine pek uygun düşen bu üç ülke, Almanya, Japonya ve Birleşik Amerika idi. Sömürgeleştirme ve sömürgecilikten kurtulma dönemlerinden, 2. Dünya Savaşı'ndan, Rusya'daki Marksist deneyimden sonra, 20. yüzyıl hemen hemen başladığı biçimde bitecek. Almanya, Japonya ve Birleşik Devletler arasındaki ilişkiler, bir kez daha dünyanın geleceği açısından belirleyici olacak"*.[1]

Azgelişmiş ülkelerdeki ulusçu eğilimlerin oluşturduğu güç de göz önüne alınırsa, Amerikalı ekonomistin saptaması tamamlanmış olacak. *Kemalizm'in*, azgelişmiş ülkelerin günümüzdeki sorunlarına çözüm yeteneğini koruyarak hala yaşıyor olması, isteğe bağlı bir olgu değil dünyanın içinde bulunduğu koşulların zorunlu bir sonucudur. Kendisini yaratan koşullar ortadan kalmadıkça, başarıları denenerek kanıtlanmış olan *Kemalizm* de doğal olarak ortadan kalkmayacaktır. Emperyalizm var oldukça Kemalizm de var olacaktır.

Kemalizm-Emperyalizm İlişkisi: Yapısal Karşıtlık

Emperyalist devlet politikalarıyla Kemalizm ve ulusal kurtuluş savaşımları arasında, yapısal, uzlaşmaz ve kalıcı bir karşıtlık vardır. Karşıtlığın boyutu, iki yanın da varlık nedenini oluşturacak kadar derindir ve 20. yüzyıl bu karşıtlığın yol açtığı çatışmaların tarihi gibidir. Emperyalist devletler, *Kemalizm'i* önce tanımayarak ezmek istemiş, sonra denetim altına almaya çalışmış, daha sonra da yok etmek için elinden geleni yapmıştır. 1938 yılına dek amacı yönünde herhangi bir başarı elde edememiş ancak daha sonra, başta Türkiye olmak üzere bütün dünyada önemli adımlar atmıştır.

Emperyalizmin, *Kemalizm'e* olan karşıtlığı asal olarak ekonomik nedenlidir. Ancak, bu karşıtlık, Türk düşmanlığı üzerine kurulan ve kökleri eskiye giden ırkçı bir anlayışa dayanır. İngiltere'nin yaşlı başbakanı **Gladstone**, 19. yüzyıl biterken Türkler için şunları söylüyordu: *"İnsanlığın tek insanlık dışı tipi Türklerdir"*.[2] 1919 yılında bir başka İngiltere Başbakanı **Lloyd George**'un görüşleri ise şöyleydi: *"Türkler ulus olmak bir yana bir sürüdür. Devlet kurmalarının ihtimali bile yoktur... Yağmacı bir topluluk olan Türkler bir insanlık kanseri, kötü yönettikleri toprakların etine işlemiş bir yaradır"*.[3]

ABD Başkanı **Wilson**'ın isteği üzerine 10 Ocak 1917'de bir araya gelen ABD, İngiltere, Fransa ve İtalya savaş amaçlarını açıkladı. Bu açıklamada Türkiye için şunları söyleniyordu: *"Uygar dünya bilmelidir ki Müttefiklerin savaş amaçları, her şeyden önce ve zorunlu olarak Türklerin kanlı yönetimine düşmüş halkların kurtarılmasını ve Avrupa uygarlığına kesinlikle yabancı olan Türklerin, Avrupa dışına atılmasını içerir"*.[4] Bu açıklamadan altı ay sonra İngiltere Başbakanı şu açıklamayı yaptı. *"Türkiye cennet Mezopotamya'yı çöle, Ermenistan'ı mezbahaya çevirmiştir. Mezopotamya Türk değildir, hiçbir zaman Türk olmamıştır. Mezopotamya'da bir Türk bir Alman kadar yabancıdır"*.[5]

Amerikalı Senatör **William David Upshaw**, 1927 yılında

ABD Senatosu'nda yaptığı konuşmada şunları söylüyordu: *"Lozan Antlaşması, Timurlenk kadar hunhar, Müthiş İvan kadar sefil ve kafatasları piramidi üzerine oturan Cengiz Han kadar kepaze olan bir diktatörün zekice yürüttüğü politikasının bir toplamıdır. Bu canavar, savaştan bıkmış bir dünyaya, bütün uygar uluslara onursuzluk getiren bir diplomatik anlaşmayı kabul ettirmiştir. Buna her yerde Türk Zaferi dediler..."*[6]

Amerikalı senatörün çarpık görüşü kendisiyle sınırlı değildir. Bir başka Amerikalı parlamenter Senatör **King** aynı yıl senatoda yaptığı konuşmada, Türkiye'de kapitülasyonların kaldırılmış olmasına kızarak şunları söyledi: *"Türkler cahil, fanatik ve nefret dolu insanlardır".*

Türkiye'ye ve Türklere nefret oklarını fırlatanlar yalnızca Amerikalı senatörler değildi. *"Akademik"* çevrelerinden de örgütlü saldırılar geliyordu. Harvard Üniversitesi Siyasi Bilgiler Fakültesi profesörlerinden **Albert B. Hart**, öğretim üyelerinden 107'sinin imzaladığı ortak bildiride şunlar yazıyordu: *"Kemalist rejim mutlaka çökecek ve milliyetçi Türk Hükümeti hedeflerine asla ulaşamayacaktır. Türklerin Avrupa'da, uygar uluslar çevresinde yeri yoktur".*[7]

Bu tür söylemler, birkaç kişinin densiz sözleri değildir. Bunlar yüzlerce yıl sürdürülen Türk düşmanlığının, emperyalist dönemdeki dışavurumuydu. Daha ağır ve çekinceli saldırı, konuşulmadan uygulanan, ekonomik ve politik izlencelerde gizlidir. Ancak, bütün gizli-açık saldırılar, gözkorkutmalar ve oyunlar Kemalist önderlik tarafından gerek kurumsal gerekse politik alanda etkisiz kılınmıştır.

Mustafa Kemal, Batı'nın Türkiye ve Türkler için ne anlama geldiğini her yönüyle ele almış, Batı'yla bağımlılık doğuracak bir ilişkiye girmemiştir. *Kurtuluş Savaşı*'nın en güç günlerinde, 1921 sonlarında şunları söyler: *"İlkbahara kadar üç ay içinde bu silahları elde edemezsek diplomasi kanallarıyla bir çözüm yolu aramak zorunda kalacağız. Bunu arzu etmiyorum. Biliyorum ki Batı ile uyuşma Türkiye'nin kaçınılmaz olarak köleleştirilmesi anlamına gelecektir".*[8]

Bu sözler, savaşın olanaksızlıkları ve silah gereksiniminin yarattığı gerilimin duygusal dışavurumu değildir. Devlet politikasına dönüştürülecek bir anlayıştır.

Aynı yıl, *Kurtuluş Savaşı*'nın uluslararası boyutunu açıklarken şunları söyler: *"Bana göre, Türkiye, Doğu ve Batı Dünyası'nın sınırındaki coğrafi konumuyla ilginç bir rol oynuyor. Bu durum, bir yanı ile yararlı iken, diğer yandan tehlikelidir. Batı emperyalizminin Doğu'ya yayılmasını durdurabileceğimiz için, Türkiye'yi öncü olarak gören bütün Doğu halklarının sevgisini kazanmış bulunuyoruz. Diğer yandan bu durum bizim için tehlikelidir. Çünkü Doğu'ya yönelen saldırıların bütün ağırlığı öncelikle bizim üzerimizde yoğunlaşmış bulunuyor. Türk halkı bu konumu ile gurur duymakta ve Doğu'ya karşı bu görevi yerine getirmekten mutlu olmaktadır".*[9]

Mustafa Kemal, *Kurtuluş Savaşı*'nın anti-emperyalist niteliğini tüm boyutlarıyla saptar ve saptamalarını eyleme dönüştürür. Batı emperyalizmi için şunları söyler: *"Biz, Batı emperyalizmine karşı yalnızca kurtuluşumuzu sağlamak ve bağımsızlığımızı korumakla yetinmiyoruz. Aynı zamanda, Batı emperyalistlerinin, güçleri ve bilinen araçlarıyla Türk Milleti'ni emperyalist politikalarına araç olarak kullanmak istemelerine engel oluyoruz. Bununla bütün insanlığa hizmet ettiğimize inanıyoruz".*[10]

Utkudan hemen sonra 24 Ekim 1922'de, Amerikan *United Press* gazetesine verdiği demeç, Batı'ya bir uyarı ya da meydan okumadır: *"Amerika, Avrupa ve bütün Batı dünyası bilmelidir ki, Türkiye halkı her uygar ve yetenekli ulus gibi, kayıtsız şartsız özgür ve bağımsız yaşamaya kesin karar vermiştir. Bu meşru kararı ihlale yönelik her kuvvet, onu Türkiye'nin ebedi düşmanı kılar".*[11]

Bu açıklamadan beş gün önce 19 Ekim 1922'de Türkler hakkında ağzına geleni söyleyen ve **Atatürk**'e daha önce *'asi ve maceracı general'* diyen İngiltere Başbakanı **Lloyd George** Anadolu'daki başarısızlığı gerekçe gösterilerek verilen gensoru ile başbakanlıktan düşürüldü. **Lloyd George** parlamentoda kendini savunurken şunları söylüyordu: *"Arkadaşlar! Yüzyıllar nadir olarak dahi yetiştirir. Şu talihsizliğe bakın ki o dahi çağımızda Türklere nasip oldu ve benim karşıma çıktı".*[12]

*

Mustafa Kemal'in emperyalist ülkelere ve bunların yoksul uluslar üzerindeki sömürgen politikalarına karşı duyduğu nefret, bilinçli bir içtenliğe ve kalıcı bir kararlılığa sahiptir. 31 Ocak 1923'te şunları söyler: *"Bizim öcümüz zalimlerin zulmüne karşıdır. Onlarda zulüm duygusu ölmedikçe, bizde de öç duygusu sürecektir".*[13]

Ulusal bağımsızlığa verdiği önem kendi özgürlüğüne verdiği önemden ileridir. Kişisel özgürlüklerin ulusal bağımsızlığı korumadan sağlanamayacağını bilir ve bu bilgiyi ileri bir anti-emperyalist bilince yükseltir. 1924 yılında şunları söyler: *"Ben yaşayabilmek için mutlaka bağımsız bir ulusun evladı olmalıyım. Bu nedenle ulusal bağımsızlık bence bir yaşam sorunudur. Ulus ve ülkenin yararları gerektirdiğinde tüm insanlığı oluşturan uluslardan her biriyle uygarlık gereği olan dostluğa dayalı ilişkilere büyük değer veririm. Ancak, benim ulusumu tutsak etmek isteyen herhangi bir ulusun, bu isteğinden vazgeçinceye kadar amansız düşmanıyım".*[14]

Emperyalizmin *Kemalizm'*le olan karşıtlığı *Türk Devrimi*'yle sınırlı değildir. İlk örnek olarak *Kemalizm'i* baş çekince saymış ve dünyadaki tüm ulusal bağımsızlık savaşımlarına düşmanca yaklaşmıştır. 1960'lı yıllarda *Johnson Doktrini*'nin mimarlarından Profesör **Rostow** şunları söylüyordu: *"Bütün ulusal kurtuluş hareketleri komünist olmaya mahkumdur. Bu nedenle ezilmelidir. Bunların önlenmesi, ABD'nin dünya yüzünde duruma el koyabilmesine bağlıdır".*[15]

Bir başka Amerikalı Profesör **Noam Chomsky**'nin görüşleri de ayrımlı değil: *"ABD için en tehlikeli düşman ve tehdit, ulusal bağımsızlık tehdididir. Asla hoş görülemez".*[16]

Bu görüşler iki Amerikalı profesörün kişisel yorumları değil, Batılı devletlerin yüz yıldır sürdürdüğü politikanın ana doğrultusudur. Bu sözler, yoksul ülkelerle emperyalist ülkeler arasındaki yapısal karşıtlıklara dayanan savaşımın dile getirilmesidir. Bu profesörler bilinçli ve açık sözlüdürler. Ancak, bilinçli ve açık sözlü olanlar yalnızca onlar değildir.

Mustafa Kemal'in bu tür açıklamalara karşı olan görüşleri ve bu görüşleri yaşama geçiren eylemleri de, son derece açık ve bilinçlidir. Kemalizm'deki anti-emperyalist bilinç, toplumsal içeriklidir ve yüksek düzeylidir. Irkçılıkla bezenmiş yabancı düşmanlığından uzaktır. Ülke savunmasıyla sınırlı değildir. Ulusçu ve toplumcu temeller üzerinde yükselir. Evrensel boyutludur. Anti-emperyalist eyleme ve bilimsel araştırmaya dayanır.

Mustafa Kemal, 1921 Aralığı'nda Meclis'te yaptığı konuşmada şunları söyler: *"Türkiye Büyük Millet Meclisi Hükümeti, yaşam ve geleceğini biricik amaç bildiği halkını emperyalizm ve kapitalizmin tahakküm ve zülmünden kurtararak, yönetim ve egemenliğimi-*

zin gerçek sahibi olmakla amacına ulaşacağı kanısındadır".[17] Büyük Taarruz'un hazırlıklarının sürdüğü günlerde, 3 Mart 1922'de yaptığı konuşma emperyalizmin küresel boyutuna değinir: *"İstilacı saldırgan devletler yerküresini kendilerinin malikanesi ve insanlığı, kendi hırslarını tatmin için çalışmaya mahkûm esirler saymaktadırlar. Sonuç olarak dünya iki zümreye ayrılmaktadır. Birisi Doğu'dur. Ki kendi varlığını, istiklalini kavramıştır, bu bilinçle el ele vermiştir. Diğeri ise, sırf kendi hırslarını tatmin için çalışan zümredir. Bunların amacı zulüm ve baskı olduğu için, onları lânetle anmakta kendimizi haklı görürüz".*[18]

Mustafa Kemal emperyalizme karşı tavrını bütün açıklığıyla utkudan sonra da sürdürür. 16 Mart 1923'te Adana Türk Ocağı'nda yaptığı konuşmada şunları söyler: *"Ulusların kalbinde öç duygusu olmalı. Bu gelişigüzel bir öç değil, yaşamına, rahatına, zenginliğine düşman olanların yapabilecekleri zararları yok etmeğe yönelik bir öçtür. Bütün dünya bilmelidir ki, karşımızda böyle bir düşman oldukça, onu bağışlamak elimizden gelmez ve gelmeyecektir. Düşmana acıma, acizlik ve zayıflıktır. Bu insanlık göstermek değil, insanlık özelliklerinin sona erişini ilan etmektir".*[19]

1927 yılında okuduğu *Nutuk*'ta şunları söyler: *"Ulusumuzun kurduğu devletin alınyazısına, bağımsızlığına sanı ne olursa olsun hiç kimseyi karıştırmayız".*[20] *"Milletimizin temel yararı ile ilgili konularda yabancıların bizce hiç önemi yoktur. Biz gidişimizi yabancıların görüşlerine uydurma güçsüzlüğünü kötü görenlerdeniz".*[21]

Atatürk, 1938'de ölene dek söylediklerinin tümünü uygulamış ve ulusal bağımsızlığa zarar verecek hiçbir dış ilişkiye girmemiştir. Bu tutum, 1923-1938 döneminin değişmeyen dış politikası olmuştur. Türkiye'nin zararına yol açacak bilgi ve denetimden uzak dış kaynaklı eylemler vatan ihaneti sayılmış, Lozan'da başlatılan süreç olanaksızlıklara karşın ödünsüz sürdürülmüştür. Emperyalist devletler kararlı tutum karşısında Türkiye'den uzak durmak zorunda kalmıştır. 1923-1938 dönemi, Türkiye'nin tarihi boyunca saygınlığı en yüksek dönemini oluşturur.

1923-1938: Ulusal Kalkınma Dönemi

20 Kasım 1922'de başlayan Lozan barış görüşmeleri, anlaşmazlıkların çözülememesi nedeniyle 4 Şubat 1923 günü kesildi. Başını İngiltere'nin çektiği Batı devletleri Türkiye'den, ekonomik bağımsızlığı olanaksız kılacak ödünler istiyordu. Kapitülasyonların sürmesi, tecimsel ayrıcalıklar, ekonomiyi kapsayan azınlık hakları, tüzel öncelikler, gümrüksüz dış ticaret, Osmanlı borçları ve yeni borç ilişkileri, Musul-Kerkük, Boğazlar ve geçiş özgürlüğü tartışmalara neden olan temel konulardı. Türkiye bu konulardaki Batı isteklerini kesin olarak kabul etmiyordu.

Lozan görüşmelerinin kesilmesinden 13 gün sonra 17 Şubat 1923'te, İzmir'de bir ekonomi kurultayı düzenlendi. Tarihe *İzmir İktisat Kongresi* olarak geçen bu kurultayda **Mustafa Kemal**'in sözleri, ekonomik bağımsızlığın bilinçli ve kararlı anlatımıdır. İzmir'deki söylenenlerin amacı, görüşlerini kongre delegelerine açıklamakla sınırlı değildir. Burada söylenenin bir amacı da, Türkiye'nin ekonomik bağımsızlığını *Lozan*'da kabul etmek istemeyen Batılı devletlere bu konudaki kararlılığı göstermektir.

Mustafa Kemal, *İzmir İktisat Kongresi*'nde şunları söyler: *"Siyasi ve askeri zaferler ne kadar büyük olurlarsa olsunlar ekonomik zaferlerle tamamlanmazlarsa kazanılan zaferler sürekli olamaz, az zamanda sönerler. Bu nedenle, en kuvvetli ve parlak zaferimizin dahi elde ettiği ve daha da edebileceği yararlı sonuçları korumak için ekonomimizin ve ekonomik egemenliğimizin güvenlik altına alınması, sağlamlaştırması ve genişletilmesi gereklidir... Geçmişte ve özellikle Tanzimat'tan sonra, yabancı sermaye ülkemizde ayrıcalıklı bir konuma sahip oldu. Ve bilimsel anlamıyla denilebilir ki; devlet ve hükümet yabancı sermayenin jandarmalığından başka bir şey yapmamıştır. Artık her uygar ulus gibi yeni Türkiye de buna izin veremez. Bu yurdu esirler ülkesi yaptıramaz... Efendiler, görülüyor ki bu kadar kesin ve yüksek bir askeri zaferden sonra dahi, barışa kavuşmamızı engelleyen nedenler, doğrudan doğruya ekonomiktir. Çünkü bu devlet, bu ulus ekonomik egemenliğini elde ederse, güçlü bir temel üzerine yerleşmiş ve yükselmeye başlamış olacaktır. Ve artık bunu yerinden kımıldatmak mümkün olmayacaktır. İşte düşmanlarımızın, gerçek düşmanlarımızın izin vermedikleri ve bir türlü kabul etmedikleri budur"*.[22]

Bu sözler, büyük devlet yöneticilerinin değil kabul etmek duymak bile istemediği sözlerdir. Ancak, her şeye karşın *Lozan Antlaşması*, *İzmir İktisat Kongresi*'nden beş ay sonra 24 Temmuz 1923 günü, Türkiye'nin istekleri kabul edilerek imzalanır. Emperyalizm, gerçek yenilgisini *Lozan*'da almıştır.

Geri kalmış bir ülkenin böyle bir anlaşmayı Batılı büyük devletlere kabul ettirebilmesi, pek çok insan için olacak iş değildi. Daha birkaç ay öncesine dek kimsenin aklından bile geçiremeyeceği bu gelişme, Batı için büyük bir yitikti. Türklerle yapılan anlaşma, askeri savaşı yitirmekten çok daha zararlı sonuçlar doğuracak ve dünyanın dörtte üçünü oluşturan yoksul uluslara örnek olacaktı.

Nitekim öyle olmuştur. Emperyalizmi derinden sarsan ulusal kurtuluş savaşları 20. yüzyılın büyük bölümünde etkili olacaktır. Batının *Kemalizm'i* bağışlamamış olmasının temelinde bu gelişme yatar.

İzmir İktisat Kongresi'nde dile getirilen görüşlerde, Türkiye'nin gerçek kurtuluşunu nasıl sağlayabileceğini ortaya koyulurken, aynı zamanda, dünyanın tüm yoksul uluslarına evrensel boyutlu bir örnek sunuluyordu. *Kemalizm*, kendisini, ulusal bağımsızlık savaşından sonra, bağımsız ulusal kalkınma konusunda da evrenselleştiriyordu.

Mustafa Kemal'in dünyaya söylediği, özet olarak şuydu; Bağımsızlığa kavuşan ülkeler, ayakta kalıp varlığını sürdürebilmek için, ulusal ekonomiyi kurmalı ve bunu koruyup geliştirmelidir. Ekonomik kalkınma her ulusun kendi gücüne dayandırılmalıdır. Yabancı sermayenin ulusal ekonomiye zarar vermesine asla izin verilmemelidir. Ulusal bağımsızlık ancak ekonomik bağımsızlığın gerçekleştirilmesiyle korunabilir. Ekonomik bağımsızlığa karşı çıkan büyük devletler yoksul ulusların gerçek düşmanıdır.

Batı'nın geri kalmış bir ülkede ilk kez duyduğu sözlerdi bunlar. Ayrıca bu sözler söz olarak kalmamış, Türkiye'de on beş yıl boyunca ödünsüz bir biçimde uygulanmıştı. Bu dönem içinde Türkiye Cumhuriyeti yönetimi, azgelişmiş ülkeler içinde emperyalizme karşı savaşımın simgesi olmuş, onlara somut bir örnek sunmuştu.

*

Batılı devletler Türkiye'nin, içinde bulunduğu çok yönlü yoksunluk nedeniyle kendi başına ayakta kalamayacağına inanıyordu. Ülkede ne sermaye ne de bilgi birikimi vardı. Ticaret ve bankacılığın tümü azınlıkların elindeydi. Okuma yazma oranı yüzde 10'un altındaydı. Türkiye Cumhuriyeti, bir devleti ayakta tutabilecek gereksinimlere, en alt düzeyde bile sahip değildi. Ankara hükümeti ülkeyi yönetemeyecek ve kısa bir süre sonra kendilerinden yardım isteyecekti. Batılıların genel kanısı buydu.

İngiliz *New Conventional* gazetesinde, Lozan Anlaşması'nın imzalanmasından bir gün sonra çıkan bir yazı bu kanıyı dile getiriyordu: *"Türkiye, teorik olarak bağımsız bir devlet oldu. Ancak, ticaret ve sanayide yeteneksiz ve sermayeden yoksun olan bu ahaliyi tanıyanlar bilirler ki; bu bağımsızlığın ömrü çok kısa olacak ve eski durum bir başkasının egemenliğinde geri gelecektir".*[23]

İngiliz gazetesinin yorumu, Lozan'ın *"bitmez tükenmez"* tartışmalarında Batılı devlet yetkililerinin tutum ve düşünceleriyle aynıdır. Konferansın, tartışmaların sert bir biçimde sürdüğü son dönemlerinde İngiltere Dışişleri Bakanı **Lord Curzon**, yanında ABD temsilcisi varken **İsmet İnönü**'ye şunları söylemişti: *"Müzakere ediyoruz. Aylardan beri istediklerimizden hiçbirini alamıyoruz. Vermiyorsunuz. Anlayış göstermiyorsunuz. Memnun değiliz sizden. Ama ne reddederseniz cebimizde saklıyoruz. Ülkeniz haraptır. Yarın geleceksiniz, bunları tamir etmek için, kalkınmak için yardım isteyeceksiniz. O zaman cebime koyduklarımdan her birini, birer birer çıkarıp size vereceğim".*[24]

1938'e dek, ne *New Conventional* gazetesinin ne de **Lord Curzon**'un söyledikleri gerçekleşti. Ankara Hükümeti, Batı'dan bağlayıcılığı olan herhangi bir şey istemediği gibi, ülkesindeki tüm önemli yabancı yatırımları parasını ödeyerek devletleştirdi, Osmanlı'dan kalan borçlarını ödedi ve büyük boyutlu bir toplumsal yenilenme gerçekleştirdi. Türk Ulusu'nu gerçek kurtuluş yoluna soktu. Bu gelişme Batılılarca düşünülmeyen bir sonuçtu. Ankara'daki Kemalist hükümet emperyalizmi bir kez daha yanıltmıştı.

Batı'nın büyük devletleri *Lozan*'dan sonra, savaşın ülkelerinde yaptığı yıkımla uğraşmalarına karşın, Türkiye karşıtı eylemler için para ve kadro ayırmayı sürdürdü. İngilizler, **Şeyh Sait** başta olmak üzere 1930'a dek süren Kürt ayaklanmalarının büyük çoğunluğunu örgütleyip destek sağladı. *Komintern*'in Londra bildirmeni, 5 Ağustos 1930 tarihli *Internationale Press* gazetesinde şunları yazıyordu: *"Türkiye ve İran'da patlak veren ve Kuzey Irak'ta 'Kürdistan'a Özgürlük' sloganı altında çıkma eğilimi gösteren bu ayaklanmalar, İngiltere tarafından kışkırtılmış, silahlandırılmış ve finanse edilmiştir"*.[25]

Fransızlar, Nazi Almanyasının yarattığı gerilime ve yaklaşan savaş çekincesine karşın, Suriye'de askeri güç bulundurmayı sürdürmüş, Hatay'ın Türkiye'ye geçmesini önlemek için Arapları Türkiye'ye karşı kışkırtmıştır. Fransız *Les Troupes Coloniales (Sömürge Birlikleri)* gazetesinin Temmuz 1930'daki haberlerine göre, *"Fransız manda bölgesi olan Suriye ve Lübnan'daki Kürtler silahlandırılarak Suriye ve Arap milliyetçiliğine ve Türkiye'ye karşı kullanılıyordu"*.[26] Avrupa ve Amerika'da, Ermeni ve Rum göçleri nedeniyle sürekli olarak Türkiye karşıtı eylemler düzenlendi. *Milletler Cemiyeti* hemen her konuda Türkiye karşıtı kararlar aldı. Türkiye'ye karşı ekonomik engellemeler uygulandı.

Mustafa Kemal Atatürk, Batı'nın ve buyruğu altındaki kadronun yetersizliği nedeniyle dış ilişkilerde, ulusal bağımsızlığı tam olarak savunacak, güvenebileceği yetişmiş insan sıkıntısı çekmiştir. *Lozan*'a diplomat değil asker göndermesinin nedeni budur. 1921 yılında yapılan *Londra Konferansı*'na, Ankara Hükümetini temsilen katılan Dışişleri Bakanı **Bekir Sami Bey** olayı, hem **Mustafa Kemal**'in ulusal bağımsızlığa verdiği önemi hem de bu konudaki yalnızlığını gösterir.

Bekir Sami, Londra Konferansı'nda, kimseye sormadan İngiltere, Fransa ve İtalya ile ayrı ayrı ayrıcalık (imtiyaz) anlaşmaları imzalamış ve Ankara'yı şaşkına çevirmişti. Bu olaydan sonra **Bekir Sami** hemen görevden alınmış ve Türk Hükümeti, kendi temsilcisinin imzaladığı anlaşmayı, geçersiz saymak zorunda kalmıştı. Olay için **Mustafa Kemal** şunları söylemişti: *"Elbet bu sözleşmeyi hükümetimiz kabul edemezdi. İtilaf devletlerinin, Londra'ya barış yapmak için gönderdiğimiz Delegeler Kurulu Başkanı Bekir Sami Bey'e imza ettirdikleri sözleşmelerle Sevr tasarısından sonra aralarında yaptıkları 'Üçlü Anlaşma' adı verilen ve Anadolu'yu sömürge bölgelerine* ayıran anlaşmayı başka adlar altında ulusal hükümetimize kabul ettirmek amacını güttükleri apaçık bellidir. İtilaf Devletleri'nin siyaset adamları bu isteklerini Bekir Sami Bey'e kabul ettirmeyi başarmışlardır. Bekir Sami Bey'i Londra'da konferans görüşmelerinden çok, ayrı ayrı yapılan konuşmalarla oyaladıkları anlaşılıyor. Ulusal hükümetin ilkeleriyle, dışişleri bakanı olan bu kişinin tutumu arasındaki ayırımın neden ileri geldiği ne yazık ki anlaşılamamıştır".[27]

Bekir Sami Bey olayından sonra, **Atatürk**'ün *Lozan*'a gidecek kurulun hangi anlayışla oluşturulması gerektiğini anlatan sözleri, öneminden bir şey yitirmeden (belki de daha çok önem kazanarak) geçerliliğini bugün de sürdürmektedir. Şöyle söyler: *"Bu kimselerin* (kurulu oluşturacak olanların-y.n.) *her şeyden önce yabancı devletlere verilen tavizlerle Osmanlı İmparatorluğu'nu günübirlik yaşatmaya çalışan bir zihniyet içinde yetişmiş ve bu sistemi benimsemiş diplomatlar olmaması gerekir. Gerçekten Osmanlı İmparatorluğu'nun Avrupa devletleriyle ilişkilerinin artmaya başladığı Tanzimat sonrası devrede imparatorluğun dış ilişkilerini yönetenler Avrupa devletleri ile yapılan temaslarda kendilerini aşağılık duygusundan kurtaramamışlardı. Bu kimselerin Türkiye'nin ulusal çıkarlarını, konferansta gerektiği biçimde koruyamayacakları doğaldı".*[28]

Kemalizm'in Türkiye'de gerçek yönetim süresi, 1923-1938 arasındaki on beş yıldır. Bu on beş yıl aynı zamanda, Batı'dan uzak durulan, anti-emperyalist uygulamalarla dolu, gerçek bir ulusal bağımsızlık dönemidir. Bu dönemde gerçekleştirilenler, daha sonra dünyanın birçok ülkesinde yaşanan olaylarla önem ve anlam kazanmıştır.

Kemalist kalkınma anlayışına benzerlik gösteren uygulamalar içine giren ve bu yönde kararlı davranabilen ülkeler; hızlı bir ekonomik büyüme ile kapsamlı bir toplumsal kalkınma elde etmiştir. Kemalist kalkınma yönteminin Türkiye dışındaki etki ve önemini anlamak için; Çin'in devrim sonrasındaki açmazlarını, 1980'lerden sonra gerçekleştirdiği ekonomik mucizeyi, Vietnam'daki bağımsızlık sonrası ekonomik tıkanıklığı, Kemalist devletçiliğin özel girişimciliğe verdiği yeri, Güney Kore'nin kalkınmasını, korumacılığın kalkınmadaki önemini, Küba'nın güç durumunu, ekonomideki ulusçu yaklaşımları, Sovyetler Birliği'nin dağılmasını, sosyal piyasa ekonomisini, Japonya ve Almanya'nın büyümesini, Türkiye'nin bugün içine düştüğü durumu, yabancı sermaye yatırımlarını, borçlanmayı, küreselleşmenin açmazlarını incelememiz gerekecektir. Kemalist kalkınma anlayışının gerçek boyutu ve derinliği bu inceleme sonucunda ortaya çıkacaktır.

Cumhuriyetin 75. yılının tümünü Kemalist yönetim dönemi olarak görmek bilgisizlikten kaynaklanmıyorsa, anti-Kemalist yaymaca amacını taşıyor demektir. Emperyalizmin ve Türkiye'deki işbirlikçilerinin, Kemalizm'e karşı yürüttüğü en etkili savaşım, ona sahip çıkıyor görünerek tam karşıtı politikalar uygulamaktır. Kitleler içinde saygınlığı olan düşüngüsel bir eylemin gözden düşürülmesinde en etkili yol budur.

1938 Sonrası Kemalist Politikadan Ayrılma Süreci

Mustafa Kemal Atatürk, oluşturduğu düşünce dizgesini ve gerçekleştirdiği eylemleri son derece yetersiz, dar bir kadroyla başarmıştır. İçinde bulunulan çağı ve ulusal kurtuluşun ideolojik anlamını kavramış insan sayısı yok denecek düzeydedir. Kurtuluş savaşında etkili görevlerde bulunan; **Kazım Karabekir**, **Refet Bele**, **Rauf Orbay**, **Ali Fuat Cebesoy** gibi paşalar, cumhuriyet atılımlarını anlayabilecek düzeyde değildirler. Bunların 1924'te kurduğu *Terakkiperver Cumhuriyet Fırkası*'nın izlencesi, bugünkü IMF istemleri gibidir. Bu partiyi kuranların içinde yer alan **Rauf Orbay**, başbakan olarak *Lozan*'a, anlaşmanın imzalanması için gerekli olan yetki belgesini göndermemiş ve bu garip sorunu **Mustafa Kemal** çözmüştü. *Terakkiperver Cumhuriyet Fırkası* kurulur kurulmaz, hükümete, Cumhuriyet Halk Fırkası'na ve hatta **Mustafa Kemal**'e karşı olumsuz tavır almıştı. Londra'da çıkan *Times* gazetesi 14 Kasım 1924 tarihli sayısında, *Terakkiperver Cumhuriyet Fırkası*'nı, *"Mustafa Kemal'in her adımını"* eleştirdiği için kutlamış ve *"Türkiye'deki İngiliz çıkarlarının korunması"* umutlarını bu partinin başarısına bağlamıştı.[29]

Terakkiperver Cumhuriyet Fırkası'nın izlencesinde şunlar yer alıyordu: *"...Parti limanlara giriş ve çıkışta alınan gereksiz gümrük vergilerinin derhal kaldırılmasını savunur... İç ve dış transit ticaretinin gelişmesini önleyen tüm kısıtlama ve engeller kaldırılacaktır. Ulu-*

sal sanayinin korunması için getirilen kısıtlamalar kaldırılacak, ithalattan alınan gümrük vergileri azaltılacaktır. Ekonomiyi yeniden inşa etmenin zorunluluğu karşısında, yabancı sermayenin güvenini kazanmaya çalışılacaktır. Her türlü tekelin, bu arada devlet tekellerinin de çoğalmasına karşı çıkılacaktır. Merkezi yönetim biçimi yerine yerel yönetimler gerçekleştirilecektir. Ülkede liberalizm uygulanacak, devlet küçülecektir. Halkın dini inançlarına saygı gösterilecektir..."[30]

Rauf Orbay 1924 yılında mecliste yaptığı konuşmada, cumhuriyet ilanı ile hilafetin kaldırılmasından başka herhangi bir devrim henüz yapılmamış olmasına karşın; *"Devrimler bitmiştir. Devrim sözü sermayeyi ürkütüyor"* demişti.[31] 1924'te başbakan, 1930'da da *Serbest Fırka*'nın başkanı olan **Fethi Okyar** da benzer düşüncede bir kişidir. Mecliste birçok devrim yasası sarıklı hocaların ikna edilmesiyle çıkarılmaktadır. **İsmet İnönü** verilen görevi başarıyla yerine getiren iyi bir uygulamacıdır ancak çağın gerçeklerini yeterince kavrayamamıştır. Türk Devrimi'ne tek başına önderlik edebilecek, toplumsal, ekonomik, tarihsel kültüre ve anti-emperyalist bilince sahip değildir.

Devrimlerin gerçekleştirilmesi **Mustafa Kemal**'in Türk halkı üzerindeki olağanüstü etkisine, devrimci kararlılığına, örgütsel yetencğine ve eriştiği yüksek bilince dayanmıştır. **Mustafa Kemal,** meclis içindeki tutucu karşıtçılığın arttığı günlerde, 3 Mart 1925'te parti kümesinde yaptığı uzun konuşmasını şu cümleyle bitirir. *"Devrimi, başlatan tamamlayacaktır".*[32]

Devrim kendisini koruyacak kadroları tam olarak yetiştiremeden **Atatürk** 1938 yılında öldü. **Atatürk**'ün yerine, getirilecek en uygun kişi olarak **İsmet İnönü** Cumhurbaşkanı seçildi. **İsmet İnönü**'nün, 1938-1950 arasındaki, *milli şef* konumu ve geniş yetkilerle sürdürdüğü yönetim dönemi, Atatürkçü politikanın temel ilkeleriyle çelişen uygulamaların yer aldığı bir dönem oldu. Atatürkçülükten geri dönüş süreci, yaygın bir kanı olarak kabul edilen 1950'de değil, bu dönemde başladı.

Emperyalizme Yanaşma; İngiltere ve Fransa'yla Üçlü Bağlaşma

Atatürk'ün ölümünden yalnızca altı ay sonra Türkiye; 12 Mayıs 1939'da İngiltere, 23 Haziran'da da Fransa ile iki ayrı bildiriye (deklarasyona) imza attı. Türkiye Cumhuriyeti Dışişleri Bakanı **Şükrü Saraçoğlu,** İngiltere Büyükelçisi'ne bu anlaşmalarla ilgili olarak, *"Türkiye'nin bütün nüfuzunu Batı devletlerinin hizmetine verdiğini"* söyledi.³³ Deklarasyonlara göre taraflar; *"Akdeniz bölgesinde savaşa yol açabilecek bir saldırı halinde, etkin bir biçimde işbirliği yapmayı"* kabul etti.

Anlaşma üzerine İngiltere Başbakanı **Arthur Chamberlain** *Avam Kamarası'nda* yaptığı konuşmada *"erkek millet"* diye Türkiye'yi övdü. Alman gazeteleri ise *"Nankör Millet Türkiye"* başlıklarıyla çıktı.

Bu iki bildiri, daha sonra 19 Ekim 1939 tarihinde, *Üçlü Bağlaşma* anlaşması durumuna getirildi. Bu anlaşmanın yapıldığı günlerde, İngiltere ve Fransa, Almanya ile savaş durumundadır ve İkinci Dünya Savaşı sürmektedir.

Türkiye, Kemalist politikalardan ilk ödünü **Atatürk'**ün üzerinde en çok durduğu konulardan biri olan dış siyaset konusunda vermişti. Batı'yla bağımlılık ilişkisi doğuracak anlaşmalara imza koymuştu. Üstelik ölümünden yalnızca 6 ay sonra.

Anlaşma yapılan İngiltere 15 yıl önce; Türkiye'yi yok etmeye kararlı olduğunu, Türklerin vahşi talancılar olduğunu ve Anadolu'dan uzaklaştırılacağını söylüyordu. 1930 yılına dek süren Kürt ayaklanmalarının hemen tümünü kışkırtıyor ve Musul'u almak için Türkiye karşıtı her türlü eylem içine giriyordu. Türkiye böyle bir ülkeyle üstelik dünya savaşı sürerken bağlaşma anlaşması yapıyordu. İngiltere ve Fransa ile yapılan 1939 Üçlü Anlaşması, hem anti-Kemalist sürecin başlangıcı, hem de buna bağlı olarak Türkiye'nin yeniden Batı'nın etkisine girmesi anlamına geliyordu.

Atatürk, gerçekleştirilen devrimin kendisinden sonra korunup geliştirilmesi konusunda yaşamı boyunca sürekli kaygı duymuştur. Çevresindeki kadronun niteliğini bildiği için geleceğe yönelik kaygısını, olası gelişmeleri ve alınmasını düşündüğü önlemleri sıkça dile getirmiştir. Günümüz koşulları göz önüne alındığında, kaygı ve uyarılarındaki haklılığı açıkça görülmektedir.

İkinci Dünya Savaşı'nın yaklaştığı ve hastalığının ilerlediği günlerde **Ali Fuat Cebesoy**'a şunları söyler: *"Fuat Paşa, pek yakında dünya durumu mütareke yıllarından çok daha ciddi olacak ve karışacaktır... Avrupa'da birkaç maceracı, Almanya ve İtalya'nın başında zorla bulunuyorlar. Karşı karşıya geldikleri zayıf devlet adamlarının aczinden cesaret alıyorlar. Bunlar bir gün dünyayı kana bulamaktan çekinmeyeceklerdir. Eski dostumuz Rus Sovyet Hükümeti, acizlerle maceracıların yanlış hareketlerinden yararlanmasını bilecektir. Bunun sonucunda, dünyanın durum ve dengesi tamamen değişecektir. İşte bu dönem sırasında doğru hareket etmesini bilmeyip en küçük bir hata yapmamız halinde, başımıza mütareke yıllarından daha çok felaketlerin gelmesi mümkündür. Bu İkinci Dünya Savaşı beni yataktan kımıldatmayacak bir durumda yakalayacak olursa, memleketin durumu ne olacaktır? Ben devlet işlerine mutlaka müdahale edecek bir duruma gelmeliyim. Bizde hiçbir şeyin yataktan yönetilemeyeceğini bilirsiniz. Mutlaka işin başına geçmek gerek".*[34]

1930'larda dış politikanın büyük bölümü, olası bir dünya savaşı çekincesine karşı Balkan ve Ortadoğu ülkeleriyle bağlaşarak Avrasya'da barışçı, savunmacı ancak caydırıcı bir güç yaratma çalışmalarına ayrılmış ve *Balkan Antantı* (1934) ile *Sadabad Paktı* (1937) bu düşünceyle oluşturulmuştu. Böylece Yugoslavya'dan Afganistan'a uzanan bir şerit boyunca Avrupa yayılmacılığına karşı ortak savunma ve ülkelerin içişlerine karışmayan bir ortak eylem tasarısı kurulmuştu. Savaşın çıkmasıyla birlikte **Tevfik Rüştü Aras**'ın tüm girişimlerine karşın Türkiye bu savunma birlikteliğinin gereklerini yerine getirmemiş ve bölgedeki dengeleri Batı lehine dönüştürmüştü.

Atatürk, ölümüne birkaç ay kala Almanya'nın Türkiye'ye yaptığı bağlaşma önerisini, Başbakan **Celal Bayar** ve Dışişleri Bakanı **Tevfik Rüştü Aras** (kısa bir süre önce Atatürk, İsmet İnönü'yü başbakanlıktan almış, yerine Celal Bayar'ı getirmişti) kendisine ilettiklerinde, öneriyi uygun görmemiş ve; *"Türkiye, tarafsız kalmalıdır, bir ittifak içine girmemelidir"*[35] demiştir.

Bu konuda, Başbakan ve Dışişleri Bakanı'na görüşünü iletmekle yetinmeyen **Atatürk** vasiyetini yazdırdığı gün, dış politika konusunda şunları söyleyecektir: *"Bizim şimdiye kadar izledi-*

ğimiz açık, dürüst ve barışçı politika memlekete çok yararlı olmuştur. Arkadaşlar da buna alıştılar. Gerçek ve yaşamsal zorunluluklar dışında bu politikamız devam eder gider".[36]

İsmet İnönü, cumhurbaşkanı olduktan sonra **Atatürk**'ün yakın çalışma kadrosunu etkin görevlerden uzaklaştırdı. **Atatürk** döneminin değişmez Dışişleri Bakanı **Tevfik Rüştü Aras** da bunlardan biridir. Yeni hükümette **Aras**'a görev verilmedi, yerine getirilen **Şükrü Saraçoğlu**'na, İngiltere ve Fransa'yla yapılan *Üçlü İttifak Anlaşması* imzalatıldı. **Tevfik Rüştü Aras** konuyla ilgili olarak daha sonra şunları söyleyecektir: *"İkinci Dünya Savaşı içinde tarafsız kalmak, mümkündü. İngiltere ve Fransa ile ittifakın gereğini, yararını ve kimlere karşı olduğunu hala anlamış değilim. Zararları ise meydanda idi".*[37]

İngiltere ve Fransa'yla imzalanan bildiriye ilk tepki, daha önce yansızlık sözü verilen ve bu ülkelerle savaşa hazırlanan Almanya'dan geldi. Almanya'nın Ankara Büyükelçisi **von Papen**, Berlin'e gönderdiği 20 Mayıs 1939 tarihli yazanakta, Türkiye'nin yansızlıktan ayrılışını *"vahim bir olay"* olarak nitelendirdi ve şunları yazdı: *"Türkiye daha önceki tam tarafsızlık biçimindeki politik çizgisinden ayrılmış, İngiltere grubu devletlerin müttefiki olmuştur. Bu adım Doğu Akdeniz'deki kuvvet dengesinin tamamen değişmesi anlamına gelmektedir".*[38]

Bu gelişmeden sonra **Hitler** Türkiye'yi *"ikinci derecede işgal edilecek ülkeler"* arasına soktu ve Türkiye yöneticileri için şu yakışıksız sözleri söyledi: *"Türkiye'yi, Mustafa Kemal'in ölümünden sonra, budala ve aptallar yönetmektedir".*[39]

Türkiye, İngiltere'ye güvenerek yansızlıktan ayrılmış, İngiltere'nin safına geçmiş ve Almanya'yı karşısına almıştır. Ancak, savaş anında yardım sözü veren İngiltere, Türkiye'ye yardım yapacak durumda değildir. İngiltere'nin amacı Almanya'nın düşmanlığını Türkiye, Balkanlar ve Sovyetler Birliği'ne çekmektir. Anlaşmaya önem vermesinin gerçek nedeni, Türkiye'nin askeri gücünden yararlanmak değil, Almanya'nın saldırı alanını genişleterek doğuda yeni bir cephe açmasını sağlamaktır. İngiltere'nin savaş ve savaş sonrası gelişmelerle amacına ulaştığı görülecektir. **Hitler** Türkiye'ye yapılan mal karşılığı silah satışlarını durdurur ve komutanlarına Türkiye'yi elegeçirme planı hazırlatır. Ancak, Kuzey Afrika'da beklediği başarıyı sağlayamayınca bu plan uygulanmaz.

Anlaşmaya ikinci tepki, Balkan devletlerinden geldi. Yıllarca uğraşılarak yaratılan saygınlık bir anda yok olmuştu. 2 Şubat 1940'ta Belgrad'da yapılan Balkan ülkeleri toplantısında Türkiye, *"Balkan devletlerini İngiltere ve Fransa'nın safına çekmek amacıyla kışkırtıcı manevra yapmakla"* suçlandı. Hatta Balkan devletleri, *"Türk tehdidine karşı, Bulgaristan'ı içine alan yeni bir Balkan Paktının yapılmasını"* ciddiyetle düşündü.[40] O günden sonra Balkan devletleriyle ilişkiler hiçbir zaman, **Atatürk** dönemindeki düzeye erişemeyecektir.

Anlaşmaya üçüncü tepki, **Atatürk**'ün, karşılıklı güven ve iyi ilişkilerin korunmasına büyük önem verdiği Sovyetler Birliği'nden geldi. Sovyetler Birliği emperyalist kuşatma altında olduğuna inanmakta ve Fransa'yla İngiltere'ye hiç güvenmemektedir. Yaklaşan savaşın Batı ülkeleri arasındaki çıkar çatışmasına dayandığını saptamış ve bu savaşta taraf olmamayı hedeflemişti. İngiltere ve Fransa, Sovyetler Birliği'nin Almanya'ya petrol satmasını kendileri için çekinceli görüyor ve 1940 yılında Bakü'nün Türkiye'deki üslerden havalanacak uçaklarla bombalanacağına, buna Türkiye'nin onay verdiğine yönelik uydurma haberler yayıyordu. Türk hükümetinin böyle bir durum olmadığını sürekli açıklamasına karşın, Sovyetler Birliği bu açıklamaları inandırıcı bulmuyordu.

İngiltere, o günlerde Türkiye'deki bir kısım basını da kullanarak, Sovyetler Birliği'nin Türkiye'ye karşı savaş hazırlığı içinde olduğuna yönelik haberler yaymaya başladı. Bu haberlerde Türk hükümetinin savaş durumunda, İngiliz ve Fransız donanmasının Karadeniz'e çıkmasına izin vereceği özellikle vurgulanıyordu. Bu haberlerden Almanya ile saldırmazlık antlaşması yapan ve savaştan uzak durmaya çalışan Sovyetler Birliği tedirgin oluyor ve sonuçta Prof. **Ahmet Şükrü Esmen**'in deyimiyle; *"Türkiye ile Sovyetler Birliği'nin yolları birbirinden ayrılıyordu"*.[41]

Bu gelişmelerle başlayan süreçten sonra Sovyetler Birliği ile Türkiye; güvenli komşular olmaktan çıkacak ve birbirlerine karşı tehdit oluşturan düşman iki ülke olacaktır. Sovyetler Birliği Dışişleri Bakanı **Molotov**, üçlü bağlaşmayı kınarken; *"Türkiye ihtiyatlı tarafsızlık politikasını bir yana iterek Avrupa Savaşı çerçevesine girdi. Sovyetler Birliği, elini serbest tutmayı ve tarafsız politikasına sürdürmeyi* yeğ tutmaktadır... *İngiltere ve Fransa en yüksek sayıda tarafsız ülkeyi savaşa sürüklemeye çalıştıklarından, herhalde hoşnutturlar. Türkiye'nin bir gün pişman olup olmayacağını ise ileride göreceğiz"*[42] diyecektir.

Anlaşma Türkiye'nin başına daha başka karışık sorunlar da çıkardı. İngiltere Türkiye'ye herhangi bir yardım yapmadığı gibi, 10 Haziran 1940'ta İtalya'nın Fransa'ya savaş ilan etmesi üzerine, bağlaşma anlaşmasının ikinci başlamı gereğince, Türkiye'nin İtalya'ya savaş ilan etmesini istedi.

İngiltere'nin Türkiye'yi savaşa sokma baskısı sürerken, 28 Ekim 1940'ta İtalya, Yunanistan'a saldırdı. İngiltere, Türkiye'nin 9 Şubat 1933'te Yunanistan ile yapmış olduğu dostluk anlaşmasını ileri sürerek Türkiye'nin savaşa girmesini bir kez daha yineledi. Oysa, bu anlaşmaya göre Türkiye Yunanistan'ı bir balkan devletinin özellikle de Bulgaristan'ın saldırması durumunda savunacaktı. İngiltere bu koşulu, Almanların Bulgaristan'ı elegeçirip Yunanistan'a girmiş olması nedeniyle, Yunanistan'ın Bulgaristan'dan gelen bir saldırıyla elegeçirildiğini ileri sürerek, Türkiye'nin Yunanistan'ı savunması gerektiği biçiminde yorumluyordu.

Türkiye, yaptığı anlaşmanın doğurduğu sıkıntılardan bunalmışken, Fransa Almanya tarafından işgal edilerek savaş dışı kaldı ve İngiltere'yle ilişkisi kesildi. Türkiye Cumhuriyeti Hükümeti bunu fırsat bilerek, bu durumun kendisine yansız kalma hakkı verdiğini ileri sürdü. Ankara, kendisinin yaptığı anlaşmadan kurtulmak istiyordu. Ancak bu artık kolay bir iş değildi. İngiltere bu isteği görüşmedi bile. Üstelik Türkiye'yi, Alman ya da Sovyet saldırısına uğradığında yardım yapmamakla tehdit etti.

Almanya'nın Batı Avrupa ve Balkanlar'daki başarıları Türkiye'yi bu kez Almanya ile anlaşma yolları aramaya sürükledi. 18 Haziran 1941 günü *Türk-Alman Saldırmazlık Paktı* imzalandı. Almanya ile yapılan anlaşma, üçlü bağlaşmaya aykırı bir durum yaratıyordu. Türkiye içinde bulunduğu bağlaşmaya karşı, savaşan bir başka ülkeyle saldırmazlık anlaşması imzalamıştı. Ölüm-kalım savaşına girmiş olan hem İngiltere'nin hem de Almanya'nın *"bağlaşığıydı".*

Örneği olmayan bu ilginç durum, Türkiye'yi çekinceli bir açmaz içine sokmuştu. O günlerde İngiltere, savaştığı Almanya ile saldırmazlık antlaşması bulunan Sovyetler Birliği'ne tepki duyuyordu. Türkiye ise, İngiltere ile bağlaşık olduğu için, gerek Almanya'dan gerekse Sovyetler Birliği'nden tepki alıyor, Almanya ile anlaştığı için de İngiltere'ye yaranamıyordu.

Türk-Alman Saldırmazlık Antlaşması'ndan dört gün sonra, Almanya Sovyetler Birliği'ne saldırdı ve dost-düşman ilişkileri daha da karıştı. Rusya'ya yönelen Alman saldırısı, Almanya'yla savaşan İngiltere'yi Sovyetler Birliği'nin *"dostu"* yaptı; Almanya'yla saldırmazlık anlaşması olan Türkiye'yi, Sovyetler'in güvenilmez komşusu durumuna getirdi.

Sovyetler Birliği ile savaşa giren Almanya, aynı İngiltere'nin yaptığı gibi, haber ve yaymaca araçlarını etkili bir biçimde kullandı ve Türkiye'yi *Bolşevik* Rusların *"kötü amaçları"* konusunda 'bilinçlendirmeye' girişti. Rusların Boğazları istediğini, **Führer**'in vermediğini yaydı. 1915'te olduğu gibi, İngiltere'nin Rusya ile birleşerek İstanbul bölgesini Ruslara vereceğini ileri sürdü. 1941 Temmuz ve Ağustos aylarında Alman ve İtalyan yardımcı savaş gemileri *Montreux* anlaşmasına karşın, boğazları geçerek, Karadeniz'e açıldı. Bu eylem savaş sonrasında Sovyetler Birliği'nin, Türkiye'den boğazlar konusunda istemde bulunmasına gerekçe oluşturacaktır.

Almanya, yüksek nitelikli çelik yapmak üzere silah karşılığında Türk kromu istiyordu, oysa 1939 yılında Türkiye tüm kromunu İngiltere'ye satmayı kabul etmişti. Bu koşula ve anlaşma süresinin dolmamasına karşın Türkiye Almanya'ya krom sattı. Türkiye Almanya'nın, İran ve Afganistan'a, Türkiye üzerinden askeri malzeme, Suriye'ye de uçak benzini taşımasına göz yumdu. Savaşın Almanya aleyhine döndüğü anlaşıldığında bu kez Almanya'ya karşı tavır aldı. Türkiye'deki Alman yandaşları tutuklandı, Alman elçisine suikast düzenleme gerekçesiyle tutuklanmış olan iki Sovyet diplomatı serbest bırakıldı. Daha sonra Almanya'ya savaş ilan edildi.

Tevfik Rüştü Aras, üçlü bağlaşma anlaşması ile ilgili olarak şunları söyleyecektir: *"Sovyetler Birliği ile ilişkilerimiz 1939'daki İngiliz-Fransız ittifakını imzalamamızdan sonra bozuldu. Bu ittifakı yapmamalıydık. Atatürk, bu ittifakın yapılmasına asla taraftar değildi... Sonuna kadar tarafsız kalacaktık. İngiliz ittifakından hiçbir yararımız yoktu. Sovyetler Birliği'ne tarafsız kalacağımızı anlatmış, Nazi saldırısına karşı yardım sağlamıştık. Hitler'e de tarafsızlığı kabul ettirmiştik.*

Balkan anlaşmasına uymaya devam edecektik. Hatta Hitler bile top ve kredi verecekti. Hitler'in en güçlü döneminde, İngiliz ittifakı hatalı ve tehlikeli oldu. Anlaşmayla önce Hitler ve Stalin'in, daha sonra da İngilizlerin düşmanlığını üzerimize çektik. 1944'te Balkanlar'da Türkiye'nin sözü olmalı, aktif davranmalıydı. Balkan Antantı böylece yok oldu gitti. Tarafsız kalmalı ve Balkanlarda aktif bir rol oynamalıydık".[43]

1939 İngiltere-Fransa anlaşmasının üzerinde bu denli durulması, yalnızca savaş dönemindeki gelişmeleri incelemek değildir. Konuya verilen önem bu antlaşmayla girilen yolun, Türkiye'nin bugünkü duruma gelmesine yol açan bir süreci başlatmış olmasıdır.

Üçlü İttifak Anlaşması, Türkiye'nin **Atatürk** tarafından çizilen bölgesel savunmaya dayalı dış politikasının bırakılmasıdır. Doğurduğu sonuçlar önemlidir. 20 yıl önce, silahlı savaşım ile yenilen ve Türkiye'yi yok etmede kararlılığını açıkça ortaya koyan emperyalist devletlere, hiç gereği yokken bağlanma yoluna gidilmiştir. Sovyetler Birliği ve Balkan ülkeleriyle ilişkiler, bir daha düzelmeyecek biçimde bozuldu. Türkiye, savaş sonrasında Batının kendisine biçtiği elbiseyi giymekten başka umarı olmayan bir konuma düşürüldü. Savaşarak kazandığı ulusal bağımsızlığını koruma ve buna bağlı olarak toplumsal kalkınmayı kendi öz gücüne dayanarak gerçekleştirme yolundan vazgeçti.

*Üçlü İttifak Anlaşması'*yla **Mustafa Kemal Atatürk**'ün; *"İnsaf ve yardım dilenmek gibi bir ilke yoktur. İnsaf ve yardım dilenciliğiyle, ulus ve devlet işleri görülemez. Millet ve devletin onuru, ancak bağımsız olmakla sağlanır"*[44] ya da *"...Bir ulus yalnız kendi gücüne dayanarak varlığını ve bağımsızlığını sağlayamazsa, şunun bunun oyuncağı olmaktan kurtulamaz"*[45] sözlerinde karşılığını bulan ulusal bağımsızlık anlayışına sadık kalınmamıştır.

1939-1950: Çelişkili Uygulamalar Dönemi

Atatürk'ün ölümünden bir gün sonra, 11 Kasım 1938 günü toplanan TBMM, **İsmet İnönü**'yü oybirliğiyle cumhurbaşkanı seçti. Bu oylar **İnönü**'nün cumhurbaşkanlığı için mecliste aldığı ilk oylar değildi. 1923 yılındaki ilk cumhurbaşkanlığı seçiminde de kendisine bir oy çıkmış, bu oyu **Mustafa Kemal** vermişti.

Türk kamuoyunda *'en uygun seçim'* olarak değerlendirilen cumhurbaşkanı seçiminden sonra, **Celal Bayar** Hükümeti usulen istifa etti. Ancak **İnönü**, hükümeti kurmakla yine **Celal Bayar**'ı görevlendirdi. Kurulan yeni hükümette, **Atatürk**'ün en yakın çalışma arkadaşlarından İçişleri Bakanı **Şükrü Kaya** ile Dışişleri Bakanı **Tevfik Rüştü Aras** yoktu. Cumhuriyet devrimlerinin uygulanmasında en önde görev almış bu iki inançlı insana, **İsmet İnönü**'nün isteği üzerine yeni hükümette görev verilmemişti.

Celal Bayar, 25 Ocak 1939'da usulen değil bu kez gerçekten istifa etti. Dr. **Refik Saydam** hükümeti kurmakla görevlendirildi. **İnönü**, hükümeti yeniledikten sonra meclisi de değiştirmeye karar verdi. Mart 1939'da yapılan erken seçimlere katılacak CHP milletvekili adaylarının tümünü kendisi seçti. Adaylar üzerinde yaptığı seçim, **Atatürk** dönemi politikalarında değişiklik olacağının habercisiydi. Milletvekili adayları incelendiğinde, bu eğilim açıkça görülüyordu. **Atatürk**'ün güvendiği yakın çevresi ve devrimci kadrolar milletvekili yapılmamıştı. **Şükrü Kaya, Tevfik Rüştü Aras, Kılıç Ali** gibi isimler önde gelen örneklerdi. Cumhuriyet devrimlerinin gerçek boyutunu kavrayamayarak bunlara karşı çıkan, ulusal ekonomik kalkınma yerine *"liberalizmi"* savunan, *"halkın dini duygularına saygılı olunacaktır"* diye parti kuran ve **Atatürk**'le ciddi siyasi çatışma içine giren; **Ali Fuat Cebesoy, Refet Bele, Fethi Okyar, Hüseyin Cahit Yalçın** gibi isimler aday yapılmıştı. Bu tutum daha sonra daha da ileri götürülmüş, İzmir suikastı davasında hapis cezasına çarptırılan **Rauf Orbay**, **Adnan Adıvar**'la aynı davada yargılanan ancak beraat eden **Kazım Karabekir** önemli görevlere getirildi. **Ali Fuat Cebesoy** ve **Kazım Karabekir** Meclis Başkanlığı'na dek yükseldi.

İnönü, bu yöndeki karar ve davranışını şöyle anlatmıştır; *"İçişlerinde yeni bir politika gerekli idi. Bu politika gerginlikleri ciddi* *olarak giderme veya yumuşatma yönünde olacaktı. Eski küskünlükleri kaldırmak için, ciddi olarak çalışmak kararındaydım... Eski küskünlük dediğim zaman, Terakkiperver ve Serbest Fırka teşebbüslerinden kalan huzursuzlukları murat ediyorum".*[46]

Bu sözlerin taşıdığı anlam, sonraki politik uygulamalarda somutlaşacaktır. Türk toplumu 1923-1938 arasında, olağanüstü devrimci bir dönem yaşamıştır. Böyle bir dönemde devrim karşıtı eğilimlerin ve bunların örgütsel tepkilerinin oluşması kaçınılmazdır. Karşıdevrimci tepkileri, *"iç politika gerginlikleri"* olarak gören ve bu tepkileri; giderme ve yumuşatma adıyla, Terakkiperver ve Serbest Fırka yöneticileri ile uzlaşmaya varan anlayışın, devrimcilikten, bağlı olarak da Atatürkçülükten uzaklaşmayla sonuçlanması kaçınılmazdı. Nitekim 1939-1950 döneminde bu tür *'gerginlik giderme'* uygulamaları sıkça yapılmıştır.

Atatürk döneminde cumhurbaşkanlığı genel sekreterliği, milli eğitim bakanlığı yapmış ve ilk *'İnkılap Tarihi'* derslerini vermiş olan Prof. **Hikmet Bayur**'un **Atatürk**'ün ölümünden sonraki uygulamalar için görüşleri şöyledir: *"...Atatürk ölür ölmez, Atatürk aleyhine bir cereyan başlatılmıştır. Mesela Atatürk'e bağlı olan bizleri İnkılâp derslerinden aldılar. Kendi adamlarını koydular. O dönemde Atatürkçülüğü övmek ortadan kalkmıştı".*[47] Gerginliği gidermek savıyla yeni gerginlikler yaratılıyor ancak bu kez gerilen taraf **Atatürk**'ün yakın çevresi ve Atatürkçü kadrolar oluyordu.

*

Atatürk'ün yakın çevresinin yönetimden uzaklaştırılmasıyla başlayan süreç, açıkça söylenmeyen ve yazılmayan ancak davranış biçimleriyle ortaya koyulan dizgeli bir politikaya dönüştürüldü. Bu politikanın somut sonucu; devlet politikalarında **Atatürk** ve Atatürk dönemiyle *"araya mesafe koyma"* eğilimiydi. **İnönü** milli şefti ve her şeyi o belirliyordu. Devlet kadrolarında yükselmek isteyenler günün gereklerine uymak durumundaydılar. **Atatürk**'ün yakın çevresi gözden düşmüştü. Onlarla birlikte görünmek, yükselmeyi önleyen bir etkendi. İlk kadın milletvekillerinden **Fakihe Öymen**, **Afet İnan**'ın kendisini sıkça ziyaret etmesi nedeniyle kimi milletvekillerince uyarılmış ve **Atatürk**'ün yakını olan bu kişiyle fazla görüşmemesi önerilmişti.[48]

Din eğitimi almış ve faşist eğilimler içindeki **Şemsettin Günaltay**, **İnönü** cumhurbaşkanı olduğunda, **Atatürk** dönemini karalayan ve **Atatürk**'ü dolaylı olarak aşağılayarak; *"İnönü devri başlıyor, fazilet devri başlıyor"*[49] demiş ve ileride başbakan yapılmıştı.

Kimi cumhuriyet aydınları, **Atatürk**'ün ölümünden sonra uzun süre Etnografya Müzesi'nde bırakılmasını genel politik tavrın bir parçası olarak değerlendirmiş ve eleştirmiştir. **Yakup Kadri Karaosmanoğlu**'nun bu konudaki eleştirileri şöyledir: "*...Halk vicdanında derin tepkiler uyandıran başka bir mesele var ki, o da Atatürk'ün yıllar ve yıllarca Etnografya Müzesinin eşyaları arasında bırakılışı ve ününe uygun bir anıtkabir inşası işinin, her baştan savma iş gibi, bir komisyona havale edilip uyutulmasıydı. Bu komisyonda bulunan Falih Rıfkı Atay, Atatürk'ün Çankaya'da gömülmek istediğini ve bu dileğini adeta bir vasiyet şeklinde tekrar ettiğini her hatırlatışında, Cumhurbaşkanı Genel Sekreteri Kemal Gedeleç, 'İnönü'ye demek bir türbedarlık vazifesi verilecek' diye söylenir dururdu. Konu dönüp dolaşmış, Anıtkabir'in Atatürk'ün vasiyet ettiği Çankaya'ya değil, Cumhurbaşkanlığı Genel Sekreteri'nin ısrarlı teklifi üzerine bugünkü yerine yapılması kabul edilmişti*".[50]

İnönü döneminin yasalara uygun ve biçimsel gibi görünen ancak bilinçli olarak yapılmış uygulamalarından biri de, pul ve paralardan **Atatürk**'ün resimlerinin kaldırılarak yerine **İnönü**'nün resimlerin bulunduğu pul ve paraların piyasaya sürülmesidir. Kamuoyunda derin tepki uyandıran bu uygulamanın amacına yönelik bir açıklama yapılmamıştır. Ancak, uygulamanın siyasi bir anlayışa dayandığı, yönetim değişimini ve bu değişimin gücünü halka göstermeyi amaçladığı yönünde değerlendirmeler yaygındır.

*

1939-1950 döneminde en çekinceli ödünler, henüz tam olarak yerleşmemiş olan laiklik konusunda verilmiştir. Dinsel inançların siyasi çıkar için kullanılmasının 1950'den sonra başladığı yönünde yaygın bir kanı vardır. Oysa bu tür uygulamalar **Atatürk**'ün ölümünden hemen sonra başlar. Sandıkta yarışın söz konusu olmadığı tek parti döneminde, laiklikten verilen ödünlerin hangi somut amaca yönelik olduğunun mantıksal bir açıklaması bugüne dek yapılamamıştır. DP'nin uygulamaları, kendinden önce başlatılan bir süreci, yoğunluğunu arttırarak sürdürmesinden başka bir şey değildir.

İlk kadın milletvekillerinden **Fakihe Öymen**'in konuyla ilgili olarak, döneme ve dönemin Cumhurbaşkanı **İnönü**'ye eleştirileri oldukça serttir; *"...İnönü bütün hareketlerinde Atatürk'ün üstünlüğünü silmek için elinden gelen gayreti sarf etti. Bunu genel bir fikir olarak söyleyebilirim. Atatürk'ün yolunda yürümüş olsaydı, her şey başka türlü olacaktı. Atatürk öldükten sonra birçok dostumuz var ki İsmet Paşa zamanında oruç tutmaya, namaz kılmaya başladılar. Kusurumuz, laikliği memlekete yayamamaktır. Onun için ben şahsen, İnönü'nün Anıtkabir'e defnedilmesini bile istemedim".*[51]

Prof. **Hikmet Bayur**'un bu konuyla ilgili olarak aktardıkları, ödünlerin verilmesinin 1940'lı yılların başlarına kadar gittiğini gösteriyor. **Hikmet Bayur** şunları söylüyor: *"Atatürk öldükten sonra biz seçim bölgelerimize gittik. Bir müddet sonra, galiba yeni seçimlerden sonra baktım her mahallede bir kuran kursu açılmış. Bunlar yoktu eskiden. İnönü cumhurbaşkanı ve Recep Peker de içişleri bakanı ki, Recep Peker de bu softaların şiddetli aleyhindeydi. Gittim Ankara'ya, Recep Peker'e dedim ki, ne hâl bu? Ne yapayım, dedi emir en büyük yerden geliyor. Yani İnönü din düşmanlığı yapmadı, dincilik yapıyor. Daha sonra İlahiyat Fakültesi'ni açtı. Sonra İmam Hatip okulları açtı. İmam Hatip okullarına Fıkıh dersi koydurdu. Fıkıh dersine hiç lüzum yok. Çünkü fıkıh demek şeriattan doğma yani Kuran'dan ve peygamberin davranışlarından çıkarılan hükümlere göre yapılmış kanunlar demektir".*[52]

Falih Rıfkı Atay'ın görüşleri de benzer niteliktedir. Bilindiği gibi **Atay, Atatürk**'ün yakın çevresinde bulunmuş ve Cumhuriyet'in hemen tüm dönemlerini yaşamış bir insandır. *"Atatürkçülük Nedir?"* adlı kitabında şunları yazıyor: *"Hiç kimse Atatürk'ün yaptıklarını yıkamazdı. Fakat statükoyu tutmak herkesin elinde idi. Atatürk öldükten sonra CHP merkezi ve Çankaya çevresini, Atatürk'ün yaptıklarına daha o sağ iken inanmamış olanlar sarmıştı. Kurultaylarda pek nüfuzlu kimselerden Kemalizm ve lâisizm deyimlerinin tüzükten çıkarılması istenmişti (1953 kurultayında Kemalizm CHP programından çıkarılmış yerine Atatürk yolu diye bir kavram getirilmiştir y.n.)... Ben Ulus Başyazarlığı'ndan 1948'de ayrıldım; tavizci gidişi görüyordum. Özel konuşmalarında açık fikirli bir din bilgini geçinen*

Şemsettin Günaltay, politikada 'softa' idi. Cumhuriyetin 25. yılında medreseden başbakan getirmek hayra alâmet değildi. Ondan sonra İlkokul yerine İmam Hatip kursları, Lise yerine İmam Hatip okulları memleketi kaplamıştır. Bu okulların pek çoğu eski devirlerde bile örneği görülmeyen gerilikte, şeriatçı, medenilik ve devrimcilik düşmanları yetiştirmektedirler. Elli bin küsur camide milletin yüzde altmışından fazlası bu koyu cehalet ve taassubun eline teslim edilmiştir. Türkiye için her bakımdan, daha büyük tehlike hatıra gelemez... Atatürk'e ve Atatürkçülüğe de en büyük kötülüğün CHP'den geldiği inancındayım. Bugünkü şartlar iyi ve sağlam köklü bir düzene bağlanmazsa rejim krizlerinden kurtulamayız".[53]

Falih Rıfkı bir başka kitabı, *Bayrak*'ta konuyla ilgili olarak şunları yazar: "*Atatürk'ün CHP'ye bıraktığı gerçek miras devrimleri idi. Bu devrimlerin iki esas temeli, Laisizm ve eğitim birliği, CHP idaresi devrinde temelinden sarsılmıştır. CHP İmam Hatip okullarına fıkıh dersi koymakla eğitim birliğini yıkmıştır. O vakitten beri CHP Atatürk'ün değil İnönü'nün partisidir*".[54]

1945 sonrasında artan ABD etkisi ve girişilen seçim yarışı, Atatürkçülükten verilen ödünlerin nicelik ve kapsam olarak önemli miktarda artmasına yol açtı. 1930 *Serbest Fırka* girişimini kendine örnek alan DP ve CHP, bu konuda birbirleri ile yarışır duruma geldi. Yönetimdeki parti olarak CHP'nin eylemleri, somuta yönelik olduğu için daha etkin ve kalıcı oldu. DP, 'ödün verme yarışının' bayrağını 15 Mayıs 1950'de devraldı.

Devrimcilik ve laiklik ilkelerine bağlılıkları tartışma konusu olan bir küme CHP milletvekili 1946 ve 1950 seçimlerinde, DP'nin en güçlü yanının; *"halkın dini hislerini okşamak"* ve *"milli ahlaka uygun hareket etmek"* olduğunu ileri sürerek, bu silahların artık kendileri tarafından kullanılacağını açıkladılar. Bu anlayış en üstten en alta dek hemen tüm CHP örgütlerini sarmıştı. Milli eğitime din dersleri sokuldu, köy enstitüleri kaldırıldı. Köylerde yeni yöntemlerle girişilen ilköğretim devinimine son verildi. Medrese eğitimini örnek alan İmam hatip ve sübyan okulları yaygınlaştırıldı. Devlet okullarında din dersleri okutulması için yasa çıkaran CHP hükümeti, ödün sınırını, Ticani Tarikatı'yla işbirliği yapmaya dek götürdü. Cumhuriyet tarihinde tarikatlarla ilk kez işbirliği yapılıyordu.

Verilen ödünler zaman zaman **Celal Bayar**'ı bile rahatsız ediyordu. Seçimler öncesinde iki parti başkanı bir araya gelerek parti çalışmalarında din sömürücülüğü yapılmaması konusunda anlaşmıştı. Ancak, bu anlaşma hiçbir zaman yaşama geçmemişti. Örneğin, **Celal Bayar** Bursa'da yaptığı bir seçim konuşmasında, ağırlığı laikliği savunan görüşlere vermiş ve bu yüzden *Sebilürreşad* adlı şeriatçı bir dergi tarafından dinsizlikle suçlanmıştı. CHP bu dergiden binlerce satın alarak, tüm Türkiye'ye dağıtmıştı. **Celal Bayar** konuyu **İnönü**'ye ilettiğinde aldığı yanıt; *"Ne yapalım bizim arkadaşlar senin bir zaafından istifade etmişler"* olmuştur.[55]

Gericiliğe verilen ödünler, Kemalist devrim anlayışına uygun düşmeyen uygulamaların bir bölümüydü. Ekonomik kalkınma, dış siyaset ve ulusal bağımsızlık gibi temel ilkelerde verilen ödünler daha etkili ve kalıcı olumsuz sonuçlar doğurmuştur. Bu tür ödünler gerek *Kemalizm'in* özüne, gerekse **İnönü**'nün kimi önemli girişimlerine aykırı düşüyordu. Eğitim seferberliği için köy enstitülerini yaşama geçirilip toprak sorununu çözüme ulaştıracak *Toprak Yasası* çıkarılırken, bu girişimlere beklenmedik bir biçimde son veriliyor ve o güne dek yaratılmış değerler yok ediliyordu. 1937 yılında altı ok anayasa maddesi yapılırken, on yıl sonra devletçilik ve devrimcilikten vazgeçiliyordu. Projeleri hazırlanmış olan demir-çelik, genel makine ve elektrolitik bakır gibi yatırımlar izlenceden çıkarılıyor, sanayileşmeyle bağdaşmayan yeni kalkınma planları yapılıyordu.

1939-1950 arasındaki 11 yıl, Kemalist atılımların durdurulduğu, geri dönüş sürecinin başladığı, çelişkilerle dolu bir dönemdir. Bu dönemde, hem henüz etkisini yitirmemiş olan devrim ilkeleri hem de geri dönüş uygulamaları varlığını sürdürmüştür. Batı'yla uzlaşma ve giderek emperyalizmin etkisine girmekle sonuçlanan bu süreç; İngiltere ve Fransa ile yapılan *Üçlü Bağlaşma Antlaşması*'yla başlamış, çeşitli aşama ve yoğunluklardan geçerek günümüze dek sürmüştür.

*

İsmet İnönü 1960'larda, **Abdi İpekçi** ile yaptığı bir konuşmada şöyle söylüyordu; *"Demokratik rejime karar verdiğimiz zaman, büyük otorite ile büyük reformların hemen yapılabileceği dönemin değiştiğini, değişmesi gerektiğini kabul etmiş oluyorduk"*.[56] Değerlendirmedeki dikkat çekici yan, *"büyük otorite ile büyük reformların yapılması döneminin"* yalnızca değişmiş olması yönündeki saptama değil, *"değişmesi gerektiği"* yönündeki kabuldür. Burada devrimci dönemin, nesnel koşullar nedeniyle sona erdiği söylenmiyor, devrimcilikten vazgeçildiği kabul ediliyor. Oysa *Kemalist* düşünce ve eylem, sürekli devrimi kabul ediyor ve *"Hiçbir gerçek devrim, gerçeği görenlerin dışında çoğunluğun oyuna başvurularak yapılamaz"*[57] *"Devrimler yalnızca başlar, bitişi diye bir şey yoktur"* diyordu.[58]

Görüşler arasındaki niteliksel karşıtlık, dünya görüşlerine dayanan yapısal bir ayrım mı, yoksa zaman içinde yeni koşulların neden olduğu düşünce değişikliği miydi? Bu sorunun yanıtını, **İsmet İnönü**'nün, **Mustafa Kemal**'e 1919 yılında, henüz İstanbul'dayken yazdığı mektupta aramak gerekir; *"Bütün memleketi parçalamadan ülkeyi bir Amerikan denetimine bırakmak, yaşayabilmek için tek uygun çare gibidir".*[59]

ABD Türkiye'ye Yerleşiyor

ABD, İkinci Dünya Savaşı'ndan Batı dünyasının önderi olarak çıktı. Savaşın gerçek galibi, *'gelişmenin, barışın ve demokrasinin' "koruyucusu"* olarak *'göz kamaştırıcı'* bir varsıllık içindeydi. Onunla iyi ilişkiler kurmak, dost olmak ve yardımına *'hak kazanmak'*, *'hür dünyaya'* katılarak, *'özgür ve uygar'* olmanın, kaçırılmaması gereken fırsatıydı. Dünyanın büyük bölümü böyle düşünüyordu. ABD ve Amerikan yaşam biçimi, tüm dünyayı saran bir modaydı.

Oysa bu *'moda'*nın arkasındaki gerçek, yoksul ve güçsüze yaşam şansı vermeyen genel, yaygın, örgütlü ve güce dayanan yeni bir dünya düzeniydi. Bu düzenin ekonomik ve politik amaçları içinde; azgelişmiş ülkelerin kendi geleceklerini belirleme, ulus çıkarlarına sahip çıkma ya da bağımsızlığını koruma gibi kavramlara yer yoktu. Yeni düzen bunları yok etmek üzere geliştirilmişti.

Türkiye, *Yeni Dünya Düzeni*'ne katılmada dünyadaki bütün azgelişmiş ülkeler içinde en özenili (hevesli) ülke olmuştur. Daha 20 yıl önce, emperyalizme karşı dünyadaki ilk başkaldırı eylemini başarmış olan bir ülkenin, bu durumu, gerçek anlamda bir üzünçlü (dramatik) durumdur. Kemalist kalıtın yadsınmasıdır.

Pek çok kimse, Türkiye'nin Batıya bağlanmasına; Sovyetler

Birliği'nin *İkinci Dünya Savaşı* sonrasında süresi biten 1925 Türk-Sovyet anlaşmasını yenilememesi ve Türkiye'den kabul edilemez toprak isteğinde bulunmasının neden olduğuna inanır. Bunun etkisi olduğu açıktır. Ancak, gerçek ve belirleyici neden bu değildir. O günlerde Türkiye'yi yönetenler yetkilerini, ulusal tam bağımsızlık olan *Kemalizm'den* yana değil, Batı'ya bağlanmaktan yana kullanmıştır. Bu durum, onların bilinç düzeyi ve bu düzeyin oluşturduğu dünya görüşünün doğal sonucuydu.

Türkiye'yi, Rus çekincesiyle korkutarak kendi amaçları için yönlendirme, 18. yüzyıldan beri kullanılan eski bir Batı taktiğidir. Bu taktik kolaydır ancak etkili olmuştur. 200 yıllık tarih içinde yalnızca **Mustafa Kemal** bu etkinin dışında kalmıştır. Sovyetler Birliği ile en güçsüz dönemde bile eşit iki ulus olarak ilişki kurmuş, yardım alabileceği tek ülke olmasına karşın bu ülkeye ne bir ödün vermiş ne de ilişki kurmaktan çekinmiştir.

Sovyet Dışişleri Bakanı **Çiçerin**, Ermeniler için Türkiye'den toprak istediğinde, bu isteği derhal ve kesin olarak reddetmişti. Bu büyük *'tarihi düşmanı'*, Türk Ulusu'nun yaşam savaşına yardım eden dost bir ülke durumuna getirmiştir. Ancak, ölümünden sonra Türkiye'yi yönetenler bu ülkeyle ilişkileri, yalnızca 6 ay sonra, çekince oluşturan düşman ilişkileri durumuna getirecek bir süreci başlatmıştır. Bu yöneticiler, **Abdülhamit**'in bile kanmadığı Batılıların; *"biz dost Rusya düşman"* ve *"biz sizi koruruz"* yaklaşımını, kendilerine olan güvensizlik nedeniyle benimsemişlerdir.

1939 *Üçlü Bağlaşma Anlaşması'*yla başlayan Batı'ya bağlanma süreci, savaşın bitmesi ile hız kazandı. Türkiye, toplumsal düzeyi, siyasi altyapısı yeterli düzeyde olmamasına karşın, ABD'nin dayatması ile çok particiliği kabul etti ve 24 Ekim 1945'te kurulan *Birleşmiş Milletler*'e girdi. BM'den sonra kurulan hemen tüm uluslararası örgütlere; inceleme yapmadan, araştırmadan ve bilgi sahibi olmadan üye oldu. 14 Şubat 1947'de Dünya Bankası, 11 Mart 1947'de IMF, 22 Nisan 1947'de Truman Doktrini, 4 Temmuz 1948'de Marshall Planı, 18 Şubat 1952'de NATO, ve 14 Aralık 1960'ta OECD'ye katıldı.

Bunlardan başka sayısını ve niteliğini bile tam olarak bilinmeyen, çok sayıda ikili anlaşmaya imza attı. *Gümrük Birliği*

*Protokolü'*yle kapılarını AB'ye açtı. 21. yüzyıla girmeye hazırlanılan şu günlerde, TAI ve uluslararası tahkim gibi anlaşmalara imza attı. Türkiye'nin katıldığı tüm uluslararası anlaşmaların ortak özelliği, Batı'ya bağımlılığın arttırılması ve hükümranlık haklarının törpülenmesidir. Törpülenmenin ulaştığı düzey bugün, Osmanlı İmparatorluğu'nun son dönemini aratacak düzeydedir.

*

ABD ile yapılan ilk ikili anlaşma, daha savaş bitmeden yapılan ve 23 Şubat 1945 tarihinde imzalanan anlaşmadır. Borç verme ve kiralamalarla ilgili olan bu anlaşma, TBMM'de 4780 sayıyla yasalaşmıştır. Anlaşmanın temel özelliği; adının *Karşılıklı Yardım Anlaşması* olmasına karşın, ABD isteklerinin Türkiye tarafından kabul edilmesi ve Türkiye'yi ağır yükümlülükler altına sokmasıdır. Anlaşmada, koruyucu hükümler olarak yer alan koşullarla, Türkiye'nin değil, ABD'nin hakları koruma altına alınmaktadır. Anlaşmanın 2. başlamı şöyledir: *"T.C. Hükümeti, sağlamakla görevli olduğu hizmetleri, kolaylıkları ya da bilgileri ABD'ye temin edecektir".*[60]

Böyle bir koşulun bağımsız iki ülke arasında yapılan bir anlaşmada yer alması kuşkusuz olanaklı değildir. T.C. Hükümeti, ABD'ye hizmet sunmakla görevli olacak ve bu görevin sınırı da belli olmayacaktı.

İkinci anlaşma, 27 Şubat 1946 tarih ve 4882 sayılı yasayla kabul edilen bir kredi anlaşmasıdır. Bu anlaşmanın özü dünyanın değişik yerlerinde ABD'nin elinde kalan ve ülkesine geri götürmesinin gideri yüksek olan, eskimiş savaş artığı gereci satın alması koşuluyla Türkiye'ye 10 milyon dolar borç verilmesidir. Bu anlaşma, Türkiye'yi her yönden bağımlı kılacak anlaşmalar dizisinin öncülerindendir ve ağır koşullar içermektedir. Anlaşmanın 1. bölümü şöyledir:

"T.C. Hükümeti, ABD Dış Tasfiye Komisyonu'nun Türkiye dışında satışa çıkardığı, kullanım fazlası malzeme ve donatımlardan, ihtiyaçlarına denk düşenleri satın almak istediğinde, bu alımın 10 milyon dolarlık bölümü için, iki hükümet aşağıdaki maddeleri kabul etmişlerdir;

I. ABD, Türk Hükümeti'ne bu alımlar için 10 milyon dolar kredi verecektir.

II. Türkiye Hükümeti kullanılan kredinin tamamını, on eşit taksitte, yıllık 2,3/8 oranı üzerinden hesap edilen faizle ve dolar olarak ödemeyi kabul eder.

III. Birleşik Devletler, faiz dahil olmak üzere bu taksidin resmi rayiç üzerinden Türk lirası olarak ödenmesini de isteyebilecektir. Türk lirası ödemeler, T.C. Merkez Bankası'nda özel bir hesaba yatırılacak ve Birleşik Devletler'in arzusuna göre;
-Kültürel, Eğitimsel ve İnsani amaçlara,
-Birleşik Devletler tarafından Türkiye'de kullanılan memurların harcamalarına tahsis edilecektir".[61]

ABD bu anlaşmayla çok yönlü kazançlar elde etmektedir. Elindeki savaş artığı gereci satmakta, Türkiye'yi bu gereçlere ait yedek parça bağımlısı yapmakta ve Türkiye'de etkinlik gösterecek Amerikalı görevlilerin giderlerini karşılamaktadır. Bu işler için hiçbir harcama yapmamaktadır. Kültürel, insani ve eğitimsel etkinliğin ne anlama geldiği bugün daha iyi görülmektedir. Kimlere ya da hangi örgütlere ne tutarda ve ne amaçla yapıldığını yalnızca Amerikalıların bildiği yardımlarla, ABD Türkiye'deki gücünü hızla arttırmış, toplumun her kesiminden kendisine bağlı insan yetiştirmiştir.

Anlaşmanın ikinci bölümünde de Türkiye için kabul edilemez nitelikte koşullar vardır. İkinci bölümün birinci başlamı şöyledir; *"ABD Dış Tasfiye Komisyonu, Türk Hükümeti'ne satacağı malzemelerin fiyatlarının envanterini ve listelerini verecektir. Satış fiyatı ilgili mümessiller tarafından görüşülecektir. Türk Hükümeti tarafından malzemenin bulunduğu yerden ve bulunduğu gibi alınacaktır. Alınan malzemenin mülkiyeti Türkiye'ye geçmeyecek, ABD Hükümeti alınan malzeme için herhangi bir teminat vermeyecektir".*[62]

Anlaşmaya göre Türkiye, satın almak istediği gereci yerinde nasılsa, kırık, bozuk, işlemez ya da onarımı gerekse de alacak, ABD bozukluklar için herhangi bir yükümlülüğe girmeyecektir. Ayrıca satın alınan gerecin iyelik hakkı Amerikalılarda kalacaktır. Çünkü, 23 Şubat 1945 tarihli ilk anlaşmanın 5. başlamına göre; Türkiye, ABD Başkanı gerek görürse, bu malzemeleri, parası ödenmiş bile olsa geri vermeyi kabul etmiştir.

Bu anlaşmanın, bağımsız ülkeler arası ilişkilerde değil, sıradan tecimsel ilişkilerde bile yeri olamayacağı açıktır. Anlaşmanın imzalandığı 1947 yılında **Atatürk**'ün *"en yakın çalışma arkadaşı"* **İsmet İnönü** cumhurbaşkanıdır. O günlerde devlet hazinesinde 245 milyon dolarlık altın ve döviz birikimi vardır. Kurtuluş Savaşı'nın kazanılmasının ardından 25, **Atatürk**'ün ölümünden ise yalnızca 9 yıl geçmiştir.

Türkiye 1950'ye dek, ABD ile; 7 Mayıs 1946 tarihli *Borçların Tasfiyesi ile İlgili Anlaşma*, 6 Aralık 1946 tarihli *Kahire Anlaşmasına Ek Anlaşma*, 12 Temmuz 1947 tarihli *Askeri Yardım Anlaşması* ve 27 Aralık 1949 tarihli *Eğitim İle İlgili Anlaşmalar* imzalamıştır. Bu anlaşmalar, Türkiye'nin bağımsızlığını büyük oranda ortadan kaldırarak ABD'yi içsel bir olgu durumuna getiren elli yıllık sürecin temelini oluşturur. ABD'yle yapılan tüm anlaşmalar, bu temel üzerinde çeşitlendirilmiş ve yaygınlaştırılmıştır. Bunlardan askeri yardım ve eğitim ile ilgili olanlarının koşulları özellikle dikkat çekicidir.

Askeri Yardım Anlaşması, 1952'de yapılacak NATO ile ilgili ikili ve çoklu anlaşmaların ön hazırlığı niteliğindedir. Belirgin özelliği, önceki anlaşmalarda olduğu gibi, ABD'nin belirleyici olmasıdır.

Bu anlaşmanın 2. başlamı şöyledir: *"Türkiye Hükümeti yapılacak yardımı, tahsis edilmiş bulunduğu amaç doğrultusunda kullanabilecektir. Birleşik Devletler Başkanı tarafından atanan... Misyon şefi ve temsilcilerinin görevlerini serbestçe yapabilmesi için, Türkiye Hükümeti her türlü tedbiri alacak, yardımın kullanılışı ve ilerleyişi hakkında istenecek olan her türlü bilgi ve gözlemi, her türlü kolaylık ve yardımı sağlayacaktır"*.[63]

Türkiye, bu anlaşmanın amacının ne olduğunu, 17 yıl sonra karşısına çıkan somut ve acı bir gerçekle öğrenecektir. 1964 Kıbrıs Bunalımı'nda, Kıbrıslı Türkleri korumak için son umar olarak yapılması düşünülen askeri eylem, ABD tarafından bu anlaşmanın 2.ve 4. başlamları gerekçe gösterilerek önlenmiştir.

ABD Başkanı **Johnson**, o zaman başbakan olan **İsmet İnönü**'ye ünlü mektubunu göndermiş ve bu mektupta şunları yazmıştı: *"Bay Başkan, askeri yardım alanında Türkiye ve Birleşik Devletler arasında yürürlükte olan iki taraflı anlaşmaya dikkatinizi çekmek isterim. Türkiye ile aramızda var olan, askeri yardımın veriliş hedeflerinden başka amaçlarla kullanılması için, Hükümetinizin Birleşik Dev-*

letlerin iznini alması gerekmektedir. Hükümetiniz bu koşulu tamamen anlamış olduğunu, çeşitli kereler, Birleşik Devletler'e bildirmiştir. Var olan koşullar altında, Türkiye'nin Kıbrıs'a yapacağı bir müdahalede Amerika tarafından verilmiş olan askeri malzemenin kullanılmasına, Amerika Birleşik Devletleri'nin izin vermeyeceğini, size bütün samimiyetimle ifade etmek isterim".[64]

Sömürgecilik döneminin biçemiyle (uslubuyla) yazılan mektup, içerik olarak da çok ağırdır ancak ne ilginçtir ki **İsmet İnönü**'nün cumhurbaşkanı olduğu dönemde imzalanan bir anlaşmaya dayanmaktadır. *Johnson Mektubu*'nun, ulusal bağımsızlığın 1964'de geldiği noktayı gösteren somut bir belge olması açısından tarihsel bir önemi vardır. Mektubun doğrudan tarafı olan **İsmet İnönü**, imzalattığı anlaşmanın ne anlama geldiğini bilmiyor olacak ki, söylemde sert tepki gösterecek ve *"Yeni bir dünya kurulur, Türkiye oradaki yerini alır"* diyecektir.

Aynı **İnönü**, Bu mektubun yazılmasına yasal zemin oluşturan 12 Temmuz 1947 tarihli ikili anlaşmanın imzalandığı gün, cumhurbaşkanı olarak yayınladığı iletide (mesajda) ise şunları söylemişti; *"Büyük Amerika Cumhuriyeti'nin, memleketimiz ve milletimiz hakkında beslemekte olduğu yakın dostluk duygularının yeni bir örneğini teşkil eden bu sevinçli olayı her Türk candan alkışlamaktadır... İkinci Dünya Savaşı sırasında ve savaşın fiilen sona ermesinden sonra, milletinizin ispat ettiği yüksek meziyet ve ideallerin dünya kamuoyu tarafından takdir edildiğini gösteren bu yardım, Türkiye'ye zaruri ve normal savaş malzemesinin bir kısmını temin etmek suretiyle savaş sonunda düşmüş bulunduğumuz iktisadi güçlüklerin kısmen giderilmesinde de ferahlatıcı bir etken olacaktır... Bu yardımı yapan Birleşik Amerika'nın, dünya barışının devamı ve güçlendirilmesi uğruna kendisine düşen büyük rolü tamamıyla benimsediğini gösteren parlak ümitlerle dolu bir işarettir".*[65]

*

27 Aralık 1949'da imzalanan Eğitim İle İlgili Anlaşma; Türk milli eğitimine yön vermede, ABD'nin önce ortak edilmesi daha sonra belirleyici olmasını sağlayacak koşulları yaratan bir anlaşmadır. Anlaşmanın sonuçları en ağır biçimiyle bugün yaşanmaktadır. Türk milli eğitimi, bugün her yönden milli olmaktan uzaktır

ve bir yetersizlik içindedir. Ulusal eğitimin çözüm bekleyen sorunları özel kişi ve kümelere bırakılmış paralı eğitim yaygınlaştırılmıştır.

27 Aralık 1949 tarihli *Türkiye ve ABD Hükümetleri Arasında Eğitim Komisyonu Kurulması Hakkındaki Anlaşma*'nın en önemli özelliği, Türkiye'de kazanılacak Amerikan yanlısı kişilerin eğitilme biçiminin saptanması ve giderinin karşılama yönteminin belirlenmesidir. Belirlemeler aynı zamanda, Amerika'nın Türkiye'ye göndereceği *'uzman'*, *'araştırmacı'*, *'öğretim üyesi'* adı altındaki görevliler için de yapılmaktadır. Türkiye'de ABD'ye yardım edecek, işbirliği yapacak, geleceğin yöneticilerini yetiştirmek üzere Amerika'ya götürülecek olan Türk *'öğrenci'*, *'öğretim üyesi'* ve *'kamu görevlilerinin'* konumları da bu anlaşmayla belirlenmektedir.

Bu anlaşmayla başlayan süreç, ABD açısından o denli başarılı olmuştur ki, bugün Türkiye'de Amerikan eğitimi almamış üst düzey yönetici kalmamış gibidir. Sözü edilen Anlaşmanın birinci başlamı şöyledir: *"Türkiye'de Birleşik Devletler Eğitim Komisyonu adı altında bir komisyon kurulacaktır. Bu komisyon, niteliği bu anlaşmayla belirlenen ve parası T.C. Hükümeti tarafından finanse edilecek olan eğitim programlarının yönetimini kolaylaştıracak ve Türkiye Cumhuriyeti ile Amerika Birleşik Devletleri tarafından tanınacaktır".*

Kurulacak komisyonun yetki, işleyiş ve oluşumu ile ilgili olarak 1.1 ve 2.1 alt başlamlarında şunlar vardır; *"Türkiye'deki okul ve yüksek öğrenim kurumlarında ABD vatandaşlarının yapacağı eğitim, araştırma, öğretim gibi eğitim faaliyetleri ile Birleşik Devletler'deki okul ve yüksek öğrenim kuruluşlarında Türkiye vatandaşlarının yapacağı eğitim araştırma, öğretim gibi faaliyetlerini; yolculuk, tahsil ücreti, geçim masrafları ve öğretimle ilgili diğer harcamaların karşılanması da dahil olmak üzere finanse etmek... Komisyon harcamalarını yapacak veznedar veya bu işi yapacak şahsın ataması ABD Dışişleri tarafından uygun görülecek ve ayrılan paralar, ABD Dışişleri Bakanı tarafından tesbit edilecek bir depoziter veya depoziterler nezdinde bankaya yatırılacaktır."*

Kullanma yer ve miktarına ABD Dışişleri Bakanı'nın karar vereceği harcamaların nereden sağlanacağı ise, Anlaşma'nın giriş bölümünde belirtilmektedir; *"T.C. Hükümeti ile ABD Hükümeti arasında 27 Şubat 1946 tarihinde imzalanan anlaşmanın birinci bölümünde belirtilen"* kaynakla.

Bu kaynak, ABD'nin Türkiye'ye verdiği borcun faizlerinin yatırılacağı T.C. Merkez Bankası'na, Türk Hükümeti'nce ödenen paralardan oluşan bir kaynaktır. T.C. Hükümeti bu anlaşmalarla, kendi parasıyla kendini bağımlı duruma getiren bir açmaza düşmektedir.

ABD ile yapılan ikili anlaşmaların tümünde ortak olan bir özellik vardır. Bu anlaşmalar tasarlı bir bütünsellik taşır ve birbirleriyle tamamlayıcı bağlantılar içindedir. Burada görüldüğü gibi, Eğitimle İlgili Anlaşma'nın kaynağı, *Borç Verme Anlaşması*'nın bir başlamıyla karşılanır.

Anlaşma'nın 5. başlamı önemlidir. Bu başlam, yukarıda açıklanan işleri yapma yetkisinde olan ve Türk milli eğitiminin niteliğini belirleyecek bir komisyonun kurulmasını öngörmektedir. *'Türkiye'de Birleşik Devletler Eğitim Komisyonu'* adını taşıyan kurulun oluşumu için şunlar yazılıdır: *"Komisyon dördü T.C. vatandaşı ve dördü ABD vatandaşı olmak üzere sekiz üyeden oluşacaktır. ABD'nin Türkiye'deki diplomatik misyon şefi komisyonun fahri başkanı olacak ve komisyonda oyların eşit olması halinde kararı komisyon başkanı verecektir".*[66]

1949 tarihinde imzalanan *Türkiye ve ABD Hükümetleri Arasında Eğitim Komisyonu Kurulması Hakkındaki Anlaşma*, Türk milli eğitimini ABD denetimine bırakan süreci başlattı. Sorgulayıcı olmayan, ezberci ve karmaşık bir öğretim, eğitim kurumlarının tümüne yayıldı. *Yeni Dünya Düzeni* politikalarının, azgelişmiş ülkeler için öngördüğü *dinsel eğitim* ya da *eğitimin dinselleştirilmesi*, yaygınlaştı. Eğitimin birliği, *dinsel eğitimde birliğe* kaydı. Milli Eğitim Bakanlığı, Milli Eğitim Bakanlarının bile etkili olamadığı bir kurum durumuna geldi. Binlerce Türk ABD'ye, *eğitilmek-etkilenmek* için gitti, yüzlerce Amerikalı da Türkiye'ye, *eğitmek-etkilemek* için geldi. Amerika'ya gönderilip eğitilen Türk görevlilerin büyük çoğunluğu, daha sonra bakanlığın kilit noktalarında görev aldı.

Bu işleyişi açık bir biçimde gösteren *Podol Raporu*'nu burada anımsatmakta yarar var. *Türkiye'deki Amerikan Yardım Teşkilatı*'nın (AID), Türkiye'deki çalışmalarında elde ettiği verimi saptamak üzere 1968 yılında Ankara'ya gönderilen **Richard Podol**, üstlerine verdiği yazanakta şunları yazıyordu: *"Yirmi yıldan beri Türkiye'de faaliyette bulunan yardım programı bir zamandan beri meyve-*

lerini vermeye başlamıştır. Önemli mevkilerde Amerikan eğitimi görmüş bir Türk'ün bulunmadığı bir bakanlık ya da İktisadi Devlet Teşekkülü (bugünkü adıyla KİT) hemen hemen kalmamıştır. Genel müdür ve müsteşarlık mevkilerinden daha büyük görevlere kısa zamanda geçmeleri beklenir. AID bütün gayretlerini bu gruba yöneltmelidir. Geniş ölçüde Türk İdarecileri indoktrine etmek gerekir. Burada özellikle orta kademe yöneticiler üzerinde de durmak yerindedir. Amaç, bunlara yeni davranışlar kazandırmaktır. Bu grubun yakın gelecekte, yüksek sorumluluk mevkilerine geçecekleri düşünülürse, bütün gayretlerin bu kimseler üzerinde toplanması doğru bir karardır".[67]

27 Aralık 1949 tarihli ikili anlaşmayla, Türkiye'ye ABD'den gelen *uzmanların* niteliği ile ilgili olarak 1960 *Milli Birlik Komitesi* üyesi ve tabii senatör E. Albay **Haydar Tunçkanat** şu görüşleri ileri sürüyor: "Amerikalılar Türkiye'ye genellikle Türk düşmanı konumundaki personelini gönderir. Bunlar Türkiye ve Türkler hakkında geniş bilgilerle donatılırlar. Bu kişiler şirket müdürü, uzman, danışman, ticaret yetkilisi, er, subay ve turist olarak ABD pasaportuyla gelip, ikili anlaşmaların sağladığı geniş imkanlara dayanarak, Türkiye'deki özel görevlerini büyük bir serbesti içinde, kimsenin müdahalesi olmadan yaparlar. Türkiye'yi karıştırmak, parçalamak için, yerli işbirlikçilerle birlikte yerel örgütler kurarlar, hükümetleri düşürdükleri bile söylenir... Türkiye'deki devrimci ve anti-emperyalist, Atatürkçü her hareket komünistlikle damgalanarak sol tehlike büyütülürken her türlü sağ ve gerici hareketlere milliyetçi nitelik verilip örtülerek, Türkiye için asıl büyük tehlike, sinsi bir biçimde yerli ve yabancı para ve ideolojilerle beslenip kuvvetlendirilir".[68]

Milli Eğitim Bakanlığı'nda bugün çalışmalarını etkin bir biçimde sürdüren, öğretmen yetiştirmekten ders izlencelerine dek hemen tüm konularda belirleyici kararlar alan; *Milli Eğitimi Geliştirme* adlı bir kurul vardır. 1994 yılında 60 üyesi olan bu kurulda çalışanların üçte ikisi Amerikalıydı. Kurulun başında **L. Cook** adlı bir Amerikalı bulunuyordu. **L. Cook**'tan ayrı olarak adı **Howard Reed**, unvanı *Milli Eğitim Bakanlığı Bağımsız Başdanışmanı* olan bir başka etkin Amerikalı daha vardı.[69]

Türkiye'nin yönetim yapısı içinde görev alan Amerikalı uzmanların istek ve düşüncelerini kavramış yerel unsurların etkin olduğu kuruluş, Milli Eğitim Bakanlığı'yla sınırlı değildir. Bugün

Türkiye'de devlet kurumlarının her düzeyde ve her alanında, Amerika'da eğitim almış binlerce *Türk* vardır.

13 Şubat 1965 günü, Adalet Partisi oylarıyla bütçesi onaylanmayan *İsmet İnönü Hükümeti* istifa etti. Aynı gün yayınlanan *New York Times* şunları yazıyordu: *"İnönü Hükümeti'nin düşürülmesine karar verilmiştir. Demirel, Türkiye'nin siyaset ufkunda yeni bir yıldızdır... Mr. Demirel, Eisenhower bursuyla bir zamanlar Amerika'da eğitim yapmış, olağanüstü zeki bir mühendistir".*[70]

New York Times'ın bunları yazdığı o günlerde **Haydar Tunçkanat** bir CIA yazanağını, Türk kamuoyuna açıkladı. Yazanak, *Adalet Partisi* adına biz diye konuşan, yüksek konumda bir politikacı izlenimini veren, ad ve soyadının baş harfleri M. P. olan bir yerli CIA ajanı tarafından hazırlanmıştı.

Türkiye'deki CIA şefi Albay **Dickson**'a sunulan yazanakta şunlar yazıyordu: *"Tartışmasız bir gerçektir ki, Türkiye'nin siyasal yaşamında ordu, her zaman rejimin istikrarını belirleyen birinci derecede önemli bir etken olmuştur... Halen subayların büyük çoğunluğunun reform psikozunun etkisi altında* (Atatürkçü demek istiyor) *olmaları potansiyel bir tehlike yaratmaktadır. Aynı zamanda bütün devlet örgütü, üzücüdür ki muhalefete bağlı kimselerin elindedir* (CHP'ni kastediyor)*... Bu durumdan kurtulmak için izlenecek politikada, devlet mekanizmasının muhalefet yanlısı unsurlardan temizlenmesi ve CHP'nin etkin olduğu bazı hasım kuruluşların* (Anayasa Mahkemesi, Danıştay, Yargıtay, TRT ve üniversiteleri kast ediyor) *zararsız hale getirilmesi gerekmektedir".*[71]

1950 Sonrası Hızlanan Anti-Kemalist Süreç

14 Mayıs 1950'de yapılan seçimlerle *Demokrat Parti* yüzde 53,3 oranında oy alıp 408 milletvekili kazanarak (tüm milletvekili sayısı 487) yönetime geldi. *Demokrat Parti*'ye öncülük edenler, benzerleri o günkü CHP içinde de bolca bulunan, büyük toprak iyeleri, üst bürokratlar ve savaş varsılları, oy verenler ise cemaatlerden yoksul köylülere dek *milli şef* dönemine tepki duyan kitlelerdi. Türkiye, dış kaynaklı istemler ve *Milli Şef*'in kararıyla birdenbire *'demokrasiye'* geçmişti. Ancak, *"bu iş"* o denli kolay değildi kuşkusuz. Demokrasi gel deyince gelen bir nesne değildi.

Türkiye'ye tepeden indirilen *'demokrasi'*, Batı'da görülen ve oluşumunu, uran devrimiyle gelişen kapitalizmin yarattığı aydınlanmaya dayanan bir demokrasi değildi. Geriliğin ve ilkelliğin yaygın olduğu, uranı bulunmayan ve uluslaşma sürecini henüz tamamlamamış yoksul bir tarım ülkesine, dış güdümlü birçok partili düzen getiriliyordu. 1939'da başlayan ödün verme süreci sürüyordu.

1950-1960 arasındaki CHP-DP çekişmesi *Kemalizm'*den ödün vermenin aracı olarak kullanılmıştır. Toplumsal ve kültürel düzeyi ayrımlı olmayan, benzer politik düşüncelere sahip ve ulusal bilinci yetersiz insanların, karşıt iki topluluk oluşturarak, siyasi savaşım adına yapay düşmanlıklar içine sokulmuştur. Karşıtlığın ilkelliği, bu ilkelliğe uyum gösteren insanların kolayca devlet yönetimine taşınmasına yol açmış ve bunlar günlük çıkarlar için ulusal haklardan ödün vermeye yatkın *"yöneticiler"* durumuna gelmiştir.

DP yönetime geldiğinde, Türkiye'yi Batı'ya bağlayan anlaşmalar büyük oranda tamamlanmıştı. *BM, Dünya Bankası, IMF, Truman Doktrini, GATT*'a girilmiş, ABD ile ikili anlaşmalar imzalanmıştı. DP yöneticileri de bu anlaşmaları en az CHP'liler kadar istekle imzalayacak nitelikte insanlardı ancak öyle olmasalar bile yapabilecekleri bir şey yoktu. Türkiye, *'dönüşü olmayan bir nehirde'* yolculuğa çıkmıştı.

Demokrat Parti'nin parti izlencesi, *Terakkiperver Cumhuriyet* ve *Serbest Fırka'*nın izlencesinin hemen aynısıydı. Bunların siyasi savaşım anlayışı ve dünya görüşü de aynıydı. **Atatürk** döneminde kapatılan bu iki parti bu kez *Demokrat Parti* adıyla, kapatılma kaygılarından uzak ve geniş bir serbesti içinde geri gelmişti.

Demokrat Parti izlencesine, Batıcı (Batılılaşmacı değil) bir anlayış egemen olduğu hemen görülüyordu. Ekonomik düzen olarak liberalizm kabul ediliyor, devletçiliğin etkinlik alanı özel girişime destek olmakla sınırlanıyordu. KİT'lerin *"elverişli şartlarla özel teşebbüse devredileceği"*, (Demokrat Parti izlencesinde böyle bir yaklaşımın o günlerde olabilmesi son derece ilginçti) devletin elinde kalması gereken KİT'lerin ise *"ticari zihniyetle"* yönetileceği, devletin *"kat'i zaruret olmadıkça"* piyasalara karıştırılmayacağı söyleniyordu.

İzlencenin 51. başlamı, bu başlamı bugünkü IMF yöneticilerinin yazdığını düşündürecek türdendi. 51. başlamda şunlar yazılıydı: *"Gelir sağlama amacıyla kurulan ve bizzat devlet tarafından işletilmesi nedeniyle ülkede iş hacmini daraltan, hayat pahalılığı yaratan tekel fabrikalarının, elverişli koşullarla özel teşebbüse devrinden yanayız".*[72]

Demokrat Parti izlencesinde, *Terakkiperver Fırka* izlencesinde olduğu gibi, bugün bile olmayan sol siyasi söylemler ve özgürlük sözverileri de vardı. *"Demokrasi geniş ve ileri bir anlayışla gerçekleştirilecek", "bütün yurttaşların kişisel ve toplumsal özgürlüklere kavuşmaları sağlanacak", "işsiz yurttaş kalmayacak", "memurlara sendika kurma, işçilere grev hakları verilecek", "devlet halkın emrinde olacak", "hiçbir din düşüncesinin, yasaların düzenleme ve uygulanmasına etki yapmasına izin verilmeyecek, din ve devlet işlerinin ayrılığı olarak anlaşılan laiklik korunacaktır".*[73]

Demokrat Parti yönetime gelince, bugüne dek bütün partilerin yaptığı gibi, söylediklerini değil söylemediklerini yaptı. **Menderes**, hükümeti kurar kurmaz önce yönetimini güvenceye alma düşüncesiyle ordunun üst kademelerinde değişiklikler yaptı. Hemen arkasından 16 Haziran 1950'de Arapça ezan yasağını kaldırdı. Radyoda dini yayınlar yapılmasına izin verdi. Köy okullarına din dersi koydu. Anayasa'nın adı yeniden *Teşkilatı Esasiye Kanunu* yapıldı. Dil devrimine karşı, dizgeli bir politika uyguladı. Dış siyasetteki ilk uygulama Kore'ye asker göndermek oldu. (25 Haziran 1950) *Kore Savaşı*'na katılmayı eleştirenlere ağır hapis cezaları getirildi. NATO'ya girildi ve bir bayram coşkusuyla kutlandı. Atatürkçü dış politikayla bağdaşmayan Bağdat ve Balkan Paktları'na katılındı. Ulusal Kurtuluş Savaşı veren Kuzey Afrika ülkelerine (Tunus, Fas, Cezayir) karşı, sömürgeci devletler desteklendi. Süveyş Kanalı'nı ulusallaştıran **Nasır**'a karşı, İngiltere'nin yanında yer alındı. Yabancı sermayenin özendirilmesi için, kapitülasyon koşullarına benzeyen, *Yabancı Sermayeyi Teşvik Kanunu* ve *Petrol Kanunu* çıkarıldı. Yoğun bir biçimde dış borç alındı. 1958 yılında dış borçlar ödenemez duruma geldi ve o yıl yüzde 320 oranında bir devalüasyon yapıldı.

Demokrat Parti yönetimi, söz verdiği demokratik açılımlar yerine, gerçek anlamda bir siyasi diktatörlük getirdi. 1953 Temmuzu'nda CHP'nin bütün mallarına el koydu, *Millet Partisi'ni* kapattı. Basın Kanunu'nda yapılan değişikliklerle basın cezalarını arttırdı, yeni cezalar getirdi. 141, 142 sayılı ceza yasalarını, (komünizm yaymacası ve gizli örgüt kurmayı cezalandıran yasalar) idam cezasını içerecek düzeyde ağırlaştırdı. 1954 seçimlerinde *Millet Partisi*'ne oy veren Kırşehir ilini ilçe yaptı. Partilerin radyodan seçim yaymacası yapmasını yasakladı ve devlet radyosunu Demokrat Parti'nin yayın organı durumuna getirdi. Karşıtçılığı destekliyor diye üniversite öğrencilerine, memurlara ve aydınlara karşı baskı uyguladı, onların özlük haklarını kısıtladı. Hükümetin bilgisi içinde yapıldığı anlaşılan 6-7 Eylül çapulculuk olayıyla, azınlıkların işyerleri yağmalandı...

*

Demokrat Parti döneminde, 1923'den sonra ilk kez okuma-yazma oranında düşme oldu. 1955-1960 arasında okuma-yazma oranı yüzde 40,9'dan yüzde 39,5'e düştü. Din okullarındaki öğrenci sayısı yüzde 93 arttı.[74] CHP Genel Sekreteri 6 ay hapisle cezalandırıldı. Millet Partisi Genel Başkanı **Osman Bölükbaşı**, 1957 seçim kampanyası sırasında tutuklanarak cezaevine konuldu. *Vatan Cephesi* ve TBMM'nin yetkileriyle donatılmış *Tahkikat Komisyonu* gibi değişik baskı örgütleri kuruldu.

Celal Bayar, 1954 yılında abartılmış törenler ve gösterişli uğurlamalarla resmi bir gezi için ABD'ye gitti. 25 Ocak'ta Washington'da düzenlediği basın toplantısında şunları söyledi: *"Türk Milleti'nin satın alma gücünün artması ve hayat standardının yükselmesiyle, ülkemiz mamul maddeler ve tüketim malları için büyük bir pazar durumuna gelecektir. Türkiye'ye harcanacak her dolar, verimli bir toprağa ekilmiş refah ve bereket filizleri verecek bir tohum gibidir"*.[75]

Celal Bayar, 20 Ekim 1957 günü, seçim çalışmaları sırasında kendisini dinlemek için Taksim'de toplanan kitleye şunları söylüyordu: *"Otuz yıl sonra Türkiye, küçük bir Amerika olacaktır"*.[76]

Aynı **Celal Bayar**, 16 yıl önce **Atatürk**'ün hasta, kendisinin de başbakan olduğu günler için şunları söylüyordu: *"Hükümetimize iki Alman teklifi resmen iletilmişti. Bunlardan biri Almanya ile müttefik olunması, diğeri Almanya'nın 75 milyon mark yardım yapacağına dairdi. Tevfik Rüştü Aras ile Almanya ile ittifak yapılması öneri-*

sini uygun bulmadık. Sonra Atatürk'e gittik. Bizi dinledi, düşüncemizi sordu biz de söyledik. 'İsabetlidir'" dedi. "Türkiye tarafsız kalmalıdır, bir ittifak içine girmemelidir..."[77]

Aynı **Celal Bayar**, İkinci Dünya Savaşı'nın yaklaştığı günlerde **Atatürk'**ün, Sovyetler Birliği ile ilişkiler konusundaki görüşlerini kendisine anlattığını açıklıyor ve şunları aktarıyordu: "*Sovyetler Birliği'ne karşı asla bir saldırı politikası gütmeyeceksiniz. Doğrudan doğruya ya da dolaylı olarak Sovyetler'e yöneltilmiş herhangi bir antlaşmaya girmeyecek ve böyle bir anlaşmaya imza koymayacaksınız*".[78]

Celal Bayar, 1938'den sonraki yöneticilerin tümü gibi, **Atatürk'**ün söylediğini değil tam tersini yapmıştır. Türkiye Cumhuriyeti'nin Cumhurbaşkanı olarak NATO'ya girmiş, Sovyetler Birliğime karşı Batıyla birlikte olmuştur. NATO'ya giriş olayının, Sovyetler Birliği'nden yardım alarak Batı'ya karşı bağımsızlık savaşı veren bir ülke olan Türkiye için, anlamlı bir öyküsü vardır.

Türkiye, İngiltere ve Fransa'ya karşı ulusal kurtuluş savaşı vermiş ve Atatürk döneminde kendine güvenmeyi temel alan tam bağımsızlık politikası izlemiş bir ülkeydi. Hiçbir büyük devletle bağlayıcı askeri anlaşma yapmamış ve komşu devletlerin tümüyle güvene dayalı dostluk ilişkileri geliştirilmişti. Emperyalist kuşatma altında yaşayan Sovyetler Birliği ile dış politikada karşılıklı güvene dayalı sıkı bir işbirliği yapmıştı. Balkanları, yansız bir barış ve özgürlük bölgesi yapmak için her çabayı göstermişti.[79]

NATO'nun temel ereği, Sovyetler Birliği ve dünyaya yerleştirilecek olan yeni düzenin askeri gücünü oluşturmaktı. Türkiye'nin böyle bir örgüte girmesinin Atatürkçü dış politika açısından ne anlama geldiği, uzun süre dile getirilmemiş, daha sonra bu konuyu ele alanlar ise baskıyla karşılaşmıştır.

NATO'ya girmenin zorunlu bir durum olduğunu savunanlar, bu zorunluluğun Sovyetler Birliği'nin savaş sonrasında, "*Boğazların ortak savunması*" ve "*sınır düzeltmeleri*" konularındaki isteklerinden kaynaklandığını söyler. Bu tür görüşleri kabul etmeyenlere göre ise, Sovyet isteklerinin kabul edilemezliği açıktır ancak bu isteklere karşı Batıya güvenmenin yanlışlığı ondan daha açıktır.

Mustafa Kemal, Sovyetler Birliği'nin 1920'de Ermeniler için toprak istemini o günkü olanaksızlıklara karşın reddetmiş ve bu ülkeyle ilişkilerini dostluk ve güven temelinde sürdürmüştü.

Türkiye'nin 1939'da İngiltere ve Fransa'yla yaptığı bağlaşma, bu ülkeleri öncelikli düşman sayan Sovyetler Birliği'ni tedirgin etmiş, Türk-Sovyet ilişkilerinde Atatürk döneminde sağlanan denge bozulmuştu. Üstelik Alman ya da Rus tehdidine karşı yardım amacını taşıdığı söylenmesine karşın bu, Türkiye'ye hiçbir yardım sağlayamamıştı.

Boğazların 1936 *Montreux Antlaşması*'nın belirlediği konuma aykırı ilk öneriyi, **Stalin**'den önce **Churchill** yapmıştır. 1943 Kasımı'nda yapılan *Tahran Konferansı*'nda **Roosevelt** ve **Stalin**, Türkiye'nin savaşa girmesi konusunda ısrar edilmemesi için anlaşmaya varınca, Türkiye'yi savaşa sokmak isteyen **Churchill**, Ankara Hükümeti'ni boğazların düzenini değiştirmekle tehdit etmeyi önermiştir. Bu konuda Prof. **Edward Weisband** şunları yazar: *"Tahran'da Türkleri, ceza olarak Boğazların statüsünü değiştirmekle tehdit etmeyi öneren Stalin değil, Churchill'dir"*.[80]

Savaş sonrasının karışık ortamında yapılan ve kabul edilmez durumdaki Sovyet istemini, Türkiye'nin kendi başına geri çevirme gücü vardı. Savaş yorgunu bu ülkelerden, ne saldıracağı Sovyetler Birliği'nin ne de saldırıdan Türkiye'yi koruyacak olan ABD ya da İngiltere'nin savaşacak gücü vardı. Nitekim Türkiye'nin NATO'ya girdiği 1952 yılına dek hiçbir koruyucu antlaşma yapılmamış olmasına karşın herhangi bir *"saldırı"* olayı gerçekleşmemişti.

Siyasi tarih profesörü **Ahmet Şükrü Esmer** bu konuda şunları yazmaktadır: *"Bizi kimin elinden nasıl kurtardılar? Rus baskısı ağırdı, fakat iş savaşa varacaksa bu noktaya 1945 ve 1946 yıllarında varılırdı. Rusya, işgali altında bulunan İran'dan bile 1946'da askerini geri çekmek zorunda kaldı. Rusya'nın Türklerden isteklerini, silah gücüyle almayı tasarladığına dair, herhangi bir kanıt yoktur. Eğer Rusya, baskısını savaşa kadar götürseydi, Türkiye yalnız başına da savaşı kabul edecekti. 1945'teki tutumlarına bakılacak olursa, ne müttefiki İngiltere, ne de şimdi 'kurtarıcılığı' ile övünen Amerika yardıma koşacaktı"*.[81]

Uzun yıllar genelkurmay başkanlığı yapmış olan **Fevzi Çakmak**, Sovyet istemi konusunda o günlerde şunları söylemiştir: *"Ben Sovyet-Türk ilişkilerinde son zamanlarda ileri sürülen kaygıyı anlamıyorum. Stalin'in önerisi dahi bende kaygı yaratmadı. Bence, Sovyetler'le konuşmak gerekir. Hatalarını kendilerine anlatmak gerekir. Biz bunu* *tecrübemizle biliriz. Milli Kurtuluş Savaşı'nın başında da Sovyetler'le aramızda bazı anlaşmazlıklar vardı. Bu anlaşmazlıkları ortadan kaldırmakla kalmadık, bir de dostluk kurduk. O derece ki Sovyetler bütün Kurtuluş Savaşı boyunca bize yardım ellerini uzattılar, maddi ve manevi hiçbir yardımı esirgemediler".*[82]

NATO'ya girmek istemenin, *"Rus tehdidine"* dayanan zorunlu bir kabullenme değil, kökleri *Hürriyet ve İtilaf* ile *İttihat ve Terakki*'ye dek uzanan, *Terakkiperver ve Serbest Fırkalarla* süren Batı uyduculuğuna dayandığını kabul etmek gerekiyor. **Atatürk**'ün ölümünden sonra CHP'ye egemen olan, 1950'den sonra varlığını DP ile sürdürerek günümüze dek uzanan anlayış, bu temel üzerinde yükselmiştir.

İsmet İnönü'nün cumhurbaşkanlığının son günlerinde bir Amerikalı gazeteciye söylediği şu sözler, **Atatürk** sonrasında Türkiye'yi yöneten politik istencin; ne olduğunu açık bir biçimde ortaya koyar: *"Eğer Rusya gelip de aradaki anlaşmazlıkları olumlu bir biçimde çözme teklifinde bulunsa bile, ben Türk siyasetinin Amerikan siyasetiyle el ele gitmeye devam etmesi taraftarıyım".*[83]

*

Bağımlılık doğuran tüm dış anlaşmalarda olduğu gibi, NATO'ya giriş istekleri de CHP döneminde başlamıştır. Dışişleri Bakanı **Necmettin Sadak**, NATO'nun kuruluşunun ilanından iki gün sonra 6 Nisan 1949'da bir açıklama yaparak, Türkiye'nin NATO'ya alınmamış olmasından Ankara'nın duyduğu üzüntüyü belirtti. Türkiye 5 Mayıs 1949'da kurulan *Avrupa Konseyi*'ne de alınmadı. Türkiye'nin 1939 yılında dış siyasetini arapsaçına döndüren bağlaşma anlaşması yaptığı, İngiltere ve Fransa, Türkiye'nin *Avrupa Konseyi*'ne girmesini o aşamada uygun görmemişti. Bunu bir unutkanlık sayan CHP'nin yayın organı *Ulus Gazetesi* 8 Mayıs 1949 günü Batı'ya karşı belki de dünyanın en nazik eleştirisini yayınlıyordu: *"Memleketimize karşı bir ihmal ve küçük görme anlamına gelen bu unutkanlıktan duyduğumuz gücenikliği açıkça belirtmekten kendimizi alamıyoruz".*[84]

Türkiye 4 Mayıs 1950'de, NATO'ya kabul edilmesi için bu kez resmen başvurdu. İki hafta sonra yapılan seçimleri CHP yitirince, NATO'ya girme 'onuru' Demokrat Parti'nin oldu. **Celal Bayar**, *"Hükümetimizin ele alacağı ilk iş NATO'ya giriş sorununu çözmektir"* diye açıklama yaptı ve seçimi yitiren **İsmet İnönü**'ye nezaket ziyaretinde, *"Bugüne dek neden NATO'ya girmediniz?"* biçimindeki sorusuna **İsmet İnönü** *"Onlar istediler de biz mi girmedik?"* dedi.[85]

Türkiye, yeni bağlaşığı ABD, eski bağlaşıkları İngiltere ve Fransa'nın istemiyor görünmeleri nedeniyle başlangıçta NATO'ya alınmadı ve 1950 Temmuz'unda Türkiye'ye gelen ABD Senatörü **Cain** *"Kore'ye daha çok asker yollarsanız NATO'ya girersiniz"* dedi.[86] Nitekim Türkiye Kore'ye, 5000 kişilik önemli bir birlik gönderdi.

Uzun süren bilinçli oyalamalardan sonra 18 Şubat 1952'de Türkiye NATO'ya kabul edildi ve bu kabul TBMM'de büyük coşku yarattı. **Ali İhsan Sabis** Milli Savunma bütçesi görüşülürken: *"Amerikan uçak gemileri derhal Boğazlardan geçip Karadeniz'e açılmalı ve Montreux Antlaşması yırtılıp atılmalıdır"* dedi.[87] **Ali İhsan Sabis**'ten daha aykırı sözleri, Türkiye Cumhuriyeti Dışişleri Bakanı **Fatih Rüştü Zorlu** söyledi. Zorlu, Lizbon'da katıldığı ilk NATO toplantısında, şunları söylüyordu: *"Karşınızda kayıtsız şartsız işbirliği zihniyetiyle hareket etmeyi ilke edinen bir müttefik bulacaksınız"*.[88]

Gerçekten öyle oldu. Gizli ikili anlaşmalarla, Rusya'yı nükleer silahlarla bombalayacak, stratejik bombardıman uçakları da dahil her türlü uçağı barındıran hava üsleri, gelişmiş istihbarat birimleri ve ülkenin her yanına yayılan radar ağları kuruldu. Casus uçaklar ve balonlar uçuruldu. Amerikalıların hemen her isteği *"kayıtsız koşulsuz işbirliği zihniyetiyle"* yerine getirildi.[89]

Türk Ordusu'nun büyük bölümü, korgeneral rütbesindeki bir Amerikalı generalin komutasında NATO emrine verildi. Bu karara Türk komutanlar kadar NATO komutanları da şaşırdı. Oysa, **Mustafa Kemal** 1917 başlarında **Enver Paşa**'ya gönderdiği bir yazanakta, Türk Ordusu'nun başına getirilen Alman Komutan **Falkenhayn**'ın ordunun başından alınmasını isteyerek görüşlerini şöyle dile getirmişti: *"Falkenhayn görevden alınmadığı sürece ülke bütünüyle elimizden çıkarak bir Alman sömürgesi durumuna girmiş olacaktır. Falkenhayn Anadolu'dan getirdiğimiz (Suriye-Irak cephesi) son Türk kanlarını da kullanacaktır"*.[90]

Mustafa Kemal, Falkenhayn'ı ordunun başından aldıramadı ancak bin bir yoksunlukla savaş içinde kurduğu Türkiye Cumhuriyeti Ordusu'nu ölene dek, bu tür serüvenlerden hep uzak tuttu. Ancak, ölümünden 12 yıl sonra Anadolu'nun genç insanları, hiçbir ilgi ve ilişkilerinin olmadığı topraklarda kanlarını döktü. Aylıkları ve yollukları Türk Hükümetince ödenen 5090 kişilik Türk Birliği, 20 Ekim 1950'de 9. Amerikan Kolordusu'nun emrine verildi.[91]

Bu birlik, Kore'ye gelir gelmez gerekli hazırlık ve bağlantılar yapılmadan cepheye sürüldü ve *Kanuri* denilen yerde kuşatılan ABD 7. Kolordusu'nu yok edilmekten kurtardı. 7. Ordu Komutanı General **Walker**, Türk birliğini nasıl kullandığını şöyle açıklar: *"Düşman çok üstün bir güçle karşımızda belirdiği ve onun önünden çekilmek zorunda kaldığımız zaman, Türkleri savaşa soktum. Eğer elimin altında Türk Birliği olmasaydı, bugün bütün Amerikan birlikleri yok edilmiş bulunacaktı"*.[92]

Üç yıl süren Kore Savaşı sırasında Türk birliği 721 şehit, 2147 yaralı, 175 kayıp verdi.[93] Meclis kararı bile alınmadan girişilen Kore serüveni, birçok Türk ailesine giderilmez acılar verdi. Ancak, belki de ondan daha önemlisi, emperyalizmi ilk kez yenilgiye uğratan bir ulusun, para ve kazançtan başka bir şey düşünmeyen bir ülkenin çıkarlarına alet olmasıydı. ABD Temsilciler Meclisi Başkanı **J. Martin**, 30 Haziran 1953 günü Temsilciler Meclisi'nde yaptığı konuşmada şunları söylüyordu: *"Bir Amerikalı askerinin bakımı yılda 11 bin dolara mal olmaktadır. Dünyanın en iyi savaşçılarından biri olan bir Türk askerini donatmak için yılda yalnızca 570 dolar gerekir"*.[94]

Bu sözlerden 4,5 yıl sonra, 12 Ocak 1958'de Türkiye Cumhuriyeti Devleti'nin ABD Büyükelçisi **Suat Hayri Ürgüplü**, New York Ticaret Odası'nda yaptığı konuşmada, rakamları değişse de Amerikalılarla aynı dilden konuşuyor ve şunları söylüyordu: *"Türk askeri 136 dolara, Amerikan askeri ise 5500 dolara mal olmaktadır"*.[95]

*

Türk askerini parasal giderle değerlendiren anlayış, artan ve genişleyen etkileriyle Türkiye'de onlarca yıl egemen oldu ve olmayı sürdürüyor. Sovyetler Birliği'nin 30 Mayıs 1953'te Türkiye'ye verdiği; *"Türkiye üzerinde ne boğazlar ve ne de başka bir yer için hiçbir toprak talebenin olmadığını"* belirten notaya karşın, NATO üyeliğine hala *"kayıtsız şartsız işbirliği zihniyetiyle"* devam ediliyor.

NATO'nun anayasası; *Kuzey Atlantik Antlaşmasına Taraf Devletler Arasında Kuvvetlerin Statüsüne Ait Antlaşma* adlı ana sözleşmedir. Türkiye ana sözleşmeden ayrı olarak, 23 Haziran 1954 tarihinde *Askeri Kolaylıklar Anlaşması* imzalamıştır. Bu anlaşmaya dayanarak ABD ile Türkiye arasında yüzden çok uygulama anlaşması yapılmıştır. Başka NATO ülkelerinde uygulanmayan bu anlaşmalar, ABD'nin Türkiye'deki çalışmalarına büyük kolaylıklar getirmektedir. Türkiye üzerinde kurulan üs ve tesislerin Amerikalılar tarafından yönetilmesi, buralara general dahil hiçbir Türk subayının bile girememesi bu tür *'kolaylıklardandır'*.

ABD, anlaşmalarda kendince eksik gördüğü konuları, Türk Hükümetine verdiği notalarla çözmüştür. Örneğin; *Askeri Kolaylıklar Anlaşması*'nın imzalandığı gün, ABD bir nota vermiş ve bu nota Türk Hükümetince hemen kabul edilmiştir. Amerikalılara başka NATO ülkelerinde olmayan ayrıcalıklar tanıyan bu nota, TBMM'nin gündemine bile getirilmemiştir.

Notanın 2. başlamına göre, Türkiye'ye giren ve çıkan Amerikan askerlerinin giriş ve çıkışlarını Türk Hükümeti denetleyemeyecektir. O yıllarda Türkiye'de değişik yerlerde 30 binden çok Amerikan Askeri olduğu ve uygulamanın Türkiye'de iş yapacak olan Amerikalı müteahhit ve çalışanlarına dek genişletildiği göz önüne alındığında, konunun önemi daha iyi anlaşılacaktır. Amerikalıların ülkelerine dönerken kullandıkları ev eşyalarını gümrüksüz satabilmeleri bile bu anlaşmada yer almıştı.[96]

23 Haziran 1954 tarihli anlaşmalar zincirinin sondan bir önceki anlaşması, *Türkiye ile Amerika Birleşik Devletleri Arasındaki Vergi Muafiyetleri Anlaşmasıdır.* Yalnızca Amerikalıların yararlandığı bu özel anlaşma, Türkiye'deki ABD varlığını, adeta devlet içinde devlet durumuna getirmekte; vergisiz, gümrüksüz, denetimsiz ve yargı organlarından uzak yasa üstü bir konuma getirmektedir.[97]

Anlaşmanın 2. başlamı, Türk vatandaşlarının ödemekle zorunlu olduğu ve ödediği; dışalım vergisi, resim ve ücretler, işlem vergisi, nakliyat resmi, harçlar ve damga resmi, elektrik ve havagazı tüketimi üzerinden alınan devlet ve belediyelerce alınan resimler, içerde elde edilen akaryakıt üzerinden alınan vergiler, telgraf ve telefon üzerinden alınan milli savunma vergisi, gemi ve uçaklar dolayısıyla liman ve hava meydanlarından alınan resim ve ücretler, belediyece alınan ilan ve tellaliye resimleri, şeker tüketim vergisi, tütün ve içkilerden alınan tekel resmi, savunma ve özel tüketim vergileri Amerikalılardan alınmayacaktı.

Anlaşmanın 3. başlamına göre vergi bağışıklıkları, ABD'ye ait şirket ve bireyler ya da bunlar tarafından görevlendirilen ABD uyruklu kişileri de kapsayacak, bunlar yukarıdaki vergilere ek olarak gelir ve kurumlar vergileri de ödemeyecekti. Vergi bağışıklıkları ayrıca uyruğuna bakılmaksızın; ABD tarafından finanse edilen yatırımlara ait müteahhitler ya da onlarla çalışan taşeronlar tarafından yapılan giderleri de kapsayacaktı (5. başlam).[98]

Sayısı ve niteliği bugün bile bilinmeyen ikili anlaşmaların en önemlisi, tam metni açıklanmamış olan 5 Mart 1959 anlaşmasıdır. Anlaşmanın basına sızan bölümlerinde, göründüğü kadarıyla, anlam bozukluğu içeren karışık tümceler ve yoruma bağlı net olmayan anlatımlarla çok çekinceli yükümlülükler altına giriliyor, **ABD'ye Türkiye'ye askeri karışma (müdahale) yetkisi** veriliyordu.

Ana sözleşmenin giriş bölümünde Amerika Birleşik Devletleri'ne, *"Türkiye'nin siyasi bağımsızlığına ve toprak bütünlüğüne karşı yapılacak* **her türlü tehdidi** *çok ciddi bir biçimde tetkik etmek..."* gibi bir görev veriliyor, sonraki altı maddede ise ABD'nin *"doğrudan doğruya ya da dolaylı olarak; tecavüz, sızma, yıkıcı faaliyet, sivil saldırı,* **dolaylı saldırı** *hallerinde..."* Türkiye'ye karışma etmesi kabul ediliyordu.[99] *"Dolaysız saldırı"*, *"dolaylı saldırı"*, *"tecavüz"* ve özellikle *"sivil saldırı"* gibi kavramların ne anlama geldiği açıkça tanımlanmamış, bunlar Amerikalıların yorumuna bırakılmıştı. Dışişleri Bakanı **Fatin Rüştü Zorlu**, 4 Nisan 1960'da bu gerçeği kabul edecek ve yaptığı açıklamada *"bu konulardaki takdir hakkının Amerikalılara ait olduğunu"* söyleyecektir.[100]

Türk hükümet yetkilileri, ikili anlaşmaların Türkiye için taşıdığı olumsuzlukları ve anlaşmalar arası bağlantıların doğurduğu karmaşık sorunları çözmek bir yana kavrayabilecek düzeyde bile değildi. Yapılan anlaşmaların kaç tane olduğu, hangi bakanlığı ya da bakanlıkları ilgilendirdiği, ne zaman yapıldığı, süresinin ve uygulama sorunlarının neler olduğunu bilen bir devlet kuruluşu yoktu. Amerikalılar bu durumdan yararlanıyor ve zaman zaman, anlaşma koşullarında yer almayan uygulamaları, varmış gibi öne sürüyordu.

Em. Orgeneral **Refik Tulga**'nın konu ile 1969 yılında yaptığı açıklama bu duruma iyi bir örnektir. Açıklamaya göre, Genelkurmay, herhangi bir anlaşmaya dayanmadan kullanılan Sinop ve Yalova havaalanları için Amerikalılara buralardan çıkmalarını söylüyor. Amerikalılar kullanma iznini kendilerine hükümetin verdiğini belirtiyor. Anlaşmanın gösterilmesi istendiğinde ise, gösterilemiyor. Durumun düzeltilmesi için 27 Mayıs 1960'tan sonra Amerikalılarla yapılan gizli anlaşmaların neler olduğunun incelenmek üzere anlaşmaların bir araya toplanması, Dışişleri Bakanlığı'ndan isteniyor. Yapılan uzun araştırmalardan sonra anlaşmalar bir araya getiriliyor ve Amerikalıların ellerinde olduğunu söyledikleri kimi, ikili anlaşmaların, ilgili Türk kuruluşlarının dosya ve belgeliklerinde olmadığı ortaya çıkıyor.[101]

1965 yılında, Türk Genelkurmayı **Johnson**'ın ünlü mektubu üzerine, ABD'ye verilmiş olan ayrıcalıkların kısıtlanması ve ikili anlaşmaların bir araya toplanarak sayılarını ve Amerikalılara ne gibi ayrıcalıklar verilmiş olduğunu araştırmak üzere yoğun bir çalışmaya girişti. Türkiye'nin imzaladığı anlaşmaların incelenmesinin yanısıra Avrupa'daki Türk ataşelerine yazı gönderilerek, o ülkelerle yapılan anlaşmaların hangi koşulları içerdiği öğrenilerek bildirilmesi istendi.

Bu gelişmeden rahatsız olan ABD hükümeti, Ankara Kara Ataşesi'nden konunun araştırılarak sonucun bildirilmesini istedi. Bunun üzerine CIA, ABD Yunanistan Kara Ataşesine ve ARMA adlı örgüt birimlerine bilgi vererek, yardımcı olması ve yol göstermesi için, Atina'daki *Soruşturma Merkezi*'ni görevlendirdi. Bu gelişmeler sonucunda, Genelkurmay'da bu görevle uğraşan ya da destekleyen general ve subayları etkisiz duruma getirici işlemler yapıldı.[102]

1966 yılında emekli olan **Cevdet Sunay**'ın yerine Genelkurmay Başkanı olan **Cemal Tural** ikili anlaşmalar sorununa önem vermişti. Türkiye, özellikle *Johnson Mektubu*'ndan sonra 23 Haziran 1954 tarihli *Askeri Kolaylıklar Anlaşmasının* yenilenmesini istiyordu. ABD bunu kabul etti ancak uzun süre toplantılara katılmadı. Genelkurmay bu iş için bir çalışma ekibi kurmuş, Dışişleri Bakanlığı'ndan bilgili ve genç elemanlar da alarak konuya iyi hazırlanmıştı. Bu arada Genelkurmay Başkanı ABD'ye davet edildi. Daveti kabul eden **Cemal Tural**, cumhurbaşkanı protokolü ile karşılandı. **Tural** döndüğünde ikili anlaşmalar konusunda ayrımlı düşünmeye başlamıştı. ABD, toplantılara 9 ay sonra oturduğunda, artık Genelkurmay değişiklik komisyonuna katılmıyordu. Konuyla ilgili karargah subayları ya yerlerinden alınmış ya da emekli olmuştu.[103]

*

İkili anlaşmalar, 2000 yılına girilirken, Türkiye'nin geldiği durumun belirleyici öğeleridir. Toplum yaşamındaki yerleri, hiçbir hükümetin karşı çıkmadığı ya da çıkamadığı düzeyde yerleşik durumdadır. Bağımsız ulusal politika belirleme ve uygulama, düşünsel düzeyde bile artık gündemde değildir. Devleti küçültüp güçsüzleştirmeyi amaç edinen politikacılar, her dönemde değişik parti adlarıyla devlet yetkilisi durumuna gelmektedir. Bunlar, ulusal çözülmeye yönelen ve toplumsal gerilimin kaynağı olan sorunların nedeni olarak, uluslararası küresel politikaların Türkiye'ye taşınmış olmasını değil, tam tersi yeterince taşınmamış olmasını görmektedir. Hükümet etme yetkilerini sonuna dek bu yönde, çoğu kez yetkilerini de aşan biçimde kullanmaktadır.

Dünyanın yeni düzeninde, uygulama yöntemleri çeşitlenerek yaygınlaştırılan ikili ya da çoklu uluslararası anlaşmalar, büyük devlet politikalarını yerküremize etkin bir biçimde yerleştirmiştir. Bu gerçeği bilinçte tutarak, uluslararası ilişkilerden kopmadan ulusal politikasını kendisi saptayıp uygulayan ve bağımlılık doğuracak uluslararası anlaşmalardan uzak duran ülkeler de var. Bu ülkeler genel çerçevesiyle ulusçu kalkınma stratejisi uyguluyor ve başarılı bir gelişme sağlıyor. Ancak ulusçuluk, Türkiye'de, siyasi, ekonomik ve toplumsal alanlarda uygulamadan çıkarılmış durumdadır.

1945-1950 arasında temelleri atılan ve daha sonraki, dönemde etkisi ve uygulama alanları genişletilerek sürdürülen dışa bağımlı politika o denli yerleşik duruma gelmiştir ki, ihtilaller ve darbeler dahil hiçbir yönetim değişikliği bu politikayı değiştirmemiştir. En köktenci ve en Atatürkçü gözüken 27 Mayıs Devrimi bile *'devrimi'* Türk halkına; *"NATO'ya, CENTO'ya bağlıyız"* diyerek duyurmuştur. Dış kaynaklı politik ve ekonomik uygulamalar bugün de sürmektedir ve Türkiye'yi kendi başına ayakta duramaz duruma getirmiştir. Ulus-devlet varlığını sona erdirecek düzeyde çekinceli olan bu politikalara karşı, Türkiye'de ciddi bir ulusçu karşıtçılık da ortaya çıkmaya başlamıştır.

1950'den sonraki kimi önemli politik-ekonomik gelişmeler şunlardır; 1954 yılında, yabancı petrol şirketlerinin adamı olduğu söylenen **Max Ball**'a bir petrol yasası taslağı hazırlatıldı ve bu taslak aynı yıl yasalaştı. Yasanın sonradan değiştirilen 136. başlamı şöyleydi: *"Bu yasa yabancı şirketlerin izni olmadan değiştirilemez."* Ana karşıtçılığın önderi **İsmet İnönü** Petrol Yasası için *"Bu bir kapitülasyon kanunudur"* demiş ama ileride başbakan olduğunda bu yasa için hiçbir girişimde bulunmamıştır.[104]

1959 Ocağı'nda kamulaştırma işlemlerinde muhatabın ABD hükümeti olmasını kabul eden; *İstimlak ve Müsadere Garantisi Anlaşması* yasalaştırıldı. Bu yasaya, DP Erzurum milletvekili **Sabri Dilek** tepki gösterdi ve mecliste; *"Bu anlaşmanın kabulüyle kapitülasyonlar geri getirilmektedir. Bu anlaşma ile Amerikalılara açıkça imtiyaz verilmektedir"* diye tepki gösterdi.[105]

9 Ağustos 1954'de Yugoslavya ve Yunanistan ile Balkanlara yönelik *Dostluk ve İşbirliği Anlaşması* imzalandı. *(Bled Anlaşması)* Bu anlaşmada **Tito**, bloklar dışı kalarak yansızlık politikası sürdürülmesi gerektiğini ileri sürerken ve **Atatürk**'ün gelenekselleşmiş Balkan Politikası bu yönde iken, **Menderes** yansızlığın bir düş olduğunu ileri sürdü ve bloklaşmayı savundu.

1960 Devrimi getirdiği birçok yeni ve demokratik kuruma karşın, ikili ve uluslararası anlaşmaların doğurduğu bağımlılık ilişkilerine çözüm getirme gücünü kendinde göremedi. Kısa sürede yönetimi devrettiği siviller, aynı politikaları uygulamayı yoğunlaştırarak sürdürdü. 1962 yılında kuran kurslarını anayasaya aykırı bulduğu için kapatan Amasya valisi, İnönü hükümeti tarafından açığa alındı.[106]

1965 yılında ABD Kongresi'nde konuşan **Macomber**; *"Devletçilik, Türkiye'de eski ve saygı gören bir görüştür. Biz ise, Türkiye'nin sorunlarının çoğunun devletçilikten ileri geldiğini düşünüyoruz. Orada özel kesime daha çok rol verilmesini görmenin sabırsızlığı içindeyiz. Seçimle işbaşına gelen iktidar da* (AP iktidarı) *aynı şeyden yakınmaktadır"*[107] dedi.

Demirel hükümeti bu görüşlere uygun olarak, kaynağı dış krediler olan çok yönlü devlet destekleriyle işbirlikçi niteliğinde bir sermaye kesimi yarattı. Dünya Bankası'nın öngördüğü yatırımları gerçekleştirdi. İç siyasette, dini politik amaçlar için kullandı. İmam Hatip okulları ile Yüksek İslam enstitülerinin sayısında büyük artışlar gerçekleştirdi. Başta Güvenlik ve Eğitim Örgütleri olmak üzere, tüm kamu kuruluşlarında siyasi kadrolaşma hızlandırdı.

12 Mart 1971 andıcı (muhtırası) ve sonraki hükümet dönemlerinde, politik uygulamalar hiç değişmedi. 12 Mart'tan sonra, çok sayıda Atatürkçü subay ordudan çıkarıldı. Üniversite ve TRT üzerinde baskı arttı, terör eylemleri olağan dışı yayıldı.

12 Eylül 1980'in, önceki yönetim değişiklikleri içinde ayrı bir yeri vardır. 1980'li yıllar *Yeni Dünya Düzeni* politikalarının yoğunlaşarak yayıldığı yıllardır. Ulus-devlet karşıtlığı artık açıkça dile getirilmekte, bu yöndeki uygulamalar devlet yapısını çökertmektedir. Uluslararası şirketler, yasadışı oluşumlar ve dinsel örgütlenmeler bu girişimin etkili araçlarıdır. Kamu varlıklarının korumasız kılındığı yeni bir döneme gelinmiştir. Uzun yıllar hazırlık döneminden sonra girişilen 12 Eylül darbesi, ulusal ve demokratik birikimin tümünü en kaba yöntemlerle ortadan kaldırmıştır. 650 bin insan gözaltına alınmış, üniversite başta olmak üzere binlerce aydın kamu görevlerinden uzaklaştırılmıştır. Yalnızca ordudan 1000'i aşkın subay ve subay adayı çıkarılmıştır. Atatürk döneminden kalan ekonomik değerler, 24 Ocak 1980 kararlarıyla ortadan kaldırılmış ve 12 Eylül darbecileri bu kararları silah gücüyle uygulamıştır. **Tansu Çiller**'in deyimiyle; *"Dünyadaki son sosyalist devlet de yıkılmıştır."*

Küresel boyutta gündeme getirilen ulus-devlet karşıtı politikaların Türkiye'de uygulama görevi, darbecilerin desteğiyle,

CIA personel biyografisine göre *"gelmiş geçmiş en Amerikancı başbakan"* olan **Özal** tarafından yerine getirilmiştir. 1980 sonrası dönem, 1945'den beri büyük bir sabır ve dikkatle uygulanan ABD kaynaklı politikaların meyvelerinin *'özgürce'* toplandığı yıllardır. 1980 darbesiyle Atatürk döneminde yaratılmış olan kamusal ve kültürel değerler birer birer ortadan kaldırıldı. CHP, Türk Tarih ve Türk Dil Kurumları kapatıldı. Türk parasını ve ulusal ekonomiyi koruma ve tarımı koruma uygulamalarına büyük oranda son verildi. Devlet işleyişinin yasal kuralları çiğnendi, yasadışılık yaygınlaştırıldı. Kamu varlıkları satıldı. Dinsel örgütlenmeler desteklendi, 163. başlam ceza yasasından çıkarıldı. 12 Eylül darbesinin yarattığı özel ortam bu tür politika uygulayıcılarına ölçüsüz bir özgürlük sağladı. Sonuçta Türkiye 21. yüzyıla, 20. yüzyıl başlarında içinde bulunduğu koşulara benzer koşullarla giren bir ülke durumuna getirildi.

Türkiye'yi Bekleyen Tehlikeler

Yüzyıl öncesine çok benzer bir dünya ile yeni bir yüzyıla girildi. Etkinlik bölgeleri için savaşım, ülkeler ve bölgeler arası gerilimler, askeri ve ekonomik sorunlar, gücün belirleyiciliği, tecimsel yarış, uluslararası sermaye devinimleri ve pazar çatışmaları, boyutları büyümüş sorunlar olarak niteliği değişmeden sürüyor.

Yüzyıl başındaki İngiltere'nin yerini bugün ABD aldı. İngiltere-Fransa sömürgeciliğine karşı Alman tepkisinin yerinde şimdi, ABD-Japonya-Almanya çekişmesi var. Dışarıya açılan şirket sayısı şimdi daha çok ancak yaptıkları işte bir değişiklik yok. Yüzyıl başında dünyanın temel paylaşım alanları ve çatışma bölgeleri, Ortadoğu ve Balkanlar (Türkiye) ile Uzakdoğu (Çin) idi. Şimdi Çin'in yerini Orta Asya ülkeleri aldı. Türkiye kendisini Çin'den daha önce kurtarmıştı ancak bugün neredeyse aynı yere geri döndü. İngiltere, Fransa, Almanya ve Rusya tarafından *"Doğu Sorunu"* ya da *"hasta adam"* tanımlamalarıyla bölüşülmek istenen Türkiye bugün, etnik ve dinsel ayrımlar, dış borçlar, tahkim anlaşmaları, özelleştirme uygulamaları ve gümrük birlikleri aracılığıyla paylaşılıyor.

Ortadoğu'nun yüzyıl başındaki durumuyla ilgili kapsamlı

araştırmalar yapan Amerikalı gazeteci ve yazar **Peter Hopkirk** *"Bitmeyen Oyun"* adlı yapıtında şunları yazıyor: *"İngiltere 1895 yılında, Osmanlı İmparatorluğu'nun parçalanması için bir teklif hazırladı ve Almanya'ya cömert bir parça sundu. Ancak Berlin buna şaşırtıcı bir ilgisizlik gösterdi. Almanya parçayı değil bütünü istiyordu. Sultan'ın onayı alınarak ülkenin iç bölgelerini araştırmak ve doğal kaynaklarının envanterini çıkarmak için Türkiye'ye Alman uzmanlar gönderildi. Alman 'gezginleri' ve 'kaşifleri', arkeolojik ve antropolojik araştırmalar yapma bahanesiyle tüm ülkeye yayıldılar. Haritalar çıkarıldı, her köy ve aşiretin sahip olduğu ev ve çadıra kadar her şey saptandı. Pan-Germen Birliği, geleceklerinin, zengin ve az kalabalık Osmanlı topraklarında yattığına inandılar. Geçmişte parlak uygarlıklar barındırmış olan verimli Mezopotamya topraklarının 'çalışkan' Almanların elinde büyük bir zenginlik kaynağı olacağına karar verildi. Kayzer II Wilhelm, 'Doğu birini bekliyor...', Paul Rohrback 'Almanya'nın geleceği Doğu'dadır... Türkiye'de... Mezopotamya'da, Suriye'dedir, diyorlardı"*.[108]

Türkiye bu Almanya ile *"dost ve müttefik"* olarak Birinci Dünya Savaşı'na girdi. **Enver Paşa** ordunun başına Alman generallerini getirdi.

"Hasta adam Türkiye" ve onun *"bereketli topraklarıyla"* ilgilenen yalnızca Almanya değildi. İngiltere Gizli Servis Başkanı **Sir Walter Bullivant** 1916'da şunları söylüyordu: *"Her yandaki ajanlarımdan yani Kafkasya'daki dilencilerden, Afgan at tüccarlarından, Türkmen tacirlerden, Mekke yolundaki hacılardan, Kuzey Afrika'daki şeyhlerden, Karadeniz takalarındaki denizcilerden, koyun postu içindeki Moğollardan, Hint fakirlerinden, Körfez'deki Yunan tüccarlardan, Bulgar çobanlardan, şifre kullanan saygın konsoloslarımdan raporlar alıyorum. Hepsi aynı şeyi söylüyor. Doğu bir vahiy bekliyor. Batı'dan bir güneş doğuyor. Almanlar dünyayı şaşkına çevirecek bir eylemin hazırlığı içindeler..."*[109]

Süveyş kanalının açılmasından sonra Mısır, petrol bulunduktan sonra da Ortadoğu özel önem kazanmıştı. Başta İngiltere olmak üzere Batılı Devletler, Süveyş Kanalı ile Uzakdoğu ulaşımını kısaltmış ve kolaylaştırmıştı. Rusya, Trans-Sibiryan demiryolunu bitirmiş, Avrupa ovalarını Çin'e ve Hindistan'a bağlayan eski kervan yolunu canlandırarak Avrasya'da etkili olmaya başlamıştı. Almanlar, **Abdülhamit'**ten aldığı ayrıcalıklarla Bağdat Demiryolu'nu yaparak kendilerine Uzakdoğu yolunu açmıştı. Çin merkezli Uzakdoğu, Türkiye merkezli Ortadoğu ve etnik karışıklıklar içindeki Balkanlar, emperyalist devletlerin etkin savaşım alanları olmuştu. Bu alanlar için ortaya çıkan gerilim ve çatışmalar, 20. yüzyılda iki dünya savaşına yol açmıştı.

20. yüzyıl biterken bu bölgeler hala birinci derece çatışma alanlarıdır. Çin, uğrunda çatışılan bir sömürge olmaktan kendini kurtardı. Ancak, şimdi petrol ve doğalgaz başta olmak üzere varsıl yeraltı kaynaklarıyla Avrasya var. Japonya, Uzakdoğu'yu arka bahçesi durumuna getirmek üzere ancak özellikle ABD'nin Pasifik'ten vazgeçmesi olanaksız. Batılılar Sovyetler Birliği'nden 1990'a dek uzak durmak zorunda kaldı ancak Rusya bugün adeta *çarlığa geri döndü*. Batılılar **Atatürk** ve **Tito**'nun bölgeye yönelik bağımsız politikaları nedeniyle Balkanlarda uzun süre etkili olamadı ancak Balkanlar şimdi yine *cadı kazanı*.

1939'a dek Türkiye'ye sokulamadılar ancak Türkiye artık 30'lu yılların Türkiyesi değil. Ortadoğu'da oynanan oyun da, oyuncular da aynı. Değişen yalnızca zaman ve teknoloji.

*

Almanya Dışişleri Bakanı **Hans Dietrich Genscher**, Almanya'nın önemli gazetelerinden *Süddeutsche Zeitung*'a 1992 yılında verdiği demeçte; *"Biz Yugoslavya'da yeni bir model oluşturduk, Türkler de Kürtlerle, buna benzer bir model üzerinde anlaşmalıdırlar"* diyordu.[110]

Aynı gazete altı yıl sonra 19 Ocak 1998 günü, **Wolfgang Koydl** imzasıyla yayınladığı başyazıda Türkiye için şunları yazdı: *"On yıl içinde, Türklerin komşusu olan üç güçlü politik sistem battı ve sessiz sedasız yok oldu. Bu sistemler, en az Türkler'in kendi Kemalist modelleri kadar dayanıklı inşa edilmiş görünüyorlardı. İran'da Şah monarşisi, Sovyetler Birliği'nin Politbüro Komünizmi ve Yugoslavya'daki federatif Balkan deneyimi. Rahatsız edici olan, her üç devlet de Türkiye Cumhuriyeti ile paralellikler gösteriyor. Hepsi de dinsel veya etnik çelişmeler yüzünden yıkıldılar. Üstelik Türkiye'de her ikisi de var: Politik İslam ve Güneydoğu'daki Kürtlerin ayaklanması... Lenin'in devleti 73 yaşına basmıştı; Güney Slavlarınki 74 yaşındaydı. Atatürk'ün Cumhuriyeti bu yıl hayli kritik 75. yaşına geldi"*.[111]

Avrupa Parlamentosu seçimleri öncesinde (Haziran 1999), Avrupa Birliği üyesi 15 ülkenin 11'inde yönetimde olan ve ikisinde koalisyon hükümetlerine katılan Sosyalist ve Sosyal Demokrat Parti liderleri, 27 Mayıs 1999 günü Paris'te yapılan *Avrupa Solu Zirvesi'*nde bir araya geldi. Avrupalılık kavramının tartışıldığı zirvede, toplantının mimarı ve eski Fransa Kültür Bakanı **Jeck Lang**, şunları söyledi: *"Avrupa Birliği yalnızca ekonomik çıkarlar ve düzenlemelerden ibaret değildir. Demokrasi ve insanlığa verdiğimiz değerleri yalnız sınırlarımız içinde değil, sınırlarımız dışında da savunacağız. Gelecekte ve gerekirse bugün, Kosova'da yaptığımız gibi Kürt halkını da savunup koruyacağız. AB'nin stratejik ve ekonomik çıkarları, diktatörlerle mücadelemizi önleyemez".*[112]

İleri sürülen görüşler, sıradan gazete haber ya da yorumları değil, Batı devletlerinin günümüzdeki Ortadoğu ve Türkiye politikalarının temel doğrultusudur. İran ve Irak'ın denetim dışı kalmasının sıkıntısını yaşayan Avrupa ve ABD, oluşumunu sağladığı Kuzey Irak ve Güneydoğu Anadolu sorunlarını, küresel bir boyutta tutmanın çabası içindedir. Ortadoğu'daki petrol çıkarlarıyla sınırlı kalmayan uygulamalar, dünyaya egemen kılınmak istenen yeni düzen düşüngüsünün, politik sonuçlarıdır.

Avrupa Parlamentosu'nun, Türkiye'ye yaptığı Kıbrıs ve Güneydoğu önerileri, Fransa Parlamentosu Ermeni soykırımı kararı, **Barzani** ve **Talabani** ile bölgesel bir yönetim birimi olarak Kürt federe devletinin kurulmasına yönelik Washington toplantısı, sürgündeki Kürt parlamentosu toplantıları, İtalya'nın **Apo** tavrı vb. bu çerçevede değerlendirilmelidir. Bunlar, *laf ola* cinsinden yapılan işler değildir. Batılılar somut bir ereğe yönelmedikçe, bu tür politik davranışlar içine girmezler.

Emperyalizmin Ortadoğu'ya, bağlı olarak da Türkiye'ye ilgisi 20. yüzyıl boyunca hiç eksilmedi. Etkisini arttırarak dünyaya yayılan ulusal kurtuluş savaşımlarının ilk örneği olarak Türkiye, sürekli olarak denetim altında tutulmak istendi ve bu istek 1919-1938 dışında büyük oranda başarıldı. Gizli-açık, yumuşak-sert, ekonomik-siyasi her tür yöntem kullanılarak Türkiye bugün, ulusal sınırları ve türel varlığı tartışma konusu yapılan, dışa bağımlı, azgelişmiş bir ülke durumuna getirildi. Stratejik konumu ve sahip olduğu zengin kaynakları, Batı'nın her zaman ilgisini çekti. Yüzyıl başında askeri güç kullanırken daha sonra ekonomik-mali gücünü devreye soktu. İçsel bir güç durumuna gelerek ülke içine yerleşti.

Türkiye'ye olağanüstü önem veren ABD Başkanı **Bill Clinton**, 20. yüzyılın sona ermesine üç ay kala Türkiye hakkında şunları söylüyor: *"20. yüzyılın ilk elli yılı Osmanlı İmparatorluğu'nun mirasının paylaşılmasının yol açtığı değişikliklerle geçti. 21. yüzyılın ilk elli yılı da Türkiye'nin alacağı doğrultuyla şekillenecektir... Türkiye modelinin, hem İslam dünyası hem de Avrupa için çok büyük etkileri olacaktır".*[113]

Bu sözler; Batılı ülkelerin, Ortadoğu ve Türkiye'ye yönelik yüz yıldır değişmeyen politikanın en özlü anlatımıdır. Yeni bir yüzyıla girerken, *"Türkiye'nin alacağı doğrultu"* Batı için gerçekten önemlidir. Bu *'önem'*in temelinde, bir yol ayırımına getirilmiş olan Türkiye'nin yöneleceği yeni-Osmanlıcılık ya da Kemalizm doğrultusu vardır.

Batılılar, ulusal bağımsızlıktan ödün vermeyen Kemalist Türkiye'yi etki altına almak için, başarılı olamadıkları askeri yöntemler yerine ekonomiyi kullandı. Atatürk döneminde bunda da başarılı olamadılar. Ancak, özellikle 1945'ten sonra bu yönde önemli başarı elde ettiler. 50 yıllık bir süreçten sonra 20. yüzyılın sonuna gelindiğinde Türkiye artık; ekonomik kalkınma, savunma, maliye, milli eğitim, sosyal güvenlik konularında ulusal politika yürütemez duruma geldi. IMF, *Dünya Bankası, NATO, GATT, OECD* ve *Avrupa Gümrük Birliği* anlaşmaları güçsüz ekonomik yapısıyla Türkiye'yi kendi başına davranamayan, karar ve uygulama da girişimgücünden yoksun, yarı-bağımsız bir ülke yapmıştı.

Dünyanın her yerinde olduğu gibi, Ortadoğu'da da Amerikalılar artık yalnız değil. Avrupalılar, özellikle de Almanlar yüzyıllık düşlerinin peşine yeniden düşerek bölge siyasetinde etkin olmak istiyor. Ortadoğu ile ilgilenmeyen gelişmiş ülke yok gibi. Hemen tümü, bölge ülkeleri üzerinde ayrılıkçı baskıyı, ABD ile birlikte yürütüyor ancak artık herkesin bölgeye yönelik kendi politikası var.

Batılı büyük devletlerin Türkiye üzerinde kararlılıkla birleştikleri tek nokta, *Lozan*'a karşıtlıktır. Çünkü *Lozan*, egemen kılınan bugünkü dünya düzenine ve buna bağlı olarak büyük devlet çıkarlarına ters düşen bir savaşımın ürünüdür. Emperyalizmin yenilgi belgesidir. *Lozan* bu nedenle bir türlü kabullenilmedi. 77 yıldır birçok yöntem denendi ve bu yönde oldukça yol alındı ancak tam olarak ortadan kaldırılamadı. ABD anlaşmayı bugüne dek imzalamış değil.

Türkiye, Batı okullarında hala *Sevr* haritalarıyla öğretiliyor. Türkiye içinde kendilerine Sevrci yandaşlar yaratmış durumdalar. 21. yüzyıla girerken yalnızca Türkiye'de değil dünyanın her yerinde *yeni Sevr* anlaşmaları yapıldı ve yapılıyor. *Sevr* mantığının yeniden gündeme getirilerek güncelleştirilmesi nedensiz değil. Emperyalizmi anlatan eski bir öykü bu. Ancak, Türkiye'nin bu öyküde ayrı bir yeri var. Türkler yalnızca 1920 Sevri'ni yırtmakla kalmadı, sonraki tüm *Sevr*'lere karşı çıkan bir devrimi gerçekleştirdi.

*

Almanya'da yayın yapan 390 bin tirajlı *Frankfurter Allgemeine Zeitung* gazetesinin 6 Ocak 1998 tarihli baskısında yer alan **Wolfgang Günter Lerch** imzalı yorumda şunlar söyleniyor: *"Kürt sorununun kökeninde, Birinci Dünya Savaşı bitiminde çizilen Ortadoğu haritasının adaletsizliği vardır. Kriz ve çatışmanın kökü, Osmanlı İmparatorluğu'nun parçalanması ardından oluşturulan yeni hukuki statüde yatıyor... Kürtler arzularını Lozan'da Türk milliyetçileri önünde gerçekleştiremediler"*.[114] CIA eski Ortadoğu Direktörü ve Ulusal İstihbarat Konseyi Başkan Yardımcısı **Graham Fuller** şöyle söylüyor: *"Kemalizm bitti; dünyadaki bütün liderler gibi o da sonsuza dek yaşayacak bir ürün veremedi Oysa İncil ve Kuran hala veriyor. Bu nedenle, kendisine entelektüel güven duyan Türkiye, İslam'ın günlük yaşamdaki yerini almasını yeniden düşünmelidir..."*[115]

400 bin tirajlı Münih gazetesi *Stuttgarter Zeitung* yazarı **Adrian Zeilcke** gazetenin 9 Ocak 1998 günlü baskısında Türkiye'ye adeta gözdağı veriyor: *"Türkiye Kürtlerin azınlık haklarını kabul etmeli ve sorunu politik olarak çözmelidir... Ankara bunu kendisi yapmazsa Birinci Dünya Savaşı sonunda Türkiye, Irak ve Suriye arasında paylaştırılan Kürt sorununa çözüm bulmak için uluslararası baskı artacaktır"*.[116]

Baskılar gerçekten artmaktadır. Baskıcı anlayışın en çarpıcı ve kaba örneğini Amerikalı bir milletvekilinin sözlerinde buluyoruz. ABD Kongresi'nde Şubat 1999'da bir konuşma yapan Kaliforniya eyaleti milletvekili **Brad Sherman**, Türkiye'nin Güneydoğu Bölgesi'nden *'Kürdistan'* diye söz ederek; buradaki sivil ölümlerin, Kosova'dakinden daha çok olduğunu ileri sürmüş ve *'Kürt azınlığa'* karşı girişilen ordu yeğinliğinin önlenmesi için, *"baskıcı Türk rejimine karşı, NATO üyesi olmasına bakılmaksızın, ABD'nin askeri güç kullanarak devreye girmesini"* istemiştir.[117]

Batı'da, kökleri ırkçılığa dayanan bir Türkiye ve Türk düşmanlığı yaygındır ve bu düşmanlık tarihsel bir gelenek gibidir. Türkiye'deki Batı çıkarlarıyla uyuşmayan her gelişmede bu düşmanlık ortaya çıkarılarak sonu çatışmayla biten politik bir gerilim kaynağı durumuna getirilir. Avrupalılar bu oyunu iki yüz yıldır oynayıp, durmaktadır.

Batının Türk düşmanlığına en etkili yanıtı, başardığı anti-emperyalist eylemle **Mustafa Kemal** vermiştir. 18 Haziran 1922'de söyledikleri Batı devletlerinin ne olduğunu ortaya koyar: *"Ulusumuz bağımsızlığına vurulan darbeler ve varlığında açılan yaralar karşısında gözyaşları döküyordu. Dost ile düşmanı ayırt edemeyecek bir hale getirilmişti... Karar verildi, hareket başladı, maskeler atıldı. Türkiye parçalanacak, Türk halkı köle, aşağılık, sefil ve perişan edilecekti. Amaç bu idi. Bu acımasız yola başvuruldu ve özellikle Batının kimi hükümetleri, kimi politika adamları bunun böyle olmasında diretiyorlardı. Hala da diretiyorlar. Her türlü yalan dolanı kullanıyorlar. Türkler vahşidir, acımasızdır, uygarlığın gereklerini benimsemeğe yatkın değildirler dediler. Asıl vahşi, acımasız ve saldırgan olan, ortaya attıkları iddiaları dillerine dolayarak dünya kamuoyunu aldatmaya çalışan kendileriydi. Başaracaklarını sandılar. Çünkü Türkiye'nin yaşama gücünü tümden yitirdiği kanısındaydılar. Ama tam anlamıyla aldandılar. Gerçek şudur; kafalarında bir takım hırslı duyguları kaynaştıranlar, gerçek dışı zanlarla gerçeği değiştirebilmeleri mümkün değildir. Bugüne kadar bunu başarabilen görülmedi".*[118]

Aynı yıl, askeri savaşı kazandıktan hemen sonra 24 Ekim 1922'de Amerikan *United Press* gazetesine verdiği demeç Batıya hem bir uyarı hem de bir *"meydan okumadır"*: *"Amerika, Avrupa ve bütün Batı dünyası bilmelidir ki, Türkiye halkı her uygar ve yetenekli ulus gibi, kayıtsız şartsız özgür ve bağımsız yaşamaya kesin karar vermiştir. Bu meşru kararı ihlale yönelik her kuvvet, Türkiye'nin ebedi düşmanı kalır".*[119]

Gelişmiş Batı ülkeleri, Ortadoğu'ya yönelik egemenlik isteğini, beş yüz yıllık sömürgecilik geleneklerine dayalı yöntemlerle gerçekleştirmeye çalışıyor. Ortadoğu ve Türkiye'de, feodal gerilik içindeki Kürt aşiretlerini kullanarak bölgedeki etnik yapıları, çatışmaya dayalı dış politikalarının bir parçası yapıyorlar. Savsaklanmış ve yeterince çözümlenmemiş yerel sorunları kullanarak, ayırımcılığa ve bölücülüğe dayanan bilinen ilkel oyunu bugün bir kez daha oynuyorlar.

Batılılar, Kürtler ve Siyasal İslam üzerine kurduğu Ortadoğu politikasını, bugünkü tutumlarının hemen aynısıyla **Mustafa Kemal**'e karşı da uygulamıştı. İstanbul'daki İngiliz Yüksek Komiseri Amiral **Sir A. Calthorpe**, 1919 sonlarında, Dışişleri Bakanı **Lord Curzon**'a gönderdiği gizli raporda şöyle diyordu: *"Binbaşı Noel* (Kürtleri kışkırtmaya çalışan İngiliz ajanı)*, Kürt şefleriyle görüş birliğine varırsa, bundan büyük faydalar sağlayacağını söylüyor... Kürtler henüz Mustafa Kemal'e karşı ayaklanmadılar ama Noel bunu başaracağından emin"*.[120]

Ancak, **Mustafa Kemal Noel**'in ne işler çevirdiğini yakından izlemektedir. Samsun'a çıkışından 34 gün sonra 24 Haziran 1919'da **Kazım Karabekir**'e çektiği telgrafta şunları söyler: *"Noel adındaki bir İngiliz binbaşı, Urfa'dan Siverek yoluyla Viranşehir'e giderek Milli aşiret reisiyle görüşmüş ve Urfa'ya dönmüştür. Türkiye hakkında çok kötü propagandalar yapmıştır. Aşiret reislerinden aldığı karşılıklar kendisini pek memnun etmemiştir. Kürtler, kayıtsız koşulsuz devletten ve Türk kardeşlerinden ayrılmayacaklarını ve bu uğurda son nefeslerine kadar mücadeleye ve yaşamlarını feda etmeye hazır olduklarını söylemişlerdir. Adı geçenin vermek istediği büyük miktardaki parayı kabul etmemişler, böylelikle vatanseverliklerini ve namusluluklarını göstermişlerdir"*.[121]

Mustafa Kemal İngiliz oyununa gelmeyen aşiretleri, ulusal bağımsızlık savaşımını kazanmak için yoğun çaba harcamıştır. Buna karşın, çıkabilecek Kürt isyanlarına karşı da, önlem almayı gözardı etmemiştir. 17 Haziran 1919'da yine **Kazım Karabekir**'e çektiği telgrafta şunları söyler: *"Diyarbakır'daki Kürt kulübü, İngilizlerin kışkırtmasıyla İngilizlerin korumasında bir Kürdistan kurulması amacını güttüğü için kapatılmıştır. Üyeleri hakkında yasal kovuşturma yapılıyor. Tanınmış Kürt beylerinden aldığım çok sayıdaki telgraflarda dağıtılan Kürt Kulübü'nün hiçbir Kürt'ü temsil etmediği, birkaç* *serserinin girişimlerinin sonucu olduğu, vatan ve ulusun tam bağımsız ve özgür yaşaması için her türlü özveride bulunmaya hazır oldukları ve her konuda buyruklarımızı bekledikleri bildirilmektedir... Ben Kürtleri ve bir öz kardeş olarak tüm ulusu bir nokta çevresinde birleştirmek ve bunu cihana, Müdafaa-i Hukuk-u Milliye Cemiyetleri aracılığıyla göstermek kararındayım".*[122]

Noel, o günlerde Kürtler üzerinde pek etkili olamadı. İşi, Elazığ Valisi **Ali Galip** ile birlikte Sivas Kongresi'ni basmaya dek götürdü. Ancak, bunda da başarılı olamadı. **Mustafa Kemal** kongrede konuyla ilgili şu konuşmayı yaptı: *"İngilizlerin amacının, para ile ülkemizde propaganda yapmak ve Kürtlere Kürdistan kurma sözü vererek onları aleyhimize ve bize karşı suikast düzenlemeye yöneltmek olduğu anlaşılmış, karşı önlemler alınmıştır".*[123] **Atatürk** İngiliz gizli belgelerini sanki okumuş gibi durumun özelliklerini ileri bir politik öngörüyle saptamış ve bölgeye yönelik dış karışmaları dikkatlice izleyerek gerekli önlemleri gecikmeden almıştı. Olumlu ya da olumsuz hiçbir gelişmeyi gözardı etmemiş, konuyu tam anlamıyla ulusçu bir tutum, devrimci bir kararlılık ve yaratıcı bir önlemler düzeniyle ele almıştır.

*

İlk Kürt ayaklanması, İzmir'in işgalinden 4 gün, **Mustafa Kemal**'in Samsun'a, çıkışından bir hafta önce, 11 Mayıs 1919'da başladı. Midyat'ın Güneyindeki aşiretlerin reisi olan **Ali Batı**, Kürt devleti kurmak amacıyla, Mardin, Savur, Cizre, Nusaybin bölgesinde ayaklandı. Ankara Hükümeti'nin kurulmasından sonra bu tür ayaklanmalar arka arkaya ortaya çıkmaya başladı. 6 Mart 1921 günü başlayan *Koçgiri Ayaklanması*, Yunanlıların Bursa'dan saldırıya geçmesinden iki hafta önce başladı. 7 Ağustos 1924'te başlayan *Nasturi Ayaklanması*, İngiltere'nin Musul sorununun ele alınması için Milletler Cemiyeti'ne başvurmasından bir gün önce başlamıştı. 1925'deki *Şeyh Sait* ayaklanmasının zamanlaması da, Milletler Cemiyeti Araştırma Komisyonu çalışmalarıyla bağlantılıydı.

1925 yılında, Bağdat'taki Fransız Yüksek Komiserliği, Paris'e gönderdiği gizli yazanakta şunları yazıyordu: *"Şeyh Sait ayaklanması kendiliğinden birden bire ortaya çıkmadı. Kürdistan dağları yabancıların kışkırtması ve desteği ile ayaklandı. Bu bölgede ortaya çıkan olaylar, İngilizlerin uğradıkları yenilgiden sonra hiç affetmedikleri Mustafa Kemal'e ve Ankara'daki meclise karşı yürüttükleri siyasetin bir parçasıdır. Kürt ayaklanması bundan daha iyi koşullarda patlak veremezdi. Ayaklanma, Türklerin Musul üzerindeki iddialarını araştıran komisyonda, Türklerin kendi topraklarındaki Kürtler arasında bile huzuru sağlayamayacağını gösterecekti".*[124]

ABD'nin İstanbul Yüksek Komiseri Amiral **Bristol** ise, Washington'a gönderdiği 20 Şubat 1922 tarihli yazanağında şunları yazıyordu: *"...Şimdi Kürdistan, Mezopotamya'nın ünlü petrol yatakları nedeniyle yabancı entrikalar başladığı için kuşkusuz ciddi sorunlar yaratabilecektir. İngilizler herhalde Kürdistan'ı denetim altına almak için, Kürtleri Türklere karşı kullanmak isteyecektir. Batı'daki savaş Türklerin lehine biterse, Türkler yetenekli komutanları vasıtasıyla Kürt sorununa son verebilir. İngilizler kuşkusuz bu durumu bilmektedirler. Gene de Kürt sorunu ile meşgul olduğu sürece, Mustafa Kemal'in Musul'a el koyamayacağını düşünmektedirler. Dolayısıyla Kürtçülük hareketini desteklemektedirler".*[125]

Batılı devletlerin Kürt politikalarında bugün, stratejik anlamda bir değişiklik bulunmuyor. Ortadoğu'da Türkiye dahil güçlü bağımsız bir ülke istenmiyor ve gerilik içindeki yerel unsurları bu amaç için kullanmaya çalışılıyor. Batılı hükümetlerin ağızlarından düşürmediği, insan hakları demokrasi gibi kavramların kuşkusuz bir değeri yok. Washington ya da Avrupa başkentlerinden yapılan ve inandırıcılığı olmayan bu tür açıklamalar, insana sıkıntı veren yinelenmelerle seksen yıldır yapılıyor.

İngiltere'nin 1920'lerdeki Kürt politikasıyla alay eden 3. Enternasyonal'in yayın organı *Internationale Press* 5 Ağustos 1925 tarihli sayısında şunları yazıyordu: *"Eğer, bugün İngiliz 'bilginleri', dünya tarihinde önce Kürtlere karşı 'adalet' sağlanması gerektiğinden ve 'gerçek Kürdistan'ın kurulmasına yardımın zorunlu olduğundan dem vuruyorlarsa, doğrusu bu 'adalet'in fazlasıyla petrol ve kan koktuğunu söylemek gerekir".*[126]

ABD, Teksas'ın bağımsızlığı için savaşım veren örgütün lideri **Richard McLaren**'a 99 yıl hapis cezası verdi. IRA'nın siyasi kanadını oluşturan yasal partinin İngiltere'de televizyonlara çıkması yasak.

İngiltere Büyükelçiliği Müsteşarı **Hohler**, 27 Ağustos 1919 günü Londra'ya gönderdiği gizli yazanakta; *"Kürt sorununa verdiğimiz önem Mezopotamya bakımındandır. Kürtlerin durumları beni hiç ilgilendirmez..."*[127] diyordu. Bu yaklaşım, Batılıların işbirlikçilerine karşı uyguladığı geleneksel ortak davranış biçimidir. Dün, Irak'ta **Berzenci**, Türkiye'de **Şeyh Sait** nasıl kullanıldıysa aynı ülkelerde bugün, **Barzani-Talabani** ve **Abdullah Öcalan** öyle kullanılıyor. 1930'larda İngilizler **Mahmut Berzenci**'yi, kullandıktan sonra nasıl terk ettiyse, bugün aynı şeyi ABD **Abdullah Öcalan**'a yapıyor.

*

Batılılar, Türkiye'ye karşı yalnızca Kürtleri kullanmadı. Sömürgecilikten edindikleri deneyime dayalı olarak; tutucu geleneklerden, dinsel ve mezhepsel inançlardan ve her türlü toplumsal gerilikten yararlandılar. Yüzyılın başlarında Almanya, Türkiye üzerindeki etkisini arttırmak için İslam dinini yoğun olarak kullandı. Anadolu'da 1919-1938 yılları arasında 12 Kürt ayaklanması ortaya çıkarken, yalnızca Kurtuluş Savaşı içinde, irili ufaklı ve büyük çoğunluğu dış kaynaklı ve din görünümlü, 60 gerici ayaklanma oldu. İngiltere'nin İstanbul Büyükelçiliği'nde Türkiye uzmanı olarak görev yapan baş tercüman **Ryan**, 23 Eylül 1920 tarihli gizli raporunda; *"...Millicileri ezmek için iç ayaklanmalara güvenilmesi gerektiğini"* bildiriyordu.[128]

İstanbul'daki Şeyhülislam, Kuvva-yı Milliyecilerin din düşmanı olduklarına ve öldürülmeleri gerektiğine dair fetvalar yayınlıyor ve bu fetvalar Anadolu'ya, İngiliz ve Yunan uçaklarıyla dağıtılıyordu. İngiliz torpidoları, konsoloslukları, Rum ve Ermeni örgütleri, Yunan Silahlı Kuvvetleri bu dağıtımda etkin görev alıyordu. Kürt ayaklanmalarının büyük çoğunluğunda, paranın yanında dinsel kışkırtma kullanılmıştı.

Teali İslam adını taşıyan bir hocalar örgütü, yayınladığı bildirilerle, Yunan Ordusu'nun, hilafet ordusu sayılması gerektiğini ilan ediyordu. *Hürriyet ve İtilaf* kaynaklı İngiliz yanlısı işbirlikçi örgütler için, gerçek düşman; Bolşevik ve İttihatçı saydıkları Kemalistlerdir. 15 Mayıs 1922'de 76 *'aydın'*, İngiltere'nin İstanbul Yüksek Komiserliği'ne bir dilekçeyle başvurarak; *"devletin silahlarını ele geçiren Ankara'daki cinayet şebekesinin yok edilmesini ve Anadolu'nun, insanlığa ve Allaha düşman bu ihtilalci şebekeden temizlenmesini"* istemişti.[129]

Üyeleri içinde İngiltere Büyükelçiliği Baş Çevirmeni **Ryan**, istihbaratçı **General Deedes**, **Rahip Frew**, **Damat Ferit**, **Ali Kemal**, **Hoca Vasfi** ve **Sait Molla** gibi isimlerin bulunduğu *İngiliz Muhipleri Cemiyeti*, elli bin imzalı bir dilekçeyle İngiltere Büyükelçiliği'ne başvurarak *"Adalet ve insanlığın koruyucusu İngiltere ile dost olduklarını ve onun himayesini istediklerini"* bildirdi. Büyük paralar karşılığı, Ankara'ya karşı çeşitli eylemler içine girdiler. O günlerdeki İngiliz gazeteleri; *"İstanbul halkı, İstanbul'un İngiliz himaye ya da yönetimi altına girmesini istiyor. Bu amaçla bir dernek kurdular. Binlerce imzalı dilekçelerle her gün, elçiliğe başvuranlar görülmektedir"* biçimindeki haberlerle çıktı.[130]

İstanbul basını büyük bir çoğunlukla Anadolu'daki savaşımın karşısında yer aldı. Bunların önemli bir bölümü, bugün olduğu gibi, gizli ya da açık olarak işgalci devletlerden yana bir yayın politikası izledi. İşgal altındaki İstanbul'da her şeyi, para ve ihanet belirliyordu.

Emperyalist devletlerin bugün Türkiye'de, 1919 İstanbul'undan daha çok adamı var ve bunlar artık yalnızca gönüllü yerel unsurlar değil. Kapsamlı izlencelerle yetiştirilmiş ücretli görevliler, toplumsal yaşamın her alanında eğitim aldıkları yerlere hizmet ediyor. Her yönden sarılmış günümüz Türkiye'sinde durum, askeri elegeçirme dışında 1919'dan daha iyi değil.

Sınırsız akçalı kaynak, yasal ya da yasal olmayan yollarla dışarıyla bağlantılı örgütlere akıtılıyor. Bu örgütler büyük bir serbesti içinde Cumhuriyet'e karşı örgütleniyor. Bu tür örgütlerin kurulup geliştirilmesinde konunun uzmanı yabancılar görev alıyor. Bunlara her çeşit destek sağlanıyor. **Sait Molla** ve **Ali Kemal**'ler bugün Türkiye'de daha çoklar ve köşebaşlarını tutmuş durumdalar.

İnanç duygularının ve etnik geleneklerin özellikle az gelişmiş ülkelerde politik araç olarak kullanılması, artık yalnızca egemen olmanın basit bir aracı değil. Ulus devlet yerine, yerel topluluklardan oluşan, küçük ve denetimsiz birimler oluşturulmaya çalışılıyor. Din ve mezhep ayrılıkları, bu tür yapıların oluşturulması için uygun bir ortam oluşturuyor. Bu nedenle dinsel ayrılıklar büyük devlet politikalarında, küresel ölçekli stratejik bir öneme sahip.

Dış kaynaklı Kürtçü ve İslamcı devinimler, uluslararası geçerliliği olan genel bir politikanın ülkemizdeki siyasi sonuçlarıdır. Gerçek yıkım, ekonomik ve kültürel alanda yaşanıyor. Ulus-devleti ayakta tutabilmenin aracı olan kamu malı KİT'ler elden çıkarılıyor. Türkiye Gümrük Birliği anlaşmalarıyla açık pazar durumuna getiriliyor. Yeraltı ve yerüstü doğal varsıllıklar, limanlar, enerji santralleri yerli-yabancı demeden satılıyor. Kimi devlet organları devlete karşı kadrolara teslim ediliyor. Eğitim, sağlık, sosyal güvenlik kurumları ulusal niteliğinden uzaklaştırılıyor. Ulusal sanayi ve tarım kaderine terk ediliyor, sosyal devlet ortadan kaldırılıyor. Ulus-devlet yetkileri, yerel tutucu yapılanmalara ve uluslararası örgütlere devrediliyor. Gelir dağılımındaki eşitsizlikler artıyor, halk yoksullaşıyor. Ekonomik yaşam üretim değil, banka ve borsa oyunlarına dayanıyor. Bölücülük ve gericilik bunların bir sonucu. Gerçek çekince bunlar...

*

Azgelişmiş ülkelerde, dış kredi sağlamayla ülke içinde dağıtılan teşvikler arasında, birbirlerini tamamlayan dolaysız bir ilişki vardır. Kredilerin hemen tümü koşula bağlıdır ve bu koşulları belirleyen açıklayan sözleşmeler, kredinin gideceği adresi ve kullanma biçimini belirleyen başlamlarla doludur.

Türkiye, 31 Mayıs 1968 tarihinde ABD ile bir kredi anlaşması imzaladı. *Türkiye Cumhuriyeti Hükümeti ile Amerika Birleşik Devletleri Arasında Kredi Anlaşması* adını taşıyan anlaşma 31.05.1968 gün ve 12978 sayılı Resmi Gazete'de yayınlanarak yürürlüğe girdi. Bu anlaşmanın 1. ve 2. başlamları şöyleydi: *"AID (Türkiye'deki ABD Yardım Örgütü) Türkiye'nin değişik bölgelerindeki bakır madenleri ile eritme tesisleri kompleksinin birleştirilmesi ve geliştirilmesi, Murgul, Küre ve Espiye madenlerinin bakır üretiminin arttırılması için, 30 milyon 500 bin dolarlık bir kredi, Dış Yardım Kanunu uyarınca Türk Hükümeti'ne verecektir. Hükümet bu borç tutarını, AID'den alacak ve özel teşebbüse ait Türk şirketi Karadeniz Bakır İşletmeleri A.Ş.'ne verecektir..."*

Etibank'ın Ergani dışında tüm bakır kuruluşlarını, ABD'nin denetimi altındaki *Karadeniz Bakır İşletmeleri A.Ş.'*ye devretmeyi öngören bu anlaşmanın, 3. bölüm b, c ve d başlıkları şöyledir: *"Şirketin kuruluş sözleşmesi, tescil belgesi, organizasyon şeması, Türk Hükümeti'nin krediyi şirkete borç vereceğine ilişkin hükümetle şirket arasında yapılmış olan sözleşmenin tasdikli bir sureti ile şirket üst yönetiminde görev alacak personel listesi ve yönetim kurulu üyelerinin isimleri AID'ye bildirilecektir. AID bütün bunları uygun görürse kredi ödemesi yapılacaktır".*[131]

Mustafa Kemal Atatürk, 16 Mart 1923 günü şöyle söylüyordu: *"Büyük devletler şimdiye kadar bize şu ya da bu sorunlarda gösterişli yardımlarda bulunuyor gibi görünüyorlar. Oysa, ekonomik tutsaklıkla bizi felce uğratıyorlardı. Öteden beri bize bazı şeyleri vermiş gibi, bizim bazı haklarımızı tanımış gibi durum alırlar gerçekte ise, ekonomide elimizi kolumuzu bağlarlardı. Bu tutsaklığa katlanan devlet ileri gelenleri hoşnuttu. Çünkü görünüşte gösterişli bir gelecek sağlamışlardı. Fakat gelecekte ulusu manen yoksulluk çukuruna atmışlardı. Bunlar ekonomik mahkumiyeti kavrayamamış bedbaht hayvanlar idi".*[132]

Dış kredilerin hemen tümü bu ve buna benzer koşullar içerir. Bu tür kredilere başvuran azgelişmiş bir ülke, sonu ulusal tükeniş olan bir yola girmiş demektir. Birbirleriyle ilintili olan borç anlaşmaları arka arkaya yapılır ve ülke kısa sürede dış borç almadan ayakta duramaz hale gelir. Dış borçların teşviklere dönüşerek kendilerine iletilmesini bekleyen şirketler, bunu başaramayan (dış borç bulamayan) hükümetlerin koltuklarını altlarından alırlar.

Kamu yönetim geleneklerinin bozulduğu, kredi dolaşımını devlet destekli cesur **Al Capone**'ların yönlendirdiği Türkiye gibi ülkelerde özendirim (teşvik) sorunu demek düzen sorunu demektir. Siyasi partiler ve onları yönetenler, her şeyden ödün verir ancak kamu bankalarının yönetimi, gümrükler ve teşviklerin dağıtılması konusunda hırslı ve uzlaşmaz bir tutum sergiler. Ülke borçları ve ulusal çöküş arttıkça bu tür yöneticilerin etkinlik alanları ve cesaretleri artar.

Türkiye'de yabancıların ortak olmadığı ya da daha doğru bir deyişle uluslararası şirketlerin ortaklığa almadığı büyük holding kalmamış gibidir. Bu şirketler, özellikle kuruluş aşamasında, dış kaynaklı devlet borçlarının büyük bölümünü özendirim adı altında aldılar. Devlet dış borçları ödemeye çabalarken, şirketler yatırımlardan yüksek oranlı kazanç elde etti.

21. yüzyıl başında Türkiye'de, uluslararası yabancı şirketlerin ortak olduğu yerli şirketlerin bazıları şunlardır: KOÇ GRUBU; *Türk Traktör, Tofaş, Şark Sigorta, Otoyol, Mako* (İtalya); *Türk Siemens, Simko, Etmaş, Garanti İnşaat* (Almanya); *Otosan, Goodyear, General Electric, Koç Bank*(ABD); *Bozkurt Mensucat* (Fransa); *Altınyunus* (Danimarka); SABANCI TOPLULUĞU; *Brisa, Toyota* (Japonya); *Philsa, Marsa KJS, Holsa Inc., Cigna Sa, Ankara Hilton, Mersin Otelcilik* (ABD); *Hoechst, BIFA* (Almanya); *Türk Philips, Aydınlatma* (Hollanda), *Susa* (İngiltere); *Dusa* (Fransa), ECZACIBAŞI; *Artema* (Almanya), *Dosan, Orta Anadolu Seramik* (İsviçre); *Türk Pirelli* (İtalya); *İpek Kağıt Sanipak* (ABD); İŞ BANKASI: *Türk Arap Bankası* (Libya), *Unilever İş* (Hollanda), *Çelikkord A.Ş.* (İtalya) *İstanbul Segman* (Japonya), *İş-Genel Finansal Etitaş* (Fransa), *Türk Merchant Bank., General Electric* (ABD), *Otomarsan, Titaş Turizm End. Mus Meyan Kökü* (Almanya), *Dosan* (İsviçre), *İzmir Demir Çelik* (Suudi Arabistan), YAŞAR HOLDİNG: *Akril Kimya, Tütünbank* (ABD), *Botaş, DYO Sadolin, Viking Kağıt* (Danimarka), *Pınar Su* (Almanya), ÇUKUROVA HOLDİNG: *Uluslararası Bankası* (İsviçre), *Robert Bosch, Türk Henkel, Turyağ* (Almanya), *OYAK-Renault* (Fransa).[133]

Sabancı Holding bünyesindeki şirketlere ortak olan uluslararası yabancı şirketler ve bu şirketlerin ortaklık hisseleri şöyledir: AKÇANSA (Çimento Sanayi), *CBR-Belçika, yüzde 50*; TOYOTASA (Otomotiv), *Toyota ve Mitsui-Japon, yüzde 50*; BNP-AK-DRESDNER BANK (Finans) *BNP-Fransız, Drestner Bank-Alman*; BRİSA (Lastik Sanayi), *Bridgestone-Japon, yüzde 50*; YAZAKİSA (Otomotiv) *Yazaki Corp.-Japon, yüzde 75*; KORDSA (Lastik Sanayi) *Du Pont-ABD, yüzde 50*; DUSA (Lastik Sanayi), *Du Pont-ABD, yüzde 50*; BEKSA (Lastik Sanayi), *Bekaert-Belçika, yüzde 50*; SAKOSA (Kimya Sanayi) *Koch - ABD, Saba-Meksika, yüzde 50*; BİMSA (Bilgi İşlem), *IBM-ABD, yüzde 50*; MARSA-KJS (Gıda Sanayi), *Philip Morris-ABD, yüzde 50*; DANONESA (İçme Suyu-Hayat Suyu) *Danone-Fransız, yüzde 50*; PHILSA (Tütün), *Philip Morris-ABD, yüzde 75*; PHILIP MORISSA

(Sigara dağıtımı), *Philip Morris-ABD, yüzde 75*; OLMUKSA (Kağıt ve Ambalaj Sanayi) *International Paper Co.-ABD, yüzde 50* Sabancı Holding'in uluslararası işbirliği adıyla birlikte çalıştığı uluslararası şirketler ve bu şirketlerin üretim alanları ise şöyledir: *MITSUBISHI MOTOR CO.-TEMSA*, Japon (Otobüs, minibüs, kamyonet üretimi) *LİSANS*; *KOMATSU LTD.-TEMSA*, Japon (Büyük iş makineleri üretimi) *LİSANS*; *SHARP CO.-TEMSA*, Japon (Yazarkasa, hesap makinesi üretimi) *LİSANS*; *MITSUBISH HEAVY INDUST-RIES LTD.-PİLSA*, Japon (Klima cihazları üretimi) *LİSANS*; *LİMA GRAIN HYBRİD SEEDS-SAPEKSA*, Fransa (Tohum üretimi); *CROWN CORK & SEAL CO.-PİLSA*, ABD (Otomobil yan sanayi) *LİSANS VE DİSTRİBÜTOR*; *HİLTON INTERNATIONAL-HİLTONSA* (Otelcilik); *KOMATSU FORKLİFT LTD.TEMSA*, Japonya (Forklift ve istif makineleri üretimi) *LİSANS*.[134]

*

Türkiye'de, kalkınma öncelikleri, dünyaya bakış ve ulusal bağımsızlığı temel alan yönetim anlayışı, Atatürk dönemine göre temelden değişmiştir. Dışsatıma dayalı kalkınma yöntemi, serbest piyasa ekonomisi, özelleştirme uygulamaları, korumacılığın kaldırılması ve devleti küçültme izlenceleri elli yıldır aralıksız uygulanmaktadır. Yapılan tüm uluslararası anlaşmalar bu tür uygulamalara yönelik bağlayıcı koşullarla dolu.

Dış ticaret açıkları, Gümrük Birliği uygulamaları ve KİT satışlarıyla, devletin ekonomik dayanakları ortadan kaldırılıyor. Cumhuriyet'e karşı gerçek çekince buradan kaynaklanıyor. Yaşam çevresini ve gelecek umutlarını yitiren insanlar, kitleler halinde para ve güç sahibi köktenci partilere ya da yasadışı örgütlere kayıyor.

Türkiye, emperyalizmin küresel sömürü ağına yakalanmış durumdadır. Ekonomik, politik ve kültürel ilişkiler, sürüklendiği karmaşa ortamı içinde, çözülme ve dağılma sürecini yaşıyor. Ulusal güçler örgütsüz ve dağınık. Buna karşın işbirlikçiler, akçalı ve teknolojik olanaklarla büyük örgütlenmeler içinde. Eğitimsizlik ve yoksulluğun yarattığı bilinçsiz ortam; bağımsızlıkçı tepkileri körelten gizli işgal, değiştirilen tüketim alışkanlıkları ve kültürel yozlaşmayla Türkiye, Osmanlı'nın son günlerinden belki de daha ağır sorunlarla karşı karşıya... Kemalizm'in varlık nedeni tam bağımsızlık, günlük yaşamdan gerçekten çok uzakta. Her yer Atatürkçülüğü yok eden *'Atatürkçülerle'* dolu.

ON ÜÇÜNCÜ BÖLÜM

**LOZAN'DAN
AVRUPA GÜMRÜK BİRLİĞİ'NE**

Avrupa Parlamentosu, 13 Aralık 1995 günlü oturumunda, Avrupa Birliği'nin Türkiye'yle *Gümrük Birliği Protokolü* imzalamasına karar verdi. Bu karar, Türkiye'de halka gerçek bir ulusal utku gibi duyuruldu. Devlet ve hükümet yetkilileri ile iş çevreleri, *"çağdaş uygarlık düzeyine ulaşıldığını, bunun için çok çaba harcandığını"* söyledi; gazeteler, *"Türkiye'nin artık Avrupalı"* olduğunu yazdı. Ankara Valisi **Erdoğan Şahinoğlu**, Başbakanlık Müsteşarlığı'nın buyruğuyla okullara bir genelge göndererek; Türkiye'nin *Gümrük Birliği'ne* girişinin okullarda bayrak çekme törenleriyle kutlanmasını istedi.

Tüm okullarda, saat 14:00'te aynı anda başlayan törenler yapıldı, Türkiye'nin 79 ilinde valilikler, hafta içi olmasına karşın (çarşamba) göndere bayrak çekti. Uygulamanın yasal olduğunu söyleyen **Şahinoğlu**; *"Bayrak Tüzüğü'nün 12. maddesine göre gerek görülen hallerde mülki amirin bayrak asma yetkisi vardır"* dedi. İstanbul, Ankara ve İzmir'de, Türkiye'nin *Gümrük Birliği'ne* girişini kutlamak için gece havai fişek gösterileri yapıldı.[1]

Cumhurbaşkanı **Süleyman Demirel**: *"Bu sonuç Atatürk'ün çağdaşlaşma reformlarıyla başlayan gelişmenin tabii bir sonucudur. 30 yıllık bir davadır... Bu neticenin alınmasında emeği geçen herkese teşekkür ediyorum"* dedi.[2] Başbakan **Tansu Çiller**, partisinin Bostancı Gösteri Merkezi'nde düzenlediği, *"Gençlik Şöleni"*nde, konuşmasını keserek kitle önünde cep telefonuyla konuşmaya başladı ve olayı orada öğreniyormuş gibi yaparak, *"coşkulu"* ve *"ciddi"* bir tavırla şunları söyledi: *"Bu bir başlangıçtır... Türklüğü çağa taşıyoruz... Kollarınızı herkese, doğuluya batılıya, kuzeyliye güneyliye, hangi düşünceye, inanca olursa olsun açın... Bu bir milli mücadeledir... Haydi Türkiye'm ileri".*[3]

Başbakan yardımcısı ve CHP Genel Başkanı **Deniz Baykal** gazetecilere şu açıklamayı yaptı: *"Türkiye'nin işçisi, çiftçisi, esnafı, sanatkarı ve sanayicisi bundan böyle yalnızca 60 milyonluk Türkiye için değil, 400 milyonluk Avrupa için üretim yapacaktır. GB'nin siyasal istismar konusu yapılmasına üzülerek şahit oluyorum. Bu zafer, şu veya bu partinin değil milletin zaferidir... Bu zaferin sahipleri önce Gazi Mustafa Kemal Atatürk, İsmet İnönü, Adnan Menderes ve Turgut Özal'dır".*[4]

Yüksek satışlı gazeteler, 14 Aralık 1995 günü benzer başlıklarla çıktı. Hürriyet ve Sabah gazetelerinin sekiz sütunluk iri puntolu başlıkları şöyleydi: *"Resmen, Avrupalıyız" "Artık Avrupalıyız"*... *Sabah* birinci sayfasında GB'nin Türkiye'ye kazandıracaklarını şöyle sıralıyordu: *"Demokrasi pekişecek, askeri müdahale ve darbe gibi kavramlar tarihe gömülecek; enflasyon en geç beş yılın sonunda tek haneli rakamlara inecek; yerli üretici artık gümrük duvarlarının arkasına sığınıp, kötü ve pahalı mal satamayacak; insan hakları konusunda Türkiye'ye Avrupa ölçüleri gelecek, hak aramasını bilen örgütlü bir toplum doğacak; Avrupa otomobillerinin fiyatları çok ucuzlayacak; tüketici daha uygun fiyatla daha kaliteli mal alma imkanına kavuşacak, beyaz eşya ve elektronik başta olmak üzere Avrupa markaları ucuzlayacak; yatırımlar sayesinde yeni iş alanları açılacak, işsizlik azalacak..."*

Türk işadamları da benzer görüşler ileri sürdüler. *Hürriyet* gazetesi *"İş Dünyasında Büyük Coşku"* haberinde, işadamlarının ve örgütlerinin GB'yi büyük bir sevinçle karşıladığını bildirdi. TÜSİAD (Türk Sanayicileri ve İşadamları Derneği); *"Türkiye'nin GB'ye girmesini sağlayan Avrupa Parlamentosu kararını sevinçle karşılıyoruz. GB'ye katılmakla Türkiye yeni bir döneme girmektedir".*

Yavuz Canevi (Yabancı Sermaye Koordinasyon Derneği Başkanı); *"GB döneminde Türkiye, yap-işlet-devret modellerine ağırlık vererek, Dünya Bankası Garanti Programı'nın ve Dünya Bankası Uluslararası Finans İşbirliği'nin desteğini harekete geçirerek yabancı sermayeyi kendisine çekebilir".*

Feyyaz Berker; *"Türkiye 32 yıl önce başlattığı bir hayalin gerçeklemesi yolunda önemli bir kilometre taşını geçmiş bulunmaktadır. Bu hayal Atatürk'ün Batılılaşmada çağdaş dünyayı yakalamak ve geçmek parolasıdır".*

Murat Bekdik (Türkiye Genç İşadamları Derneği Başkanı); *"GB ile Türk toplumu, kısa sürede bugünkü durumu ile kıyaslanamayacak bir ekonomik ve sosyal yapıya kavuşacaktır".*

Tamer Müftüoğlu (Türkiye Küçük ve Orta Ölçekli İşletmeler Serbest Meslek Mensupları ve Yöneticiler Vakfı); *"GB Türkiye için yararlıdır".*

Faruk Yücel (Türkiye Ziraat Odaları Birliği Başkanı); *"Tarım GB'den müspet yönde etkilenecek sektörlerin başında geliyor".*[5]

Yabancı şirketlerin yerli ortakları olan *'Türk'* işadamları dışındaki KOBİ'lerin, yerli imalatçıların ve tarım kesimi temsilcilerinin; GB gibi kendilerine zarar verecek bir oluşumu olumlu karşılaması, dünyada görülmüş bir olay değildi. Türkiye'de belirli kesimlerin bu denli coşku ile karşıladığı, abartılmış haberler ve yapay gösteriler ne anlama geliyordu? Türkiye ulusça sevinilecek bir başarı mı elde etmişti? Gerçekten ulusal bir utku mu kazanılmıştı?

*

Olayın Avrupa'dan görünüşü, hiç de Türklerin bayram yapmasını gerektirecek gibi değildi. Büyük bir pazarı çok kolay elde etmenin şaşkın sevincini yaşayan Avrupalılar, bir yandan kazançlarını değerlendirirken, bir başka yandan anlaşmanın kendilerine verdiği haklara dayanarak Türkiye'den isteyecekleri siyasi ödünleri belirliyordu.

Uğrunda savaşlar verilen uluslararası pazar edinme gereksinimi, Türkiye'de çok kolay giderilmiş, üstelik Türkler bunu bayram yaparak kutlamıştı. Ortada bir gariplik vardı. Bu gariplikten olacak Avrupa Birliği daha önce hiçbir ülkeye uygulamadığı bir yöntem izledi ve karar AB Parlamentosu'na da onaylatıldı. Parlamentodaki görüşmeler sırasında söz alan bir parlamenter şunları söyledi: *"Türkiye'yi çok ucuza satın alıyoruz, bu bizim yararımıza olmayacaktır".*[6]

"Çok ucuza satın almanın" doğurabileceği olumsuzluklardan kurtulma amacıyla olacak aynı oturumda Türkiye'ye, tam üyelik konusunda güvence verilmesi yönünde bir önerge verilmiş ancak bu önerge büyük bir çoğunlukla geri çevrilmişti. Çünkü Türkiye, *"ucuza satıldığını"* bilmiyor, getireceği sonucu anlamıyordu.

Avrupa Konseyi parlamenterler Meclisi Başkanı Alman **Leni Fisher'**ın Türkiye'nin GB'ye katılımı konusunda 24 Ocak 1996 günü söylediği sözler belki de gerçek durumu en iyi açıklayan sözlerdi; *"Avrupa'nın Ortadoğu'da çok önemli rol oynayan bir Türkiye'ye ihtiyacı vardır".*[7]

Avrupalılar o günlerde, arka arkaya açık sözlü açıklamalar yaptı. Avrupa Parlamentosu Sosyalist Üyesi **Anne Van Lancker'**in sözleri şöyle: *"GB, Türkiye'de orta ve küçük işletmeler düzeyinde iş kaybına neden olacak ve Türkiye kısa vadede sıkıntı yaşayacaktır. GB'nin doğuracağı sonuçlarda önemli bir sorumluluğumuzun olduğunu kabul* *ediyorum. Bu nedenle, GB çerçevesinde Türkiye'ye yapmayı düşündüğümüz yardımı arttırmak zorunda olduğumuzu da kabul ediyorum. Orta ve küçük işletmeler için çok önem taşıyacak bir yardım düşünmeliyiz".*[8]

GB süreciyle varlıkları çekinceye girecek KOBİ'leri, Türkiye'deki KOBİ temsilcileri değil Avrupalı parlamenterler düşünüyordu. Yunanlı parlamenter **Yannos Kranidiotis**; *"GB ekonomi ve ticarette Türkiye'nin değil Avrupa'nın yararına işleyecektir".*[9]

1968 gençlik devinimi önderlerinden ve Avrupa Parlamentosu Üyesi **Daniel Cohn-Bendit**; *"GB Türkiye için kötü bir hediye. Ekonomik alanda güçlük çekecek olan Türkiye, politik birliğin nimetlerinden de yararlanamayacak.*[10]

Avrupa Parlamentosu Üyesi Yeşiller kümesi Başkanı **Claudia Roth**; *"GB'den Avrupa kârlı çıkacak. Türkiye'de orta ve küçük ölçekli sanayi kuruluşları zarar görecek, işsizlik artacak".*[11]

Ortada gerçekten bir gariplik vardı. Türk hükümeti, ülkesini açık pazar durumuna getiriyor ve bayram yapıyor, bu pazardan yarar sağlayacak olan Avrupalılar ise Türkiye açısından ortaya çıkacak yitikleri irdeliyordu. Avrupalılar, *"Bu işte bir iş var, bu kararı bir de Avrupa Parlamentosu'na onaylatalım"* diye düşünmekte haklıydı. Bu işte gerçekten bir gariplik vardı.

*

GB ile Türkiye'nin uğrayacağı yitikler çok çabuk ortaya çıktı. İlk bir yıl içindeki veriler durumun Türkiye açısından kötü değil çok kötü olduğunu açık bir biçimde gösteriyordu. Siyasi istekler, GB oylamasıyla birlikte gelmişti. AP'de aynı gün yapılan bir oylamada; Türkiye ile ilgili 9 başlamlık bir karar, oybirliğiyle kabul edilmişti. Bu kararda şunlar isteniyordu; *"Türk Hükümeti, Kürt sorununu şiddete başvurmadan siyasi yolla çözmeli, Kürt asıllı Türk yurttaşlarına kültürel kimliklerini ifade etme yollarını aramalıdır; Türk Hükümeti ve TBMM DEP milletvekillerinin durumunu yeniden gözden geçirmelidir; Türk hükümeti ve TBMM, insan haklarına eksiksiz saygı göstermeli, demokrasiyi güçlendirmelidir; Türk Hükümeti ve TBMM Kıbrıs'ın bölünmüşlüğüne son vermek için somut adımlar atmalı ve işgali altında tuttuğu Kıbrıs topraklarından çekilmelidir".*[12]

Ekonomik göstergeler, siyasi istemlerden daha kötü bir gidişi haber veriyordu. Ucuzlayacak denilen hiçbir ürün ucuzlamadığı gibi gerçek bir dışalım patlaması yaşandı. Türkiye beyaz eşya, elektrikli ev araçları, otomobil, televizyon, müzik seti, başta olmak üzere tüketim malları akınına uğramış; Türkiye'nin en iddialı üretimi tekstil ve konfeksiyonda dışalım azalmıştı. Üçüncü ülkelerden ucuz hammadde elde etme olanağını yitiren ilaç üretimi hızlı ve yüksek fiyat artışlarına uğramıştı. Ağaç işleri, deri sanayi, tarım, mobilyacılık güç duruma düşmüştü. Tekstilde dışalım bir yıl önceye göre yüzde 56 artarken dışsatım yüzde 4,6 oranında gerilemişti. Müzik seti dışsatımında yüzde 219'luk bir düşüş yaşamıştı.[13]

Dışalım-dışsatım dengesi alt üst olmuştu. Artış ve eksiliş oranları şöyleydi: Almanya, dışalım artış yüzde 77,5 dışsatım düşüş yüzde 1; Fransa, dışalım artış yüzde 88,3 dışsatım düşüş yüzde 6,1; İtalya, dışalım artış yüzde 86,8 dışsatım düşüş yüzde 11,1; İsveç, dışalım artış yüzde 92,9 dışsatım artış yüzde 1.[14]

GB uygulamalarıyla, üçüncü ülkelerle olan dış ticaret dengeleri de kısa süre içinde bozuldu. Türkiye, yalnızca AB ile kendi arasındaki gümrükleri sıfırlamakla kalmamış; 3. ülkelere uyguladığı gümrük bildirmeliklerini de, AB'nin kendi dışındaki ülkelere uyguladığı ortak gümrük bildirmeliği ile eşitlemeyi (yani düşürmeyi) kabul etmişti. Bu üstlenme, hem dış dünyaya açılabilen sınırlı sayıdaki dışsatım ürününü korumasız kılıyor hem de AB üyesi olmadığı için gümrük bildirmeliklerini değiştirmeyen üçüncü ülkelere, Türkiye ile yaptıkları ticarette açıktan bir kazanç sağlıyordu. Bu kazanç Türkiye'nin yitiğiydi.

GB anlaşmasının yol açtığı bu yitiği azaltmak için yöneticilerimiz bir cingözlük düşündü ve ABD'ni kendilerine örnek alarak üçüncü ülkelerden yapılan tekstil ve konfeksiyon ürünleri dışalımına kota koydu. Ancak, cingözlük sökmedi. Hindistan, ülkemizin de imzalamış olduğu GATT anlaşması ve bu anlaşma gereği oluşan *Dünya Ticaret Örgütü*'nün geçerli kurallarına dayanarak Türkiye'yi örgüte şikayet etti. DTÖ, Hindistan'ı haklı buldu. Ya kotalar kaldırılacak ya da tazminat ödenecekti.[15] Dünya Ticaret Örgütü yetkilileri dünyanın hemen tüm ülkelerine tekstilde kota uygulayan ABD'ye karşı herhangi bir karar alamazken, Türkiye hakkında birkaç ay içinde karar vermişti.

Gümrüklerin sıfırlanması ve dış ticaret açıklarının olağanüstü artışı doğal olarak Türkiye'nin karşısına büyük nicelikli gümrük vergisi yitikleri çıkardı. 4 Ocak 1996'da yürürlüğe giren GB döneminin ilk 11 ayında Hazine'nin vergi ve fon kaybı 125 trilyon Lirayı aşmıştı, bu iki milyar Dolara yakın bir miktardı.[16]

AB, GB anlaşmasıyla Türkiye'ye vermeyi taahhüt ettiği parasal yardımı da bloke etmiş, vermiyordu. Gerçi vereceği para 01 Ocak 1996'dan sonraki 5 yıl içinde 2 milyar Dolardı. Türkiye'nin bir yıllık vergi yitiği bunu aşıyordu.[17]

*

Türkiye'nin parasal yitiği vergiyle sınırlı değildi. Bir ülkenin ekonomik gücünün ve gönencinin göstergesi olan dış ticaretteki dışsatım tutarı bir yıl içinde büyük oranda düşmüş ve Türkiye GB'ne girdiği ilk yıl 20 milyar Dolar dış ticaret açığı vermişti. DYP-RP Koalisyon hükümetinin Devlet Bakanı **Ayfer Yılmaz**, Dış Ticaret Müsteşarlığı'nın 2. kuruluş yıldönümü nedeniyle düzenlenen törende ne anlama geldiğini kimsenin anlamadığı bir açıklama yaptı. Açıklaması şöyleydi: *"1996 yılı 12 aylık ihracat rakamı 22 milyar Dolar, ithalat ise 42 milyar Dolardır. 20 milyar Dolarlık açık programlandığı seviyede gerçekleşmiştir. Tekstil sektörü Avrupa pazarındaki durgunluktan etkilenmiştir. Bu nedenle başka pazarlar seçtik ve ürün çeşitlendirmesi yaptık. Bunun ne kadar önemli olduğunu 1996 yılı bize gösterdi. Ürün çeşitlendirmesi ihracatımızda yüzde 7-8 artış meydana getirdi. İthalatta yatırım malı ithal ettik. İthalatta hedeflerden sapmak için tüketim malı ithalatının ağırlıklı olması gerekir".*[18]

Devlet Bakanı **Ayfer Yılmaz**'ın söyledikleri doğru değildi. Dışalımın büyük bölümünü, tüketim malları oluşturuyordu. Türkiye'de üretim yatırımları durmuş gibiydi. Nitekim dış ticaret açığındaki artış sonraki yıllarda da sürdü. Bir sonraki yılda, Türkiye 21,2 milyar Dolar açıkla, dış ticaret açığında ABD'nin hemen arkasından dünya ikinciliğine yükseldi. 1937 yılında dış ticaret fazlası veren ender ülkelerden biri olan Türkiye, o günden sonra bir daha bu düzeyde bir dış ticaret fazlası veremedi ve açık vermede; 1970 yılında (400 milyon Dolar) dünya 12.'liğine, 1997'de de dünya ikinciliğine yerleşti.[19]

GB ve doğurduğu sonuçlarıyla ilgili olarak doğru konuşmayan yalnızca Devlet Bakanı **Ayfer Yılmaz** değildi. RP Başkanı **Necmettin Erbakan**, GB oylamasının yapıldığı gün Sakarya'da yaptığı seçim konuşmasında sert açıklamalar yapıyor ve şöyle söylüyordu: *"11 gün kaldı* (genel seçimleri kastediyor). *11 gün sonra iktidara geldiğimizde, 1,5 kişinin imzaladığı bu paçavrayı yırtıp atacağız. Çiller hanım GB diyor. Onun GB dediği nedir? Uşaklık. Hiç sıkılmadan valilere emirname gönderiyor. Aman bayram havasıyla her yeri aydınlatalım diyor. Biz bu ülkeyi gavura sömürge yaptırmayacağız. Aynen Sevr Anlaşması'nı yırtıp İstiklal Savaşı'nı nasıl yaptıksak bu uydurma şeyleri de yırtıp atacağım."*[20] **Necmettin Erbakan** daha sonra çok *'kızdığı'* **Tansu Çiller** ile hükümet kurarak başbakan oldu ve *"paçavrayı yırtma"* yönünde hiçbir girişimde bulunmadı.

Zararları çok kısa süre içinde büyük boyutlu ulusal sorun olarak ortaya çıkan ve Türkiye'de bilim adamları, kimi aydınlar, bir takım kitle örgütleri ve Avrupalıların; Türkiye için olumsuzluklarını dile getirdiği GB'ne neden girilmişti? *'Yangından mal kaçırır'* gibi telaşlı bir acelecilikle GB'ne girmenin amacı neydi? Hükümet imza attığı bu denli önemli bir uluslararası anlaşmanın gerçek niteliğini bilmiyor muydu?

Bu soruların yanıtı, Türkiye'yi yönetme durumundaki siyasi kadroların nitelikleriyle ilgili bir araştırma konusudur. GB anlaşmasını imzalayan hükümet kendisinden öncekiler gibi; Türkiye'nin çıkarlarını gözeten, bilinçli bir duyarlılıkla davranmamış ve yaşamsal önemde bir uluslararası anlaşmayı, iç siyasetin kısa dönemli kısır çıkarlarını gözeterek imzalamıştır. Yaklaşım bu olunca, anlaşmanın incelenip incelenmemesi ya da bilinip bilinmemesi doğal olarak önemini yitirmektedir. GB'yi kabul eden mantıkla Osmanlı İmparatorluğu'nu yıkıma götüren Tanzimat mantığı arasında herhangi bir ayrım yoktur.

*

Gümrük Birliği'nin koşulları, anlaşmanın Avrupa Parlamentosu'nca onaylandığı, 13 Aralık 1995 tarihinden bir yıl önce belliydi. Bunu Türk Hükümeti'nin (en azından uzmanlar düzeyinde) bilmemesi olanaksızdı. DYP-CHP hükümeti öylesine akıl dışı bir yol izledi ki, savaş yenilgileriyle ancak verilebilecek ulusal hakları, üstelik üzerine başka siyasi ödünler koyarak, Avrupa Birliği'ne bağışladı.

Önce, davranış ve açıklamalarıyla kendi pazarlık gücünü yok etti. Sonra, Gümrük Birliği'ne katılmanın iç siyasi sorunların çözümünde *"kaçınılmaz bir zorunluluk"* olduğunu açıkça dile getirdi. **Tansu Çiller** AB yetkililerine; *"Türkiye'yi GB'ye almazsanız köktendinciler (RP) iktidara gelir"* biçiminde sözler söyledi.

Avrupalıları şaşkın bir sevince ulaştıran bu sözler onların arayıp da bulamadığı ya da gökte ararken yerde buldukları türden bir hazineydi. Yunanistan derhal vetosunu verdi. Vetonun kaldırılması için Türkiye Kıbrıs için ödün vermeyle karşı karşıya kaldı. Bu durum; 24 Şubat 1995 Brüksel Başkanlık Bildirgesi, 6 Mart 1995 AB Bakanlar Konseyi Bildirgesi'nde en açık biçimde yer aldı.

6 Mart 1995 Bildirgesi GB Protokolü'nün kendisidir. Yani hükümet ve sonradan yakınan kesimler, bu bildirgeyi yakından biliyordu. AB'nin yazdığı Türkiye'nin imzaladığı bu anlaşma, Lozan'ı ekonomik anlamda ortadan kaldırıyordu ve 75 yıllık Cumhuriyet döneminin en olumsuz anlaşmalarından biriydi. Hükümet elinden geldiği oranda, bu anlaşmanın, Türk kamuoyunda duyulup tartışılmasını önlemeğe çalıştı. Türk hükümeti, aslında katıldığı GB'ye, katılmamış gibi davranarak 13 Aralık 1995 oylamasını bekledi ve sonucu belli olan bu oylamayı yeni bir şeymiş gibi, *"bayram"* gibi kutlamaya girişti. Türkiye Cumhuriyeti, ulusal bir sorunu kurmaca tanıtımlarla panayır gösterisine dönüştürüyordu.

AB Komisyonu 9 Kasım 1995'de, 13 Aralık 1995'deki oylama için AP'ye sunulmak üzere bir yazanak hazırladı. Bu yazanakta şunlar yazıyordu: *"Gümrük Birliği belgesi (6 Mart 1995 belgesi) AB ekonomisine büyük yararlar sağlayacaktır. Türkiye'ye ihracat artacaktır. Tekstil gibi AB'nin duyarlı olduğu sektörlerde, AB'nin elinde gerekli önlemler vardır. Belge bu olanağı AB'ne vermektedir. GB içine sokulmuş bir Türkiye ile Kıbrıs sorunu daha kolay çözülür"*.[21]

AB'nin Türkiye'ye nasıl baktığı açıkça görülüyor. Burada sorgulanması gereken AB'nin tavrı değil bu tavrı kabul eden ve bu kabulü *"bayram"* ederek kutlayan bir hükümetin, dünyanın ilk antiemperyalist savaşını kazanmış olan Türkiye'de var olmasıdır.

1963 Ankara Anlaşması: Değişmeyen Tanzimat Kafası

İsmet İnönü *Lozan*'dan tam 40 sonra 1963 yılında; Türkiye Cumhuriyeti Başbakanı olarak *Ankara Anlaşması*'nı imzaladı. Bu anlaşma, altı Avrupa ülkesinin bir araya gelerek 1957'de oluşturduğu *Avrupa Ekonomik Topluluğu*'na (AET) Türkiye'nin üyeliğini öngören bir çerçeve anlaşmasıydı. Türkiye Batı kaynaklı tüm uluslararası anlaşmalara olduğu gibi AET'ye de girmekte geç kalmamış, *"aman sonra yalnız kalırız"* mantığıyla üyelik başvurusunda bulunmuştu.

Bu anlaşma 1839 Tanzimat Fermanı'yla başlayan, Cumhuriyet'in kurulmasıyla ortadan kaldırılan, **Atatürk**'ün ölümünden sonra yeniden gündeme getirilen Batıcı (çağdaşlaşmacı değil) anlayışın doğal bir sonucuydu. **İnönü** ABD ikili anlaşmalarını **Menderes**'e, **Menderes** de, NATO ve AET'yi **İnönü**'ye devretmişti.

1963'de başlayan serüven, 1995'te *Gümrük Birliği* ile sonuçlandı. Aradan geçen 32 yılda özellikle Türkiye'deki köprülerin altından çok sular aktı. 32 yıl içinde seçilerek ya da darbeyle gelen tüm hükümetler, kuralları ve ödülleri dışarıda saptanan bir yarışın önceden belirlenen oyuncuları gibi, 'bayrağı' *Ankara Anlaşması*'ndan *Gümrük Birliği*'ne taşıdılar.

Ankara Anlaşması'nı imzalayanlar sonucun GB'ye varacağını belki bilmiyordu. Aynı ABD ikili anlaşmalarının, *Johnson mektubuna* varacağını bilmedikleri gibi. Ancak, tarih bilmemeyi bağışlayacak kadar yufka yürekli değildi. Sonuç kaçınılmazdı. Aynı akvaryuma salınan büyük balık küçüğü yutacaktı.

AET başvurusuna bugün de geçerliliğini koruyan en doğru tepkiyi 60'lı yılların üniversite gençliği verdi. Toplantılarda ya da kitlesel gösterilerde dile getirilen, *"onlar ortak biz pazar"* sözü GB'yi anlatan herhalde en iyi sözdü. Gençleri kuşkusuz kimse dinlemedi (ya da önderlerini asacak kadar çok dinledi). Türkiye'nin bütün etkin kurum ve kuruluşları önlenemez bir istek, karşı konmaz bir coşkuyla; ülkenin çok güç koşullarda kazanılmış egemenlik haklarını, Batı'ya teslim ettiler, Türkiye'yi Kurtuluş Savaşı'nın öncesine götürdüler.

Ankara Anlaşması, Türkiye ile AET arasında, ortaklık düzeninin uygulanması ve gelişmesi için kimi organlar kurulmasını öngörüyordu. *Ortaklık Konseyi, Ortaklık Komitesi, Türkiye-AET Karma Parlamento Komisyonu* ve *Gümrük İşbirliği Komitesi* adlarıyla organlar kuruldu. *"Milliyetçi", "muhafazakar"* ya da *"sosyal demokrat"* milletvekilleri, bol paralı *"ödeneklerle"* sık sık, organ toplantılarına katılmak için Avrupa'ya gittiler.

1964'ten sonra yürürlüğe giren *Ankara Anlaşması*'ndan sonra Türkiye-AET ilişkileri, tam üyeliğe ulaşana dek üç döneme ayrıldı; *hazırlık, geçiş* ve *son dönem*... Türkiye bu dönemlerde, *Avrupalılarla birlikte olmak* ya da başka bir deyişle *Avrupalı olmak* özeniyle üzerine düşen bütün yükümlülükleri yerine getirdi.

Oysa AET Türkiye'yi tam üyeliğe almamaya baştan karar vermişti. Avrupalılar kendi sorunlarını çözmek için bir araya gelmişti. Nüfusu ve sorunu bol bir Türkiye'yi aralarına almak AET'nin amacına uygun değildi. AET onlar için yalnızca ekonomik bir örgütlenme değil, tarihsel kökleri eskiye dayanan bir istek ve bu isteği karşılamak için siyasi birliği amaçlayan bir örgütlenmeydi. Bu örgütlenmede eşit koşullara sahip bir Türkiye'nin yeri olamazdı.

AET, başlangıçta, Türkiye'nin kalkınıp topluluğa girebilecek düzeyde gelişmesini istiyor göründü. Hazırlık döneminde Türkiye'ye herhangi bir yükümlülük getirmedi. Türkiye'nin önemli dışsatım ürünlerinden tütün, kuru üzüm, kuru incir ve fındığa belirli koşullar altında gümrük indirimi uyguladı. *Avrupa Yatırım Bankası* aracılığıyla 175 milyon dolarlık bir fonu, anlaşma amaçları çerçevesinde kullanılmak üzere Türkiye için ayırdı.

Hazırlık döneminin iki küçük ödünü Türkiye'nin çok hoşuna gitmişti. Bu dönem bitmeden ve herhangi bir hazırlık yapılmadan Türkiye AET'den *geçiş dönemine* geçilmesini istedi. 23 Kasım 1970'te *katma protokol* imzalandı. AET, ticari olarak 1 Ocak 1971, hukuki olarak da 1 Ocak 1973 tarihinde yürürlüğe giren *katma protokol* ile gerçek amacını gün ışığına çıkardı ve protokole, gittikçe gelişen bir biçimde uran ürünleri ticaretinde gümrük birliğine gidilmesi koşulunu koydu. AET Türk uran ürünlerindeki pamuk ipliği, pamuklu dokuma ve rafine petrol ürünleri hariç olmak üzere (geriye ne kalıyorsa) gümrük vergilerini ve kısıtlamaları kaldırıyor, buna karşılık kendi uran ürünlerinin kademeli olarak Türkiye'ye gümrüksüz girmesinin yolunu açıyordu. Bu iş için Türkiye'de zaten olmayan hassas sanayi ürünleri için 22, diğerleri için 12 yıllık süre koyuyor, Türkiye'nin dört gözle beklediği işgücü dolaşımının 1976-1986 arasında tamamen serbest duruma getirilmesini kabul ediyordu.

Katma protokol, Türkiye'ye kullanamayacağı daha doğrusu ekonomisinin gelişme düzeyi nedeniyle kullanması olanaksız olan hakları vermiş görünüyordu. Ayrıca AET, mali protokoller çerçevesinde Türkiye'ye on yılda yaklaşık 3,5 milyar dolar yardımda bulunacaktı. Türk işçiler Avrupa'nın her ülkesinde serbestçe çalışacaktı. Türk tekstil ürünlerine kota konmayacaktı. Anti-damping uygulamaları yapılmayacaktı.

Bunların hiçbiri gerçekleşmedi. Buna karşın Türkiye büyük bir istek ve bağlılıkla kendi üzerine düşen yükümlülükleri yerine getirdi. 1984-1994 arasında uyguladığı ekonomik politikalarla kapılarını Avrupa'ya hızlı bir biçimde açtı. *Katma protokol* çerçevesinde 12 ve 22 yıllık listelerde gümrük indirim yükümlülüklerini yerine getirdi. 1995'e gelindiğinde Avrupa Birliği malları Türkiye pazarında, başka ülke mallarına karşı belirgin bir biçimde ayrıcalıklı duruma gelmişti.

Türkiye, *Katma protokolün* öngördüğü süre olan 1987'de yükümlülüklerini yerine getirmiş olmanın güveniyle tam üyelik için başvurdu. AB, üyelik başvurusunu geri çevirmekle kalmadı, Türkiye'nin tam üyelik konusunu kesin olarak birlik gündeminden çıkardı. 1994 yılında İsveç, Finlandiya ve Avusturya'yı üyeliğe aldı. Polonya, Macaristan ve Slovakya'yı aday üye konumuna getirdi.

Türkiye, tam üyeliğe alınmayacağı neredeyse açık olarak belirtilmiş olmasına karşın, garip bir ısrarla hiçbir şey olmamış gibi üyelik umutlarını sürdürdü. Söylenen her şeyi yapmış, istenen her şeyi vermişti. Vermeyi de sürdüreceğini göstermişti. Hükümet çevreleri, üst bürokratlar ve medyatik profesörler, GB üzerine çok konuşuyor ancak konunun ulusal haklar açısından önemini dile getirmiyordu. Emperyalizme karşı utku kazanmış koskoca bir ülke, bilgisizlik ya da aymazlık içinde emperyalizme boyuneğme noktasına getirilmişti. 6 Mart 1994'te durum buydu.

Avrupalılar, imzalanacağından son ana kadar kendilerinin bile emin olmadığı GB protokolünü 6 Mart 1994'te Türkiye'nin önüne koydu. Türkiye anlaşmayı, Avrupalıların şaşkın bakışları altında hiç tartışmadan derhal imzaladı. Birlik yetkilileri o denli şaşırmışlardı ki ne olur ne olmaz diye olacak protokolü, yürürlüğe gireceği 1 Ocak 1996'dan iki hafta önce, bir de *Avrupa Parlamentosu*'na onaylattılar. Böyle bir işlemi, hiçbir üye ülke için yapmamışlardı.

*

Türkiye'nin Avrupa Birliği ile giriştiği Gümrük Birliği ilişkisi, Kemalizm'in üzerinde yükseldiği ulusal tam bağımsızlık kavramının yadsınmasıdır. Bu nedenle Atatürkçülüğün kabul edebileceği bir ilişki değildir. Gümrük Birliği, 19. yüzyılda Avrupalıların sömürgelerle kurduğu ilişkilere benzemektedir. Türkiye bu anlaşma ile ekonomik, siyasi ve tüzel egemenlik haklarını devretmeyi kabul etmiştir. GB, yeni bir kapitülasyon anlaşmasıdır. Şöyle ki:

1- Türkiye, *Gümrük Birliği*'ne girmekle, kurullarında yer almadığı bu nedenle kararlarında söz sahibi olamadığı bir dış örgütün aldığı bütün kararlara uymayı önceden kabul ediyordu. Türkiye'nin karşı oy verme, kabul etmeme ya da erteleme gibi hakları bulunmuyordu.

2- Türkiye, *Gümrük Birliği*'ne katılmakla, dış ilişkilerini belirleme yetkisini Avrupa Birliği'ne devrediyordu. Türkiye Avrupa Birliği'nin üye olmayan üçüncü ülkelerle (tüm dünya ülkeleri) yaptığı ve yapacağı bütün tecimsel anlaşmaları önceden kabul ediyordu (16 ve 55. başlamlar).

3- Türkiye, *Gümrük Birliği*'ne katılmakla, herhangi bir dünya ülkesiyle Avrupa Birliği'nin bilgi ve onayı dışında ticari anlaşma yapmamayı kabul ediyor, yapması durumunda Birliğe anlaşmayı engelleme yetkisi veriyordu (56. başlam).

4- Türkiye, *Gümrük Birliği*'ne katılmakla, Avrupa Birliği'nin GB ile ilgili olarak alacağı kararlara uyumlu yasalar çıkarmayı önceden kabul ediyordu (8. başlam).

5- Türkiye, *Gümrük Birliği'*ne katılmakla, içinde hiçbir Türk yargıcın olmadığı *Avrupa Birliği Adalet Divanı'*nın kararlarına tam olarak uymayı önceden kabul ediyordu (64. başlam).

6- Türkiye, *Gümrük Birliği'*ne girmekle, ulusal pazarını yarışmasının olanaksız olduğu Avrupa mallarına açıyor, gümrük vergilerini sıfırlıyor, tüm fonları kaldırıyordu.

Gümrük Birliği, bütün yıkıcı sonuçlarıyla birlikte 1 Ocak 1996'da uygulamaya sokuldu. 12 Mart ve 12 Eylül'lerle örgütsüz, yılgın, duyarsız ve bilgisiz bir duruma getirilen Türk toplumu, bu girişime herhangi bir tepki gösteremedi. Üzücü olan bu girişimin; **Mustafa Kemal Atatürk'**ün *"Ben cumhurbaşkanlığından, başkumandanlıktan çekilebilirim ama parti başkanlığından asla"*[22] dediği CHP'nin içinde bulunduğu bir hükümetçe imzalanmış olmasıdır.

GB-Türkiye ilişkileri için Prof. Dr. **Erol Manisalı** şöyle söylüyor: *"Bir ülkenin dünyanın herhangi bir yerinde bir gümrük birliğine bağlı olması için, 'eşit statüde bir üye' olması gerekir. Türkiye'nin AB ile ilişkisi ise, bir sömürge ile onu yöneten ülke arasındaki ilişkidir. Eskiden Avrupa ülkelerinin Afrika ve Asya'da uyguladıkları örneklerde olduğu gibi"*.[23]

GB'nin ne olduğunu anlamak isteyenler **Mustafa Kemal Atatürk'**ün 1 Mart 1922 tarihindeki meclisi açış konuşmasını kesinlikle okumalıdırlar.

*Gümrük Birliği'*nin olumsuz sonuçları, sürekli artarak, gelişip genişleyen ekonomik çöküntüler halinde Türk toplumunun karşısına dikilmektedir. Gelinen noktanın sorumluluğunu taşıyan politikacılar, çıkarlarını uluslararası sermaye ile bütünleştiren işbirlikçi iş çevreleri ve bunların ücretli destekçileri; Türkiye'yi sonu uçurum olan bu yolda yürütmeyi sürdürüyor. Gidişe karşı çıkan bilim adamlarına, yurtsever aydınlara ya da devrimci sendikacılara adeta suçluymuş gibi davranılıyor.

Örgütsüzlüğe itilerek, dostunu, düşmanını ve ulusal çıkarlarını seçemez duruma getirilen kitleler, olayları uzaktan izliyor ya da daha doğru bir söylemle; anlayamadığı, gelişmelerin yarattığı sıkıntılı ortamda yaşamlarını sürdürmeğe çalışıyor. Bugün konuyla ilgilenmemiş birçok insan, Türkiye'nin AB'ye alınmasını istemekte ve bunun Türkiye için iyi olacağına inanmaktadır. Bu insanlar, böyle bir olayın gerçekleşmesi durumunda; Türkiye'nin bir Avrupa ülkesi olacağını, iş ve çalışma olanaklarının artacağını ve böylece varsıl bir ortamda yaşayacaklarını sanmaktadırlar.

Batılı devletler, geniş kapsamlı yaymaca olanaklarıyla örgütsüz kitleleri etkileme ve onları çıkarlarıyla uyuşmayan eğilim ve eylemler içine çekme yeteneğine sahiptir. Köktendincilik ya da işbirlikçiliğin, yaşam kaynağının Batı'ya bağlı olması bundandır. Türkiye'nin AB'ye girmesinin yararına inanan ve bunu isteyen insanlar bu iki eğilimin etkisi altında kalan ya da yeterli ulusal bilince sahip olmayan insanlardır.

Türkiye'de saplantı durumuna getirilen Batıcılığı ve *Gümrük Birliği*'nin garipliğinin ayırtına varanlar yalnızca yerli araştırmacılar değildir. Japonya'da yönetimdeki Liberal Demokrat Parti Genel Sekreteri **Kanezo Muraoka**, Japon hükümetinin Türk-Japon ilişkilerine büyük önem verdiğini belirterek, **Tansu Çiller**'in GB serüveniyle ilgili olarak şunları söylüyor: *"Bayan başbakanınıza coğrafya dersi vermek isterdim. Çünkü ona göre Ankara'nın doğusunda hiçbir ülke yok. Hep Batı hep Batı, Türkiye Batı'ya yaklaşmak için hep Batı'dan gitmek istiyor. Oysa Batı'ya Doğu'dan da gidilebilir. Örneğin Japonya, Çin gibi ülkelerle işbirliği yapıp kendi ekonomik durumunu düzelttikten sonra Avrupalı olmak için çaba göstermek daha iyi değil mi?"*[24]

Avrupa Birliği Türkiye'yi Hiçbir Zaman Tam Üyeliğe Almayacaktır Çünkü:

1- Gümrük Birliği, Avrupa Birliği'ne üye olmak için verilen ulusal bir ödündür. Ekonomik gücüne ve yönetim dizgesine güvenen Avrupa ülkeleri, ortaklıktan elde edecekleri yararları düşünerek gümrük birliğini oluşturmuştur. Türkiye ise, ortaklık haklarını elde etmeden pazarını Avrupa'ya açmıştır. *Nimeti* olmayan bir *külfete* katlanmış, kendisini de Avrupa için *külfetsiz nimet* durumuna getirmiştir. Bu nedenle tam üyeliğe alınmasının gereği ortadan kalkmıştır.

2- Avrupa büyük boyutlu ekonomik ve toplumsal sorunlarla karşı karşıyadır. Daralan dünya pazarları, yeğinleşen uluslararası yarış, işsizlik üretimsizlik ve sosyal güvenlik sorunları giderek büyüyen dalgalar halinde Avrupa'yı sarmaktadır. Avrupa, kendisini ABD, Japonya ya da Çin'e karşı korumaya çalışmaktadır. Amacı siyasi birliktir. *Avrupa Birleşik Devletleri* olarak tanımlanan oluşumda Türkiye'nin yeri yoktur. Olması da olanaklı değildir.

3- Türkiye, AB'ye göre sorunları çok, geri kalmış bir ülkedir. Böyle bir ülke Avrupa için ortak değil ancak pazar olabilir. yüzde 10'u aşan süreğen işsiz oranıyla Avrupa'nın, kalabalık nüfusu ve yüzde 26 işsizi olan Türkiye'yi tam üyeliğe alarak ona serbest dolaşım hakkı tanıması demek, çözmekte yetersiz kaldığı Avrupa işsizliğinin katlanarak artması demektir. Böyle bir gelişme ise AB'nin gözünde, Viyana kapılarında durdurulan Türklerin Avrupa'yı bu kez kılıçsız ele geçirmesidir.

4- Türkiye, tam üyeliğe kabul edilmesi durumunda, temsil haklarının nüfusa göre belirlendiği Avrupa Birliği içinde, birliğin en etkin birkaç ülkesinde biri olacaktır. Avrupa Parlamentosu'nda 91 milletvekili (Almanya 99, İngiltere ve Fransa 87), Bakanlar Konseyi'nde 10 oy (Almanya, İngiltere ve Fransa 10) ve AB Komisyonu'nda 2 komiser (Almanya, İngiltere ve Fransa 2) ile temsil edilecektir. Yüzyıllardır (1923-1938 arası dışında) Avrupa'nın yarı-sömürgesi durumunda olan Türkiye, Avrupa'yı yöneten bir ülke durumuna gelecektir. Kendi ülkesini yönetemeyenler Avrupa'yı yöneteceklerdir Böyle bir durum, Avrupalılar için değil kabul etmek gerçek bir kabustur.

5- Türkiye, tam üye olması durumunda, AB'nin yürürlükteki işleyişi gereğince, Birliğin az gelişmiş yörelere yardım fonundan her yıl yaklaşık 17,5 milyar dolar yardım alması gerekecektir. Böyle bir durum, pazar ve para için 20. yüzyıl içinde milyonlarca insanın öldüğü iki dünya savaşı çıkaran Avrupalıların, akıllarından bile geçiremeyeceği bir gelişmedir.

6- Avrupalılar Türklere yüzyıllardır ırkçı ve dinci gözle bakmıştır. Avrupalılar için, Türklerin yaşam biçimi, kültürel geleneği ve dini inancı, aynı siyasi oluşum içinde birlikte olunamayacak denli kendilerinden uzaktır. Bu durum Türkler içinde geçerlidir. Avrupa her geçen gün daha çok kendi içine kapanmakta ve kendini ABD, Japonya ve Çin'e karşı savaşıma hazırlamaktadır. Yarattığı ekonomik-siyasi oluşum içinde Türkiye'nin gerçekten yeri yoktur.

Gerçekleri herkes görüyor ancak Türkiye'yi *'yönetenler'* görmüyor ya da görmek istemiyor. Oysa AB yetkilileri, Türkiye'yi birliğe almayacaklarını açıkça söylüyor. AB Dış İlişkiler Komitesi Başkanı **Tom Spencer**, Amerikan *Dow Jones* Haber Ajansı'na verdiği demeçte şöyle diyor: *"Türklere ileride bir gün AB'nin parçası olacakları yolunda 30 yıldır söz vererek hiç dürüst bir davranışta bulunmadığımızı düşünüyorum. Çünkü gerçek, AB'nin Türkiye'yi üye olarak kabul etme yolunda hiçbir niyetinin olmadığıdır. Türkiye, bir yandan köktendincilerin diğer yandan bizim tutmayacağımız sözlerin arasında sıkışmış durumdadır. Türkiye'ye gerçek niyetimizi anlatmamız daha dürüst bir davranış olurdu".*[25]

Almanya eski Başbakanı **Helmut Schmidt** konu hakkında şunları söylüyor: *"Avrupa'nın geleceğinde, ne olursa olsun Türkiye'nin yeri yoktur. 70 milyon Türk vatandaşını Avrupa içinde serbestçe dolaştırmayız. Avrupa'nın İran, Suriye, Irak gibi ülkelerle sınır komşusu olmasını kabullenemeyiz. Türkiye ile ekonomik ilişkilerimizi sürdürmeliyiz. Genç ve hızlı büyüyen nüfusunun satın alma gücünden faydalanmalıyız. Bu ülkeye ihracatımızı sürdürmeliyiz. Ancak, bu ülkenin globalleşmenin temel prensiplerine sahip olmadığını ve uluslar arası kardeşliği içine sindiremediğini de görmeliyiz".*[26]

Fransa eski Cumhurbaşkanı **Valery Giscard d'Estaing** ise şunları söylüyor: *"Türkiye'nin Avrupa Birliği içinde yeri olmayacak. Bugün, Avrupa'da hiçbir lider Türkiye'yi AB içinde istemiyor. Yarın için de böyle bir niyetleri bulunmamaktadır. Türkiye'ye haksızlık ediliyor. Çünkü Türkiye AB tarafından aldatılıyor. Helsinki'de aday yapılması Türkiye'ye boşuna umut vermektedir".*[27]

Katolik Kilisesi'nin AB-Türkiye ilişkileri konusundaki görüşü politikacıların görüşlerinden daha serttir. İtalyan piskoposlarının yayın organı *L'Avvanire'*nin 3 Ocak 2000 günlü yayınında diplomatik dil kullanılmıyor ve açıkça şunlar söyleniyor: *"Müs-*

lüman Türkiye'nin AB'ye girmesi kimliğimize gölge düşürür. Bu üyelik, yan yana büyüyen Hıristiyan gelenekleri ile şekillenen Avrupa medeniyetlerinin temelindeki ittifakları sarsar. Unutmamalı ki 'Avrupa Fikri', başlı başına 'Düşman Türklere' ve Türkiye'nin başını çektiği İslam dünyasına karşı gelişti. Ankara ile yakın ilişkileri geliştirmeye evet. Ama farklı tarihi ve kültürel gerçekler farklı kalmalıdır".[28]

Bu sözlerle **Atatürk**'ün bir sözü daha kanıtlanıyordu: *"Bir ulus kendi gücüne, yalnızca kendi gücüne dayanmazsa şunun bunun oyuncağı olur."*

Bunları, Türkiye'yi yönetenler bilmiyorlar mı? Bir bölümü biliyor, bir bölümü bilmiyor. Bilenler yüklendikleri küresel özgörev (misyon), bilmeyenler de bilinçsizlikten kaynaklanan kendine güvensizlik nedeniyle; Tanzimat kafasıyla ülke *"yönetmeyi"* sürdürüyor.

Tom Spencer ve başkalarının Türkiye-AB ilişkilerinin gerçek durumunu açıklayan sözlerine karşın; AB'ne girmeyi tapıncak (fetiş) durumuna getiren Türkiye'nin üst düzey yetkilileri, bilinen görüşleri açıklamayı sürdürmektedir. Bu açıklamalardan belki de en ilgincini 75 yaşında yeniden başbakan olan **Bülent Ecevit** yaptı. **Ecevit**, **Spencer**'ın açıklamasından üç ay sonra, Başkent Üniversitesi'nin yeni öğrenim yılı açılış töreninde şunları söyledi: *"AB'ye tam üyelik Türk ulusunun tarihten ve coğrafyadan gelen hakkıdır. Bu hakkı istemekten hiçbir kuruluş ve devlet bizi engelleyemez. Bazı Avrupalı kesimler bizi Avrupalı saymasalar da biz Avrupalıyız"*.[29]

Kendisini, Avrupalılara karşın Avrupalı kabul ederek AB'ye tam üye olmayı *'tarih-coğrafyadan gelen hak olarak'* gören yalnızca Sayın **Ecevit** değildir. Politikacılar, iş çevreleri, büyük medya, üst düzey bürokratlar ve bir takım akademisyenler büyük çoğunlukla, bu tutum ve davranış içindedir. Tutulmamış sözler, uygulanmamış kararlar ve sıradışı ulusal yitikler ortada dururken, insana sıkıntı veren istek ve ısrar ne yazık ki toplumun her kesiminde varlığını sürdürüyor. Genelkurmay 2. Başkanlığı yapan Emekli Orgeneral **Çevik Bir**, *Hürriyet Gazetesi*'nde yayınlanan, *'Çevik Bir ile Türkiye'nin Geleceği'* adlı yazı dizisinde şunları söylüyor: *"AB, tam üyelik konusunda Türkiye'ye gün vermiyor, somut davranmıyor. AB'ye üyelik için coğrafya ve nüfus çok önemli. Serbest* *dolaşım hakkından etkileniyorlar değil mi? Benim ülke olarak AB karar mekanizmalarında puanım yüksek olacak. Gel arkadaşım, ben Yunanistan kadar oya, onun kadar katkıya sahip olayım. Bu tavizi kastediyorum ben. Çıtanın altında bazı şeyler de istenebilir. Yeter ki ben AB'ye gireyim. Türkiye'nin geleceğini orada görüyorum. Demokratikleşme ve insan hakları konusunda kriter çizsinler. Şimdi çok muğlaklar. Ben diyorum ki gelin arkadaş, siz hazırlayın insan hakları konusundaki planı biz de gözümüzü kırpmadan imzalayalım"*.[30]

Deniz Kuvvetleri Eski Komutanı Emekli Oramiral **Salim Dervişoğlu** ise şunları söylüyor: *"Ben AB'ye üye olmamızın kesinkes şart olduğuna inanıyorum. Biz bir devin yanında yaşayan vasat boyda bir insan olarak kalamayız. Oradaki ekonomik güç bizi etkileyecektir. Halbuki onlarla eşit şartlar altında beraber bulunmanın bir defa güvenliğimiz, bekamız (varlığın sürdürülebilmesi, kalıcılık, ölmezlik y.n.), ekonomik refahımız, kültürel gelişmemiz açısından gerekli olduğunu düşünüyorum. Batı kültürünün bir parçası olmak istiyorsak AB'ye girmeliyiz. Bunu, Atatürk'ün Türkiye'ye gösterdiği çağdaşlık doğrultusunun kaçınılmaz bir uzantısı olarak görüyorsak mutlaka AB'ye üye olmalıyız. Dışarıda kalamayız"*.[31]

BASINDAN

OKUMADAN OLMAZ
Attila İlhan
Cumhuriyet-8 Mayıs 2000
Okumadan Olmaz

Meraklısı, *'Tombul'* **Magda**'yı, muhtemelen hatırlayacaktır; hani şu Slav şişkosu **Kropotkin** *'anarşisti'* kadını; göğüslerini yavru balinalar gibi masasının üstüne uzatıp, burun deliklerinden ağır sigara dumanı döken! 68 Olayları sırasında, Paris bulvarında kırmızı/siyah bayrağın yeniden boy gösterdiğini, *Magazine Llitteraire*'de görünce, adına bir de şiir döktürdüğüm, **Dostoyevskiy** *'entel'*i: "*... nerede anarşist bir kibrit çakılsa/dudakları orada 'tombul' magda'nın/saçları besbelli kirpiklerinden kısa/ gözleri en uzak gökyüzü polony'nın /Prens Kropotkin'i eğer okumasaymış/Varşova'da belki üç çocuk anasıymış/gönüllü sürgünü Paris'te başlamış/Paris'te bitecek polisler bırakırsa/saçları besbelli kirpiklerinden kısa/sesi Salyapin'in sesinden kalın...*" (Yasak Sevişmek, 8.Basım, S.24, Bilgi yayınevi.)

Bilir misiniz ki **Karl Marx**'ın, ömrünün son yıllarına doğru geliştirdiği Rusya ve Rus toplumu tahlillerinde; o ülkeyi ve o halkı, Sosyalist Devrim'e en elverişsiz ülke ve halk olduğunu yazmış olduğunu; ben ilk defa **Magda**'dan işitmiştim: *'Bizimkiler'* bilmiyor. Fransızlar, herhalde *'saklıyordu'*; o, üç numara tıraşlı kafasını, dumanların arasından buğday sarısı çıkartarak diyordu ki: "*... yalnız o kadar mı sanıyorsun çocuk? Orada öyle bir halt olursa, başarısının 'Avrupa Proleteryası'nın iltihâkına bağlı olacağını da Marx söylemiştir!...*"

Marx'ın söyledikleri...

Marx'ın söylediklerini, önündeki kitapta yazılı görünce, yerimde kim olsa; rengi gittikçe solan bir mazide, hem Anarşist Enternasyonali'nde görevli o savruk kadını; hem de Sovyet İhtilâli'ne önceden biçilmiş bu dramatik kaderi hatırlamaz mı?

"*...(Marx) uzun yıllar, '... bütün Avrupa gericiliğinin son büyük yedek gücü' olarak gördüğü Rusya'yı kendi özel koşullarıyla incelemek ve yanlış anlamalara meydan vermemek amacıyla, ilerlemiş yaşına karşın Rusça öğrenmiştir. Kuramının 'bir tarım ülkesi olan Rusya'ya doğrudan doğruya uygulanmasının, yanlışlıklardan başka sonuç vermeyeceğini' ısrarla tekrarlamış ve Rusya hakkındaki düşüncelerini, uzun araştırmalardan sonra yazdığı iki mektupta toplamıştı...*" (**Metin Aydoğan**, "Yeni Dünya Düzeni, Kemalizm ve Türkiye", Cilt 1, S: 89, Otopsi Yayınevi 1999)

Ama asıl ilginç olan 21 Ocak 1882'de **Engels**'le birlikte kaleme aldığı ve *'Manifesto'*nun 1890 baskısında yayımladığı, şu sözleri: "*...Rusya'da hızla gelişen kapitalist vurgunculuk ve daha yeni gelişmeye başlayan, burjuva toprak mülkiyetinin karşısında; toprakların yarıdan fazlasının köylülerin ortak* *mülkiyetinde olduğunu görüyoruz. Şimdi soru şudur; bir hayli beli kırılmış olmakla birlikte, yine de çok eski zamanların ortak toprak mülkiyetinin bir biçimi olan Rus 'obchina'sından (köy topluluğu), doğruca ileri komünist ortak mülkiyetine geçebilir mi? Yoksa o da Batı'nın tarihi evrimi olan çözülme sürecinden geçmeli midir?..."*

"... bugün bu soruya verilecek tek yanıt şudur : (Buraya dikkat!) Eğer Rus devrimi, Batı'da bir proleter devrimini başlatmak için işaret olur da bu iki devrim birbirini tamamlarsa, bugünkü Rus ortak toprak mülkiyeti komünist bir gelişim için hareket noktası olabilir..." (a.g.e. S. 190)

Rusya'yı da, Rusya'daki Ulusal Demokratik Devrimi (Kerenskiy) de, bir manada 'yakmış olan' *Rusya Sosyal Demokrat Partisi Bolşevik* kanadının, **Marx**'ın bu *'kahenetine'* inanması olmuştur. Batı Proleteryası, Rusya'nın onların verdiği *'işarete'* kılını bile kıpırdatmayınca, 1917'de açılan 'Sovyet Parantezi', üç çeyrek yüzyıl süren bir merkeziyetçi bürokrasi totaliterliğine dönüşecekti. **Karl Marx**, *'belki de iktisadi ve tarihi zaruretlerin icabı'* elinde olmayarak Avrupa Merkezci düşünmüş; Emperyalizm'in Kolonyalizm'in, Batı proleteryası üzerindeki 'yozlaştırıcı' etkisini, hesaba katmamıştı; oysa *Bolşevikler* ona, gözü kapalı inanıyorlardı.

'Topyekün durum muhakemesi'...

Yalnız Sosyalist Sol'daki değil, herhangi bir Sol'daki Türk aydını, içindeki SSCB irdelemesinden, yukarıdaki örneği aktardığım bu eseri, okumamalı mıdır? **Metin Aydoğan**'ın, *'Yeni Dünya Düzeni, Kemalizm ve Türkiye'* başlıklı iki büyük ciltlik çalışması, ülkemizin XX.yy.boyunca yaşadığı çalkantılara, öyle değişik, o kadar alışılmamış-fakat doğru ve gerçekçi-açılardan, öyle ışıklar tutuyor ki; *'tespitleri'* ve *'sonuçları'* çok daha fazla alakaya layık; zincirleme tartışmaları yapılmalı, kapsamlı eleştirilere açılmalı, ortaklaşa okunup irdelenmeli, vs. Çünkü bu eser, fikir hayatımızda 80'li yıllardan sonra kesilen, *'topyekün durum muhakemesi'* geleneğini, başarıyla sürdürüyor; üstelik öncüllerinden, biraz da farklı olarak, yani tarih ve ekonomi verilerini, gelişme süreci içinde aktarırken, sadece ulusal düzeyde kalmayıp, değerlendirmeyi evrensel düzeye de yayarak!

Bir de şu yok mu? *'demokrasi çocuğu'* bilimsellerimizin, hanidir İngilizce düşünüp Türkçe yazmalarından, okuduğumuzu anlayamaz olmuştuk; bu basbayağı yaygın, bir *'okur yakınması'*dır. **Metin Aydoğan** arı, duru, handiyse saydam diyebileceğim bir Türkçeyle, bu işi kıvıramıyanlara, güzel bir ders vermiş bile denebilir; ne *'yukarıdan'* allame ukalalığı ne terim kalabalığında boğulmak, ne de *'alıntı'* ve *'gönderme'* karmasası! Sağlam bir *'sistematik'*, açık ve net bir *'uygulama'*! Kitap çıkalı aylar oldu, lehte ya da aleyhte, tek yazı okumadım; ne doğru dürüst bir tanıtım, ne öneminin altını çizen bir uyarı! Media'mızın yeni parametrelerine, uygun düşmeyen bir kitap mı bu? Türkiye'de, aslında hiç alçalmaksızın yüksekte duran, o dip dalgasını; o

Müdafaa-i Hukuk Kemalizm'ini ve onun *'evrenselliğini'* anlatıyor ya, herhalde keyiflerini kaçırdı.

Okumadan olmaz!

———•———

O 'ZİNCİR'İN, SON HALKA'SI
Attila İlhan
Cumhuriyet, 10 Mayıs 2000

Size 100 puanlık bir soru, bilin bakalım: şu mısralar, hangi büyük şairimize aittir; hangi büyük yazarımız, onu önemli bir eserine *'alınlık'* yapmıştır?

"... halka umut vererek, halkı yutan hükümet/İstanbul'da yan gelip, kafa tutan hükümet/her hükmünü köylüye tatbik eder, hak olur/malına ortak olur/canına ortak olur/gene sen çifte koşar, yalınayak karnını/gözyaşınla sularsın, çorak tarlalarını/çalışır kazanırsın, kazanır yedirirsin/vergi derler veririsin, asker derler verirsin..."

Bilemediniz, öyle mi? Şu halde, son yıllardaki *'demokratik'* başarılarımız arasında; *'Hece'*nin Beş Büyüğü'nden en büyüğünü, **Faruk Nafiz Bey**'i; ve Tanzimat sonrası tarihimizin, en kapsamlı yorum ve değerlendirmesini gerçekleştirmiş düşünürü **Doğan Avcıoğlu**'nu *'unutturmak'* da varmış! O **Doğan Avcıoğlu** ki, onun için hazırladığı monografide, **Hikmet Özdemir** bellibaşlı eserlerini, şöyle değerlendirmektedir:

"Türkiye'nin Düzeni: Doğan Avcıoğlu'nun ilk yapıtıdır ve 'Yön' ile 'Devrim' arasında, bir yerde durmaktadır. 'Yön' 1967'de kapanmış, 'Devrim' 1969'da yayınlanmış, 'Türkiye'nin Düzeni' 1968'de basılmıştır. Bu kitap büyük yankılar uyandırmış, gerek yöntemi, gerekse savunduğu görüşler, pek çok tartışılmıştır..."

"...Milli Kurtuluş Tarihi: Alışılmış bir tarih kitabı olmayan bu yapıtla Doğan Avcıoğlu, Türkiye'nin karşı karşıya bulunduğu soruna yanıt aramaktadır. Temel soru, 'Türkiye'nin kurtuluş tarihi, acaba bir kurtulmayış tarihi midir?' veya 'Milli kurtuluşçuluğun büyük önderi Atatürk, nehri ters akıtmayı mı denemişti?' şeklindedir. Türk Kurtuluş Savaşı üzerindeki en kapsamlı popüler eserlerin başında gelmektedir..."

"Türklerin Tarihi: Türklerin Ortaasya'dan ulus olarak gelmediklerini, Anadolu'da yerli topluluklarla karışarak ulus olduklarını; ancak, 'ulus' olarak varlıklarının, Türkiye Cumhuriyeti'nin kurulmasıyla açıklık ve kesinlik kazandığını söyleyen Doğan Avcıoğlu'nun bu yapıtının esas amacı, Türk Tarihi üzerinde kuramlar geliştirebilmek için, derinliğine inceleme yapmaktır. Mevcut tarih bilgisi ışığında bunu başarmıştır..." (**Himket Özdemir**, 'Doğan Avcıoğlu' S.39, Bilgi Yay., 2000.)

Eğer bu eserlerin hiçbirini okuyamadıysanız, belki adlarını bile bilmiyorsanız; **Faruk Nafiz Bey**'in o mısralarının, *'Milli Kurtuluş Tarihi'*nin (3 Cilt) girişini süslediği nereden bileceksiniz? Oysa *'Resmi Tarih'*in, o son derece *'resmi Malûmatı'* haricinde; Batı Türkleri'nin toplumsal macerası bahsinde bugün ne biliyorsak, **Doğan Avcıoğlu** ve ona benzeyen, birkaç *'öncü'* düşünür sayesinde öğrendik.

Bu çabalarını, başlarından eksilmeyen hangi belâlarla ödediklerini, ayrı bir tarih konusudur.

O Kültür Kervanı

Siz onu yaşamadınız! *'Milli Şef'*in devr-i saltanatında, at üzerindeki **İsmet Paşa** fotoğrafının, gazetenin ilk sayfasında, kaç sütuna, kaç santim boyunda yayınlanacağı; Ankara'dan, Matbuat Umum Müdürlüğü'nden; Bâbıâli'ye, gazete idarehanelerine, *'emredilirdi'*.

Böyle bir ortamda, *'bağımsız'* hangi tarih çalışmasını yayınlayabilirdiniz ki? *'40 Karanlığı'*nda, benim zar zor edinebildiğim o tek kitap, **Kerim Sâdi Bey**'in kaleme aldığı, *'Osmanlı İmparatorluğu'nun Dağılma Devri ve Tarihi Maddecilik'* bilir misiniz ki, 30'lu yıllarda yayınlanmış bir eseridir; yâni, Gazi'nin Cumhuriyet'inde!

Metin Aydoğan'ın kapsamlı çalışması gibi eserler, savaştan sonra, hakkını asla ödeyemeyeceğimiz **Tarık Zafer Tunaya**'nın gayretiyle görünmüştür; *'Müşahade ve Tezler'* genel başlığı altında, galiba on üç kitaptı! Aydınlarımız, başta **Doğan Avcıoğlu** olmak üzere, bu konudaki asıl çalışmalarını, 70'li yıllar boyunca, ardı ardına yayınladılar. *'Türkiye'nin Düzeni'*, 1968'de çıkmıştı; onu, 1973'te **Niyazi Berkes**'in ünlü eseri, *'Türkiye'de Çağdaşlaşma'* izledi; arkasından, **Stefanos Yerasimos**'un, *'Azgelişmişlik Sürecinde Türkiye'*si geliyor ki (1974); aynı yıl onu, *'Milli Kurtuluş Tarihi'* adeta tamamlayacaktır.

O dönemde yayınlanan, **Sebahattin Selek**'in *'Anadolu İhtilali'*, **Emre Kongar**'ın *'Toplumsal Değişme Kuramları ve Türkiye Gerçeği'*, **Mete Tuncay**'ın derlediği *'Sosyalist Siyasal Düşünüş Tarihi'* (2 Cilt); ayrıca, **Şevket Süreyya**'nın, **Hasan İzzettin**'in, **Mahmut Gologlu**'nun inanılmaz genişlik ve zenginlikteki kitapları; *'Cumhuriyet'* nesillerinin kim olduklarını, nereden geldiklerini ve de nasıl olmaları gerektiğini; hiçbir *'resmiyete'* düşmeden açıklamaya çalışmışlardır.

Emperyalizm'in 'son Aşaması'nda...

Metin Aydoğan'ın eseri 12 Eylül *'parantezi'*nden bu yana sona ermiş gibi görünen; bu, ülkeyi ve tarihini anlama, yeryüzündeki gelişme süreci içindeki yerine koyma çabalarını, hem yeniden başlatıyor, hem de enine boyuna yayarak sürdürüyor. Bilmem hatırlayanınız çıkacak mı, epeyce önce burada **Doğan Avcıoğlu**'nun *'tarihi misyonunu'* açıklamaya çalışırken şunları demiştim:

"...bence, 'çözümleme' (analyse) ile yetinmeyen, uygulamaya pratiğine sa-

hip 'bileşimler' (synthese) üretebilen, ender aydınlarımızdandır: yanlış ele alınıp, yanlış anlatılmış iki şeye, doğru teşhis koyup, doğru anlatmıştı: 'Tanzimat'a ve 'Cumhuriye'e Müdafaa-i Hukuk Doktrini'nin münhasıran 'vatanperverlik' olmadığını; 'Mazlum Milletler' için, aynı zamanda bir 'Kurtuluş Platformu' olduğunu biliyordu; yalnız bunu mu, 'Kemalizm'in nihai tahlilde 'Sosyalizm'e açık olduğunu da!" (Cumhuriyet, 1 Mart 1999)

Metin Aydoğan, Müdafaa-i Hukuk Doktrini'ni, daha geniş kapsamlı bir çerçeve içinde ele alıp irdelemiş; *'Emperyalizm'in Son Aşaması': 'Özelleştirme'* ve *'Küreselleşme'* döneminde bile; onun hala ne kadar sağlam, ne kadar doğru, ne kadar çetin, bir *'özgürlük'* ve *'bağımsızlık'* kılavuzu olduğunu gösterip, örnekleriyle kanıtlıyor.

———•———

KEMALİZMİN 'ÖZGÜN' NİTELİĞİ..
Attila İlhan
Cumhuriyet, 12 Mayıs 2000

Sevres Paylaşması'nın arkasında, sadece yükselen Emperyalizm'in Memâliki Mahrûsa-i Şahâne'ye yönelik Pazar açlığı, petrol hesapları mı yatıyor? Pyrenee'lerdeki Endülüs Emevileri'yle, Viyana'daki Osmanlılar arasında *'sıkıştırılmış'* Batı Hıristiyanlığının, **Ehl-i Salip** mantığı da yok mu? O ki pozitif bilimlerin üretime uygulanması, Batı Hıristiyanlığına, yüksek bir sınai ve askeri teknoloji sağlamıştır; artık, Türkleri geldikleri yere göndermek, başlıca hedef!

Ehl-i Salip 'İncileri'...

Metin Aydoğan, eserinde, *Batılı 'devlet adamları'*ndan, asla unutulmayacak; -hiçbir zaman unutmamamız gereken *'inciler'*i, ardı ardına diziyor:

"... 19.yy biterken, Türkler için, İngiltere'nin yaşlı başbakanı **Gladstone** şunları söylüyordu: *"İnsanlığın tek insanlık dışı tipi, Türklerdir'. 1919 yılında bir diğer İngiltere Başbakanı Lloyd George'un görüşleri ise şöyle : 'Türkler, ulus olmak bir yana, bir sürüdür. Devlet kurmalarının ihtimali bile yoktur. Yağmacı bir topluluk olan Türkler, bir insanlık kanseri, kötü yönettikleri toprakların etine işlemiş bir yaradır.' ABD Başkanı Wilson'ın isteği üzerine, 10 Ocak 1917'de bir araya gelen, ABD, İngiltere, Fransa ve İtalya, savaş amaçlarını açıkladılar. Bu açıklamada şunları söylüyorlardı : 'Uygar dünya bilmelidir ki, Müttefiklerin savaş amaçları, her şeyden önce ve zorunlu olarak, Türklerin kanlı yönetimine düşmüş halkların kurtulmasını ve Avrupa uygarlığına kesinlikle yabancı olan Türklerin, Avrupa'dan atılmasını içerir.' Bu açıklamadan altı ay sonra, İngiltere Başbakanı, şu açıklamayı yapar; 'Türkler cennet Mezopotamya'yı çöle, Ermenistan'ı mezbahaya çevirmiştir. Mezopotamya Türk değildir, hiçbir zaman Türk olmamıştır. Mezopotamya'da bir Türk, bir Alman*

kadar yabancıdır..."
"Amerika'lı senatör Upshow, 1927 yılında ABD Senatosu'nda yaptığı konuşmada, şunları söylüyordu : '... Lozan Antlaşması, Timurlenk kadar hunhar, 'Müthiş' İvan kadar sefil ve kafatasları piramidi üzerine oturan Cengiz Han kadar kepaze olan bir diktatörün, zekice yürüttüğü politikasının bir toplamıdır. Bu canavar, savaştan bıkmış bir dünyaya, bütün uygar uluslara onursuzluk getiren bir diplomatik anlaşmayı kabul ettirmiştir. Buna her yerde Türk zaferi dediler..." (Metin Aydoğan, 'Yeni Dünya Düzeni, Kemalizm ve Türkiye', Cilt II, S.823.)

Kemalizm'in, Emperyalist 'Sistem'e karşı diyalektik yapısını ve evrensel çelişkisini daha iyi anlayabilmek için, elbette, Batı'nın ve Batılı'nın, bu **Ehl-i Salip** *"evveliyatı"* da unutmamak, hesaba katmak lazım, ama hepsi bu kadar mı? Elbette değil! Bir *'Mazlum Millet'*, *'Ulusal Demokratik Devrim'* modeli olarak, Kemalizm o kadar ilginç bir zaman ve yerde ortaya çıkmıştır ki; **Metin Aydoğan,** onun bu özgün niteliğine de parmak basmadan edememiş!

Yüzyıl, başladığı gibi bitiyor..

"...Türk devriminin dünya siyasetine etkisi, bilinen ve sanılandan fazladır. Kemalizm, tarihsel olarak batı Kapitalizmi'nin 'kabuk değiştirerek' dünyanın tümünü yatırım alanı haline getirmeye giriştiği bir dönemde ortaya çıkmıştır. Bu dönemde dünyanın yeniden paylaşımı için, ilk büyük küresel çatışmanın yaşandığı, Emperyalizm'in yayılma evresidir. Emperyalizm yerleşik dünya sistemi haline gelmeden, daha 'gençlik' döneminde, Kemalizm'le karşılaşmış ve yenilgiye uğramıştır!.."

"...Kemalist Devrim, sömürge ya da yarı-sömürge olarak, büyük devletlerin egemenliği altında bulunan Dünya uluslarına, emperyalizmin yenilebildiğini göstermiş ve onlara örnek olmuştur. Batı, Türk Devrimi'nden sonra, denizaşırı ülkelere yönelik politikasını değiştirmek zorunda kalmıştır. Askeri işgale dayalı sömürgecilik dönemi sona ermiş, o güne dek sömürge ilişkileriyle baskı altında tutulan yoksul uluslar, teker teker, bu bağlardan kurtulmuşlardır. Ulusal Kurtuluş hareketleri, 20.yy'ın büyük bölümünde, dünya siyasetini etkileri altına almışlardır..."

"... Kemalizm, Emperyalizm çağında ulusal bağımsızlığını elde eden yoksul bir ulusun, ekonomiye ve sosyal gelişime dayanan gerçek kurtuluşunun kuramını oluşturmuş ve bu kuramı uygulamıştır. Kuram ve uygulamadaki özgünlüğü, Türkiye'yle sınırlı kalmamış ve evrensel bir boyut kazanmıştır. Kemalizm, uluslararası bir ulus hareketi yaratmıştır..."

"...Kemalist politikalar Türkiye'de, 1939'dan başlayan ve 1945'ten sonra yoğunlaştırılan girişimlerle, adım adım, uygulamadan kaldırılmıştır. Anti/Kemalist girişimlerin büyük bölümü dış kaynaklıdır. Türk Devrimi'nin yarattığı bağımsızlıkçı etkinin, kendi ülkesinde ve dünyada ortadan kaldırılması; Emperyalizm'in 20.yy boyunca değişmeyen stratejisi olmuştur..."

"...ancak Kemalizm'in temel kavramları, bugün yeniden konuşuluyor. Yeni

Dünya Düzeni'nin yarattığı küresel sorunlardan şikayetçi olup çözüm arayanlar, ister istemez Kemalizm'e ulaşıyor. Bağımsız ulusal kalkınma, sosyal pazar ekonomisi, korumacılık, milli kambiyo, yerli üretim, denk bütçe, sosyal devlet, ulusal tarım ve madencilik... yalnızca Türkiye'de değil, dünyanın her yerinde araştırılıyor, tartışılıyor. Amerika'lı ekonomist Jeoffrey T.Berger, 'Yeni Dünya Düzeni' adlı kitabında, 21.yy.'a hangi koşullarda girildiğini, şöyle açıklıyor..."

Emperyalizm oldukça, Kemalizm de var...

"...'20.yy'a girerken, dinamik, yeni sanayileşmiş üç ülke, İngiliz İmparatorluğu'nun üstünlüğüne kafa tutmaya başlamışlardı. Özellikle Sanayi Çağı'nın gereklerine pek uygun düşen bu üç ülke, Almanya, Japonya ve Birleşik Amerika idi. Sömürgeleştirme ve sömürgecilikten kurtulma dönemlerinden, 2.Dünya Savaşı'ndan, Rusya'daki Marksist deneyimden sonra, 20.yy hemen hemen başladığı biçimde bitecek. Almanya Japonya ve Birleşik Devletler arasındaki ilişkiler, bir kez daha dünyanın geleceği açısından belirleyici olacak...' Azgelişmiş ülkelerdeki ulusçu eylemlerin oluşturduğu güç de hesaba katılırsa, Amerika'lı ekonomistin saptaması tamamlanmış olacaktır. Kemalizm'in, azgelişmiş ülkelerin günümüzdeki sorunlarına çözüm yeteneğini koruyarak hala yaşıyor olması, isteğe bağlı bir olgu değil, dünyanın içinde bulunduğu koşulların zorunlu bir sonucudur. (Buraya dikkat!). Kendisini yaratan koşullar ortadan kalmadıkça, başarıları denenerek kanıtlanmış olan Kemalizm de doğal olarak ortadan kalkmayacaktır. Emperyalizm var oldukça, Kemalizm de var olacaktır..." (a.g.e. S. 821 - 822)

İşte asıl sorun, burada düğümlü: Emperyalizm çağında, ge-zegenin temel çelişkisi, *'Mazlum Uluslar'*la, *'Zenginler Kulübü'* arasında beliriyor; o halde, gerçek ve sağlıklı bir Sosyalizm'e ortamı hazırlayacak asıl koşullar, bu çatışmanın *'sentezinden'* ortaya çıkacaktır.

YENİ DÜNYA DÜZENİ
Deniz Som
Cumhuriyet - 26.09.1999

Kuvayı Milliye Yayınları'ndan çıkan *Bitmeyen Oyun, Türkiye'yi Bekleyen Tehlikeler* çalışmasıyla tanıdığımız **Metin Aydoğan**, bu kez iki ciltlik *Yeni Dünya Düzeni, Kemalizm ve Türkiye* başlıklı kitaba imza attı.

Ulusal Sanayici ve İşadamları Derneği'nin Büyük Onur Ödülü'nü alan ve Otopsi Yayınevi'nin yayımladığı son çalışmasında **Metin Aydoğan** 20. yüzyılı sorguluyor:

"İngiltere Büyükelçiliği Müsteşarı Holer, 27 Ağustos 1919'da Londra'ya gönderdiği gizli raporda; 'Kürt sorununa verdiğimiz önem Mezopotamya bakımındandır. Kürtlerin durumları beni hiç ilgilendirmez' diyordu. Bu yaklaşım, Batılı-

ların işbirlikçilerine karşı uyguladıkları geleneksel ortak davranış biçimidir. Dün, Irak'ta Berzenci, Türkiye'de Şeyh Sait nasıl kullanıldıysa aynı ülkelerde bugün, Barzani-Talabani ve Apo öyle kullanılıyor. 1930'larda İngilizler Mahmut Berzenci'yi kullandıktan sonra nasıl terk ettiyse, bugün aynı şeyi ABD Apo'ya yapıyor."

"Batılılar, Türkiye'ye karşı sadece Kürtleri kullanmadılar. Sömürgecilikten edindikleri deneyimlere dayalı olarak; tutucu geleneklerden, dinsel ve mezhepsel inançlardan ve her türlü gerilikten yararlandılar."

"Yüzyılın başlarında Almanya, Türkiye üzerindeki etkisini arttırmak için İslam dinini yoğun olarak kullandı. Anadolu'da 1919-1938 yılları arasında 12 Kürt ayaklanması ortaya çıkarken, sadece Kurtuluş Savaşı içinde, irili ufaklı ve büyük çoğunluğu dış kaynaklı ve din motifli, 60 gerici ayaklanma meydana geldi."

"İşgal altındaki İstanbul'da her şeyi, para ve ihanet belirliyordu. Emperyalist devletlerin bugün Türkiye'de 1919 İstanbul'undan daha çok adamı var ve bunlar artık sadece gönüllü yerel unsurlar değil. Kapsamlı programlarla yetiştirilmiş ücretli görevliler, toplumsal yaşamın her alanında eğitim aldıkları yerlere hizmet veriyorlar."

"Sınırsız mali kaynaklar, yasal ya da yasal olmayan yollarla, dışarıyla bağlantılı din motifli örgütlere aktarılıyor. Kayıt dışı ekonomi, kara para ve uyuşturucu trafiği neredeyse açık biçimde bütün hızıyla devam ediyor."

"Türkiye'nin 102.7 milyarı dış, 51.3 milyarı iç olmak üzere 154 milyar Dolar borcu var. Özellikle Gümrük Birliği'ne girdikten sonra dış ticaret açığı çığı gibi büyüdü. Türkiye'de ulusal sanayi ortadan kalkmak üzere. Vitrinler halkın bakmakla yetindiği ithal ürünlerle dolu."

Aydoğan, kapsamlı çalışmasında *Yeni Dünya Düzeni'*ni tüm çıplaklığı ile gözler önüne seriyor.

Gerçeği görebilenler için!

———•———

USİAD BİLDİREN DERGİSİ
Şubat 2000, Sayı 2

Sayın **Metin Aydoğan**'ın Ulusal Sanayici ve İşadamları Derneği tarafından *"Büyük Onur Ödülü"* verilen *"Yeni Dünya Düzeni, Kemalizm ve Türkiye; 20.Yüzyılın Sorgulanması"* adlı iki ciltlik, 1010 sayfalık kitabı, Otopsi Yayınevi'nce basılarak okurların dikkatine sunuldu. Hızla kitapçı vitrinlerinde yer almaya başlayan bu kitap, son yıllarda halkımızın ve çoğu aydınımızın kafasını karıştıran her sorunu, tarihsel kökenleriyle ele alıp aydınlatan ve çözüm yolu gösteren niteliğiyle, USİAD Büyük Onur Ödülü'nü her bakımdan hak ediyor.

Sayın **Metin Aydoğan**'ın uzun yıllar titiz ve yorucu bir çalışma sonunda ortaya koyduğu bu yapıt, çok kısa bir süre içerisinde, ulusçu, laik, demokrat, cumhuriyetçi, Atatürkçü, bağımsızlıktan yana ulusal sanayici ve işadamlarının altına kendi imzalarını onurla atabilecekleri; gönencimizi ulusal bağımsızlıkta gören tüm kişi, kurum ve toplulukların onurla benimsedikleri bir ulusal kurtuluş manifestosu'na dönüşürse, kimse şaşmamalıdır. Çünkü ulusal bağımsızlığa, demokrasiye, cumhuriyete ve Atatürkçülüğe karşı çıkanların tüm aldatmacaları, demagojileri; bu kitapta belgelerle, kanıtlarla, bilimsel verilerle, güvenilir yoldan çürütülmektedir.

Bu kitaptan sonra, özelleştirmeyi, MAİ'yi, küreselleşmeyi, Yeni Dünya Düzeni'ni savunmak ve emperyalist dayatmaları sevimli göstermek eskisi denli kolay olmayacak ve ulusçuluğa saldıranlar, kendilerine bu kitapla yanıt verildiğinde kürsülerini terkedip kaçacaklardır.

Görüleceği üzere, Sayın **Metin Aydoğan**'ın bu kitabı; ulusal, demokratik ve laik cumhuriyet karşıtlarının tüm aldatmacalarını boşa çıkartarak, ulusalcılığın sarsılmaz bilimsel dayanaklarını ve yadsınamaz haklılığını en yetkin biçimde ortaya koymaktadır. USİAD böyle bir yapıta Büyük Onur Ödülü vermekten çok büyük bir onur duymaktadır ve kapağına basılı *"USİAD BÜYÜK ONUR ÖDÜLÜ"* damgası, her USİAD üyesi için büyük bir onurdur. Yıllardır ulusalcı yayınların sesinin kısılmaya, boğulmaya çalışıldığı ülkemizde, USİAD BÜYÜK ONUR ÖDÜLÜ damgasını taşıyan bu kitabı ulaşılabilecek her yere ulaştırmak ve olabildiğince çok sayıda yurttaşımızın bu kitabı okumasını sağlamak, ulusal bir görevdir. İstanbul Sanayi Odası ISO, Literatür Yayıncılık tarafından çevrilip basılan *"Jack Welch ve General Elektric'in Yolu"* adlı kitaptan 11000 tane alıp dağıtmıştır. ISO için *"General Elektric'in Yolu"*nu yaymak ne denli önemliyse, USİAD için Sayın **Metin Aydoğan**'ın *"Yeni Dünya Düzeni, Kemalizm ve Türkiye"* adlı kitabının yayılması o denli önem taşımaktadır. Başta USİAD olmak üzere, tüm ulusal aydınlarımız bu kitabın tüm toplum kesimlerine yayılması için ellerinden geleni yapmalıdırlar.

———•———

TÜRKİYE SORUNLARI DERGİSİ
Ali Nejat Ölçen
Mart 2000, Sayı :34

Metin Aydoğan'ın *"Yeni Dünya Düzeni Kemalizm ve Türkiye"* kitabı iki cilt ve toplam 1010 sayfa, büyük bir emeğin ürünü ve bir baş yapıt. USİAD'ın büyük ödülünü kazanmış. Kitabın birinci cildindeki ilk bölümünde, 20.yüzyıla girerken küreselleşmenin üretimde yarattığı karmaşık sorunlar, tarih bilinci içinde ele alınıp incelenmektedir. Bir gerçeği vurguluyor **Metin Aydoğan:** *"Dünya, bol sermayeli yatırımcılar, borsa simsarları, banka yöneticileri ve kara para milyarderleri için küçülüyor, ama dünya nüfusunun dörtte* *üçü için hala çok büyük. Dünya küçülüyor, ama bütünleşmiyor. 20.yüzyılı anlamadan, günümüzde doğru adım atmak ve kendi geleceğine egemen olmak mümkün değildir"*, diye düşünüyor. Sayın **Aydoğan** şöyle devam ediyor: *"İki büyük dünya savaşının yaşandığı, ulusal bağımsızlık hareketlerinin hızla yayıldığı bir yüzyıl yaşandı. İnsanlık, tarihi boyunca ilk kez, eşitlik üzerine kurulu bir ülke yaratmayı denedi. 300 yıldır dünyayı egemenliği altında tutan gelişmiş sanayi ülkeleri ilk kez işgal ettikleri yoksul bir ülkeye boyun eğdiler."*

Metin Aydoğan, kitabındaki bu sözleriyle Kemalizmin 20.yüzyılın yazgısını betimlediğini vurgulamaktadır.

Haklı; çünkü, emperyalist ülkeler, Kemalizmi yenilgiye uğratmak için genç Türkiye Cumhuriyeti'nin Mısak-i Milli sınırları içinde yeniden parçalanmasının yöntemlerini iç ayaklanmalarla sağlamaya çalışmıştı.

Kitabın ikinci cildinde, Türkiye Cumhuriyetinin 1923-1938 dönemini Kemalist dönem, 1939 sonrasını ise Kemalist politikalardan uzaklaşma dönemi olarak nitelenmesinde de büyük haklılık payı var. Sayın **Aydoğan**'ın bu nitelemesini birlikte okuyalım:

"Kemalizm, tarihsel olarak batı kapitalizminin kabuk değiştirerek dünyanın tümünü yatırım alanı haline getirmeye giriştiği bir dönemde ortaya çıkmıştır. Bu dönemde dünyanın yeniden paylaşımı için ilk büyük küresel çatışmanın yaşandığı, emperyalizmin yayılma evresidir. Emperyalizm yerleşik dünya sistemi haline gelmeden daha gençlik döneminde, Kemalizmle karşılaşmış ve yenilgiye uğramıştır. Kemalist Devrim, sömürge ya da yarı sömürge olarak büyük devletlerin ege-menliği altında bulunan azgelişmiş uluslara, emperyalizmin yenilebileceğini göstermiş ve onlara örnek olmuştur. (O yüzden) Türk Devrimi'nin yarattığı bağımsızlıkçı etkinin, kendi ülkesinde ve dünyada ortadan kaldırılması; emperyalizmin 20.yüzyıl boyunca değişmeyen amacı olmuştur."

Tarihin tozlanmış meşin kaplı kitabından bir sayfayı **Metin Aydoğan** gün ışığına açmakta ve **Mustafa Kemal Atatürk**'ün ölümünden yalnızca 6 ay bile geçmeden, Türkiye'nin 12 Mayıs 1939'da İngiltere, 23 Haziran'da da Fransa ile bir bildiriye imza atmış olmasına ve Dışişleri Bakanı **Şükrü Saraçoğlu**'nun İngiliz Büyük Elçisine. *"Türkiye'nin bütün nüfusunu batı devletlerinin hizmetine verdiğini"* söylemesine değinmekte ve haklı olarak *"Türkiye'nin Kemalist politikalardan ilk ödünü Atatürk'ün üzerinde en çok durduğu konulardan biri olan dış siyasette verdiğine ve bağımlılık ilişkisi doğuracak anlaşmalara imza koyduğuna"* ilgiyi çekmektedir.

Bugünün Türkiyesinde ekonomik ve siyasal bağımsızlığın yitirilmesindeki sürecin köklerinin ne zaman ve nerelerden kaynaklandığı, 20.yüzyıl emperyalizminin 21.yüzyıla nasıl ve hangi araçlarla aktarılacağı konusunda **Metin Aydoğan**'ın iki ciltlik yapıtı, ilgi çekici örneklerle doludur. Ve bir avuç aydın yurtseverin hangi koşullarda yeniden Kemalist ilkelere sahip çıkması, emperyalizmin karşısında daha bilinçli ve örgütlü olarak tavır alması, sonuna kadar direnmesi gerektiğini bu iki ciltlik yapıt bizlere yeniden anımsatıyor.

Metin Aydoğan'ın, 9 Aralık Kararları'na ilişkin makalesini aşağıda okuyucularımıza sunarken, onun bu iki ciltlik yapıtından söz etmeyi, kendimize ödev olarak verdik. **Aydoğan**'ı kutlamak için sözcükler yetersiz kalmaktadır.

——— • ———

KUTLAMA YERİNE
Prof.Dr.İzzettin ÖNDER
Cumhuriyet 30.11.2001

Keşke Cumhuriyetin 78.yılında ve son anayasa değişiklikleri ile daha demokratik bir ortama adım attığımız söylendiği bir dönemde daha farklı şeyler yazabiliyor olsaydım! Doğru bir sanayileşme rayına girmemişiz; toplumun yarısına yakın bölümü tarım kesiminde; gelir düzeyimiz çok düşük; yıllık milli gelirimizin yarısını aşan miktarda bir borç yükü ile karşı karşıyayız; topladığımız vergi miktarını aşan bir faiz yükü altındayız, vs... Kısacası, içinde bulunduğumuz durum kötü olduğu gibi ileriye yönelik parlak bir işaret de görülmemektedir. Sorunlar bu denli derin ve yapısal ise izin verin de, bu yıl Cumhuriyetin yıldönümü kutlamalarını yüzeysel merasimler biçiminde değil de içinde bulunduğumuz durumu irdeleyerek, alışılmışın dışında ve farklı bir biçimde gerçekleştirelim.

Kafamdaki birinci konu, İçişleri Bakanı'na yönelteceğim bir sorudan oluşmaktadır. Konu şu: Geçen pazar günü Ümraniye Halkevi, beni güncel ekonomi konusunda *"Krizler, IMF Politikaları, 11 Eylül Olayı, Afganistan Savaşı ve Türkiye'nin Konumu"* başlıklı bir söyleşi için çağırdı. Oraya gittiğimde, sivil güvenlik güçlerinin kamerayla çekim yaptığını gördüm. Verilen bilgiye göre, tüm gün boyunca emniyet güçleri Halkevi'ni gözetim altına almış ve bunun üzerine tedirgin olan vatandaşların bir bölümü de söyleşiye katılmaktan çekinmiş. Sorum şu: Sayın bakan, bir üniversitemizde görevli, adı ve adresi belli bir öğretim üyesi, çok güncel ve halkı derinden ilgilendiren bir konu üzerinde, hiçbir gizliliği olmayan ve herkese açık bir kapalı yer toplantısına davet edilirse, bu organizasyonun böyle bir titizlikle izlenmesi toplumun ve öğretim üyesinin güvenliği ile mi ilgili, yoksa burada benim bilemediğim başka bir mesele mi var? Sayın bakan bu tür tavırlar, sizce son anayasa değişiklikleri felsefesi ile bağdaşmakta mıdır?

Türkiye'nin içinde bulunduğu durum, açıktır ki hiç de iç açıcı değildir. İç ve dış baskılarla çok zor günler geçiren ülkemizin tek çıkış umudu halk olması gerekirken ne yazık ki gerek iç hortumcuların ve ikinci sınıf patronların, gerek dış sömürücülerin baskılarına karşı bu güç harekete geçirilmek bir yana, tam tersine, şiddetle baskılanmaktadır. Aynı anda, Cumhuriyet'in 78.yılı kutlanmaktadır ve Meclis'te *"Egemenlik kayıtsız şartsız ulusundur"* ifadesi yer almaktadır. Sizce burada büyük bir çelişki yok mu?

Türkiye'yi bu duruma sürükleyenler ve bu olumsuzluklardan yarar sağlamaya yeltenenler yanında, ufak da olsa bir pırıltı olarak, topluma gerçekçi bir ayna tutarak, onu derinden sarsmak pahasına içine düşmüş olduğu durum hakkında düşünmeye itenler de az değil. Gürültülü basında **Nazmi Kal** ve **Ferhan Şaylıman** hazırladıkları programlarla Türkiye'nin içine düşmüş olduğu sorunları irdelemekte ve olası çözüm yollarını tartışmaktadırlar. Dr. **İlhan Azkan**, yakından şahit olduğum uzun ve zahmetli bir çalışma sonucunda, yirmiye yakın insanı bir araya getirerek bunları çeşitli ülke sorunları üzerindeki çalışmalarını *"Ulusal Sorunlar ve Demokratik Çözüm Yolları"* başlıklı bir kitapta toplayarak topluma sunmuş bulunmaktadır. Başka bir araştırmacı **Hasan Erden** de *"Yeni Sevr Kuşatmasında Barış Kapanları"* başlıklı çalışması ile çeşitli biçimlerde Türkiye üzerinde oynanan oyunları dile getirilmiş ve kamuoyunun bilgisine aktarma hizmeti görmüştür. **Metin Aydoğan** da *"Yeni Dünya Düzeni Kemalizm ve Türkiye"* adlı çalışmasıyla Türkiye üzerindeki oyunları açığa çıkarmakta ve bunlar üzerinde toplumu düşünmeye yöneltmektedir. Tüm bu araştırmacılara minnet borçluyum; onlardan çok şey öğrendim.

Dünya nimetlerinin paylaşıldığı uluslararası kapitalist arenada her ulus, diğer uluslar üzerinde hegemonik ilişki kurmaya yeltenir. Bu durumda Türkiye kendi muhasebesini yapmak mecburiyetindedir. Türkiye, tüm çabalarına rağmen niçin sanayileşememiş; niçin ikinci sınıf ve dışa bağımlı bir ekonomik altyapı kurmuş; niçin bir türlü tarım toplumu olmaktan kurtulamamış, vs!.. Bunca emek ve yıllar sonunda niçin Türkiye, ekonomik yetmezlik ve yoksulluğa sürüklenmiştir!

Türkiye'nin bu durumundan kim sorumludur! Bu durumdan sadece siyasileri ya da sıkça dillendirilen yolsuzlukları sorumlu tutmak, gerçeklerin üzerini örtmektir. Zira, siyaset ekonomiyi değil, ekonomi siyaseti yönettiği gibi yoksulluk yolsuzlukların bir sonucu değil, yolsuzluklar yoksulluğun çarpıtılmış bir sonucudur. Aynen ABD'nin Afganistan aldatmacasında olduğu gibi ekonomik ve siyaset olaylarda cephe ile arka farklıdır. Gerçekte ABD, Afganistan'la savaşmadığı gibi insanlığa refah sağlamak için de savaşmamaktadır. Terör bahanesiyle en temel haklarımız daha da kısılacak ve kapitalist patronların hakimiyeti daha da artacaktır. İç politika ve uygulamada da aynı kural geçerlidir. Kandırmanın sonu yoktur, hele de çok ucuza satabildiğiniz gazeteniz, televizyonunuz ve akademik unvanlı ve bol paralı sözcüleriniz varsa!..

Vural SAVAŞ
Militan Demokrasi - Bilgi Yayınları

Metin Aydoğan Aralık 1999'da *Yeni Dünya Düzeni Kemalizm ve Türkiye* adını verdiği kitabını yayınladı. USİAD Büyük Onur Ödülünü de alan bu kitap, Türkçe olarak yayınlanmış en önemli eserlerden biridir. Her Türk aydınının mutlaka okuması gerektiğine inanıyorum.

Bu kitaptan, çeşitli konulara değinen o kadar çok not almışım ki hepsini buraya yazsam, telif haklarına ilişkin tüm yasaları ihlal etmiş olurum. Kitabın öneminin anlaşılabilmesi için, çeşitli konulara değinen birkaç bölümü nakletmekle yetineceğim:

"1911'den beri aralıksız 7 yıldır yoğun bir savaş ortamında bulunan 15 milyonluk Türkiye, genç erkek nüfusunun 2 milyonunu yitirmişti. Nüfusun yüzde 90'ı köylüydü ve okuma yazma oranı yüzde 10'un altındaydı. Aydınlar arasında anti-emperyalist bilince dayalı bağımsızlık istemi hemen hemen hiç yoktu. Ordular dağılmıştı, silahlara el konmuştu. İstanbul Hükümeti tam anlamıyla teslim alınmıştı. Halk savaşacak durumda değildi. Kimsenin geleceğe yönelik umut ve önerisi yoktu..."

"Kurtuluş savaşında tifo, tifüs, kolera, verem, sıtma, çiçek, şifiliz Anadolu'da kol geziyordu. 13 milyon nüfusun yarıya yakını bu hastalıklardan birine yakalanmıştı. Bazı vilayetlerde hastalıklı insan oranı yerel nüfusun yüzde 86'sına ulaşıyordu..."

AB konusunda de en doğru bilimsel değerlendirmeler yine **Metin Aydoğan**'ın *Yeni Dünya Düzeni, Kemalizm ve Türkiye* kitabında yer almaktadır. Konu çok önemli olduğundan, aldığım notların bir kısmını buraya alıyorum: *"AB Dış İlişkiler Komitesi Başkanı, Tom Spencer Amerikan Dow Jones Haber Ajansına verdiği demeçte şöyle diyor: 'Türklere ilerde bir gün AB'nin parçası olacakları yönünde otuz yıldır söz vererek hiç dürüst bir davranışta bulunmadığımızı düşünüyorum. Çünkü gerçek, AB'nin Türkiye'yi üye kabul etme yolunda hiçbir niyetinin olmadığıdır. Türkiye'ye gerçek niyetimizi anlatmamız daha dürüst bir davranış olurdu."*

YENİ DÜNYA DÜZENİ KEMALİZM VE TÜRKİYE
Gazete Müdafaa-i Hukuk - 19.05.2000

Ekonomi ve siyasete egemen olanlar, uluslararası bağlantıların, mali gücün ve iletişim teknolojisinin kendilerine verdiği tüm olanaklarla; insanlığın tümünü kapsayan, niteliksel dönüşüme uğramış yeni bir dünya düzeninin kurulmakta olduğunu ilan ettiler. Küreselleşme, globalizm, serbest piyasa gibi bir takım kavramlarla, *"uluslarüstü"* yeni bir uygarlığın doğduğunu söylediler. Söylemeye de devam ediyorlar.

Türk toplumu, gelişme düzeyine, ekonomik ve sosyal çıkarlarına, toplumsal yapısına ve ulusal haklarına uygun düşmeyen uygulamalarla karşı karşıya bırakıldı. Başta devlet olmak üzere, hemen tüm kamusal değerler, dış kaynaklı programlarla denetim altına alınarak; yasadışıcılık, kozmopolitizm ve oligarjik yapılanmalar, sosyal yaşamın tüm alanlarına yayıldı. Yanlışı doğrusu, dostu düşmanı seçemez hale getirilen Türk halkı, içine düşürüldüğü yoksulluk ve örgütsüzlük ortamında, haklarını savunamaz ve gerçekleri göremez hale geldi. Türkiye her geçen gün bir öncekini aratan, olumsuzluklarla dolu bir yola sokularak, kontrolsüz ve rotasız bir gidişe sürüklendi.

Böyle bir ortamda ortaya çıkardığı eseriyle **Metin Aydoğan**, yalnızca bilimsel derinliği olan kapsamlı bir araştırmayı başarmış olmuyor; akıl almaz bir kavram karışıklığının yaşandığı günümüz ortamında, yurtsever bir aydın olarak, halkına ve ulusuna karşı anlamlı bir görevi yerine getiriyor. Çoğu aydınımızın kafasını karıştıran her sorunu, tarihsel kökleriyle ele alıp aydınlatarak 20.yüzyılın adeta *"kılcal damarlarına"* dek röntgenini çekiyor. Sayın **Aydoğan**'ın, uzun yıllar süren titiz ve yorucu bir çalışma sonunda yedibin kaynağa ulaşarak ortaya koyduğu bu dev yapıt, tüm ulusçu, yurtsever, demokrat, cumhuriyetçi ve Atatürkçüler tarafından zaman yitirmeden okunmalıdır. Bu kitap ulus-devlet karşıtlarının ileri sürdükleri tüm savları, çok net bir biçimde ve belgelerle, çürütülmektedir. Bu kitaptan sonra, özelleştirmeyi, MAI'yi, Küreselleşmeyi, Yeni Dünya Düzeni'ni savunmak ve emperyalist dayatmaları sevimli göstermek eskisi kadar kolay olmayacaktır.

Ulusal sanayici ve İşadamları Derneğinin (USİAD), *"Büyük Onur Ödülünü"* verdiği, iki ciltlik 1010 sayfalık bu kitap mutlaka okunmalıdır.

——— • ———

KÜRESEL OYUNU ANLAMAK
Öner Yağcı
TÜRKSOLU Dergisi 05.05.2003 Sayı 29

Metin Aydoğan'ın *20.Yüzyılın Sorgulanması* alt başlığıyla sunduğu *Yeni Dünya Düzeni Kemalizm ve Türkiye* adlı iki ciltlik çalışması, *Bitmeyen Oyun*'un dünden gelen ve geleceğe akan parçalarını ustalıkla birleştiren ve yaşadığımız dünyayı, bu dünyada karşımıza çıkan sorunları anlamamız için fırsatlar ve birikimler sağlayan bir yapıt.

20.Yüzyılın, aynı zamanda geleceğimizin belirlendiği gerçekliklerle dolu olduğunu öğrendiğimiz çalışmada, 21.yüzyılda hazırlanırken hangi donanımlara gereksinmemiz olduğunu da görüyoruz. Bilgi eksikliğinin algılama ve yorum yapmada yanlışlıklar doğuracağı apaçık bir gerçektir. Bu gerçeğin ışığında okuyacağımız *Yeni Dünya Düzeni Kemalizm ve Türkiye,* küreselleşmenin ve emperyalizmin dayattığı Yeni Dünya Düzeni koşullarında gereksinmemiz olan donanımıyla önemli bir görevi yerine getiriyor.

Birçok tarihçinin ya da siyasetbilimcinin, toplumbilimcinin dünyayı anlamak amacıyla çeşitli açılardan ele alıp yorumladığı 20.yüzyıla, sorgulayıcı, olayların ardındaki izleri araştırıcı ve yurtsever kimliğiyle yeniden ayna tutan **Metin Aydoğan**, dünyanın hem ülkemizi hem de tüm insanlığı ilgilendiren olaylarına yaklaşırken, özellikle her şeyin birbirine bağlı olduğu, birbirini etkilediği ve olayların nedenleri ve sonuçlarıyla birlikte anlaşılıp araştırılması gerektiği bilincini eksik etmediği için bütünlüklü bir toplumsal-siyasal tarih sunmuş oluyor.

Attilâ İlhan'ın *"Bu kitabı okumadan olmaz!.."* diye uyarmak gereğini duyduğu çalışmanın omurgasını, önceki döneme noktayı koyarken sonrasını ve bugünleri de belirleyen *"İkinci Dünya Savaşı"* oluşturuyor. Kitabın ilk bölümünde *"küreselleşen dünya"*yı kavramak, böyle bir dünyaya nereden geldiğimizi anlayabilmek için 20.yüzyılın değerlendirilmesi gerektiği düşüncesi doğrultusunda adımlar atılıyor. Daha önceki yüzyıldan konuk gelen *"sömürgecilik"* ve *"emperyalizm"* yalnızca birer kavram olarak değil içleri doldurularak ve kendilerini var eden ekonomik yapılarıyla açıklanıyor. **Metin Aydoğan**'ın özgünlüğü, bu bütünsellik içindeki Türkiye'nin yeri ve durumunu belirlerken başlıyor ve yapıtın sonuna kadar aynı yaklaşımla sürüyor. Dünyadaki ilişkilerin bir parçası ve devamı olarak ele alınan Türkiye'deki yaşanılanı böylelikle daha kolay anlamamızı sağlıyor.

Yüzyılın ilk çeyreğindeki Kurtuluş Savaşımızın anti-emperyalist özelliği ve *"uluslararası ilk ulus hareketi"* oluşundan hareketle vurgulanan *"Kemalizmin büyük devlet politikalarına etkisi"* günümüzde bile geçerliliğini koruyan bir saptama olarak, yine **Metin Aydoğan**'ın, tarihe, bütünlüklü ve savaşların yayıldığı 20.yüzyılın ikinci çeyreğinin incelendiği bölümde, aynı dönemin öncü adımı olan *"Türk devrimi"* 1923-1938 vurgulamasıyla ayrıntılı olarak ele alınıyor.

Geniş kaynakçadan yararlanılarak ve bunlardan yararlanır ya da bunları yorumlarken birbirinden farklı yaklaşımların nedenlerini sorgulayarak özgünlüğün sürdürüldüğü yapıtın ikinci cildi, İkinci Dünya Savaşı ile başlıyor. *"Emperyalist politikalar"*daki *"biçim değişikliği"*nin ve küreselliğe gidişin zorunluluğunun nedenleri araştırılırken, *"Yeni Dünya Düzeni"*nin temellerinin nasıl atılmış olduğunun da ipuçları bulunmuş oluyor.

*"Yeni Dünya Düzeni'nin Temelleri"*nin, 20.yüzyılın ikinci yarısına doğru atılmaya başlandığı ve hepsi de küreselliği hedefleyen *Truman Doktrini* ile NATO, SEATO gibi askeri örgütlenmelerle; *Avrupa Kalkınma*

(Marshall) *Planı* ve *Birleşmiş Milletler, Uluslararası Para Fonu-IMF, Dünya Bankası, Ekonomik İşbirliği ve Kalkınma Örgütü, (GATT; 1980'lerden sonra Dünya Ticaret Örgütü-WTO), Avrupa Birliği, Asya Pasifik İşbirliği Forumu* gibi ekonomik örgütlerle yapılandırıldığı anlatılıyor kitapta. Bunlar anlatılırken tüm bu örgütlenmeler, yalnızca uzmanların bilebildiği birer yapı olmaktan çıkıyor ve günümüzün gerçekliği olarak bilincimize yerleşiyor (ki bu da yapıtın başarılı olmasını sağlıyor).

Yeni Dünya Düzeni'nin küresel örgütlenmesinin emperyalizmin istemleri doğrultusunda oluşturulduğunu ve *"yoksul ülkeleri daha çok yoksullaştıran", "ulus-devletlerin kökünün kazınmasını"* amaçlayan, azgelişmiş ülkelerdeki devletleri *"küçültürken"* gelişmiş ülkelerdeki devletleri *"büyülten"* politikalarının *"özelleştirmeler"* le, *"işbirlikçiler"* le gerçekleştirildiğini açıklayan bilgilerle, küreselleşme belasının insanlığa getirdiği yıkımı, bilincimizde somut ışıklar yakarak anlatıyor yapıt. Dünyayı, kendisini besleyebilen az gelişmiş ülkenin kalmadığı, doğal kaynakların tükendiği, gelişmiş ülkelerin de kendi yarattıkları sorunların etkisine girmeye başladığı bir dünyaya dönüştüren küreselleşmenin egemeninin *"uluslararası şirketler"* olduğunun, küreselleşen dünyada emekle sermaye arasındaki çelişkinin derinleştiğinin, emperyalist ülkeler arasındaki rekabetin şiddetlendiğinin verilerle kanıtlandığı yapıtın son bölümü, yine Türkiye'ye ayrılmış; Cumhuriyet'in emperyalizm karşısındaki durumunun kısa tarihine; Lozan'dan Avrupa Birliği'ne uzanan *"Tanzimat Kafası"* na ve *"özelleştirme"* politikalarına...

Kısacası, bu kitabıyla **Aydoğan** *"Herkesin yaşadığı, ancak nedenlerini çok az insanın gördüğü gerçekleri açığa çıkarmak"* amacına ulaşmanın kıvancını yaşamayı hak eden bir aydınımız olarak bilinci ve sorumluluğun gereğini yapmış.

"Yeni Dünya Düzeni Kemalizm ve Türkiye", **Metin Aydoğan**, 2 Cilt, Kum Saati Yayınları

OKURLARDAN

Sayın **Metin Aydoğan**,
Size birkaç teşekkür borçlu olduğumu hissediyorum. Önce, bu ülkede 33 yıldır yaşayıp, yanlış yönlendirildiğimi(zi) fark edemediğimi bana gösterdiğiniz ve bende, bilinçli bir kendimden utanma ve kızma duygusu yaşattığınız için. Sonra, sürekli bombardıman edildiğimiz gereksiz bilgiler yüzünden perdelenmiş gözlerimin ve aklımın açılmasına yardımcı olduğunuz ve uluslararası arenada ilişkilerin nasıl ve ne üzerine kurgulandığını tarihsel kökenleriyle birlikte anlamamı sağladığınız için.

Yeni Dünya Düzeni Kemalizm ve Türkiye kitabınızı, Çin Pamirlerinde bir ekspedisyon sırasında okudum. Ülkemden uzakta, çok sevdiğim dağlarda tırmanıştan arta kalan zamanlarda çadırımın içinde elimden bırakamamacasına kendimi kitaba kaptırdım ve her satırda, her sayfada, Türkiye ve dünya ile ilgili yakın tarihimizin gerçeklerini kavradım; kavrayış arttıkça, karmaşık duygular yaşadım. Bunları nasıl olur da bu kadar zaman bilmeden, duymadan, anlamadan yaşamış olduğuma şaşırdım, üzüldüm, kızdım. Ancak aynı zamanda, kitabınızla benim için böylesine özel bir ortamda buluştuğuma sevindim. Türkiye'ye her zaman duyduğum koşulsuz sevgi, bağlılık ve sorumluluk duygusu, beni derin düşüncelere itti.

Bilginin asıl kıymetinin, eyleme dönüşmesinde ve sonuca ulaşmasında olduğuna inananlardanım. Biz gençlerin de üzerimize düşeni yapmamız halinde, kitabınızda açıkça ortaya koyduğunuz gerçeklerin, Türkiye'nin geleceğinin çok daha bilinçli, planlı ve doğru şekillenmesine büyük katkıları olacağına inanıyorum.

Elinize, yüreğinize sağlık...

Nasuh Mahruki, AKUT Baş.-İstanbul

♣

Metin Aydoğan'a
Biz, **Mustafa Kemal**'in henüz Milli Mücadele başında bütün ümidini bağladığını ifade ettiği Türk Gençleriyiz!

Biz, *"Mandayı savunursa Mustafa kemal'i bile lanetleriz!"* diyen Tıbbiyeli **Hikmet**'leriz! Biz, Kaymakam **Kemal Bey**'in cenazesinde emperyalizmi yurttan atmaya ant içenleriz! Biz, askeri liseden Ankara'ya kaçan, Milli Hükümet Harbiyesi'nin ilk öğrencileri ve ilk mezunlarıyız, 19 yaşındaki **Enver** ve 16 yaşındaki **Lütfü**'yüz! Biz, **Hasan Tahsin**'iz, **İsmail Hakkı**'yız! Biz, Kuvva-i Milliye'yiz; **Yörük Ali**'yiz, **Yahya Kaptan**'ız, Ödemişli **Hamdi**'yiz, **Faik**'iz, **Gördesli Makbule**'yiz, **Hafız Halit** Kızı **Nezahat**'ız! Biz Türk Devrimi'yiz; **Mustafa Necati**'yiz, **Mahmut Esat**'ız!

Biz efsanevi Saka Kızlarıyız! Yurt savunmasını haysiyet sayan Sumer'iz!

Biz Türk Genciyiz! Biz insanlık bilmeyen sömürge beyinlilerin devşirdiği üç beş çocuk değiliz! Biz Asya'yız, Mezopotamya'yız, Avrasya'yız; biz Anadolu'yuz, Türkiye'yiz!

Biz devşirmekle, saptırmakla, hatta öldürmekle bitmeyiz! Biz, yarınız!

Biz sizden esinleniyoruz… Sizden güç alıyoruz!

Siz bizim çürüdü sanılarak tarihin en izbe dehlizlerine gömülen köklerimizi de, yalan kaplı bir taşa bağlanarak denizin dibine tekmelenen ulusal gerçeklerimizi de içine itildiği gölgeden sökerek üstündeki tortuyu temizlediniz; bilimsel ve evrensel çerçevede, bu günümüzle bir daha ayrılmamak üzere buluşturdunuz.

Siz, küresel tekelcilerin hoşuna gidecek sipariş bir münevver değil, elektrik şebekesi tepkesiyle halka ulaşan bir Türk Aydınısınız!

Siz, onyıllarca yalanla, kirli siyasetle hepsedilen, kuşatılan Türk Ulusu'na gerçeği taşıyan kağnı kollarısınız, ulusal uyanışı mütevazı bir tıkırdamayla karış karış yayan telgraf tellerisiniz. Siz, Cumhuriyet'in devrimci ruhunu, bir yurdu tren raylarıyla donatırcasına sabırla ve köklü bir şekilde bugüne işlemektesiniz.

Biz birlikte varız, birlikte var olacağız!

Sayenizde ve sayemizde… *"Her şeye rağmen muhakkak bir nura doğru yürümekteyiz!"*

Can Güçlü, **Cem Erkli**, **Ayça Yılmaz**, **Beril Veziroğlu**, **Tayfun Acar**, **Sarp Ateş**, **Oğulcan Güngör**, **Gizem Girişmen**, Öğrenci-Ankara

♣

Sayın **Metin Aydoğan**

Yeni Dünya Düzeni Kemalizm ve Türkiye adlı kitabınızın birinci (1999) basımını okuma zevkine nail oldum.

Kitapta, sabırlı araştırmacılığın ve titiz çalışmanın önemi ve güçlüğü yakından görülüyor.

Ve günümüzde pek bulunmayan ve görülmeyen ulusçuluk, azim, kendine inanmışlık duygularını elle tutulurcasına hissediyorsunuz.

Savaştan, hem de var olma/yok olma savaşından çıkmış bir ulusun, onurundan fedakârlık etmeden siyasette, eğitimde, bayındırlıkta, ekonomide... neler yaptığını, yapabildiğini ibretle ve gıpta ile izliyorsunuz. Yazarının eline sağlık.

Güngör Bingöl, Yük.Müh.-İstanbul

♣

Sayın **Metin Aydoğan**,

Tam bağımsız, aydınlık ve güzel bir Türkiye'de yaşama özlemini duyan bir genç olarak şunu söylemeliyim ki; *"Yeni Dünya Düzeni, Kemalizm ve Türkiye"* adlı kitabınız, bu özlemimde ne kadar haklı olduğumu bir kez daha kanıtladı. Aynı hasreti sizin gibi değerli ve aydın bir insanla paylaşmak, beni çok mutlu etti.

Genç beyinlerimize afyon tozları üfleyenler, gözlerimizi masallarla boyayanlar, bilsinler ki; sizin gibi aydın ve yürekli insanlar varoldukça, izini Kemalizm'den ayırmayan gençlik, dimdik karşılarında duracaktır. Emekleriniz için sonsuz teşekkürler, yolumuzu aydınlattınız.

Öniz Özsoy 9 Eylül Üni., Hukuk Fak. Öğr.-İzmir

♣

Sayın **Metin Aydoğan**;

Yeni Dünya Düzeni Kemalizm ve Türkiye isimli eserinizi acı ve üzüntülü duygular taşıyarak tam iki kez okudum. Daha sonra, eşim dahil olmak üzere çeşitli arkadaşlarımın okumalarını salık vererek, onlarla tartıştım. Ardından SÖYLEV'i bir kez daha okudum.

Bütün bunlardan sonra şu karara vardım. **Mustafa Kemal**'den sonra Türkiye'yi yönetenler birinci, biz vatandaşlar ise ikinci derecede olmak üzere o büyük ulusalcı ve anti-emperyalist insana karşı suçluyuz.

Bizler, O'nu tanımadan ve eserlerini okumadan Sosyalist olduk, **Lenin**'i, **Stalin**'i ve **Mao**'yu okuyup *sosyalist devrim, demokratik devrim* diyerek birbirimize düşüp parçalandık. Ulusal ve ekonomik çıkarlarımız aynı olduğu halde, kapı komşumuzla düşman olup öldürdük ya da öldürüldük. Önce bizi bir güzel parçaladılar, sonra da 71 ve 80 deki darbeler vasıtası ile pasifize ettiler. *Ne güzel oyun.*

Yeni Dünya Düzeni denen musibetin, emperyalizm olduğunu göremeyip globalleşiyoruz diyen yöneticilerimizle birlikte güle oynaya G 7 lerin yağlı kementlerine boynumuzu uzattık.

Mali bağımsızlık, denk bütçe, ulusal ekonomi, ulusal bağımsızlık diyen Kemalizm'e karşı 1925'e geri dönmek isteyen Kemalistler var diyerek suçlayıcı yazılar yazan *"marksist"* yazarlarımız çıktı.

Mali bağımsızlığı olmayan bir ülkenin gerçek anlamda bağımsız olamayacağını söyleyen **Mustafa Kemal**'in, anti-emperyalist olmadığını, eğer öyle olsa idi içerdeki kapitalizme de karşı çıkardı diyen, solcu Boğaziçi'li öğrencilerimiz çıktı.

Bağımsızlık benim karakterimdir diyen, bir büyük insanın kurduğu Cumhuriyet ülkesinde, onbeş günde onbeş yaşa, yoksa para yok diyen IMF destekli bir bakanın dediklerini yapan parlamento ve bir hükümet çıktı.

Sayın **Metin Aydoğan;**
Olumsuzlukları uzatmak o kadar kolay ki. Ama bunları uzatmak İstiklal Madalyalı bir babanın evladı olarak bana acı ve üzüntü veriyor.

Sayın **Metin Aydoğan;**
Bu yazıyı kaleme alırken, amacım, kitabınızla ilgili birkaç övücü şeyler karalamak idi. Ama buna gerek yok, okuyan görür. Çünkü, güneş balçıkla sıvanamaz. Yaşayan görür.

Ama her şeye rağmen bir noktayı belirtmeden geçemeyeceğim. Ülkemin geldiği noktada yeni bir çıkış yolu aramaya gerek yoktur. **Mustafa Kemal**'in 1923-1938 arasında uygulamış olduğu, *denk bütçe, mali bağımsızlık, ulusal ekonomi* ve *ulusal bağımsızlık* ve de kendi gücüne güven, anti-emperyalizm. Bunu uygulayalım yeter, diyorsunuz. Size içtenlikle katılıyorum. Sağ olun. Saygılarımla.

Abdurrahman Evren, İş Adamı-Adana

♣

Sayın **Aydoğan,**
İki ciltlik çalışmanızı okuyorum. **Atilla İlhan**'ın değerlendirmelerini de görünce size ileti göndermek istedim. Çalışmanızı çok beğendim. 20.yüzyılın Kemalist bakış açısıyla, ve global anlamda değerlendirmesi henüz yapılmamıştı. Bu boşluğu dolduran çalışmanız nedeniyle sizi kutluyorum. Bu benim naçizane düşüncem. Çalışmanızdaki dil ve sunum da mükemmel. Bundan sonraki çalışmalarınızı da bekliyor, başarılar diliyorum.

Serkan Kazancı, Gazeteci Ankara

♣

Sayın **Metin Aydoğan,**
Yeni Dünya Düzeni Kemalizm ve Türkiye adlı eserinizi alırken hiç düşünmediğim bir şevkle soluksuz okuyorum. Şu anda henüz 2.cilte yeni başladım. Belki böyle bir teşekkür yazısını, 2 kitabı birden okuyunca yazmalıydım, ama heyecanıma dayanamadım.

32 yaşındayım, kendimi bildim bileli okurum. Sayısız kitaba sahibim ve okumaya, okuyana, okutana büyük değer veririm. Sizin kitabınızda yakaladığım değer, ihtiyaç duyduğum gerçekçi bilgilerle ilintili çok sayıdaki kitabın özünü içeriyor olmasıdır. Kaleme aldığınız eser bence kesinlikle okullarda ders kitabı, en azından yardımcı ders kitabı olarak okutulmalıdır.

Hızla etik değerler ve karakter erezyonuna uğrayan Türk Gençliğinin kendisinin ve ülkesinin dünya düzenine karşı yerini alması, dostunu düşmanını tanıması, kötülüğün çok yakınlardan gelebileceğini bilmesi açısından (insanın aklına yüce Atamızın Türk Gençliğine Hitabesi geliyor) tereddütsüz sizin yarattığınız ve para değerleriyle ölçülemeyecek eseri okumaları gerekiyor. Eseriniz bence zorla müfredata konulmalıdır. En kısa zamanda sizinle tanışmak ve eserlerinizi imzalatma fırsatını, şansını vermeniz umuduyla Kemalist bir Türk genci olarak çalışmalarınız için teşekkür eder, saygılarımı sunarım.

Başar Silare, İşletmeci-İzmir

♣

Sayın **Metin Aydoğan**,
Yeni Dünya Düzeni, Kemalizm ve Türkiye adlı eserinizi okudum. Çok emek vererek, hem çok başarılı, muazzam, harika hem de gerçekler yönünden son derece üzücü, insanı acze düşürüp, sinirinden ağlatan bir eseri ortaya çıkarmışsınız.

Türkiye'de dönen bazı oyunların, hesaplaşmaların ve çıkar ilişkilerinin olduğunu biliyorduk. Ama bu kadar ciddi boyutta olduğunu bilmiyor ve beklemiyordum. Bir Türk olarak resmen dünyam karardı. Saf ya da uyanık da olsalar, bilerek ya da bilmeyerek de yapsalar, bu gerçeklerle uzaktan yakından ilişkisi olan politikacılardan, ülke yönetiminden sorumlu olanlardan, şimdi çok daha fazla nefret ediyorum.

Ancak, bu gerçekler yüzünden zaten var olan ulu önder **Atatürk**'e ve saf, temiz ama hiçbir şeyden haberi olmayan ulusuma sevgim, saygım ve güvenim çok çok artmıştır. *"Ama neden böyle oldu ve oluyor?"* diye sorarak, var olan sinir ve öfkemi dizginlemem çok zor.

Türk Ulusu'nun bağrından yükselen bir şeyler yapılmalı, ne yapmalı, ne yapmalıyız sorularına cevap aramaktayım. Elimden fazla bir şey gelmediğinden, bir yerde çaresizmiş gibi bir haldeyim. Üstelik gözümüzün içine baka baka ülkemiz, değerlerimiz ve varlıklarımız ya satılıyor ya da peşkeş çekiliyor. Etraf aydın geçinen, ulusal değerlerle alay eden sahte Atatürkçülerle, gericilerle, bölücülerle, aptal ve hainlerle dolmuş.

Sayın **Aydoğan**, ne yapmalı? Oturup beklemenin ve seyretmenin bir anlamı olmadığı gibi, zararımızı ve suçumuzu arttırmanın da anlamı yok. Mutlaka bir şeyler yapılmalı, aslımıza, kendimize dönerek Ata**türk**'ü, Atatürkçülüğü en öncelikli hedef ve plan alarak, mutlaka ulusal bir oluşum ve hareket başlatılması gerekir düşüncesindeyim. Ama nasıl? Bundan başka bir çare aklıma gelmiyor. Ulusun bağımsızlığı ve egemenliği ilk ve öncelikli hedef alınarak, bu ülkünün Türk Silahlı Kuvvetleriyle bütünleşerek tüm ulusa ve devlete aynen yansıtılması için, *Atatürk devrimlerinin* tekrar yaşatılması ve devam ettirilmesi için çok uğraş verilmesi gerekiyor. Ben şahsen sizden akıl, öneri, yardım ve destek rica ediyorum. Mümkünse düşünce ve önerilerinizi gönderiniz, lütfen. En derin sevgi ve saygılarımla.

Servet Böhürler, İş Adamı-İstanbul

♣

Sayın **Metin Aydoğan,**

Yeni Dünya Düzeni, Kemalizm ve Türkiye başlıklı müthiş kitabınız için sizi tebrik ediyor, teşekkürlerimi sunuyorum.

Kitabınızı bu hafta keşfedebildim, birinci cildi büyük bir heyecanla okudum. Bildiğimi sandığım şeyleri aslında derinliğine hiç de bilmediğimi sizi okuduğumda anladım. Özellikle Kurtuluş Savaşı ile ilgili bölümleri gözlerim dolarak okudum.

Ben 34 yaşındayım. Kurtuluş Savaşı için duygulanmak unuttuğum, okul yıllarımda kalmış bir duyguydu. Bu ülkenin nasıl kurulduğunu bana hatırlattınız. Üstelik hiçbir gereksiz övgüye girmeden, kanıtlarıyla, soğuk kanlılıkla...

Kitabınızı kamuoyuna biraz daha tanıtmanız faydalı olacaktır. Ne mutlu size, çevresini aydınlatan gerçek bir aydınsınız. Darısı benim de başıma. Bunun için tavsiyeleriniz olursa çok sevinirim. Size, ailenizle birlikte sağlıklı ve mutlu bir yaşam diliyorum efendim. Saygılarımla

Hakan Tuncel, İletişim Danş.-İstanbul

♣

Sayın **Aydoğan,**

Yeni Dünya Düzeni Kemalizm ve Türkiye adlı kitabınızın birinci cildini biraz önce bitirdim.

Biraz sonrada ikinci cildi okumaya başlayacağım. İkinci cildin de konu başlıkları çok ilgi çekici.

Aslında bu yazıyı onu da bitirince yazmam belki daha doğru olurdu. Ancak ilk bölümdeki konular ve işleyiş tarzınız çok hoşuma gitti. Konu başlıklarının içerikleri başlı başına bilgi hazinesi. Akıcı bir dille yazılmış olması da okuyucu için ayrı bir şans.

Kemalizmi bu kadar net aktarmanızın onu anlamakta güçlük çekenlere yardımcı olacağına (anlamak isteyenlere) inanıyorum.

"Bitmeyen Oyun" da çok faydalı bir eser.

Sayın **Vural Savaş**'ın kitabınız için kullandığı *"Her Türk aydınının mutlaka okuması gerektiğine inanıyorum"* ifadesini bu fırsatla ona da teşekkür ederek saygıyla yadediyorum.

Duygularımı sizinle paylaşmak istedim, yazdım.

Bir okurunuz olarak sizleri seviyor ve çalışmalarınız için teşekkür ediyorum. Sevgi ve saygıyla.

Kamil Ali Savaş, Afyon Gıda San.Ve Tic. A.Ş.,Gen.Md.-Afyon

♣

Sayın **Metin Aydoğan**,

Bitmeyen Oyun ve Yeni Dünya Düzeni Kemalizm ve Türkiye (1.Kitap) kitaplarınızı okudum. 2.Kitabı okumayı beklemeden, düşüncelerimi yazmak sabırsızlığını gösterdim.

Büyük bir emek ve bilinç ürünü olarak ortaya çıkan bu eserlerdeki, düşünce, duygu ve yorumların; sizin yaşam biçiminizi de yansıttığını düşünüyorum. Başka türlüsü, bu tip eserlerin ortaya çıkmasına olanak tanımazdı.

Yakın tarihimize ve onun yaratıcısı **Mustafa Kemal Atatürk**'e olan ilgim nedeniyle, elimden geldiğince okuyup, öğrenmeye çalışıyorum.

Şunu anladım ki: geçmişi, özellikle feodalite dönemini, Osmanlıyı, Avrupa'daki aydınlanma dönemini, kapitalizmin emperyalizm aşamasını ve Rus Devrimi'ni bilmeden, **Atatürk**'ü ve O'nun Anadolu'daki devrimini anlama olanağı yoktur.

Atatürk'ü anlamak isteyenlere ya da ayakları havada Atatürkçülük yapanlara bunu hep söylemeye çalışıyorum.

Kendime de hep şu soruyu soruyorum: Ülkeyi 1950'den bu yana yönetenler, kendilerinden önceki dönemde ve daha zor koşullarda, başarısı yaşanarak kanıtlanmış bir kalkınma modeli varken, büyük önderin yolunu neden terk ettiler. Bu ihaneti nasıl yaptılar. Nedenleri ve nasılları elbette ki biliyorum. Ancak, yine de içimdeki isyan, bu soruları bana sorduruyor.

Bu ihanetleri yapanlar için söylüyorum: *İnsan yaşamı o kadar kısa ki, ulusun ve ülkenin geleceğini bu ihanetlerle karartmaya değer miydi?...*

      Mehmet Erol Mahmutoğlu, Eczacı-Sivas

♣

Sayın **Metin Aydoğan**

Marquez'in *"Yüzyıllık Yanlızlık"*ı anlatışı insanlığa nasıl bir armağan ise *"Yeni Dünya Düzeni Kemalizm ve Türkiye"* ile yüz yılın sorgusunun ortaya konması da o derece önemli bir armağan bana göre... Zira, iki ciltlik bu kitaptaki düşünce çerçevesi, uygarlık düzeyini gerçekçi bir yaklaşımla ortaya koyuyor.

Bugüne dek sosyolojik, ekonomik, siyasi, ayrı ayrı yapılan değerlendirmelerin, sorun tespitlerinin, tarihin neden sonuç ilişkisi içinde tek bir çerçevede ortaya konması, inanılmaz bir netlik kazandırıyor, yaşananlara... Ve hız çağında sis bulanıklığında yaşayan, anlamlandırma güçlüğü çekenlere, berrak bir çözüm sunarak; *"ideolojilerin öldüğü"*, *"ütopyaların son bulduğu"* karamsarlık taarruzunda, görmezden gelinmeyecek bir umut ışığı yakıyor...

Sizin ortaya koyduğunuz yüzyılın sorgusundan yola çıkarak Türkiye Cumhuriyeti vatandaşlarının da kendilerini sorgulayacağından eminim... Zira, algılara yüklenen gecikmişlik duygusu içinde yaşanan sıkıntılar, küçük sistem sorgularını getirirken, gündeliğin içinde havada kalan sorguların temel nedenlerle buluşmasına büyük katkı yaptınız. Yeni bir yüzyıla girmişken yaşanacakları anlayabilmek için anlamlı bir başvuru kaynağı ortaya çıkardınız, Teşekkürler... Saygılarımla...

Semra Topçu, Gazeteci-Ankara

♣

Sevgili **Metin Aydoğan**

Yeni Dünya Düzeni Kemalizm ve Türkiye ve *Bitmeyen Oyun* adlı kitaplarınız, geçen yıl *Yeniden Müdafaa-i Hukuk* dergisine uğradığım günlerden birinde geçmişti elime. Kitap satan dükkanları dolaşmadan elime geçen ilk kitap bunlar oldu.

Çok büyük bir coşku duydum kitapları okurken. Yeni dünya düzenine ilişkin kafamda oluşan sorular vardı, daha önceleri. Kitapları okuyup bitirdikten sonra, tek bir soru yanıtsız kalmadı. Bilgilenip, aydınlandım. Bilgi ile donandım. Yeni dünya düzeni adı verilen emperyalizme karşı ulusal çıkarlarımızı savunabileceğim, elimde güçlü bir silah var artık. Kitleleri aydınlatanların başta yapması gereken en önemli görevlerden biri de budur bence. Bilgi denen o güçlü silahı insanların eline vermek. Bunu yapabilene ne mutlu.

Dünyada icat edilmiş silahların en güçlüsü bilgidir. İnsanlar bu silahı doğru kullanmasını bilirse, hiçbir güç ve silaha yenilmezler. Bilgi üreticisi, öğreticisi, uygulayıcısı olan **Mustafa Kemal**, ülkesinin koşullarına uygun olarak bilgiyi en doğru biçimde kullanan bir önderdir. O'nu yenilmez kılan da bu olmuştur.

Bilgiden yararlanabilmek, yararlandığından yeni bilgi üretmek, ürettiğini iyi öğrenmek, doğru kullanmak bir zeka işidir hiç kuşkusuz. Zeka ise reddedilmez bir gerçek. Bir aydınlatıcı olan **Metin Aydoğan**'ın, bilgi denen o güçlü silahı iyi öğretmesi ve doğru kullanması bizleri umutlandırıyor. Umudumuz sizin bizlere özümsettiğiniz Kemalizm'dedir. Kurtuluşumuz, tek çıkar yol olan, Kemalizm'le olacaktır. Buna yürekten inanıyoruz. Bu umut yaşatıyor bizleri. O umudu yüreğimizde taşımasak, emperyalizmin ülkemizde yarattığı vahşete nasıl dayanabilirdik ki!...

Aydınlanmaya gereksinim duyulan bir dönemde, yeni dünya düzeni aldatmacası bir afyon gibi beyinleri uyuştururken, tam zamanında, yaşanan rezalete karşı koyacak kitaplar ürettiniz. Aydınlarımızdan bunu umuyor, bekliyorduk. Bunu siz yaptınız; umudumuzu boşa çıkarmadınız. Beyinleri uyuşturan yeni dünya düzeni afyonundan kurtaracak ilacı, vakit çok geç olmadan elimize ulaştırdınız. Bu yapıtlar zehirin panzehiri oldu. Diliniz, eliniz, beyniniz dert görmesin. Bizi gerçekten aydınlattınız sevgili **Metin Aydoğan**.

Sabahtan akşama, akşamdan sabaha dek TV de kanal kanal dolaşan yeni dünya düzeni kalemşörleri, biri diğeri ile yarışarak anlattıkları düzmecelere, aldatmacalara bundan böyle inanan insan bulamayacaklardır pek. Öyle anlaşılıyor ki, işleri epey zor. Düzenlerine ve düzdükleri övgülere, kendilerinden başka kimseyi inandıramayacaklar artık. Halkımıza bu afyonu kolay kolay yutturamayacaklar. Yeter ki, Metin **Aydoğan**'ın ortaya koyduğu eser okunsun, incelensin. Tüm içtenliğimle inanıyorum buna.

Anadolu halkının yanık bağrı, verimli topraklar gibidir. **Mustafa Kemal**'i yetiştiren o yanık bağır, hala, bıkıp usanmadan nice aydınlatıcılar yetiştirdi. Yetiştiriyor da. İşte bak, o bağır bir aydınlatıcı daha yetiştirdi. **Metin Aydoğan**'ı çıkardı. Verimli toprağın bol olsun ey Anadolu halkı, ey yüce halk!... Kurak ve çorak kalma. Hep öyle ol!...

Ülkemizin içine düştüğü durum *Mustafa Kemal Devrimi*'nin bir sonucudur diyor kimileri. Amaçları belli; **Mustafa Kemal**'den ve devrimlerinden insanları soğutmak. Osmanlının son döneminde yaşanan tüm olumsuzlukları ortadan kaldıran, bağımsız yeni bir devlet kuran, ellili yıllarda da hepten önü kesilen devrim; nasıl olur da, kaldırdığı olumsuzluklara benzer bugünkü olumsuzlukları yaratabilir. Devrim, önderini yitirdikten sonra, başlangıçta olduğu gibi yolunda yürümedi ki, bugünkü durum onun bir sonucu olsun. Kırklı yıllarda ilkeleri budanmaya başlayan devrim, yoluna konan engellerden, aksak topal yürüyerek güçlükle ellili yıllara varabildi ancak.

Mustafa Kemal'e karşı olan, devrimini bir türlü içlerine sindiremeyen ve dışarıyla bütünleşen işbirlikçiler, ele geçirdikleri iktidar olanaklarıyla, devrimin yolunu tümden tıkadılar, yürümesine engel oldular. Onunla da kalmadılar. Günümüze dek dönüşümlü olarak geldikleri iktidarlarda, devrimin onbeş yıla sığan o büyük kazanımlarını, hoyratça, har vurup, harman savurdular.

Ülkeyi bu duruma getirenler, şimdi kendilerini temize çıkarmak için, ülkeye verdikleri zararı, yaptıkları kötülükleri el altından devrime yıkmak istiyorlar. İşledikleri tüm günahlar devrime yıkılsın ki, kendileri temize çıkıp ak pak olsunlar. Ak pak olsun demekle ak pak olunmuyor. Balkanlardan, Çanakkale'den Kurtuluş Savaşına, ikibuçuk milyon Anadolu insanının döktükleri kanı hiçe sayanlar, tokuçlana tokuçlana sodalı, deterjanlı sularda yunsalar, kazanlarda fokur fokur kaynatılsalar, bu ülkeye verdikleri zarardan, yaptıkları kötülüklerden asla arınmazlar. Arınamıyorlar da.

*Yeniden Müdafaa-i Hukuk'*un düzenlediği kitap şenliği için Kaş'a giderken, dağların denize değen etek uçlarında kıvrılarak gelen yol, beri yüze dönünce, dağların arasından dolana, büküle giden köy yollarına ve dağlara baktım. Uysal ve görkemli bir duruşları, kahırlı ama soylu bir görünüşleri vardı. Tarihi ansıttı bana. Beni alıp 1919'a götürdü. O günleri anlatmak istiyordu sanki!... Ta ötelerde, uzaklarda bağımsızlık savaşında düşmana sıkılan kurşun seslerini duyar gibi oldum bir an. O soylu dağlarda takılı kaldı gözlerim; oralarda bir yerlerde ayak izleri aradı durdu. Bağımsızlık savaşçılarının Kuvva-i Milliyecilerin ve **Mustafa Kemal**'in ayak izlerini aradım. Ve bu izleri; yoksul ama onurlu, olanaksız ama direngen, sabırlı ama asla yenilmeyen Anadolu insanının soluğunu duyarak Torosların doruklarında gördüm. Duygulandım ve umutlandım.

Beni coşturan ve umutlandıran duygularla geldim Kaş'a. Çobanoğlu Pastanesinde çalışan Antep'li genç arkadaşın ikram ettiği çayı içip dinlenirken, kitap şenliği için koşuşturan genç insanları gördüm. Köy kahvelerinde yapılan toplantılarda, köylülerin bilinçli tepkilerini gördüm.

Köylü ve kentli, genç ihtiyar herkes, kendi anlayış ve üsluplarıyla sizin yazdıklarınız gibi konuşuyorlardı. Tütünden, pancardan, ithal tohumdan, sosyal güvensizlikten ve eğitimin yetersizliklerinden bahsediyordu insanlar. Sizin yazıp söyledikleriniz, her alanda yaşanıyordu. Emeğini tarlaya gömen köylüler kızgın ve öfkeliydi. Bir dokununca, bin ah işitiyorduk. Ah vah etmenin, sövüp saymanın da bir şey değiştirmediğini biliyorlardı. Tüm bu olumsuzlukları temelden değiştirecek gücün, örgütlü bir mücadele vermekte olduğunu yavaş yavaş anlamaya başlamışlardı. Beni sevindiren, pancarda verimi düşüren nedenin ne olduğunun ayırdına varmalarıdır. Kaş'tan gerçekten umutlanarak döndüm.

Kuvva-i Milliye ruhunu taşımayan particilerin de, parti sevdasına düşenlerin de söylemlerini kös dinler oldum. Boş sözleri sevmiyorum. Öylelerini çok gördük, çok dinledik, dinlemeye de devam ediyoruz, ne yazık ki. Yeri geldiğinde sözümü hiç sakınmadan söylüyorum. Bağımsızlık ruhunu taşımayan insanlar, 1919'u duydukları zaman yüzlerinin anlamı da takındıkları tavır da dakikasında değişiveriyor, ihanete giden bir aymazlık içine giriyorlar.

Sıradan bir insanın sıradan düşüncelerine önem verirseniz beni çok sevindirirsiniz. Sizi ve kitabınıza katkı koyan sevgili ailenizi tanımak benim için büyük bir onurdur. Bu onuru her zaman taşıyacağım. Yarattığınız eserler, Türkiye'nin zor döneminde değeri ölçülemeyecek bir etki yaratmıştır. Türk ulusu hizmetinizi hiçbir zaman unutmayacaktır. Saygılarımla.

Melahat Yılmaz, Emekli Öğr., Bor-Niğde

♣

Sayın **Aydoğan;**
Ben askeri lisede okuyan bir öğrenciyim. Kitaplarınız olan *"Yeni Dünya Düzeni Kemalizm ve Türkiye"* ile *"Bitmeyen Oyun ve Türkiyeyi Bekleyen Tehlikeler"*i büyük bir beğeni ve istekle okudum. Kısa olan 19 yıllık yaşamın boyunca nelerden bihaber olduğumu sizin sayenizde öğrendim. Daha önce bana çok yabancı olan tanım ve kavramları, bilimsel güvenilirlik ve gerçek boyutlarıyla sizden öğrendim.

Bir askeri öğrenci olmama karşın, **Atatürk**'ün gerçekte ne yaptığını, ne söylemek istediğini, bize nasıl bir devlet yapısı emanet ettiğini ve nasıl bir dâhi olduğunu sizin sayenizde pekiştirdim ve bilincime yerleştirdim. Kitaplarınız, bence her Türk gencinin sahip olması gereken *"Atatürkçü"* düşünceyi, her boyutuyla kavramamı sağladı ve birçok konuda bakış açımın değişmesine neden oldu.

Kız arkadaşım başta olmak üzere tüm arkadaşlarıma kitaplarınızı önerdim ve birçok konuda düşünce birliğine vardığım, Atatürkçü düşünceyi kavramış yeni dostlar edindim. Size belki yabancı gelebilir ama eskiden geceleri yaptığımız yatakhane sohbetlerinde konuştuğumuz konular günlük sıradan olaylarken; şimdi Kemalizmi, **Atatürk**'ün devletçiliğini, ülkemizin sorunlarını ve Ata'mızın büyüklüğünü konuşuyoruz. Kitaplarınız bizlere gerçekten bir rehber oldu.

Okulumuz kitap satış merkezine kitaplarınızı getirmeye başladık ve pek çok arkadaşımızın kitaplarınıza gösterdiği ilgiyi gördük. Değişen görüşlerimiz, değer yargılarımız, sohbetlerimiz ve en önemlisi bilincimizin gelişen düzeyini sağladığı için kitaplarınıza ve onu yaratan size çok şey borçluyuz. Herşey için teşekkürler.

Ayhan İncesu, Askeri Lise Öğr.

♣

Selamlar Sayın **Metin Aydoğan**
Önce kendimi tanıtayım. Adım **Eray Eralp**, 22 yaşındayım ve Bilkent Üniversitesi Eğitim Bilimleri Bölümünde yüksek lisans öğrencisiyim. *"Yeni Dünya Düzeni Kemalizm ve Türkiye"* başta olmak üzere, kitaplarınızın hepsini büyük bir heyecan ve dikkatle okudum ve çok beğendim. *"Yeniden Müdafaa-i Hukuk"* dergisindeki yazılarınızı da ilgiyle izliyorum. Ülkeme ve dünyaya karşı bakışımı, sağlam bir temele oturttmamı sağladınız. Şimdi kendimi, ülkeme yararlı olmada daha donanımlı hissediyorum; özgüvenimi pekiştirdiniz; size çok şey borçluyum.

Sayın **Aydoğan**, içinde bulunduğumuz koşulların sıkıcılığına karşın biz Bilkent'li gençler boş durmuyoruz. Okuldaki çalışmalarımızın yanında, dışa dönük olarak neler yapabileceğim konusunda sürekli kafa yoruyorum. Siz ve sizin gibi yurtsever aydınlar, ülke gerçeklerini ve Atatürkçülüğün başarılarını, herkesin anlayabileceği biçimde bilimsel kanıtlarıyla ortaya koyuyorken, seçimlerin şu sonucuna bakınız. Dün geceden beri kahroluyorum. Daha fazla çalışmamız, daha fazla çaba sarfetmemiz gerek; bunu açık olarak görüyorum.

Düşünceleri yönünde davranan bir insan olmak için, bir ilk adım olmak üzere, sizin düzenli olarak yazı yazdığınız *"Yeniden Müdafaa-i Hukuk"* dergisinin Ankara temsilcisi olmak için Sayın **Çetin Yetkin**'e başvurdum; sağolsun bu yetkiyi bana verdi. Dergiyi okulda ve Ankara'da tanıtmak ve dağıtmak için çaba harcıyorum. Ülke yararına olan çalışmalarımı şimdi ve gelecekte sürdüreceğim. En büyük güç kaynağım, Türk halkına karşı duyduğum ölçüsüz sevgim ve **Mustafa Kemal**'e olan saygımdır. Yöneldiğim yolu aydınlatıyorsunuz. Bunu bilmenizi isterim.

Sn. **Aydoğan**, **Atatürk**'ün başlattığı devrim, bütün ihanetlere ve bütün karşı koymalara rağmen sürecektir. Çünkü sizin gibi gerçekleri ortaya koyan yurtsever aydınlar ve bizim gibi, geleceğine sahip çıkmak isteyen gençler tükenmeyecektir.

Kendinize lütfen iyi bakınız. Unutmayınız ki ülkemizin geleceğini belirleyecek olan biz gençlerin size çok ihtiyacı var. Saygı ve sevgilerimle..

Eray Eralp, Bilkent Üni.-Eğit.Bil.Böl.

♣

Sn. **Metin Aydoğan** Bey,

Sizin kitaplarınızla tanışalı henüz bir yıl olmadı. İlk okuduğum kitabınız *"Yeni Dünya Düzeni Kemalizm ve Türkiye"* oldu. Yıllardır değişik görüşlerden birçok kitap okudum. Ancak sizin kitabınızla kendime en yakın düşünceyi buldum.

Ben ve benim gibi bazı şeyleri kavramaya yeni başlamış insanlar için çok önemli birer kaynak olarak görüyorum yapıtlarınızı. Bu ülkenin ülkesini seven bir bireyi olarak yalnızca okumak, ancak birşeyler yapamamak insanı yıpratıyor.

Okumaktan başka, acaba neler yapılabilir? Örneğin bir devlet memuruyum; tamam, elimde çok olanak yok; yalnızca okuyor, dürüstlüğümü koruyor, ülkeme en azından zarar vermeden yaşamaya çalışıyorum. Benim durumumda olan insanların yapabilecekleri bir şeyler mutlaka vardır. Bu konuda bana ne önerebilirsiniz?

Her düzeyden insanımıza seslenen, onlara gerçekleri anlatan ve ne yapmaları gerektiğini gösteren bir yayın olsa daha iyi olmaz mı? Bu, fazla hazırcılık mı olur? Ancak böyle bir yayın bize ne yapmamız konusunda bir fikir verebilir kanısındayım.

Size en derin saygılarımı sunarken, çalışmalarınızda başarı ve sağlığın her zaman yanınızda olmasını dilerim.

Zuhal Atasoy, Ankara

♣

Sayın **Metin Aydoğan**

Kitaplarınızın tümünü okumayı sabırsızlıkla bekleyen bir askeri lise öğrencisiyim. Zamanın çok sınırlı olduğu ve ders çalışmayla yüklü bir öğrenim yılı geçirdim. *Yeni Dünya Düzeni Kemalizm ve Türkiye*'yi, geceleri bile okuduğumdan olacak, bir dersten geçer not alamamışım. Dün sınavı geçtim ve yaz tatiline girdim. Şimdi kitaplarınızı doyasıya okuyacak bol zamanım olacak.

Artık bir Harbiyeliyim. Daha sağlıklı düşünen, sorumluluk bilincini daha çok geliştirmiş bir genç olarak, Atatürkçü bir subay olmak üzere, **Mustafa Kemal**'in de okuduğu Harp Okulu'na gidiyorum. Ben ve arkadaşlarım, kitaplarınızla tanıştığı için, Atatürkçülüğü özünden kavramış olarak o büyük ocağa gidiyoruz. İnanıyorum ki eserleriniz sayesinde daha nice Atatürkçüler yetişecek ve bu ülkenin kaderine yön verecekler.

Eserlerinizle ulusal bilinç üzerinde yarattığınız etkinin, size ne kadar büyük bir mutluluk verdiğini anlıyor ve size imreniyorum. Ne mutlu size. Dilerim, ileride ülkem için yararlı işler yapar ve farklı biçimlerde de olsa, bu mutluluğu ben de yaşarım. *Bitmeyen Oyun*'un kurmay olacak subayların okuyacağı kitaplar listesine alınması, yazarı için ne gurur verici bir olaydır. Kitabınızı kim listeye almışsa, o gerçekten sağduyulu ve üzerine düşen görevi yapan, vazife bilincini yakalamış birisiymiş; onu da kutlamak gerek.

Yarın eve gidiyorum. Kitaplarınızın tümünü daha önce eve yolladığım için onları kardeşim, annem ve babam benden önce okudular. Onları biraz da kıskanıyorum. Mektubuma cevap vermeniz, beni çok mutlu etti. Ülkemizi ve geleceğini etkileyen konularda bir sorum olduğu zaman, size tekrar yazabilir miyim? Eğer yazarsam sizi rahatsız eder miyim? Sizi, ülke ve dünya sorunlarına serinkanlı, bilinçli ve tamamen objektif yaklaşan bir *"dostum"* olarak hissediyorum. Ve bu beni yeterince mutlu ediyor. Yaptıklarınızın karşılığını bizler de ancak ülkemiz için birşeyler yaparak ödeyebileceğimizi düşünüyorum.

Aydınlık, bilinçli, Kemalist, uygar ve bağımsız bir Türkiye için sizin gibi insanlara, bu ülkenin ve bizlerin çok ihtiyacı var. Lütfen kendinize iyi bakınız ve yolumuzu aydınlatan eserler üretmeye devam ediniz. Saygılarımla.

Erdal Akçicek, Askeri Lise Öğr.

♣

Sayın **Metin Aydoğan**,

Yeni Dünya Düzeni Kemalizm ve Türkiye başta olmak üzere tüm kitaplarınızı okudum. Yazdığınız kitaplar sayesinde, perde arkasındaki gerçekleri gün ışığına çıkartarak milletimize ne kadar yararlı olduğunuzu belirtmeme gerek yok sanırım. Günümüzde, ülkemiz üzerinde tezgahlanan küresel oyunları, hiç korkmadan, kimseden çekinmeden dile getirebilen insanlar bulmak neredeyse imkansız hale gelmişti; bize cesaret verdiniz.

Kitaplarınızı bir solukta okudum ve tüm tanıdıklarıma verdim. Sonunda hepsinin yüzünde, bir kitabı bitirmenin mutluluğu yerine sadece korku ve endişe vardı. Çünkü kitaplarınızı okumadan önce, gerçeklerin bu kadar acı, tehlikenin bu kadar yakınımızda olduğunu bilmiyor ve bilgisizliğin geçici *"mutluluğunu"* yaşıyorduk. Huzurumuz kaçtı, ama bilgilenmiş olmanın özgüvenine kavuştuk. Bunu sağladığınız için size teşekkür ederiz. Saygılarımızla.

Gül Dereli, İst.Üni.Uluslararası İliş.Böl.

♣

Sayın **Metin Aydoğan**

Ben 18 yaşında bir gencim. İsminizle ilk kez Sn. **Vural Savaş**'ın *Militan Demokrasi* kitabında karşılaştım. Daha sonra arkadaşlarımdan sizin ve kitaplarınız hakkında çok şey duyunca bir arkadaşımdan *Yeni Dünya Düzeni Kemalizm ve Türkiye*'yi aldım ve okumaya başladım. Kitabı elimden bırakamıyorum. Bu kadar kapsamlı ve bilgi yüklü bir kitabı bu kadar kolay okuyacağımı hiç düşünmemiştim.

Kitabınızda dünyanın ve ülkemizin sorunlarını çok doğru ve çok güzel bir biçimde ele almışsınız. Ben ve arkadaşlarım, Kemalizmi tam olarak anlayan ve anlatan kitaplarınıza ulaşabilen şanslı kişileriz. Oysa Kemalizm, gençlere eksik ve yanlış olarak öğretiliyor; bunu kitabınızı okuyunca çok açık olarak gördüm. Şu anda gençler Atatürkçülüğü öğrenmeyi ve anlamayı zulüm olarak görüyorlar. Bize ne kadar çok şey kazandırdınız bir bilseniz.

Halkımızın okuma alışkanlığı yok denecek kadar az. Basın-yayının niteliği ortada. Sanki Türkiye'de yayımlanmıyorlar, dışarda basılıp Türkiye'ye getiriliyorlar. Yarattığınız eserlerle, bu eserlere ulaşabilen bizleri aydınlattınız. Ancak, daha çok şey yapılmalı ve gerçekleri Türk halkına ulaştırarak, onları da aydınlatmalısınız. Ben de elimden geldiği kadar çevreme ulaşıyor, kitaplarınızdan öğrendiklerimi onlara anlatıyor ve daha fazla ne yapabilirim diye sürekli düşünüyorum; ülkem ve insanlarım, emperyalizmin sömürüsünden, gerilik ve gericilikten nasıl kurtulur; Türk ulusu **Atatürk**'le yeniden kucaklaşıp büyük işleri yeniden nasıl gerçekleştirebilir diye kafa yoruyorum. Ben ve arkadaşlarım, bizden gizlenen gerçekleri okuyup öğrenerek, Türkiyemiz için neler yapabiliriz sorusuna cevap arıyoruz.

Sizi Atatürkçülüğümün tüm coşkusuyla selamlıyor ve kutluyorum. Bize yükselecek olan ulusal mücadelede gerekli olan en değerli gücü, bilgiyi veriyorsunuz. Saygılarımla.

Ömer Karakoç, Bandırma-Balıkesir

♣

Sayın **Metin Aydoğan**

Büyük basın-yayın organlarınca yürütülmekte olan psikolojik savaşın etkisinde kalmak oldukça kolay. Her yaştan, her konumdan insanlar rahatlıkla yanlış yönlendirilebiliyor, çıkarlarını ve geleceklerini göremez hale getirilebiliyorlar. Aldatıcı propagandaların ve psikolojik savaşın yıkıntıları altından sayenizde çıktım.

Bazı konularda doğruyla yanlışı yer değiştirerek biliyormuşum. Bu acı gerçeği eserlerinizi okuduktan sonra gördüm ve büyük bir öfke duydum. Bize neler öğretmişler, gerçek dışı uydurmalarla bizi nasıl etkilemişler, hayret doğrusu. Şimdi büyük bir hırsla ve daha çok okuyarak, kendimi ve çevremi aydınlatmaya çalışıyorum. Karşımızda ülke çıkarlarıyla adeta alay eden, az ama etkili bir grup ve bir mütareke basını var. Bunlara karşı halkımızı aydınlatmak için çok çalışmalıyız, ben çalışacağım.

20.Yüzyılı, *Yeni Dünya Düzeni Kemalizm ve Türkiye* ile *sorguladım*. *Bitmeyen Oyun* ile diziyi tamamlıyorum. Kitaplarınız bir bütün olarak, gerçek bir bilgi hazinesi ve bir *"şaheser"*dir. Biz gençlerin doğru bilgiye meğer ne kadar çok ihtiyacı varmış. Bana kazandırdıklarınız için kendimi size karşı borçlu hissediyorum. Sizi hiçbir zaman unutmayacağım.

Kitaplarınızda bir genel tutum dikkatimi çekti. Araştırma ve incelemeyi yapıp kuramsal bir çerçeve oluşturmuş ancak sonuç çıkarmayı okura bırakmışsınız. Geleceğe dönük eylemler, yeraltı kaynaklarımız için yapılması gereken işler ve ülke dinamiklerinin birleştirilmesi konularında somut önermelerde bulunsanız acaba daha iyi mi olurdu diye düşünüyorum. Böyle bir çalışma yapmayı düşünüyor musunuz? Yeni eserlerinizi dört gözle bekliyorum. Saygılarımla.

Behiç Kula, ODTÜ Bilg.Müh.Böl., Hazırlık Sın.

♣

Sayın **Metin Aydoğan**,

Adım **Aykut Karakule**, Harp Okulu öğrencisiyim. Size çok önceden ulaşmak istiyor ve kitaplarınız için sizi kutlamak istiyordum. Ancak övgüden başka bir şey yazamayacağım ve herkesin görüp teslim ettiği bir başarıyı kutlamaktan öteye gidemeyeceğim için yazmadım. Bugün, iki arkadaşımın daha elinde gördüm şu *"yeşil kaplı iki ciltlik şaheserinizi"*. Ne diyeceğimi bilemiyorum. Kitabınızı bana öneren bölüm öğretmenimin sözleri aklıma geldi. Aslında bu sözleri size belki iletmemem gerekirdi ama olumsuz gidişe duyduğu öfke ve size olan hayranlığı açıkça belli olan öğretmenim bana, *"BAK OKU, İŞTE METİN AYDOĞAN. SEN OKUMAZSAN, SAHİP ÇIKMAZSAN YARIN O DA YALNIZ KALACAK ONU DA ÖLDÜRECEKLER!"*

Bu sözler aklımdan hiç çıkmayacak. Ben, ülkem için ölümü, bilerek göze alan bir mesleğin insanıyım. Bizler gerçek boyutunu bize yeniden hatırlattığınız **Mustafa Kemal**'in yetiştiği ocakta nefes alıyoruz. Bu ülke için canımızı vermeye hazırız. Eserleriniz, ulusal bilincimizin güçlenmesinde değeri ölçülmeyecek katkılar sağlamıştır. Size teşekkür ederiz.

Sayın **Aydoğan**, kitaplarınızdan aldığım hızla, inanın artık çok okuyor ve çok düşünüyorum. Bugünkü sıkıntılı dönemi, bilgiye dayalı bilinçle aşacağımıza inancım tamdır. Sizin değerli vaktinizi fazla çalmak istemiyorum, buna borç da diyebilirsiniz. Şu anda, ülkeme olan hizmet borcumdan, size olan zaman ve Akçay kitabevine olan kitap taksitlerimden başka kimseye borcum yok. Saygılarımla.

Aykut Karakule, Harp Okulu Öğr.

♣

Değerli Yazar **Metin Aydoğan**

Çukurova Üniversitesi Uluslararası İlişkiler Bölümü öğrencisi olarak, yapmakta olduğum dönem ödevim için bana, *Yeni Dünya Düzeni Kemalizm ve Türkiye* adlı kitabınızı okumam önerilmişti. Kitabınızı bir solukta okudum. Bu büyük eseriniz ödevim için çok yararlı olduğu gibi, bunun çok ötesinde, dünyaya bakışımı değiştirdi, sanki bambaşka bir insan oldum. Kendimi şimdi çok bilgili ve bilinçli hissediyorum. Kitabınızı bana öneren insana, yaşamım boyunca teşekkür borçlu olacağım.

Eserinizi okumanın verdiği heyecanla yazdığım ve çalışmam için yardım isteyen mektubumu, çok ümitsizce ve sadece şansımı denemek amacıyla yazmıştım. Benimle ilgilenmeniz, aklımın ucundan bile geçmiyordu. Düşünsenize, koskoca bir yazar **Özlem Özcan**'ı arayacak. Ancak, siz gecikmeden yanıt verdiniz ve yardımcı olabileceğinizi yazdınız. Bana verdiğiniz heyecan ve güven sonsuzdur, sağolun. Mektubunuzu değerli bir anı olarak saklayacağım.

Toplumumuzda, gençleri bilgisiz gören ve onların birşey yapamayacağına inanan insan sayısı çok fazla. Gençlere kapalılar ve onları gerçekleri görmeyen, bu nedenle sürekli nasihat verilmesi gereken cahil insanlar olarak görüyorlar. Sizin gibi düşünen ve davranan çok az insan var.

Şu an size olan hayranlığım daha çok artmış durumdadır. Herşey için size çok teşekkür ediyorum.

Ödevim bittiği zaman, bir örneğini size göndermek istiyorum. Tabii sizi sıkmazsam? Ayrıca sizden son bir şey daha isteyeceğim. Eğer kısmet olur da Adana'ya gelirseniz, sizinle mutlaka tanışmak ve sohbet etmek isterim. Umarım bu onuru kazanmamı bana çok görmezsiniz.

Size, bana kazandırdıklarınızı anlatmak için aşağıdaki kısa öyküyü gönderiyorum. Dilerim ülkemizde, daha çok kişi, sizin yaptıklarınızı bu öyküdeki anlayışla yapar ve ülkemiz aydınlık bir geleceğe doğru ilerler.

"Birgün sormuşlar ermişlerden birine: Sevginin yalnızca sözünü edenlerle, onu yaşayanlar arasında ne fark vardır? Bakın göstereyim demiş, ermiş. Önce, sevgiyi dilden gönüle indirememiş olanları çağırarak onlara bir sofra hazırlamış. Hepsi oturmuşlar yerlerine. Derken kaseler içinde sıcak çorbalar ve arkasından da 'derviş kaşıkları' denilen bir metre boyunda kaşıklar vermiş sofradakilere. 'Bu kaşıkların ucundan tutup öyle yiyeceksiniz' diye bir de şart koşmuş.

'Peki' deyip içmeye girişmişler. Fakat, o da ne? Kaşıklar uzun geldiğinden, bir türlü döküp saçmadan götüremiyorlar ağızlarına. Sonunda bakmışlar beceremiyorlar, öylece aç kalkmışlar sofradan.

Bunun üzerine 'şimdi' demiş ermiş: Sevgiyi gerçekten bilenleri çağıralım yemeğe. Yüzleri aydınlık, gözleri sevgi ile gülümseyen ışıklı insanlar gelmiş oturmuş sofraya bu kez. 'Buyurun' denilince, her biri uzun kaşıklarını çorbaya daldırdıktan sonra karşısında oturan kardeşine uzatarak içirmiş. Böylece her biri diğerini doyurmuş ve şükrederek kalkmışlar sofradan.

'İşte' demiş ermiş ve eklemiş: Kim ki hayat sofrasında yalnız kendini görür ve doymayı düşünürse, o aç kalacaktır. Ve kim kardeşlerini düşünür de doyurursa, o da kardeşi tarafından doyurulacaktır."

Sahip olduğunuz bilgi hazinesini bizlerle paylaşıp beynimizi doyurduğunuz için size çok teşekkür ediyorum. Sağlıklı ve mutlu kalın. Bizlere bilgi ulaştıran kitaplar yazmaya devam edin. Saygılarımla.

Özlem Özcan, Çukurova Üni.-Adana

♣

Sayın **Metin Bey**,

Ocak ayı içinde gerçekleştirmiş olduğum bir yurtdışı iş seyahati sırasında, beraber olduğum bir dostumun önerisi ile *Yeni Dünya Düzeni Kemalizm ve Türkiye* kitabınızı aldım. Şu an birinci cildin 316. sayfasındayım; "*İspanya İç Savaşı: 1936-1939*".

Şu anda hepimizin ülke olarak izlediği gibi Irak sorunu, hızlı bir gelişim sürecine girdi. 19 Şubat'ta bazı ABD Savaş makinalarının İskenderun Limanı üzerinden savaş bölgesine nakli başlatıldı.

Metin Bey, bu bir işgaldir. Türk insanı savaş istememektedir. Ama makinalar harekete geçtiler. Bu girişim, ülke bağımsızlığına karşı girişilen bir eylemdir. Siz kitabınızda yazdıklarınızda çok haklısınız. Bu ülke bağımsızlık kavramını 1938'den sonra rafa kaldırmış ve tarihe gömmüş.

Saddam rejiminin devre dışı bırakılması belki bir gereksinimdir, ama bu eylem Türk insanının kanı pahasına gerçekleştirilmek isteniyorsa, bu elbette bizim bağımsızlık alanımıza tecavüz anlamına gelir ve başka bir izahı yoktur.

Süveyş Kanalı ve Cezayir konularında ezilmişlerin değil, ezenlerin yanında yeraldık, ne oldu! Tüm Arap dünyasını karşımıza aldık. Şimdi yine bu dünyayla karşı karşıya getirilmek isteniyoruz. Türkiye bir Küveyt, Bahreyn, BAE, Suudi Arabistan ya da Ürdün değildir. Bu ülke, bir çöl aşiret düzeninin değil, dünyadaki ilk bağımsızlık savaşını vermiş **Mustafa Kemal Atatürk**'ün Türkiyesidir. Ve *"bir koy üç al"* gibi basit politikalara hiç ama hiç layık değildir. Gururum çok kırık olduğu için birşeyleri sizinle paylaşmak istedim, kusura bakmayın.

Bayramın ilk günü, yine bir iş seyahati dönüşü Afyon civarındaydım. Hava çok soğuk ve karlıydı. **Mustafa Kemal**'in o yörede tarihe mal olmuş Kurtuluş Savaşı anıtlarını ziyaret ettim; süvarilerinin nal seslerini, yoksul Anadolu çocuklarından oluşan erlerin çarık izlerini aradım, duygulandım. Ve o insanın o ortamlarda ne gururlu ve ne mutlu olduğunu, iliklerime işleyen o Afyon soğuğunda hissettim; yani bağımsız olabilmeyi, onurlu olmayı ve bu uğurda mücadele edebilmeyi...

Darısı yine Anadolu insanının başına. Saygılarımı sunarım.

Mustafa Cankat, İşadamı-İstanbul

♣

Sayın **Aydoğan**,

Kitabınızı okuduktan sonra, kitaplığımda saklayamazdım. Ekteki notu yazarak arkadaşlarıma gönderdim. Bu değerli çalışma için size ne kadar teşekkür etsek azdır. Sağolun, varolun...

Bugün diğer dört kitabınızın da siparişini verdim. Yeni eserlerinizi bekliyoruz. Sağlıcakla kalın, selam ve sevgiler...

Arkadaşlarıma gönderdiğim not şöyledir: *"Metin Aydoğan'ın iki cilt halinde 964 sayfada hazırladığı ve hiç bir telif ücreti almadığı Yeni Dünya Düzeni Kemalizm ve Türkiye adlı eserini okudum. 24 milyon liraya sahip olduğum bu eşsiz eseri, kitaplığımda saklayamazdım. Saklasaydım verilen emeğe ve Metin Aydoğan'a haksızlık olurdu. Okuduğum birçok kitabın adını hatırlayamazken, kitaplığımda yer almayacak olan bu eseri unutmayacağım."*

Kitabı üç haftada okudum ve bugün bitirdim. Bildiğim birçok şeyi yinelerken, bilmediğim çok şey öğrendim. Bu kitabın elden ele dolaşarak herkes tarafından okunması gerektiğine inanıyorum. Bunun için, okumayı seven ve en kısa sürede okuyacağına inandığım arkadaşlarıma, onun da kendi arkadaşına göndermesi istemiyle yolluyorum.

Kitabı her okuyan, adını soyadını, kitabı bitirdiği tarihi yazarak imzalasın. Elli kişi tarafından okunduktan sonra kitabın, değerli dostum ve arkadaşım sevgili **Ö.Özhan İskenderoğlu** anısına yaptırdığımız kitaplıkta yer almasını istiyorum. Bu nedenle ellinci okuyucunun kitabı, Halk Eğitim İlçe Müdürlüğü Kemah/Erzincan adresine göndermesini özellikle rica ediyorum.

A.Uğur Gökalp, Kemah/Erzincan
♣

Değerli Hocam Sayın **Metin Aydoğan**,

Ben Antalya'dan yazıyorum. 22 yaşında bir üniversite öğrencisiyim. Bugüne dek yalnızca roman, öykü ve şiir okumuştum. Ancak, altı ay önce kız arkadaşım sizin *Bitmeyen Oyun* adlı kitabınızı armağan etti. Ve o günden beri de roman okuyamaz oldum, ne yazık ki.

Son olarak *Yeni Dünyü Düzeni Kemalizm ve Türkiye*'yi okudum. *Yeniden Müdafaa-i Hukuk*'ta yazdığınızı duydum ve bürosuna gittim. **Haydar Çakmak** beyle tanıştım ve eski sayılar dahil tüm yazılarınızın fotokopilerini çektirdim. Şimdi onları okuyacağım.

Yazdıklarınızdan inanın çok şey öğrendim. İnsan okudukça öğrendikçe, kendini daha bir başka (güçlü ve mutlu) hissediyor. Ve bunun yanında insanın içinde, kendisine bilgi ulaştıran insana karşı bir sevgi, saygı ve tanımlaması güç değişik bir bağ oluşuyor. *"Bana bir harf öğretenin kırk yıl kölesi olurum"* özdeyişinin anlam ve değerini şimdi daha iyi anlıyorum.

Kitaplarınızı okuduktan sonra, kendime kızarken ülkem için üzüldüm. Türkiye'nin sömürüldüğünü biliyor, ancak sömürünün bu denli yoğun olduğunu bilmiyordum. Bunu öğrenmek insana elbette üzüntü veriyor. Bana gerçekleri öğretip gözümü açan yapıtlarınıza geç ulaştığıma inanıyorum; kendime kızmamın nedeni de buradan geliyor.

Kitaplarınızı olağanüstü güzel bulup iki kez okudum. Şimdi olay ve gelişmelere farklı ve sağlam bir dünya görüşüyle bakıyorum. Kitaplarınızda, anlatımı zor konular o denli açık ve anlaşılabilir bir biçimde ortaya konmuş, dildeki akıcılık ve duruluk o denli ileri düzeyde sağlanmış ki, hayranlık duymamak olanaksız. Türk diline gösterdiğiniz özen nedeniyle size ayrıca teşekkür ederim.

Bilmenizi isterim ki, kitaplarınızı çevremdeki hemen herkese tanıtıyor ve öneriyorum. Ne yazık ki ulus olarak kitap okuma, araştırma, sorgulama gibi konularda olanaklarımız son derece sınırlanmış durumda; halkımız kitap okuyamıyor, bunu aşmak zorundayız. Sizin gibi değerli aydınların bize uzattığı ışığı yayacağım. Zamanınızı aldığımın farkındayım, ancak izninizle birkaç şey daha yazmak istiyorum. Mektubunuzda adresimi istemiş ve *Avrupa Birliğinin Neresindeyiz* adlı kitabınızı armağan olarak göndermek istediğinizi yazmışsınız. İnanın bunu okuduğuma çok şaşırdım, fakat aynı zamanda oldukça sevindim.

Yazacaklarımı bir duygu sömürüsü olarak algılamayacağınızı umuyorum. Ekonomik durumum oldukça kötü. Annem bir trafik kazasında sakat kaldı, babamın da okuma-yazması yok ve yaşlı. Yani ikisi de çalışmıyor. Abim ve okuldan artan zamanlarımda ben çalışarak güç de olsa geçinebiliyoruz. Bu yüzden malesef, her istediğim kitabı almak konusunda oldukça zorlanıyorum. Bu bağlamda kitabınızı gönderme öneriniz beni çok mutlu etti. Çünkü insanların aydınlanmasına böylesine emek veren bir düşün insanının, bir araştırmacı aydının emeğinin karşılığı ödenmeli. Keşke bu olanağım olsaydı. Bu arada siz göndermeseniz de kesinlikle alırdım, ancak yalnızca biraz geç olurdu. Kitabevine girdiğimde, bütün kitaplarınızı alıp çıkmak istemiştim, ancak mali gücüm buna yetmemişti. Neyse, kişisel sorunlarımla zamanınızı aldığım için bağışlayın. Ancak kitap gönderme önerinizi neden kabul ettiğimi açıklamak zorundaydım. Ne kadar teşekkür etsem azdır.

Oldukça vaktinizi aldım. Son olarak sizi tanımamı sağlayan kız arkadaşım **Emine**'ye mektubunuzu gösterdiğimde şaşırdı; inanamadı. O da sizi ilgiyle takip eden okurlarınızdan biridir. Size saygı ve selamlarını iletiyor. Benim için sizinle yazışmak büyük bir onurdur. Bir paragraf dahi olsa yazmanızı heyecanla bekleyeceğim. Herşey için tekrar teşekkür ederim.

Elinize, yüreğinize sağlık! Mutlu ve umut dolu yarınlar...

Özgür Dönmez, Akdeniz Üni.-Antalya

♣

Sayın **Aydoğan**,

Ben **Hüseyin Tuğcu**, size Mersin'den yazıyorum. İsminizi ilk önce, Sn. **Oktay Sinanoğlu**'nun *Hedef Türkiye* adlı kitabında gördüm. Hava Kuvvetlerinde üsteğmen olarak görev yapan abimle beraber, Şubat ayında *Bitmeyen Oyun* kitabınızı aldık ve gerçekten çok etkilendik; daha doğrusu ne kadar körleştirilmiş olduğumuzu gördük. Şimdi tüm kitaplarınızı edinmiş ve seriyi tamamlamış durumdayız. Kitaplarınızı bu kadar geç okuduğumuz için kendimize çok kızıyoruz. Şu anda kız arkadaşım okumaya başladı ve diğer okuyucular sırada bekliyorlar.

Yeni Dünya Düzeni Kemalizm ve Türkiye'yi yeni bitirdim. Ülke ve dünya gerçekleri konusunda gözlerim daha çok açıldı, bu nedenle size minnettarım. 15 gün önce, henüz Ocak ayında mezun olduğum Mersin

Üniversitesi'nde konferans vereceğinizi duyduğumda gerçekten çok mutlu oldum. Gelmenizi dört gözle bekliyoruz. Umarım sizinle tanışma fırsatı bulurum. Sizin ve sizin gibi aydınların, ne kadar değerli olduğunu başımızdakiler bilmeseler de, daha doğrusu bilmek istemeseler de; biz toplum olarak gayet iyi biliyoruz, hiç kuşkunuz olmasın.

Sayın **Aydoğan**, tüm kitaplarınızı, iyice özümseyerek notlar çıkarıp bir kez daha okuyacağım. Ve çevremdeki insanların okumasını sağlayacağım. Çünkü gün geçtikçe ve insanlarımızdaki bilinçsizlik körüklendikçe, ülkemizin durumu daha kötüye gidiyor. Görünen o ki, kitaplarınızda da belirttiğiniz gibi, ulusal bir bilinç oluşmadıkça ve kitleler örgütlenip ses çıkarmadıkça, ülkeyi yönetenler her gün daha da azıtarak ülkemizi bataklığa sürükleyecekler.

Sizin kitaplarınızla tanışmamla birlikte, ülkemde ve dünyada yaşananlara bakışım tümüyle değişti; daha doğrusu bakış açım oluştu. Çünkü bugüne dek, bu tür yayınları pek okumadığım ve güncel olaylarla pek ilgilenmediğim için herhangi bir bakış açım da yoktu. Televizyonlardan, gazetelerden izlediklerimin ne kadar tek yanlı olduğunu sizin sayenizde görebildim; boşa harcamış olduğum zaman için de kendime çok kızdım.

Bilinçlenmem yalnızca bir başlangıçtır. Edindiğim bilinci tabana yaymam gerektiğini görüyorum ve bunu yapacağım. Kız arkadaşımla birlikte, bu amaç doğrultusunda çalışmaya başlamış bulunuyoruz; düşüncelerimizi en kısa süre içinde çevremize yayacağız ve bunu sürdüreceğiz. Çünkü her kitabınız bir bilgi hazinesi, bu hazineden herkesin yararlanması gerekiyor; yaşadıkları sorunlara ancak böyle çözüm bulabilirler.

Avrupa Birliğinin Neresindeyiz kitabınızı okuyunca sizin de belirttiğiniz gibi gerçekten *"dehşet"*e düştük. Böylesi politikalar nasıl yürütebiliyor, bunları yürütenler nasıl insanlar! Hiç zaman yitirmeden gerçekleri halkımıza anlatmalıyız, yoksa çok geç kalacağız. Gerçek ve doğru bilgi konusunda birinci kaynağımız her zaman siz olacaksınız.

Zaman ayırdığınız için çok teşekkür ederim. Yeni çalışmalarınızı dört gözle bekliyoruz. Saygılarımla.

Hüseyin Tuğcu, Mersin

♣

Sevgili **Metin Aydoğan**,

28 Nisan-13 Mayıs 2004 günleri arasında; zamanında düzeniyle rüyalarımızı süsleyen Rusya'nın başkenti Moskova ve daha sonra da Leningrat'da (St.Petersburg'da) bulundum.

Uğruna ölümlere gidip geldiğimiz düzenin nasıl ve neden yıkıldığını gözledim. Birçok dostla tanıştık. Sonunda vardığımız yargı: Kurtuluş savaşımızın bu dost ülkesi de, Türkiye'mizin bugün karşı karşıya olduğu saldırılarla karşı karşıyaydı ve aynı yöntemler burada da uygulanıyor, aynı yol izleniyordu. Ancak, biz onlardan şanslıydık. Çünkü; bizim yaşananları tesbit edip yazan ve ulusunu aydınlatan bir **Metin AYDOĞAN**'ımız vardı.

Umar ve dilerim ki; Kurtuluş Savaşı'mızı destekleyen Rus halkı da bir **Metin AYDOĞAN**'a sahip olsun! İşin ayrıca en hoş olan tarafı ise; **Metin AYDOĞAN**'ın kitaplarından haberdar olan ve alıp okuyabilen Rusya'daki dostlarla bu tesbitler üzerinde de konuşabilmiş olmaktı.

Ertuğrul Barka, Kimya Müh./İzmir

♣

Sn. **Metin Aydoğan**,

Sözlerime sonsuz saygılarımı belirterek başlamak istiyorum. Kitaplarınızın tümünü, en son olarak da *Yeni Dünya Düzeni Kemalizm ve Türkiye*'yi okudum. Bilmediğim daha ne çok şey varmış meğer. Kitaplarınızda öyle alıntılara rastladım ki, bunların doğruluğuna önce inanamadım. Böyle şey nasıl olur dedim; daha doğrusu olabilirliğine aklım ermedi. Ulusal onurumuzdan pek çok ödün verildiği şu günlerde, sizin gibi bir aydının çıkıp bizleri şöyle bir silkelemesi, sanırım bizi kendimize getirecektir. Ben henüz 19 yaşındayım, ancak genç yaşımın tek sorunu inanın, ülkemizin içinde bulunduğu kötü durumdur. Seçimini böyle yapan bir insan için, kitaplarınızın ne kadar yüksek bir değere sahip olduğunu söylememe sanırım gerek yoktur.

Kitaplarınız bana üzüntü, ancak aynı zamanda mücadele azmi verdi. Üzüldüm, çünkü kötü yönetiliyoruz ve zenginliğimiz talan ediliyor. Mücadele azmim yükseldi, çünkü bu gidişe dur demenin görevim olduğunu anladım. Ben insanım, insan olan herkes, şartlar ne olursa olsun ülkesini korumayı görev bilmez mi? **Atatürk** bunu yapmadı mı? Bizim de yapmamızı söylemedi mi?

Yazdıklarınızdan, sizin de belirttiğiniz gibi birçok konuda *"dehşet"*e düştüm. Bana göre işin çok daha *"dehşet"* verici yönü, yazdığınız acı gerçeklerin halka yeterince ulaşmaması ve halkın durumdan haberdar olmamasıdır. Bunun aşılması gerekiyor. Paramız, gazete ve televizyonumuz yok ama elbette duracak değiliz. Öğrendiklerimizi, biz halka götüreceğiz. Bu girişim, başlangıçta kimileri için önemsiz ve cılız çabalar olarak görülebilir, ancak biliyorum ki, gerçeklere dayanan bilgi ve bilinç yenilmez ve dilden dile dolaşarak yayılır, örgütlü bir güç haline gelir.

Yeni Dünya Düzeni Kemalizm ve Türkiye kitabınızı tanıtmak için, Atatürkçü Düşünce Derneği Denizli Gençlik Kolu'nun çıkardığı *"Cumhuriyet Çınarı"* dergisine bir yazı hazırladım. Dergi'nin içeriği tamamlanmış olmasına karşın parasızlık nedeniyle basamadık. Bunu yakınmak için yazmıyorum. Doğru düşüncelerin yayılmasına örnek olsun diye yazıyorum. Dergiyi çıkaramamıştık, ancak o günlerde, gönderdiğiniz kitaplarınız geldi. Bu kadar çok kitabı görünce çok sevindim. Bir takımını Uludağ Üniversitesi'nde okuyan ablama, Bursa'ya yolladım. Diğer takımı, ADD kitaplığına sizin adınıza hediye ettim. Kitapları derneğe verdikten sonra inanılmaz bir biçimde ilgi görmüş ve daha kütüphane raflarına girmeden kapışılmış. Bunu sonradan derneğe gittiğimde öğrendim. Ablamdan aldığım bilgilere göre, kitaplarınız Bursa'da da olanca hızıyla elden ele dolaşıyormuş. Parasızlık nedeniyle dergiyi çıkaramamış ve kitabınızı tanıtamamıştık ama kitap bizim tanıtımımıza hiç ihtiyaç duymadan hızla yayılmıştı. Bu durum doğru düşüncelerin hiçbir zaman önlenemeyeceğinin bir göstergesi değil midir?

Türkiye'de gerçek Kemalistlerin soykırıma uğradığı kesin. Bir de çevremizde **Atatürk**'ün *Bursa Söylevine* ve *Gençliğe Hitabe*'sine bir gözatmak gerekiyor. Ülke satılırken, çağdaşlığı kıyafetlerde arayan gençler; ekonomik soyguna, kültürel yozlaşmaya, emperyalizme ses çıkarmıyorlar, çünkü bunları bilmiyorlar. Şunu açık ve net söylüyorum; bir daha, bir kez daha **Atatürk** gelmeyecek. Ancak merak etmeyiniz, kitaplarınız elden ele dolaşıyor artık. Bilinçlenen Türk halkı saatli bir bomba gibi, emperyalizmin üzerimize örttüğü demokrasi denilen ihanet örtüsünü parçalayacaktır. Halk şu anda düşmanını tam olarak göremiyor. Düşmanı somut olarak görse, savaşı kaybetmemiz zaten mümkün değildir. Ancak dediğim gibi, demokrasi kılıfı, insan hakları kılıfı, yardım kılıfı parçalanmak üzere. Düşman artık kendini gizlemede zorlanıyor, kendini belli ediyor. Sonu başarıyla bitecek mücadelenin ilk belirtileri yavaş yavaş ortaya çıkıyor, gözlerdeki sis perdesi artık aralanıyor. Bu gelişmede kitaplarınızla sizin, çok önemli bir yeriniz var.

Son olarak size sevgilerimi sunarken, yeni kitaplarınızı beklediğimizi belirtmeliyim. Size çok şey borçluyuz. Saygılarımla.

Volkan Gür, Denizli

♣

Saygıdeğer Vatansever **Metin Aydoğan**'a

Yeni Dünya Düzeni Kemalizm ve Türkiye kitabınızın birinci cildini bitirmek üzereyim. Daha önce *Bitmeyen Oyun*'u okumuştum.

Belki biraz tuhaf ama inanın kitaplarınızı okuduktan sonra, okuma ve araştırma yapma isteği bende iki haftadır yeşillenen bir ağaç oldu. Okuduğum ilk kitap **Can Dündar**'ın *Yaveri, Atatürk'ü Anlatıyor*'du. Daha sonra *Söylev*'i, şimdi de sizin kitaplarınızı okuyorum. Belki biraz yolun başındayım, ama inanın ülkem adına çok şeyler yapmak istiyorum. Bu nedenle kitaplarınızla tanışmak, benim için bir hazine bulmak gibi birşey oldu.

Ben 23 yaşında ve kendi imkanlarıyla ayakta kalmaya çalışan bir gencim. Beş senedir turizm sektöründe aşçı olarak çalışıyorum (Çeşme). Son üç aydır Ankara'dayım. Bunları size neden yazıyorum bilmiyorum; herhalde kim olduğumu bilmenizi istemiş olacağım.

Şu anda gecenin oldukça geç bir saati. Bu satırları karmaşık duygular içinde, masamın başında derin düşüncelere dalarak yazıyorum. Belki geçmiş tarihimizden gelen ve ortak olan ulusal bağımsızlık duygularını dile getirdiğiniz için, belki de gelişen dünya içindeki Türkiye'nin yerini gösterdiğiniz için, kendimi size karşı borçlu hissediyorum. Şükran borcumu, çok çalışarak ve ülkemin yararı için mücadele ederek ödeyebilirim; bir Türk genci olarak size çok teşekkür ederim.

Benim de içinde bulunduğum gençliğin, ülke sorunlarına uzaktan yakından hiçbir ilgilerinin olmaması, kitabınızı okuduktan sonra üzüntümü bir kat daha arttırdı. Biz ki yüce Türk devletinin ileride başına geçecek gencleriz, bu toplumu yöneteceğiz. Ancak ne yazık ki, malum çevreler tarafından sürekli yaşam derdine sürüklenerek, sanki gençleri ileride pırıltılı bir hayat bekliyormuşçasına, yalanlarla dolanlarla uyutulduk, bu yönde eğitildik.

Artık, bu çemberden kurtulmak ve bizi bekleyen acı gerçekleri görerek, hangi allı boyalı oyuncaklarla oyalandığımızı ve oyalanmakta oluğumuzu görmek zorundayız. Bizlerden gizlenen, ancak benim kitaplarınızdan öğrendiğim gerçekleri, Türk gençlerine hiç durmadan anlatmak, onları uyarmak istiyorum. Bu yoldaki amacıma inşallah, daha çok okuyarak ve daha iyi bir eğitim alarak ulaşacağım.

Şimdi üniversite sınavlarına hazırlanan bir genç olarak, daha sıkı ve daha istekli biçimde amacıma dört elle sarılmaya karar verdim. Gerek kazanırsam öğrenciliğimde ve gerekse çalıştığım çevrede, kitaplarınızda dile getirdiğiniz oyunları, gözlerini açmak için gençlere anlatacağım; yüce önderimiz **Atatürk**'ün çizdiği yoldan, sapmadan yürüyeceğim. Sizin bu uğurda elde ettiğiniz başarı bana örnek olacak.

Bugünden sonra (15.03.2003) tek amacım, **Gazi Mustafa Kemal Atatürk**'ün bize (gençliğe) bıraktığı mirası korumak için her türlü iç ve dış düşmana karşı savaşmaktır. O'nun da dediği gibi, *"muhtaç olduğumuz kudret"* damarlarımızda yeterince vardır.

Metin Bey, yazdığınız kitaplarla bize yol gösterdiğiniz için size tekrar teşekkür ederim. Saygılarımla.

                                                    Selçuk Atasayar, Aşçı-Ankara

♣

Sayın **Metin Aydoğan**

Değerli büyüğüm. *Bitmeyen Oyun*'dan sonra *Yeni Dünya Düzeni Kemalizm ve Türkiye* başlıklı eserinizi okudum. Kitaplarınızı okuduktan sonra, Türk insanı olarak kafalarımızı duvarlara vurmamız gerektiğini düşünüyorum. Bu kadar *"gaflet, delalet ve hıyanet"* nasıl olur. Ancak inanıyorum ki bu kadar ihanete karşın hala ayakta kalan bir millet, sömürücüleri ve onların işbirlikçilerini bu ülkeden söküp atmayı da bilecektir. Genç bir Türk kadını olarak, yazdıklarınızın sadece ülkemiz için değil, tüm dünyanın mazlum halkları için de önemli olduğunu görüyorum, görüyoruz...

Türk gençliği, eserlerinizin taşıdığı önemi anladığında, yeni bir kurtuluş mücadelesinin başlayacağı inancındayım. Bu kıvılcımı eserlerinizle siz çaktınız. Bu kıvılcımla bilinçlenen Türk gençliği, **Atatürk**'ün Bursa nutkunun gereğini yaptığı gün; bu millet, **Mustafa Kemal Atatürk**'ün Amasya Tamimi'nde tüm dünyaya ilan ettiği, Milletin istiklalini yine *"Milletin azim ve kararlılığı kurtaracaktır"* düsturuna sadık kalarak harekete geçecektir. Gerekirse kıyamete kadar sürecek olan ikinci kurtuluş mücadelemiz, o zaman başlayacaktır.

Sayın **Aydoğan**; yazdığınız kitaplarla, yükselen milli şuurumuza, hiçbir zaman unutulmayacak olan katkılar yaptınız. Düşünceleriniz insanlarımıza ulaşıp onları uyandırdığında, yenilmez bir güç ortaya çıkacaktır. Çünkü Türk milletinin hasletleri çok yüksektir. Onu benliğinden koparmak için uğraşanlar, onu cahil bırakanlar; kitaplarınız sayesinde çabalarında başarısız olacaklardır. Yeter ki gerçeği görebilsinler, sizin ortaya koyduğunuz gerçekleri kavrasınlar. Bizler size minnettarız, minnettar olmaya da devam edeceğiz. Sizi korumaya gücümüz şu anda yetmese de, Türkün Tanrısı'ndan sizi millet adına korumasını diliyoruz, bunun için dua ediyoruz.

Türk milleti, siz değerli büyüğümüzün tarihe belge olarak sunduğu paha biçilmez eserleri sayesinde, **Atatürk**'ü adeta yeniden öğrenmektedir. Yüce **Atatürk**'ün düşünceleri ve ilkeleri üzerine serilen toprağı kaldırdınız ve gerçek hazinesini, Türk milletinin önüne koydunuz. Bu millet bunu yapanı asla unutmaz ve onu gönlünün en güzel yerine oturtur. Eserleriniz; birlik olmak, birlikte hareket etmek ve örgütlenmek için herşeyden önce gerekli olan fikir birliğini sağlamaktadır. Tanrının Türk milletine bir lütfu olan **Atatürk** bir daha gelemeyeceğine göre, millet olarak topyekün onun vasiyetinin gereğini yapacak ve kanımızdaki cevherin gücünü harekete geçireceğiz. Buna kimsenin kuşkusu olmamalıdır.

Sayın **Aydoğan**, yarattığınız eserlerin milli duygularımızı yükselterek çelikleştirdiğini size haber vermek mutlulukların en güzeli. Yüce Türk milleti ve Türkiye Cumhuriyeti Devleti, yaşadığı sürece size minnettar kalacaktır. **Atatürk**'ün, *"Bir millet unsurî aslisinin içinden çıkanlarca yönetilmiyorsa, yok olmak mutlak ve mukadderdir"* sözlerinin gereğini yapmalıyız. Bu konuda rehberliğinizi ve yardımlarınızı Türk milletinden esirgemeyeceğinizi düşünüyor ve Türk milletinin kendi kaderini kendisinin tayin edeceği bir duruşa getirilmesi için girişilecek örgütlenmede, emirlerinize hazır olduğumuzu bir kez daha ifade etmek istiyorum.

Ve sizi, Türk milletini uyandırmaya devam etmeniz için Tanrı'ya emanet ediyoruz. Tanrı aklınıza ve bedeninize sağlık versin, kaleminiz keskin olsun. Sizin gibi bir Türk evladı yetiştirdikleri için anne ve babanıza Tanrı'nın asla sual sormayacağını biliyoruz, onlara minnettarız.

Sayın **Aydoğan**, *Bitmeyen Oyun* ve *Yeni Dünya Düzeni Kemalizm ve Türkiye* başlıklı eseriniz Türk milletini uyandırmaya devam edecektir. Kaleminizin hiç durmaması dileklerimle. Saygılarımla.

Neriman Aydın, Ziraat Ban.-Ankara

♣

Metin Bey Merhaba

Yeni Dünya Düzeni Kemalizm ve Türkiye adlı kitabınızı okudum. Daha önce de *Bitmeyen Oyun* adlı kitabınızı okumuştum. Ayrıca *Avrupa Birliğinin Neresindeyiz* kitabınızı da aldım, bitirmek üzereyim. Emperyalistlerin yer yer kendi sözlerini kullanarak yaptığınız alıntılarla, olayları ve insanlığın geçirdiği aşamaları bir bütün halinde anlatmışsınız. Bunun, kitaplarınızın en önemli özelliği olduğu kanısındayım. Bunu siz yapmamış olsaydınız, olayları birbirine bağlamada çok zorlanacak ve ilişkileri bütünlük içinde görmede yetersiz kalacaktık.

Üç yıl önce geçirdiğim bir trafik kazasında, belden aşağı felç oldum. Bu nedenle tekerlekli sandalyede yaşıyorum. Kitaplarınız bana umut ve savaşma gücü verdi. Böyle bir dünyada pasif kalmak gibi bir lüksümün olmadığına inandım. Bu yıl üniversiteyi kazandım. Şu anda derslerimde çok başarılıyım. Sakatlığım ve ulaşım koşulları nedeniyle, eve yakın olan İstanbul Bahçeşehir Üniversitesi'ni tercih ettim. Burslu kazandığım bu okulun, İletişim Fakültesi Halkla İlişkiler bölümünde okuyorum. Okulda, öğretim üyeleri dahil önüme gelen herkese kitaplarınızı anlatıyorum. Üyesi olduğum internet sitesinde kitaplarınızı tanıttım. Site yönetimi de şu an kitaplarınızı yayıyor.

Ülkemizde tam 8,5 milyon engelli var. Bu insanlar da içinde bulunduğumuz dünyanın gerçeklerini öğrenmek durumundadır. Toplumun mistik acıma duygularına terk edilmekten kurtulmuş, birey olma savaşı veren, engelli ama onurlu, kendine ve ülkesine güvenen vatansever insanların oluşturduğu bir engelliler topluluğunun oluşmasında kitaplarınızın büyük katkısı olacaktır.

Kitaplarınızı okuttuğum arkadaşlarımın tümünün, yapıtlarınızı çok beğendiklerini söylemeliyim. Yürütmekte olduğunuz yaratıcı çalışmalarınızda ve onurlu mücadelenizde yanınızda olduğumuzu bilmenizi isterim. Sizin ve ailenizin, sevgi ve saygı duygularımızı kabul etmenizi rica ediyorum.

Bülent Yılmaz, Bahçeşehir Üni.- İstanbul

♣

Sayın **Aydoğan**

Adım **Hüseyin Tilkioğlu**. Karadeniz Teknik Üniversitesi Maliye Bölümü 1.sınıf öğrencisiyim. *Yeni Dünya Düzeni Kemalizm ve Türkiye* ve *Bitmeyen Oyun* adlı kitaplarınızı derslerden arta kalan zamanlarımda okudum. Açıkçası bütün dünyamı altüst ettiniz. Bu kitapları nasıl okumamışım, nasıl 21 sene kör gibi yaşamışım diye kendimi acımasızca eleştiriyorum.

Gerçekleri görebilmem için kitaplarınızla karşılaşmam gerekiyormuş. Yazdıklarınız sizinle uyanışa geçen ve kitaplarınızla alevlenen inancımı bir kat daha arttırdı. Emin olunuz ki, yazdıklarınız hayat felsefemin temelleri olacak. Bilinçli inancımın başlangıç noktası siz oldunuz. Sizin sayenizde artık korkmuyorum. Çünkü ülkem için geç kalınmadığını sizden öğrendim.

Bitmeyen Oyun'u kız arkadaşıma verdim. Kitabınızı o gece sabaha kadar yurtta okumuş. Dünyası, benim ilk okuduğumda olduğu gibi başına yıkılmış. Bana *"Hüseyin, biz bitmişiz"* dedi. *"Hayır, bitmiş gibi görüneni uyandırmamız gerekiyor"* dedim. Bu hafta ailesinin yanına giderken, kitabı yanında götürüp **Bülent Ecevit** fanatiği babasına okutacağını söyledi. Kararlı bir tutum içinde, inanın onun da pes etmeye hiç niyeti yok. Çünkü o da sayenizde uyandı artık. Size teşekkürlerimi yolluyorum.

Sayın **Aydoğan**, ben Trakyalıyım. **Atatürk**'ün Trakya'daki en büyük miraslarından olan Alpullu Şeker Fabrikasının (Türkiye'nin ilk şeker fabrikası) bulunduğu Alpullu beldesinde oturuyorum. Şeker Fabrikaları özelleştirme kapsamına alındığında ve bir şeker işçisinin oğlu olmamdan dolayı kitaplarınızdaki özelleştirme ve KİT satışlarıyla ilgili bölümleri dikkatlice ve altını çize çize okudum. Yüce önderimizin büyük zahmetlerle kurmuş olduğu ve bir zamanlar şeker üretiminde dünya rekoru kırmış olan bu fabrikanın, şeker kotaları ve uygulanan yanlış tarım politikalarıyla neden en fazla 2 ay çalışabildiğini şimdi daha iyi anlamış bulunuyorum.

Alpullu Şeker Fabrikasının birçok bölümü şu anda atıl durumda. Özel sektörün ürettiği nişasta bazlı şekerin önünün açılması için devlete bağlı birçok şeker fabrikasının kesme şeker bölümleri çoktan kapatılmış durumda. Alpullu Şeker Fabrikasına bağlı Sarımsaklı Tarım işletmesinin hali içler acısı. Sarımsaklı Tarım işletmesine bağlı birçok tarla senelerdir ekilmiyor. Çiftliklerdeki birçok tarım aleti çürümeye terkedilmiş.

Ve bu şartlar altında **Atatürk**'ümüzün bu önemli mirasının kimlere özelleştirme adı altında peşkeş çekileceğini bilmiyorum ama merak ediyorum. Merak ediyorum çünkü gözlerimiz önünden geçmişimin de, geleceğimin de çalındığını görecek olmam beni çok üzüyor. Uygulanana yanlış ekonomik politikalara, eğitim sistemimizdeki berbatlığa ve sayamayacağım birçok bozukluğa benim gibi sayenizde gözlerini açmış ve açacak olan Atatürkçü gençliğin yakın bir zamanda dur diyeceğine inanmanızı istiyorum. Sizin gibi aydınlar öncülüğünde geçmişi ve geleceği çalınan bu gençlikle; emeği çalınan, satılan, asgari ücrete mahkum olan işçi kesimi herşeyin hesabını gerekirse yeni bir kurtuluş savaşı çıkararak soracaktır. Dediğiniz gibi *"Emperyalizm varoldukça Kemalizm'de varolacaktır"* ama şunu da unutmayın ki sizin gibi aydınlar varoldukça inançlı gençlik herşeyin hesabını er ya da geç soracaktır.

Sayın **Aydoğan**: Kitaplarınıza bu kadar geç ulaştığım için kendimi çok eleştiriyorum. Geç de olsa gözlerimi açtınız size minnettarım. Diğer kitaplarınızada en kısa sürede ulaşmaya çalışacağım. Herşey için çok teşekkür ederim.

"Yeryüzü tanrılarına"! karşı yapılacak ilk savaşta omuz omuza olmak dileğiyle...

        Hüseyin Tilkioğlu, KTÜ Maliye Böl.,Trabzon

♣

Metin Bey Merhaba

İstanbul'da yaşayan 24 yaşında bir bilgisayar mühendisiyim. Kendi geçmişinden ve dünyadan habersiz duyarsız gençler yetiştirmenin moda olduğu günümüzde, kitaplarınızı çok değerli ulusal değerler olarak görüyorum. Devlet ve medya el ele verip kültürsüzlük yayarken, tek başınıza büyük bir iş başarıyorsunuz. Gençleri, en azından benim çevremdeki gençleri düşünmeye yönlendirerek etkiliyor, halkımızı bilgilendirici eserler meydana getiriyorsunuz.

Bir noktada size bir öneride bulunmak istiyorum. Kendi halkımızı bilinçlendirmek ilk aşama olmalı, ama bence Avrupa halkları da kendi geçmişlerini bilmemektedirler. Kendilerini demokratik ve insan haklarına saygı gösteren Avrupa devletlerinin geçmişinden habersiz halkına, bugünkü gelişmişliklerinin ve refahlarının neye dayandığını göstermek gerek. Avrupa kültürünün, askeri temelli sömürgelere (katliamlara) ve şu an gerçekleştirilen ekonomik sömürgelere (fakirleştirilen ülkelere) dayandığını göstermek için, *Yeni Dünya Düzeni Kemalizm ve Türkiye* kitabınızın, yabancı dillere çevrilmesi ve Türkiye dışında yayınlanması bence çok güzel bir adım olur. Batı ülkeleri bize istedikleri zaman, istedikleri ideolojiyi benimsetebiliyorlar. Gerçeği yansıtan düşüncelerimizi bilimsel bir doğruluk içinde onların dilinde anlatabilirsek, batılılara kendi silahlarıyla yanıt verebiliriz kanısındayım.

Şimdiye kadar, eserlerinizi yabancı dilde yayınlatmadıysanız, bunu gerçekleştirmek için aklımdan geçenleri size iletmek istedim. İyi çalışmalar ve saygılar.

Tolga Karadurak, İstanbul

♣

Metin Bey,
Yeni Dünya Düzeni Kemalizm ve Türkiye adlı eserinizi, özlemini çektiğim bir tarih kitabı gibi okudum. Çocukluğum Tarih derslerinden hiçbir şey anlamadan geçti. Oradan oraya atlayan bilgileri bir türlü denkleştirememiştim. Ömür boyu bu eksikliği kendimce gidermeğe çalıştım. Tarihi seven ama anlayamayan bir çocukluk ve gençlikten sonra, altmışıma merdiven dayadığımda sizin bu eserinizle taşlar yerli yerine oturdu.! Size ilkten bunun için teşekkür etmek istedim.

Bilgi Çağı dendiği halde, en önemli bilgiler özen ile gizleniyor. *Yeni Dünya Düzeni Kemalizm ve Türkiye* adlı yapıtınızdan, bilhassa **Atatürk** hakkında, bizlerden ne kadar çok bilginin saklandığını öğrendim. Üstelik, **Atatürk**'ün silah arkadaşı olan rahmetli dedemden **Atatürk** hakkında çoğu kişinin bilmediklerini duymuş olmama rağmen, bilgimin ne kadar kısıtlı kalmış olduğunu keşfettim. Milleti **Atatürk**'ün arzuladığı tarzda bir uyanışa götürecek bilginin önüne çekilen setleri aşabildiğiniz ve topluma kazandırdığınız için de size teşekkür ederim.

Geçen ay *Bitmeyen Oyun* adlı kitabınızı okudum ve resmen hastalandım. Bir de kendimi uyanık ve bilgiye bir biçimde ulaşabilen bir kişi sanırdım. Türkiye'yi etkileyen konuların dışında, dünya çapında döndürülen dolapların farkındaydım ama Türkiye ile ilgili bilgilere ulaşamamıştım. Bir de bu kitapta **Atatürk**'ün dehasını ve öngörüsünü çok güzel sergilemişsiniz. Size teşekkürü borç bilirim.

Bitmeyen Oyun'da bir nokta dikkatimi çekti ve bilgimi sizinle paylaşmayı istedim. 12. Baskı'da sayfa 126'da Dünya Bankası Avrupa Başkan Yardımcısı **Jean François Richard**, 4 Kasım 1999'da yapılan 8.Ulusal Kalite Kongresi'nde şunları söylüyor: *"Gelecek 20 yılda yeni dünya ekonomisinde, zenginler daha zengin fakirler daha fakir olacaktır"* dediğini naklediyorsunuz.

Tarihin garip tecellisi mi diyeceksiniz? 1973'de bir Fransız Dünya Bankası'nın gidişatının dünyayı nereye götüreceğini açıkladığı için işinden atılıyor. 26 sene sonra yine bir Fransız kehanette bulunuyormuş gibi aynı açıklamayı yapıyor. Her ikisi de aynı kurumun çalışanı.

Bir ilave bilgi de **Earnest** (Dünya Bankası içinde Ernie diye bilinir) **Stern, Mc Namara** Dünya Bankasından Başkan olarak ayrılmadan evvel Senior Vice President (Direktör değil) olarak atanmıştı. Yanılmıyorsam sene 1971 veya 1972 idi. Kitabınızdan anladığım kadarıyla 1994'te **Earnest Stern** hala Senior Vice President imiş. Ayrıldı mı, hala orada mı, öldümü bilmiyorum. Bir kişinin bunca sene aynı konumda, Başkanın gölgesi olarak kalması ne uluslararası kuruluşlarda, ne de *"Kız Kardeşler"* olarak anılan WBIMI teşkilatlarında görülmüştür. Senior Vice President olarak atanmasından sonra Dünya Bankasında kararları alan, onaylayan ve gidişatı belirleyen daima **Earnest Stern** olmuştur. Başkanlar bir nevi zevahiri kurtaranlar konumunda olmuştur. **Earnest Stern** *"naturalized German Jew"* yani Amerikan vatandaşı olmuş Alman yahudisidir. Başkanlar ise Hıristiyan Amerikalılardır.

Bu bilgilerin kitabınızda yansıttığınız verilere farklı tonlar da katacağını düşündüm. Derin uykuya dalmış bu milleti silkinip uyanmaya teşvik eden yapıtlarınız için teşekkür eder, daha çok uzun seneler nice bu tür kitaplar yayınlamanızı umar, size sağlık, enerji ve huzur dolu günler dilerim.

Faruk Kazancı, İstanbul

♣

Sevgili **Metin Aydoğan**,

Öncelikle iyi günler dilerim. Uzun zamandır size mail yollamak istiyordum bu güne kısmet oldu. 1976 İstanbul doğumluyum. 1995 yılında Galatasaray Lisesi'nden mezun olduktan sonra Marmara Üniversitesi Hukuk Fakültesini bitirdim. Şu an İstanbul'da serbest avukatlık yapmaktayım. Ben sizin *Yeni Dünya Düzeni Kemalizm ve Türkiye* adlı kitabınızı okuyana kadar **Mustafa Kemal**'i, Türk Devrimi'ni ve İnkılap tarihini iyi biliyorum zannediyordum, ancak yanılmışım. Bütün kalbimle söylüyorum gerçekten müthiş bir kitap biz gençlere özellikle Kemalizmin yok edilmek istendiği bir dönemde paha biçilmez bir armağan. Teşekkür ederim.

Evet yukarıda da belirttiğim gibi üzülerek söylüyorum ki, biz Türk halkı olarak mirasyedilerden başka birisi değiliz. **Mustafa Kemal**'in ardından hiçbir yenilik ve devrim yapılmadan hala **Mustafa Kemal**'in mirasını yiyoruz, yiyoruz ancak henüz bitiremedik. Kitabınızı okuduktan sonra kendimi oldukça değersiz hissetmeye başladım. Keşke dedim hep anlattığınız 1923–1938 yılları arasında yaşasaydım. Keşke **Mustafa Kemal**'in cephelerdeki askerlerinden, devrimleri gerçekleştirirken çalışma arkadaşlarından birisi olsaydım. Şu an çoğu insan ben dahil, yalnızca işe gidip geliyoruz o kadar. Kemalizm'in uğruna bu ülke için hiçbir şey yapmıyoruz. Hiçbir şeye sesimizi çıkarmıyoruz. Sadece şımarıkça miras yiyoruz. Bu ülkenin sömürülmesine ve ulusal bilincin yok edilmesine karşı kılımızı bile kıpırdatmıyoruz.

Siz daha iyi bilirsiniz; **Atatürk** der ki, *"özgürlük benim karakterimdir. Ancak benim özgür olarak yaşayabilmeme için her şeyden önce bulunduğum toplumun özgür olması gerekmektedir".* İşte bu anda özgür olmadığımız için kendimi değersiz ve kişiliksiz hissediyorum. Yeni çıkan İcra İflas Yasasındaki bütün Kanun maddelerini IMF hazırlamıştır. IMF'ye sormadan noktasına virgülüne dahi dokunamayız. Koskoca Türkiye Cumhuriyeti, Devlet olmanın en temel unsurlarından olan YASAMA görevini bile yerine getirememektedir.

Kusura bakmayın Sayın **Aydoğan**, bana bırakırsanız size daha sayfalar dolusu yazı yazarım. Diğer kitaplarınızı da buldum en kısa zamanda okuyacağım. Bir kitabınızın özsözünde *Müdafaa-i Hukuk Kurultayı*'ndan bahsetmişsiniz. Böyle bir oluşum var mı, varsa katılma imkanı olabilir mi? Mesleğim ve kişiliğimle *Kemalizm* adına her şeyi yapmaya gönüllüyüm. Bu ülkenin size ve sizin gibi Kemalistlere çok ihtiyacı var. Sizinle tanışmak, konuşmak isterim. Sizin sayenizde **Mustafa Kemal**'e olan sevgim ve saygım milyonlarca kat daha arttı. Teşekkürler sevgili **Aydoğan**. Saygılarımla.

Av.**Alp Tunga Çelebi,** İstanbul

♣

Sayın **Metin Aydoğan**,

Yeni Dünya Düzeni Kemalizm ve Türkiye kitabınız, Türkiye'de bugün gelinen noktanın nedenlerini çok net bir biçimde açıklıyor.

Kitabınızın değerini ifade etmeye sözcükler yeterli değil. Bu ülkeyi o kadar çok seviyorum ki; kitabınızı okurken gözyaşı döktüm, sinirlendim. Bizim bu kadar cahilce şeyler yapmamız beni kahretti... Herşeyi belgeleriyle, bu kadar açık-seçik belirlediğiniz halde, hala yanlışlara imza atmaya devam ediyorsak, siz ve biz okuyucularınız, görevlerimizi yeteri kadar yapmıyoruz demektir.

Yetkim olsaydı; hiçbir üniversite öğrencisini kitabınızı okuyup irdelemeden mezun etmezdim; kitabınızı okumadan hiçbir parlamenteri meclise sokmazdım; yurtdışına öğrenci yollamazdım, subay yapmazdım, öğretmen yapmazdım, iş adamı yapmazdım... Bugün gelinen noktada fazla konuşmaya gerek olmadığı kanısındayım. Kitabınız herkesçe mutlaka okunmalıdır. Bütün dostlarıma adeta yalvarıyorum; okuyun, lütfen okuyun diye...

Sizden cesurca yazdıklarınızı, cesurca dile getirmenizi de diliyorum. Sizinle sonuna kadar beraberiz. Bir başka dileğim de, Irak'ta çıkacak istemediğimiz savaşın milletimize, Kurtuluş Savaşı ruhunu yeniden kazandırmasıdır. Buna çok ama çok ihtiyacımız var.

Meral Coşkun, E.Öğr., Seyhan-Adana

♣

Sayın **Metin Aydoğan,**
Yeni Dünya Düzeni Kemalizm ve Türkiye kitabınız ve düşüncelerinizle ne yazık ki geç tanıştım. Kitabınızı okuyanlara gönderdiği yanıtlardan, her yurtsever gibi benim de aynı görüşleri taşıdığımı anlamış bulunuyorum. Her türlü beklentiden uzak, karşılık beklemeksizin türlü fedakarlıkları yapmaya hazır olan kişilerin gönüllerinden kopan çığlıklarını dile getiren samimi tepkilerdir bu yanıtlar.

Sayın **Aydoğan** size geldiği gibi, sayın **Oktay Sinanoğlu**'na, sayın **Attila İlhan**'a, sayın **Erol Manisalı**'ya ve pek çok aydına insanlar ne yapmaları gerektiğini soran yazılar göndermektedirler. Bu samimi, özveriye hazır yazışmaların sahipleriyle bir araya gelinemez mi, çoğunluk oluşturulamaz mı? Sesimiz daha gür çıkmaz mı? Anadolu'nun her yerinde öbek öbek çoban ateşleri yakılmak istenmekte. Tek eksiğimiz güven ve samimiyet.

Sayın **Aydoğan** ne yazık ki her partiye dağılmış olan yurtseverler, parti kimliklerini terk ederek bir araya gelememektedirler. Birlik ancak ulusumuzun bağımsızlığı ve onurunu yüceltme düşüncesinde olan samimi kişilerden oluşmalı. Zaman geçirmeksizin bu doğrultuda düşünen önder aydınlarımızın biraraya gelerek toplumun diğer kesimlerine çağrı yapmasını bekliyorum. Bu günlerde yükselen değer olarak Kuvayi milliye hareketleri oluşmakta. Şüphesiz çok sayıda özverili insanın çalıştığı derneklerde az da olsa samimiyetsiz insan ileride bir köşe kapabilirim düşüncesi ile üye olabilmektedir. Bu samimiyetsizlikleri gözardı etmeden oluşacak her türlü yapılanmaya hazırız. Yazının benzerlerini sizin gibi ülkemizin bağımsızlığı için çaba harcayan değerli kişilere göndermeyi borç biliyorum. Saygılarımla.

İbrahim Kumluk, Balıkesir

♣

Sayın **Metin Aydoğan,**
Ben Ege Üniversitesi, İktisat bölümünde okuyan ve içinde bulunduğu eğitim ve yaşam şartlarından memnun olmayan bir öğrenciyim. *Kemalizm ve Türkiye, Avrupa Birliğinin Neresindeyiz?* Ve *Türkiye'yi Bekleyen Tehlikeler* isimli kitaplarınızı okudum ama iyi mi yaptım kötü mü yaptım bilmiyorum çünkü ciddi bir açmazın içine düştüm. Şöyle ki; içinde büyük bir **Atatürk** sevgisi ve milliyetçilik duygusu–tabi ki içi boşaltılmış milliyetçilik kavramı değil-besleyen, ülkesi için bir şeyler yapma ihtiyacı hisseden biriyim. Ülke içinde dönen olayları ve bu olayların boyutlarını bilmek

"gerçekten bu ülke için bir şey yapabilir miyim?" sorusunu da beraberinde getiriyor.

Aldığım eğitim nedeniyle kapitalizmin kucağına düşmüş bulunuyorum. Yarın mezun olup iş aramaya çıktığımda sizin de üstüne basa basa değindiğiniz yabancı ortaklı şirketlerde iş bulmaya çalışacak, bu şirketlerin *"ucuz iş gücünün"* bir parçası olacağım. Bunların ürünlerini ülkemde nasıl daha çok sattırırım ya da gerçek anlamıyla kendi ülkemi bu insanlara nasıl daha iyi *"sömürtürüm"*ün hesaplarını yapacağım. Sonuç olarak, küresel döngünün ister istemez bir parçası olacağım çünkü çok fazla seçeneğim yok. Bireysel çabanın ya da tepkinin pek bir işe yaramayacağını da biliyorum. Giderek çok daha az gencin bu konularda bilinç sahibi olduğunu düşünürsek durum gerçekten zor görünüyor, çünkü gençlik ciddi anlamda kendini bu düzene kaptırmış ve kendi benliklerini unutmuş durumda. İçimde idealist duygular besliyorum ama idealizmin de başa bela olduğu bir ülkede yaşıyorum. Tekrar bir **Atatürk** çıkma ihtimali de bence olmadığına göre, sanırım çevremde olup biten hemen her şeyi kabul etmek zorundayım.

Sonuç itibariyle, ciddi bir düşünce yoğunluğunun içindeyim. Beni bu düşüncelere sevkeden birisinin belkide bana bir yol gösterebileceği umuduyla size bu iletiyi yazmaya karar verdim. Ümidimi kesmemeliyim diyorum ama bu şartlar altında da hayatımı bu ülkede tüketmek istemiyorum, çünkü bu yaşadığım 22 yılda bile bu ülke bende çok şeyi aldı götürdü. Yaşayamadığım bir gençlik ve istemediğim bir meslekte çalışacak olduğumu düşünürseniz sanırım demek istediğimi daha iyi anlarsınız. İlginize şimdiden teşekkür ediyorum.

Baran Körükmez, Ege Üni., İzmir

♣

Sayın **Metin Aydoğan**,
Bilinen bir öykü vardır, büyük bir fırtınanın ardından, sahile milyonlarca deniz yıldızı vurur. Ve bir adam, çıkan güneşin altında her an ölüme biraz daha yaklaşan deniz yıldızlarını toplayıp denize atarken, bir başkası yaklaşır yanına. Umutsuz ve umarsız bir sesle; "Daha milyonlarca *var. Hepsine yetişemezsin. Birkaç tanesini denize atmışsın, ne farkedecek?"*

Ve o aydınlık insan, çabalarına ara vermeden bir deniz yıldızını daha denize atarak ölümden kurtarırken, yanıtlar; "işte bunun için *farketti...*"

Evet, benim için farketti. İnanıyorum ki, Sayın **Aydoğan**'ın *"Yeni Dünya Düzeni, Kemalizm ve Türkiye"* ile *"Bitmeyen Oyun"* adlı eserlerini okuyan herkes, o engin maviliklere tekrar kavuşan bir deniz yıldızı gibi duyumsayacak kendisini.

Yalnızca sorunları ortaya koymakla kalmayıp, *"Ne yapmalıyız?"* sorusunun yanıtını da veren, örneğine az rastlanan bu eserleri kaleme alan **Metin Aydoğan**'ı kutlamak için söz bulamıyorum. *"Sözün bittiği yer"* burası olsa gerek...

Oğuz Uyan, Sanayici - İzmir

DİPNOTLAR

YEDİNCİ BÖLÜM DİPNOTLAR
İKİNCİ DÜNYA SAVAŞI VE SONRASI

1 **"Savaş: Görünüş ve Gerçeklik"** J. M. Roberts, **"20. Yüzyıl Tarihi"** Arkın Kit., 1970, Sayı 35, sf. 698
2 http://avalon.law.yale.edu/wwii/blbk20.asp (Erişim Tarihi: 04.11.2015)
3 **"2.Dünya Savaşına Doğru"** J. M. Roberts, **"20 Yüzyıl Tarihi"** Arkın Kit. 1970, Sayı 35, sf. 681
4 **"2.Dünya Savaşı Ansiklopedisi"** Yener Yay., sf.694
5 a.g.e. sf.35-36
6 a.g.e. sf.3
7 **"İkinci Dünya Savaşı"** Büyük Larausse, Gelişim Yay., sf.3456
8 **"O'Conor, 1970:115-121"** Mandel 1975: 343-6 ak. **Neşecan Balkan "Kapitalizm ve Borç Krizi"** Bağlam Yay., 74, 1994, sf.82
9 **"The New Super Powers:Germany, Japan, The V.S. and new World Order"** Jeffrey T. Bergner, New-York 1991
10 **"Soğuk Barış"** Jeffry E.Garten, Sarmal Yay., 1994, sf.198
11 Bulletin, 10 Mayıs 1965, sf.695, ak. **Harry Magdoff "Emperyalizm Çağı"** Odak Yay., 1974, sf.55
12 **"Amerika Birleşik Devletleri-Savunma"** Büyük Larousse, sf.525
13 **"Impact Of Western Man"**, New York, 1966, sf.150 ak. **Harry Magdoff, "Emperyalizm Çağı"** Odak Yay., 1974, sf.75
14 **"Amerika Birleşik Devletleri-Savunma"** Büyük Larousse Gelişim Yay., sf.525
15 **"Bir Hürriyet Havarisinin Sabıka Dosyası" Yağmur Atsız**, Boyut Kit., 1.Basım, 1998, sf.38
16 **"NATO" "Büyük Larousse"** Gelişim Yay., sf.8554
17 **"Bonn and Tokyo Are Criticized for Not Bearing More of Gulf Cost"** The New York Times, 13.09.1980, S.A., ak. **Jaffry E. Garten, "Soğuk Barış"** Sarmal Yay., 1994, sf.181
18 **"Bugünün ve Geleceğin Dünya Güç Merkezleri ve Dengeleri ile Türkiye'ye Etkileri"** Harp Akademileri Komutanlığı Yay., sf.4
19 **"Truman Doktrini: Soğuk Savaş İlan Ediliyor"** Coral Bell, **"20.Yüzyıl Tarihi"** Arkın Kit., Sayı 43, sf.845
20 a.g.e. sf.844
21 **"Truman Doktrini"** Büyük Laorusse, Gelişim Yay., sf.11, 723
22 **"Truman Doktrini: Soğuk Savaş İlan ediliyor"** Coral Bell, **"20.Yüzyıl Tarihi"** Arkın Kit., Sayı 43, sf.845
23 a.g.e. sf.846
24 **"Küreselleşmenin Sınırsızlığı Sorgulanıyor"** 10 Temmuz 1998 Cum.
25 **"Hearings on the Foreing Assistance Act of 1967"**, Washington D.C. 1967, s.114, ak. **Harry Magdoff, "Emperyalizm Çağı"** Odak Yay., 1974, sf.153-154

26	The New York Times 08.03.1992, ak. **"Bugünün ve Geleceğin Güç Merkezleri ve Dengeleri ile Türkiye'ye Etkileri"** Harp Akademileri Komutanlığı Yay., 1994, sf.10
27	Cumhuriyet 17 Şubat 1998
28	**Hüseyin Baş "Ortadoğu'da Tehlikeli Gelişmeler"** Cum., 07.Mart.1999
29	**"Kafkaslar, Ortadoğu ve Avrasya Perspektifinde Türkiye'nin Önemi"** E. Orgeneral **Kemal Yavuz**, Aydınlık, 10 Mayıs 1998, Sayı 564, sf.11
30	**"Oltadaki Balık Türkiye" Emin Değer,** Çınar Yay., sf.32
31	**"Imports Of Manufactures From Less Developed Countries", Hal B.Lary,** New York 1968, sf.2, ak.**Harry Magdoff,** Odak Yay., 1974, sf.206
32	**"The First Real İnternasional Bankers"** Fortuna, Eylül 1967, sf.143, ak. a.g.e. sf.84
33	**"The 'Edge Act' and United States İnternasional Banking and Finance"** Brown Brothers Harriman and Co. May.-1962, sf.32 ak. a.g.e. sf.85
34	**"Board of Governors of the Federa Reserve System, Annuel Report"** ve **"Overseas Branches of Comparations Engaged in Foreign Banking and Financing in Operation on Decemmer 31"** 1967, ak. a.g.e. sf.96
35	**"Küresel Düşler" R.J.Barnet-J.Cavanagh,** Sabah Yay., 1995, sf.290
36	**"Küresel Düşler" R.J.Barnet-J.Cavanagh,** Sabah Yay. 1995, sf.291
37	**"IMF Sopa Gösterdi Rusya Ağız Değiştirdi"** Hürriyet, 26.03.1999
38	**"Heritage Foundation Los Angeles Times 04.01.0998"** ak. Cumhuriyet, 20.03.1998
39	Hürriyet- Ekonomi sayfası, 23 Nisan 1998
40	**"Küresel Düşler" R.J.Barnet-J.Cavanagh,** Sabah Yay., 1995, sf.313
41	**"Taner IMF'ye Çattı" Uğur Uluç,** New York, Hürriyet, 19 Nisan 1998
42	**"A Torrent of Dirty Dollars"** Jonathan Beaty-Richard Hornik, Time, 18 Aralık 1989, sf.50, ak. **"Küresel Düşler" R.J.C.Barnet-J.Cavanagh,** Sabah Yay., 1995, sf.306
43	**"Full Service Bank"** Adams-Frante, sf.110, ak. a.g.e. sf.307
44	**"Ekonomide Dışa Açık Büyüme"** Gülten Kazgan, sf.192, Tablo 11, ak. Neşecan Balkan, **"Kapitalizm ve Borç Krizi"** Bağlam Yay., 1994, sf.107
45	**"Emperyalizm Çağı"** Harry Magdoff, Odak Yay., sf.190
46	**"The Economics of Poverty"** Thomas Balogh, Londra, 1966, ss. 28-29, ak. H.Magdof **"Emperyalizm Çağı"** Odak Yay., No:4, 1974, Ank., sf.193
47	**"Taner IMF'ye Çattı" Uğur Uluç,** New York, Hürriyet 19 Nisan 1998
48	**"Çok Uluslu Kavga"** Cumhuriyet, 28 Ocak 1999
49	**"Emperyalizm Çağı"** Harry Magdoff, Odak Yay., sf.195
50	**"The Domestic Dividens Of Foregn Aid in Columbia Journal of Word Business"** Eugene R.Black, Vol 1, Fall 1965, sf.23, ak. **Harry Magdoff, "Emperyalizm Çağı"** Odak Yayınları, sf.226
51	**"Puplic İnternational Development Financing in Thailand"** New York, Şubat 1963, sf.81-83, ak. a.g.e. sf.188
52	**"Dünya Bankası Çizgili Taşlama"** Cumhuriyet 24.05.1996

53	**"World Dept Tables"** (Washington D.C.; The World Bank, değişik yıllar) ak. **Neşecan Balkan "Kapitalizm ve Borç Krizi"** Bağlam Yay., 74, 1994, sf.142-143
54	**"Dünya Bankası" "Grolier International Americana"** Sabah Yay., 5.Cilt, sf.143
55	**"Marshall Planı"** Ana Britannica, 20.Cilt, sf.81
56	a.g.e. sf.81
57	**"Amerika Meydan Okuyor" J.J.Servan Schreiber**, Sander Kit., 2.Bas., 1968, sf.26
58	a.g.e. sf.37
59	a.g.e. sf.86
60	The Guardian, 13. 02. 1998
61	**"Bretton Woods ve Küreselleşmeye Açılan Kapılar"** Prof.Dr.**Erdoğan Soral**, http// garildi Cumhuriyet.com.tr/cgi
62	**"ABD, ABD'ye karşı"** POWER Ocak 1999, Aybim Bil.garildi * yore.com.tr.
63	**"Amerika Meydan Okuyor"** J.J. Servan Schreiber, Sander Kitapevi, İkinci Baskı, 1968, sf.165-166
64	**"The United States and China"** John K.Fairbank, (Cambridge:Harvard Uni. Press, 1973) ak. **R.J.Barnet-J.Cavanagh "Küresel Düşler"** Sabah Yay., sf.104
65	**"Us Dept. of Comm.Foreing Aid by the US Government"**, 1940-51, Washington D.C. 1952 ak. **Nuri Yıldırım "Uluslararası Şirketler"** Cem Yayınevi, İstanbul 1972, sf.69
66	SCB, Oct. 1975 sf.50; Aug. 1977, sf.42-45, Wilkinns (1974) sf.31,55,182,283 ve 330 ak. a.g.e. sf.84
67	Curhan-Vaupel (1973) sf.74-103 ak. a.g.e. sf.83
68	World Investment Report 1994, ak. **Ergin Yıldızoğlu "Globalleşme ve Kriz"** Alan Yayıncılık, 1996, sf.15
69	**"Değişim, Küreselleşme ve Devletin Yeni İşlevi"** Gencay Şaylan, İmge Yay., sf.174
70	a.g.e. sf.177
71	**"New York Times"** 26. 01. 1992 ak. **R.J.Barnet-J.Cavanagh "Küresel Düşler"** Sabah Yay., sf.136
72	**"Soğuk Barış"** Jefrey E.Garten, Sarmal Yay., sf.134
73	**"Chakravarthi Raghavan, Recolonization: GATT, the Uruguay and the Third World"** (Penang, Malaysia: Third World Net-work 1990) sf.123 ak. R.J.Barnet-J.Cavanagh **"Küresel Düşler"** Sabah Yay., sf.280
74	**"Soğuk Savaştan Sıcak Barışa"** Hıdır Göktaş-Metin Gülbay, Alan Yayıncılık, 142, 1994, sf.26
75	**"Küresel Düşler" R.J. Barnet-J. Cavanagh**, Sabah Yay., 1995, sf.277
76	**"Soğuk Barış"** Jeffry E.Garten, Sarmal Yay., 1994 sf.25
77	**"Year of Victory for Modest Statesman"** Davit Marsh, The Financial Times, Aralık 1990, sf.6, ak. **Jeffry E. Garten "Soğuk Barış"** Sarmal Yay., 1994, sf.227

78	"Avrupa Topluluğu Nedir?" Nüve Matbaası, Ankara, sf.17
79	"T.C. Başbakanlık DPT Uluslararası Ekonomik Göstergeler"
80	"Soğuk Barış" Jeffry E.Garten, Sarmal Yayınevi, 1994, sf.24
81	"Amerika'dan Avrupa'ya: Gerçekçi ol" Posta, 22.02.1999
82	"Avrupa Çiftçisi de Reforma Karşı" Cumhuriyet, 11 Şubat 1999
83	"Protectionsist Plan for Europe's Single Market" Kenjiro İşikawa, Economic Eye, Sonbahar 1990: 23 ak. Lester Thurow "Kıran Kırana" AFA Yay., 1994, sf.87
84	"Küresel Düşler" R.J.Barnet-J.Cavanagh, Sabah Yay., 1995, sf.280-281
85	"What Price Economic Grawth" Jonathan Schlefer, The Atlantic Monthly, Ararlık 1992, sf.115, ak. a.g.e. sf.281
86	"America: What Went Wrong?" Barlet-Steele, sf.31 ak. a.g.e. sf.281
87	"Küresel Düşler" R.J.Barnet-J.Cavanagh, Sabah Yayınları, 1995, sf.200
88	a.g.e. sf.281
89	a.g.e. sf.200
90	"Mexico: A Country Guide" Tom Barry (Albuquerque, N. Mex: İnter-Hemispheric Education Resource Center 1992) sf.163 ak. a.g.e. sf.200
91	"Mexico Business Monthly" Temmuz 1991, sf.4 ak. a.g.e. sf.200
92	"Küresel Düşler" R.J.Barnet-J.Cavanagh, Sabah Yayınları, 1995, sf.200
93	"NAFTA 5 yılda Neler Getirdi Neler Götürdü" Cum., 1 Nisan 1999
94	"Kapitalizmin Geleceği" Lester C.Thurow, Sabah Kitapları, 1997, sf.2
95	"Küresel Düşler" R.J.Barnet-J.Cavanagh, Sabah Yay., 1995, sf.201
96	"NAFTA'da İşsizler Ordusu" İldeniz Kurtulan, Cum. 7 Ocak 1996
97	"Wall Street Journal" 13.11.1998 ak. Ergin Yıldızoğlu, "Dikkatler Reel Ekonomiye Dönerken" Cumhuriyet, 16.11.1998
98	"Los Angeles Times" 14.11.1998 ak. Ergin Yıldızoğlu "Dikkatler Reel Ekonomiye Dönerken" Cumhuriyet 16.11.1998
99	"APEC'de Doğu-Batı Çekişmesi" Cumhuriyet 16.11.1998
100	"Dünyanın En Geniş Serbest Bölge Antlaşması" Dünya, 20.11.1995
101	"Dikkatler Reel Ekonomiye Dönerken" E. Yıldızoğlu, Cum. 16.11.1998
102	"Dikkatler Reel Ekonomiye Dönerken" E. Yıldızoğlu, Cum. 16.11.1998
103	"Clington Tokyo'ya Sert Çıktı" Cumhuriyet 21.Kasım.1998
104	"ABD ABD'ye Karşı" Power, Ocak 1999, Aybim Bilgisayar Tic. Ltd.Şti. garildi * Yore Com.tr.

SEKİZİNCİ BÖLÜM DİPNOTLAR
KÜRESEL ÖRGÜTLENMEDE TEMEL BELİRLEMELER

1	"Küresel Düşler" Richard J. Barnet-John Cavanagh Sabah Yay., 1995, sf. 137
2	"Küresel Düşler" R. J. Barnet-J.Cavanagh Sabah Yay., 1995, sf. 175
3	a.g.e. sf. 187
4	"New York Times" 21.11.1991 ak. R. J. Barnet-J. Cavanagh Sabah Yay., 1995, sf. 131

5	**"Here's One Tough Cowboy's"** Trachtenberg sf. 110, ak. a.g.e. sf. 146
6	Devlet Planlama Teşkilatı Verileri ak. Cumhuriyet 22 Şubat 1999
7	**"Küresel Düşler" R. J. Barnet-J. Cavanagh** Sabah Yay., 1995, sf. 225
8	**"World Investment Report"** UN. Center on Transnational Corporations, New York, United Nations 1991, sf. 9 ak. a.g.e. sf. 225
9	**"Dünya Nereye Gidiyor?"** Prof. Dr. **Haluk Ulman "Yeni Dünya Düzeni ve Türkiye"** Bağlam Yay, 54, 3. Basım, 1994, sf. 47
10	**"Global Paradoks" John Naisbitt** Sabah Yay., 1994, sf. 12-13
11	**"Dinsel Hareketlere Washington'dan Destek"** Cumhuriyet 16 Mayıs 1998
12	**"ABD'nin Apo'suna 99 Yıl Ceza"** Hürriyet 6 Kasım 1997
13	**"Amerikalı Komünist Kanada'ya Sığındı"** Cumhuriyet 21 Mart 1998
14	**"ABD'de Lahey'in Çağrısına Karşın İdam"** Hürriyet 16 Nisan 1998
15	**"18 Dakika Can Çekişti"** Hürriyet 5 Mart 1999
16	**"Soğuk Barış" Jeffrey E. Garten** Sarmal Yayınevi, 1994, sf. 134
17	**"Mercantilist in Houston"** The Economist 07.07.1990 sf. 13 ak. **Lester Thurow "Kıran Kırana"** Afa Yayınları, 280, 1994, sf. 316
18	**"Japan Viewed As World's Most Unfair Trading Nation"** William Dullforce Financial Times 13.03.1990 sf. 20 ak. a.g.e. sf. 316
19	**"Report on Unidet States Trade Barriers and Unfair Practices 1991 European Community"** ak. a.g.e. sf. 316
20	**"Congressional Record"**, May 24 1965 sf. 10840, ak. **Harry Magdoff "Emperyalizm Çağı"** Odak Yayınları 4, 1974, sf. 155-156
21	Le Monde 02.11.1973 ak. **Doğan Avcıoğlu "Milli Kurtuluş Tarihi"** İstanbul Matbaası, 1974, 3. Cilt, sf. 1693
22	**"Dünya Bankası"** World Debt Tables (Washington D.C:The World Bank değişik yıllar) ak. **Neşecan Balkan "Kapitalizm ve Borç Krizi"** Bağlam Yay., 74, 1994, sf. 142-143
23	a.g.e. sf. 142-143
24	**"Sömürgecilik Emperyalizm Küreselleşme" Fikret Başkaya** Öteki Yay., sf. 25
25	**"Kapitalizm ve Borç Krizi" Neşecan Balkan** Bağlam Yay., sf. 142 **"Sömürgecilik Emperyalizm Küreselleşme" Fikret Başkaya,** Öteki Yay., sf. 25
26	**"Petrol İmparatorluğu" H. O. Connor,** Almanca Baskı sf. 275-280 ak. **Emin Değer "Oltadaki Balık Türkiye"** Çınar Araştırma, sf. 87
27	**"Küresel Düşler" R. J. Barnet-J. Cavanagh** Sabah Kitapları, sf. 317
28	**"Curhan-Vaupel (1973)",** sf. 74-103 ak. **Nuri Yıldırım "Uluslararası Şirketler"** Cem Yay., 1979, sf. 83, **"Centre on Transnational Corporations"** Araştırması B.M. ak. **Ergin Yıldızoğlu "Globalleşme ve Kriz"** Alan Yayıncılık 167, 1996, sf. 12
29	**"A Survey of Multinationals"** Economist, 27.03.1993 sf. 5-6 ak. **R. J. Barnet-J. Cavanagh "Küresel Düşler"** Sabah Yay., 1995, sf. 2
30	**"Berle-Means (1932)"** sf. 39, ak. **Nuri Yıldırım "Uluslararası Şirketler"** Cem Yay., sf. 66

31 "The U.S. Fact Book (1975)" sf. 720 ak. a.g.e. sf. 70
32 Andreano (ed. 1973) Part II. ak. a.g.e. sf. 70
33 "Uluslararası Şirketler" Nuri Yıldırım, Cem Yayınları, sf. 70
34 "Küresel Düşler" R. J. Barnet-J. Cavanagh Sabah Yay., 1995, sf. 132
35 "Economist" 09.06.1990 sf. 3 ak. R. J. Barnet-J. Cavanagh "Küresel Düşler" Sabah Yay., 1995, sf. 132
36 "Multinationales et Ssystmes de Communication" Armand Mattelard Anthropos, Paris 1976, ak. Serge Latouche "Dünyanın Batılılaşması" Ayrıntı Yay., 1993, sf. 34
37 "Küresel Düşler" R. J. Barnet-J. Cavangh Sabah Yay., 1995, sf. 134
38 "Multinationales et Systemes de Communication" Armond Matteland Anthropos, Paris, 1976, ak. Serge Latouche "Dünyanın Batılılaşması" Ayrıntı Yay., 1993, sf. 34
39 "U.S. Books Abroad: Neglected Ambassadors" Curtis G. Benjamin, Washington D.C.: Library of Congress 1984 sf. 17-18 ak. R. J. Barnet-J. Cavanagh "Küresel Düşler" Sabah Yay., 1995, sf. 76
40 "New York Times" 26.05.1991 ak. a.g.e. sf. 17
41 "Global Paradoks" John Naisbitt Sabah Yayınları, 1994, sf. 20
42 "Küresel Düşler" R. J. Barnet-J. Cavanagh Sabah Yayınları, 1995, sf. 119
43 "Mass Media Culture" Carton sf. 1, ak. R. J. Barnet-J. Cavanagh "Küresel Düşler" Sabah Yayınları, 1995, sf. 119
44 "Küresel Düşler" Richard J. Barnet-John Cavanagh Sabah Yay., sf. 259
45 a.g.e. sf. 130
46 a.g.e. sf. 259
47 "Global Paradoks" John Naisbitt Sabah Yayınları, 1994, sf. 20
48 "Küresel Düşler" Richard J. Barnet-John Cavanagh Sabah Yay., sf. 63
49 "Emperyalizm Çağı" Harry Magdoff Odak Yay., 4, 1974, sf. 28
50 "Küresel Düşler" Richard J. Barnet-John Cavanagh Sabah Yay., sf. 187
51 "AB'den Türk Demir Çeliğine Anti-damping Soruşturması" Dünya 26.05.1999
52 "Soğuk Barış" Jeffry E. Garten Sarmal Yay., sf. 152
53 "Körfezdeki Silahlar Batı'dan" Azer Bortaçina, 18.02.1998 Milliyet
54 "NATO'dan Uranyum İtirafı" 22.04.1999 Cumhuriyet
55 Prof. J. K. Galbraith Guardian 27.03.1991 ak. Hıdır Göktaş-Metin Gülbay "Soğuk Savaştan Sıcak Barışa" Alan Yayıncılık, 1994, sf. 42
56 "Küresel Düşler" R. J. Barnet-J. Cavangh Sabah Yay., 1995, sf. 229
57 "Milliyetçilik ve Ekonomik Gelişme" Nigel Harris ak. R. Prendergast F. Stewart "Piyasa Güçleri ve Küresel Kalkınma" YKY, sf. 33
58 "Küresel Düşler" R. J. Barnet-J. Cavangh Sabah Yay., 1995, sf. 225
59 "The Trade Trap" Belinda Coote (Oxford: Oxfam UK, 1992) sf. 6-7 ak. R. J. Barnet-J. Cavanagh "Küresel Düşler" Sabah Yay., 1995, sf. 228
60 "İkibinli Yıllar Dünya ve Türkiye" C. Tayyar Sadıklar Kül.Bak.Yay., No: 1720 İkibinli Yıllar Dizisi 1, 1995, Ank.; ak. İsmail Gökdayı "Çevrenin Geleceği" Türkiye Çevre Vakfı Yayını, 1997, sf. 159
61 "Küresel Düşler" R. J. Barnet-J. Cavanagh Sabah Yay., 1995, sf. 228

62	**"Imperialism"** Hopson Londres 1902, sf. 58 ve değişik kaynaklar ak. **V. İ. Lenin "Emperyalizm"** Sol Yay., 1969, 1. Baskı, sf. 79
63	**"Balance of Payments Statistical Supplement Revised Edition"**, Washington D.C. ak. **H. Magdoff "Emperyalizm Çağı"** Odak Yay., 1974, sf. 256
64	**"World Debt Tables"** (Washinton D.C. The World Bank, **"Değişik Yıllar"** ak. **N.Balkan "Kapitalizm ve Borç Krizi"** Bağlam Yay., sf. 142 ve **"Sömürgecilik Emperyalizm Küreselleşme"** F. Başkaya, Öteki Yay., sf. 25
65	**"The ABCs of International Finance"** (Lexington, MA: Lexington Books, 1987) ak. **N. Balkan "Kapitalizm ve Borç Krizi"** Bağlam Yay., 1994, sf. 173
66	**"Piyasa Güçleri ve Küresel Kalkınma"** R. Prandergast-F.Stewart YKY, 1995, sf. 49
67	Rojas-Suarez, 1991, DECD ak. a.g.e. sf. 44
68	**"Le Monde Diplomatique"**, Janvier 1987, sf. 14,15 ak. **Fikret Başkaya "Sömürgecilik Emperyalizm Küreselleşme"** Öteki Yay., sf. 88
69	**"Küreselleşme Baskısı Hız Kazanıyor"** Bir.Mi.Ticaret ve Kalkınma Konferansı (UNCTAD) 1997 raporu, Cumhuriyet 17 Şubat 1998
70	a.g.e.
71	**"Ekonomide Dışa Açık Büyüme" Gülten Kazgan,** sf. 192, Tablo II. ak. Neşecan Balkan **"Kapitalizm ve Borç Krizi"** Bağlam Yay., 1994, sf. 107
72	**"Kapitalizm ve Borç Krizi" Neşecan Balkan** Bağlam Yay., 1994, sf. 107
73	Cumhuriyet 29.08.1999
74	**"Kapitalizm ve Borç Krizi" Neşecan Balkan,** Bağlam Yay., sf. 113
75	**"Dünya Bankası Raporu"** 1985, 40, Das, 1986, 61 ak. **Neşecan Balkan "Kapitalizm ve Borç Krizi"** Bağlam Yay., 1994, sf. 113
76	**"Migration of Financial Resources"** sf. 61 ak. a.g.e. sf. 111
77	a.g.e. sf. 111
78	Dünya Bankası Raporu sf. 40 ak. **Neşecan Balkan "Kapitalizm ve Borç Krizi"** Bağlam Yay., 1994, sf. 111
79	**"A Fate Worse Than Debt sf. 66"** ak. a.g.e. sf. 111
80	**"World Bank, 1992"** ak. **R. Prendergast-F. Stewart "Piyasa Güçleri ve Küresel Kalkınma"** Yapı Kredi Yayınları, 1995, sf. 49
81	**"Avrupa'dan Balık Darbesi"** Hürriyet 26.05.1998 ve 28.05.1998
82	**"Asya'yı Serbest Piyasa Yaraladı"** Cumhuriyet 01.Şubat.1999
83	**"Kapitalizm ve Borç Krizi" Neşecan Balkan** Bağlam Yay., 1994 sf. 113
84	UNDP (1992 Tablo 3.1) ak. **R. Prendergast-F. Stewart "Piyasa Güçleri ve Küresel Kalkınma",** Yapı Kredi Yay., 1995, sf. 56
85	(UNCTAD 1990) a.g.e. sf. 54
86	**"Oyunun Kuralı Değişiyor"** Cumhuriyet 05.11.1999
87	**"Center on Transnational Corporations"** araştırmaları ve BM **"World Investment Report 1994"** ak. **Ergin Yıldızoğlu "Globalleşme ve Kriz"** Alan Yay., 1996, sf. 15
88	**"Global Paradoks"** John Naisbitt Sabah Yayınları, 1994, sf. 14,24 ve 34

89 a.g.e. sf. 27
90 "Şirket Yönetiminde GE Yaklaşımı; Jack Welch Yeni General Electric'i Nasıl Yarattı?" Robert Slater Sabah Kit., 1994 ve "Global Paradoks" John Naisbitt Sabah Kit., 1994, sf. 5
91 "Global Paradoks" John Naisbith Sabah Kitapları, 1994, sf. 5
92 "New Perspectives Quarterly (NPQ)" Cilt 2, Sayı 5, ak. Hıdır Göktaş-Metin Gölbay, "Soğuk Savaştan Sıcak Barışa" Alan Yay., 1994, sf. 40
93 Cumhuriyet 03 Haziran 1995
94 Hürriyet 12 Ağustos 1995
95 Cumhuriyet 07 Kasım 1997
96 "Demokrasiyi Konuşmak İsteyen Yok" Tony Benn, Ergin Yıldızoğlu Cumhuriyet 01 Nisan 1999
97 IMF Ekonomic Outlook, June 1998, OECD Analytical Databank, ak. "Bildiren" Nisan 2001, Sayı 33
98 (Boltho, 1992) ak. R. Prendergast-F. Stewart "Piyasa Güçleri ve Küresel Kalkınma" Yapı Kredi Yay., 1995, sf. 48
99 World Bank 1992 ak. a.g.e. sf. 48-49
100 "The Baileout Agency Becomes a Highly Motivated Seller" Stephen Labaton, New York Times 23.03.1991 S.E4. ak. Lester Thurow "Kıran Kırana" Afa Yay., sf. 15
101 "Financial Market Trends" (OECD) ak. Cumhuriyet Eko., 29 Mart 1999
102 "Clinton'un İki Yüzü" Şükran Soner Cumhuriyet 16.01.1999
103 Hürriyet, 12.11.2001
104 "Kıran Kırana" Laster Thurow Afa Yay., sf. 15
105 "FBI Yabancı Hisse İçin Uyardı" Cumhuriyet 03 Haziran 1995
106 "KİT Gerçeği ve Özelleştirme" Arslan Başer Kafaoğlu Alan Yay., 2.Bas., sf. 155
107 "Soğuk Barış" Jeffry E. Garten Sarmal Yay., 1994, sf. 138
108 "Understanding Differences: Why Western Models Can't Comprehend Japan" Gregory Clark The JAMA Forum Mayıs 1991, sf. 6 ak. L. Thurow "Kıran Kırana" Afa Yay., sf. 145
109 "Thinking Big as Frontiers Tumble" Umberto Agnelli, The Times Higher Education Supplement sf. 25, ak. a.g.e. sf. 83
110 "Greeting From Fortress Germany" Ferdinant Protaman The New York Times 18.08.1991 sf. F1, ak. a.g.e. sf. 84
111 "Bonn is Urged to Sell Assets to Finance Union" The Inter. Herald Tribune 03.10.1990 sf. 11 ak.J. E. Garten "Soğuk Barış" Sarmal Yay., 1994 sf. 128
112 "Soğuk Barış" Jeffrey E. Garten Sarmal Yay., sf. 128
113 İ.N.S.E.E. 95 sf. 137 tablo 14.5
114 "Global Paradoks" John Naisbitt Sabah Kitapları, 1994, sf. 31
115 Bernard Cassen (Le Monde Diplomatique) ak. Cumhuriyet "Ticaretin Küreselleşmesinden En Çok Amerikan Şirketleri Yarar Sağlıyor" 22.12.1996
116 Hearing, Washington, D.C. 1962 Vol.I., sf. 359 ak. H. Magdoff

"Emperyalizm Çağı" Odak Yay., 1974 sf. 155
117 Yalçın Doğan, Cumhuriyet 17-19 Ağustos 1975, ak. **Emin Değer** "Düşünce Özgürlüğü Çıkmazı" Tekin Yayınevi, 1995, sf. 175
118 "Global Paradoks" John Naisbitt Sabah Kitapları, 1994, sf. 31 ve 34
119 "Küresel Düşler" R. J. Barnet-J. Cavanaght Sabah Kitapları, 1995, sf. 199
120 a.g.e. sf. 199
121 World Bank, World Development Report 1991 (Washington D.C.: World Bank, 1991, sf. 232-233 ak. **R.J.Barnet-J. Cavanagh** Sabah Kit., sf. 199
122 "Türkiye 5 yıl sonra Açlık Sınırında" Cumhuriyet 04.Nisan.1999
123 "Biyoteknoloji ve Uluslararası Tekeller" Engin Yıldızoğlu Cumhuriyet 24.05.1999
124 "MAİ'den Sonra TEO" Serkan Demirtaş Cumhuriyet 28.05.1999
125 Resmi Gazete no: 10228 ak. **Haydar Tunçkanat "Amerika, Emperyalizm ve CIA"** Tekin Yayınevi, 1987, sf. 35
126 Resmi Gaz.24.Eylül.1963 gün ve 11 513 Sayılı Resmi Gaz. ak. a.g.e. sf. 39
127 "Tarım ve Hayvancılığa Darbe" Cumhuriyet 30.Ocak.1998
128 "Küresel Düşler" R. J. Barnet-J. Cavanaght Sabah Kitapları, sf. 199
129 "Kotanın Diyeti Tarım Ürünleri" Cumhuriyet 01.05.1998
130 "Dairy, Prairie" The Economist 15.11.1986 ak. Tür. Çevre Sor. Vakfı "Ortak Geleceğimiz" Dünya Çevre ve Kalkınma Komisyonu, sf. 160
131 "The Economist" 09.06.2001, ak. Ege Censen, Hürriyet, 07.07.2001
132 "ABD Çiftçisini Korumaya Aldı", Cumhuriyet, 07.05.2002
133 "Küresel Düşler" R. J. Barnet-J. Cavanaght, Sabah Yay., 1995, sf. 198
134 FAO Verileri ak. Oxford University Pres **"Ortak Geleceğimiz"** Türkiye Çevre Sorunları Vakfı Yayını, sf. 156
155 a.g.e. sf. 156
136 a.g.e. sf. 156
137 **"Değişimin Gündemi-Gündem 21 ve Diğer Rio Anlaşmalarının Popüler Metinleri" Michael Keating,** UNEP Türkiye Komitesi Yay., sf. 23
138 GATT, International Trade 1985-1986 (Genova:1986) ak. Dünya Çevre Kal. Kom. **"Ortak Geleceğimiz"** Tür. Çev. Sor. Vakfı Yay., 3.Baskı, sf. 257
139 **"International Trade in Wastes" Jim Vallette-Heather Spaulding** Washington D.C. Greenpeace 1990, sf. 20, ak. **R. J. Barnet-J. Cavanagh, "Küresel Düşler"** Sabah Kitapları, sf. 230
140 UNEP, **"General Assessment of Progress in the Implementation of the Plan of Action Combat Desertification 1978-1984"** Nairobi 1984; WCED Advisory Panel, Op.Cit. ak. Dün. Çev. Kalk. Kom. **"Ortak Geleceğimiz"** Türkiye Çevre Sorunları Vakfı Yayınları, 3. Baskı, sf. 166
141 UNEP op. cit. ak. a.g.e. sf. 61
142 a.g.e. sf. 166
143 World Resources Institute/International Institute for Environment and Development, Word Resources 1986 (New York: Basıc Books, 1986) ak. Dün. Çev. Kalk. Kom., **"Ortak Geleceğimiz"** Tür. Çev. Sor. Vak. Yay., sf. 61

144 "Ortak Geleceğimiz" Dün. Çev. Kal. Kom, Tür. Çev. Sor. Vak. Yay., 3.Bas. sf. 29
145 "Yeşil Yönetim" Marian K. Prokop, Tür. Çev. Vak. Yay., Ank. 1994 sf. 53-60, ak. İsmail Gökdayı "Çevrenin Geleceği" Tür. Çev. Yay., 1997, sf. 72-73
146 UN, The Growth in the World's Urban and Rural Population 1920-1980, Population Studies No: 44 (New York-1969): UN Urban Rural and City Population 1950-2000 (1978 değerlendirmesi) Population Studies NO: 68 (New York: 1980) ak. Dünya Çevre ve Kalkınma Komisyonu "Ortak Geleceğimiz" Türkiye Çevre Sorunları Vakfı Yayını, 3. Baskı, sf. 289-290
147 "Değişimin Gündemi-Gündem 21 ve Diğer Rio Anlaşmalarının Populer Metinleri" Michael Kearting, UNEP Türkiye Komitesi Yay., sf. 33
148 OECD Sekreterya yazısında bahsi geçen tahminler, Paris 1986 ak. Dün. Çev. Kal. Kom., "Ortak Geleceğimiz" Tür. Çev. Sor. Vak. Yay., 3. Bas., sf. 279
149 TBMM 18. Dönem 10/15 Esas Numaralı Meclis Araştırma Komisyonu Raporu, 12.03.1991 sf. 245-246 ak. İ. Gökdayı, "Çevrenin Geleceği" Tür. Çevre Vakfı Yayını, 1997, sf. 108
150 "Ortak Geleceğimiz" Dün. Çev. Kalk. Kom., Tür. Çev. Sor. Vak. Yay., 3. Bas., sf. 329
151 "WCED-DÇKK Açık Tartışması" I. I. Russin, Moskova 08 Aralık 1986 ak. İ. Gökdayı "Çevrenin Geleceği" Tür. Çev. Vak. Yay., 1997, sf. 162
152 a.g.e. sf. 162
153 "Değişimin Gündemi-Gündem 21 ve diğer Rio Anlaşmalarının Popüler Metinleri" Michael Kerating UNEP Türkiye Kom. Yay., sf. 18-27
154 a.g.e. sf. 43
155 "Çevreyi Kim Kirletti" O. I. Türköz Standart Der.-Çevre Özel Say., Mayıs 1995, sf. 42 ak, İ. Gökdayı "Çevrenin Geleceği" T. Çev. Vak. Yay., sf. 123-127
156 "Çevrenin Geleceği" Türkiye Çevre Vakfı Yayınları, sf. 191
157 a.g.e. sf. 108
158 a.g.e. sf. 111
159 "Ortak Geleceğimiz" Dün. Çev. Kalk. Kom., Tür. Çev. Sor. Vak. Yay., sf. 279
160 "Ticaretin Küreselleşmesinden en çok ABD Şirketleri Yarar Sağlıyor" Bernard Cassen Cumhuriyet 22.12.1996
161 "Küreselleşmenin Sınırsızlığı Tartışılıyor" Özlem Yüzak Cumhuriyet 10.07.1998
162 "To Many Rich Folks" Poul Ehrlich-Anne H. Ehrlich, Populi Mart 1989, sf. 25 ak. R. J. Barnet-J. Cavanagh "Küresel Düşler" Sabah Kit., sf. 137
163 "Çevrenin Geleceği" İ. Gökdayı Türkiye Çevre Vakfı Yay., sf. 73 ve 119
164 "Ortak Geleceğimiz" Dün. Çev. Kalk. Kom., Tür.Çev.Sor.Vak. Yay., sf. 60
165 "Çevrenin Geleceği" İ. Gökdayı, Türkiye Çevre Vakfı Yay., sf. 25-27

166	a.g.e. sf. 175
167	"UN Uluslararası Şirketler Merkezi, Uluslararası Şirket Faaliyetlerinin Çevre Yönü" New York, UN 1985 ak. Dün. Çev. Kal. Kom., "Ortak Geleceğimiz" Türkiye Çevre Sorunları Vakfı Yay., sf. 118
168	Dünya Bankası, 1986 Dün. Kalk. Rap., New York, 1986, ak. a.g.e. sf. 216
169	"Uluslararası Şirket Faaliyetlerinin Çevre Yönü" UN Uluslararası Şirketler Merkezi, New York, UN 1985 ak. a.g.e. sf. 118
170	"Preliminary Findings of A Study Conducted for US Environmental Protection Agency" "Acute Hazardous Data Base", Washington D.C. 1985, quoted in Yakawitz, op.cit., ak. a.g.e. sf. 281
171	"Meksika'da Şirket Kirletti Devlet Ceza Ödedi" Aydınlık 09.05.1999
172	"La Suisse" 3-9 November; "Die Welt", 10.November; "Die Zeit" 14 November; "Der Spiegel" 17 November 1986 ak. Dün. Çev. Kalk. Kom. "Ortak Geleceğimiz" Türkiye Çevre Sorunları Vakfı Yay., sf. 281
173	"Biyolojik Çeşitlilik" Mine-Fikret BERKES, Genişletilmiş 2.Baskı, Tür. Çev. Vak. Yay., Ank.1992, sf. 9, ak. Tür. Çev. Vak. Yay., sf. 145
174	"Çağımız ve Çevre Kirliliği" A. Baki Erden, Kadıoğlu Mat. Ank., 1990, sf. 162-163 ak. İ. Gökdayı, "Çevrenin Geleceği" Tür. Çev. Vak. Yay., sf. 77
175	a.g.e. sf. 76
176	"Doğanın En Vahşi Yaratığı İnsan mı?" Münir Yükselmiş Çev. ve İn. Der., S: 15, sf. 59 ak. İ. Gökdayı "Çevrenin Geleceği" T. Çev. V. Yay., sf. 110
177	a.g.e. sf. 111
178	"Madagaskar'da Biyolojik Muhafaza Sorunları" D. Bramwell Academic Press, Londra 1979, ak. a.g.e. sf. 145
179	"Afrika Göllerinde Balıkların İmhası" D.C. BAREL Nature C:315 PP 1920, 1985 ak. a.g.e. sf. 145
180	"Neotropik Bitki Türlerinde Çeşitlilik Paternleri" Evolutionary Biology C:15, PP 1 - 84 1982, ak. a.g.e. sf. 145
181	UNEP 1992 "Değişimin Gündemi-Gündem 21 ve Diğer Rio Anlaşmalarının Popüler Metinleri" UNEP Türkiye Komitesi Yayını, sf. 65
182	The Observer 16.11.1997 ak. Cumhuriyet 24.11.1997
183	"Dünyanın Batılılaşması" Serge Latouche Ayrıntı Yay., sf. 109
184	"Soğuk Barış" Jeffrey E. Garten Sarmal Yay., sf. 36
185	"Kıran Kırana" Lester Thurow Afa Yay., sf. 318
186	a.g.e. sf. 305
187	Wall Street Journal 18.09.1992 ak. R. J. Barnet-J. Cavanaght "Küresel Düşler" Sabah Kitapları, sf. 313
188	"Ulusal Ekonomiler Yıkıma Sürükleniyor" Cumhuriyet 03.02.1999
189	OECD Economic Outlook Aralık 1992
190	"U.S. Department Of Labor" Employment and Earnings 12.01.1991, sf. 10 ak. Lester Thurow "Kıran Kırana" Ata Yay., sf. 184
191	Le Monde Diplomatique-Ekim 1994
192	The Economist, Eylül 1992

193	"Piyasa Güçleri ve Küresel Kalkınma" R. Prendergast-F. Stewart, Yapı Kredi Yay., sf. 53
194	"The Money Magician at Philip Morris" L. J. Nathans Business Week 10.04.1989, sf. 78 ak.R. J. Barnet-J. Cavanagh "Küresel Düşler" Sabah Yay., sf. 180
195	"Manufacturing Mattes" Stephen S. Cohen-John Zysman New York Basic Boks, 1987, sf. 4 ak. a.g.e. sf. 219
196	"Küresel Düşler" R. J .Barnet-J. Cavanagh Sabah Kitapları, 1995, sf. 219
197	"Carpenter Technology" Nicholoas Fiore, at Conference on Leveraging Talwanese Resources MIT-EPOCH Foundation, Ekim 12-14 1995; ak. Lester C. Thurow "Kapitalizmin Geleceği" Sabah Yay., sf. 138
198	a.g.e. sf. 148
199	"Kıran Kırana" Lester Thurow Afa Yay., sf. 256-257
200	a.g.e. sf. 266-267
201	"U.S. Department of Commerce, Survey of Current Business" Mayıs 1991, sf. 14, ak. Lester Thurow "Kıran Kırana" Afa Yay., sf. 288
202	"Emperyalizm" V. İ. Lenin Sol Yay., sf. 149
203	"Kıran Kırana" Lester Thurow AfaYay., sf. 289
204	"Number of Kilings Soars in Big Cities Across U.S." Michael de Courcy Hinds, The New York Times, 18.07.1990, sf. A1 ak. J. E. Garten "Soğuk Barış" Sarmal Yay., sf. 219
205	"U.S.Expands Its Lead in the Rate of Imprisonment" Fox Butter Field, The New York Times, 11.02.1992 sf. A.16, ak. a.g.e. sf. 219
206	"Many Police Forces Rearm to Counter Criminals' Guns" Andrew H. Malcolm, The New York Times, 04.09.1990, sf. A.12 ak. a.g.e. sf. 219
207	"Macroeconomic Performance and the Disadvantaged" D. Culter-L. Katz (1991) Brooking Papers On Economic Activity (Washinghton D.C. Brooking İnstitution, ak. Dharam Ghai "Yapısal Uyum, Küresel Bütünleşme ve Sosyal Demokrasi" "Piyasa Güçleri ve Küresel Kalkınma" Renee Prendergast-Frances Stewart Yapı Kredi Yay., sf. 57
208	"Economic Policies for the 1990s" (Oxford: Blackwell) ak. a.g.e. sf. 42
209	"Sefiller Avrupa Sahnesinde" Cumhuriyet 17.10.1997
210	Boltho (1992) ak. R. Prendergast-F. Stewart sf. 57-58
211	"Bearing the Cost" J. Millar, S. Becker (ed.) Windows of Opportunity: Puplic Policy and the Poor (Londra : CPAG) a.g.e. sf. 57
212	Eurostat 1997 ak. Cumhuriyet 17.10.1997
213	"AB'de Yeni Sınıf: İşsizler" Cumhuriyet 21.01.1998 ve 17.10.1997
214	"Sefiller AB Sahnesinde" Cumhuriyet 17.10.1997
215	Cumhuriyet 17.10.1997
216	"Kıran Kırana" Lester Thurow Afa Yay., sf. 274
217	"The Democracy Trap: The Perils of the Post Cold World War" Graham E. Fuller NewYork, 1991
218	"Belçika Dağılıyor" Ahmet Sever Milliyet 17.10.1996
219	"Küresel Ekonomi Kanada'yı Yok Edecek" Cumhuriyet 28.09.1998
220	"Küreselleşmenin İflası" Cumhuriyet 11.06.1999

DOKUZUNCU BÖLÜM
DÜNYANIN EGEMENLERİ: ULUSLARARASI ŞİRKETLER

1   "Uluslararası Şirketler" Nuri Yıldırım Cem Yay., 1979, sf. 12 ve "Globalleşme ve Kriz" Ergin Yıldızoğlu, Alan Yay., 1996, sf. 12
2   "Uluslararası Şirketler" Nuri Yıldırım, Cem Yay., 1979, sf. 12
3   "The Privatization of Craig Fuller" Steven Mufson 1992, sf. 20 ak. R. J. Barnet-J. Cavanagh "Küresel Düşler", Sabah Kitapları, 1995, sf. 272
4   "Business Week" 26.02.1996 ak. E. Yıldızoğlu "Globalleşme ve Kriz" Alan Yay., 1996, sf. 144
5   "Yok Denildi. Petrol Fışkırdı" Cumhuriyet 30.03.1999
6   International Herald Tribüne 15.02.1996 ak. E. Yıldızoğlu "Globalleşme Ve Kriz" Alan Yayıncılık, 1996, sf. 143
7   International Herald Tribune 23.11.1997 ak. E. Yıldızoğlu, Cumhuriyet, 24.11.1997
8   "Küreseleşme Avrupa'daki İşçiyi de Ezdi" Cumhuriyet 27 Aralık 1997
9   Pat Buchanan Business Week, 26.02.1996, ak. E. Yıldızoğlu "Globalleşme ve Krizi" Alan Yayıncılık, 1996 sf. 144
10 Pat Buchanan WSJ. 15.02.1996, ak. a.g.e. sf. 144
11 International Herald Tribüne 22.11.1997
12 "Bugünün ve Geleceğin Dünya Güç Merkezleri ve Dengeleri ile Türkiye'ye Etkileri" Harp Akademileri Komutanlığı Yayınları, sf. 37
13 "Merger Movements in American Industry, 1895-1956" Nelson R.L. Princton Uni. Press ak.; N. Yıldırım "Uluslararası Şirketler" Cem Yay., 1979, sf. 60
14 "SCB, Agustos 1977" sf. 45, ak. a.g.e. sf. 60-61
15 "Emperyalizm" V. İ. Lenin Sol Yayınları, 1969, sf. 85
16 "SCB, Ekim 1975" sf. 50, Agustos 1977, sf. 42-45 ve "The Maturing of Multinational Enterprise: American Business Abroad From 1914 to 1970" Harward Universtiy Press (1974) sf. 31, 55, 182, 283, 330) ak. Nuri Yıldırım "Uluslararası şirketler" Cem Yay., 1979, sf. 84, tablo 3
17 "The Modern Corporation and Private Property" A. A. Berle-G. C. Means (1932) sf. 39, ak. a.g.e. sf. 65-66
18 "Uluslararası Şirketler" Nuri Yıldırım Cem Yay., 1979, sf. 67-68
19 "SCB, Ekim 1975" sf. 50, Agustos 1977, sf. 42-45 ve "The Maturing of Multinational Enterprise: American Business Abroad from 1914 to 1970" Harvard University Press (1974), sf. 31, 55, 182, 283 ve 330 ak. Nuri Yıldırım "Uluslararası Şirketler" Cem Yay., 1979, sf. 84, tablo 3
20 "The Making of Multional Enterprises A Sourcebook" Curhan J. P.- Vaupel, J.W.(1973) Harvard University Press, ak. Nuri Yıldırım "Uluslararası Şirketler" Cem Yay., 1979, sf. 83
21 a.g.e. sf. 83
22 "Globalleşme ve Kriz" Ergün Yıldızoğlu, Alan Yayıncılık, 1996, sf. 15

23 "Uluslararası Şirketler" Nuri Yıldırım Cem Yayınları, 1979, sf. 98
24 SCB Temmuz 1975 sf. 32 ak. N.Yıldırım "Uluslararası Şirketler" Cem Yay., sf. 107
25 "Çokuluslu Şirketler ve Ekonomik Kalkınma" ALPAR, C.(1977) Ank., sf. 152 ak. a.g.e. sf. 102
26 "Multinational Firms and the Asian Exports", Yale Uni. Press sf. 70, ak. a.g.e. sf. 102
27 SCB, Ekim 1975 sf. 50-51, Ağustos 1976, sf. 46-47, Haziran 1976 sf. 32-33, Ekim 1968 sf. 28 ak. a.g.e. sf. 218-219
28 "Milli Kurtuluş Tarihi" Doğan Avcıoğlu İst. Bas., 1974, 3. Cilt, sf. 1714
29 "Intercompany Income Distribution and Transnational Enterprises" C.V. Vaitsos (1974) Clarendon Press Oxford sf. 54-55 ak. Nuri Yıldırım, "Uluslararası Şirketler" Cem Yay., sf. 115
30 UNCTAD (1973), ak. a.g.e. sf. 115
31 "Managing the Multinational Enterprise" Stopford WELLS Jr., L.T. (1972) Longman ak. a.g.e. sf. 115
32 SCB, Agustos 1975, sf. 26-7, ak. a.g.e. sf. 126
33 "Japanese Investment in the United States" H. R. Heller-E. E. Heller (1974), sf. 46, ak. a.g.e. sf. 126
34 "Some Reasons for Foreign Investment" G. Adams (1974) Acta Oeconomica vol. 13. No 3-4 ve "Multinational Corporations and World-Wide Sourcing" G. Adams (1975) Radice (ed., 1975), ak. a.g.e. sf. 127
35 New York Times, 29.09.1992 ak., R. J. Barnet-J. Cavanagh "Küresel Düşler" Sabah Kitapları, 1995, sf. 307
36 Hürriyet 22.05.1998
37 "Uluslararası Şirketler", Nuri Yıldırım Cem Yay., 1979, sf. 126
38 a.g.e. sf. 45
39 "The World's Multinational Enterprises: A Sourcebook" J. P. Curhan-J. W. Vaupel Harvard Uni.Press ak.; N. Yıldırım "Uluslararası Şirketler" Cem Yay., sf. 173
40 "The Multinational Corporation and the Exercise of Power: Latin America" R. Müller, Said-Simmons (eds.1975), sf. 63 ak. a.g.e. sf. 162
41 "Foreign Investment: The Experience of Host Countries" I. A. Litvak-C. L. Maule (eds. 1970), Praeger ak. a.g.e. sf. 162
42 "Machine That Changed the Word" Womack sf. 35, ak. R. J. Barnet-J. Cavanagh "Küresel Düşler" Sabah Kitapları, sf. 206
43 Hürriyet 20.04.1999 ve Gazete EGE 23.04.1999
44 U.S. Şirket Evlilikleri Bölümü Hürriyet 26.04.1999
45 "Made in Japan" Monita sf. 143 ak. R. J. Barnet-J. Cavanagh "Küresel Düşler" Sabah Kitapları, sf. 33
46 "Sound Electronics Strategy" Goldstein sf. 120, ak. a.g.e. sf. 43
47 "Küresel Düşler" R. J. Barnet-J. Cavanagh Sabah Kitapları, sf. 92
48 a.g.e. sf. 92
49 a.g.e. sf. 87
50 a.g.e. sf. 73-87

51	a.g.e. sf. 89-90
52	**"Who Will Tell the People?"** Greider, sf. 328 ak. **R. J. Barnet-J. Cavanagh** Sabah Kitapları, sf. 274
53	**"Küresel Düşler" R. J. Barnet-J. Cavanagh** Sabah Kitapları, sf. 167
54	a.g.e. sf. 175-177
55	**"İş Makinalarında Dev Birleşme"** Dünya 18.05.1999
56	**"Research Puzzles Arising From the Internationalization of U.S. Food Processors" John M. Connor**, in Transnational Structure in Food Processing and Marketing, Project NC-194 (Columbus:Ohio State Uni. Eylül 1989, sf. 31) ak., **R. J. Barnet-J. Cavanagh, "Küresel Düşler"** Sabah Yay., sf. 178
57	**"Mergers in the Food Industries: Trends, Motives and Policies" John M. Connor-Frederick E. Geithman**, Agri business, Temmuz 1988, ak. a.g.e. sf. 178
58	**"Yeni Feodaller" Ergin Yıldızoğlu**, Cumhuriyet 16.02.1998
59	**"Küresel Düşler" R.J.Barnet-J. Cavanagh** Sabah Kitapları, sf. 179
60	**"Çok Uluslu Şirket Faaliyetlerinin Çevre Yönü"** UN (Çok Uluslu Şirketler Merkezi New York, UN 1985) ak. Dün.Çev.ve Kal.Kom., **"Ortak Geleceğimiz"** Türkiye Çevre Sorunları Vakfı Yayını, sf. 118.
61	**"Amerikan Airlines'a Tekelleşme Davası"** Dünya 15.05.1999
62	**"Küresel Düşler" R. J. Barnet-J. Cavanagh** Sabah Kitapları, sf. 331
63	Aydınlık 16 Temmuz 2000, sf. 18
64	**"Küresel Düşler", R. J. Barnet-J. Cavanagh** Sabah Kit., 1995, sf. 259
65	Hürriyet 03.08.1998
66	**"Uyuşturucudan Büyük Gelir"** Cumhuriyet 29.12.1997
67	**"Küresel Düşler" R. J. Barnet-J. Cavanagh** Sabah Kitapları, sf. 260
68	**"Lost in the Shadow Economy"** Misch sf. 21, ak. **R.J.Barnet-J. Cavanagh** Sabah Kitapları, sf. 261
69	**"Küresel Düşler" R. J. Barnet-J. Cavanagh** Sabah Kitapları, sf. 271
70	**"America:What Went Wrong?" Donalt L.Barlet - James B.Steele** (Kansas City:Andrew & Mc Meel 1992), sf. 41-46 ak. a.g.e. sf. 272
71	**"Küresel Düşler" R. J. Barnet-J. Cavanagh** Sabah Kitapları, sf. 271
72	**"Tütün Lobisi Clinton'u Yendi"** Cumhuriyet 19.06.1998
73	**"Railroads and Regulation:1877-1916" Gabriel Kolko**, Princeton: Princeton Uni.Press, 1965, sf. 47-48 ak.**R.Barnet-J.Cavanagh "Küresel Düşler"** Sabah Kitapları, sf. 272
74	**"Regulation by Confrontation or Negatiation" Robert B.Reich** Harvard Business review, Mayıs/Haziran 1981, sf. 84 ak. a.g.e. sf. 272
75	New York Times 11.08.1992 ak. a.g.e. sf. 307
76	**"Agents of Influence" Pat Choate**, New York:Knopt, 1990, sf. 137, ak. a.g.e. sf. 273
77	**"The Corporate Shell Game" Lary Martz**, Newsweek 15.04.1991, sf. 48 ak. a.g.e. sf. 273
78	**"America: What Went Wrong?"** sf. 92 ak. **R. J. Barnet-J. Cavanagh, "Küresel Düşler"** Sabah Kit., sf. 272

79 "Multinational Firms and the Asian Exports" B. J. Cohen Yale Üni. Press ak. **Nuri Yıldırım "Uluslararası Şirketler"** Cem Yay., sf. 114
80 "Multinational Corporations in World Development" UN. United National N.Y.1973, ak. **N.Yıldırım "Uluslararası Şirketler"** Cem Yay., sf. 114
81 "Küresel Düşler" R J. Barnet-J. CavanaghSabah Kitapları, sf. 223
82 "Has Globalization Hurt America?" **Larry Reynolds** Management Review, Eylül 1989, sf. 16-17, ak. a.g.e. sf. 223

ONUNCU BÖLÜM DİPNOTLAR
KÜRESELLEŞEN DÜNYADA
EMEK-SERMAYE ÇELİŞKİSİ

1 "NAFTA'da İşsizler Ordusu" **İldeniz Kurtulan**, Cum. 07.01.1996
2 Washington Post 05.07.1992, ak. **R. J. Barnet-J. Cavanagh "Küresel Düşler"** Sabah Kit., sf. 246
3 "Deindustrialization" **Barry Bluestone** sf. 31 ak. a.g.e. sf. 232
4 "Senato Çalışma Alt Komitesi Önünde Tanıklık" **Jeff Faux** ABD Senatosu, 07.04.1992, sf. 2, ak. a.g.e. sf. 233
5 "Küresel Düşler" **R. J. Barnet-J. Cavanagh** Sabah Kitapları, sf. 233
6 a.g.e. sf. 246
7 a.g.e. sf. 219
8 "The Geography of the World Economy" P. Knox-J. Agnew (London: Edward Arnold, 1989, sf. 180 ak. **R. J. Barnet-J. Cavanagh** Sabah Kit., sf. 219
9 "Gümrük Birliği Faturası İşçiye" Cumhuriyet 14.06.1996
10 Cumhuriyet 14.06.1996
11 "1914'e Kadar Sanayi İlişkileri" **Georges Lefranc** 20. yy. Tarihi, sf. 288
12 a.g.e. sf. 289
13 a.g.e. sf. 288
14 "Küresel Düşler" **R. J. Barnet-J. Cavanagh** Sabah Kitapları, sf. 253
15 a.g.e. sf. 255-256
16 Fortuna 19.04.1993, sf. 176, ak. **R. J. Barnet-J. Cavanagh, "Küresel Düşler"** Sabah Kitapları, sf. 326
17 "Manufacturing Mattes" **Stephan S.Cohen-John Zysman** (New York: Basic Book 1987) sf. 4, ak. a.g.e. sf. 219
18 Wall Street Journal 15.02.1996 ak. **Ergin Yıldızoğlu "Globalleşme ve Kriz"** Alan Yay., sf. 143
19 IHT 16.02.1996, ak. a.g.e. sf. 43
20 International Herald Tribune 15.02.1996, ak. a.g.e. sf. 143
21 "Sömürgecilik Emperyalizm Küreselleşme" **F. Başkaya** Öteki Yay., sf. 28
22 "Sendikal Örgütlenme Hız Kaybediyor" **Güneş Gürson** Cumhuriyet 08.02.1996

23	a.g.e. 08.02.1996
24	**"Küresel Düşler" R.J.Barnet-J. Cavanagh**, Sabah Kitapları, sf. 234
25	a.g.e. sf. 234
26	**"A Contact for Under Development: Subcontracting for Multinationals in the Philippine Semiconductor and Garment Industries" Cornelia H.Aldana**, IBON Databank, Philippines 1989, sf. 98-101, ak. **R. J.Barnet-J.Cavangh** Sabah Kitapları, sf. 263
27	**"Inrenational Subcontracting Arrangements in Electronics Between Developed Market-Economy Countries and Devloping Countries,"** UNCTAD Secretariat TD/B/C 2/144/Sup.1 1975, ak. **Nuri Yıldırım "Uluslararası Şirketler"** Cem Yayınları, sf. 124
28	**"United Nations Development Program"** Human Development Report 1992 (New York: United Nations, 1992), sf. 6 ak. **R. J. Barnet-J. Cavanagh"Küresel Düşler"** Sabah Kitapları, sf. 235
29	**"America's Immigration 'Problem' " Saskia Sassen** World Policy, Fall 1989, sf. 814 ak. a.g.e. sf. 237
30	**"Birt of the Second Generation" Ho Kwon Ping**, For Eastern Economic Review 18.05.1979, sf. 76 ak. a.g.e. sf. 257
31	**"Paying to Lose Our Jops" Charles Kernagham** sf. 11, ak. a.g.e. sf. 257
32	**"Spring in Their Step" Mark Clifford** 05.11.1992, sf. 56 ak. a.g.e. sf. 258
33	**"Spring in Their Step" Mark Clifford**, Far Eastern Economic Review 05.11.1992, sf. 56 ak. a.g.e. sf. 258
34	**"Nike Halkla İlişkiler'den Dusty Kidd ile Söyleşi"** 09 07 1993, ak. a.g.e. sf. 258
35	**"Küresel Düşler" R. J. Barnet-J.Cavanagh** Sabah Kitapları, sf. 258
36	a.g.e. sf. 259
37	a.g.e. sf. 259
38	Boston Globe 30.12.1991, ak. **R. J. Barnet-J. Cavanagh"Küresel Düşler"** Sabah Yayınları, sf. 259
39	**"Running a Business"** Schwarz sf. 16, ak. a.g.e. sf. 259
40	Hürriyet 30.Nisan.1998
41	**"24 Hours Supplement" Peter Mares** sf. 8 ak. **R.J.Barnet-John Cavanagh "Küresel Düşler"** Sabah Kit., sf. 259
42	**"National Labor Committee in Support of Democracy and Human Righs in El Salvador" Wolker Rights** and the New Word Order (New York:National Labor Committee 1991), ak. a.g.e. sf. 263
43	**"Küresel Düşler" R J. Barnet-J. Cavanagh**Sabah Kitapları, sf. 265
44	**"Wall Street Journal"** 10.05.1991, ak. **R.J.Barnet-J.Cavanagh**, Sabah Kit., sf. 266
45	**"Entangling Alliances Seven Locks Press" John Maxwell** 1990, sf. 27, ak. a.g.e. sf. 266
46	**"Küresel Düşler" R J. Barnet-J. Cavanagh**Sabah Kit., sf. 267
47	Newsweek 10.09.1990, sf. 51-52 ak. **R. J .Barnet-J. Cavangh** Sabah Kit., sf. 261
48	**"Küresel Düşler" R J. Barnet-J. Cavanagh**Sabah Kitapları, sf. 261

49	Washington Post 06.03.1991, ak. **R J. Barnet-J. Cavanagh** Sabah Kit., sf. 263
50	**"Küresel Düşler" R J. Barnet-J. Cavanagh** Sabah Kitapları, sf. 232
51	**"Washington Post"** 04.04.1992, ak. **R J. Barnet-J. Cavanagh** "Küresel Düşler" sf. 232
52	**"Future Work" Joseph F. Coates**, Futurist Mayıs-Haziran 1991, sf. 13, ak. a.g.e. sf. 233
53	**"State of Working America" Mishel-Frankel,** sf. 266, ak. a.g.e. sf. 233
54	Hürriyet 17.05.1998
55	Cumhuriyet 31.05.1996
56	Cumhuriyet 21.01.1998
57	Cumhuriyet 21.01.1998
58	Cumhuriyet 21.01.1998
59	**"Küreselleşme Avrupa'daki işçiyi de Ezdi"** Cumhuriyet 27.12.1997
60	**"Küreselleşme Baskısı Hız Kazanıyor"** Cumhuriyet 17.02.1998

ONBİRİNCİ BÖLÜM DİPNOTLAR
20. YÜZYIL SONUNDA YENİDEN ŞİDDETLENEN REKABET

1	**"Soğuk Barış" Jeffrey E. Garten** Sarmal Yay., sf. 19,31
2	a.g.e. sf. 18
3	**"The Fighter of France" Steven Green House**, The New York Times 16.05.1991, sf. 3 ak. **Lester Thurow "Kıran Kırana"** Afa Yay., sf. 86-87
4	**"Japan Can Say No"** Nomura Research Institute sf. 1, ak. a.g.e. sf. 27
5	**"Kohl to Reassure Soviets on Unification"** The Boston Globe, 09.02.1990, sf. 2
6	**"Soğuk Barış" Jeffrey E. Garten,** Sarmal Yay., sf. 36
7	**"Küresel Düşler" R J. Barnet-J. Cavanagh,** Sabah kitapları, sf. 35
8	**"21. Yüzyıl Ekonomik Guruplar Çağı"** Cumhuriyet 12.01.1998
9	**"Soğuk Barış" Jeffrey E. Garten,** Sarmal Yay., sf. 52
10	**"Japan and Germany Must Take Bigger Military, Policy-Making Roles in Word Affairs" Habart Rowen** The Washington Post 03.03.1991, P.H1; Yusuke Kashiwaqi, Japan Society, New York, 11.07.1991 ak. **Jeffrey E. Garten "Soğuk Barış"** Sarmal Yay., sf. 52
11	Fortuna 30.07.1990, sf. 109 ak. **L. Thurow "Kıran Kırana"** Afa Yay., sf. 138
12	**"Closing the Investment Gap" Çikao Tuskuda,** Journal of Japanese Trade& Industry, 1990, No:6-8, ak.**L. Thurow "Kıran Kırana"** Afa Yay., sf. 143
13	**"Singapore MIT-NYU Symposium on Global Economy" Paul Healy-Don Lessard,** Nam Yang Uni., Singapor Temmuz 1991, ak. a.g.e. sf. 143
14	**"Kıran Kırana" Lester Thurow** Afa Yay., sf. 206
15	**"Kıran Kırana" Lester Thurow** Afa Yay., sf. 26
16	**"International Financial Statistics IMF Yearbooks 1990"** Washington D.C. IMF 1990

17	The Economist 15.12.1990, sf. 100, ak. **L. Thurow "Kıran Kırana"** Afa Yay., sf. 257
18	**"Hill Review of the U.S. Economy"** DRI/Mc Graw Ekim 1990, 13, ak. a.g.e. sf. 257
19	**"Kıran Kırana"** Lester Thurow Afa Yay., sf. 200
20	**"Goldstar's Stake in Zenith Involves Widespread Links"** Davit E. Sanger, The New York Times, 26.03.1991, sf. D.1, D.10 ak. **Lester Thurow** Afa Yay., sf. 201
21	**"Soğuk Barış" Jeffrey E. Garten** Sarmal Yay., sf. 24
22	a.g.e. sf. 81
23	a.g.e. sf. 24
24	a.g.e. sf. 24
25	a.g.e. sf. 24
26	OECD Main Economic Indicators, Temmuz 1991, sf. 102 ak. **L. Thurow "Kıran Kıran"** Afa Yay., sf. 270
27	The Banker Haziran 1971, sf. 663 American Banker 20 Temmuz 1991, sf. 16.A. ak. a.g.e. sf. 270
28	**"Küresel Düşler" R J. Barnet-J. Cavanagh,** Sabah Yay., sf. 319
29	a.g.e. sf. 319
30	New York Times 20.05.1987, ak. a.g.e. sf. 319
31	**"Küresel Düşler" Richard J. Barnet-John Cavanagh** Sabah Yay., sf. 319
32	**"Soğuk Barış" Jeffry E. Garten** Sarmal Yay., sf. 25
33	a.g.e. sf. 108
34	a.g.e. sf. 181
35	Sabah 05.03.1999 Alm.-ABD-Japon Rek. Ekonomik Rekabet Bölümü
36	**"Japan and the World: Considerations of U.S. Policy Makers" Kennet Pyle Seattle**, WA Kasım 1991, sf. 2 ak. **Jeffrey E.Garten** Sarmal Yay., sf. 181
37	**"Shifting into Neutral? Burden Sharing in the Western Alliance" Christopher Coker** London: Brassey's (BK) 1990, sf. 13, ak. a.g.e. sf. 178
38	**"Our Allies Have to Do More" Sam Nunn**, The New York Times 10.07.1988, bl. 4, sf. 31, ak. a.g.e. sf. 179
39	**"Bonn and Tokyo Are Criticized for Nat Bearing More of Gulf Cost"** R.W.Apple The New York Times 13.09.1990, sf. A1, ak. a.g.e. sf. 181
40	**"Soğuk Barış" Jeffry E. Garten,** Sarmal Yay., sf. 44-47
41	**"Defying Its Allies, Germany Insists on Recognizing 2 Yugoslav States" John Tagliabve** New York Times 15.12.1991, P.A1, ak. a.g.e. sf. 48
42	Dünya Finansal Yorum 11.04.1999
43	**"Soğuk Barış" Jeffrey E.Garten** Sarmal Yay., sf. 48
44	**"ABD ABD'ye Karşı"** Power Ocak 1999, Aybim Bilgisayar Tic.Ltd.Şti., garildi. Yore com.tr.
45	**"Japan Firms Expanding E.C. Base in Germany" T. Masuko Nakkie** Weekly 21.12.1991, sf. 1, ak.**J.E.Garten "Soğuk Barış"** Sarmal Yay., sf. 167
46	**"European Transplants Take Firm Root" Diana T. Kuryiko** The International Herald Tribune 05.11.1991, sf. 20 ak. a.g.e. sf. 168

47 "Chancellor of Angst" The Economist 06.04.1991, sf. 11, ak. a.g.e. sf. 51
48 "Year of Victory for Modest Stateaman" Davit Marsh The Financial Times 30.12.1990, sf. 6, ak. a.g.e. sf. 227
49 "Japon Grows Uneasy on Eve of Bush" Poul Blustein Visit The İnternational Herald Tribune 26.12.1991, sf. 7, ak. a.g.e. sf. 56
50 National Advisory Committee on Semiconductors, A Strategiç Industry at Rısk, Kaısm 1989 (Washington, D.C.: The Committee 1989), sf. 1, ak. L. Thurow "Kıran Kırana" Afa Yay., sf. 194
51 "Big Three Computer Makers Ready to Tackle 'Big Blue'" The Japan Economic Journal 18.08.1990, sf. 1, ak. a.g.e. sf. 197
52 "Kıran Kırana" Lester Thurow Afa Yay., sf. 206-207
53 a.g.e. sf. 278
54 a.g.e. sf. 278
55 "Soğuk Barış" Jeffrey E.Garten Sarmal Yay., sf. 143
56 "Cooperation and Conflict in Science and Technology" Richard J. Samuels, The JAMA Forum, Tokyo C.8, sy. 07.12.1989, sf. 7, ak. Jefrrey E. Garten "Soğuk Barış" Sarmal Yay., sf. 146
57 "Kıran Kırana" Lester Thurow Afa Yay., sf. 279
58 "Top Training Missing Bridge The Economist" 09.02.1991, sf. 30, ak. Lester Thurow "Kıran Kırana" Afa Yay., sf. 297
59 "U.S. Department of Commerce" Survey of Current Business Temmuz 1989, sf. 64 ak. a.g.e. sf. 297
60 "Kıran Kırana" Lester Thurow Afa Yay., sf. 299
61 "More Spinoffs From Defense" Nency J. Perry The Next American Cetury, Fortune Özel Sayı 1991, sf. 72, ak.L. Thurow "Kıran Kırana" Afa Yay., sf. 297
62 Education 1990, Fortune Özel sayı, sf. 54 sk. a.g.e. sf. 299
63 "U.S. Sets Priorities" The Economist 09.03.1991, sf. 58, ak. a.g.e. sf. 300
64 "Why the Americans Learn Less Than The Dutch in Secondary School" John Bishop Cornell University 1990, sf. 1, ak. a.g.e. sf. 300
65 "Shortchanging Education" M.Edith Rasell-Lawrence Mishel Washington, D.C. Economic Policy Institute 1990, sf. 1, ak. a.g.e. sf. 301
66 "Why Americans Learn Less" Bishop Investing in People Cilt 1, sf. 1, ak. a.g.e. sf. 301

ONİKİNCİ BÖLÜM DİPNOTLAR
TÜRK DEVRİMİ'NİN 75 YILI VE EMPERYALİZM

1 The New Superpowers: Germany, Japan, The U.S. and The New World Order, New York, 1991 ak. **Haluk Ulman "Dünya Nereye Gidiyor" "Yeni Dünya Düzeni ve Türkiye"** Bağlam Yay., sf. 45-46
2 **"Devrim Hareketleri İçinde Atatürk ve Atatürkçülük", Tarık Zafer Tunaya,** Arba Yay., 3. Baskı, sf. 141
3 **"Milli Kurtuluş Tarihi" Doğan Avcıoğlu,** İst. Mat., 1974, 1.Cilt, sf. 35

4	a.g.e. sf. 34
5	**"Milli Kurtuluş Tarihi" Doğan Avcıoğlu**, İstanbul Mat., 1.Cilt, sf. 36
6	**"Amerika, NATO ve Türkiye"** Prof.Dr. **Türkaya Ataöv,** sf. 172, ak. **Emin Değer "Oltadaki Balık Türkiye"** Çınar Yay., sf. 182
7	a.g.e. sf. 183
8	**"Milli Kurtuluş Tarihi" Doğan Avcıoğlu**, İstanbul Mat., 2.Cilt, sf. 846
9	Aydınlık 09.11.1999, sf. 16
10	**"Müdafaa-i Hukuk Dergisi" Emin Değer**, 30.07.2000, Sayı 24, sf. 4
11	**"Atatürk'ün Söylev ve Demeçleri"** 3.Cilt, sf. 48, ak. Prof. Dr. **Utkan Kocatürk, "Kaynakçalı Atatürk Günlüğü"** T. İş Ban. Kül.Yay., No: 294, sf. 217
12	**"Atatürk Biyografisinin Esasları ve Belgeleri" Nazif Hakkı Uluğ,** 1975 ak. Prof. Dr. **Utkan Kocatürk "Kaynakçalı Atatürk Günlüğü"** Türkiye İş Bankası Kültür Yayınları, No: 294, sf. 217
13	**"Milli Kurtuluş Tarihi" Doğan Avcıoğlu** İstanbul Mat., 3.Cilt, sf. 1732
14	**"Atatürk'le Bir Ömür"** Sabiha Gökçen, Altın Kit., sf. 179
15	**"Oltadaki Balık Türkiye" Emin Değer,** Çınar Araştırma, 5.Basım, sf. 204
16	**"Düşünce Özgürlüğü Çıkmazı" Emin Değer,** Tekin Yay., sf. 256
17	**"Milli Kurtuluş Tarihi" Doğan Avcıoğlu,** İstanbul Mat., 2.Cilt, sf. 731
18	**"Atatürk'ün Resmi Yayınlara Girmemiş Söylev, Demeç, Yazışma ve Söyleşileri" Sadi Borak,** Kaynak Yay., sf. 144
19	**"Milli Kurtuluş Tarihi" Doğan Avcıoğlu,** İst. Mat., 1974, 3.Cilt, sf. 1732
20	**"Nutuk"** sf. 710 ak., **D. Avcıoğlu "Milli Kurtuluş Tarihi",** 3.Cilt, sf. 1615
21	**"Nutuk"** sf. 211, ak., a.g.e. 3.Cilt, sf. 1481
22	**"İkili Anlaşmaların İç Yüzü"** Haydar Tunçkanat, Ekim Yay., sf. 13
23	**"Devrim Hareketleri İçinde Atatürk ve Atatürkçülük"** Tarık Zafer Tunaya, Arba Yay., 3.Baskı, sf. 103-104
24	**"Tek Adam" Ş. S. Aydemir,** Remzi Kit., 8. Basım, 1983, 3. Cilt, sf. 115
25	**"Komintern Belgelerinde Türkiye-3"** Kaynak Yay., 2.Basım, sf. 53
26	**"Komintern Belgelerinde Türkiye-3"** Kaynak Yay., sf. 53
27	**"Olaylarla Türk Dış Ticaret Politikası (1919-1945)"** Siyasal Bilgiler Fakültesi Dış İlişkiler Enstitüsü, Dış İşleri Matbaası, 1968, sf. 47
28	a.g.e. sf. 16
29	**"Kominter nBelgelerinde Türkiye-3"** Kaynak Yay., 2.Basım, sf. 46-47
30	**"Türkiye'de Siyasi Partiler 1859-1952" T. Z. Tunaya,** Arba Yay., Tıpkı Bas., İst. 1952, sf. 616, **"Komintern Belgelerinde Türkiye-3"** Kaynak Yay., 2. Basım, sf. 46
31	**"Milli Kurtuluş Tarihi" Doğan Avcıoğlu,** 3. Cilt, sf. 1328
32	a.g.e. sf. 1516
33	a.g.e. sf. 1482
34	**"Siyasi Hatıralar" Ali Fuat Cebesoy** 2. Cilt, sf. 252
35	**"İkinci Dünya Savaşı'na Ait Gizli Belgeler" Cüneyt** Arcayürek, Hürriyet 07.12.1972
36	**"Atatürk'ten Hatıralar" Hasan Rıza Soyak,** 2 .Cilt, sf. 759
37	**"Milli Kurtuluş Tarihi" Doğan Avcıoğlu,** İst. Mat., 1974, 3. Cilt, sf. 1489

38	a.g.e. sf. 1484
39	**"Olaylarla Türk Dış Politikası"** Siyasal Bilgiler Fakültesi Yay., sf. 150 ak. D. Avcıoğlu **"Milli Kurtuluş Tarihi"** 3.Cilt, sf. 1487
40	**"Olaylarla Türk Dış Politikası"** Siy. Bil. Fak. Yay., sf. 156 ak., a.g.e.sf. 1488
41	**"Olaylarla Türk Dış Politikası"** Siy. Bil. Fak. Yay., sf. 154 ak., a.g.e. sf. 1499
42	**"Milli Kurtuluş Tarihi"** Doğan Avcıoğlu, 3. Cilt, sf. 1504
43	Aydınlık, 23.12.2001
44	**"Milli Kurtuluş Tarihi"** Doğan Avcıoğlu, 3. Cilt, sf. 1613
45	**"Milli Kurtuluş Tarihi"** Doğan Avcıoğlu, 3. Cilt, sf. 1618
46	**"İkinci Adam"** Şevket Süreyya Aydemir, Remzi Yay., 2. Cilt, sf. 45
47	**"Tarihe Tanıklık Edenler"** Arı İnan, Çağdaş Yay., sf. 364
48	a.g.e. sf. 364
49	a.g.e. sf. 365
50	**"Politikada 45 Yıl"** Yakup Kadri Karaosmanoğlu İletişim Yay., sf. 171-172
51	**"Tarihe Tanıklık Edenler"** Arı İnan, Çağdaş Yay., 1957, sf. 373
52	a.g.e. sf. 336
53	**"Atatürkçülük Nedir?"** Falih Rıfkı Atay, Bateş Yay., sf. 44-45
54	**"Bayrak"** Falih Rıfkı Atay, Bateş Yay., sf. 121
55	**"Politikada 45 Yıl"** Y.Kadri Karaosmanoğlu, İletişim Yay., sf. 192-195
56	**"Milli Kurtuluş Tarihi"** Doğan Avcıoğlu, 3. Cilt, sf. 696
57	**"Atatürk Antolojisi"** Yusuf Çotuksöken, İnkilap ve Aka Yay., sf. 36
58	**"Atatürk İlkeleri ve Türk Devrimi"** Hacı Angı, Angı Yay., sf. 93
59	**"Milli Kurtuluş Tarihi"** Doğan Avcıoğlu, 3. Cilt, sf. 1696
60	**"İkili Anlaşmaların İç Yüzü"** Haydar Tunçkanat, Ekim Yay., sf. 23
61	a.g.e. sf. 26-27
62	a.g.e. sf. 31
63	a.g.e. sf. 190
64	a.g.e. sf. 196-197
65	Siyasal Bilgiler Fak. Dış İlişkiler Enstitüsü Op. Cit. sf. 192 ak. **Haydar Tunçkanat "İkili Anlaşmaların İç Yüzü"** Ekim Yay., sf. 196
66	**"İkili Anlaşmaların İç Yüzü"** H. Tunçkanat Ekim Yay., sf. 44-45-48
67	**"Düşünce Özgürlüğü Çıkmazı"** Emin Değer, Tekin Yay., sf. 175
68	**"İkili Anlaşmaların İç Yüzü"** Haydar Tunçkanat, Ekim Yay., sf. 56
69	**"Düşünce Özgürlüğü Çıkmazı"** Emin Değer, Tekin Yay., sf. 173
70	**"New York Times"** 13.10.1955 ak., D.Avcıoğlu **"Milli Kurtuluş Tarihi"** İstanbul Mat., 1974, 3. Cilt, sf. 1624
71	**"Milli Kurtuluş Tarihi"** D. Avcıoğlu, İstanbul Mat., 1974, 3. Cilt, sf. 1624
72	**"Türkiye'de Siyasi Partiler 1859-1952"** T. Z. Tunaya, Arba Yay., Tıpkı Basım, İkinci Baskı, 1995, sf. 669
73	a.g.e. sf. 662-669
74	Büyük Larousse, Gelişim Yayınları, sf. 3009
75	**"Milli Kurtuluş Tarihi"** Doğan Avcıoğlu, 3. Cilt, sf. 1680
76	a.g.e. sf. 1677

77	"Hatırladıklarım" Zekeriya Sertel, sf. 217, ak; D. Avcıoğlu, "Milli Kurtuluş Tarihi" İstanbul, 1974, 3. Cilt, sf. 1477
78	a.g.e. sf. 1478
79	a.g.e. sf. 1587-1588
80	a.g.e. sf. 1577
81	"Türkiye'yi Amerika mı Kurtardı?" Prof. Ahmet Şükrü Esmen, Ulus Gazetesi Mart 1966, ak. D. Avcıoğlu "Milli Kurtuluş Tarihi" 3. Cilt, sf. 1585
82	"Hatırladıklarım 1905-1950" Zekeriya Sertel, sf. 280 ak. D. Avcıoğlu "Milli Kurtuluş Tarihi" 3.Cilt, sf. 1593
83	"Çok Partili Hayata Geçiş" Prof. Taner Timur, İletişim Yay.
84	Ulus 08.05.1949, ak. D. Avcıoğlu "Milli Kurtuluş Tarihi" 3.Cilt, sf. 1595
85	"Milli Kurtuluş Tarihi" Doğan Avcıoğlu, 3.Cilt, sf. 1596
86	a.g.e. sf. 1596
87	Cumhuriyet 23.02.1953, ak. D. Avcıoğlu "Milli Kurtuluş Tarihi" 3.Cilt, sf. 1606
88	"Milli Kurtuluş Tarihi" Doğan Avcıoğlu, 3. Cilt, sf. 1606
89	a.g.e. sf. 1606
90	a.g.e. sf. 1605
91	Büyük Larouuse Gelişim Yay., sf. 6984
92	Cumhuriyet 24.12.1950
93	Büyük Larousse Gelişim Yay., sf. 6984
94	"Milli Kurtuluş Tarihi" Doğan Avcıoğlu, 3.Cilt, sf. 1614
95	a.g.e. sf. 1614
96	"İkili Anlaşmaların İçyüzü" Haydar Tunçkanat, Ekim Yay., sf. 255
97	a.g.e. sf. 278
98	"İkili Anlaşmaların İçyüzü" Haydar Tunçkanat, Ekim Yayınları, sf. 303
99	"Menderes'in Dramı" Ş. S. Aydemir, Remzi Kitabevi, İst., sf. 331
100	a.g.e. sf. 331
101	a.g.e. sf. 306-307
102	a.g.e. sf. 333
103	a.g.e. sf. 334-337
104	"Milli Kurtuluş Tarihi" Doğan Avcıoğlu, 3.Cilt, sf. 1680
105	a.g.e sf. 1682
106	"Bayrak" Falih Rıfkı Atay, Bateş Yay., sf. 107
107	"Milli Kurtuluş Tarihi" Doğan Avcıoğlu, 3. Cilt, sf. 1683
108	"Bitmeyen Oyun" Peter Hopkirk, Sabah Kitapları, sf. 9-5
109	a.g.e. sf. 67
110	"Bir Hürriyet Havarisinin Sabıka Dosyası" Y. Adsız, Boyut Kit., sf. 161
111	Süddevtsche Zeitung 19.01.1998, ak. "Türkiye Kritik Yaşta" Aydınlık, 25.01.1998, Sayı 549, sf. 7
112	"Avrupa Değerlerini Silahla Savunuruz" Mine G. Kırıkkanat, Milliyet 29.05.1999
113	"Kendine Rağmen Dünya Devleti Olmalı" Sedat Ergin, Hürriyet, 05.10.1999

114 **"Wer Wussteetwas wom exodus der Kurdischen boat people"** Wolfgang Günter Lerch, Frankfurter Allgemeine Zeitung 06.01.1998
115 Cumhuriyet 26.02.1990
116 **"Aegste vor den Kurden" Adrian Zielcke** Stutgarter Zeitung 03.01.1998
117 **"Haksız Suçlama"** Cumhuriyet 12.02.1999
118 **"Atatürk'ün Söylev ve Demeçleri"** 2. Cilt, sf. 35-36, ak. **Arı İnan "Düşünceleriyle Atatürk"** Türk Tarih Kurumu Basımevi, 1991, sf. 225
119 **"Atatürk'ün Söylev ve Demeçleri"** 3. Cilt, sf. 48 ak., Prof. Dr. **Utkan Kocatürk "Kaynakçalı Atatürk Günlüğü"** T. İş Ban. Kül.Yay., No: 294, sf. 217
120 **"Kurtuluş Savaşı'yla İlgili İngiliz Belgeleri"** Ulubelen, sf. 193 Özgün Belge No:678/541 ak. **Uğur Mumcu "Kürt İslam Ayaklanması"** Tekin Yay., 19. Basım, 1995, sf. 18-19
121 **"Atatürk'ün Söylev ve Demeçleri"** 4. Cilt, sf. 43, ak. **Seyfettin Turhan "Atatürk'te Konular Ansiklopedisi"** YKY, sf. 368
122 a.g.e. 4. Cilt, sf. 34-35
123 **"Sivas Kongresi Tutanakları" Uluğ İğdemir**, TTK Bas., Ank. 1969, sf. 78, ak. **U. Mumcu "Kürt-İslam Ayaklanması"** Tekin Yay., 19.Bas., sf. 21
124 **"Fransa Dışişleri Bakanlığı Gizli Belgeleri"** E. **Levent** (1918-1929 Kürdistan Eause Servisi), V.01.101, sf. 21 ak. a.g.e. sf. 97
125 **"Webster's Biographical Dictionary"** sf. 194 ak. a.g.e. sf. 34
126 **"Komintern Belgelerinde Türkiye-3"** Kaynak Yay., 2. Baskı, sf. 54
127 **"Kürt İslam Ayaklanması" Uğur Mumcu** Tekin Yay., 19. Baskı, sf. 24
128 **"Milli Kurtuluş Tarihi" Doğan Avcıoğlu**, 1. Cilt, sf. 1511
129 **"İngiliz Belgeleriyle Sakarya'dan İzmir'e" Bilal N. Şimşir**, sf. 349-353 ak. Doğan Avcıoğlu **"Milli Kurtuluş Tarihi"**, 1. Cilt, sf. 218-219
130 **"Nutuk"** sf. 292-299, ak. a.g.e sf. 222
131 **"İkili Anlaşmaların İç Yüzü" Haydar Tunçkanat**, Ekin Yay., sf. 89-102
132 **"Milli Kurtuluş Tarihi" D. Avcıoğlu**, İstanbul Mat., 1974, 3.Cilt, sf. 1661
133 **"Türkiye'de Holdingler" Mustafa Sönmez**, Arkadaş Yay., 4. Baskı, sf. 87
134 **"Hacı Ömer Sabancı Holding A.Ş. Faaliyet Raporu 1988"** sf. 45-46

ONÜÇÜNCÜ BÖLÜM DİPNOTLAR
LOZAN'DAN AVRUPA GÜMRÜK BİRLİĞİ'NE

1 **"Kutlu olsun"** Sabah 14.12.1995
2 **"Demirel: Atatürk'e Borçluyuz"** 14.12.1995 Hürriyet
3 **"Kutlu Olsun"** Sabah 14.12.1995
4 a.g.e 14.12.1995
5 Hürriyet 14.12.1995
6 **Zafer Çağlayan "Lake'e Ankara'da Düş Kırıklığı"** Cum. 16.01.1996
7 **"Avrupa Ülkeleri Türkiye'ye Muhtaç"** Sabah 25.01.1996
8 **"Ekonomik Kriz Yaşanacak"** Cumhuriyet 02.01.1996
9 a.g.g. 02.01.1996

10	a.g.g. 02.01.1996
11	a.g.g. 02.01.1996
12	"Gümrük Birliği'ne Ağır Bedel" Cumhuriyet 14.12.1995
13	"Gümrük Birliği'nde İlk Raund Avrupa'nın" Gözcü 30.11.1996
14	"Gümrük Birliği'nde Rüzgar Tersten Esti" Nurten Yalçın, Cumhuriyet 22.08.1996
15	"Hindistan Türkiye'ye Karşı" Korkut Boratav, Cumhuriyet 03.11.1999
16	"Gümrük Birliği Vergiyi de Vurdu" Türkan Al, Gözcü 18.12.1996
17	"AB, Yükümlülüklerinden Kaçtı" 14.12.1995 Cumhuriyet
18	"Gümrük Birliği İthalat Patlattı İhracatı Vurdu" Hürriyet 11.01.1997
19	"Türkiye Dış Açıkta Birinciliğe Oynuyor" Cumhuriyet, 22.02.1999
20	"Bu Paçavrayı Yırtarız" Sabah 14.12.1995
21	"Avrupa Birliği'nin Türkiye Politikası Nedir? (2)" Prof. Dr. Erol Manisalı, Cumhuriyet 31.10.1997
22	"Tek Adam" Ş. S. Aydemir, Remzi Kitabevi, 1983, 8. Baskı, 3. Cilt, sf. 441
23	"Gümrük Birliği'nin Siyasal ve Ekonomik Bedeli" Prof. Dr. Erol Manisalı, Bağlam Yay., sf. 57
24	"Ankara Doğu'ya Dönsün" Aze Marşan, Cumhuriyet 23.03.1999
25	"AB: Türkiye'yi Oyalıyoruz" Cumhuriyet 12.07.1999
26	Hürriyet 24.04.2000
27	"Bıçak Sırtı" Prof. Erol Manisalı, Cumhuriyet, 10.05.2000
28	"Kilise Türkiye'nin AB Üyeliğine Karşı" Nilgün Cerrahoğlu, Milliyet, 10.01.2000
29	"Batı Avrupa Irkçıdır", Cumhuriyet, 07.10.1999
30	"Avrupasız Bir Türkiye Düşünülemez" Hürriyet, 03.11.1999
31	"AB'ye Üye Olmayalım Diyen Bir Askere Rastlamadım" Salim Dervişoğlu, Hürriyet 05.11.1999

DİZİN

A

Abdi İpekçi, 715
Abdullah Öcalan, 751
Abdülhamit, 717, 743
Abraham Polo, 477, 627
Adnan Adıvar, 710
Adrian Zeilcke, 747
Afet İnan, 711
Agnelli, 611
Ahmet Şükrü Esmen, 705, 731
Al Capone, 755
Alain Lebaubé, 650
Alan Maki, 491
Albert B. Hart, 690
Alexander Graham Bell, 606
Ali Batı, 750
Ali Fikret Atun, 504
Ali Fuat Cebesoy, 700, 702, 710
Ali Galip, 749
Ali İhsan Sabis, 733
Ali Kemal, 752, 753
Allende, 493, 541
Andrew H. Malcolm, 578
Angel Fransisco Breard, 492
Ann Misch, 639
Anna Moffo, 607
Anne Van Lancker, 760
Anthony Ginsberg, 617
Apo, 744
Arthur Chamberlain, 702
Atatürk, 691, 693, 698, 701, 702,
    703, 705, 708, 709, 710, 711,
    712, 713, 714, 720, 726, 729,
    730, 731, 732, 739, 740, 741,
    743, 744, 745, 749, 757, 758,
    765, 773, 774
Ayfer Yılmaz, 762, 763

B

Barzani, 744, 751
Bekir Sami Bey, 698
Bekir Sami, 698
Ben Bagdikian, 609
Berhevski, 675
Bernard Cassen, 541
Bershevski, 481
Berzenci, 751
Bill Clinton, 586, 587, 616, 636,
    745
Billie Holiday, 606
Bing Crosby, 607
Bishwapriaya Sanyal, 614
Bob Dole, 636
Bob Dylan, 606
Boris Yeltsin, 516
Brad Sherman, 747
Bristol, 750
Bruce Springsteen, 606
Bush, 474, 671, 675
Butros Gali, 429, 650
Bülent Ecevit, 773

C-Ç

C. Michael Armstrong, 620
C. V. Vaitsas, 596
Cain, 732
Carlos Salinas, 476
Carré de Malberg, 570
Carter, 670
Celal Bayar, 703, 709, 714, 728,
    729, 732
Cemal Tural, 737
Cevdet Sunay, 737
Charlene Barshefski, 478

Charles E. Wilson, 495
Churchill, 730
Claude Smadja, 438
Claudia Roth, 760
Clinton, 429, 481, 515, 532, 548, 549, 603
Coral Bell, 417
Count Basie, 606
Craig Fuller, 584
Çevik Bir, 774
Çiçerin, 717

D

Damat Ferit, 752
Daniel Cohn-Bendit, 760
Dean Rusk, 410
Deniz Baykal, 757
Dickson, 725
Doğan Vardarlı, 548
Donald L. Barlet, 615

E

E. Stern, 574
Ecevit, 773, 774
Edith Cresson, 654
Edward Weisband, 730
Eisenhower, 495, 674
Elvis Presley, 607
Enrico Caruso, 607
Enver Paşa, 733, 742
Erdoğan Soral, 455
Erdoğan Şahinoğlu, 757
Ernest Mandel, 406
Erol Manisalı, 769
Eugene R. Black, 442
Ezio Pinza, 607

F

Fakihe Öymen, 711, 712
Falih Rıfkı Atay, 712, 713
Falih Rıfkı, 712, 713, 714
Falkenhayn, 733
Faruk Yücel, 545, 759
Fatih Rüştü Zorlu, 733, 736
Fethi Okyar, 700, 710
Fevzi Çakmak, 731
Feyyaz Berker, 758
Fitzwater, 584
Franco Bernabe, 605
Franklin D. Roosevelt, 452
Franklin Pierce, 562
Friderich List, 456
Furtado, 595
Führer, 707

G

Gabriel Kolka, 617
Garten, 572, 656
General Deedes, 752
George Bush, 584
George C. Marshall, 445
George Davit, 586, 636
George W. Bush, 550
Gerald Ford, 491
Gerhard Schöder, 574, 674
Givseppe Marani, 505
Gladstone, 689
Gladys Baker, 401
Goulart, 541
Graham E. Fuller, 581
Graham Fuller, 746
Güneş Taner, 438

H

Hacı Muhammed Wilhelm, 490
Haluk Ulman, 490
Hans Dietrich Genscher, 743
Harold Wilson, 448
Harry Magdoff, 437, 502
Haydar Tunçkanat, 724, 725
Helmut Kohl, 580, 654, 657, 671, 677
Helmut Schmidt, 772
Henry Kissinger, 544
Henry Wallace, 418
Herta Daubler-Gmelin, 492
Hikmet Bayur, 710, 713
Hikmet Uluğbay, 532
Hitler, 399, 400, 467, 704, 708
Hoca Vasfi, 752
Hohler, 751
Hors Köhler, 550
Howard Reed, 725
Hüseyin Cahit Yalçın, 710

I-İ

Işın Çelebi, 549
İnönü, 701, 709, 710, 711, 712, 713, 714, 715, 721, 725, 740, 765
İsmet İnönü, 697, 701, 703, 709, 715, 716, 720, 721, 725, 731, 732, 739, 758, 765

J

J. J. Servan Schreiber, 447, 456
J. Martin, 734
J. Bradford De Long, 572
J.K. Galbraith, 505
Jack London, 632
Jack Welch, 525
Jacques Chirac, 580
Jacques Santer, 470
Jaffry E. Garten, 572
James B. Steele, 615
James V. Forrestal, 413
Janet Reno, 612
Jean François Rischard, 519
Jeck Lang, 744
Jeffrey T. Berger, 408, 688
Jeffry E. Garten, 409, 653, 654
Jiang Zemin, 479
Joe Lockhart, 481
John Agnew, 630
John Cavanagh, 463, 488, 506, 611
John K. Fairbank, 457
John Kerry, 669
John McCain, 415, 669
John Naisbitt, 490, 491, 523, 536, 543
John Woodward, 642
Johnson, 692, 720, 721, 737
Jun Saito, 480

K

Kanezo Muraoka, 770
Kayzer Wilhelm, 577
Kazım Karabekir, 700, 710, 748, 749
Keizo Obuçi, 481
Kenjiro İşikova, 470
Kenneth Pyle, 668
Kılıç Ali, 710
King, 690
Kirsten Flagstad, 607

Kissinger, 544
Kofi Annan, 428
Kohl, 671
Korpik, 401

L

L. Cook, 725
Leni Fisher, 759
Lenin, 577
Lester Thurow, 572, 576, 577
Lloyd George, 689, 691
Lord Curzon, 696, 697, 748
Louis Freeh, 533
Lucy Edvars, 516

M

Macomber, 740
Madeleine Albright, 655
Mahattir Muhammet, 518
Mahmut Berzenci, 751
Mark Parris, 548, 549
Mark Pearson, 579
Markos, 428
Marlin Fitzwater, 584
Marshall, 418, 445, 446, 447, 448, 449
Martin Hardy, 529
Masahiko Kamura, 675
Max Ball, 739
McNamara, 423, 542
Menderes, 727, 739, 758, 765
Mesut Yılmaz, 548
Michael Camdessus, 434
Michael Jackson, 499, 606
Michael Jordan, 501, 641
Michel Camdessus, 436
Mikie Kiyoi, 478

Miloseviç, 428
Mitsuo Kutsukake, 606
Molotov, 705
Morita, 606, 655
Muhlis Ete, 548
Murat Bekdik, 758
Musaddık, 541
Mussolini, 402
Mustafa Kemal Atatürk, 401, 697, 699, 708, 755, 769, 770
Mustafa Kemal, 690, 691, 692, 693, 694, 696, 697, 698, 699, 701, 704, 709, 716, 717, 730, 733, 747, 748, 749, 750, 751

N

Nasır, 728
Neal Lauridsen, 641
Necmettin Erbakan, 763
Necmettin Sadak, 732
Nellie Melba, 607
Nigel Haris, 506
Noam Chomsky, 692
Noel, 748, 749

O-Ö

Osman Altuğ, 614
Osman Bölükbaşı, 728
Özal, 741

P

Pat Buchanan, 587
Patrick Itschert, 586, 651
Paul Knox, 630
Paul Montgomery, 439
Pena, 529

Percy Barnevik, 525
Peter Hopkirk, 742
Peter Mares, 642
Philip Morris, 489, 575, 584, 587, 609
Pyle, 669

R

Rahip Frew, 752
Rauf Orbay, 700, 710
Reagan, 665, 670
Refet Bele, 700, 710
Refik Saydam, 709
Refik Tulga, 737
Renato Ruggiere, 561
Richard Butler, 429
Richard C. Leone, 653
Richard J. Barnet, 463, 488, 506, 611
Richard McLaren, 491, 751
Richard Podol, 542, 724
Riyanti, 642
Robert B. Reich, 617
Robert Kaplan, 581
Robert McNamara, 414
Robert Rubin, 467
Rockefeller, 495
Ron Sommer, 605
Roosevelt, 416, 730
Rosa Martinez, 641
Ross Perot, 616
Rostow, 692
Ruggiere, 561
Russell Mokhiber, 614
Ryan, 752

S-Ş

Sabri Dilek, 739
Saddam, 428
Sait Molla, 752, 753
Saito, 480
Salim Dervişoğlu, 774
Salinas, 476
Sam Nunn, 669
Sanchez de Losado, 637
Seattle, 562, 563, 564
Sir A. Calthorpe, 748
Sir Leon Brittan, 586
Sir Walter Bullivant, 742
Soskai Sassen, 640
Spencer, 773
Stalin, 401, 708, 730, 731
Steven Mufson, 584
Stokowski, 607
Suat Hayri Ürgüplü, 734
Susan Cowell, 639
Süleyman Demirel, 757
Şahinoğlu, 757
Şemsettin Günaltay, 711, 713
Şeyh Sait, 697, 750, 751
Şükrü Kaya, 709, 710
Şükrü Saraçoğlu, 701, 704

T

Talabani, 744, 751
Tamer Müftüoğlu, 758
Tansu Çiller, 740, 757, 763, 764, 770
Tevfik Rüştü Aras, 703, 704, 707, 709, 710, 729
Thatcher, 585
Thomas Balogh, 437
Thurow, 577

Tito, 739, 743
Tom Spencer, 772, 773
Tony Benn, 530
Toscanini, 607
Truman, 416, 417, 418, 446
Tural, 738
Tutsi, 428

U-Ü

Ufuk Söylemez, 529
Uğur Bayar, 529

V

Vandenberg, 417
Vedela, 428
Valery Giscard d'Estaing, 773
von Papen, 704

Y

Yakup Kadri
    Karaosmanoğlu, 711

Yannos Kranidiotis, 760
Yavuz Canevi, 758
Yusuke Kashiwagi, 658

Z

Zekai Doğanay, 504
Ziya-ül Hak, 428

W

Walker, 734
Welch, 525
William David Upshaw, 690
William Greider, 615
William Mulholand, 437
Wilson, 689
Winston Churchill, 399
Wolfgang Günter Lerch, 746
Wolfgang Koydl, 743

ÖZ TÜRKÇE DİZİNİ

Öz Türkçe Dizini

Abece (Alfabe)
Akaçlama (Drenaj)
Akçalı (Mali)
Akçalı Anamal (Mali Sermaye)
Akılcılık (Rasyonalizm)
Alabilirlik (Kapasite)
Alıcı (Müşteri)
Almaşık (Alternatif)
Anamalcı (Kapitalist)
Anamalcılık (Kapitalizm)
Andaç (Muhtıra)
Anıştırmak (İma Etmek)
Arabuluculuk (Tahkim)
Arıtma (Tasfiye)
Arttırma (Tasarruf)
Aşama (Rütbe-Merhale)
Aşınım (Erozyon)
Ayıklama (Tasfiye)
Aykırıkanı (Paradoks)
Ayrıcalık (İmtiyaz)
Bağışıklık (Muafiyet)
Bağlaşık (Müttefik)
Bağlaşma (ittifak)
Bağlı (Sadık)
Başarım (Performans)
Başeğme (Teslim Olma)
Başıbozuk (Serseri)
Başlam (Madde)
Batar (Zatürree)
Batkıları (İflasları)
Belgit (Senet)
Beysoyluluk (Aristokrasi)
Biçem (Üslup)
Bildirmelik (Tarife)
Bilici (Kahin)
Biriki (Rezerv)
Birleşim (Sentez)
Birliktelik (Konsorsiyum)
Boyuneğme (Teslimiyet)
Bölek (Hizip)
Bölümlemek (Tasnif)
Bunalım (Kriz)
Bütünleşme-Uyum (Entegrasyon)
Çalışım (Kampanya)
Çalışım (Kampanya)
Çarpıcı Söz (Slogan)
Çarpılım (Şok)
Çekici (Cazip)
Çekince (Tehlike-Risk)
Çözümyolu (Formül)
Denetmen (Müfettiş)
Denge (İstikrar)
Devimsel (Dinamik)
Devinim (Hareket)
Dışalım (İthalat)
Dışsatım (İhracat)
Dışsatımlama (İhraç Etme)
Direnim (İnat)
Dizge (Sistem)
Doruk (Zirve)
Doyum (Tatmin)
Duraksama (Tereddüt)
Duyançlı (Sabırlı)
Düşlem (Hülya)
Düşükle (Ütopik)
Düşüngüsel (İdeolojik)
Düşünücü (İdeolog)
Eder (Fiyat)
Edilgen (Pasif)
Ekinsel (Kültürel)
Elegeçirme (İşgal)
Engelleyim (Ambargo)
Enüstün (Süper)
Erek (Hedef)

Erinç (Huzur-Rahat)
Erinçsiz (Rahatsız)
Erkinci (Liberal)
Eşgüdüm (Koordinasyon)
Eylemce (Operasyon)
Eylemli (Fiili)
Gereç (Malzeme)
Gezgin (Turist)
Girişimgücü (İnisiyatif)
Gizilgüç (Potansiyel)
Gizmen (Ajan)
Gizyazı (Şifreli)
Gönülgücü (Moral)
Gözkorkutma (Tehdit)
Güçbirliği (Koalisyon)
İleti (Mesaj)
İnak (Dogma)
İsteklendirme (Teşvik)
İstem (Talep)
İstenç (İrade)
İşbırakımı (Grev)
İye (Sahip)
İyelik (Mülkiyet)
İyileştirme (Reform-Islah)
İzlence (Program)
Kalıt (Miras)
Kargaşa (Kaos)
Karışma (Müdahale)
Karşıtçılık (Muhalefet)
Kazanç (Temettü-Kar)
Kentsoyluluk (Burjuvazi)
Kesenek (Aidat)
Kesenekçi (Mültezim)
Kesim (Sektör)
Kırıpdökme (Tahrip)
Kışkırtma (Provakasyon)
Korumacı (Prolektora)
Korumanlık (Vesayet)

Kökleşik (Klasik)
Kurul (Heyet)
Kuşatım (Abluka)
Nicelik (Miktar)
Olguculuk (Pozitivizm)
Onarım (Tamir)
Onarımevi (Tamirhane)
Ortaklaşacılık (Kollettivizm)
Orun (Makam)
Oylum (Hacim)
Ödence (Tazminat)
Ödünlemeci (Telafi Edici)
Öndelik (Avans)
Öngörü (Basiret)
Önödence (Depozito)
Öykünme (Taklit)
Özendirim (Teşvik)
Özeni (Heves)
Özenili (Hevesli)
Özgörev (Misyon)
Özgür Yarışım (Serbest Rekabetin)
Özümsemek (Temsil Etmek)
Özyapı (Karakter)
Sağaltım (Tedavi)
Sağaltman (Doktor)
Saltık (Mutlak)
Savsaklama (İhmal)
Sayıbilim (İstatistik)
Saymanlık (Muhasebe)
Sayrı (Hasta)
Sayrılarevi (Hastane)
Sayrılık (Hastalık)
Seçenek (alternatif)
Seçkin (Elit)
Serüven (Macera)
Sıkıdüzen (Disiplin)
Sönüm (Amortisman)

Sözveri (Vaat)
Sudöşemi (Sıhhı Tesisat)
Sunu (Arz)
Süredurum (Statiko)
Süreğen (Kronik)
Süreği (Devam)
Takımerki (Oligarşi)
Tanıtım (Reklam)
Tanıtımcılık (Reklamcılık)
Tasar (Plan)
Tasarı (Proje)
Tatmin (Doyum)
Tecimsel (Ticari)
Tekbiçim (Standart)
Tin (Ruh)
Tinbilim (Psikoloji)
Toplumbilim (Sosyoloji)
Toplumcu (Sosyalist)
Törel (Ahlaki)
Tutucular (Muhafazakarlar)
Tutulu (Rehin)
Türdeş (Homojen)
Tüze (Hukuk)
Uluslararacılık (Enternasyonal)
Uran (Sanayi)
Utku (Zafer)
Uziletişim (Telekominikasyon)
Üstlenme (Taahhüt)
Üzünçlü (Dramatik)
Vurguncu (Spekülatör)
Vurguncular (Spekülatörler)
Yakınma (Şikayet)
Yarışma (Rekabet)
Yaşambilim (Biyoloji)
Yatırı (Mevduat)
Yaymaca (Propaganda)

Yazanak (Rapor)
Yazman (Sekreter)
Yeğin (Şiddet)
Yenileşmeci (Reformcu)
Yetenek (Kapasite)
Yetkeci (Otoriter)
Yürekli (Cesur)
Yüzdelik (Komisyon)